[Wissen für die Praxis]

Weiterführend empfehlen wir:

Das aktuelle Handbuch der Pflegestufen
ISBN 978-3-8029-7357-4

Plötzlich schwer krank und arbeitsunfähig
ISBN 978-3-8029-7537-0

Pflegestufe abgelehnt: Was tun?
ISBN 978-3-8029-7327-7

Das aktuelle Vorsorge-Handbuch
ISBN 978-3-8029-1329-7

Pflegefall – schnelle Hilfe für Angehörige und Betroffene
ISBN 978-3-8029-7324-6

Recht in Pflege und Gesundheitsberufen
ISBN 978-3-8029-7326-0

Weitere Titel unter: www.WALHALLA.de

Wir freuen uns über Ihr Interesse an diesem Buch. Gerne stellen wir Ihnen zusätzliche Informationen zu diesem Programmsegment zur Verfügung.

Bitte sprechen Sie uns an:

E-Mail: WALHALLA@WALHALLA.de
http://www.WALHALLA.de

Walhalla Fachverlag · Haus an der Eisernen Brücke · 93042 Regensburg
Telefon (0941) 56 84-0 · Telefax (0941) 56 84-111

PSG II, NBA – Pflegereform 2016/2017

Das neue SGB XI

Vergleichende Gegenüberstellung/Synopse

Gesetzesmaterialien und Erläuterungen zum Pflegestärkungsgesetz II

Bibliografische Information der Deutschen Nationalbibliothek

Die Deutsche Nationalbibliothek verzeichnet diese Publikation in der Deutschen Nationalbibliografie; detaillierte bibliografische Daten sind im Internet über http://dnb.dnb.de abrufbar.

Zitiervorschlag:
Das neue SGB XI (Pflegereform 2016/2017)
Walhalla Fachverlag, Regensburg 2016

Hinweis: Unsere Werke sind stets bemüht, Sie nach bestem Wissen zu informieren. Alle Angaben in diesem Buch sind sorgfältig zusammengetragen und geprüft. Durch Neuerungen in der Gesetzgebung, Rechtsprechung sowie durch den Zeitablauf ergeben sich zwangsläufig Änderungen. Bitte haben Sie deshalb Verständnis dafür, dass wir für die Vollständigkeit und Richtigkeit des Inhalts keine Haftung übernehmen.

Bearbeitungsstand: Februar 2016

Produktion: Walhalla Fachverlag, 93042 Regensburg
Umschlaggestaltung: grubergrafik, Augsburg
Printed in Germany
ISBN 978-3-8029-7542-4

SBL-CPI-0316-21813-Q

Schnellübersicht

Vorwort:
Begleiter durch die Pflegereform 2016/2017

Nach der Reform ist vor der Reform. Auf das Pflege-Neuausrichtung-Gesetz von 2013 folgte 2015 das Pflegestärkungsgesetz I und das Gesetz zur besseren Vereinbarkeit von Familie, Pflege und Beruf. Mit dem nun vorliegenden Pflegestärkungsgesetz II ist der seit Jahren diskutierte Paradigmenwechsel im Recht der sozialen Pflegeversicherung nun tatsächlich vollzogen: Ab 1. Januar 2017 wird der Pflegebedürftigkeitsbegriff vollkommen neu definiert und ein neues Begutachtungsverfahren eingeführt.

Das Pflegestärkungsgesetz II ändert die Rahmenbedingungen und die gesetzlichen Vorgaben für die Pflege so umfassend wie kein anderes Reformgesetz zuvor. Alle, die mit der sozialen Pflegeversicherung zu tun haben, müssen sich mit den Änderungen und Neuerungen im SGB XI – insbesondere mit den zahlreichen Überleitungs- und Besitzstandsregelungen – vertraut machen, um den Übergang vom alten in das neue Recht zu bewältigen.

- Alle Beteiligten benötigen rasch einen qualifizierten Überblick über die gesetzlichen Neuerungen: Was ist neu? Was bleibt unverändert? Was gilt bereits seit 1. Januar 2016, was ab 1. Januar 2017?

- Strategische Fragen sind zu klären, um die Neuerungen optimal für die Lebenssituation des Pflegebedürftigen und seiner Angehörigen nutzen und drohende Nachteile ausschließen zu können: Lohnen sich Erst- und Höherstufungsanträge noch in diesem Jahr? Ist ein Widerspruch und die erneute Begutachtung nach dem bisherigen System sinnvoll oder sollte besser zu einer Begutachtung nach dem NBA geraten werden?

- Der Ablauf von Stichtagsregeln muss beachtet werden (z. B. ab 1.7.2016 keine Wiederholungsbegutachtungen mehr; ab 1.11.2016 müssen alle Heimbewohner über die neuen Pflegesätze informiert sein usw.). Hier entsteht oft „kurz-vor-Schluss" akuter Handlungsbedarf.

Diese Arbeitshilfe soll Ihnen einen qualifizierten Überblick über die Neuerungen im SGB XI geben, Sie in Schulungen und Fortbildungen unterstützen und Sie während der Umstellphase als Nachschlagewerk begleiten.

Ihr WALHALLA Fachverlag

Bleiben Sie auf dem Laufenden mit www.fokus-pflegerecht.de

Einige Teilbereiche der Reform sind noch nicht in Gesetzes- bzw. Richtlinienform gegossen. Auf unserer Informationsseite www.fokus-pflegerecht.de informieren wir über den Umsetzungsstand der ausstehenden Begutachtungs-Richtlinie, das zu erwartende Schnittstellengesetz zu den übrigen Sozialleistungsvorschriften, die noch fehlende Übertragung der SGB XI-Leistungen auf die Beihilfevorschriften von Bund und Ländern, die noch zu erstellenden Empfehlungen der Spitzenverbände und vieles mehr.

Über Ihren Besuch freuen wir uns!

Wichtige Abkürzungen

EA	Erheblich eingeschränkte Alltagskompetenz
GKV	Gesetzliche Krankenversicherung
MDK	Medizinischer Dienst der Krankenkassen
NBA	Neues Begutachtungsassessment
PEA	Person mit erheblich eingeschränkter Alltagskompetenz
PG	Pflegegrad
PNG	Gesetz zur Neuausrichtung der Pflegeversicherung vom 23.10.2012 (BGBl. I S. 2246)
PS	Pflegesatz
PSG I	Erstes Gesetz zur Stärkung der pflegerischen Versorgung und zur Änderung weiterer Vorschriften (Pflegestärkungsgesetz I) vom 17.12.2014 (BGBl. I S. 2222)
PSG II	Zweites Gesetz zur Stärkung der pflegerischen Versorgung und zur Änderung weiterer Vorschriften vom (Pflegestärkungsgesetz II) 21.12.2015 (BGBl. I S. 2424)
SGB	Sozialgesetzbuch

Die wichtigsten Neuerungen im Überblick

2 Wichtige Neuerungen

Wichtige Neuerungen zum 1. Januar 2016

Information über Ansprüche, Pflegeberatung, §§ 7, 7a, 7b, 7c SGB XI

Pflegekassen beraten künftig nicht mehr. Die Aufgaben Auskunft, Aufklärung und Beratung wurden mit Geltung ab 1. Januar 2016 inhaltlich und personell getrennt:

- Auskunft und Aufklärung (§ 7 SGB XI) einerseits und
- Pflegeberatung (§ 7a SGB XI) andererseits

Aufklärung, Auskunft, § 7 SGB XI

Pflicht der Pflegekassen ist „nur" noch, im Rahmen der im Sozialgesetzbuch üblichen Pflicht Versicherte bzw. ihre Angehörigen bezüglich den mit Pflegebedürftigkeit zusammenhängenden Fragen in verständlicher Weise zu informieren und aufzuklären. Gemeint sind hier insbesondere Fragestellungen zu

- Leistungen der Pflegekassen und bestehenden Ansprüchen,
- Leistungen und Hilfen anderer Träger,
- Übermittlung von Gutachten und Rehabilitationsempfehlungen (siehe § 18a Abs. 1 SGB XI),
- Informationen zu einer der Pflegebedürftigkeit vorbeugenden Lebensführung.

Diese allgemeinen Aufklärungs- und Auskunftsleistungen kann durch Mitarbeiter der Pflegekassen ohne Qualifikation als Pflegeberater geleistet werden. Unmittelbar nach Eingang seines Antrags auf Leistungen ist der Versicherte über seine konkreten Ansprüche informieren, insbesondere:

- Anspruch auf unentgeltliche Pflegeberatung (§ 7a SGB XI),
- Informationen zum nächstgelegenen Pflegestützpunkt, um die eigentliche Beratung wahrzunehmen (§ 7c SGBXI),
- Auskunft über die in den Verträgen der Kasse getroffenen Festlegungen zur integrierten Versorgung nach § 92b Abs. 2 SGB XI,
- Übermittlung einer Vergleichsliste über die Leistungen und Vergütungen der zugelassenen ambulanten und stationären Pflegeeinrichtungen und zu Anbietern von Betreuungs- und Entlastungsleistungen; diese Leistung erfolgt nur auf Anforderung des Versicherten,

Wichtig: Diese regionale Vergleichsliste über die Leistungen und Vergütung der zugelassenen Pflegeeinrichtungen sowie der Angebote für niedrigschwellige Betreuung und Entlastung nach soll nur auf Anforderung übermittelt werden und nicht mehr unverzüglich nach Eingang eines Antrags auf Leistungen zugestellt werden.

Als weiterer Informationsweg müssen diese Listen und Angebote über Internetpräsenzen der Landesverbände der Pflegekassen veröffentlicht und regelmäßig aktualisiert werden. Die Internetpräsenz der jeweiligen Pflegekasse berücksichtigt bei diesen Listen auch Qualitätsprüfungsergebnisse (Pflegenoten).

Die Modalitäten zu den Vergleichslisten sowie deren Veröffentlichungspflicht im Internet ist ausführlich im neuen § 7 Abs. 3 SGB XI beschrieben.

Wichtige Neuerungen

Pflegeberatung, Beratungsgutscheine, § 7a, § 7b SGB XI

Die Beratung Pflegebedürftiger hat nun über eine verbindlich und nach fachlich fundierten Vorgaben und Richtlinien geregelte Pflegeberatung zu erfolgen:

- Anspruchsberechtigten soll durch die Pflegekasse unverzüglich vor der ersten Beratung ein zuständiger Pflegeberater oder eine sonstige Beratungsstelle benannt werden, die Hilfe und Unterstützung bei Auswahl und Inanspruchnahme von Unterstützungsangeboten im Sinne des Fallmanagements leisten. Dabei soll ein fester Ansprechpartner etabliert werden um bei der Beratung personelle Kontinuität zu erreichen.

- Auf Wunsch der anspruchsberechtigten Person soll die Pflegeberatung auch gegenüber oder zusammen mit den Angehörigen oder weiteren Personen erfolgen. Auf Wunsch muss die Betreuung in der häuslichen Umgebung oder in der Einrichtung, in der die anspruchsberechtigte Person lebt, stattfinden.

- Unmittelbar nach Antragstellung soll ein konkreter Beratungstermin unter Angabe einer für den Versicherten zuständigen Kontaktperson benannt und innerhalb von 14 Tagen nach Antragseingang durchgeführt oder ein Beratungsgutschein ausgestellt werden (§ 7b SGB XI). Dies gilt sowohl für die Erstantragstellung wie auch für spätere Anträge, insbesondere

  - bei Höherstufungen inklusive aller Umstellungsanträge auf ambulante und stationäre Pflege

  - bei Anträgen auf Tages-, Nacht- und Kurzzeitpflege, Wohngruppenzuschlag und Pflegezeit

  - bei der Inanspruchnahme von Pflegekursen und individuellen häuslichen Schulungen

  - bei der Feststellung schwerwiegender, kurzfristig nicht behebbarer Mängel in der stationären Versorgung, um eine andere geeignete Pflegeeinrichtung zu vermitteln

- Bei Abwesenheit des Pflegeberaters ist durch die Pflegekasse eine Vertretung zu gewährleisten, damit die 14-Tage-Frist für die Einräumung eines Beratungstermins nach Antragstellung auf Leistungen eingehalten wird. Ist dies nicht möglich, ist eine sonstige Beratungsstelle zu benennen.

- Neu eingefügt auch die Verpflichtung der Pflegeberater, Ergebnisse aus den Beratungspflichtbesuchen nach § 37 Abs. 3 SGB XI mit einzubeziehen, um gegebenenfalls weiteren Hilfe- und Unterstützungsbedarf zu identifizieren; dies darf allerdings nur geschehen, wenn der Pflegebedürftige der Verwendung zustimmt.

- Explizit im Gesetz genannt ist nun auch die Beratungspflicht über Entlastungsmöglichkeiten der Pflegepersonen.

Zur Durchführung der Pflegeberatung werden einheitliche, fachlich fundierte Vorgaben eingeführt, die für alle Pflegeberater und sonstigen Beratungsstellen, die Pflegeberatungen im Sinne des § 7a SGB XI durchführen, unmittelbar verbindlich sind.

> Bis zum **31. Juli 2018** sollen dazu Empfehlungen zur erforderlichen Anzahl, Qualifikation und Fortbildung von Pflegeberaterinnen und Pflegeberatern veröffentlicht werden. Für die einheitliche Durchführung der Pflegeberatung erhält der GKV-Spitzenverband die Richtlinienkompetenz.

Durch Rahmenvereinbarung auf Landesebene soll künftig auch eine strukturierte Zusammenarbeit mit der Kommune bei der Pflegeberatung sichergestellt werden.

Verfahren zur Feststellung der Pflegebedürftigkeit, § 18 SGB XI

Einstufung inklusive des Kriteriums „erheblich eingeschränkte Alltagskompetenz"

Ab 1. Januar 2016 muss die Prüfung, ob eine erheblich eingeschränkte Alltagskompetenz (EA, sog. Pflegestufe 0), vorliegt, auch bei Versicherten in stationären Pflegeeinrichtungen erfolgen. Dies wurde in § 18 Abs. 1 Satz 3 SGB XI festgelegt. Diese Einbeziehung ist wichtig, da die EA Auswirkungen darauf hat, in welchen Pflegegrad überführt wird (siehe dazu unten).

Aussetzung von Wiederholungsbegutachtungen ab 1. Juli 2016

Vom 1. Juli 2016 bis zum 31. Dezember 2016 werden keine Wiederholungsbegutachtungen mehr durchgeführt. Dies gilt auch dann, wenn die Wiederholungsbegutachtung bereits vorher vom MDK oder anderen unabhängigen Gutachtern empfohlen wurde. Diese Regelung in § 18 Abs. 2a SGB XI ist bis zum 31. Dezember 2016 befristet.

Ab dem 1. Januar 2017 gilt dann die inhaltsgleiche Übergangsregelung in § 142 SGB XI, die eine Wiederholungsbegutachtung bei „übergeleiteten" Versicherten – also Pflegebedürftige, die bis zum 31. Dezember 2016 schon eingestuft waren – bis zum 1. Januar 2019 grundsätzlich erst einmal ausschließt.

Abweichend von diesen Fristen können Wiederholungsbegutachtungen durchgeführt werden, wenn eine Verringerung des Hilfebedarfs (z. B. Verbesserung des Gesundheitszustandes durch Operation oder Reha-Maßnahme) zu erwarten ist.

Aussetzung der Fristen zur Begutachtung ab 1. November 2016

Grundsätzlich gilt für den Bescheid über den Antrag eine 25-Arbeitstage-Frist zur Erteilung. Diese Frist gilt ab 1. November 2016 bis zum 31. Dezember 2016 nicht mehr, wenn kein besonders dringlicher Entscheidungsbedarf vorliegt, § 18 Abs. 3 SGB XI.

Sind Leistungsentscheidungen kurzfristig erforderlich, um die Weiterversorgung zu organisieren oder ergänzende Ansprüche realisieren zu können oder liegt ein sonstiger dringlicher Entscheidungsbedarf vor, gelten nach wie vor die in § 18 Abs. 3 festgelegten Fristen.

Ab 1. Januar 2017 gilt dann die Übergangsregel von § 142 SGB XI:

- Die Fristen in § 18 Abs. 3 Satz 2 werden vom 1. Januar 2017 bis zum 31. Dezember 2017 für grundsätzlich unbeachtlich erklärt.

- Nur dann, wenn ein besonders dringlicher Entscheidungsbedarf vorliegt, greift die 25-Arbeitstage-Frist zur Leistungsentscheidung (§ 142 Abs. 2 SGB XI).

- Erfolgt innerhalb von 20 Arbeitstagen nach Antragstellung in dringenden Fällen keine Begutachtung müssen dem Antragsteller – wie bisher regelhaft nach § 18 Abs. 3a Satz 1 Nr. 2 SGB XI – mindestens drei unabhängige Gutachter zur Auswahl benannt werden. Liegt kein dringlicher Entscheidungsbedarf vor, ist diese Frist unbeachtlich.

Der Spitzenverband Bund der Pflegekassen entwickelt bundesweit einheitliche Kriterien für das Vorliegen, die Gewichtung und die Feststellung eines besonders dringlichen Entscheidungsbedarfs. Fristen sind im Gesetz nicht genannt. Logischerweise müssen diese Kriterien aber vor dem **1. November 2016** vorliegen.

Pflegegeld für acht Wochen, § 37 SGB XI

Bisher konnte Verhinderungspflege (Ersatzpflege) für einen Zeitraum von bis zu sechs Wochen und Kurzzeitpflege für bis zu acht Wochen im Kalenderjahr – unter Anrechnung auf den jeweils anderen Leistungsbetrag – in Anspruch genommen werden. Da es bei dieser Regelung in der Praxis zu Umsetzungsschwierigkeiten und Auslegungsproblemen kam, wurde die Regelung vereinfacht. Die Zahlung des hälftigen Pflegegeldes ist ab 1. Januar 2016 während der Leistungsgewährung von Verhinderungspflege und Kurzzeitpflege für die Dauer von bis zu acht Wochen je Kalenderjahr fort zu gewähren.

Die Kombinationsleistung nach § 38 SGB XI wurde dementsprechend angepasst.

Das anteilige Pflegegeld, das während einer Kombinationsleistung zu gewähren ist, wird während einer Kurzzeitpflege nach § 42 SGB XI für bis zu acht Wochen und während einer Verhinderungspflege nach § 39 SGB XI für bis zu sechs Wochen je Kalenderjahr in Höhe der Hälfte der vor Beginn der Kurzzeit- oder Verhinderungspflege geleisteten Höhe fortgewährt.

Verpflichtung zum Angebot von Pflegekursen § 45 SGB XI

Die Pflegekasse ist seit 1. Januar 2016 verpflichtet, Pflegekurse für Angehörige und ehrenamtliche Pflegepersonen entweder als Gruppen- oder Einzelschulungen durchzuführen (Aufgabe der bisherigen „Soll"-Regel zugunsten einer Verpflichtung, „Muss"-Regel).

Auf Wunsch der Pflegeperson und der pflegebedürftigen Person findet die Einzelschulung zuhause beim Pflegebedürftigen statt (ebenfalls zwingende Regelung). Dazu bedarf es der Einwilligung des Pflegebedürftigen.

Neuverhandlung der Pflegesätze in teil- und vollstationären Einrichtungen, § 92c ff. SGB XI

Zur Pflegesatzverhandlung wurden mit dem PSG II zwei Möglichkeiten geschaffen:

- die Verhandlungslösung (§ 92c SGB XI)
- die Auffanglösung (§ 92d SGB XI)

Verhandlungslösung

§ 92c schafft den Rahmen, dass die Verhandlungen über die Personalausstattung und die Pflegevergütung im Laufe des Jahres 2016 geführt und abgeschlossen werden können. Es gelten folgende Regeln:

- Die ab 1. Januar 2016 noch geltenden oder ab 1. Januar 2016 neu abgeschlossenen Pflegesatzvereinbarungen (auf Grundlage von § 84 Abs. 2 SGB XI) der zugelassenen Pflegeeinrichtungen gelten bis zum 31. Dezember 2016 weiter.
- Für den Übergang in die neuen Pflegegraden sind ab 1. Januar 2017 neue Pflegesätze für die fünf Pflegegrade zu vereinbaren.
- Für die Pflegegrade 2 bis 5 sind in vollstationären Einrichtungen einrichtungseinheitliche Eigenanteile zu ermitteln.
- Pflegesatzkommissionen oder entsprechende Landesgremien können ein vereinfachtes Verfahren unter Zugrundelegung der Überleitungsregelungen festlegen.

Kommt keine Einigung zustande, ist dies schiedsstellenfähig.

Bei unvorhersehbaren wesentlichen Änderungen z. B. in der Bewohnerstruktur, kann auf Verlangen einer Vertragspartei jederzeit neu verhandelt werden

Auffanglösung

Mit der Einführung von § 92d SGB XI wurde Vorsorge getroffen, falls die Verhandlungen nicht geführt oder nicht rechtzeitig abgeschlossen werden: Pflegesatzvereinbarungen der Einrichtungen, für die es keinen neuen Abschluss gibt, werden in diesem Fall am 1. Januar 2017 gesetzlich übergeleitet.

> Es gilt dabei die Stichtagsregelung zum **30. September 2016**. Liegt bis dahin keine angepasste Pflegesatzvereinbarung vor, erfolgt eine alternative Überleitung nach § 92d SGB XI.

Bislang ist eine Pflegesatzvereinbarung nach den Pflegestufen I bis III und Härtefälle untergliedert. Mit einem vorgegebenen Verfahren und einer Rechenformel, die im neuen § 92e SGB XI zur Verfügung steht, wird die Vereinbarung in die neuen Pflegegrade 2 bis 5 umgerechnet. Die mit der Formel ermittelten Pflegesätze ergeben dann zusammen den Gesamtbetrag für das Pflegeheim.

Der Gesamtbetrag (Pflegesatz), den das Heim erhält, errechnet sich dabei aus dem Leistungsbetrag des jeweiligen Pflegegrades und dem gleich hohen Eigenanteil in den Pflegegraden 2 bis 5.

Nach der Umrechnung hat die Einrichtung den gleichen Gesamtbetrag zur Verfügung wie vor der Umstellung .

Aber Achtung: Alle Heimbewohner des Hauses haben jedoch – wenn sie vorher in Pflegestufe II oder III waren – einen niedrigeren Eigenanteil zu zahlen als zuvor. Die Heimbewohner der bisherigen Pflegestufe I zahlen aufgrund der Bestandsschutzregelung nach der Überleitung denselben Betrag wie vorher auch, den Rest übernimmt die Pflegeversicherung. Zum neuen Eigenanteil siehe unten.

> Einrichtungen haben bei der Umstellung eine Mitwirkungspflicht (§ 92f SGB XI). Sie müssen bis spätestens zum **31. Oktober 2016** den beteiligten Kostenträgern die erforderlichen Zahlen und Unterlagen – wie in § 92f Abs. 1 SGB XI beschrieben – zukommen lassen.

Kommen die Einrichtungen dieser Mitwirkungspflicht nicht nach, kann ein Schätzverfahren auf Grundlage vorangegangener Pflegesatzverfahren angewendet werden. Das Ergebnis der Schätzung ist schiedsstellenfähig.

Informationspflichten gegenüber den Bewohnern

Die Pflegeeinrichtung hat die Heimbewohner nach der Umstellung schriftlich zu informieren über

- die neuen Pflegesätze der Pflegegrade 1 bis 5 in der Einrichtung,
- die Höhe des einrichtungseinheitlichen Eigenanteils (nur vollstationäre Einrichtungen),
- die Besitzstandsschutzregeln nach dem am 1. Januar 2017 in Kraft tretenden § 141 SGB XI.

> Hierfür gilt als letztmöglicher Termin der **30. November 2016**.

Weiterentwicklung der Regelungen zur Qualitätssicherung, § 113 ff. SGB XI

Basierend auf wissenschaftlichen Erkenntnissen über die Qualitätssicherung soll ein Gesamtverfahren in Verbindung mit der Qualitätsdarstellung in der ambulanten und stationären Pflege entwickelt werden.

Einrichtung eines Qualitätsausschusses

Kern der Regelungen ist die Umgestaltung der bisherigen Schiedsstelle zu einem entscheidungsfähigen Qualitätsausschuss. Der neue § 113b SGB XI sieht dazu insbesondere vor:

- Die Schiedsstelle Qualitätssicherung wird zum Qualitätsausschuss, der wie bisher auch aus 20 Personen besteht.

- Dieser hat die Aufgabe, Maßnahmen zur Qualitätssicherung und Weiterentwicklung sowie Darstellung der Qualität der von Pflegeeinrichtungen erbrachten Leistungen zu beschließen und die Aufgaben der Geschäftsstelle wahrzunehmen.

- Die Vertragspartner nach § 113 SGB XI richten bis zum **31. März 2016** eine Geschäftsstelle des Qualitätsausschusses ein.

- Die Geschäftsstelle nimmt auch die Aufgaben einer wissenschaftlichen Beratungs- und Koordinierungsstelle wahr. In erster Linie soll sie den Qualitätsausschuss fachlich beraten und die in Auftrag gegebenen wissenschaftlichen Arbeiten begleiten und für den Ausschuss aufbereiten.

Aufgaben des Qualitätsausschusses

Der Qualitätsausschuss vergibt Aufträge an fachlich unabhängige wissenschaftliche Einrichtungen und Sachverständige insbesondere zu folgenden Themen:

- Entwicklung von Instrumenten für die Prüfung von stationären Pflegeeinrichtungen sowie für die Qualitätsberichterstattung; die wissenschaftlichen Grundlagen sollen hierfür bis zum **31. März 2017** vorliegen; die neuen Maßstäbe und Grundsätze sind bis zum **30. Juni 2017** zu vereinbaren

- Instrumente für die Prüfung der Qualität und Qualitätsberichterstattung in der ambulanten Pflege; der Abschlussbericht der Sachverständigen soll bis zum **31. März 2018** vorliegen; die neuen Maßstäbe und Grundsätze sind bis zum **30. Juni 2018** zu vereinbaren

- Module für die Befragung von Pflegebedürftigen als ergänzende Informationsquelle für die Bewertung der Lebensqualität im Rahmen der Qualitätsprüfung

- Konzept für eine Qualitätssicherung in neuen Wohnformen

- Empfehlungen zur Qualitätssicherung der häuslichen Beratungseinsätze nach § 37 Abs. 5 SGB XI

Bisher wurden keine Messungen von Ergebnisqualität im Rahmen der Qualitätssicherung in den stationären Pflegeeinrichtungen vorgenommen. Das soll sich nun ändern:

- Maßstäbe und Grundsätze für die stationäre Versorgung sollen über die bestehenden Vorgaben hinaus die zentrale Aufgabe erhalten, Anforderungen an ein indikatorengestütztes Gesamtverfahren zur Messung und Darstellung von Ergebnisqualität zu regeln.

- Auf dieser Grundlage werden die Verfahren zur Datenübermittlung, -auswertung und -bewertung der einrichtungsübergreifenden Qualitätssicherung vereinbart.

- Die dort gewonnenen Ergebnisse bilden die Grundlage für die GKV-Richtlinien zur Durchführung von Qualitätsprüfungen und deren Darstellung in Form von Pflegenoten.

Auch im ambulanten Bereich sollen Maßstäbe und Grundsätze ebenfalls eine Verknüpfung von Struktur-, Prozess- und Ergebnisqualität zum Inhalt haben.

Personalbemessung in Pflegeeinrichtungen, § 113c SGB XI

Der neue Pflegebedürftigkeitsbegriff führt zu einer vollkommen neuen Betrachtung von Pflegebedürftigkeit. Pflegebedürftige werden zukünftig immer gleichermaßen in ihren körperlichen, geistigen und psychischen Einschränkungen der Selbständigkeit begutachtet und eingestuft. Das wird dazu führen, dass sowohl ambulante als auch stationäre Einrichtungen ihre konkreten Angebote nochmals überprüfen und ggf. weiterentwickeln müssen:

- Im stationären Bereich muss das Angebot für die Bewohner noch stärker auf den Erhalt und die Wiedergewinnung der Selbständigkeit und der Fähigkeiten ausgerichtet sein. Eventuell sind dafür zusätzliche Fachkräfte aus anderen, bisher nicht in diesen Einrichtungen beschäftigten Sparten notwendig.

- Im ambulanten Bereich muss sich das Leistungsspektrum an dieser Neuausrichtung orientieren. Zum Angebot der Pflegedienste gehören nun auch körperbezogene Pflegemaßnahmen, Hilfen bei der Haushaltsführung und pflegerische Betreuungsmaßnahmen.

Im Hinblick auf den neuen Pflegebedürftigkeitsbegriff sind von den Vereinbarungspartnern der Landesrahmenverträge die Maßstäbe und Grundsätze für eine wirtschaftliche und leistungsbezogene, am Versorgungsauftrag orientierte personelle Ausstattung der Pflegeeinrichtungen zu überprüfen und anzupassen.

Dabei sind insbesondere bereits vorliegende Untersuchungen und Erfahrungswerte sowie handlungsleitende Verfahrensabsprachen zu berücksichtigen. Die Ausgestaltung der personellen Ausstattung in Pflegeeinrichtungen richtet sich nach den konkreten Gegebenheiten vor Ort und liegt bei den beteiligten Vereinbarungspartnern auf Einrichtungsebene.

> Davon unabhängig erhalten die Vertragsparteien nach § 113 SGB XI die Aufgabe, unter Einbeziehung wissenschaftlichen Sachverstands bis zum **30. Juni 2020** ein fundiertes Verfahren zur einheitlichen Bemessung des Personalbedarfs sowohl in stationären als auch in ambulanten Einrichtungen der Pflege zu erarbeiten und zu erproben.

Ziel ist, auf der Basis des neuen Pflegebedürftigkeitsbegriffs und des neuen Begutachtungsverfahrens (NBA) den fachlich-konzeptionellen Rahmen für ein neues Instrument zur Ermittlung des qualitativen und quantitativen Personalbedarfs zu entwickeln, so dass der Personalbedarf von Pflegeeinrichtungen künftig vor Ort verhandelt werden kann.

Wichtige Neuerungen ab 1. Januar 2017

Neuer Pflegebedürftigkeitsbegriff, § 14 SGB XI

Der aktuelle Pflegebedürftigkeitsbegriff steht seit seiner Einführung in der Kritik, weil er nicht ausreichend pflegefachlich fundiert, defizitorientiert und vorrangig auf Alltagsverrichtungen in den Bereichen Mobilität, Ernährung, Körperpflege und hauswirtschaftliche Versorgung ausgerichtet ist. Kognitive oder psychische Beeinträchtigungen werden zu wenig berücksichtigt.

Neben dieser verkürzten Betrachtung ist er außerdem dem Vorwurf der „Minutenzählerei" ausgesetzt, weil in der Begutachtung vorrangig festgestellt wird, wie viel Zeit bei der Unterstützung des Pflegebedürftigen erforderlich ist.

Ab 1. Januar 2017 gilt der neue Pflegebedürftigkeitsbegriff, der wie folgt definiert ist:

- Pflegebedürftig sind Personen, die gesundheitlich bedingte Beeinträchtigungen der Selbständigkeit und Fähigkeiten aufweisen und deshalb der Hilfe durch andere bedürfen.

- Es muss sich um Personen handeln, die körperliche, kognitive oder psychische Belastungen oder gesundheitlich bedingte Belastungen oder Anforderungen nicht selbständig kompensieren oder bewältigen können.

- Die Pflegebedürftigkeit muss (unverändert) auf Dauer, voraussichtlich für mindestens 6 Monate bestehen.

Durch den neuen Pflegebedürftigkeitsbegriff ändert sich also der Maßstab zur Bewertung der Pflegebedürftigkeit:

- Gleichbehandlung aller Pflegebedürftigen durch Orientierung am Grad der Selbständigkeit und Fähigkeit

- Gleichstellung von Pflegebedürftige mit kognitiven Erkrankungen und psychischen Störungen mit körperlich Beeinträchtigten

Maßgeblich zur Prüfung sind die in § 14 Abs. 2 SGB XI aufgeführten sechs Lebensbereiche inklusive der dort genannten pflegefachlich begründeten Kriterien: Mobilität, kognitive und kommunikative Fähigkeiten, Verhaltensweisen und psychische Problemlagen, Selbstversorgung, Bewältigung von und selbständiger Umgang mit krankheits- oder therapiebedingten Anforderungen und Belastungen, Gestaltung des Alltagslebens und sozialer Kontakte. Ebenfalls zu berücksichtigen ist, inwieweit die Haushaltsführung noch bewältigt werden kann.

Einführung von fünf Pflegegraden, § 15 SGB XI

Die in § 14 Abs. 2 festgelegten Bereiche korrespondieren mit der Festlegung der Pflegegrade, die anhand der in § 15 SGB XI und seiner Anlagen 1 und 2 festgelegten Modulen vorgenommen wird.

Der Pflegegrad wird mit Hilfe eines pflegefachlich begründeten Begutachtungsinstruments ermittelt (Neues Begutachtungsassessment – NBA), das in den letzten Jahren bereits in Modellversuchen ausführlich getestet wurde.

> Zur näheren Ausgestaltung der Begutachtung müssen noch entsprechende Begutachtungs-Richtlinien entwickelt werden. Diese sollen bis **23. März 2016** vorliegen. Zum Zeitplan siehe auch § 17a SGB XI.

Fünf für alle Pflegebedürftigen einheitlich geltende Pflegegrade ersetzen das bisherige System der drei Pflegestufen und der zusätzlichen Feststellung von erheblich eingeschränkter Alltags-kompetenz.

Ausschlaggebend für die Einstufung in den jeweiligen Pflegegrad (PG) ist die Beeinträchtigung der Selbständigkeit oder Fähigkeiten (sog. Kategorien).

Pflegegrad (PG)	Beeinträchtigung der Selbständigkeit oder Fähigkeiten
PG 1	Geringe
PG 2	Erhebliche
PG 3	Schwere
PG 4	Schwerste
PG 5	Schwerste mit besonderen Anforderungen an die pflegerische Versorgung

Neues Begutachtungsassessment (NBA)

Bei der Begutachtung wird der Grad der Selbständigkeit bzw. der Fähigkeiten in sechs verschiede-nen Bereichen ermittelt. Diese Bereiche (Module) entsprechen den in § 14 Abs. 2 SGB XI festgeleg-ten Bereichen.

Bei der Begutachtung ist das Ausmaß der Einschränkung der Selbständigkeit oder der Fähigkeiten in jedem dieser Bereiche zu prüfen und eine Gesamtbewertung vorzunehmen. Dann erfolgt die Einstufung in einen der fünf Pflegegrade.

Dieses neue Instrument zur Begutachtung

- bildet die Grundlage der Einstufung in die 5 Pflegegrade
- erlaubt eine differenziertere Einstufung als bisher
- misst den Grad der Selbständigkeit bzw. das Ausmaß der Abhängigkeit von Hilfe in allen pflege- und lebensrelevanten Bereichen
- gibt stärkere Impulse für Rehabilitations- und Präventionsbedarfe

Gliederung in sechs Module

Das Begutachtungsinstrument ist in sechs Module gegliedert. Jedes Modul umfasst Kriterien (hier als Aufzählung dargestellt). Diese Kriterien werden je nach Schwere der Ausprägungen der Beein-trächtigung der Selbständigkeit bzw. Fähigkeit mit Einzelpunkten bewertet, siehe dazu ausführlich Anlage 1 zu § 15 SGB XI (S. 395).

1. Mobilität

- Positionswechsel im Bett
- Halten einer stabilen Sitzposition
- Umsetzen
- Fortbewegen innerhalb des Wohnbereiches
- Treppensteigen

2. Kognitive und kommunikative Fähigkeiten

- Erkennen von Personen aus dem näheren Umfeld

- Örtliche Orientierung

- Zeitliche Orientierung

- Erinnern an wesentliche Ergebnisse oder Beobachtungen

- Steuern von mehrschrittigen Alltagshandlungen

- Treffen von Entscheidungen im Alltagsleben

- Verstehen von Sachverhalten und Informationen

- Erkennen von Risiken und Gefahren

- Mitteilen elementarer Bedürfnisse

- Verstehen von Aufforderungen

- Beteiligen an einem Gespräch

3. Verhaltensweisen und psychische Problemlagen

- Motorisch geprägte Verhaltensauffälligkeiten

- Nächtliche Unruhe

- Selbstschädigendes und autoaggressives Verhalten

- Beschädigen von Gegenständen

- Physisch aggressives Verhalten gegenüber anderen Personen

- Verbale Aggression

- Andere pflegerelevante vokale Auffälligkeiten

- Abwehr pflegerischer und anderer unterstützender Maßnahmen

- Wahnvorstellungen

- Ängste

- Antriebslosigkeit bei depressiver Stimmungslage

- Sozial inadäquate Verhaltensweisen

- sonstige pflegerelevante inadäquate Handlungen

4. Selbstversorgung

- Waschen des vorderen Oberkörpers

- Körperpflege im Bereich des Kopfes (Kämmen, Zahnpflege / Prothesenreinigung, Rasieren)

- Waschen des Intimbereichs

- Duschen und Baden einschließlich Waschen der Haare

- An- und Auskleiden des Oberkörpers
- An- und Auskleiden des Unterkörpers
- Mundgerechtes Zubereiten der Nahrung und Eingießen von Getränken
- Essen
- Trinken
- Benutzen einer Toilette oder eines Toilettenstuhls
- Bewältigen der Folgen einer Harninkontinenz und Umgang mit Dauerkatheter und Urostoma
- Bewältigung der Folgen einer Stuhlinkontinenz und Umgang mit Stoma
- Ernährung parental oder über Sonde

5. **Bewältigung von und selbständiger Umgang mit krankheits- oder therapiebedingten Anforderungen und Belastungen**

- Medikation
- Injektionen (subcutan oder intramuskulär)
- Versorgung intravenöser Zugänge (Port)
- Absaugen oder Sauerstoffgabe
- Einreibungen sowie Kälte- und Wärmeanwendungen
- Messung und Deutung von Körperzuständen
- Körpernahe Hilfsmittel
- Verbandwechsel und Wundversorgung
- Versorgung mit Stoma
- Regelmäßige Einmalkatheterisierung und Nutzung von Abführmitteln
- Therapiemaßnahmen in häuslicher Umgebung
- Zeit- und technikintensive Maßnahmen in häuslicher Umgebung
- Arztbesuche
- Besuche anderer medizinischer oder therapeutischer Einrichtungen (bis zu drei Stunden)
- Zeitlich ausgedehnte Besuche anderer medizinischer oder therapeutischer Einrichtungen (länger als drei Stunden)
- Besuch von Einrichtungen zur Frühförderung bei Kindern
- Einhaltung einer Diät und anderer krankheits- oder therapiebedingter Verhaltensvorschriften

Wichtig: Bisher spielten pflegerische Maßnahmen der sogenannten Behandlungspflege in aller Regel keine Rolle. Ab 2017 erfolgt hier – wie oben an der Auflistung abzulesen – eine Änderung.

6. Gestaltung des Alltagslebens und sozialer Kontakte

- Gestaltung eines Tagesablaufs und Anpassung an Veränderungen
- Ruhen und Schlafen
- Sich beschäftigen
- Vornehmen von in die Zukunft gerichteten Planungen
- Interaktion mit Personen im direkten Kontakt
- Kontaktpflege zu Personen außerhalb des direkten Umfeldes

Zusätzlich: Außerhäusliche Aktivität und Haushaltsführung

Im Rahmen der Begutachtung sind auch die Beeinträchtigungen der Selbständigkeit und Fähigkeitsstörungen in den Bereichen

- außerhäusliche Aktivitäten und
- Haushaltsführung

festzustellen.

Aber: Diese beiden Bereiche werden nicht für die Einstufung der Pflegebedürftigkeit herangezogen. Sie sollen Pflegeberater dazu dienen, einen passgenaueren Versorgungsplan zu erstellen bzw. die Pflegeplanung noch besser auf die Bedürfnisse des zu Pflegenden anzupassen.

Klassifikation der Selbständigkeit

Die Punktbewertung der einzelnen Kriterien in den Module 1, 2, 4 und 6 erfolgt je nach Schwere der Ausprägungen der Beeinträchtigung der Selbständigkeit bzw. Fähigkeit. Dazu wurde folgende Klassifikation entwickelt:

- Selbständig
- Überwiegend selbständig
- Überwiegend unselbständig
- Unselbständig

Definition

Selbständig:

Die Person ist fähig, eine Handlung oder Aktivität allein, d. h. ohne Unterstützung einer anderen Person durchführen. Selbständig ist auch, wer eine Handlung unter Nutzung von Hilfsmitteln durchführen kann.

Überwiegend selbständig:

Die Person kann den größten Teil der Aktivität selbständig durchführen. Es entsteht nur geringer/mäßiger Aufwand für die Pflegeperson etwa durch Zurechtlegen von Gegenständen oder sonstigen Vorbereitungsmaßnahmen, Anstoßgeben durch Aufforderung, einzelne Handreichungen, Anwesenheit aus Sicherheitsgründen.

Definition

Überwiegend unselbständig:

- Die Person kann die Aktivität nur zu einem geringen Anteil selbständig durchführen. Es sind aber Ressourcen vorhanden, so dass sie sich beteiligen kann. Dies setzt ggf. ständige Anleitung oder aufwändige Motivation auch während der Aktivität voraus oder Teilschritte der Handlung müssen übernommen werden. Zurechtlegen und Richten von Gegenständen, wiederholte Aufforderungen oder punktuelle Unterstützungen reichen nicht aus.

Unselbständig:

- Die Person kann die Aktivität in der Regel nicht selbständig durchführen bzw. steuern, auch nicht in Teilen. Es sind kaum oder keine Ressourcen vorhanden. Motivation, Anleitung, ständige Beaufsichtigung reichen auf keinen Fall aus. Die Pflegeperson muss alle oder nahezu alle Teilhandlungen anstelle der betroffenen Person durchführen. Eine minimale Beteiligung ist nicht zu berücksichtigen (z. B. wenn sich die Person nicht durchgehend und nur mit kleinen Teilhandlungen beteiligt).

Berechnung und Ermittlung des Pflegegrades

Die Ermittlung des Pflegegrades erfolgt in mehreren Berechnungsstufen bezogen auf die sechs Module:

- Addierung der Einzelpunktwerte auf Modulebene
- Umrechnung der Einzelpunktwerte (entsprechend dem erreichten Punktbereich) in „gewichtete" Punktwerte nach folgender Regel:

Modul		Gewichtung
Modul 1	Mobilität	10 %
Module 2 +3	Kognitive und kommunikative Fähigkeiten sowie Verhaltensweisen und psychischeProbleme	15 %
Modul 4	Selbstversorgung	40 %
Modul 5	Bewältigung von und selbständiger Umgang mit krankheits- oder therapiebedingtenAnforderungen und Belastungen	20 %
Modul 6	Gestaltung des Alltagslebens, soziale Kontakte	15 %

- Aus den zusammengeführten, summierten gewichteten Punktwerten der 6 Module wird der „Gesamtpunktwert" errechnet (0 bis 100)
- Der Gesamtpunktwert bestimmt das Ausmaß der Pflegebedürftigkeit. Daraus leitet sich der Pflegegrad ab

  Zu vergeben sind maximal 100 Punkte (Punkteskalierung) zur Erreichung unterschiedlicher Pflegegrade (PG):

  - kein PG   → unter 12,5
  - PG 1: geringe Beeinträchtigung   → 12,5 bis unter 27
  - PG 2: erhebliche Beeinträchtigung   → 27 bis unter 47,5
  - PG 3: schwere Beeinträchtigung   → 47,5 bis unter 70
  - PG 4: schwerste Beeinträchtigung   → 70 bis unter 90
  - PG 5 schwerste Beeinträchtigung
    mit besonderen Anforderungen an die pflegerische Versorgung   → 90 bis 100

Wichtige Neuerungen

Bei der Vergabe von 90 bis 100 Punkten (= Pflegegrad 5) stellen sich besondere Anforderung an die pflegerische Versorgung. Diese besondere Bedarfskonstellation liegt vor, wenn unabhängig vom Schwellenwert von 90 Punkten ein spezifischer, außergewöhnlich hoher Hilfebedarf mit besonderen Anforderungen an die pflegerische Versorgung ausgewiesen wird.

Neue Begutachtungsregeln für Kinder

Bei pflegebedürftigen Kindern wird der Pflegegrad grundsätzlich durch einen Vergleich der Beeinträchtigungen ihrer Selbständigkeit und ihrer Fähigkeitsstörungen mit altersentsprechend entwickelten Kindern ermittelt.

Kinder 0 bis 18 Monate

Für pflegebedürftige Kinder im Alter von 0 bis 18 Monaten wird eine Sonderregelung getroffen. Sie werden bei gleicher Einschränkung um einen Pflegegrad höher eingestuft als ältere Kinder/Erwachsene. Diese Sonderregelung dient vor allem dazu, neben den Kindern die Eltern der Kinder zu entlasten und häufige Begutachtungen in den ersten Lebensmonaten zu vermeiden. Außerdem können mit dieser Regelung natürliche Entwicklungsschwankungen aufgefangen werden.

Der Pflegegrad wird durch einen Vergleich der Beeinträchtigungen ihrer Selbständigkeit und ihrer Fähigkeiten mit altersentsprechend entwickelten Kindern ermittelt.

Nach der Einstufung können die Kinder in diesem Pflegegrad ohne weitere Begutachtung bis zum 18. Lebensmonat verbleiben.

> **Ausnahme:** Ein Höherstufungsantrag oder eine Nachuntersuchung ist aus fachlicher Sicht notwendig.

Punkteskalierung des NBA für Kinder von 0 bis 18 Monaten:

- kein PG   → unter 12,5
- PG 2   → 12,5 bis unter 27
- PG 3   → 27,5 bis unter 47,5
- PG 4   → 47,5 bis unter 70
- PG 5   → 70 bis 100

Überleitungsregeln, Besitzstandschutz

Zwei Grundsätze wurden von Bundesgesundheitsminister Gröhe postuliert, als das Gesetzgebungsverfahren bzw. das Verfahren zum neuen Begutachtungsverfahren angestoßen wurde:

- Niemand soll durch die Einführung des neuen Pflegebedürftigkeitsbegriffs schlechter gestellt werden.
- Niemand, der bereits Leistungen bezieht, soll einen neuen Antrag auf Begutachtung stellen müssen.

Diese Grundsätze sind mit dem Pflegestärkungsgesetz II in das SGB XI übernommen worden.

Wichtig: Solange der Pflegebedürftige bereits bis zum 31. Dezember 2016 Leistungen der Pflegeversicherung erhält und ambulant gepflegt wird, greift der Besitzstand in vollem Umfang.

Wechselt der Pflegebedürftige aber ab 1. Januar 2017 in eine vollstationäre Einrichtung erhält er bis zum Pflegegrad 3 nur noch die neuen abgesenkten Leistungsbeträge (siehe S. 33); zudem wird er durch den einrichtungseinheitlichen Eigenanteil belastet.

Überleitungen bestehender Pflegestufen, § 140 SGB XI

- Menschen mit körperlichen Einschränkungen werden automatisch in den im Vergleich zur bisherigen Pflegestufe nächst höheren Pfleggrad übergeleitet (sog. Stufensprung)

- Menschen mit geistigen oder psychischen Einschränkungen (die ggf. auch körperlich eingeschränkt sein können), werden automatisch in den übernächsten Pflegegrad überführt (sog. doppelter Stufensprung)

Diese Überleitungsregeln aus den Pflegestufen in die neuen Pflegegrade führen daher zu folgendem Ergebnis:

Überblick: Überleitungen bestehender Pflegestufen, § 140 SGB XI

bis 31.12.2016	ab 1.1.2017	
	Ohne eingeschränkte Alltagskompetenz	**Mit eingeschränkter Alltagskompetenz**
Pflegestufe 0	–	Pflegegrad 2
Pflegestufe I	Pflegegrad 2	Pflegegrad 3
Pflegestufe II	Pflegegrad 3	Pflegegrad 4
Pflegestufe III	Pflegegrad 4	Pflegegrad 5
Pflegestufe III – Härtefall	Pflegegrad 5	Pflegegrad 5

Anmerkung: Im Zuge der Überleitung erfolgt keine Einstufung in Pflegegrad 1; zum neuen Pflegegrad 1 siehe S. 28.

> Dieser Bestandsschutz gilt lebenslang. Eine Schlechterstellung durch Neubegutachtung übergeleiteter Pflegebedürftiger wird ausgeschlossen. Eine Ausnahme gilt nur, wenn keine Pflegebedürftigkeit mehr vorliegt. Eine Höherbegutachtung bei Verschlechterung des Zustandes ist nach 2017 natürlich möglich.

Wichtig: Ein Anspruch auf rückwirkende Leistungen bei Höherstufungsanträgen besteht für die Monate November und Dezember 2016, wenn die tatsächlichen Voraussetzungen für einen höheren Pflegegrad bereits vor dem 1. Januar 2017 vorlagen (§ 142 Abs. 4 SGB XI).

Zum Überleitungszeitpunkt erhalten alle Betroffenen einen schriftlichen Bescheid ihrer Pflegekasse, aus dem sich die Überleitung sowie die neuen Leistungsbeträge ergeben.

Besitzstandsschutz, § 141 SGB XI

Entlastungsbetrag, § 45b SGB XI

Für Versicherte, die nach der bis zum 31. Dezember 2016 geltenden Fassung den erhöhten Entlastungsbetrag von 208 Euro erhalten haben (§ 45b SGB XI in der Fassung bis 31. Dezember 2016), kann die Besitzstandsregel nach § 141 Abs. 2 SGB XI zur Anwendung kommen.

Diese greift, wenn der Anspruchsberechtigte in Bezug auf die ihm zustehenden Leistungen (Pflegegeld, Pflegesachleistungen oder Tages- und Nachtpflege) nach der Überleitung nicht um mindestens jeweils 83 Euro monatlich besser gestellt ist. In diesen Fall erhält er einen Zuschlag zum Entlastungsbetrag ab 1. Januar 2017 in Höhe der Differenz zwischen dem erhöhten Betrag von 208 Euro und dem ab 1. Januar 2017 geltenden Entlastungsbetrag in Höhe von 125 Euro; zum neuen Entlastungsbetrag siehe auch S. 34. Die Pflegekasse hat hierüber entsprechend zu informieren.

Eigenanteil bei vollstationärer Pflege

In vollstationären Pflegeeinrichtungen gibt es ab 1. Januar 2017 einen einheitlichen Eigenanteil für die Pflegegrade 2 bis 5, den die Einrichtung mit der Pflegekasse bzw. dem Sozialhilfeträger ermittelt. Dieser Eigenanteil wird nicht mehr steigen, wenn jemand in einen höheren Pflegegrad eingestuft werden muss.

Ist der einrichtungsbezogene Eigenanteil in den Pflegegraden 2 bis 5 ab 1. Januar 2017 höher als davor, ist die Differenz zusätzlich von der Pflegekasse zu tragen.

Künftig weitere Erhöhungen des Eigenanteils gehen aber weiterhin zu Lasten des Versicherten.

Wichtig: Eine etwaige Erhöhung ergibt sich nicht mehr aus dem individuellen Pflegegrad bzw. deren Erhöhung. Ab 1. Januar 2017 wird ein einrichtungseinheitlicher Eigenanteil eingeführt, der bewirkt, dass alle Pflegedürftigen der Einrichtung unabhängig vom Pflegegrad den gleichen Eigenanteil zahlen müssen. Eine Höherstufung wirkt sich also nicht mehr auf den Eigenanteil aus.

Zusätzliche Betreuungsangebote für alle

Ab 1. Januar 2017 kann jeder Pflegebedürftige in den Genuss der zusätzlichen Betreuungsangebote kommen. Bisher war das davon abhängig, ob die Einrichtung dies mit der Pflegekasse verhandelt hat. Zukünftig ist sie verpflichtet, mit den Pflegekassen entsprechende Vereinbarungen zu schließen und gegebenenfalls zusätzliche Betreuungskräfte einzustellen. Diese werden nach wie vor vollständig durch die Pflegekasse finanziert.

Übergangsregelungen zum Begutachtungsverfahren, § 142 SGB XI

Um die Umstellung und ein in 2016/2017 zu erwartendes erhöhtes Begutachtungsaufkommen zu bewerkstelligen, wurden in § 142 SGB XI folgende Übergangsregelungen eingefügt:

- Wiederholungsbegutachtungen werden vom **1. Januar 2017 bis 1. Januar 2019** ausgesetzt; zur Aussetzung der Wiederholungsbegutachtung bereits vom 1. Juli 2016 bis 31. Dezember 2016 siehe oben, S. 13.

- Die 25-Arbeitstage-Frist (früher: 5 Wochen) zur Bescheidung von Pflegeanträgen wird bis zum **31. Dezember 2017** ausgesetzt.

- Die Regelung zur Zahlung einer Verzögerungsgebühr wird bis zum **31. Dezember 2017** außer Kraft gesetzt.

- Bei besonders dringendem Entscheidungsbedarf hat die Begutachtung innerhalb von 20 Arbeitstagen (früher: 4 Wochen) zu erfolgen. Geschieht dies nicht bzw. ist dies innerhalb dieser Frist nicht möglich, sind dem Antragsteller mindestens drei unabhängige Gutachter zu benennen. Diese Regelung gilt vom **1. Januar 2017 bis 31. Dezember 2017**.

Leistungen des SGB XI ab 1. Januar 2017

Grundsätzliches zur Bemessung der Leistungen

Mit dem Zweiten Pflegestärkungsgesetz (PSG II) wird fortgeführt, was durch das Erste Pflegestärkungsgesetz (PSG I) im Leistungsrecht bereits vorbereitet wurde. Mit dem PSG I wurden insbesondere Verbesserungen in den Leistungen vorgenommen, etwa durch die Möglichkeit, Tages- und Nachtpflege sowie Kurzzeit- und Verhinderungspflege miteinander besser kombinieren zu können.

Festlegung der Leistungsbeträge im ambulanten Bereich:
Es erfolgt zunächst eine Orientierung an den alten Leistungsbeträgen und zwar jeweils an der dem Pflegegrad „darunter" liegenden Pflegestufe (z. B. Pflegegrad 2 orientiert sich an Pflegestufe I). Hinzu kommen alle Beträge der Übergangsleistungen nach § 123 ff. SGB XI in der Fassung bis 31. Dezember 2015.

Festlegung der Leistungsbeträge im vollstationären Bereich:
Die Pflegesätze einer Pflegeeinrichtung enthalten ab 1. Januar 2017 den Leistungsbetrag der Pflegeversicherung für die Pflegegrade 2 bis 5 und immer gleich hohe pflegebedingte Eigenanteile der Pflegebedürftigen. Dieser pflegebedingte Eigenanteil wird in den Vergütungsverhandlungen speziell für jede Einrichtung ermittelt.

Neueinführung des Pflegegrades 1
Bei Pflegebedürftigen des Pflegegrades 1 handelt es sich vorrangig um somatisch beeinträchtigte Pflegebedürftige, mit geringem Bedarf an personeller Unterstützung (Teilhilfe bei Selbstversorgung, Verlassen der Wohnung, Haushaltsführung).

Wichtige Neuerungen

Hauptleistungsbeträge ab 1. Januar 2017

Leistung	Pflegegrad (PG) in Euro				
	PG 1	PG 2	PG 3	PG 4	PG 5
Geldleistung ambulant	125*	316	545	728	901
Sachleistung ambulant		689	1298	1612	1995
Leistungsbetrag vollstationär	125	770	1262	1775	2005
bundesdurchschnittlicher pflegebedingter Eigenanteil (einheitlich für PG2 bis PG5) **		580	580	580	580

  * keine Geldleistung, sondern zweckgebundene Kostenerstattung
** zusätzlich einrichtungsspezifischer Eigenanteile für Unterkunft und Verpflegung sowie für Investitionskosten, Hochrechnung BMG

Leistungen bei Pflegegrad 1

Leistungen zur Erhaltung und Wiederherstellung der Selbständigkeit und Vermeidung schwererer Pflegebedürftigkeit (§ 28a SGB XI)

Grundsätzlich werden die Leistungen der Pflegeversicherung ab 1. Januar 2017 für die Pflegegrade 2 bis 5 gewährt. Zum Zweck der Erhaltung und Wiederherstellung der Selbständigkeit und der Vermeidung schwererer Pflegebedürftigkeit wurde der Pflegegrad 1 für beeinträchtigte Pflegebedürftige geschaffen, die nur einen geringen Grad an personeller Unterstützung (Teilhilfe bei Selbstversorgung, Verlassen der Wohnung, Haushaltsführung) benötigen. Oft sind dies somatisch beeinträchtigte Menschen.

Der neue Pflegegrad 1 ist nicht mit der bisherigen Pflegestufe 0 zu verwechseln. Vielmehr werden diesem Pflegegrad künftig Personen zugeordnet, die bislang von der Pflegekasse keinerlei Leistungen erhielten. Das Bundesministerium für Gesundheit geht derzeit von ca. 500.000 Menschen aus, die ab 1. Januar 2017 Anspruch auf diese Leistungen haben:

- Pflegeberatung (§§ 7a, 7b SGB XI)

- Beratung in der eigenen Häuslichkeit (§ 37 Abs. 3 SGB XI)

- pauschaler Wohngruppenzuschlag, zusätzliche Leistungen in ambulant betreuten Wohngruppen (§ 38a SGB XI)

- Versorgung mit Pflegehilfsmitteln (§ 40 SGB XI)

- Wohnumfeld verbessernde Maßnahmen (§ 40 SGB XI)

- Zusätzliche Betreuung und Aktivierung in stationären Pflegeeinrichtungen (§ 43b SGB XI)

- Pflegekurse für Angehörige und ehrenamtliche Pflegepersonen (§ 45 SGB XI)

Zudem wird ein Entlastungsbetrag für Angebote zur Unterstützung im Alltag von monatlich bis zu 125 Euro als Kostenerstattungsanspruch gewährt (§ 45b SGB XI), bei Wohnen in einer vollstationären Einrichtung als monatlicher Zuschuss (§ 43 Abs. 3 SGB XI).

Diese Leistungen sind zu beantragen.

Leistungen bei Pflegegrad 2 bis Pflegegrad 5

Pflegesachleistung (§ 36 SGB XI)

Der Anspruch auf häusliche Pflegehilfe umfasst künftig

- körperbezogene Pflegemaßnahmen,

- pflegerische Betreuungsmaßnahmen und

- Hilfen bei der Haushaltsführung.

Im Vergleich auf die bis 2016 geltenden Leistungen bedeutet dies:

- Entfallen der bisherige Beschränkung auf körperbezogene Verrichtungen

- Aufgabe des bisherigen Grundsatzes „Grundpflege und Hauswirtschaft muss sichergestellt sein"

- Integration der bisherigen Leistung nach § 124 SGB XI (Häusliche Betreuung)

- Entfallen der bisherigen ambulanten Härtefallregelung

Übersicht: Pflegesachleistung ambulant

Bis 31.12.2016		Ab 1.1.2017		
Pflegestufe (PS)	monatlich in Euro	Pflegegrad (PG)	monatlich in Euro	Steigerung in %
PS I	468	PG 2	689	47 %
PS II	1144	PG 3	1298	13 %
PS III	1612	PG 4	1612	0 %
PS III + Härtefall	1995	PG 5	1995	0 %

Übersicht: Pflegesachleistung ambulant und erheblich eingeschränkte Alltagskompetenz (EA)

Bis 31.12.2016		Ab 1.1.2017		
Pflegestufe (PS)	monatlich in Euro	Pflegegrad (PG)	monatlich in Euro	Steigerung in %
PS 0 + EA	231	PG 2	689	198 %
PS I + EA	689	PG 3	1298	88 %
PS II + EA	1298	PG 4	1612	24 %
PS III +EA	1612	PG 5	1995	24 %
PS III + Härtefall	1995	PG 5	1995	0 %

Wichtige Neuerungen

Pflegegeld (§ 37 SGB XI)

Vergleich auf die bis 2016 geltenden Leistungen:

- Integration der bisherigen Pflegesachleistungen nach § 123 SGB XI
- Anspruch auf Pflegegeld auch bei Pflegegrad 5
  (bei „ambulanten Härtefällen" gab es bislang kein Pflegegeld)

Neue Regeln zum Nachweis des Beratungseinsatzes:

Pflegebedürftige

- der Pflegegrade 2 und 3 müssen halbjährlich
- der Pflegegrade 4 und 5 vierteljährlich

einen Beratungseinsatz in der Häuslichkeit nachweisen.

Übersicht: Pflegegeld

Bis 31.12.2016		Ab 1.1.2107		
Pflegestufe (PS)	monatlich in Euro	Pflegegrad (PG)	monatlich in Euro	Steigerung in %
PS I	244	PG 2	316	30 %
PS II	458	PG 3	545	19 %
PS III	728	PG 4	728	0 %
PS III + Härtefall	--	PG 5	901	100 %

Pflegegeld mit erheblich eingeschränkter Alltagskompetenz (EA)

Bis 31.12.2016		Ab 1.1.2107		
Pflegestufe (PS)	monatlich in Euro	Pflegegrad (PG)	monatlich in Euro	Steigerung in %
PS 0 + EA	123	PG 2	316	157 %
PS I + EA	316	PG 3	545	72 %
PS II + EA	545	PG 4	728	34 %
PS III + EA	728	PG 5	901	24 %
PS III + Härtefall	--	PG 5	901	100 %

Bereits seit 1. Januar 2016 wird die Hälfte des bisher bezogenen Pflegegeldes während einer Kurzzeitpflege für bis zu acht Wochen und während einer Verhinderungspflege für bis zu sechs Wochen je Kalenderjahr fortgewährt, siehe auch S. 14.

Beratung während der Pflege, Beratungseinsätze (§ 37 Abs. 3 SGB XI)

Die Vergütung für den Beratungseinsatz wird ab 1. Januar 2017 um einen Euro erhöht:

- Bei Personen mit Pflegegrad 1, 2 und 3: bis zu 23 Euro

- Bei Personen mit Pflegegrad 4 und 5: bis zu 33 Euro

Inanspruchnahme:

- bei Pflegegrad 1: zur halbjährlichen Inanspruchnahme berechtigt

- bei Pflegegrad 2 und 3: halbjährlich verpflichtend

- bei Pflegegrad 4 und 5: vierteljährlich verpflichtend

Ambulant betreute Wohngruppen, Wohngruppenzuschlag (§ 38a SGB XI)

Erhöhung der Leistung von 205 Euro auf 214 Euro ab 1. Januar 2017.

§ 38a SGB XI gilt auch für Personen mit Pflegegrad 1.

Es besteht jedoch kein Anspruch auf einen Wohngruppenzuschlag, wenn eine Versorgungsform einschließlich teilstationärer Pflege vorliegt, die im Leistungsumfang weitgehend dem einer vollstationären Pflege entspricht (z. B. Tagespflege). Der MDK soll im Einzelfall prüfen, ob in Wohngruppen die Inanspruchnahme der Tages- und Nachtpflege erforderlich ist. Nur dann, wenn durch eine Prüfung nachgewiesen ist, dass die Pflege in einer ambulant betreuten Wohngruppe ohne teilstationäre Pflege nicht in ausreichendem Umfang sichergestellt werden kann, kann die Leistung in Anspruch genommen werden.

Verhinderungspflege (§ 39 SGB XI)

Das hälftige Pflegegeld wird bis zu 6 Wochen fortgewährt. Der Anspruch beträgt wie bisher 1612 Euro im Kalenderjahr für maximal 42 Kalendertage.

Weiterhin möglich ist auch ein Übertrag des halben Kurzzeitpflegeanspruchs auf die Verhinderungspflege (sog. Umwidmung), also eine Übertragung von 806 Euro auf bis zu maximal 2418 Euro.

Tages- und Nachtpflege, Sachleistungsanspruch teilstationär (§ 41 SGB XI)

Übersicht: Tages- und Nachtpflege

Bis 31.12.2016		Ab 1.1.2017		
Pflegestufe (PS)	monatlich in Euro	Pflegegrad (PG)	monatlich in Euro	Steigerung in %
PS I	468	PG 2	689	47 %
PS II	1144	PG 3	1298	13 %
PS III	1612	PG 4	1612	0 %

Wichtige Neuerungen

Übersicht: Tages- und Nachtpflege mit erheblich eingeschränkter Alltagskompetenz (EA)

Bis 31.12.2016		Ab 1.1.2017		
Pflegestufe (PS)	monatlich in Euro	Pflegegrad (PG)	monatlich in Euro	Steigerung in %
PS 0 + EA	231	PG 2	689	198 %
PS I + EA	689	PG 3	1298	88 %
PS II + EA	1298	PG 4	1612	24 %
PS III + EA	1612	PG 5	1995	24 %

Kurzzeitpflege (§ 42 SGB XI)

Der Anspruch beträgt 1612 Euro im Kalenderjahr für maximal 56 Kalendertage.

Weiterhin möglich ist auch ein weiterhin eine Aufstockung um die Mittel der Verhinderungspflege. Pflegegeld wird für bis zu 8 Wochen hälftig weitergezahlt.

Vollstationäre Pflege, Sachleistungsanspruch vollstationär (§ 43 SGB XI)

Der Anspruch besteht für

- pflegebedingte Aufwendungen einschließlich
- der Aufwendungen für die Betreuung und
- für Leistungen der medizinischen Behandlungspflege.

In den Pflegegraden 2 und 3 werden die Leistungsbeträge im Vergleich zum bis 31. Dezember 2016 geltenden Leistungsrecht wie folgt abgesenkt:

- im Pflegegrad 2 um 294 Euro im Vergleich zur Pflegestufe I
- im Pflegegrad 3 um 68 Euro im Vergleich zur Pflegestufe II

Der Pflegegrad 3 vollstationär (1262 Euro) ist niedriger als der Pflegegrad 3 bei den ambulanten Sachleistungen (1298 Euro). Damit wird der Grundsatz „Vorrang ambulant vor stationär" weiter verfolgt.

> **Wichtig für die Besitzstandsregel:** Solange der Pflegebedürftige bereits bis zum 31. Dezember 2016 Leistungen der Pflegeversicherung erhält und ambulant gepflegt wird, greift der Bestandschutz in vollem Umfang.
>
> Wechselt der Pflegebedürftige aber ab 1. Januar 2017 in eine vollstationäre Einrichtung erhält er bis zum Pflegegrad 3 nur noch die neuen abgesenkten Leistungsbeträge; zudem wird er durch den einrichtungseinheitlichen Eigenanteil belastet.

Die bisherige stationäre Härtefallregelung wird gestrichen.

Alle pflegebedürftigen Bewohner tragen ab 1. Januar 2017 einen gleich hohen Eigenanteil an ihren Pflegekosten (einrichtungsindividueller Eigenanteil, § 84 SGB XI).

Der Leistungsanspruch auf zusätzliche Betreuung durch Betreuungskräfte ergibt sich künftig aus § 42b SGB XI (bisher: § 87b SGB XI).

Personen mit Pflegegrad 1 bekommen lediglich einen Zuschuss von 125 Euro.

Übersicht: Vollstationäre Leistungen

Bis 31.12.2016		Ab 1.1.2017		
Pflegestufe (PS)	monatlich in Euro	Pflegegrad (PG)	monatlich in Euro	Steigerung in %
PS I	1064	PG 2	770	– 28 %
PS II	1330	PG 3	1262	– 5 %
PS III	1612	PG 4	1775	10 %
PS III + Härtefall	1995	PG 5	2005	1 %

Übersicht: Vollstationär und erheblich eingeschränkte Alltagskompetenz

Bis 31.12.2016		Ab 1.1.2017		
Pflegestufe (PS)	monatlich in Euro	Pflegegrad (PG)	monatlich in Euro	Steigerung in %
–	–	PG 1	125	100 %
PS I + EA	1064	PG 3	1262	19 %
PS II + EA	1330	PG 4	1775	33 %
PS III + EA	1612	PG 5	2005	24 %
PS III + Härtefall	1995	PG 5	2005	1 %

Zusätzliche Betreuung und Aktivierung in stationären Pflegeeinrichtungen (§ 43b SGB XI, bisher § 87b SGB XI)

Leistungsvolumina und Strukturen des § 87b (alt) werden in § 43b integriert. Neu ist die Schaffung eines individuellen Rechtsanspruchs der Versicherten, die die bisherige nur vergütungsrechtliche Regelung ablöst. Konsequenz: der Leistungserbringer hat kein Wahlrecht mehr, sondern muss die Leistung anbieten.

Der neue § 43b gilt für alle stationären Einrichtungen, also neben den vollstationären Einrichtungen auch für die teilstationären Einrichtungen. Er gilt ebenso für alle Pflegebedürftigen in diesen Einrichtungen, also auch für Pflegebedürftige des Pflegegrades 1.

Stärkung der Häuslichkeit – Angebote zur Unterstützung im Alltag (§ 45a ff. SGB XI)

Die bisherigen Leistungen niedrigschwelliger Betreuungs- und Entlastungsangebote werden ab 1. Januar 2017 übersichtlicher zusammengefasst. Die Angebote heißen künftig: „Angebote zur Unterstützung im Alltag".

Angebote zur Unterstützung im Alltag sind:

- Betreuungsangebote insbesondere durch ehrenamtliche Helfer unter pflegefachlicher Anleitung

- Angebote zur Entlastung und beratenden Unterstützung von Pflegenden

- Angebote zur Entlastung im Alltag oder im Haushalt

Die Anerkennung der Angebote erfolgt wie bisher durch die dafür zuständigen Behörden in den Ländern. Niedrigschwellige Angebote, die bis zum 31.12.2016 anerkannt sind, dürfen automatisch weitergeführt werden.

Die zuständigen Behörden müssen die angebotenen Leistungen und Preise den Landesverbänden der Pflegekassen zur Veröffentlichung zur Verfügung stellen.

Neben den Angaben zur Qualitätssicherung und zu den Schulungs- und Fortbildungsangeboten der Helfer muss das Konzept künftig auch eine Übersicht der angebotenen Leistung, deren Kostenhöhe sowie die Qualifikation der Helfenden beinhalten.

Neu geregelt wurde, dass die Inanspruchnahme der Umwandlung unabhängig vom Anspruch auf zusätzliche Betreuungsleistungen nach § 45b SGB XI erfolgt. Der Anspruchsberechtigte hat ein Wahlrecht, aus welchem „Topf" er niedrigschwellige Betreuungs- und Entlastungsleistungen finanzieren möchte.

Achtung bei der Umwandlung des Sachleistungsanspruchs bei § 45a SGB XI:

- „Unterstützung im Alltag", hier ist bis zu 40 % des Sachleistungsbetrages verwendbar (Kostenerstattungsanspruch); Sachleistungen sind vorrangig abrechenbar

- Keine „Sicherstellung der Grundpflege und hauswirtschaftlichen Versorgung" mehr notwendig

Entlastungsbetrag (§ 45b SGB XI)

Ziel ist, die Pflegepersonen zu entlasten sowie dem Pflegebedürftigen zu helfen, möglichst lange in der häuslichen Umgebung zu bleiben, soziale Kontakte aufrecht zu erhalten und den Alltag weiterhin möglichst selbständig bewältigen zu können. Dazu werden die Regelungen des bisherigen § 45b weitgehend beibehalten. Dies gilt auch für die sogenannte Umwidmungsregelung, die künftig lediglich die Bezeichnung „Umwandlungsanspruch" trägt.

Der Entlastungsbetrag bis zu 125 Euro monatlich für die Pflegegrade 1 bis 5 wird weiterhin als Kostenerstattungsanspruch gestaltet.

Zu beachten ist hier die Besitzstandsregel für Versicherte, die bis zum 31. Dezember 2016 den erhöhten Betrag (208 Euro) erhalten haben.

Personen mit dauerhaft erheblich eingeschränkter Alltagskompetenz werden bezüglich der Leistungsansprüche und Leistungshöhen im Regelfall besser gestellt. Der Verlust des Differenzbetrages zwischen dem bisherigen erhöhten Betrag (208 Euro) dem neu eingeführten einheitlichen Entlastungsbetrag (125 Euro) schlägt sich bei ihnen regelmäßig nicht nieder.

Aber: Stehen sich diese Personen trotz der Überleitung (doppelter Stufensprung) nicht um mindestens jeweils 83 Euro monatlich besser, so erhalten sie Besitzstandsschutz durch Gewährung eines Zuschlags auf den Entlastungsbetrag. Die Versicherten erhalten diesen Zuschlag automatisch, müssen ihn also nicht beantragen.

Der Zuschlag kann ebenso verwendet werden wie der Entlastungsbetrag (flexible Inanspruchnahme, Übertragung des nicht verbrauchten Betrages in das darauffolgende Kalenderjahr).

Das neue Elfte Buch Sozialgesetzbuch (SGB XI)

Vergleichende Gegenüberstellung inklusive Gesetzesbegründung

In dieser Synopse wird der Wortlaut

- der Regelungen bis 31. Dezember 2015 (linke Spalte)

- dem Wortlaut ab 1. Januar 2016 und/oder (ggfs. mittlere Spalte)

- dem Wortlaut ab 1. Januar 2017 (rechte Spalte)

gegenübergestellt

Neue Passagen in den Fassungen 2016 und/oder 2017 sind unterstrichen dargestellt, davon „überschriebene" Passagen in der Fassung bis 31. Dezember 2015 sind durchgestrichen. Passagen, die sich von der Fassung 2016 zur Fassung 2017 ändern, wurden zusätzlich kursiv dargestellt. Redaktionelle Anmerkungen finden Sie mit blauem Raster gekennzeichnet.

Eingearbeitet wurden die Änderungen durch das „Zweite Gesetz zur Stärkung der pflegerischen Versorgung und zur Änderung weiterer Vorschriften – PSG II" vom 21. Dezember 2015 (BGBl. I S. 2424).

Unter dem jeweiligen Paragrafen ist die Gesetzesbegründung zum PSG II eingearbeitet. Soweit diese durch die Beschlussempfehlung des Ausschusses für Gesundheit modifiziert wurde oder neue Passagen erarbeitet wurden, sind diese berücksichtigt:

- Gesetzesbegründung, die sich aus dem Gesetzentwurf der Bundesregierung vom 7. September 2015 (Drs. 18/5926) ergibt

- Gesetzesbegründung, die sich aus der Beschlussempfehlung und dem Bericht des Ausschusses für Gesundheit vom 11. November 2015 (Drs. 18/6688) ergibt

Ebenfalls berücksichtigt, aber nicht gekennzeichnet sind die Änderungen durch die sonstigen, zum Jahresende bzw. Jahreswechsel in Kraft getretenen Änderungen im SGB XI durch:

- Gesetz für sichere digitale Kommunikation und Anwendungen im Gesundheitswesen sowie zur Änderung weiterer Gesetze vom 21. Dezember 2015 (BGBl. I S. 2408)

- Gesetz zur Verbesserung der Hospiz- und Palliativversorgung in Deutschland vom 1. Dezember 2015 (BGBl. I S. 2114)

- Gesetz zur Stärkung der Gesundheitsförderung und der Prävention vom 17. Juli 2015 (BGBl. I S. 1368)

- Gesetz zur Stärkung der Versorgung in der gesetzlichen Krankenversicherung vom 16. Juli 2015 (BGBl. I S. 1211)

- Gesetz zur Modernisierung der Finanzaufsicht über Versicherungen vom 1. April 2015 (BGBl. I S. 434)

Erstes Kapitel
Allgemeine Vorschriften

Fassung bis 31. Dezember 2015	Fassung ab 1. Januar 2016
§ 1 Soziale Pflegeversicherung	**§ 1 Soziale Pflegeversicherung**
(1) Zur sozialen Absicherung des Risikos der Pflegebedürftigkeit wird als neuer eigenständiger Zweig der Sozialversicherung eine soziale Pflegeversicherung geschaffen.	(1) Zur sozialen Absicherung des Risikos der Pflegebedürftigkeit wird als neuer eigenständiger Zweig der Sozialversicherung eine soziale Pflegeversicherung geschaffen.
(2) In den Schutz der sozialen Pflegeversicherung sind kraft Gesetzes alle einbezogen, die in der gesetzlichen Krankenversicherung versichert sind. Wer gegen Krankheit bei einem privaten Krankenversicherungsunternehmen versichert ist, muß eine private Pflegeversicherung abschließen.	(2) In den Schutz der sozialen Pflegeversicherung sind kraft Gesetzes alle einbezogen, die in der gesetzlichen Krankenversicherung versichert sind. Wer gegen Krankheit bei einem privaten Krankenversicherungsunternehmen versichert ist, muß eine private Pflegeversicherung abschließen.
(3) Träger der sozialen Pflegeversicherung sind die Pflegekassen; ihre Aufgaben werden von den Krankenkassen (§ 4 des Fünften Buches) wahrgenommen.	(3) Träger der sozialen Pflegeversicherung sind die Pflegekassen; ihre Aufgaben werden von den Krankenkassen (§ 4 des Fünften Buches) wahrgenommen.
(4) Die Pflegeversicherung hat die Aufgabe, Pflegebedürftigen Hilfe zu leisten, die wegen der Schwere der Pflegebedürftigkeit auf solidarische Unterstützung angewiesen sind.	(4) Die Pflegeversicherung hat die Aufgabe, Pflegebedürftigen Hilfe zu leisten, die wegen der Schwere der Pflegebedürftigkeit auf solidarische Unterstützung angewiesen sind.
~~(4a)~~ In der Pflegeversicherung sollen geschlechtsspezifische Unterschiede bezüglich der Pflegebedürftigkeit von Männern und Frauen und ihrer Bedarfe an Leistungen berücksichtigt und den Bedürfnissen nach einer kultursensiblen Pflege nach Möglichkeit Rechnung getragen werden.	(5) In der Pflegeversicherung sollen geschlechtsspezifische Unterschiede bezüglich der Pflegebedürftigkeit von Männern und Frauen und ihrer Bedarfe an Leistungen berücksichtigt und den Bedürfnissen nach einer kultursensiblen Pflege nach Möglichkeit Rechnung getragen werden.
~~(5) Die Leistungen der Pflegeversicherung werden in Stufen eingeführt: die Leistungen bei häuslicher Pflege vom 1. April 1995, die Leistungen bei stationärer Pflege vom 1. Juli 1996 an.~~	
(6) Die Ausgaben der Pflegeversicherung werden durch Beiträge der Mitglieder und der Arbeitgeber finanziert. Die Beiträge richten sich nach den beitragspflichtigen Einnahmen der Mitglieder. Für versicherte Familienangehörige und eingetragene Lebenspartner (Lebenspartner) werden Beiträge nicht erhoben.	(6) Die Ausgaben der Pflegeversicherung werden durch Beiträge der Mitglieder und der Arbeitgeber finanziert. Die Beiträge richten sich nach den beitragspflichtigen Einnahmen der Mitglieder. Für versicherte Familienangehörige und eingetragene Lebenspartner (Lebenspartner) werden Beiträge nicht erhoben.

Gesetzesbegründung Drs. 18/5926

Änderung ab 1. Januar 2016

Streichung des bisherigen Absatz 5

Es handelt sich um Rechtsbereinigungen. Die aufgehobenen Regelungen betreffen einen Zeitraum, der ausschließlich in der Vergangenheit liegt.

Fassung bis 31. Dezember 2016	Fassung ab 1. Januar 2017
§ 2 Selbstbestimmung	**§ 2 Selbstbestimmung**
(1) Die Leistungen der Pflegeversicherung sollen den Pflegebedürftigen helfen, trotz ihres Hilfebedarfs ein möglichst selbständiges und selbstbestimmtes Leben zu führen, das der Würde des Menschen entspricht. Die Hilfen sind darauf auszurichten, die körperlichen, geistigen und seelischen Kräfte der Pflegebedürftigen wiederzugewinnen oder zu erhalten.	(1) Die Leistungen der Pflegeversicherung sollen den Pflegebedürftigen helfen, trotz ihres Hilfebedarfs ein möglichst selbständiges und selbstbestimmtes Leben zu führen, das der Würde des Menschen entspricht. Die Hilfen sind darauf auszurichten, die körperlichen, geistigen und seelischen Kräfte der Pflegebedürftigen <u>auch in Form der aktivierenden Pflege</u> wiederzugewinnen oder zu erhalten.
(2) Die Pflegebedürftigen können zwischen Einrichtungen und Diensten verschiedener Träger wählen. Ihren Wünschen zur Gestaltung der Hilfe soll, soweit sie angemessen sind, im Rahmen des Leistungsrechts entsprochen werden. Wünsche der Pflegebedürftigen nach gleichgeschlechtlicher Pflege haben nach Möglichkeit Berücksichtigung zu finden.	(2) Die Pflegebedürftigen können zwischen Einrichtungen und Diensten verschiedener Träger wählen. Ihren Wünschen zur Gestaltung der Hilfe soll, soweit sie angemessen sind, im Rahmen des Leistungsrechts entsprochen werden. Wünsche der Pflegebedürftigen nach gleichgeschlechtlicher Pflege haben nach Möglichkeit Berücksichtigung zu finden.
(3) Auf die religiösen Bedürfnisse der Pflegebedürftigen ist Rücksicht zu nehmen. Auf ihren Wunsch hin sollen sie stationäre Leistungen in einer Einrichtung erhalten, in der sie durch Geistliche ihres Bekenntnisses betreut werden können.	(3) Auf die religiösen Bedürfnisse der Pflegebedürftigen ist Rücksicht zu nehmen. Auf ihren Wunsch hin sollen sie stationäre Leistungen in einer Einrichtung erhalten, in der sie durch Geistliche ihres Bekenntnisses betreut werden können.
(4) Die Pflegebedürftigen sind auf die Rechte nach den Absätzen 2 und 3 hinzuweisen.	(4) Die Pflegebedürftigen sind auf die Rechte nach den Absätzen 2 und 3 hinzuweisen.

Gesetzesbegründung Drs. 18/5926 zu § 2

Änderung ab 1. Januar 2017

Die Ergänzung des § 2 Absatz 1 Satz 2 trägt dem Umstand Rechnung, dass § 28 Absatz 4 aufgehoben wird, gleichzeitig aber klargestellt werden soll, dass Pflege – auch und gerade unter Geltung des neuen Pflegebedürftigkeitsbegriffs – aktivierend zu erbringen ist.

unverändert

§ 3 Vorrang der häuslichen Pflege

Die Pflegeversicherung soll mit ihren Leistungen vorrangig die häusliche Pflege und die Pflegebereitschaft der Angehörigen und Nachbarn unterstützen, damit die Pflegebedürftigen möglichst lange in ihrer häuslichen Umgebung bleiben können. Leistungen der teilstationären Pflege und der Kurzzeitpflege gehen den Leistungen der vollstationären Pflege vor.

Fassung bis 31. Dezember 2016	Fassung ab 1. Januar 2017
§ 4 Art und Umfang der Leistungen	**§ 4 Art und Umfang der Leistungen**
(1) Die Leistungen der Pflegeversicherung sind Dienst-, Sach- und Geldleistungen für den Bedarf an ~~Grundpflege und hauswirtschaftlicher Versorgung~~	(1) Die Leistungen der Pflegeversicherung sind Dienst-, Sach- und Geldleistungen für den Bedarf an <u>körperbezogenen Pflegemaßnahmen, pflegerischen Betreuungsmaßnahmen und Hilfen bei der Haushaltsführung</u>
sowie Kostenerstattung, soweit es dieses Buch vorsieht. Art und Umfang der Leistungen richten sich nach der Schwere der Pflegebedürftigkeit und danach, ob häusliche, teilstationäre oder vollstationäre Pflege in Anspruch genommen wird.	sowie Kostenerstattung, soweit es dieses Buch vorsieht. Art und Umfang der Leistungen richten sich nach der Schwere der Pflegebedürftigkeit und danach, ob häusliche, teilstationäre oder vollstationäre Pflege in Anspruch genommen wird.
(2) Bei häuslicher und teilstationärer Pflege ergänzen die Leistungen der Pflegeversicherung die familiäre, nachbarschaftliche oder sonstige ehrenamtliche Pflege und Betreuung. Bei teil- und vollstationärer Pflege werden die Pflegebedürftigen von Aufwendungen entlastet, die für ihre Versorgung nach Art und Schwere der Pflegebedürftigkeit erforderlich sind (pflegebedingte Aufwendungen), die Aufwendungen für Unterkunft und Verpflegung tragen die Pflegebedürftigen selbst.	(2) Bei häuslicher und teilstationärer Pflege ergänzen die Leistungen der Pflegeversicherung die familiäre, nachbarschaftliche oder sonstige ehrenamtliche Pflege und Betreuung. Bei teil- und vollstationärer Pflege werden die Pflegebedürftigen von Aufwendungen entlastet, die für ihre Versorgung nach Art und Schwere der Pflegebedürftigkeit erforderlich sind (pflegebedingte Aufwendungen), die Aufwendungen für Unterkunft und Verpflegung tragen die Pflegebedürftigen selbst.
(3) Pflegekassen, Pflegeeinrichtungen und Pflegebedürftige haben darauf hinzuwirken, daß die Leistungen wirksam und wirtschaftlich erbracht und nur im notwendigen Umfang in Anspruch genommen werden.	(3) Pflegekassen, Pflegeeinrichtungen und Pflegebedürftige haben darauf hinzuwirken, daß die Leistungen wirksam und wirtschaftlich erbracht und nur im notwendigen Umfang in Anspruch genommen werden.

Gesetzesbegründung Drs. 18/5926 zu § 4

Änderungen ab 1. Januar 2017

In § 4 werden Art und Umfang der Leistungen der Pflegeversicherung beschrieben. Da das neue Verständnis von Pflegebedürftigkeit nunmehr auch dem Leistungsrecht der Pflegeversicherung zugrunde liegt, ist es unumgänglich, die entsprechende Einführungsnorm im Einführungskapitel, die auf dem bisher geltenden Pflegebedürftigkeitsbegriff basiert, anzupassen. Entsprechend der bisherigen Systematik der Norm wird Absatz 1 mit der Definition von häuslicher Pflegehilfe im Sinne des neuen § 36 Absatz 1 Satz 1 parallelisiert.

Eine Anpassung des Absatzes 2, der die Leistungsinhalte im Bereich der teil- und vollstationären Versorgung beschreibt, ist entbehrlich. In diesen Versorgungsbereichen entlastet die Pflegeversicherung im Rahmen ihrer Leistungsbeträge – wie bisher auch – die Pflegebedürftigen von den pflegebedingten Aufwendungen.

Insoweit ist zu beachten, dass sich mit der Erweiterung des Begriffs der Pflegebedürftigkeit zugleich der Inhalt des Begriffs der „pflegebedingten Aufwendungen" ändert. Er erstreckt sich künftig auch auf die Betreuung. Dies wird bei der Neuausrichtung der einschlägigen Leistungsnormen für teil- und vollstationäre Pflege berücksichtigt (vgl. die §§ 41 Absatz 2 Satz 1 und 43 Absatz 2 Satz 1).

Unverändert durch das Pflegestärktungsgesetz II

Änderung in § 5 Absatz 3 durch das Gesetz zur Stärkung der Gesundheitsförderung und der Prävention (Präventionsgesetz) vom 17. Juli 2015 (BGBl. I S. 1368) mit Inkrafttreten 1. Januar 2016

§ 5 Prävention in Pflegeeinrichtungen, Vorrang von Prävention und medizinischer Rehabilitation

(1) Die Pflegekassen sollen Leistungen zur Prävention in stationären Pflegeeinrichtungen nach § 71 Absatz 2 für in der sozialen Pflegeversicherung Versicherte erbringen, indem sie unter Beteiligung der versicherten Pflegebedürftigen und der Pflegeeinrichtung Vorschläge zur Verbesserung der gesundheitlichen Situation und zur Stärkung der gesundheitlichen Ressourcen und Fähigkeiten entwickeln sowie deren Umsetzung unterstützen. Die Pflichten der Pflegeeinrichtungen nach § 11 Absatz 1 bleiben unberührt. Der Spitzenverband Bund der Pflegekassen legt unter Einbeziehung unabhängigen Sachverstandes die Kriterien für die Leistungen nach Satz 1 fest, insbesondere hinsichtlich Inhalt, Methodik, Qualität, wissenschaftlicher Evaluation und der Messung der Erreichung der mit den Leistungen verfolgten Ziele.

(2) Die Ausgaben der Pflegekassen für die Wahrnehmung ihrer Aufgaben nach Absatz 1 sollen insgesamt im Jahr 2016 für jeden ihrer Versicherten einen Betrag von 0,30 Euro umfassen. Die Ausgaben sind in den Folgejahren entsprechend der prozentualen Veränderung der monatlichen Bezugsgröße nach § 18 Absatz 1 des Vierten Buches anzupassen. Sind in einem Jahr die Ausgaben rundungsbedingt nicht anzupassen, ist die unterbliebene Anpassung bei der Berechnung der Anpassung der Ausgaben im Folgejahr zu berücksichtigen.

(3) Bei der Wahrnehmung ihrer Aufgaben nach Absatz 1 sollen die Pflegekassen zusammenarbeiten und kassenübergreifende Leistungen zur Prävention erbringen. Erreicht eine Pflegekasse den in Absatz 2 festgelegten Betrag in einem Jahr nicht, stellt sie die nicht verausgabten Mittel im Folgejahr dem Spitzenverband Bund der Pflegekassen zur Verfügung, der die Mittel nach einem von ihm festzulegenden Schlüssel auf die Pflegekassen zur Wahrnehmung der Aufgaben nach Absatz 1 verteilt, die Kooperationsvereinbarungen zur Durchführung kassenübergreifender Leistungen geschlossen haben. Auf die zum Zwecke der Vorbereitung und Umsetzung der Kooperationsvereinbarungen nach Satz 2 gebildeten Arbeitsgemeinschaften findet § 94 Absatz 1a Satz 2 und 3 des Zehnten Buches keine Anwendung.

> **Redaktionelle Anmerkung:**
>
> Absatz 3 Satz 2 und 3 eingefügt durch das Gesetz zur Stärkung der Gesundheitsförderung und der Prävention (Präventionsgesetz) vom 17. Juli 2015 (BGBl. I S. 1368) mit Inkrafttreten 1. Januar 2016

(4) Die Pflegekassen wirken unbeschadet ihrer Aufgaben nach Absatz 1 bei den zuständigen Leistungsträgern darauf hin, dass frühzeitig alle geeigneten Leistungen zur Prävention, zur Krankenbehandlung und zur medizinischen Rehabilitation eingeleitet werden, um den Eintritt von Pflegebedürftigkeit zu vermeiden.

(5) Die Pflegekassen beteiligen sich an der nationalen Präventionsstrategie nach den §§ 20d bis 20f des Fünften Buches mit den Aufgaben nach den Absätzen 1 und 2.

(6) Die Leistungsträger haben im Rahmen ihres Leistungsrechts auch nach Eintritt der Pflegebedürftigkeit ihre Leistungen zur medizinischen Rehabilitation und ergänzenden Leistungen in vollem Umfang einzusetzen und darauf hinzuwirken, die Pflegebedürftigkeit zu überwinden, zu mindern sowie eine Verschlimmerung zu verhindern.

§ 6 Eigenverantwortung

(1) Die Versicherten sollen durch gesundheitsbewußte Lebensführung, durch frühzeitige Beteiligung an Vorsorgemaßnahmen und durch aktive Mitwirkung an Krankenbehandlung und Leistungen zur medizinischen Rehabilitation dazu beitragen, Pflegebedürftigkeit zu vermeiden.

(2) Nach Eintritt der Pflegebedürftigkeit haben die Pflegebedürftigen an Leistungen zur medizinischen Rehabilitation und der aktivierenden Pflege mitzuwirken, um die Pflegebedürftigkeit zu überwinden, zu mindern oder eine Verschlimmerung zu verhindern.

Fassung bis 31. Dezember 2015	Fassung ab 1. Januar 2016	Fassung ab 1. Januar 2017
§ 7 Aufklärung, ~~Beratung~~	**§ 7 Aufklärung, <u>Auskunft</u>**	**§ 7 Aufklärung, Auskunft**
(1) Die Pflegekassen haben die Eigenverantwortung der Versicherten durch Aufklärung und ~~Beratung~~ über eine gesunde, der Pflegebedürftigkeit vorbeugende Lebensführung zu unterstützen und auf die Teilnahme an gesundheitsfördernden Maßnahmen hinzuwirken.	(1) Die Pflegekassen haben die Eigenverantwortung der Versicherten durch Aufklärung und <u>Auskunft</u> über eine gesunde, der Pflegebedürftigkeit vorbeugende Lebensführung zu unterstützen und auf die Teilnahme an gesundheitsfördernden Maßnahmen hinzuwirken.	(1) Die Pflegekassen haben die Eigenverantwortung der Versicherten durch Aufklärung und Auskunft über eine gesunde, der Pflegebedürftigkeit vorbeugende Lebensführung zu unterstützen und auf die Teilnahme an gesundheitsfördernden Maßnahmen hinzuwirken.
(2) Die Pflegekassen haben die Versicherten und ihre Angehörigen und Lebenspartner in den mit der Pflegebedürftigkeit zusammenhängenden Fragen, insbesondere über die Leistungen der Pflegekassen sowie über die Leistungen und Hilfen anderer Träger, in für sie verständlicher Weise ~~zu unterrichten, zu beraten~~ und darüber aufzuklären, dass ein Anspruch besteht auf die Übermittlung	(2) Die Pflegekassen haben die Versicherten und ihre Angehörigen und Lebenspartner in den mit der Pflegebedürftigkeit zusammenhängenden Fragen, insbesondere über die Leistungen der Pflegekassen sowie über die Leistungen und Hilfen anderer Träger, in für sie verständlicher Weise zu unterrichten, <u>zu informieren</u>, dass ein Anspruch besteht auf die Übermittlung	(2) Die Pflegekassen haben die Versicherten und ihre Angehörigen und Lebenspartner in den mit der Pflegebedürftigkeit zusammenhängenden Fragen, insbesondere über die Leistungen der Pflegekassen sowie über die Leistungen und Hilfen anderer Träger, in für sie verständlicher Weise zu unterrichten, zu informieren, dass ein Anspruch besteht auf die Übermittlung
1. des Gutachtens des Medizinischen Dienstes der Krankenversicherung oder eines anderen von der Pflegekasse beauftragten Gutachters sowie	1. des Gutachtens des Medizinischen Dienstes der Krankenversicherung oder eines anderen von der Pflegekasse beauftragten Gutachters sowie	1. des Gutachtens des Medizinischen Dienstes der Krankenversicherung oder eines anderen von der Pflegekasse beauftragten Gutachters sowie
2. der gesonderten Rehabilitationsempfehlung gemäß § 18a Absatz 1.	2. der gesonderten <u>Präventions- und</u> Rehabilitationsempfehlung gemäß § 18a Absatz 1.	2. der gesonderten Präventions- und Rehabilitationsempfehlung gemäß § 18a Absatz 1.
Mit Einwilligung des Versicherten haben der behandelnde Arzt, das Krankenhaus, die Rehabilitations- und Vorsorgeeinrichtungen sowie die Sozialleistungsträger unverzüglich die zuständige Pflegekasse zu benachrichtigen, wenn sich der Eintritt von Pflegebedürftigkeit abzeichnet oder wenn Pflegebedürftigkeit festgestellt wird. Für die ~~Beratung~~ erforderliche personenbezogene Daten dürfen nur mit Einwilligung des Versicherten erhoben, verarbeitet und genutzt werden.	Mit Einwilligung des Versicherten haben der behandelnde Arzt, das Krankenhaus, die Rehabilitations- und Vorsorgeeinrichtungen sowie die Sozialleistungsträger unverzüglich die zuständige Pflegekasse zu benachrichtigen, wenn sich der Eintritt von Pflegebedürftigkeit abzeichnet oder wenn Pflegebedürftigkeit festgestellt wird. Für die <u>Aufklärung und Auskunft</u> erforderliche personenbezogene Daten dürfen nur mit Einwilligung des Versicherten erhoben, verarbeitet und genutzt werden. <u>Die zuständige Pflegekasse informiert die Versicherten unverzüglich nach</u>	Mit Einwilligung des Versicherten haben der behandelnde Arzt, das Krankenhaus, die Rehabilitations- und Vorsorgeeinrichtungen sowie die Sozialleistungsträger unverzüglich die zuständige Pflegekasse zu benachrichtigen, wenn sich der Eintritt von Pflegebedürftigkeit abzeichnet oder wenn Pflegebedürftigkeit festgestellt wird. Für die Aufklärung und Auskunft erforderliche personenbezogene Daten dürfen nur mit Einwilligung des Versicherten erhoben, verarbeitet und genutzt werden. Die zuständige Pflegekasse informiert die Versicherten unverzüglich nach

Fassung bis 31. Dezember 2015	Fassung ab 1. Januar 2016	Fassung ab 1. Januar 2017
	Eingang eines Antrags auf Leistungen nach diesem Buch insbesondere über ihren Anspruch auf die unentgeltliche Pflegeberatung nach § 7a, den nächstgelegenen Pflegestützpunkt nach § 7c sowie die Leistungs- und Preisvergleichsliste nach Absatz 3. Ebenso gibt die zuständige Pflegekasse Auskunft über die in ihren Verträgen zur integrierten Versorgung nach § 92b Absatz 2 getroffenen Festlegungen, insbesondere zu Art, Inhalt und Umfang der zu erbringenden Leistungen und der für die Versicherten entstehenden Kosten, und veröffentlicht diese Angaben auf einer eigenen Internetseite.	Eingang eines Antrags auf Leistungen nach diesem Buch insbesondere über ihren Anspruch auf die unentgeltliche Pflegeberatung nach § 7a, den nächstgelegenen Pflegestützpunkt nach § 7c sowie die Leistungs- und Preisvergleichsliste nach Absatz 3. Ebenso gibt die zuständige Pflegekasse Auskunft über die in ihren Verträgen zur integrierten Versorgung nach § 92b Absatz 2 getroffenen Festlegungen, insbesondere zu Art, Inhalt und Umfang der zu erbringenden Leistungen und der für die Versicherten entstehenden Kosten, und veröffentlicht diese Angaben auf einer eigenen Internetseite.
(3) Zur Unterstützung ~~des Pflegebedürftigen~~ bei der Ausübung seines Wahlrechts nach § 2 Abs. 2 sowie zur Förderung des Wettbewerbs und der Überschaubarkeit des vorhandenen Angebots hat die zuständige Pflegekasse ~~dem Pflegebedürftigen~~ unverzüglich ~~nach Eingang seines Antrags auf Leistungen nach diesem Buch~~ eine Vergleichsliste über die Leistungen und Vergütungen der zugelassenen Pflegeeinrichtungen zu übermitteln, in deren Einzugsbereich die pflegerische Versorgung gewährleistet werden soll (Leistungs- und Preisvergleichsliste). Gleichzeitig ist der Pflegebedürftige über den nächstgelegenen Pflegestützpunkt (§ 92c), die Pflegeberatung (§ 7a) und darüber zu unterrichten, dass die Beratung und Unterstützung durch den Pflegestützpunkt sowie die Pflegeberatung unentgeltlich sind.	(3) Zur Unterstützung der pflegebedürftigen Person bei der Ausübung ihres Wahlrechts nach § 2 Absatz 2 sowie zur Förderung des Wettbewerbs und der Überschaubarkeit des vorhandenen Angebots hat die zuständige Pflegekasse der antragstellenden Person auf Anforderung eine Vergleichsliste über die Leistungen und Vergütungen der zugelassenen Pflegeeinrichtungen sowie der Angebote *für niedrigschwellige Betreuung und Entlastung nach § 45c,* in deren Einzugsbereich die pflegerische Versorgung und Betreuung gewährleistet werden soll (Leistungs- und Preisvergleichsliste), unverzüglich und in geeigneter Form zu übermitteln. Die Landesverbände der Pflegekassen erstellen eine Leistungs- und Preisvergleichsliste nach Satz 1, aktualisieren diese einmal im Quartal und veröffentlichen sie auf einer eigenen Internetseite. Die Liste hat zumindest die jeweils geltenden Festlegungen der Vergütungsvereinbarungen nach dem Achten Kapitel sowie die im Rahmen der Vereinbarungen nach	(3) Zur Unterstützung der pflegebedürftigen Person bei der Ausübung ihres Wahlrechts nach § 2 Absatz 2 sowie zur Förderung des Wettbewerbs und der Überschaubarkeit des vorhandenen Angebots hat die zuständige Pflegekasse der antragstellenden Person auf Anforderung eine Vergleichsliste über die Leistungen und Vergütungen der zugelassenen Pflegeeinrichtungen sowie der Angebote zur Unterstützung im Alltag nach § 45a, in deren Einzugsbereich die pflegerische Versorgung und Betreuung gewährleistet werden soll (Leistungs- und Preisvergleichsliste), unverzüglich und in geeigneter Form zu übermitteln. Die Landesverbände der Pflegekassen erstellen eine Leistungs- und Preisvergleichsliste nach Satz 1, aktualisieren diese einmal im Quartal und veröffentlichen sie auf einer eigenen Internetseite. Die Liste hat zumindest die jeweils geltenden Festlegungen der Vergütungsvereinbarungen nach dem Achten Kapitel sowie die im Rahmen der Vereinbarungen nach Absatz 4 übermit-

Fassung bis 31. Dezember 2015	Fassung ab 1. Januar 2016	Fassung ab 1. Januar 2017
	Absatz 4 übermittelten Angaben zu Art, Inhalt und Umfang der Angebote sowie zu den Kosten in einer Form zu enthalten, die einen regionalen Vergleich von Angeboten und Kosten und der regionalen Verfügbarkeit ermöglicht. Auf der Internetseite nach Satz 2 sind auch die nach § 115 Absatz 1a veröffentlichten Ergebnisse der Qualitätsprüfungen und die nach § 115 Absatz 1b veröffentlichten Informationen zu berücksichtigen. Die Leistungs- und Preisvergleichsliste ist der Pflegekasse sowie dem Verband der privaten Krankenversicherung e. V. für die Wahrnehmung ihrer Aufgaben nach diesem Buch und zur Veröffentlichung nach Absatz 2 Satz 4 und 5 vom Landesverband der Pflegekassen durch elektronische Datenübertragung zur Verfügung zu stellen.	telten Angaben zu Art, Inhalt und Umfang der Angebote sowie zu den Kosten in einer Form zu enthalten, die einen regionalen Vergleich von Angeboten und Kosten und der regionalen Verfügbarkeit ermöglicht. Auf der Internetseite nach Satz 2 sind auch die nach § 115 Absatz 1a veröffentlichten Ergebnisse der Qualitätsprüfungen und die nach § 115 Absatz 1b veröffentlichten Informationen zu berücksichtigen. Die Leistungs- und Preisvergleichsliste ist der Pflegekasse sowie dem Verband der privaten Krankenversicherung e. V. für die Wahrnehmung ihrer Aufgaben nach diesem Buch und zur Veröffentlichung nach Absatz 2 Satz 4 und 5 vom Landesverband der Pflegekassen durch elektronische Datenübertragung zur Verfügung zu stellen.
Die Leistungs- und Preisvergleichsliste ist der Pflegekasse vom Landesverband der Pflegekassen zur Verfügung zu stellen und zeitnah fortzuschreiben; sie hat zumindest die für die Pflegeeinrichtungen jeweils geltenden Festlegungen der Vergütungsvereinbarungen nach dem Achten Kapitel und zur wohnortnahen Versorgung nach § 92c zu enthalten und ist von der Pflegekasse um die Festlegungen in den Verträgen zur integrierten Versorgung nach § 92b, an denen sie beteiligt ist, zu ergänzen. Zugleich ist dem Pflegebedürftigen eine Beratung darüber anzubieten, welche Pflegeleistungen für ihn in seiner persönlichen Situation in Betracht kommen. Ferner ist der Pflegebedürftige auf die Veröffentlichung der Ergebnisse von Qualitätsprüfungen hinzuweisen. Versicherte mit erheblichem allgemeinem Betreuungsbedarf und Pflegebedürftige sind in gleicher Weise, insbesondere über anerkannte niedrigschwellige Betreuungs- und Entlastungsangebote, zu unterrichten und zu beraten.		
(4) Die Pflegekassen können sich zur Wahrnehmung ihrer Beratungsaufgaben nach diesem Buch aus ihren Verwaltungsmitteln an der Finanzierung und arbeitsteiligen Organisation von Beratungs-		

Fassung bis 31. Dezember 2015	Fassung ab 1. Januar 2016	Fassung ab 1. Januar 2017
~~angeboten anderer Träger beteiligen; die Neutralität und Unabhängigkeit der Beratung ist zu gewährleisten.~~	(4) Im Einvernehmen mit den zuständigen obersten Landesbehörden vereinbaren die Landesverbände der Pflegekassen gemeinsam mit den nach Landesrecht zuständigen Stellen für die Anerkennung der Angebote *für niedrigschwellige Betreuung und Entlastung* nach den Vorschriften dieses Buches das Nähere zur Übermittlung von Angaben im Wege elektronischer Datenübertragung insbesondere zu Art, Inhalt und Umfang der Angebote, Kosten und regionaler Verfügbarkeit dieser Angebote einschließlich der Finanzierung des Verfahrens für die Übermittlung. Träger weiterer Angebote, in denen Leistungen zur medizinischen Vorsorge und Rehabilitation, zur Teilhabe am Arbeitsleben oder Leben in der Gemeinschaft, zur schulischen Ausbildung oder Erziehung kranker oder behinderter Kinder, zur Alltagsunterstützung und zum Wohnen im Vordergrund stehen, können an Vereinbarungen nach Satz 1 beteiligt werden, falls sie insbesondere die Angaben nach Satz 1 im Wege der von den Parteien nach Satz 1 vorgesehenen Form der elektronischen Datenübertragung unentgeltlich bereitstellen. Dazu gehören auch Angebote der Träger von Leistungen der Eingliederungshilfe, soweit diese in der vorgesehenen Form der elektronischen Datenübermittlung kostenfrei bereitgestellt werden. Der Spitzenverband Bund der Pflegekassen gibt Empfehlungen für einen bundesweit einheitlichen technischen Standard zur elektronischen Datenübermittlung ab. Die Empfehlungen bedürfen der Zustimmung der Länder.	(4) Im Einvernehmen mit den zuständigen obersten Landesbehörden vereinbaren die Landesverbände der Pflegekassen gemeinsam mit den nach Landesrecht zuständigen Stellen für die Anerkennung der Angebote <u>zur Unterstützung im Alltag</u> nach den Vorschriften dieses Buches das Nähere zur Übermittlung von Angaben im Wege elektronischer Datenübertragung insbesondere zu Art, Inhalt und Umfang der Angebote, Kosten und regionaler Verfügbarkeit dieser Angebote einschließlich der Finanzierung des Verfahrens für die Übermittlung. Träger weiterer Angebote, in denen Leistungen zur medizinischen Vorsorge und Rehabilitation, zur Teilhabe am Arbeitsleben oder Leben in der Gemeinschaft, zur schulischen Ausbildung oder Erziehung kranker oder behinderter Kinder, zur Alltagsunterstützung und zum Wohnen im Vordergrund stehen, können an Vereinbarungen nach Satz 1 beteiligt werden, falls sie insbesondere die Angaben nach Satz 1 im Wege der von den Parteien nach Satz 1 vorgesehenen Form der elektronischen Datenübertragung unentgeltlich bereitstellen. Dazu gehören auch Angebote der Träger von Leistungen der Eingliederungshilfe, soweit diese in der vorgesehenen Form der elektronischen Datenübermittlung kostenfrei bereitgestellt werden. Der Spitzenverband Bund der Pflegekassen gibt Empfehlungen für einen bundesweit einheitlichen technischen Standard zur elektronischen Datenübermittlung ab. Die Empfehlungen bedürfen der Zustimmung der Länder.

Gesetzesbegründung Drs. 18/5926 zu § 7

> **Änderungen zum 1. Januar 2016**

Überschrift

Es handelt sich um eine Folgeänderung aufgrund der Überführung der Regelungen zur Pflegeberatung in die Vorschrift des § 7a.

Aufgabe der Pflegekassen nach dem hier geänderten § 7 sind jetzt Aufklärung und Auskunft. Diese Aufgaben können auch durch Mitarbeiterinnen und Mitarbeiter der Pflegekassen ohne Qualifikation als Pflegeberaterin bzw. Pflegeberater im Sinne von § 7a wahrgenommen werden.

Absatz 1

Es handelt sich um eine Folgeänderung aufgrund der Überführung der Regelungen zur Pflegeberatung in die Vorschrift des § 7a. Zugleich wird mit der Änderung klargestellt, dass es sich bei der Auskunft im Sinne dieser Vorschrift um eine Konkretisierung der Auskunft nach § 15 SGB I für den Bereich der sozialen Pflegeversicherung handelt.

Absatz 2

Satz 1: Es handelt sich um eine Folgeänderung aufgrund der Überführung der Regelungen zur Pflegeberatung in die Vorschrift des § 7a.

> Die Verpflichtung der Pflegekassen zur Information und Aufklärung der Versicherten umfasst aber weiterhin die **allgemeine** Beratung der Versicherten über ihre Rechte und Pflichten wie in § 14 SGB I vorgegeben. Dort heißt es: „Jeder hat Anspruch auf Beratung über seine Rechte und Pflichten nach diesem Gesetzbuch. Zuständig für die Beratung sind die Leistungsträger, denen gegenüber die Rechte geltend zu machen oder die Pflichten zu erfüllen sind."

Satz 1 Nummer 2: Es handelt sich um eine redaktionelle Anpassung im Hinblick auf die durch das Präventionsgesetz vorgenommene Änderung des § 18a Absatz 1.

> Mit dem Präventionsgesetz vom 17. Juli 2015 (BGBl. I S. 1368) wurde in § 18 Absatz 4 als neuer Satz 4 die sogenannte Präventionsempfehlung eingefügt, auf die § 18a verweist. Der neue § 18 Absatz Satz 4 bestimmt, dass im Rahmen der Einstufungsprüfung auch eine Feststellung zum Beratungsbedarf hinsichtlich primärpräventiver Leistungen der Krankenkassen nach § 20 Absatz 5 SGB V zu erfolgen hat.

Satz 3: Es handelt sich um eine Folgeänderung aufgrund der Überführung der Regelungen zur Pflegeberatung in die Vorschrift des § 7a. Die Unterrichtung und Information der Pflegekassen soll in einfacher Sprache erfolgen, sodass diese auch für Versicherte und ihre Angehörigen verständlich ist, deren Muttersprache nicht Deutsch ist. Dies gilt insbesondere auch für die schriftlichen Informationen der Pflegekassen.

Satz 4 ff. (neu): Die Verpflichtung der Pflegekasse zum Hinweis auf die unentgeltliche Pflegeberatung nach § 7a, den Pflegestützpunkt nach § 7c sowie zur Übermittlung der Leistungs- und Preisvergleichsliste erhält einen neuen Standort in § 7 Absatz 2. Die Pflegekasse kann den Antragstellenden auf entsprechende Internet-Veröffentlichungen der Landesverbände der Pflegekassen hinweisen. Klargestellt werden darüber hinaus die Informationsrechte des Versicherten bei Teilnahme an integrierten Versorgungsformen gegenüber ihrer zuständigen Pflegekasse, indem diese auch solche Festlegungen den Versicherten durch eine Internet-Veröffentlichung zugänglich macht (siehe auch § 92b Absatz 3 SGB XI in Verbindung mit § 140a Absatz 3 SGB V).

Absatz 3

Absatz 3 wird zur besseren Lesbarkeit neu gefasst.

> **Redaktionelle Anmerkung:**
>
> Um bei der Gegenüberstellung die Neuerungen besser zu erkennen, wurden nur geänderte bzw. neue Passagen entsprechend markiert.

Die bisher in § 7 Absatz 3 Satz 4 und 6 enthaltenen Vorschriften zur Pflegeberatung werden mit den Vorschriften zur Pflegeberatung in § 7a SGB XI zusammengeführt, die durch besonders qualifizierte Pflegeberaterinnen und Pflegeberater erfolgt (vgl. § 7a Absatz 3 Satz 2 und 3).

Die bereits nach geltendem Recht durch die Landesverbände der Pflegekassen zu erstellenden Leistungs- und Preisvergleichslisten sollen zukünftig auf der Internetseite des jeweiligen Verbands veröffentlicht werden.

Es wird auch geregelt, dass die zuständige Pflegekasse die Aushändigung einer Leistungs- und Preisvergleichsliste an Antragsteller auf die Fälle beschränkt, in denen die pflegebedürftige Person einen entsprechenden Ausdruck anfordert.

Auf Nachfrage können diese Informationen auch in anderer geeigneter Form zugänglich gemacht werden.

Sie sind den zuständigen Pflegekassen durch die Landesverbände zugänglich zu machen.

Auch der Verband der privaten Krankenversicherung e. V. erhält die Angaben, die auch für die Pflegeberatung in der privaten Pflege- Pflichtversicherung nach § 7a Absatz 5 erforderlich sind.

Dies wird auch vorgesehen für die Veröffentlichungen der Ergebnisse der Qualitätsprüfungen nach § 115 Absatz 1a sowie der Informationen nach § 115 Absatz 1b, da diese Angaben für die Versicherten von großer Bedeutung sind für die Wahrnehmung ihres Rechts auf freie Wahl der Pflegeeinrichtung (§ 2).

Neu eingeführt wird die Verpflichtung, in die bisherigen Leistungs- und Preisvergleichslisten auch konkrete Informationen zu Angebot, Kosten und regionaler Verfügbarkeit für zugelassene Pflegeeinrichtungen sowie für niedrigschwellige Betreuungs- und Entlastungsangebote nach § 45c aufzunehmen, wobei letztere auf Grund von Vereinbarungen nach Absatz 4 von den nach Landesrecht für die Anerkennung dieser niedrigschwelligen Angebote zuständigen Stellen in einem vereinbarten technischen Standard zu übermitteln sind. Eine Vernetzung mit bereits bestehenden, unabhängigen Datenbanken, wie z. B. mit der so genannten Weißen Liste oder von Kassenverbänden bereits etablierten Informationsportalen sollte angestrebt werden.

Zu Absatz 4

Der Umfang und die zeitnahe Verfügbarkeit von Informationen über niedrigschwellige Betreuungs- und Entlastungsangebote, die im Umfeld erreichbar sind, soll verbessert werden, um es den Anspruchsberechtigten zur erleichtern, ihr Wahlrecht nach § 2 Absatz 2 auf Inanspruchnahme dieser Leistungen wahrzunehmen. Die damit einhergehende Überschaubarkeit des im regionalen Umfeld erreichbaren Angebotes für pflegerische und betreuerisch bzw. entlastend ausgerichtete Hilfen und Unterstützungen ist auch für pflegende Angehörige von hoher Bedeutung. Gleichzeitig fördert die angestrebte Veröffentlichung einer Leistungs- und Preisvergleichsliste auch den Wettbewerb zwischen den verschiedenen Angeboten.

Die Übermittlung der Angaben zu Leistungen und Kosten soll in gemeinsamen Vereinbarungen zwischen den nach Landesrecht für die Anerkennung dieser Angebote zuständigen Stellen und den Landesverbänden der Pflegekassen erfolgen.

Aus Wirtschaftlichkeitsgründen soll die Zusammenführung der Angaben im Rahmen einer elektronischen Datenübermittlung erfolgen, wofür die Vertragsparteien insbesondere Vereinbarungen über die technischen Standards treffen sollen. Da die Bereitstellung der Angaben den Zugang zu Leistungen der Pflegeversicherung unterstützt, kann sich die Pflegeversicherung aus ihren Verwaltungsmitteln an der Finanzierung des Verfahrens für die Übermittlung der Angaben beteiligen.

Die Vertragsparteien nach Satz 1 können Träger weiterer Angebote, die für die Versorgung Pflegebedürftiger und ihre Angehörigen von Bedeutung sind, an der Vereinbarung beteiligen, sofern diese Träger die Angaben zu Art, Inhalt und Umfang ihres Angebotes, Kosten und örtlicher Verfügbarkeit unentgeltlich im Wege der elektronischen Datenübermittlung in dem dafür vorgesehenen technischen Standard bereitstellen können. In diesem Falle sind die Angaben auch in die Leistungs- und Preisvergleichsliste nach Absatz 3 Satz 3 aufzunehmen.

Durch Empfehlungen für bundeseinheitliche, technische Standards soll erreicht werden, dass die Angaben in der Leistungs- und Preisvergleichsliste auch über regionale Grenzen hinaus vergleichbar sind. Dies verbessert Transparenz und Wettbewerb zum Nutzen der Pflegebedürftigen und ihrer Angehörigen.

Änderungen zum 1. Januar 2017

Zu Absatz 3 und Absatz 4

Es handelt sich um redaktionelle Anpassungen aufgrund der Neustrukturierung des Fünften Abschnitts des Vierten Kapitels (vgl. auch Begründung zu den §§ 45a ff., S. 217 ff.).

Fassung bis 31. Dezember 2015	Fassung ab 1. Januar 2016
§ 7a Pflegeberatung	**§ 7a Pflegeberatung**
(1) Personen, die Leistungen nach diesem Buch erhalten, haben ~~ab dem 1. Januar 2009~~ Anspruch auf individuelle Beratung und Hilfestellung durch einen Pflegeberater oder eine Pflegeberaterin bei der Auswahl und Inanspruchnahme von bundes- oder landesrechtlich vorgesehenen Sozialleistungen sowie sonstigen Hilfsangeboten, die auf die Unterstützung von Menschen mit Pflege-, Versorgungs- oder Betreuungsbedarf ausgerichtet sind (Pflegeberatung).	(1) Personen, die Leistungen nach diesem Buch erhalten, haben Anspruch auf individuelle Beratung und Hilfestellung durch einen Pflegeberater oder eine Pflegeberaterin bei der Auswahl und Inanspruchnahme von bundes- oder landesrechtlich vorgesehenen Sozialleistungen sowie sonstigen Hilfsangeboten, die auf die Unterstützung von Menschen mit Pflege-, Versorgungs- oder Betreuungsbedarf ausgerichtet sind (Pflegeberatung<u>); Anspruchsberechtigten soll durch die Pflegekassen vor der erstmaligen Beratung unverzüglich ein zuständiger Pflegeberater, eine zuständige Pflegeberaterin oder eine sonstige Beratungsstelle benannt werden. Für das Verfahren, die Durchführung und die Inhalte der Pflegeberatung sind die Richtlinien nach § 17 Absatz 1a maßgeblich.</u>
Aufgabe der Pflegeberatung ist es insbesondere,	Aufgabe der Pflegeberatung ist es insbesondere,
1. den Hilfebedarf unter Berücksichtigung der ~~Feststellungen~~ der Begutachtung durch den Medizinischen Dienst der Krankenversicherung systematisch zu erfassen und zu analysieren,	1. den Hilfebedarf unter Berücksichtigung der <u>Ergebnisse</u> der Begutachtung durch den Medizinischen Dienst der Krankenversicherung <u>sowie, wenn die nach Satz 1 anspruchsberechtigte Person zustimmt, die Ergebnisse der Beratung in der eigenen Häuslichkeit nach § 37 Absatz 3</u> systematisch zu erfassen und zu analysieren,
2. einen individuellen Versorgungsplan mit den im Einzelfall erforderlichen Sozialleistungen und gesundheitsfördernden, präventiven, kurativen, rehabilitativen oder sonstigen medizinischen sowie pflegerischen und sozialen Hilfen zu erstellen,	2. einen individuellen Versorgungsplan mit den im Einzelfall erforderlichen Sozialleistungen und gesundheitsfördernden, präventiven, kurativen, rehabilitativen oder sonstigen medizinischen sowie pflegerischen und sozialen Hilfen zu erstellen,
3. auf die für die Durchführung des Versorgungsplans erforderlichen Maßnahmen einschließlich deren Genehmigung durch den jeweiligen Leistungsträger hinzuwirken,	3. auf die für die Durchführung des Versorgungsplans erforderlichen Maßnahmen einschließlich deren Genehmigung durch den jeweiligen Leistungsträger hinzuwirken,
4. die Durchführung des Versorgungsplans zu überwachen und erforderlichenfalls einer veränderten Bedarfslage anzupassen ~~sowie~~	4. die Durchführung des Versorgungsplans zu überwachen und erforderlichenfalls einer veränderten Bedarfslage anzupassen<u>,</u>
5. bei besonders komplexen Fallgestaltungen den Hilfeprozess auszuwerten und zu dokumentieren.	5. bei besonders komplexen Fallgestaltungen den Hilfeprozess auszuwerten und zu dokumentieren <u>sowie</u>
	6. <u>über Leistungen zur Entlastung der Pflegepersonen zu informieren.</u>
Der Versorgungsplan beinhaltet insbesondere Empfehlungen zu den im Einzelfall erforderlichen Maßnahmen nach Satz ~~2~~ Nr. 3, Hinweise zu dem dazu vorhandenen örtlichen Leistungsangebot sowie zur Überprüfung und Anpassung der empfohlenen Maß-	Der Versorgungsplan <u>wird nach Maßgabe der Richtlinien nach § 17 Absatz 1a erstellt und umgesetzt;</u> er beinhaltet insbesondere Empfehlungen zu den im Einzelfall erforderlichen Maßnahmen nach Satz <u>3 Nummer</u> 3, Hinweise zu dem dazu vorhandenen ört-

Fassung bis 31. Dezember 2015	Fassung ab 1. Januar 2016

nahmen. Bei Erstellung und Umsetzung des Versorgungsplans ist Einvernehmen mit dem Hilfesuchenden und allen an der Pflege, Versorgung und Betreuung Beteiligten anzustreben. Soweit Leistungen nach sonstigen bundes- oder landesrechtlichen Vorschriften erforderlich sind, sind die zuständigen Leistungsträger frühzeitig mit dem Ziel der Abstimmung einzubeziehen. Eine enge Zusammenarbeit mit anderen Koordinierungsstellen, insbesondere den gemeinsamen Servicestellen nach § 23 des Neunten Buches, ist sicherzustellen. Ihnen obliegende Aufgaben der Pflegeberatung können die Pflegekassen ganz oder teilweise auf Dritte übertragen; § 80 des Zehnten Buches bleibt unberührt. Ein Anspruch auf Pflegeberatung besteht auch dann, wenn ein Antrag auf Leistungen nach diesem Buch gestellt wurde und erkennbar ein Hilfe- und Beratungsbedarf besteht. ~~Vor dem 1. Januar 2009 kann Pflegeberatung gewährt werden, wenn und soweit eine Pflegekasse eine entsprechende Struktur aufgebaut hat.~~ Es ist sicherzustellen, dass im jeweiligen Pflegestützpunkt nach § ~~92c~~ Pflegeberatung im Sinne dieser Vorschrift in Anspruch genommen werden kann und die Unabhängigkeit der Beratung gewährleistet ist.

(2) Auf Wunsch erfolgt die Pflegeberatung unter Einbeziehung von Dritten, insbesondere Angehörigen und Lebenspartnern,

und in der häuslichen Umgebung oder in der Einrichtung, in der der Anspruchsberechtigte lebt.

Ein Versicherter kann einen Leistungsantrag nach diesem oder dem Fünften Buch auch gegenüber dem Pflegeberater oder der Pflegeberaterin stellen. Der Antrag ist unverzüglich der zuständigen Pflege- oder Krankenkasse zu übermitteln, die den Leistungsbescheid unverzüglich dem Antragsteller und zeitgleich dem Pflegeberater oder der Pflegeberaterin zuleitet.

(3) Die Anzahl von Pflegeberatern und Pflegeberaterinnen ist so zu bemessen, dass die Aufgaben nach Absatz 1 im Interesse der Hilfesuchenden zeitnah und umfassend wahrgenommen werden können. Die Pflegekassen setzen für die persönliche Beratung und Betreuung durch Pflegeberater und Pflegeberaterinnen entsprechend qualifiziertes Personal ein, insbesondere Pflegefachkräfte, Sozialversicherungsfachangestellte oder Sozialarbeiter mit der jeweils erforderlichen Zusatzqualifikation. ~~Zur erforderlichen Anzahl und Qualifikation von Pflegeberatern und~~

---

lichen Leistungsangebot sowie zur Überprüfung und Anpassung der empfohlenen Maßnahmen. Bei Erstellung und Umsetzung des Versorgungsplans ist Einvernehmen mit dem Hilfesuchenden und allen an der Pflege, Versorgung und Betreuung Beteiligten anzustreben. Soweit Leistungen nach sonstigen bundes- oder landesrechtlichen Vorschriften erforderlich sind, sind die zuständigen Leistungträger frühzeitig mit dem Ziel der Abstimmung einzubeziehen. Eine enge Zusammenarbeit mit anderen Koordinierungsstellen, insbesondere den gemeinsamen Servicestellen nach § 23 des Neunten Buches, ist sicherzustellen. Ihnen obliegende Aufgaben der Pflegeberatung können die Pflegekassen ganz oder teilweise auf Dritte übertragen; § 80 des Zehnten Buches bleibt unberührt. Ein Anspruch auf Pflegeberatung besteht auch dann, wenn ein Antrag auf Leistungen nach diesem Buch gestellt wurde und erkennbar ein Hilfe- und Beratungsbedarf besteht.

Es ist sicherzustellen, dass im jeweiligen Pflegestützpunkt nach § <u>7c</u> Pflegeberatung im Sinne dieser Vorschrift in Anspruch genommen werden kann und die Unabhängigkeit der Beratung gewährleistet ist.

(2) Auf Wunsch <u>einer anspruchsberechtigten Person nach Absatz 1 Satz 1</u> erfolgt die <u>Pflegeberatung auch gegenüber ihren Angehörigen oder weiteren Personen oder unter deren Einbeziehung. Sie erfolgt auf Wunsch einer anspruchsberechtigten Person nach Absatz 1 Satz 1</u> in der häuslichen Umgebung oder in der Einrichtung, <u>in der diese Person lebt.</u>

Ein Versicherter kann einen Leistungsantrag nach diesem oder dem Fünften Buch auch gegenüber dem Pflegeberater oder der Pflegeberaterin stellen. Der Antrag ist unverzüglich der zuständigen Pflege- oder Krankenkasse zu übermitteln, die den Leistungsbescheid unverzüglich dem Antragsteller und zeitgleich dem Pflegeberater oder der Pflegeberaterin zuleitet.

(3) Die Anzahl von Pflegeberatern und Pflegeberaterinnen ist so zu bemessen, dass die Aufgaben nach Absatz 1 im Interesse der Hilfesuchenden zeitnah und umfassend wahrgenommen werden können. Die Pflegekassen setzen für die persönliche Beratung und Betreuung durch Pflegeberater und Pflegeberaterinnen entsprechend qualifiziertes Personal ein, insbesondere Pflegefachkräfte, Sozialversicherungsfachangestellte oder Sozialarbeiter mit der jeweils erforderlichen Zusatzqualifikation. <u>Der Spitzenverband Bund der Pflegekassen gibt unter Beteiligung der in</u>

Fassung bis 31. Dezember 2015	Fassung ab 1. Januar 2016
~~Pflegeberaterinnen gibt der Spitzenverband Bund der Pflegekassen bis zum 31. August 2008 Empfehlungen ab. Die Qualifikationsanforderungen nach Satz 2 müssen spätestens zum 30. Juni 2011 erfüllt sein.~~	§ 17 Absatz 1a Satz 2 genannten Parteien bis zum 31. Juli 2018 Empfehlungen zur erforderlichen Anzahl, Qualifikation und Fortbildung von Pflegeberaterinnen und Pflegeberatern ab.
(4) Die Pflegekassen im Land haben Pflegeberater und Pflegeberaterinnen zur Sicherstellung einer wirtschaftlichen Aufgabenwahrnehmung in den Pflegestützpunkten nach Anzahl und örtlicher Zuständigkeit aufeinander abgestimmt bereitzustellen und hierüber einheitlich und gemeinsam Vereinbarungen ~~bis zum 31. Oktober 2008~~ zu treffen. Die Pflegekassen können diese Aufgabe auf die Landesverbände der Pflegekassen übertragen. Kommt eine Einigung bis zu dem in Satz 1 genannten Zeitpunkt ganz oder teilweise nicht zustande, haben die Landesverbände der Pflegekassen innerhalb eines Monats zu entscheiden; § 81 Abs. 1 Satz 2 gilt entsprechend. Die Pflegekassen und die gesetzlichen Krankenkassen können zur Aufgabenwahrnehmung durch Pflegeberater und Pflegeberaterinnen von der Möglichkeit der Beauftragung nach Maßgabe der §§ 88 bis 92 des Zehnten Buches Gebrauch machen. Die durch die Tätigkeit von Pflegeberatern und Pflegeberaterinnen entstehenden Aufwendungen werden von den Pflegekassen getragen und zur Hälfte auf die Verwaltungskostenpauschale nach § 46 Abs. 3 Satz 1 angerechnet.	(4) Die Pflegekassen im Land haben Pflegeberater und Pflegeberaterinnen zur Sicherstellung einer wirtschaftlichen Aufgabenwahrnehmung in den Pflegestützpunkten nach Anzahl und örtlicher Zuständigkeit aufeinander abgestimmt bereitzustellen und hierüber einheitlich und gemeinsam Vereinbarungen zu treffen. Die Pflegekassen können diese Aufgabe auf die Landesverbände der Pflegekassen übertragen. Kommt eine Einigung bis zu dem in Satz 1 genannten Zeitpunkt ganz oder teilweise nicht zustande, haben die Landesverbände der Pflegekassen innerhalb eines Monats zu entscheiden; § 81 Abs. 1 Satz 2 gilt entsprechend. Die Pflegekassen und die gesetzlichen Krankenkassen können zur Aufgabenwahrnehmung durch Pflegeberater und Pflegeberaterinnen von der Möglichkeit der Beauftragung nach Maßgabe der §§ 88 bis 92 des Zehnten Buches Gebrauch machen. Die durch die Tätigkeit von Pflegeberatern und Pflegeberaterinnen entstehenden Aufwendungen werden von den Pflegekassen getragen und zur Hälfte auf die Verwaltungskostenpauschale nach § 46 Abs. 3 Satz 1 angerechnet.
(5) Zur Durchführung der Pflegeberatung können die privaten Versicherungsunternehmen, die die private Pflege-Pflichtversicherung durchführen, Pflegeberater und Pflegeberaterinnen der Pflegekassen für die bei ihnen versicherten Personen nutzen. Dies setzt eine vertragliche Vereinbarung mit den Pflegekassen über Art, Inhalt und Umfang der Inanspruchnahme sowie über die Vergütung der hierfür je Fall entstehenden Aufwendungen voraus. Soweit Vereinbarungen mit den Pflegekassen nicht zustande kommen, können die privaten Versicherungsunternehmen, die die private Pflege-Pflichtversicherung durchführen, untereinander Vereinbarungen über eine abgestimmte Bereitstellung von Pflegeberatern und Pflegeberaterinnen treffen.	(5) Zur Durchführung der Pflegeberatung können die privaten Versicherungsunternehmen, die die private Pflege-Pflichtversicherung durchführen, Pflegeberater und Pflegeberaterinnen der Pflegekassen für die bei ihnen versicherten Personen nutzen. Dies setzt eine vertragliche Vereinbarung mit den Pflegekassen über Art, Inhalt und Umfang der Inanspruchnahme sowie über die Vergütung der hierfür je Fall entstehenden Aufwendungen voraus. Soweit Vereinbarungen mit den Pflegekassen nicht zustande kommen, können die privaten Versicherungsunternehmen, die die private Pflege-Pflichtversicherung durchführen, untereinander Vereinbarungen über eine abgestimmte Bereitstellung von Pflegeberatern und Pflegeberaterinnen treffen.
(6) Pflegeberater und Pflegeberaterinnen sowie sonstige mit der Wahrnehmung von Aufgaben nach Absatz 1 befasste Stellen, insbesondere 1. nach Landesrecht für die wohnortnahe Betreuung im Rahmen der örtlichen Altenhilfe und für die Gewährung der Hilfe zur Pflege nach dem Zwölften Buch zu bestimmende Stellen,	(6) Pflegeberater und Pflegeberaterinnen sowie sonstige mit der Wahrnehmung von Aufgaben nach Absatz 1 befasste Stellen, insbesondere 1. nach Landesrecht für die wohnortnahe Betreuung im Rahmen der örtlichen Altenhilfe und für die Gewährung der Hilfe zur Pflege nach dem Zwölften Buch zu bestimmende Stellen,

Fassung bis 31. Dezember 2015	Fassung ab 1. Januar 2016
2. Unternehmen der privaten Kranken- und Pflegeversicherung,	2. Unternehmen der privaten Kranken- und Pflegeversicherung,
3. Pflegeeinrichtungen und Einzelpersonen nach § 77,	3. Pflegeeinrichtungen und Einzelpersonen nach § 77,
4. Mitglieder von Selbsthilfegruppen, ehrenamtliche und sonstige zum bürgerschaftlichen Engagement bereite Personen und Organisationen sowie	4. Mitglieder von Selbsthilfegruppen, ehrenamtliche und sonstige zum bürgerschaftlichen Engagement bereite Personen und Organisationen sowie
5. Agenturen für Arbeit und Träger der Grundsicherung für Arbeitsuchende,	5. Agenturen für Arbeit und Träger der Grundsicherung für Arbeitsuchende,
dürfen Sozialdaten für Zwecke der Pflegeberatung nur erheben, verarbeiten und nutzen, soweit dies zur Erfüllung der Aufgaben nach diesem Buch erforderlich oder durch Rechtsvorschriften des Sozialgesetzbuches oder Regelungen des Versicherungsvertrags- oder des Versicherungsaufsichtsgesetzes angeordnet oder erlaubt ist.	dürfen Sozialdaten für Zwecke der Pflegeberatung nur erheben, verarbeiten und nutzen, soweit dies zur Erfüllung der Aufgaben nach diesem Buch erforderlich oder durch Rechtsvorschriften des Sozialgesetzbuches oder Regelungen des Versicherungsvertrags- oder des Versicherungsaufsichtsgesetzes angeordnet oder erlaubt ist.
~~(7) Über die Erfahrungen mit der Pflegeberatung legt der Spitzenverband Bund der Pflegekassen dem Bundesministerium für Gesundheit bis zum 30. Juni 2011 einen unter wissenschaftlicher Begleitung zu erstellenden Bericht vor. Er kann hierzu Mittel nach § 8 Abs. 3 einsetzen.~~	(7) Die Landesverbände der Pflegekassen vereinbaren gemeinsam und einheitlich mit dem Verband der privaten Krankenversicherung e. V., den nach Landesrecht bestimmten Stellen für die wohnortnahe Betreuung im Rahmen der Altenhilfe und den zuständigen Trägern der Sozialhilfe sowie mit den kommunalen Spitzenverbänden auf Landesebene Rahmenverträge über die Zusammenarbeit in der Beratung. Zu den Verträgen nach Satz 1 sind die Verbände der Träger weiterer nicht gewerblicher Beratungsstellen auf Landesebene anzuhören, die für die Beratung Pflegebedürftiger und ihrer Angehörigen von Bedeutung sind.
	(8) Die Pflegekassen können sich zur Wahrnehmung ihrer Beratungsaufgaben nach diesem Buch aus ihren Verwaltungsmitteln an der Finanzierung und arbeitsteiligen Organisation von Beratungsaufgaben anderer Träger beteiligen; die Neutralität und Unabhängigkeit der Beratung sind zu gewährleisten.
	(9) Der Spitzenverband Bund der Pflegekassen legt dem Bundesministerium für Gesundheit alle drei Jahre, erstmals zum 30. Juni 2020, einen unter wissenschaftlicher Begleitung zu erstellenden Bericht vor über
	1. die Erfahrungen und Weiterentwicklung der Pflegeberatung und Pflegeberatungsstrukturen nach den Absätzen 1 bis 4, 7 und 8, § 7b Absatz 1 und 2 und § 7c und
	2. die Durchführung, Ergebnisse und Wirkungen der Beratung in der eigenen Häuslichkeit sowie die Fortentwicklung der Beratungsstrukturen nach § 37 Absatz 3 bis 8.
	Er kann hierfür Mittel nach § 8 Absatz 3 einsetzen.

Gesetzesbegründung Drs. 18/5926 zu § 7a

> **Änderungen zum 1. Januar 2016**

Eine umfassende Information und Beratung der Versicherten – möglichst durch eine Person oder Stelle ihres Vertrauens – ist eine immer wichtiger werdende Voraussetzung für eine an den Bedürfnissen der pflegebedürftigen Menschen und ihrer Angehörigen orientierte Unterstützung, Pflege und Betreuung. Dabei kommt es nicht alleine auf die Breite des vermittelten Wissens an, wichtig ist, dass die Betroffenen in die Lage versetzt werden, aus den verschiedensten Angeboten unterschiedlicher Träger die für sie am besten passenden Leistungsangebote nach ihren Bedarfen und Wünschen zusammenstellen zu können.

Zu Absatz 1

Satz 1: Ratsuchenden Leistungsbeziehern sollen die Pflegekassen vor Ort schnell, unbürokratisch und unverzüglich feste Ansprechpartner für eine individuelle Beratung benennen. Seien es die zuständigen Pflegeberater und Pflegeberaterinnen oder sonstige Beratungsstellen, die entsprechend Hilfe und Unterstützung bei Auswahl und Inanspruchnahme von Unterstützungsangeboten im Sinne eines Fallmanagements künftig auf Basis der in den neuen Richtlinien nach § 17 Absatz 1a festgelegten Verfahrens-, Durchführungs- und inhaltlichen Maßstäbe und Grundsätze leisten. Vorzugsweise haben sie auch für spätere Rückfragen, z. B. auch telefonischer Art, oder für Folgeberatungen bei späteren Antragsstellungen auf Leistungen zur Verfügung zu stehen.

Eine personelle Kontinuität in der Beratung wird der Begleitung der Betroffenen im Zeitablauf, der Beobachtung des Erfolges des Versorgungsplanes und der darin vorgesehenen Koordinierung unterschiedlichster Leistungsangebote zugunsten der Betroffenen deutlich zu Gute kommen.

Auch bei Abwesenheit des Pflegeberaters bzw. der benannten Pflegeberaterin ist durch die Pflegekasse eine Vertretung zu gewährleisten, damit die zwei Wochen Frist für die Einräumung eines Beratungstermins nach Antragstellung auf Leistungen eingehalten wird, oder es ist eine sonstige Beratungsstelle zu benennen.

Weder die Richtlinie nach § 17 Absatz 1a noch die in Absatz 1 weiterhin vorgesehene Systematisierung der Aufgaben dieses Fallmanagements stehen einer unabhängigen und neutralen Beratung entgegen; sie verbessern durch ihre Dienstleistungs- und Verbraucherorientierung sowie die bundeseinheitlichen Grundsätze und Maßstäbe zur Sicherung von Qualität nur die Wirtschaftlichkeit der vorgesehenen gesetzlichen Beratungsmöglichkeiten der pflegebedürftigen Personen und ihrer Angehörigen.

Satz 2 neu: Für die Durchführung der Pflegeberatung werden einheitliche, fachlich fundierte Vorgaben eingeführt, die für alle Pflegeberaterinnen und Pflegeberater und sonstige Beratungsstellen, die Pflegeberatungen im Sinne des § 7a durchführen, unmittelbar verbindlich sind. Das Nähere insbesondere zu den Maßstäben und Grundsätzen des Verfahrens, der Durchführung und der Inhalte wird in Richtlinien des Spitzenverbandes Bund der Pflegekassen nach § 17 Absatz 1a geregelt.

Das Gutachten nach § 18 sowie die Empfehlungen nach § 18a sind in die Beratung durch die Pflegeberaterinnen oder Pflegeberater einzubeziehen, sofern die Pflegebedürftigen diese aushändigen. Ziel ist vor allem, neben der Vereinheitlichung auf Bundesebene die Dienstleistungs- und

Verbraucherorientierung sowie die Qualität, Zweckmäßigkeit und Wirtschaftlichkeit der im SGB XI verankerten Beratungstätigkeiten zu verbessern und Doppelstrukturen damit abzubauen.

Satz 3 neu: Pflegeberaterinnen und Pflegeberater werden verpflichtet, für die von ihnen betreuten, ratsuchenden Leistungsbezieher regelmäßig auch die Ergebnisse von Pflegeberatungsbesuchen nach § 37 Absatz 3 in der eigenen Häuslichkeit darauf durchzusehen, ob sich hieraus Anhaltspunkte für einen weiteren Hilfe- und Unterstützungsbedarf zur Stabilisierung der häuslichen Situation ergibt.

Allerdings sollen die Ergebnisse dieser Pflegeberatungsbesuche nur dann einbezogen werden können, wenn der Pflegebedürftige oder – bei fehlender Einwilligungsfähigkeit – seine gesetzliche Vertretung dem zugestimmt hat.

Satz 4 neu: Wirksamkeit und Nutzen der Versorgungspläne werden verbessert.

Über die Voraussetzungen und Inhalte eines Versorgungsplan einschließlich seiner Überwachung und Anpassung an veränderte Bedarfslagen soll entsprechend des individuellen Bedarfs der Anspruchsberechtigten auf Grundlage der neu einzuführenden Richtlinien nach § 17 Absatz 1a im Einzelfall bedarfsgerecht entschieden werden. Dabei ist insbesondere auch der individuelle Bedarf von Personengruppen mit einem spezifischen Unterstützungsbedarf zu berücksichtigen, wie z. B.

- der Unterstützungsbedarf im Falle der Pflege durch berufstätige Angehörige,
- für Personen mit demenziellen oder anderen spezifischen Bedarfen,
- für pflegebedürftiger Kinder und
- für pflegebedürftige Personen mit Migrationshintergrund.

Bisheriger Satz 9: Bei der Streichung des bisherigen Satz 9 handelt sich um eine Rechtsbereinigung, da die gestrichene Regelung einen Zeitraum betrifft, der ausschließlich in der Vergangenheit liegt.

Satz 10 neu: Es handelt sich um eine redaktionelle Folgeänderung aufgrund der Überführung der Regelungen des § 92c [red. Anm.: zu Pflegestützpunkten] in den neuen § 7c.

Zu Absatz 2

Neu eingeführt wird ein Anspruch darauf, dass auch gegenüber den pflegenden Angehörigen und weiteren Personen, sofern der Anspruchsberechtigte nach Absatz 1 dies wünscht, und nicht nur – wie bisher – in deren Beisein die Pflegeberatung im Sinne von Absatz 1 erfolgen kann.

Die Regelung trägt den Bedürfnissen der Lebenswirklichkeit bei einer Versorgung im häuslichen Umfeld Rechnung und erleichtert die rechtzeitige Organisation und Koordinierung der als notwendig erachteten informellen und professionellen Versorgungs- und Betreuungsmaßnahmen im Einzelfall. Auch kann sie einer Überforderung der pflegenden Angehörigen durch die Pflegesituation positiv entgegenwirken. Die Regelungen im neuen Satz 2 stellen bereits geltendes Recht dar.

Es wird klargestellt, dass Versicherte Leistungsanträge gegenüber den Pflege- bzw. Krankenkassen auch bei der für sie zuständigen Pflegeberaterin oder dem zuständigen Pflegeberater stellen können, die sie dann an die jeweils zuständige Bewilligungsstelle übermitteln. Dies ist eine versichertenfreundliche Verbesserung der Dienstleistungs- und Serviceorientierung der Pflegeberatung und trägt einem Wunsch vieler Betroffener nach personeller Kontinuität der Betreuung durch die Pflegekassen Rechnung.

Zu Absatz 3

Ziel der Änderung ist, dass der Spitzenverband Bund der Pflegekassen an den Empfehlungen zur Anzahl der Pflegeberaterinnen und Pflegeberater sowie zu ihrer Qualifikation und Fortbildung die Parteien beteiligt, die auch an den Richtlinien zur Vereinheitlichung des Verfahrens, der Durchführung und der Inhalte der Pflegeberatung nach § 17 Absatz 1a mitwirken.

Neu ist auch, dass die Empfehlungen nicht nur zur Anzahl und Qualifikation der Pflegeberaterinnen und Pflegeberater abgegeben werden, sondern auch zu ihrer Fortbildung.

Zu Absatz 4

Die Regelungen werden Fristablauf zur Rechtsbereinigung aufgehoben.

Zu Absatz 7

Durch eine Rahmenvereinbarung auf Landesebene soll eine strukturierte Zusammenarbeit der die Pflegeberatung im Sinne der Pflegeversicherung durchführenden Personen und Stellen gewährleistet werden. Ziel dieser Zusammenarbeit ist die Verbesserung einerseits des unmittelbaren Zugangs zu Informationen für die Personen, die Pflegeberatung durchführen, und anderseits der Information pflegebedürftiger Personen und ihrer pflegenden Angehörigen über die örtlich und regional bestehenden Hilfe-, Betreuungs-, Unterstützungs- und Entlastungsangebote.

Die Verbände der Träger weiterer nicht gewerblicher Beratungsstellen auf Landesebene, die für die Beratung Pflegebedürftiger und ihrer Angehörigen von Bedeutung sind, erhalten ein Anhörungsrecht. Dies sind insbesondere die Verbände der freien Wohlfahrtspflege, Verbraucherverbände und Verbände von Selbsthilfegruppen.

Zu Absatz 8

Die Änderung in Absatz 8 ist redaktioneller Natur; sie überführt die bisherige Regelung des § 7 Absatz 4 in § 7a und dient der Rechtsstraffung.

Zu Absatz 9

Durch die Regelung in Absatz 9 wird der Spitzenverband Bund der Pflegekassen verpflichtet, dem Bundesministerium für Gesundheit erstmalig zum 30. Juni 2020 und nachfolgend regelmäßig alle drei Jahre einen Bericht über die Erfahrungen und Weiterentwicklung der Beratung nach § 7a Absatz 1 bis 4, 7 und 8, § 7b Absatz 1 und 2 und § 7c, sowie über die Durchführung, die Ergebnisse und die Wirkungen der Beratung nach § 37 Absatz 3 bis 8 vorzulegen. Die Erstellung dieses Berichts ist jeweils wissenschaftlich zu begleiten. Der Spitzenverband Bund der Pflegekassen kann hierfür Mittel nach § 8 Absatz 3 einsetzen.

Dieser Bericht dient dazu, einerseits etwaige Mängel und Defizite aufzudecken und andererseits Erkenntnisse darüber zu erlangen, wie sich die Beratungsstrukturen entwickeln. Er ist somit eine wichtige Erkenntnisquelle hinsichtlich der Wirksamkeit der Pflegeberatung sowie eine wichtige Grundlage für die Weiterentwicklung der Regelungen zur Pflegeberatung sowie zur Beratung in der eigenen Häuslichkeit gemäß § 37 Absatz 3.

Bei der Wahrnehmung dieser Aufgabe beteiligt das Bundesministerium für Gesundheit den Beauftragten der Bundesregierung für die Belange der Patientinnen und Patienten sowie Bevollmächtigten für Pflege.

Der Bericht soll hinsichtlich der Pflegeberatung nach § 7a Absatz 1 bis 4, 7 und 8, § 7b Absatz 1 und 2 und § 7c insbesondere konkrete Zahlen zur Entwicklung des Beratungsgeschehens enthalten, darunter unter anderem

- zur Anzahl der Pflegeberaterinnen und Pflegeberater,

- deren Qualifikation,

- zur Anzahl der Pflegestützpunkte und deren Trägerschaft einschließlich deren Beratungstätigkeiten und Beratungsschwerpunkten,

- Zahlen zur Inanspruchnahme durch Pflegebedürftige und Angehörige,

- zur Anzahl der Pflegeerst- und -wiederholungsberatungen,

- der erstmalig erstellten sowie überarbeiteten Versorgungspläne,

- der Ausstellung und Einlösung von Beratungsgutscheinen sowie

- zu den Ausgaben der Pflegekassen für die Pflegeberatung.

Gegenstand des Berichts sollen auch Fragen der Pflegeberatung für die Zielgruppe der Menschen mit Migrationshintergrund sein.

Darüber hinaus soll er konkrete Empfehlungen zur Weiterentwicklung der Pflegeberatung geben.

Der Bericht soll auch Angaben enthalten, wie die Ergebnisse der Beratung in der eigenen Häuslichkeit nach § 37 Absatz 3 bei der Pflegeberatung nach § 7a berücksichtigt werden. Hiervon unberührt bleibt der Bericht über die Durchführung und die Ergebnisse der Beratung in der eigenen Häuslichkeit nach Nummer 2.

Die Beratung in der eigenen Häuslichkeit nach § 37 Absatz 3 ist in der Vergangenheit vielfacher Kritik ausgesetzt gewesen und dem Instrument ist mangelnde Wirksamkeit unterstellt worden. Um die Weiterentwicklung der Beratung nach § 37 Absatz 3 bis 8 voranzutreiben, die Auswirkungen der gesetzlichen Neuregelungen zu beobachten und die nach § 37 Absatz 4 und auf andere Weise gewonnenen Erkenntnisse insbesondere über die Ergebnisse der Beratungseinsätze regelmäßig systematisch auszuwerten und wissenschaftlich aufbereiten zu lassen, wird nun eine Berichtspflicht auch zur Beratung in der eigenen Häuslichkeit nach § 37 Absatz 3 eingeführt. Wichtig ist in diesem Zusammenhang, dass ein wesentlicher Bestandteil des Berichts darin besteht, über die Wirkungen der Beratung in der eigenen Häuslichkeit Auskunft zu geben. Dies bezieht sich insbesondere auch darauf, zu ermitteln, ob und mit welchen Wirkungen Erkenntnisse und Hinweise aus den Beratungsbesuchen von den Beteiligten tatsächlich in der Praxis umgesetzt werden.

Zusammen mit den weiteren Anpassungen der Vorgaben zur Gestaltung und Durchführung der Beratung in der eigenen Häuslichkeit wird die in dem neuen Absatz 9 vorgesehene Berichtspflicht dazu führen, die Beratungsqualität insgesamt nachhaltig zu verbessern.

Fassung bis 31. Dezember 2015	Fassung ab 1. Januar 2016
§ 7b Beratungsgutscheine	**§ 7b Beratungsgutscheine**
(1) Die Pflegekasse hat dem Antragsteller unmittelbar nach Eingang eines erstmaligen Antrags auf Leistungen nach diesem Buch	(1) Die Pflegekasse hat dem Antragsteller unmittelbar nach Eingang eines erstmaligen Antrags auf Leistungen nach diesem Buch <u>sowie weiterer Anträge auf Leistungen nach § 18 Absatz 3, den §§ 36 bis 38, 41 bis 43, 44a, 45, 87a Absatz 2 Satz 1 und § 115 Absatz 4</u>
entweder	entweder
1. unter Angabe einer Kontaktperson einen konkreten Beratungstermin anzubieten, der spätestens innerhalb von zwei Wochen nach Antragseingang durchzuführen ist, oder	1. unter Angabe einer Kontaktperson einen konkreten Beratungstermin anzubieten, der spätestens innerhalb von zwei Wochen nach Antragseingang durchzuführen ist, oder
2. einen Beratungsgutschein auszustellen, in dem Beratungsstellen benannt sind, bei denen er zu Lasten der Pflegekasse innerhalb von zwei Wochen nach Antragseingang eingelöst werden kann; § 7a Absatz 4 Satz 5 ist entsprechend anzuwenden.	2. einen Beratungsgutschein auszustellen, in dem Beratungsstellen benannt sind, bei denen er zu Lasten der Pflegekasse innerhalb von zwei Wochen nach Antragseingang eingelöst werden kann; § 7a Absatz 4 Satz 5 ist entsprechend anzuwenden.
Die Beratung richtet sich nach ~~den §§ 7 und~~ 7a. Auf Wunsch des Versicherten hat die Beratung in der häuslichen Umgebung stattzufinden und kann auch nach Ablauf der in Satz 1 genannten Frist durchgeführt werden; über diese Möglichkeiten hat ihn die Pflegekasse aufzuklären.	Die Beratung richtet sich nach den <u>§ 7a</u>. Auf Wunsch des Versicherten hat die Beratung in der häuslichen Umgebung stattzufinden und kann auch nach Ablauf der in Satz 1 genannten Frist durchgeführt werden; über diese Möglichkeiten hat ihn die Pflegekasse aufzuklären.
(2) Die Pflegekasse hat sicherzustellen, dass die Beratungsstellen die Anforderungen an die Beratung nach den ~~§§ 7 und~~ 7a einhalten. Die Pflegekasse schließt hierzu allein oder gemeinsam mit anderen Pflegekassen vertragliche Vereinbarungen mit unabhängigen und neutralen Beratungsstellen, die insbesondere Regelungen treffen für	(2) Die Pflegekasse hat sicherzustellen, dass die Beratungsstellen die Anforderungen an die Beratung nach den <u>§ 7a</u> einhalten. Die Pflegekasse schließt hierzu allein oder gemeinsam mit anderen Pflegekassen vertragliche Vereinbarungen mit unabhängigen und neutralen Beratungsstellen, die insbesondere Regelungen treffen für
1. die Anforderungen an die Beratungsleistung und die Beratungspersonen,	1. die Anforderungen an die Beratungsleistung und die Beratungspersonen,
2. die Haftung für Schäden, die der Pflegekasse durch fehlerhafte Beratung entstehen, und	2. die Haftung für Schäden, die der Pflegekasse durch fehlerhafte Beratung entstehen, und
3. die Vergütung.	3. die Vergütung.
(3) Stellen nach Absatz 1 Satz 1 Nummer 2 dürfen personenbezogene Daten nur erheben, verarbeiten und nutzen, soweit dies für Zwecke der Beratung nach den ~~§§ 7 und~~ 7a erforderlich ist und der Versicherte oder sein gesetzlicher Vertreter eingewilligt hat. Zudem ist der Versicherte oder sein gesetzlicher Vertreter zu Beginn der Beratung darauf hinzuweisen, dass die Einwilligung jederzeit widerrufen werden kann.	(3) Stellen nach Absatz 1 Satz 1 Nummer 2 dürfen personenbezogene Daten nur erheben, verarbeiten und nutzen, soweit dies für Zwecke der Beratung nach den <u>§ 7a</u> erforderlich ist und der Versicherte oder sein gesetzlicher Vertreter eingewilligt hat. Zudem ist der Versicherte oder sein gesetzlicher Vertreter zu Beginn der Beratung darauf hinzuweisen, dass die Einwilligung jederzeit widerrufen werden kann.
(4) Die Absätze 1 bis 3 gelten für private Versicherungsunternehmen, die die private Pflege-Pflichtversicherung durchführen, entsprechend.	(4) Die Absätze 1 bis 3 gelten für private Versicherungsunternehmen, die die private Pflege-Pflichtversicherung durchführen, entsprechend.

Gesetzesbegründung Drs. 18/5926 zu § 7b

Änderungen zum 1. Januar 2016

Zu Absatz 1

Satz 1: Bereits nach geltendem Recht umfasst der Anspruch nach § 7a für Pflegebedürftige auch eine Wiederholung der Pflegeberatung. Die Frist der Pflegekassen, die für die Möglichkeit der pflegebedürftigen Person oder ihrer Angehörigen innerhalb von 14 Tagen beraten werden zu können, ist einzuhalten – sei es durch die Benennung eines konkreten Beratungstermins und einer Kontaktperson oder durch für die Aushändigung eines zu Lasten der Pflegekasse einzulösenden Beratungsgutscheines, sie entspricht dem geltendem Recht.

Es wird zusätzlich gesetzlich geregelt, dass die 14-Tage-Frist künftig nicht nur bei Erstanträgen wie bisher, sondern auch bei späteren Anträgen auf Leistungen, etwa wenn, aufgrund einer Krisensituation, die Pflege kurzfristig durch berufstätige Angehörigen sicherzustellen ist (vgl. § 44a), oder z. B. bei Anträgen, die auf ein Neueinstufungsverfahren abstellen oder den Wechsel von Geld- zu Sachleistungen, die Inanspruchnahme von Kombinationsleistungen, sogenannter gepoolter Leistungen, oder gegenseitig anrechenbarer Leistungen zum Inhalt haben, einzuhalten ist. Sie gilt nicht für einmalig oder ggf. auch monatlich zu stellende Anträge auf Kostenerstattung bestimmter Leistungen und Zuschüsse.

Hierdurch wird die Möglichkeit der Anspruchsberechtigten und ihrer Familienangehörigen gestärkt, sich zeitnah und umfassend über neue oder zu ändernde Pflegearrangements durch eine individuelle Beratung zu informieren und den Versorgungsplan insofern zu aktualisieren. Damit kann die Zielgenauigkeit der Versorgung und Betreuung durch Leistungen der Pflegeversicherung verbessert und dem Grundsatz „ambulant vor stationär" deutlich Rechnung getragen werden.

Näheres zum Beratungsverfahren wird sich zukünftig aus den Richtlinien nach § 17 Absatz 1a ergeben.

Satz 2: Es handelt sich um eine redaktionelle Folgeänderung aufgrund der Überführung der Regelungen zur Pflegeberatung in die Vorschrift des § 7a.

Zu Absatz 2 und Absatz 3

Es handelt sich um eine redaktionelle Folgeänderung aufgrund der Überführung der Regelungen zur Pflegeberatung in die Vorschrift des § 7a.

Fassung bis 31. Dezember 2015	Fassung ab 1. Januar 2016
§ 92c Pflegestützpunkte	**§ 7c Pflegestützpunkte**
(1) Zur wohnortnahen Beratung, Versorgung und Betreuung der Versicherten richten die Pflegekassen und Krankenkassen Pflegestützpunkte ein, sofern die zuständige oberste Landesbehörde dies bestimmt. Die Einrichtung muss innerhalb von sechs Monaten nach der Bestimmung durch die oberste Landesbehörde erfolgen. Kommen die hierfür erforderlichen Verträge nicht innerhalb von drei Monaten nach der Bestimmung durch die oberste Landesbehörde zustande, haben die Landesverbände der Pflegekassen innerhalb eines weiteren Monats den Inhalt der Verträge festzulegen; hierbei haben sie auch die Interessen der Ersatzkassen und der Landesverbände der Krankenkassen wahrzunehmen. Hinsichtlich der Mehrheitsverhältnisse bei der Beschlussfassung ist § 81 Abs. 1 Satz 2 entsprechend anzuwenden. Widerspruch und Anfechtungsklage gegen Maßnahmen der Aufsichtsbehörden zur Einrichtung von Pflegestützpunkten haben keine aufschiebende Wirkung.	(1) Zur wohnortnahen Beratung, Versorgung und Betreuung der Versicherten richten die Pflegekassen und Krankenkassen Pflegestützpunkte ein, sofern die zuständige oberste Landesbehörde dies bestimmt. Die Einrichtung muss innerhalb von sechs Monaten nach der Bestimmung durch die oberste Landesbehörde erfolgen. Kommen die hierfür erforderlichen Verträge nicht innerhalb von drei Monaten nach der Bestimmung durch die oberste Landesbehörde zustande, haben die Landesverbände der Pflegekassen innerhalb eines weiteren Monats den Inhalt der Verträge festzulegen; hierbei haben sie auch die Interessen der Ersatzkassen und der Landesverbände der Krankenkassen wahrzunehmen. Hinsichtlich der Mehrheitsverhältnisse bei der Beschlussfassung ist § 81 Absatz 1 Satz 2 entsprechend anzuwenden. Widerspruch und Anfechtungsklage gegen Maßnahmen der Aufsichtsbehörden zur Einrichtung von Pflegestützpunkten haben keine aufschiebende Wirkung.
(2) Aufgaben der Pflegestützpunkte sind	(2) Aufgaben der Pflegestützpunkte sind
1. umfassende sowie unabhängige Auskunft und Beratung zu den Rechten und Pflichten nach dem Sozialgesetzbuch und zur Auswahl und Inanspruchnahme der bundes- oder landesrechtlich vorgesehenen Sozialleistungen und sonstigen Hilfsangebote,	1. umfassende sowie unabhängige Auskunft und Beratung zu den Rechten und Pflichten nach dem Sozialgesetzbuch und zur Auswahl und Inanspruchnahme der bundes- oder landesrechtlich vorgesehenen Sozialleistungen und sonstigen Hilfsangebote,
2. Koordinierung aller für die wohnortnahe Versorgung und Betreuung in Betracht kommenden gesundheitsfördernden, präventiven, kurativen, rehabilitativen und sonstigen medizinischen sowie pflegerischen und sozialen Hilfs- und Unterstützungsangebote einschließlich der Hilfestellung bei der Inanspruchnahme der Leistungen,	2. Koordinierung aller für die wohnortnahe Versorgung und Betreuung in Betracht kommenden gesundheitsfördernden, präventiven, kurativen, rehabilitativen und sonstigen medizinischen sowie pflegerischen und sozialen Hilfs- und Unterstützungsangebote einschließlich der Hilfestellung bei der Inanspruchnahme der Leistungen,
3. Vernetzung aufeinander abgestimmter pflegerischer und sozialer Versorgungs- und Betreuungsangebote.	3. Vernetzung aufeinander abgestimmter pflegerischer und sozialer Versorgungs- und Betreuungsangebote.
Auf vorhandene vernetzte Beratungsstrukturen ist zurückzugreifen. Die Pflegekassen haben jederzeit darauf hinzuwirken, dass sich insbesondere die	Auf vorhandene vernetzte Beratungsstrukturen ist zurückzugreifen. Die Pflegekassen haben jederzeit darauf hinzuwirken, dass sich insbesondere die
1. nach Landesrecht zu bestimmenden Stellen für die wohnortnahe Betreuung im Rahmen der örtlichen Altenhilfe und für die Gewährung der Hilfe zur Pflege nach dem Zwölften Buch,	1. nach Landesrecht zu bestimmenden Stellen für die wohnortnahe Betreuung im Rahmen der örtlichen Altenhilfe und für die Gewährung der Hilfe zur Pflege nach dem Zwölften Buch,
2. im Land zugelassenen und tätigen Pflegeeinrichtungen,	2. im Land zugelassenen und tätigen Pflegeeinrichtungen,
3. im Land tätigen Unternehmen der privaten Kranken- und Pflegeversicherung	3. im Land tätigen Unternehmen der privaten Kranken- und Pflegeversicherung

Fassung bis 31. Dezember 2015	Fassung ab 1. Januar 2016
an den Pflegestützpunkten beteiligen. Die Krankenkassen haben sich an den Pflegestützpunkten zu beteiligen. Träger der Pflegestützpunkte sind die beteiligten Kosten- und Leistungsträger. Die Träger	an den Pflegestützpunkten beteiligen. Die Krankenkassen haben sich an den Pflegestützpunkten zu beteiligen. Träger der Pflegestützpunkte sind die beteiligten Kosten- und Leistungsträger. Die Träger
1. sollen Pflegefachkräfte in die Tätigkeit der Pflegestützpunkte einbinden,	1. sollen Pflegefachkräfte in die Tätigkeit der Pflegestützpunkte einbinden,
2. haben nach Möglichkeit Mitglieder von Selbsthilfegruppen sowie ehrenamtliche und sonstige zum bürgerschaftlichen Engagement bereite Personen und Organisationen in die Tätigkeit der Pflegestützpunkte einzubinden,	2. haben nach Möglichkeit Mitglieder von Selbsthilfegruppen sowie ehrenamtliche und sonstige zum bürgerschaftlichen Engagement bereite Personen und Organisationen in die Tätigkeit der Pflegestützpunkte einzubinden,
3. sollen interessierten kirchlichen sowie sonstigen religiösen und gesellschaftlichen Trägern und Organisationen die Beteiligung an den Pflegestützpunkten ermöglichen,	3. sollen interessierten kirchlichen sowie sonstigen religiösen und gesellschaftlichen Trägern und Organisationen die Beteiligung an den Pflegestützpunkten ermöglichen,
4. können sich zur Erfüllung ihrer Aufgaben dritter Stellen bedienen,	4. können sich zur Erfüllung ihrer Aufgaben dritter Stellen bedienen,
5. sollen im Hinblick auf die Vermittlung und Qualifizierung von für die Pflege und Betreuung geeigneten Kräften eng mit dem Träger der Arbeitsförderung nach dem Dritten Buch und den Trägern der Grundsicherung für Arbeitsuchende nach dem Zweiten Buch zusammenarbeiten.	5. sollen im Hinblick auf die Vermittlung und Qualifizierung von für die Pflege und Betreuung geeigneten Kräften eng mit dem Träger der Arbeitsförderung nach dem Dritten Buch und den Trägern der Grundsicherung für Arbeitsuchende nach dem Zweiten Buch zusammenarbeiten.
(3) Die an den Pflegestützpunkten beteiligten Kostenträger und Leistungserbringer können für das Einzugsgebiet der Pflegestützpunkte Verträge zur wohnortnahen integrierten Versorgung schließen; insoweit ist § 92b mit der Maßgabe entsprechend anzuwenden, dass die Pflege- und Krankenkassen gemeinsam und einheitlich handeln.	(3) Die an den Pflegestützpunkten beteiligten Kostenträger und Leistungserbringer können für das Einzugsgebiet der Pflegestützpunkte Verträge zur wohnortnahen integrierten Versorgung schließen; insoweit ist § 92b mit der Maßgabe entsprechend anzuwenden, dass die Pflege- und Krankenkassen gemeinsam und einheitlich handeln.
(4) Der Pflegestützpunkt kann bei einer im Land zugelassenen und tätigen Pflegeeinrichtung errichtet werden, wenn dies nicht zu einer unzulässigen Beeinträchtigung des Wettbewerbs zwischen den Pflegeeinrichtungen führt. Die für den Betrieb des Pflegestützpunktes erforderlichen Aufwendungen werden von den Trägern der Pflegestützpunkte unter Berücksichtigung der anrechnungsfähigen Aufwendungen für das eingesetzte Personal auf der Grundlage einer vertraglichen Vereinbarung anteilig getragen. Die Verteilung der für den Betrieb des Pflegestützpunktes erforderlichen Aufwendungen wird mit der Maßgabe vereinbart, dass der auf eine einzelne Pflegekasse entfallende Anteil nicht höher sein darf, als der von der Krankenkasse, bei der sie errichtet ist, zu tragende Anteil. Soweit sich private Versicherungsunternehmen, die die private Pflege-Pflichtversiche-	(4) Der Pflegestützpunkt kann bei einer im Land zugelassenen und tätigen Pflegeeinrichtung errichtet werden, wenn dies nicht zu einer unzulässigen Beeinträchtigung des Wettbewerbs zwischen den Pflegeeinrichtungen führt. Die für den Betrieb des Pflegestützpunktes erforderlichen Aufwendungen werden von den Trägern der Pflegestützpunkte unter Berücksichtigung der anrechnungsfähigen Aufwendungen für das eingesetzte Personal auf der Grundlage einer vertraglichen Vereinbarung anteilig getragen. Die Verteilung der für den Betrieb des Pflegestützpunktes erforderlichen Aufwendungen wird mit der Maßgabe vereinbart, dass der auf eine einzelne Pflegekasse entfallende Anteil nicht höher sein darf als der von der Krankenkasse, bei der sie errichtet ist, zu tragende Anteil. Soweit sich private Versicherungsunternehmen, die die private Pflege-Pflichtversiche-

Fassung bis 31. Dezember 2015	Fassung ab 1. Januar 2016
rung durchführen, nicht an der Finanzierung der Pflegestützpunkte beteiligen, haben sie mit den Trägern der Pflegestützpunkte über Art, Inhalt und Umfang der Inanspruchnahme der Pflegestützpunkte durch privat Pflege-Pflichtversicherte sowie über die Vergütung der hierfür je Fall entstehenden Aufwendungen Vereinbarungen zu treffen; dies gilt für private Versicherungsunternehmen, die die private Krankenversicherung durchführen, entsprechend.	rung durchführen, nicht an der Finanzierung der Pflegestützpunkte beteiligen, haben sie mit den Trägern der Pflegestützpunkte über Art, Inhalt und Umfang der Inanspruchnahme der Pflegestützpunkte durch privat Pflege-Pflichtversicherte sowie über die Vergütung der hierfür je Fall entstehenden Aufwendungen Vereinbarungen zu treffen; dies gilt für private Versicherungsunternehmen, die die private Krankenversicherung durchführen, entsprechend.

(5) Der Aufbau der in der gemeinsamen Trägerschaft von Pflege- und Krankenkassen sowie den nach Landesrecht zu bestimmenden Stellen stehenden Pflegestützpunkte ist im Rahmen der verfügbaren Mittel bis zum 30. Juni 2011 entsprechend dem jeweiligen Bedarf mit einem Zuschuss bis zu 45.000 Euro je Pflegestützpunkt zu fördern; der Bedarf umfasst auch die Anlaufkosten des Pflegestützpunktes. Die Förderung ist dem Bedarf entsprechend um bis zu 5.000 Euro zu erhöhen, wenn Mitglieder von Selbsthilfegruppen, ehrenamtliche und sonstige zum bürgerschaftlichen Engagement bereite Personen und Organisationen nachhaltig in die Tätigkeit des Stützpunktes einbezogen werden. Der Bedarf, die Höhe des beantragten Zuschusses, der Auszahlungsplan und der Zahlungsempfänger werden dem Spitzenverband Bund der Pflegekassen von den in Satz 1 genannten Trägern des Pflegestützpunktes im Rahmen ihres Förderantrags mitgeteilt. Das Bundesversicherungsamt zahlt die Fördermittel nach Eingang der Prüfungsmitteilung des Spitzenverbandes Bund der Pflegekassen über die Erfüllung der Auszahlungsvoraussetzungen an den Zahlungsempfänger aus. Die Antragsteller haben dem Spitzenverband Bund der Pflegekassen spätestens ein Jahr nach der letzten Auszahlung einen Nachweis über die zweckentsprechende Verwendung der Fördermittel vorzulegen.

(6) Das Bundesversicherungsamt entnimmt die Fördermittel aus dem Ausgleichsfonds der Pflegeversicherung bis zu einer Gesamthöhe von 60 Millionen Euro, für das jeweilige Land jedoch höchstens bis zu der Höhe, die sich durch die Aufteilung nach dem Königsteiner Schlüssel ergibt. Die Auszahlung der einzelnen Förderbeträge erfolgt entsprechend dem Zeitpunkt des Eingangs der Anträge beim Spitzenverband Bund der Pflegekassen. Näheres über das Verfahren der Auszahlung und die Verwendung der Fördermittel regelt das Bundesversicherungsamt mit dem Spitzenverband Bund der Pflegekassen durch Vereinbarung.

Fassung bis 31. Dezember 2015	Fassung ab 1. Januar 2016
(7) Im Pflegestützpunkt tätige Personen sowie sonstige mit der Wahrnehmung von Aufgaben nach Absatz 1 befasste Stellen, insbesondere	(5) Im Pflegestützpunkt tätige Personen sowie sonstige mit der Wahrnehmung von Aufgaben nach Absatz 1 befasste Stellen, insbesondere
1. nach Landesrecht für die wohnortnahe Betreuung im Rahmen der örtlichen Altenhilfe und für die Gewährung der Hilfe zur Pflege nach dem Zwölften Buch zu bestimmende Stellen,	1. nach Landesrecht für die wohnortnahe Betreuung im Rahmen der örtlichen Altenhilfe und für die Gewährung der Hilfe zur Pflege nach dem Zwölften Buch zu bestimmende Stellen,
2. Unternehmen der privaten Kranken- und Pflegeversicherung,	2. Unternehmen der privaten Kranken- und Pflegeversicherung,
3. Pflegeeinrichtungen und Einzelpersonen nach § 77,	3. Pflegeeinrichtungen und Einzelpersonen nach § 77,
4. Mitglieder von Selbsthilfegruppen, ehrenamtliche und sonstige zum bürgerschaftlichen Engagement bereite Personen und Organisationen sowie	4. Mitglieder von Selbsthilfegruppen, ehrenamtliche und sonstige zum bürgerschaftlichen Engagement bereite Personen und Organisationen sowie
5. Agenturen für Arbeit und Träger der Grundsicherung für Arbeitsuchende	5. Agenturen für Arbeit und Träger der Grundsicherung für Arbeitsuchende,
dürfen Sozialdaten nur erheben, verarbeiten und nutzen, soweit dies zur Erfüllung der Aufgaben nach diesem Buch erforderlich oder durch Rechtsvorschriften des Sozialgesetzbuches oder Regelungen des Versicherungsvertrags- oder des Versicherungsaufsichtsgesetzes angeordnet oder erlaubt ist.	dürfen Sozialdaten nur erheben, verarbeiten und nutzen, soweit dies zur Erfüllung der Aufgaben nach diesem Buch erforderlich oder durch Rechtsvorschriften des Sozialgesetzbuches oder Regelungen des Versicherungsvertrags- oder des Versicherungsaufsichtsgesetzes angeordnet oder erlaubt ist.
(8) Die Landesverbände der Pflegekassen können mit den Landesverbänden der Krankenkassen sowie den Ersatzkassen und den nach Landesrecht zu bestimmenden Stellen der Altenhilfe und der Hilfe zur Pflege nach dem Zwölften Buch Rahmenverträge zur Arbeit und zur Finanzierung der Pflegestützpunkte vereinbaren. Die von der zuständigen obersten Landesbehörde getroffene Bestimmung zur Einrichtung von Pflegestützpunkten sowie die Empfehlungen nach Absatz 9 sind hierbei zu berücksichtigen. Die Rahmenverträge sind bei der Arbeit und der Finanzierung von Pflegestützpunkten in der gemeinsamen Trägerschaft der gesetzlichen Kranken- und Pflegekassen und der nach Landesrecht zu bestimmenden Stellen für die Altenhilfe und für die Hilfe zur Pflege nach dem Zwölften Buch zu beachten.	(6) Die Landesverbände der Pflegekassen können mit den Landesverbänden der Krankenkassen sowie den Ersatzkassen und den nach Landesrecht zu bestimmenden Stellen der Altenhilfe und der Hilfe zur Pflege nach dem Zwölften Buch Rahmenverträge zur Arbeit und zur Finanzierung der Pflegestützpunkte vereinbaren. Die von der zuständigen obersten Landesbehörde getroffene Bestimmung zur Einrichtung von Pflegestützpunkten sowie die Empfehlungen nach Absatz 7 sind hierbei zu berücksichtigen. Die Rahmenverträge sind bei der Arbeit und der Finanzierung von Pflegestützpunkten in der gemeinsamen Trägerschaft der gesetzlichen Kranken- und Pflegekassen und der nach Landesrecht zu bestimmenden Stellen für die Altenhilfe und für die Hilfe zur Pflege nach dem Zwölften Buch zu beachten.
(9) Der Spitzenverband Bund der Pflegekassen, der Spitzenverband Bund der Krankenkassen, die Bundesarbeitsgemeinschaft der überörtlichen Träger der Sozialhilfe und die Bundesvereinigung der kommunalen Spitzenverbände können gemeinsam und einheitlich Empfehlungen zur Arbeit und zur Finanzierung von Pflegestützpunkten in der gemeinsamen Trägerschaft der gesetzlichen Kranken- und Pflegekassen sowie der nach Landesrecht zu bestimmenden Stellen der Alten- und Sozialhilfe vereinbaren.	(7) Der Spitzenverband Bund der Pflegekassen, der Spitzenverband Bund der Krankenkassen, die Bundesarbeitsgemeinschaft der überörtlichen Träger der Sozialhilfe und die Bundesvereinigung der kommunalen Spitzenverbände können gemeinsam und einheitlich Empfehlungen zur Arbeit und zur Finanzierung von Pflegestützpunkten in der gemeinsamen Trägerschaft der gesetzlichen Kranken- und Pflegekassen sowie der nach Landesrecht zu bestimmenden Stellen der Alten- und Sozialhilfe vereinbaren.

Gesetzesbegründung Drs. 18/5926 zu § 7c

Änderungen zum 1. Januar 2016

Die bisher in § 92c Absatz 1 bis 4 sowie 7 bis 9 enthaltenen Regelungen zur Beratung in und durch Pflegestützpunkte werden aufgrund des engen Sachzusammenhangs aus dem vergütungsrechtlichen Achten Kapitel diesen Buches unverändert in die im Ersten Kapitel geregelten Allgemeinen Vorschriften und Anforderungen an den Auftrag der Pflegekassen zur Aufklärung, Auskunft und Beratung nach den §§ 7 ff. verschoben.

Die Regelungen des § 92c Absatz 5 und 6 zur Anschubfinanzierung von Pflegestützpunkten mit befristeter Geltung sind zeitlich ausgelaufen und werden daher nicht in den neuen § 7c übernommen. Die Regelungen des § 92c Absatz 5 und 6 waren als Anreiz für einen zügigen Aufbau der Pflegestützpunkte ab 1. Juli 2008 konzipiert und sahen eine Anschubfinanzierung für die Einrichtung von Pflegestützpunkten bis zum 30. Juni 2011 vor. Alle Länder mit Ausnahme von Sachsen und Sachsen-Anhalt haben hiervon Gebrauch gemacht. Diese Länder haben sich für den Aufbau anderer Angebote der Pflegeberatung entschieden.

Fassung bis 31. Dezember 2015	Fassung ab 1. Januar 2016	Fassung ab 1. Januar 2017
§ 8 Gemeinsame Verantwortung	**§ 8 Gemeinsame Verantwortung**	**§ 8 Gemeinsame Verantwortung**
(1) Die pflegerische Versorgung der Bevölkerung ist eine gesamtgesellschaftliche Aufgabe.	(1) Die pflegerische Versorgung der Bevölkerung ist eine gesamtgesellschaftliche Aufgabe.	(1) Die pflegerische Versorgung der Bevölkerung ist eine gesamtgesellschaftliche Aufgabe.
(2) Die Länder, die Kommunen, die Pflegeeinrichtungen und die Pflegekassen wirken unter Beteiligung des Medizinischen Dienstes eng zusammen, um eine leistungsfähige, regional gegliederte, ortsnahe und aufeinander abgestimmte ambulante und stationäre pflegerische Versorgung der Bevölkerung zu gewährleisten. Sie tragen zum Ausbau und zur Weiterentwicklung der notwendigen pflegerischen Versorgungsstrukturen bei; das gilt insbesondere für die Ergänzung des Angebots an häuslicher und stationärer Pflege durch neue Formen der teilstationären Pflege und Kurzzeitpflege sowie für die Vorhaltung eines Angebots von die Pflege ergänzenden Leistungen zur medizinischen Rehabilitation. Sie unterstützen und fördern darüber hinaus die Bereitschaft zu einer humanen Pflege und Betreuung durch hauptberufliche und ehrenamtliche Pflegekräfte sowie durch Angehörige, Nachbarn und Selbsthilfegruppen und wirken so auf eine neue Kultur des Helfens und der mitmenschlichen Zuwendung hin.	(2) Die Länder, die Kommunen, die Pflegeeinrichtungen und die Pflegekassen wirken unter Beteiligung des Medizinischen Dienstes eng zusammen, um eine leistungsfähige, regional gegliederte, ortsnahe und aufeinander abgestimmte ambulante und stationäre pflegerische Versorgung der Bevölkerung zu gewährleisten. Sie tragen zum Ausbau und zur Weiterentwicklung der notwendigen pflegerischen Versorgungsstrukturen bei; das gilt insbesondere für die Ergänzung des Angebots an häuslicher und stationärer Pflege durch neue Formen der teilstationären Pflege und Kurzzeitpflege sowie für die Vorhaltung eines Angebots von die Pflege ergänzenden Leistungen zur medizinischen Rehabilitation. Sie unterstützen und fördern darüber hinaus die Bereitschaft zu einer humanen Pflege und Betreuung durch hauptberufliche und ehrenamtliche Pflegekräfte sowie durch Angehörige, Nachbarn und Selbsthilfegruppen und wirken so auf eine neue Kultur des Helfens und der mitmenschlichen Zuwendung hin.	(2) Die Länder, die Kommunen, die Pflegeeinrichtungen und die Pflegekassen wirken unter Beteiligung des Medizinischen Dienstes eng zusammen, um eine leistungsfähige, regional gegliederte, ortsnahe und aufeinander abgestimmte ambulante und stationäre pflegerische Versorgung der Bevölkerung zu gewährleisten. Sie tragen zum Ausbau und zur Weiterentwicklung der notwendigen pflegerischen Versorgungsstrukturen bei; das gilt insbesondere für die Ergänzung des Angebots an häuslicher und stationärer Pflege durch neue Formen der teilstationären Pflege und Kurzzeitpflege sowie für die Vorhaltung eines Angebots von die Pflege ergänzenden Leistungen zur medizinischen Rehabilitation. Sie unterstützen und fördern darüber hinaus die Bereitschaft zu einer humanen Pflege und Betreuung durch hauptberufliche und ehrenamtliche Pflegekräfte sowie durch Angehörige, Nachbarn und Selbsthilfegruppen und wirken so auf eine neue Kultur des Helfens und der mitmenschlichen Zuwendung hin.
(3) Der Spitzenverband Bund der Pflegekassen kann aus Mitteln des Ausgleichsfonds der Pflegeversicherung mit 5 Millionen Euro im Kalenderjahr Maßnahmen wie Modellvorhaben, Studien, wissenschaftliche Expertisen und Fachtagungen zur Weiterentwicklung der Pflegeversicherung, insbesondere zur Entwicklung neuer qualitätsgesicherter Versorgungsformen für Pflegebedürftige, durchführen und mit Leistungserbringern vereinbaren. Dabei sind vorrangig	(3) Der Spitzenverband Bund der Pflegekassen kann aus Mitteln des Ausgleichsfonds der Pflegeversicherung mit 5 Millionen Euro im Kalenderjahr Maßnahmen wie Modellvorhaben, Studien, wissenschaftliche Expertisen und Fachtagungen zur Weiterentwicklung der Pflegeversicherung, insbesondere zur Entwicklung neuer qualitätsgesicherter Versorgungsformen für Pflegebedürftige, durchführen und mit Leistungserbringern vereinbaren. Dabei sind vorrangig	(3) Der Spitzenverband Bund der Pflegekassen kann aus Mitteln des Ausgleichsfonds der Pflegeversicherung mit 5 Millionen Euro im Kalenderjahr Maßnahmen wie Modellvorhaben, Studien, wissenschaftliche Expertisen und Fachtagungen zur Weiterentwicklung der Pflegeversicherung, insbesondere zur Entwicklung neuer qualitätsgesicherter Versorgungsformen für Pflegebedürftige, durchführen und mit Leistungserbringern vereinbaren. Dabei sind vorrangig

Fassung bis 31. Dezember 2015	Fassung ab 1. Januar 2016	Fassung ab 1. Januar 2017
modellhaft in einer Region Möglichkeiten eines personenbezogenen Budgets sowie neue Wohnkonzepte für Pflegebedürftige zu erproben. Bei der Vereinbarung und Durchführung von Modellvorhaben kann im Einzelfall von den Regelungen des Siebten Kapitels sowie von § 36 und zur Entwicklung besonders pauschalierter Pflegesätze von § 84 Abs. 2 Satz 2 abgewichen werden. Mehrbelastungen der Pflegeversicherung, die dadurch entstehen, dass Pflegebedürftige, die Pflegegeld beziehen, durch Einbeziehung in ein Modellvorhaben höhere Leistungen als das Pflegegeld erhalten, sind in das nach Satz 1 vorgesehene Fördervolumen einzubeziehen. Soweit die in Satz 1 genannten Mittel im jeweiligen Haushaltsjahr nicht verbraucht wurden, können sie in das Folgejahr übertragen werden. Die Modellvorhaben sind auf längstens fünf Jahre zu befristen. Der Spitzenverband Bund der Pflegekassen bestimmt Ziele, Dauer, Inhalte und Durchführung der Maßnahmen; dabei sind auch regionale Modellvorhaben einzelner Länder zu berücksichtigen. Die Maßnahmen sind mit dem Bundesministerium für Gesundheit abzustimmen. Soweit finanzielle Interessen einzelner Länder berührt werden, sind diese zu beteiligen. Näheres über das Verfahren zur Auszahlung der aus dem Ausgleichsfonds zu finanzierenden Fördermittel regeln der Spitzenverband Bund der Pflegekassen und das Bundesversicherungsamt durch Vereinbarung.Für die Modellvorhaben ist eine wissenschaftliche Begleitung und Auswertung vorzusehen. § 45c Abs. 4 Satz 6 gilt entsprechend.	modellhaft in einer Region Möglichkeiten eines personenbezogenen Budgets sowie neue Wohnkonzepte für Pflegebedürftige zu erproben. Bei der Vereinbarung und Durchführung von Modellvorhaben kann im Einzelfall von den Regelungen des Siebten Kapitels sowie von § 36 und zur Entwicklung besonders pauschalierter Pflegesätze von § 84 Abs. 2 Satz 2 abgewichen werden. Mehrbelastungen der Pflegeversicherung, die dadurch entstehen, dass Pflegebedürftige, die Pflegegeld beziehen, durch Einbeziehung in ein Modellvorhaben höhere Leistungen als das Pflegegeld erhalten, sind in das nach Satz 1 vorgesehene Fördervolumen einzubeziehen. Soweit die in Satz 1 genannten Mittel im jeweiligen Haushaltsjahr nicht verbraucht wurden, können sie in das Folgejahr übertragen werden. Die Modellvorhaben sind auf längstens fünf Jahre zu befristen. Der Spitzenverband Bund der Pflegekassen bestimmt Ziele, Dauer, Inhalte und Durchführung der Maßnahmen; dabei sind auch regionale Modellvorhaben einzelner Länder zu berücksichtigen. Die Maßnahmen sind mit dem Bundesministerium für Gesundheit abzustimmen. Soweit finanzielle Interessen einzelner Länder berührt werden, sind diese zu beteiligen. Näheres über das Verfahren zur Auszahlung der aus dem Ausgleichsfonds zu finanzierenden Fördermittel regeln der Spitzenverband Bund der Pflegekassen und das Bundesversicherungsamt durch Vereinbarung. Für die Modellvorhaben ist eine wissenschaftliche Begleitung und Auswertung vorzusehen. § 45c *Abs. 4* Satz 6 gilt entsprechend.	modellhaft in einer Region Möglichkeiten eines personenbezogenen Budgets sowie neue Wohnkonzepte für Pflegebedürftige zu erproben. Bei der Vereinbarung und Durchführung von Modellvorhaben kann im Einzelfall von den Regelungen des Siebten Kapitels sowie von § 36 und zur Entwicklung besonders pauschalierter Pflegesätze von § 84 Abs. 2 Satz 2 abgewichen werden. Mehrbelastungen der Pflegeversicherung, die dadurch entstehen, dass Pflegebedürftige, die Pflegegeld beziehen, durch Einbeziehung in ein Modellvorhaben höhere Leistungen als das Pflegegeld erhalten, sind in das nach Satz 1 vorgesehene Fördervolumen einzubeziehen. Soweit die in Satz 1 genannten Mittel im jeweiligen Haushaltsjahr nicht verbraucht wurden, können sie in das Folgejahr übertragen werden. Die Modellvorhaben sind auf längstens fünf Jahre zu befristen. Der Spitzenverband Bund der Pflegekassen bestimmt Ziele, Dauer, Inhalte und Durchführung der Maßnahmen; dabei sind auch regionale Modellvorhaben einzelner Länder zu berücksichtigen. Die Maßnahmen sind mit dem Bundesministerium für Gesundheit abzustimmen. Soweit finanzielle Interessen einzelner Länder berührt werden, sind diese zu beteiligen. Näheres über das Verfahren zur Auszahlung der aus dem Ausgleichsfonds zu finanzierenden Fördermittel regeln der Spitzenverband Bund der Pflegekassen und das Bundesversicherungsamt durch Vereinbarung. Für die Modellvorhaben ist eine wissenschaftliche Begleitung und Auswertung vorzusehen. § 45c <u>Absatz 5</u> Satz 6 gilt entsprechend.

Fassung bis 31. Dezember 2015	Fassung ab 1. Januar 2016	Fassung ab 1. Januar 2017
	(4) Aus den Mitteln nach Absatz 3 ist ebenfalls die Finanzierung der qualifizierten Geschäftsstelle nach § 113b Absatz 6 und der wissenschaftlichen Aufträge nach § 113b Absatz 4 sicherzustellen. Sofern der Verband der privaten Krankenversicherung e. V. als Mitglied im Qualitätsausschuss nach § 113b vertreten ist, beteiligen sich die privaten Versicherungsunternehmen, die die private Pflege-Pflichtversicherung durchführen, mit einem Anteil von 10 Prozent an den Aufwendungen nach Satz 1. Aus den Mitteln nach Absatz 3 ist zudem die Finanzierung der Aufgaben nach § 113c sicherzustellen. Die privaten Versicherungsunternehmen, die die private Pflege-Pflichtversicherung durchführen, beteiligen sich mit einem Anteil von 10 Prozent an diesen Aufwendungen. Der Finanzierungsanteil nach den Sätzen 2 und 4, der auf die privaten Versicherungsunternehmen entfällt, kann von dem Verband der privaten Krankenversicherung e. V. unmittelbar an das Bundesversicherungsamt zugunsten des Ausgleichsfonds der Pflegeversicherung nach § 65 geleistet werden.	(4) Aus den Mitteln nach Absatz 3 ist ebenfalls die Finanzierung der qualifizierten Geschäftsstelle nach § 113b Absatz 6 und der wissenschaftlichen Aufträge nach § 113b Absatz 4 sicherzustellen. Sofern der Verband der privaten Krankenversicherung e. V. als Mitglied im Qualitätsausschuss nach § 113b vertreten ist, beteiligen sich die privaten Versicherungsunternehmen, die die private Pflege-Pflichtversicherung durchführen, mit einem Anteil von 10 Prozent an den Aufwendungen nach Satz 1. Aus den Mitteln nach Absatz 3 ist zudem die Finanzierung der Aufgaben nach § 113c sicherzustellen. Die privaten Versicherungsunternehmen, die die private Pflege-Pflichtversicherung durchführen, beteiligen sich mit einem Anteil von 10 Prozent an diesen Aufwendungen. Der Finanzierungsanteil nach den Sätzen 2 und 4, der auf die privaten Versicherungsunternehmen entfällt, kann von dem Verband der privaten Krankenversicherung e. V. unmittelbar an das Bundesversicherungsamt zugunsten des Ausgleichsfonds der Pflegeversicherung nach § 65 geleistet werden.

Änderungen zum 1. Januar 2016

Gesetzesbegründung Drs. 18/5926 zu § 8

Zu Absatz 4

Die Fortentwicklung der bisherigen Schiedsstelle zu einem entscheidungsfähigen Qualitätsausschuss, der von einer auch wissenschaftlich qualifizierten Geschäftsstelle unterstützt wird (§ 113b Absatz 6), trägt zur Weiterentwicklung der pflegerischen Versorgung bei.

Die qualifizierte Geschäftsstelle soll als wissenschaftliche Beratungs- und Koordinierungsstelle den Qualitätsausschuss und seine Mitglieder fachwissenschaftlich beraten und dessen wissenschaftliche Auftragsverfahren koordinieren. Darunter fällt insbesondere die Aufgabe, die wissenschaftlichen Grundlagen für neue Instrumente der Qualitätsprüfung und Qualitätsdarstellung zu entwickeln. Entsprechende wissenschaftliche Vorarbeiten sind bereits aus Mitteln nach § 8 Absatz 3 gefördert worden. Vor diesem Hintergrund ist es sinnvoll, auch die Finanzierung der qualifizierten Geschäftsstelle und der wissenschaftlichen Aufträge nach § 113b Absatz 4 aus den Mitteln nach § 8 Absatz 3 sicherzustellen. Dies ist möglich, ohne das aktuelle Fördervolumen für sonstige Projekte einzuschränken.

Die Einrichtung der qualifizierten Geschäftsstelle und damit auch die dadurch verursachten Ausgaben sind auf einen Zeitraum von fünf Jahren begrenzt.

Die privaten Versicherungsunternehmen, die die private Pflege-Pflichtversicherung durchführen, werden verpflichtet, sich mit einem Anteil von 10 Prozent an den Aufwendungen für die Finanzierung der qualifizierten Geschäftsstelle nach § 113b Absatz 6 und der wissenschaftlichen Aufträge nach § 113b Absatz 4 zu beteiligen. Die Finanzierungsverpflichtung besteht für den Zeitraum, in dem der Verband der privaten Krankenversicherung e. V. als Mitglied im Qualitätsausschuss nach § 113b vertreten ist.

Auch die Entwicklung und Erprobung eines wissenschaftlich fundierten Verfahrens zur einheitlichen Bemessung des Personalbedarfs in Pflegeeinrichtungen nach qualitativen und quantitativen Maßstäben nach § 113c trägt zur Weiterentwicklung der pflegerischen Versorgung bei und wird daher aus den Mitteln nach § 8 Absatz 3 finanziert. Die privaten Versicherungsunternehmen, die die private Pflege-Pflichtversicherung durchführen, werden verpflichtet, sich mit einem Anteil von 10 Prozent an den Aufwendungen zu beteiligen.

Änderungen zum 1. Januar 2017

Zu Absatz 3

Durch Einfügen eines Absatzes in § 45c wird in Absatz 3 Satz 6 eine redaktionelle Anpassung der Absatznummer erforderlich.

Fassung bis 31. Dezember 2015	Fassung ab 1. Januar 2016
§ 92 Landespflegeausschüsse	**§ 8a Landespflegeausschüsse**
Für jedes Land oder für Teile des Landes wird zur Beratung über Fragen der Pflegeversicherung ein Landespflegeausschuss gebildet. Der Ausschuss kann zur Umsetzung der Pflegeversicherung einvernehmlich Empfehlungen abgeben. Die Landesregierungen werden ermächtigt, durch Rechtsverordnung das Nähere zu den Landespflegeausschüssen zu bestimmen; insbesondere können sie die den Landespflegeausschüssen angehörenden Organisationen unter Berücksichtigung der Interessen aller an der Pflege im Land Beteiligten berufen.	Für jedes Land oder für Teile des Landes wird zur Beratung über Fragen der Pflegeversicherung ein Landespflegeausschuss gebildet. Der Ausschuss kann zur Umsetzung der Pflegeversicherung einvernehmlich Empfehlungen abgeben. Die Landesregierungen werden ermächtigt, durch Rechtsverordnung das Nähere zu den Landespflegeausschüssen zu bestimmen; insbesondere können sie die den Landespflegeausschüssen angehörenden Organisationen unter Berücksichtigung der Interessen aller an der Pflege im Land Beteiligten berufen.

Gesetzesbegründung Drs. 18/5926 zu § 8a

Änderung zum 1. Januar 2016

Die bisher in § 92 enthaltenen Regelungen zu den Landespflegeausschüssen werden aus systematischen Gründen unverändert in einen neuen § 8a verschoben.

§ 92 wird als redaktionelle Folgeänderung aufgehoben.

unverändert

§ 9 Aufgaben der Länder

Die Länder sind verantwortlich für die Vorhaltung einer leistungsfähigen, zahlenmäßig ausreichenden und wirtschaftlichen pflegerischen Versorgungsstruktur. Das Nähere zur Planung und zur Förderung der Pflegeeinrichtungen wird durch Landesrecht bestimmt; durch Landesrecht kann auch bestimmt werden, ob und in welchem Umfang eine im Landesrecht vorgesehene und an der wirtschaftlichen Leistungsfähigkeit der Pflegebedürftigen orientierte finanzielle Unterstützung

1. der Pflegebedürftigen bei der Tragung der ihnen von den Pflegeeinrichtungen berechneten betriebsnotwendigen Investitionsaufwendungen oder

2. der Pflegeeinrichtungen bei der Tragung ihrer betriebsnotwendigen Investitionsaufwendungen

als Förderung der Pflegeeinrichtungen gilt. Zur finanziellen Förderung der Investitionskosten der Pflegeeinrichtungen sollen Einsparungen eingesetzt werden, die den Trägern der Sozialhilfe durch die Einführung der Pflegeversicherung entstehen.

§ 10 Pflegebericht der Bundesregierung

Die Bundesregierung berichtet den gesetzgebenden Körperschaften des Bundes ab 2016 im Abstand von vier Jahren über die Entwicklung der Pflegeversicherung und den Stand der pflegerischen Versorgung in der Bundesrepublik Deutschland.

§ 11 Rechte und Pflichten der Pflegeeinrichtungen

(1) Die Pflegeeinrichtungen pflegen, versorgen und betreuen die Pflegebedürftigen, die ihre Leistungen in Anspruch nehmen, entsprechend dem allgemein anerkannten Stand medizinisch-pflegerischer Erkenntnisse. Inhalt und Organisation der Leistungen haben eine humane und aktivierende Pflege unter Achtung der Menschenwürde zu gewährleisten.

(2) Bei der Durchführung dieses Buches sind die Vielfalt der Träger von Pflegeeinrichtungen zu wahren sowie deren Selbständigkeit, Selbstverständnis und Unabhängigkeit zu achten. Dem Auftrag kirchlicher und sonstiger Träger der freien Wohlfahrtspflege, kranke, gebrechliche und pflegebedürftige Menschen zu pflegen, zu betreuen, zu trösten und sie im Sterben zu begleiten, ist Rechnung zu tragen. Freigemeinnützige und private Träger haben Vorrang gegenüber öffentlichen Trägern.

Fassung bis 31. Dezember 2015	Fassung ab 1. Januar 2016	Fassung ab 1. Januar 2017
§ 12 Aufgaben der Pflegekassen	**§ 12 Aufgaben der Pflegekassen**	**§ 12 Aufgaben der Pflegekassen**
(1) Die Pflegekassen sind für die Sicherstellung der pflegerischen Versorgung ihrer Versicherten verantwortlich. Sie arbeiten dabei mit allen an der pflegerischen, gesundheitlichen und sozialen Versorgung Beteiligten eng zusammen und wirken, insbesondere durch Pflegestützpunkte nach § ~~92c~~, auf eine Vernetzung der regionalen und kommunalen Versorgungsstrukturen hin, um eine Verbesserung der wohnortnahen Versorgung pflege- und betreuungsbedürftiger Menschen zu ermöglichen. Die Pflegekassen sollen zur Durchführung der ihnen gesetzlich übertragenen Aufgaben örtliche und regionale Arbeitsgemeinschaften bilden. § 94 Abs. 2 bis 4 des Zehnten Buches gilt entsprechend.	(1) Die Pflegekassen sind für die Sicherstellung der pflegerischen Versorgung ihrer Versicherten verantwortlich. Sie arbeiten dabei mit allen an der pflegerischen, gesundheitlichen und sozialen Versorgung Beteiligten eng zusammen und wirken, insbesondere durch Pflegestützpunkte nach § <u>7c</u>, auf eine Vernetzung der regionalen und kommunalen Versorgungsstrukturen hin, um eine Verbesserung der wohnortnahen Versorgung pflege- und betreuungsbedürftiger Menschen zu ermöglichen. Die Pflegekassen sollen zur Durchführung der ihnen gesetzlich übertragenen Aufgaben örtliche und regionale Arbeitsgemeinschaften bilden. § 94 Abs. 2 bis 4 des Zehnten Buches gilt entsprechend.	(1) Die Pflegekassen sind für die Sicherstellung der pflegerischen Versorgung ihrer Versicherten verantwortlich. Sie arbeiten dabei mit allen an der pflegerischen, gesundheitlichen und sozialen Versorgung Beteiligten eng zusammen und wirken, insbesondere durch Pflegestützpunkte nach § 7c, auf eine Vernetzung der regionalen und kommunalen Versorgungsstrukturen hin, um eine Verbesserung der wohnortnahen Versorgung pflege- und betreuungsbedürftiger Menschen zu ermöglichen. Die Pflegekassen sollen zur Durchführung der ihnen gesetzlich übertragenen Aufgaben örtliche und regionale Arbeitsgemeinschaften bilden. § 94 Abs. 2 bis 4 des Zehnten Buches gilt entsprechend.
(2) Die Pflegekassen wirken mit den Trägern der ambulanten und der stationären gesundheitlichen und sozialen Versorgung partnerschaftlich zusammen, um die für den Pflegebedürftigen zur Verfügung stehenden Hilfen zu koordinieren. Sie stellen insbesondere über die Pflegeberatung nach § 7a sicher, dass im Einzelfall Grundpflege, Behandlungspflege, ärztliche Behandlung, spezialisierte Palliativversorgung, Leistungen zur Prävention, zur medizinischen Rehabilitation und zur Teilhabe sowie hauswirtschaftliche Versorgung nahtlos und störungsfrei ineinandergreifen. Die Pflegekassen nutzen darüber hinaus das Instrument der integrierten Versorgung nach § 92b und wirken zur Sicherstellung der haus-, fach- und zahnärztlichen Versorgung der Pflegebedürftigen darauf hin, dass die stationären Pflegeeinrichtungen Kooperationen mit niedergelassenen Ärzten eingehen oder § 119b des Fünften Buches anwenden.	(2) Die Pflegekassen wirken mit den Trägern der ambulanten und der stationären gesundheitlichen und sozialen Versorgung partnerschaftlich zusammen, um die für den Pflegebedürftigen zur Verfügung stehenden Hilfen zu koordinieren. Sie stellen insbesondere über die Pflegeberatung nach § 7a sicher, dass im Einzelfall *Grundpflege*, Behandlungspflege, ärztliche Behandlung, spezialisierte Palliativversorgung, Leistungen zur Prävention, zur medizinischen Rehabilitation und zur Teilhabe *sowie hauswirtschaftliche Versorgung* nahtlos und störungsfrei ineinandergreifen. Die Pflegekassen nutzen darüber hinaus das Instrument der integrierten Versorgung nach § 92b und wirken zur Sicherstellung der haus-, fach- und zahnärztlichen Versorgung der Pflegebedürftigen darauf hin, dass die stationären Pflegeeinrichtungen Kooperationen mit niedergelassenen Ärzten eingehen oder § 119b des Fünften Buches anwenden.	(2) Die Pflegekassen wirken mit den Trägern der ambulanten und der stationären gesundheitlichen und sozialen Versorgung partnerschaftlich zusammen, um die für den Pflegebedürftigen zur Verfügung stehenden Hilfen zu koordinieren. Sie stellen insbesondere über die Pflegeberatung nach § 7a sicher, dass im Einzelfall <u>häusliche Pflegehilfe</u>, Behandlungspflege, ärztliche Behandlung, spezialisierte Palliativversorgung, Leistungen zur Prävention, zur medizinischen Rehabilitation und zur Teilhabe nahtlos und störungsfrei ineinandergreifen. Die Pflegekassen nutzen darüber hinaus das Instrument der integrierten Versorgung nach § 92b und wirken zur Sicherstellung der haus-, fach- und zahnärztlichen Versorgung der Pflegebedürftigen darauf hin, dass die stationären Pflegeeinrichtungen Kooperationen mit niedergelassenen Ärzten eingehen oder § 119b des Fünften Buches anwenden.

Gesetzesbegründung Drs. 18/5926 zu § 12

Änderungen zum 1. Januar 2016

Es handelt sich um eine redaktionelle Folgeänderung aufgrund der Überführung der Regelung des bisherigen § 92c Absatz 1 bis 4 sowie 7 bis 9 in den neuen § 7c.

Änderungen zum 1. Januar 2017

Redaktionelle Anmerkung:

Die Änderung in § 12 Absatz 2 Satz 2 wurde erst aufgrund der Beschlussempfehlung des Ausschusses für Gesundheit (Drs. 18/6688) eingefügt.

Die Änderungen folgen der Neufassung des § 36 infolge der Einführung des neuen Pflegebedürftigkeitsbegriffs und stellen insbesondere klar, dass die ambulante Versorgung durch ambulante Pflegedienste die Leistungen für

- körperbezogene Pflegemaßnahmen,

- pflegerische Betreuungsmaßnahmen sowie

- Hilfen bei der Haushaltsführung

zu umfassen hat.

Entsprechendes gilt auch für die ambulante Versorgung durch Einzelpersonen nach § 77 und die damit verbundenen Vergütungen.

Die Neufassung des § 36 ist auch bei ambulanten Pflegeverträgen nach § 120 zu berücksichtigen.

Fassung bis 31. Dezember 2015	Fassung ab 1. Januar 2016	Fassung ab 1. Januar 2017
§ 13 Verhältnis der Leistungen der Pflegeversicherung zu anderen Sozialleistungen	**§ 13 Verhältnis der Leistungen der Pflegeversicherung zu anderen Sozialleistungen**	**§ 13 Verhältnis der Leistungen der Pflegeversicherung zu anderen Sozialleistungen**
(1) Den Leistungen der Pflegeversicherung gehen die Entschädigungsleistungen wegen Pflegebedürftigkeit	(1) Den Leistungen der Pflegeversicherung gehen die Entschädigungsleistungen wegen Pflegebedürftigkeit	(1) Den Leistungen der Pflegeversicherung gehen die Entschädigungsleistungen wegen Pflegebedürftigkeit
1. nach dem Bundesversorgungsgesetz und nach den Gesetzen, die eine entsprechende Anwendung des Bundesversorgungsgesetzes vorsehen,	1. nach dem Bundesversorgungsgesetz und nach den Gesetzen, die eine entsprechende Anwendung des Bundesversorgungsgesetzes vorsehen,	1. nach dem Bundesversorgungsgesetz und nach den Gesetzen, die eine entsprechende Anwendung des Bundesversorgungsgesetzes vorsehen,
2. aus der gesetzlichen Unfallversicherung und	2. aus der gesetzlichen Unfallversicherung und	2. aus der gesetzlichen Unfallversicherung und
3. aus öffentlichen Kassen auf Grund gesetzlich geregelter Unfallversorgung oder Unfallfürsorge	3. aus öffentlichen Kassen auf Grund gesetzlich geregelter Unfallversorgung oder Unfallfürsorge	3. aus öffentlichen Kassen auf Grund gesetzlich geregelter Unfallversorgung oder Unfallfürsorge
vor.	vor.	vor.
(2) Die Leistungen der häuslichen Krankenpflege nach § 37 des Fünften Buches bleiben unberührt.	(2) Die Leistungen der häuslichen Krankenpflege nach § 37 des Fünften Buches bleiben unberührt.	(2) Die Leistungen nach dem Fünften Buch einschließlich der Leistungen der häuslichen Krankenpflege nach § 37 des Fünften Buches bleiben unberührt. Dies gilt auch für krankheitsspezifische Pflegemaßnahmen, soweit diese im Rahmen der häuslichen Krankenpflege nach § 37 des Fünften Buches zu leisten sind.
(3) Die Leistungen der Pflegeversicherung gehen den Fürsorgeleistungen zur Pflege	(3) Die Leistungen der Pflegeversicherung gehen den Fürsorgeleistungen zur Pflege	(3) Die Leistungen der Pflegeversicherung gehen den Fürsorgeleistungen zur Pflege
1. nach dem Zwölften Buch,	1. nach dem Zwölften Buch,	1. nach dem Zwölften Buch,
2. nach dem Lastenausgleichsgesetz, dem Reparationsschädengesetz und dem Flüchtlingshilfegesetz,	2. nach dem Lastenausgleichsgesetz, dem Reparationsschädengesetz und dem Flüchtlingshilfegesetz,	2. nach dem Lastenausgleichsgesetz, dem Reparationsschädengesetz und dem Flüchtlingshilfegesetz,
3. nach dem Bundesversorgungsgesetz (Kriegsopferfürsorge) und nach den Gesetzen, die eine entsprechende Anwendung des Bundesversorgungsgesetzes vorsehen,	3. nach dem Bundesversorgungsgesetz (Kriegsopferfürsorge) und nach den Gesetzen, die eine entsprechende Anwendung des Bundesversorgungsgesetzes vorsehen,	3. nach dem Bundesversorgungsgesetz (Kriegsopferfürsorge) und nach den Gesetzen, die eine entsprechende Anwendung des Bundesversorgungsgesetzes vorsehen,
vor. Leistungen zur Pflege nach diesen Gesetzen sind zu gewähren, wenn und soweit Leistungen	vor. Leistungen zur Pflege nach diesen Gesetzen sind zu gewähren, wenn und soweit Leistungen	vor. Leistungen zur Pflege nach diesen Gesetzen sind zu gewähren, wenn und soweit Leistungen

Fassung bis 31. Dezember 2015	Fassung ab 1. Januar 2016	Fassung ab 1. Januar 2017
der Pflegeversicherung nicht erbracht werden oder diese Gesetze dem Grunde oder der Höhe nach weitergehende Leistungen als die Pflegeversicherung vorsehen. Die Leistungen der Eingliederungshilfe für behinderte Menschen nach dem Zwölften Buch, dem Bundesversorgungsgesetz und dem Achten Buch bleiben unberührt, sie sind im Verhältnis zur Pflegeversicherung nicht nachrangig; die notwendige Hilfe in den Einrichtungen nach § 71 Abs. 4 ist einschließlich der Pflegeleistungen zu gewähren.	der Pflegeversicherung nicht erbracht werden oder diese Gesetze dem Grunde oder der Höhe nach weitergehende Leistungen als die Pflegeversicherung vorsehen. Die Leistungen der Eingliederungshilfe für behinderte Menschen nach dem Zwölften Buch, dem Bundesversorgungsgesetz und dem Achten Buch bleiben unberührt, sie sind im Verhältnis zur Pflegeversicherung nicht nachrangig; die notwendige Hilfe in den Einrichtungen nach § 71 Abs. 4 ist einschließlich der Pflegeleistungen zu gewähren.	der Pflegeversicherung nicht erbracht werden oder diese Gesetze dem Grunde oder der Höhe nach weitergehende Leistungen als die Pflegeversicherung vorsehen. Die Leistungen der Eingliederungshilfe für behinderte Menschen nach dem Zwölften Buch, dem Bundesversorgungsgesetz und dem Achten Buch bleiben unberührt, sie sind im Verhältnis zur Pflegeversicherung nicht nachrangig; die notwendige Hilfe in den Einrichtungen nach § 71 Abs. 4 ist einschließlich der Pflegeleistungen zu gewähren.
(3a) Die Leistungen nach § 45b finden bei den Fürsorgeleistungen zur Pflege nach Absatz 3 Satz 1 keine Berücksichtigung.	(3a) Die Leistungen nach § 45b finden bei den Fürsorgeleistungen zur Pflege nach Absatz 3 Satz 1 keine Berücksichtigung.	(3a) Die Leistungen nach § 45b finden bei den Fürsorgeleistungen zur Pflege nach Absatz 3 Satz 1 keine Berücksichtigung.
(4) Treffen Pflegeleistungen mit Leistungen der Eingliederungshilfe oder mit weitergehenden Pflegeleistungen nach dem Zwölften Buch zusammen, sollen die Pflegekassen und der Träger der Sozialhilfe vereinbaren, daß im Verhältnis zum Pflegebedürftigen nur eine Stelle die Leistungen übernimmt und die andere Stelle die Kosten der von ihr zu tragenden Leistungen erstattet.	(4) Treffen Pflegeleistungen mit Leistungen der Eingliederungshilfe oder mit weitergehenden Pflegeleistungen nach dem Zwölften Buch zusammen, sollen die Pflegekassen und der Träger der Sozialhilfe vereinbaren, daß im Verhältnis zum Pflegebedürftigen nur eine Stelle die Leistungen übernimmt und die andere Stelle die Kosten der von ihr zu tragenden Leistungen erstattet.	(4) Treffen Pflegeleistungen mit Leistungen der Eingliederungshilfe oder mit weitergehenden Pflegeleistungen nach dem Zwölften Buch zusammen, sollen die Pflegekassen und der Träger der Sozialhilfe vereinbaren, daß im Verhältnis zum Pflegebedürftigen nur eine Stelle die Leistungen übernimmt und die andere Stelle die Kosten der von ihr zu tragenden Leistungen erstattet.
(5) Die Leistungen der Pflegeversicherung bleiben als Einkommen bei Sozialleistungen und bei Leistungen nach dem Asylbewerberleistungsgesetz, deren Gewährung von anderen Einkommen abhängig ist, unberücksichtigt. Satz 1 gilt entsprechend bei Vertragsleistungen aus privaten Pflegeversicherungen, die der Art und dem Umfang nach den Leistungen der sozialen Pflegeversicherung gleichwertig sind. Rechtsvorschriften, die weitergehende oder ergänzende Leistungen aus einer	(5) Die Leistungen der Pflegeversicherung bleiben als Einkommen bei Sozialleistungen und bei Leistungen nach dem Asylbewerberleistungsgesetz, deren Gewährung von anderen Einkommen abhängig ist, unberücksichtigt; **dies gilt nicht für das Pflegeunterstützungsgeld gemäß § 44a Absatz 3.** Satz 1 gilt entsprechend bei Vertragsleistungen aus privaten Pflegeversicherungen, die der Art und dem Umfang nach den Leistungen der sozialen Pflegeversicherung gleichwertig sind. Rechtsvorschriften, die weitergehende oder ergänzende Leistungen aus einer	(5) Die Leistungen der Pflegeversicherung bleiben als Einkommen bei Sozialleistungen und bei Leistungen nach dem Asylbewerberleistungsgesetz, deren Gewährung von anderen Einkommen abhängig ist, unberücksichtigt; dies gilt nicht für das Pflegeunterstützungsgeld gemäß § 44a Absatz 3. Satz 1 gilt entsprechend bei Vertragsleistungen aus privaten Pflegeversicherungen, die der Art und dem Umfang nach den Leistungen der sozialen Pflegeversicherung gleichwertig sind. Rechtsvorschriften, die weitergehende oder ergänzende Leistungen aus einer

Fassung bis 31. Dezember 2015	Fassung ab 1. Januar 2016	Fassung ab 1. Januar 2017
privaten Pflegeversicherung von der Einkommensermittlung ausschließen, bleiben unberührt.	privaten Pflegeversicherung von der Einkommensermittlung ausschließen, bleiben unberührt.	privaten Pflegeversicherung von der Einkommensermittlung ausschließen, bleiben unberührt.
(6) Wird Pflegegeld nach § 37 oder eine vergleichbare Geldleistung an eine Pflegeperson (§ 19) weitergeleitet, bleibt dies bei der Ermittlung von Unterhaltsansprüchen und Unterhaltsverpflichtungen der Pflegeperson unberücksichtigt. Dies gilt nicht	(6) Wird Pflegegeld nach § 37 oder eine vergleichbare Geldleistung an eine Pflegeperson (§ 19) weitergeleitet, bleibt dies bei der Ermittlung von Unterhaltsansprüchen und Unterhaltsverpflichtungen der Pflegeperson unberücksichtigt. Dies gilt nicht	(6) Wird Pflegegeld nach § 37 oder eine vergleichbare Geldleistung an eine Pflegeperson (§ 19) weitergeleitet, bleibt dies bei der Ermittlung von Unterhaltsansprüchen und Unterhaltsverpflichtungen der Pflegeperson unberücksichtigt. Dies gilt nicht
1. in den Fällen des § 1361 Abs. 3, der §§ 1579, 1603 Abs. 2 und des § 1611 Abs. 1 des Bürgerlichen Gesetzbuchs,	1. in den Fällen des § 1361 Abs. 3, der §§ 1579, 1603 Abs. 2 und des § 1611 Abs. 1 des Bürgerlichen Gesetzbuchs,	1. in den Fällen des § 1361 Abs. 3, der §§ 1579, 1603 Abs. 2 und des § 1611 Abs. 1 des Bürgerlichen Gesetzbuchs,
2. für Unterhaltsansprüche der Pflegeperson, wenn von dieser erwartet werden kann, ihren Unterhaltsbedarf ganz oder teilweise durch eigene Einkünfte zu decken und der Pflegebedürftige mit dem Unterhaltspflichtigen nicht in gerader Linie verwandt ist.	2. für Unterhaltsansprüche der Pflegeperson, wenn von dieser erwartet werden kann, ihren Unterhaltsbedarf ganz oder teilweise durch eigene Einkünfte zu decken und der Pflegebedürftige mit dem Unterhaltspflichtigen nicht in gerader Linie verwandt ist.	2. für Unterhaltsansprüche der Pflegeperson, wenn von dieser erwartet werden kann, ihren Unterhaltsbedarf ganz oder teilweise durch eigene Einkünfte zu decken und der Pflegebedürftige mit dem Unterhaltspflichtigen nicht in gerader Linie verwandt ist.

Gesetzesbegründung Drs. 18/5926 zu § 13

Änderungen zum 1. Januar 2016

Zu Absatz 5

Mit der Änderung wird klargestellt, dass das zum 1. Januar 2015 eingeführte Pflegeunterstützungsgeld gemäß § 44a Absatz 3 als Lohnersatzleistung für entgangenes Arbeitsentgelt ebenso wie andere Entgeltersatzleistungen (z. B. Krankengeld, Kinderkrankengeld oder Verletztengeld) als Einnahme zum Lebensunterhalt gilt und somit als Einkommen bei Sozialleistungen, deren Gewährung von anderen Einkommen abhängig ist, berücksichtigt wird.

Änderungen zum 1. Januar 2017

Zu Absatz 2

Mit der Einführung des neuen Pflegebedürftigkeitsbegriffs sind keine Leistungsverschiebungen zwischen der sozialen Pflegeversicherung und der gesetzlichen Krankenversicherung verbunden.

Die Ansprüche der Versicherten auf Leistungen nach dem SGB V bleiben dementsprechend unberührt.

Das betrifft – wie schon bisher geregelt – insbesondere die Leistungen der häuslichen Krankenpflege nach § 37 SGB V. Unverändert gilt dies auch für krankheitsspezifische Pflegemaßnahmen, soweit diese im Rahmen der häuslichen Krankenpflege nach § 37 SGB V zu leisten sind. Dies wird gesetzlich nun in § 13 Absatz 2 geregelt.

Redaktionelle Anmerkung:

Zur Schnittstellenproblematik des neuen Pflegebedürftigkeitsbegriffs und seine noch nicht erfolgte Überführung auf andere Sozialleistungssysteme siehe die Anmerkung auf Seite 79 ff.

Zweites Kapitel
Leistungsberechtigter Personenkreis

Fassung bis 31. Dezember 2016	Fassung ab 1. Januar 2017
§ 14 Begriff der Pflegebedürftigkeit	**§ 14 Begriff der Pflegebedürftigkeit**

Fassung bis 31. Dezember 2016

§ 14 Begriff der Pflegebedürftigkeit

(1) Pflegebedürftig im Sinne dieses Buches sind Personen, *die wegen einer körperlichen, geistigen oder seelischen Krankheit oder Behinderung für die gewöhnlichen und regelmäßig wiederkehrenden Verrichtungen im Ablauf des täglichen Lebens auf Dauer, voraussichtlich für mindestens sechs Monate, in erheblichem oder höherem Maße (§ 15) der Hilfe bedürfen.*

(2) Krankheiten oder Behinderungen im Sinne des Absatzes 1 sind:

1. *Verluste, Lähmungen oder andere Funktionsstörungen am Stütz- und Bewegungsapparat,*

2. *Funktionsstörungen der inneren Organe oder der Sinnesorgane,*

3. *Störungen des Zentralnervensystems wie Antriebs-, Gedächtnis- oder Orientierungsstörungen sowie endogene Psychosen, Neurosen oder geistige Behinderungen.*

(3) Die Hilfe im Sinne des Absatzes 1 besteht in der Unterstützung, in der teilweisen oder vollständigen Übernahme der Verrichtungen im Ablauf des täglichen Lebens oder in Beaufsichtigung oder Anleitung mit dem Ziel der eigenständigen Übernahme dieser Verrichtungen.

(4) Gewöhnliche und regelmäßig wiederkehrende Verrichtungen im Sinne des Absatzes 1 sind:

1. *im Bereich der Körperpflege das Waschen, Duschen, Baden, die Zahnpflege, das Kämmen, Rasieren, die Darm- oder Blasenentleerung,*

2. *im Bereich der Ernährung das mundgerechte Zubereiten oder die Aufnahme der Nahrung,*

3. *im Bereich der Mobilität das selbständige Aufstehen und Zu-Bett-Gehen, An- und Auskleiden, Gehen, Stehen, Treppensteigen oder das Verlassen und Wiederaufsuchen der Wohnung,*

4. *im Bereich der hauswirtschaftlichen Versorgung das Einkaufen, Kochen, Reinigen der Wohnung, Spülen, Wechseln und Waschen der Wäsche und Kleidung oder das Beheizen.*

Fassung ab 1. Januar 2017

§ 14 Begriff der Pflegebedürftigkeit

(1) Pflegebedürftig im Sinne dieses Buches sind Personen, die gesundheitlich bedingte Beeinträchtigungen der Selbständigkeit oder der Fähigkeiten aufweisen und deshalb der Hilfe durch andere bedürfen. Es muss sich um Personen handeln, die körperliche, kognitive oder psychische Beeinträchtigungen oder gesundheitlich bedingte Belastungen oder Anforderungen nicht selbständig kompensieren oder bewältigen können. Die Pflegebedürftigkeit muss auf Dauer, voraussichtlich für mindestens sechs Monate, und mit mindestens der in § 15 festgelegten Schwere bestehen.

(2) Maßgeblich für das Vorliegen von gesundheitlich bedingten Beeinträchtigungen der Selbständigkeit oder der Fähigkeiten sind die in den folgenden sechs Bereichen genannten pflegefachlich begründeten Kriterien:

1. Mobilität: Positionswechsel im Bett, Halten einer stabilen Sitzposition, Umsetzen, Fortbewegen innerhalb des Wohnbereichs, Treppensteigen;

2. kognitive und kommunikative Fähigkeiten: Erkennen von Personen aus dem näheren Umfeld, örtliche Orientierung, zeitliche Orientierung, Erinnern an wesentliche Ereignisse oder Beobachtungen, Steuern von mehrschrittigen Alltagshandlungen, Treffen von Entscheidungen im Alltagsleben, Verstehen von Sachverhalten und Informationen, Erkennen von Risiken und Gefahren, Mitteilen von elementaren Bedürfnissen, Verstehen von Aufforderungen, Beteiligen an einem Gespräch;

3. Verhaltensweisen und psychische Problemlagen: motorisch geprägte Verhaltensauffälligkeiten, nächtliche Unruhe, selbstschädigendes und autoaggressives Verhalten, Beschädigen von Gegenständen, physisch aggressives Verhalten gegenüber anderen Personen, verbale Aggression, andere pflegerelevante vokale Auffälligkeiten, Abwehr pflegerischer und anderer unterstützender Maßnahmen, Wahnvorstellungen, Ängste, Antriebslosigkeit bei depressiver Stimmungslage, sozial inadäquate Verhaltensweisen, sonstige pflegerelevante inadäquate Handlungen;

4. Selbstversorgung: Waschen des vorderen Oberkörpers, Körperpflege im Bereich des Kopfes, Waschen des Intimbereichs, Duschen und Baden einschließlich Waschen der Haare, An- und Aus-

Fassung bis 31. Dezember 2016	Fassung ab 1. Januar 2017

	kleiden des Oberkörpers, An- und Auskleiden des Unterkörpers, mundgerechtes Zubereiten der Nahrung und Eingießen von Getränken, Essen, Trinken, Benutzen einer Toilette oder eines Toilettenstuhls, Bewältigen der Folgen einer Harninkontinenz und Umgang mit Dauerkatheter und Urostoma, Bewältigen der Folgen einer Stuhlinkontinenz und Umgang mit Stoma, Ernährung parenteral oder über Sonde, Bestehen gravierender Probleme bei der Nahrungsaufnahme bei Kindern bis zu 18 Monaten, die einen außergewöhnlich pflegeintensiven Hilfebedarf auslösen;
	
	5. Bewältigung von und selbständiger Umgang mit krankheits- oder therapiebedingten Anforderungen und Belastungen:
	
	   a) in Bezug auf Medikation, Injektionen, Versorgung intravenöser Zugänge, Absaugen und Sauerstoffgabe, Einreibungen sowie Kälte- und Wärmeanwendungen, Messung und Deutung von Körperzuständen, körpernahe Hilfsmittel,
	
	   b) in Bezug auf Verbandswechsel und Wundversorgung, Versorgung mit Stoma, regelmäßige Einmalkatheterisierung und Nutzung von Abführmethoden, Therapiemaßnahmen in häuslicher Umgebung,
	
	   c) in Bezug auf zeit- und technikintensive Maßnahmen in häuslicher Umgebung, Arztbesuche, Besuche anderer medizinischer oder therapeutischer Einrichtungen, zeitlich ausgedehnte Besuche medizinischer oder therapeutischer Einrichtungen, Besuch von Einrichtungen zur Frühförderung bei Kindern sowie
	
	   d) in Bezug auf das Einhalten einer Diät oder anderer krankheits- oder therapiebedingter Verhaltensvorschriften;
	
	6. Gestaltung des Alltagslebens und sozialer Kontakte: Gestaltung des Tagesablaufs und Anpassung an Veränderungen, Ruhen und Schlafen, Sichbeschäftigen, Vornehmen von in die Zukunft gerichteten Planungen, Interaktion mit Personen im direkten Kontakt, Kontaktpflege zu Personen außerhalb des direkten Umfelds.
	
	(3) Beeinträchtigungen der Selbständigkeit oder der Fähigkeiten, die dazu führen, dass die Haushaltsführung nicht mehr ohne Hilfe bewältigt werden kann, werden bei den Kriterien der in Absatz 2 genannten Bereiche berücksichtigt.

Gesetzesbegründung Drs. 18/5926 zu § 14

> **Änderungen zum 1. Januar 2017**

Allgemeines

Der Begriff der Pflegebedürftigkeit und das damit verbundene Begutachtungsinstrument wurden schon bei Einführung der Pflegeversicherung umfassend diskutiert. Kritisiert wurde, dass der Pflegebedürftigkeitsbegriff zu eng auf Alltagsverrichtungen, die häufiger bei vorrangig körperlich beeinträchtigten Menschen vorkommen, abstellt und damit kognitive oder psychische Beeinträchtigungen nicht hinreichend erfasst werden. Dies führte in der Praxis dazu, dass psychisch und kognitiv beeinträchtigte Menschen einschließlich der wachsenden Zahl an Demenz erkrankter Menschen im Vergleich zu vorrangig körperlich beeinträchtigten Pflegebedürftigen durchschnittlich niedrigere Pflegestufen erreichten. Trotz der Einführung und des zwischen 2002 und 2015 schrittweise erfolgten Ausbaus von zusätzlichen Leistungen für Personen mit erheblich eingeschränkter Alltagskompetenz in der Pflegeversicherung haben diese nach wie vor durchschnittlich niedrigere Leistungsansprüche als Pflegebedürftige mit einer vorrangig körperlichen Beeinträchtigung. Der Pflegebedürftigkeitsbegriff wurde zudem als zu stark defizitorientiert und nicht hinreichend pflegefachlich fundiert angesehen. Auch die Begutachtung von Kindern wurde als pflegefachlich nicht hinreichend fundiert kritisiert.

Zum 1. November 2006 hat das Bundesministerium für Gesundheit daher einen Beirat zur Überprüfung des Pflegebedürftigkeitsbegriffs eingesetzt, der als Grundlage einer zukünftigen Entscheidung über eine Änderung des geltenden Pflegebedürftigkeitsbegriffs konkrete und pflegefachlich fundierte Vorschläge und Handlungsoptionen für einen neuen Pflegebedürftigkeitsbegriff und ein damit korrespondierendes, bundesweit einheitliches Begutachtungsinstrument erarbeiten sollte. Der Beirat hat am 26. Januar 2009 seinen Bericht vorgelegt. Im Bericht wurde der Vorschlag für einen neuen Pflegebedürftigkeitsbegriff unterbreitet und die Einführung des pflegefachlich fundierten NBA als neues Begutachtungsinstrument im Rahmen der Pflegeversicherung vorgeschlagen. Am 20. Mai 2009 folgte ein Umsetzungsbericht des Beirats, der erste Umsetzungsvorschläge für die Einführung des neuen Begriffs und des NBA enthielt.

Zur Klärung von fachlichen, administrativen und rechtstechnischen Fragen der Umsetzung, die in den ersten Berichten noch nicht hinreichend konkretisiert wurden, setzte das Bundesministerium für Gesundheit zum 1. März 2012 den Expertenbeirat zur konkreten Ausgestaltung des neuen Pflegebedürftigkeitsbegriffs ein. Aufgabe des Expertenbeirats war, konkrete Vorschläge sowie einen realistischen, zügigen Zeitplan für die einzelnen Umsetzungsschritte (Roadmap) vorzulegen. Der Expertenbeirat legte am 27. Juni 2013 seinen Bericht vor. In seinem Bericht stellte er die grundsätzliche Einführungsreife des NBA fest und empfahl die Praktikabilität der vom Expertenbeirat vorgeschlagenen Modifikationen im Rahmen einer Studie zu überprüfen und eine Evaluationsstudie vor der gesetzlichen Einführung durchzuführen. Beide Studien wurden im April 2015 vorgelegt und haben die Einführungsreife des NBA bestätigt. Die Erkenntnisse aus den Studien werden im Rahmen der Umsetzung berücksichtigt.

Zum 1. Januar 2017 werden der neue Pflegebedürftigkeitsbegriff und das NBA als Begutachtungsinstrument im Rahmen des Verfahrens zur Feststellung der Pflegebedürftigkeit in der sozialen Pflegeversicherung eingeführt. Die Feststellung von Pflegebedürftigkeit mit dem NBA führt dazu, dass alle Antragsteller eine pflegefachlich fundierte, differenzierte und der Schwere ihrer jeweiligen Beeinträchtigungen der Selbständigkeit oder der Fähigkeiten entsprechende Einstufung erhalten.

Viele Pflegebedürftige, insbesondere solche mit vorrangig kognitiven oder psychischen Beeinträchtigungen, erzielen dadurch auch höhere Leistungsansprüche. Damit stehen vielen Pflegebedürftigen mehr Leistungen zur Verfügung. Dies ermöglicht eine weitere Verbesserung der pflegerischen Versorgung und entlastet Pflegebedürftige und ihre Familien.

Die gesonderte Feststellung einer erheblich eingeschränkten Alltagskompetenz nach § 45a in der Fassung bis zum 31. Dezember 2016 ist ab diesem Tag nicht mehr erforderlich. Denn das NBA berücksichtigt bereits die entsprechenden Beeinträchtigungen der Selbständigkeit oder der Fähigkeiten. Darüber hinaus werden zukünftig weitere für Personen mit kognitiven und psychischen Beeinträchtigungen relevante Beeinträchtigungen der Selbständigkeit oder der Fähigkeiten erfasst. Ab dem Stichtag wird es daher nur noch ein Feststellungsverfahren für Pflegebedürftigkeit geben (Ermittlung des Pflegegrads mit dem NBA). Alle Pflegebedürftigen haben – abhängig von ihrem Pflegegrad – Zugang zu den gleichen Leistungen. Zusätzliche Leistungen für einzelne Personenkreise sind nicht mehr erforderlich, da das Begutachtungsinstrument mit seiner Bewertungssystematik zu einer Gleichbehandlung der verschiedenen Beeinträchtigungen der Selbständigkeit oder der Fähigkeiten entsprechend ihrem Schweregrad führt.

Mit dem Ersten Pflegestärkungsgesetz wurden daher im Vorgriff auf diese Gleichstellung bereits die Leistungsansprüche der §§ 45b und 87b, die zuvor nur Personen mit erheblich eingeschränkter Alltagskompetenz zur Verfügung standen, auf alle Pflegebedürftigen ausgeweitet. Gleichzeitig wurde der Zugang von Personen mit erheblich eingeschränkter Alltagskompetenz ohne Pflegestufe (so genannte Pflegestufe 0) zu Leistungen, die vormals nur Pflegebedürftigen mit einer Pflegestufe zur Verfügung standen, ermöglicht (z. B. §§ 38a, 39, 40, 41, 42 und 45e).

Mit den Maßnahmen des Ersten und Zweiten Pflegestärkungsgesetzes wird die Pflegeversicherung insgesamt gerechter. Die pflegerische Versorgung und solidarische Absicherung der Pflegebedürftigen und ihrer Familien werden verbessert.

Mit dem neuen Pflegegrad 1 wird zudem der Aspekt der Prävention bei Pflegebedürftigkeit gestärkt, da die Zugangsschwelle zu bestimmten Leistungen der Pflegeversicherung niedriger liegt als die bisherige Schwelle der erheblichen Pflegebedürftigkeit. Dadurch und über die verstärkte Berücksichtigung von Beeinträchtigungen der Selbständigkeit oder der Fähigkeiten kognitiv und psychisch beeinträchtigter Menschen wird der Kreis der Anspruchsberechtigten erweitert. Zugleich sind der neue Begriff und das neue Begutachtungsinstrument soweit konkretisiert und hinsichtlich der wesentlichen Aspekte von Pflegebedürftigkeit abschließend gefasst, dass einerseits Rechtssicherheit geschaffen wird, andererseits keine unkontrollierte Ausweitung des Personenkreises der Anspruchsberechtigten zu befürchten ist, der die Solidargemeinschaft über das vernünftige Maß einer Teilabsicherung des Risikos der Pflegeversicherung belasten könnte. Eine Vollabsicherung ist auch mit dem neuen Pflegebedürftigkeitsbegriff nicht beabsichtigt.

Der neue Pflegebedürftigkeitsbegriff modernisiert auch die pflegerische Versorgung. Er ist pflegefachlich auf dem aktuellen Stand, berücksichtigt alle relevanten Aspekte von Pflegebedürftigkeit umfassend (z. B. neben kognitiven und psychischen Beeinträchtigungen auch erstmals die Bewältigung von und den Umgang mit krankheits- und therapiebedingten Belastungen und Anforderungen) und ist an den (verbliebenen) Ressourcen und Fähigkeiten des Pflegebedürftigen, nicht vorrangig an seinen Defiziten orientiert. Damit wird der neue Pflegebedürftigkeitsbegriff Grundlage und Impuls für moderne und pflegefachlich noch besser fundierte Leistungen und eine entsprechende Leistungserbringung in der Pflegeversicherung.

Der neue Pflegebedürftigkeitsbegriff und insbesondere das NBA wurden für die Zwecke der Feststellung des Leistungszugangs und der Verbesserung und fachlich fundierte Weiterentwicklung der pflegerischen Versorgung und der Pflegeversicherung geschaffen.

Der Pflegebedürftigkeitsbegriff ist für andere Sozialleistungssysteme ohne ausdrückliche Verweisung rechtlich nicht verbindlich und nur hinsichtlich seiner fachlichen Grundlegung als Beitrag zu einem fachlich geprägten, umfassenden Verständnis von Pflegebedürftigkeit anzusehen.

Redaktionelle Anmerkung:

Dies gilt insbesondere für Leistungen der Sozialhilfe. Diesbezüglich hat der Bundesrat am 18. Dezember 2015 folgende Entschließung formuliert (Drs. 567/15):

„Die Länder haben in der Vergangenheit wiederholt deutlich gemacht, dass mit der Neuausrichtung des Leistungsrechts in der weiterhin als Teilzuschussaus gestalteten Pflegeversicherung gleichzeitig und untrennbar die Notwendigkeit zur Anpassung der sozialhilferechtlichen Regelungen im Zwölften Buch Sozialgesetzbuch (SGBXII) mit der Klärung der Schnittstellen, insbesondere zur Hilfe zur Pflege und zur Eingliederungshilfe, verbunden ist. Dies ist sowohl rechtssystematisch als auch sozialpolitisch unabdingbar, denn zum einen verweisen die Vorschriften im SGBXII umfänglich auf Regelungen im Elften Buch Sozialgesetzbuch (SGB XI), und zum anderen ist eine faktische Rückverengung des künftig breiter gefassten Verständnisses von Pflegebedürftigkeit in der Sozialhilfe nicht begründbar.

Die Länder haben deshalb immer darauf hingewiesen, dass vor allem in Bezug auf die rechtlichen und finanziellen Folgen die Wechselwirkungen der beiden Systeme SGBXI und SGB XII genau analysiert und bewertet werden müssen.

Das vorliegende Gesetz [PSG II] entkoppelt die Umsetzung eines einheitlichen Lebenssachverhaltes, der in zwei Sozialgesetzbüchern – dem SGB XI als „Teilleistungssystem" und dem SGB XII als ergänzendes, bedarfsdeckendes System – geregelt ist. Das Gesetz enthält zudem einseitig Berechnungen zur Entlastung der Sozialhilfe.

Der Bundesrat fordert die Bundesregierung auf:

■ Zur Sicherstellung des nahtlosen Übergangs in das neue Leistungsrecht und zur Definition des Leistungsspektrums der Sozialhilfe und deren Abgrenzung zum SGB XI sind die zum 1. Januar 2017 zugesagten gesetzlichen Änderungen zeitnah in einem Gesetzentwurf vorzulegen, um die rechtzeitige Einbindung der Länder zu gewährleisten. Dabei sind die folgenden Aspekte zu berücksichtigen:

■ Die Umsetzung der grundlegenden Änderungen durch das Zweite Pflegestärkungsgesetz im Bereich des SGB XII ist umgehend und verbindlich bundesgesetzlich zu normieren. Eine Schlechterstellung pflegebedürftiger Menschen, die Sozialhilfe beziehen, ist dabei sozialrechtlich und sozialpolitisch nicht zu vertreten.

■ Vor allem die Schnittstellen zwischen Leistungen der Pflegeversicherung, Leistungen der Hilfe zur Pflege und der Eingliederungshilfe beziehungsweise des angekündigten Bundesteilhabegesetzes sind eindeutig zu bestimmen. Das bedingt klare Regelungen, welche Leistungen vorrangig oder nachrangig zu gewähren sind. Eine Vorfestlegung zulasten der Träger der Sozialhilfe darf nicht erfolgen.

- Die Grenze der finanziellen Belastbarkeit der Kommunen und Länder als Träger der Sozialhilfe ist unter anderem bereits durch die bisherigen Auswirkungen des demografischen Wandels erreicht. Kommunen und Ländern dürfen keine Mehrkosten entstehen. Soweit eine notwendig durchzuführende Ermittlung der Gesamtkosten eine Mehrbelastung der Träger der Sozialhilfe ergibt, ist zur Sicherstellung dieser Kostenneutralität eine Bundesbeteiligung an den entsprechenden Kosten vorzusehen oder auf anderem Wege ein Ausgleich herzustellen.

- Im Rahmen der gesetzlichen Umsetzung der Evaluationsklausel sind die Auswirkungen für die Betroffenen sowie die örtlichen und überörtlichen Träger der Sozialhilfe zu überprüfen und bei Bedarf zu korrigieren."

Bei Drucklegung dieses Werkes war bekannt, dass der Gesetzgeber an einem Gesetzentwurf „Pflegestärkungsgesetz III" oder auch „Kommunales Pflegestärkungsgesetz" arbeitet, der die Schnittstellen zu den anderen Sozialleistungssystemen (Sozialhilfeleistungen, Leistungen nach dem Bundesversorgungsgesetz usw.) näher definieren soll.

Definition „Pflegebedürftigkeit":

Als pflegebedürftig werden Personen definiert, die aufgrund von gesundheitlich bedingten Beeinträchtigungen ihrer Selbständigkeit oder ihrer Fähigkeiten nach Maßgabe der im Gesetz abschließend festgelegten Kriterien in den festgelegten Bereichen der Hilfe durch andere bedürfen. Der Hilfebedarf muss auf den in den Kriterien beschriebenen, gesundheitlich bedingten Beeinträchtigungen der Selbständigkeit oder der Fähigkeiten beruhen; andere Ursachen für einen Hilfebedarf bleiben außer Betracht. Die Beeinträchtigungen der Selbständigkeit oder der Fähigkeiten werden personenbezogen und unabhängig vom jeweiligen (Wohn-) Umfeld ermittelt.

Dabei sind nur solche Personen pflegebedürftig, die körperliche, kognitive oder psychische Beeinträchtigungen sowie gesundheitlich bedingte Belastungen oder Anforderungen nicht selbständig kompensieren oder bewältigen können. Damit wird noch einmal verdeutlicht, welche Problemlagen im Rahmen der in Absatz 2 konkretisierten Bereiche vom neuen Pflegebedürftigkeitsbegriff erfasst werden.

Der Pflegebedürftigkeitsbegriff und damit auch seine Legaldefinition werden deutlich erweitert. Er bezieht zukünftig unter anderem solche Personen mit ein, deren erheblich eingeschränkte Alltagskompetenz nach § 45a in der Fassung bis zum 31. Dezember 2016 in einem gesonderten Verfahren festgestellt wird. Pflegebedürftige sind zukünftig alle Menschen, die aufgrund der Begutachtung mit dem NBA einen Pflegegrad erhalten, unabhängig davon, ob der Schwerpunkt ihrer gesundheitlich bedingten Beeinträchtigungen im körperlichen, kognitiven oder psychischen Bereich liegt.

Dauerhaftigkeit der Pflegebedürftigkeit:

Pflegebedürftigkeit soll weiterhin immer dann solidarisch abgesichert werden, wenn sie längerfristig und nicht nur gelegentlich besteht. Eine zeitliche Untergrenze bilden Beeinträchtigungen der Selbständigkeit oder der Fähigkeiten mit daraus resultierendem Bedarf an Hilfe durch andere, die voraussichtlich für mindestens sechs Monate vorliegen. Die Entscheidung über das Vorliegen einer voraussichtlich längerfristigen Pflegebedürftigkeit kann bereits vor dem Ablauf von sechs Monaten getroffen werden, wenn die Dauerhaftigkeit vorhersehbar ist. Dauerhaftigkeit ist auch dann gegeben, wenn die verbleibende Lebensspanne möglicherweise weniger als sechs Monate beträgt.

Redaktionelle Anmerkung:

Patienten, die aus dem Krankenhaus entlassen werden, aber noch nicht rehafähig sind und kein familiäres oder soziales Umfeld zur Versorgung haben, standen bisher vor dem Problem, dass keine der krankenversicherungs- bzw. pflegeversicherungsrechtlichen Leistungen greift. Ihre Versorgung war damit ungesichert bzw. musste aus eigener Tasche bezahlt werden.

Um diese Versorgungslücke zu schließen, wurden mit dem Krankenhausstrukturgesetz ab dem 1. Januar 2016 in der gesetzlichen Krankenversicherung (GKV) neue Leistungen eingeführt.

Neu: Übergangspflege in der GKV

Im Hinblick auf die genannten Versorgungsprobleme wird zum 1. Januar 2016 im neuen § 37 Abs. 1a SGB V geregelt, dass Versicherte an geeigneten Orten wegen schwerer Krankheit oder wegen akuter Verschlimmerung einer Krankheit, insbesondere nach einem Krankenhausaufenthalt, nach einer ambulanten Operation oder nach einer ambulanten Krankenhausbehandlung die erforderliche Grundpflege und hauswirtschaftliche Versorgung erhalten – soweit keine Pflegebedürftigkeit im Sinne des § 14 SGB XI vorliegt. Ein gleichzeitiger Bedarf an medizinischer Behandlungspflege ist in diesem Fall ausnahmsweise nicht erforderlich.

Der Anspruch besteht für bis zu vier Wochen je Krankheitsfall. Er kann von der Krankenkasse in begründeten Ausnahmefällen nach Einschaltung des Medizinischen Dienstes verlängert werden.

Erweiterung der Leistungen für eine Haushaltshilfe

Der Anspruch auf Haushaltshilfe in § 38 SGB V wird ergänzt, um Versorgungsproblemen im Falle schwerer Krankheit oder wegen akuter Verschlimmerung einer Krankheit zu begegnen. Die neue Regelung steht im unmittelbaren Zusammenhang mit der neuen Überleitungspflege, die in demselben Versorgungskontext eine Anspruchsergänzung der häuslichen Krankenpflege hinsichtlich Grundpflege und hauswirtschaftlicher Versorgung vorsieht.

In den oben dargestellten Konstellationen entsteht für Menschen in der eigenen Häuslichkeit ohne Unterstützungspotentiale durch Personen in ihrem sozialen Umfeld nach einer stationären Krankenhausbehandlung oftmals eine Versorgungslücke. Konkret betroffen sind insbesondere Personen, die bis zum Abschluss des Genesungsprozesses häufig nicht in der Lage sind, sich zu versorgen und den Alltag zu bewältigen, entweder weil sie allein leben oder der Ehegatte oder der Lebenspartner beziehungsweise Verwandte berufstätig sind. Ein ähnliches Problem besteht auch bei Alleinerziehenden mit einer schweren Erkrankung oder akuter Verschlimmerung einer Erkrankung, die aufgrund ihrer Erkrankung oder der Verschlimmerung nicht in der Lage sind, die hauswirtschaftliche Versorgung und Betreuung ihrer Kinder sicherzustellen.

Ab dem 1. Januar 2016 erhalten Versicherte auch dann eine Haushaltshilfe, wenn ihnen die Weiterführung des Haushalts wegen schwerer Krankheit oder wegen akuter Verschlimmerung einer Krankheit, insbesondere nach einem Krankenhausaufenthalt, nach einer ambulanten Operation oder nach einer ambulanten Krankenhausbehandlung, nicht möglich ist – längstens jedoch für die Dauer von vier Wochen.

Lebt im Haushalt ein Kind, das bei Beginn der Haushaltshilfe das zwölfte Lebensjahr noch nicht vollendet hat oder das behindert und auf Hilfe angewiesen ist, verlängert sich der Leistungsanspruch auf längstens 26 Wochen.

Neu: Kurzzeitpflege in der GKV

Mit Einfügung eines neuen § 39c SGB V („Kurzzeitpflege bei fehlender Pflegebedürftigkeit") wird ab 1. Januar 2016 geregelt, dass Versicherte für eine Übergangszeit Anspruch auf Kurzzeitpflege entsprechend § 42 SGB XI haben, wenn Leistungen der häuslichen Krankenpflege nicht ausreichen, um ein Verbleiben in der Häuslichkeit zu ermöglichen.

Die neue Regelung steht im unmittelbaren Versorgungskontext mit der oben dargestellten Überleitungspflege und dem erweiterten Leistungsanspruch für eine Haushaltshilfe. Leistungsrechtlich soll er nur zum Tragen kommen, wenn andere Leistungsansprüche den speziellen Bedarf der Versicherten bei schwerer Krankheit oder wegen akuter Verschlimmerung einer Krankheit, insbesondere nach einem Krankenhausaufenthalt, nach einer ambulanten Operation oder nach einer ambulanten Krankenhausbehandlung, nicht im erforderlichen Maße abdecken.

Der Leistungsanspruch ist an die Kurzzeitpflege in der Pflegeversicherung (§ 42 SGB XI) angelehnt:

- Beschränkung des Anspruchs auf vier Wochen im Kalenderjahr
- Übernahme der pflegebedingten Aufwendungen, Aufwendungen der sozialen Betreuung sowie Aufwendungen für Leistungen der medizinischen Behandlungspflege bis zu einem Höchstbetrag von derzeit 1612 Euro (2016).

Zu Absatz 2

Die in Absatz 2 aufgelisteten sechs Bereiche, in denen der Schweregrad der individuellen Beeinträchtigungen der Selbständigkeit oder der Fähigkeiten ermittelt wird, umfassen jeweils eine Gruppe artverwandter Kriterien oder einen Lebensbereich.

Sie stellen einen abschließenden Katalog der zu berücksichtigenden Kriterien dar, anhand derer Beeinträchtigungen der Selbständigkeit oder der Fähigkeiten festgestellt werden sollen. Der abschließende Charakter ist erforderlich, weil die Zuordnung zu unterschiedlichen Leistungsgruppen (Pflegegraden) aus einer Gesamtschau aller zu berücksichtigenden Bereiche und Kriterien abgeleitet wird.

Die Kriterien der Bereiche des Absatzes 2 sind pflegefachlich begründet und wurden im Rahmen des achtjährigen Entwicklungsprozesses fachwissenschaftlich abgesichert und in der Begutachtungspraxis erprobt. Sie entsprechen dem internationalen Stand der pflegewissenschaftlichen Forschung.

Die einzelnen Kriterien werden im Rahmen der Begutachtungs-Richtlinien nach § 17 in der Fassung ab dem 1. Januar 2017 durch den Spitzenverband Bund der Pflegekassen pflegefachlich konkretisiert. Insbesondere werden in den Begutachtungs-Richtlinien die fachlichen Hintergründe und Inhalte der Kriterien hinterlegt, an die die Gutachter des MDK und unabhängige Gutachter bei der Begutachtung bundesweit gebunden sind.

Redaktionelle Anmerkung:

Die neuen Begutachtungs-Richtlinien lagen zum Zeitpunkt der Drucklegung noch nicht vor: Nach § 17a SGB XI sollen diese bis zum 25. März 2016 vorgelegt werden.

Die Bereiche Selbstversorgung und Mobilität (Nummer 4 und Nummer 1) sind inhaltlich mit den vom bisherigen Begutachtungsinstrument erfassten Bereichen des § 14 Absatz 4 in der Fassung bis zum 31. Dezember 2016 vergleichbar.

Die Bereiche kognitive und kommunikative Fähigkeiten (Nummer 2) und Verhaltensweisen und psychische Problemlagen (Nummer 3) beinhalten grundsätzlich auch solche Kriterien, die bisher im Rahmen der Feststellung einer erheblich eingeschränkten Alltagskompetenz nach § 45a in der Fassung bis zum 31. Dezember 2016 erfasst werden, allerdings in pflegefachlich verbesserter und umfassenderer Art und Weise. Das gesonderte Feststellungsverfahren nach § 45a in der Fassung bis zum 31. Dezember 2016 wird damit entbehrlich.

Der Bereich Bewältigung von und selbständiger Umgang mit krankheits- oder therapiebedingten Anforderungen und Belastungen (Nummer 5) erfasst Kriterien, die im Rahmen der Begutachtung auf der Basis des bisherigen Pflegebedürftigkeitsbegriffs nicht berücksichtigt werden. Sie sind dem Themenkreis der selbständigen Krankheitsbewältigung zuzuordnen, und zwar insbesondere der krankheitsbezogenen Arbeit, die direkt auf die Kontrolle von Erkrankungen und Symptomen sowie auf die Durchführung therapeutischer Interventionen bezogen ist. Hierbei geht es ausdrücklich nicht darum, den Bedarf an Maßnahmen der häuslichen Krankenpflege bzw. Behandlungspflege nach dem SGB V einzuschätzen. Insoweit gilt § 13 Absatz 2. Diese Leistungen werden auch weiterhin in der häuslichen Versorgung von der gesetzlichen Krankenversicherung erbracht; in der vollstationären Versorgung im Rahmen des § 43 von der Pflegeversicherung. Ein Großteil der hier aufgeführten Maßnahmen und Handlungen kann von erkrankten Personen eigenständig durchgeführt werden, sofern sie über die körperlichen, kognitiven und psychischen Fähigkeiten, z. B. spezifische Fertigkeiten, Motivation oder Kenntnisse verfügen. Dies gilt auch für Maßnahmen, die nur selten von den Erkrankten selbst durchgeführt werden, wie z. B. das Absaugen von Sekret oder die regelmäßige Einmalkatheterisierung. Mit diesem Bereich wird daher häufig ein Hilfebedarf bei der Anleitung und Motivation oder eine Schulung der erkrankten Person zu bestimmten Maßnahmen verknüpft.

Aus dem Bereich Gestaltung des Alltagslebens und sozialer Kontakte (Nummer 6) wird im bisherigen Begutachtungsinstrument nur das Kriterium Ruhen und Schlafen teilweise erfasst. Die weiteren in dem Bereich enthaltenen Kriterien werden bisher als Betreuung und allgemeine Beaufsichtigung qualifiziert, die über die konkrete Anleitung und Beaufsichtigung bei Verrichtungen hinausgeht und bisher nicht zu den maßgeblichen Verrichtungen des bisherigen Pflegebedürftigkeitsbegriffs gehört.

Die bisherigen Formen der Hilfeleistung (unmittelbare Erledigung für den Pflegebedürftigen im Sinne einer Kompensation, Anleitung oder Beaufsichtigung) bleiben erhalten, sind aber kein Bestandteil des Pflegebedürftigkeitsbegriffs mehr, sondern werden durch das Leistungsrecht der Pflegeversicherung definiert.

Mit dem bisherigen Pflegebedürftigkeitsbegriff entfällt zukünftig auch die Fokussierung auf vorwiegend kompensatorischen Hilfen sowie auf die Beschränkung der Anleitung und Beaufsichtigung, soweit sie im engen Kontext der Verrichtungen des täglichen Lebens stehen.

Insgesamt werden mit den neu einbezogenen bzw. erweiterten Kriterien der Pflegebedürftigkeit gerade in den Bereichen der Nummern 2, 3, 5 und 6 zukünftig Kriterien berücksichtigt, die einen Hilfebedarf im Bereich der Anleitung, Motivation und Schulung nach sich ziehen und dadurch die Selbständigkeit und Fähigkeiten der Pflegebedürftigen stärken. Eine Anleitung im Sinne der aktivierenden Pflege bleibt ein wichtiger Bestandteil der Leistungserbringung, der durch das NBA zukünftig eine größere Rolle spielen wird.

Zu Absatz 3

In Absatz 3 wird klargestellt, dass die Beeinträchtigungen der Selbständigkeit oder der Fähigkeiten, die dazu führen, dass die Haushaltsführung nicht mehr ohne Hilfe bewältigt werden kann, bereits im Rahmen der Bereiche nach Absatz 2 und entsprechend bei den Erhebungen zu den Modulen 1 bis 6 im jeweils betroffenen Bereich erfasst werden.

Damit bleiben die entsprechenden Beeinträchtigungen der Selbständigkeit oder der Fähigkeiten für die Beurteilung des Grades der Pflegebedürftigkeit relevant, werden aber über andere Kriterien als bisher erhoben. So führen z. B. bestimmte körperliche oder kognitive Beeinträchtigungen, die in den Bereichen des Absatzes 2 erfasst werden, dazu, dass zugleich auch die Fähigkeit zur eigenständigen Haushaltsführung beeinträchtigt ist.

Damit die gleichen Beeinträchtigungen nicht doppelt erfasst und gewertet werden, werden die Beeinträchtigungen bei der Haushaltsführung gesondert erhoben (§ 18 Absatz 5a). Sie dienen einerseits als Grundlage für eine differenzierte Pflegeplanung, andererseits bieten sie Anhaltspunkte für den Leistungsumfang der Hilfen bei der Haushaltsführung nach § 36.

Wie auch in der Begründung zu § 36 klargestellt wird, werden Hilfen bei der Haushaltsführung auch weiterhin gewährt. Dafür hat sich auch der Expertenbeirat ausgesprochen: Aus pflegefachlichen Gründen solle die hauswirtschaftliche Versorgung Bestandteil der Leistungen der Pflegeversicherung bleiben (siehe S. 32 des Abschlussberichts vom 27. Juni 2013).

Fassung bis 31. Dezember 2016	Fassung ab 1. Januar 2017

§ 15 Stufen der Pflegebedürftigkeit

(1) Für die Gewährung von Leistungen nach diesem Gesetz sind pflegebedürftige Personen (§ 14) einer der folgenden drei Pflegestufen zuzuordnen:

1. *Pflegebedürftige der Pflegestufe I (erheblich Pflegebedürftige) sind Personen, die bei der Körperpflege, der Ernährung oder der Mobilität für wenigstens zwei Verrichtungen aus einem oder mehreren Bereichen mindestens einmal täglich der Hilfe bedürfen und zusätzlich mehrfach in der Woche Hilfen bei der hauswirtschaftlichen Versorgung benötigen.*

2. *Pflegebedürftige der Pflegestufe II (Schwerpflegebedürftige) sind Personen, die bei der Körperpflege, der Ernährung oder der Mobilität mindestens dreimal täglich zu verschiedenen Tageszeiten der Hilfe bedürfen und zusätzlich mehrfach in der Woche Hilfen bei der hauswirtschaftlichen Versorgung benötigen.*

3. *Pflegebedürftige der Pflegestufe III (Schwerstpflegebedürftige) sind Personen, die bei der Körperpflege, der Ernährung oder der Mobilität täglich rund um die Uhr, auch nachts, der Hilfe bedürfen und zusätzlich mehrfach in der Woche Hilfen bei der hauswirtschaftlichen Versorgung benötigen.*

Für die Gewährung von Leistungen nach § 43a reicht die Feststellung, daß die Voraussetzungen der Pflegestufe I erfüllt sind.

(2) Bei Kindern ist für die Zuordnung der zusätzliche Hilfebedarf gegenüber einem gesunden gleichaltrigen Kind maßgebend.

(3) Der Zeitaufwand, den ein Familienangehöriger oder eine andere nicht als Pflegekraft ausgebildete Pflegeperson für die erforderlichen Leistungen der Grundpflege und hauswirtschaftlichen Versorgung benötigt, muß wöchentlich im Tagesdurchschnitt

1. *in der Pflegestufe I mindestens 90 Minuten betragen; hierbei müssen auf die Grundpflege mehr als 45 Minuten entfallen,*

2. *in der Pflegestufe II mindestens drei Stunden betragen; hierbei müssen auf die Grundpflege mindestens zwei Stunden entfallen,*

3. *in der Pflegestufe III mindestens fünf Stunden betragen; hierbei müssen auf die Grundpflege mindestens vier Stunden entfallen.*

Bei der Feststellung des Zeitaufwandes ist ein Zeitaufwand für erforderliche verrichtungsbezogene krank-

§ 15 Ermittlung des Grades der Pflegebedürftigkeit, Begutachtungsinstrument

(1) Pflegebedürftige erhalten nach der Schwere der Beeinträchtigungen der Selbständigkeit oder der Fähigkeiten einen Grad der Pflegebedürftigkeit (Pflegegrad). Der Pflegegrad wird mit Hilfe eines pflegefachlich begründeten Begutachtungsinstruments ermittelt.

(2) Das Begutachtungsinstrument ist in sechs Module gegliedert, die den sechs Bereichen in § 14 Absatz 2 entsprechen. In jedem Modul sind für die in den Bereichen genannten Kriterien die in Anlage 1 dargestellten Kategorien vorgesehen. Die Kategorien stellen die in ihnen zum Ausdruck kommenden verschiedenen Schweregrade der Beeinträchtigungen der Selbständigkeit oder der Fähigkeiten dar. Den Kategorien werden in Bezug auf die einzelnen Kriterien pflegefachlich fundierte Einzelpunkte zugeordnet, die aus Anlage 1 ersichtlich sind. In jedem Modul werden die jeweils erreichbaren Summen aus Einzelpunkten nach den in Anlage 2 festgelegten Punktbereichen gegliedert. Die Summen der Punkte werden nach den in ihnen zum Ausdruck kommenden Schweregraden der Beeinträchtigungen der Selbständigkeit oder der Fähigkeiten wie folgt bezeichnet:

1. Punktbereich 0: keine Beeinträchtigungen der Selbständigkeit oder der Fähigkeiten,

2. Punktbereich 1: geringe Beeinträchtigungen der Selbständigkeit oder der Fähigkeiten,

3. Punktbereich 2: erhebliche Beeinträchtigungen der Selbständigkeit oder der Fähigkeiten,

4. Punktbereich 3: schwere Beeinträchtigungen der Selbständigkeit oder der Fähigkeiten und

5. Punktbereich 4: schwerste Beeinträchtigungen der Selbständigkeit oder der Fähigkeiten.

Jedem Punktbereich in einem Modul werden unter Berücksichtigung der in ihm zum Ausdruck kommenden Schwere der Beeinträchtigungen der Selbständigkeit oder der Fähigkeiten sowie der folgenden Gewichtung der Module die in Anlage 2 festgelegten, gewichteten Punkte zugeordnet. Die Module des Begutachtungsinstruments werden wie folgt gewichtet:

1. Mobilität mit 10 Prozent,

2. kognitive und kommunikative Fähigkeiten sowie Verhaltensweisen und psychische Problemlagen zusammen mit 15 Prozent,

Fassung bis 31. Dezember 2016	Fassung ab 1. Januar 2017
heitsspezifische Pflegemaßnahmen zu berücksichtigen; dies gilt auch dann, wenn der Hilfebedarf zu Leistungen nach dem Fünften Buch führt. Verrichtungsbezogene krankheitsspezifische Pflegemaßnahmen sind Maßnahmen der Behandlungspflege, bei denen der behandlungspflegerische Hilfebedarf untrennbarer Bestandteil einer Verrichtung nach § 14 Abs. 4 ist oder mit einer solchen Verrichtung notwendig in einem unmittelbaren zeitlichen und sachlichen Zusammenhang steht.	3. Selbstversorgung mit 40 Prozent,

3. Selbstversorgung mit 40 Prozent,

4. Bewältigung von und selbständiger Umgang mit krankheits- oder therapiebedingten Anforderungen und Belastungen mit 20 Prozent,

5. Gestaltung des Alltagslebens und sozialer Kontakte mit 15 Prozent.

(3) Zur Ermittlung des Pflegegrades sind die bei der Begutachtung festgestellten Einzelpunkte in jedem Modul zu addieren und dem in Anlage 1 festgelegten Punktbereich sowie den sich daraus ergebenden gewichteten Punkten zuzuordnen. Den Modulen 2 und 3 ist ein gemeinsamer gewichteter Punkt zuzuordnen, der aus den höchsten gewichteten Punkten entweder des Moduls 2 oder des Moduls 3 besteht. Aus den gewichteten Punkten aller Module sind durch Addition die Gesamtpunkte zu bilden. Auf der Basis der erreichten Gesamtpunkte sind pflegebedürftige Personen in einen der nachfolgenden Pflegegrade einzuordnen:

1. ab 12,5 bis unter 27 Gesamtpunkten in den Pflegegrad 1: geringe Beeinträchtigungen der Selbständigkeit oder der Fähigkeiten,

2. ab 27 bis unter 47,5 Gesamtpunkten in den Pflegegrad 2: erhebliche Beeinträchtigungen der Selbständigkeit oder der Fähigkeiten,

3. ab 47,5 bis unter 70 Gesamtpunkten in den Pflegegrad 3: schwere Beeinträchtigungen der Selbständigkeit oder der Fähigkeiten,

4. ab 70 bis unter 90 Gesamtpunkten in den Pflegegrad 4: schwerste Beeinträchtigungen der Selbständigkeit oder der Fähigkeiten,

5. ab 90 bis 100 Gesamtpunkten in den Pflegegrad 5: schwerste Beeinträchtigungen der Selbständigkeit oder der Fähigkeiten mit besonderen Anforderungen an die pflegerische Versorgung.

(4) Pflegebedürftige mit besonderen Bedarfskonstellationen, die einen spezifischen, außergewöhnlich hohen Hilfebedarf mit besonderen Anforderungen an die pflegerische Versorgung aufweisen, können aus pflegefachlichen Gründen dem Pflegegrad 5 zugeordnet werden, auch wenn ihre Gesamtpunkte unter 90 liegen. Der Spitzenverband Bund der Pflegekassen konkretisiert in den Richtlinien nach § 17 Absatz 1 die pflegefachlich begründeten Voraussetzungen für solche besonderen Bedarfskonstellationen.

(5) Bei der Begutachtung sind auch solche Kriterien zu berücksichtigen, die zu einem Hilfebedarf führen, für den Leistungen des Fünften Buches vorgesehen sind.

Fassung bis 31. Dezember 2016	Fassung ab 1. Januar 2017
	Dies gilt auch für krankheitsspezifische Pflegemaßnahmen. Krankheitsspezifische Pflegemaßnahmen sind Maßnahmen der Behandlungspflege, bei denen der behandlungspflegerische Hilfebedarf aus medizinisch-pflegerischen Gründen regelmäßig und auf Dauer untrennbarer Bestandteil einer pflegerischen Maßnahme in den in § 14 Absatz 2 genannten sechs Bereichen ist oder mit einer solchen notwendig in einem unmittelbaren zeitlichen und sachlichen Zusammenhang steht.

(6) Bei pflegebedürftigen Kindern wird der Pflegegrad durch einen Vergleich der Beeinträchtigungen ihrer Selbständigkeit und ihrer Fähigkeiten mit altersentsprechend entwickelten Kindern ermittelt. Im Übrigen gelten die Absätze 1 bis 5 entsprechend.

(7) Pflegebedürftige Kinder im Alter bis zu 18 Monaten werden abweichend von den Absätzen 3, 4 und 6 Satz 2 wie folgt eingestuft:

1. ab 12,5 bis unter 27 Gesamtpunkten in den Pflegegrad 2,

2. ab 27 bis unter 47,5 Gesamtpunkten in den Pflegegrad 3,

3. ab 47,5 bis unter 70 Gesamtpunkten in den Pflegegrad 4,

4. ab 70 bis 100 Gesamtpunkten in den Pflegegrad 5. |

Gesetzesbegründung Drs. 18/5926 zu § 15

Änderungen zum 1. Januar 2017

Zu Absatz 1

Ab 1. Januar 2017 werden das Vorliegen und die Schwere der Pflegebedürftigkeit mit einem neuen, pflegefachlich begründeten Begutachtungsinstruments ermittelt.

Das neue Begutachtungsinstrument beruht auf dem neuen Pflegebedürftigkeitsbegriff nach § 14 und deckt die in § 14 Absatz 2 genannten sechs Bereiche ab.

Die gesonderte Feststellung einer erheblich eingeschränkten Alltagskompetenz nach § 45a ist daher ab dem 1. Januar 2017 nicht mehr erforderlich, da das NBA in den Modulen 2 und 3 die in diesem Kontext relevanten Kriterien für Beeinträchtigungen der Selbständigkeit und der Fähigkeiten in den Bereichen 2 und 3 bereits berücksichtigt. Darüber hinaus werden in den Modulen 2 und 3 noch weitere pflegefachlich relevante Kriterien für Beeinträchtigungen der Selbständigkeit und der Fähigkeiten von Personen mit kognitiven und psychischen Beeinträchtigungen erfasst.

Damit gibt es ab dem 1. Januar 2017 nur noch ein Verfahren zur Feststellung von Pflegebedürftigkeit. Alle Pflegebedürftigen im gleichen Pflegegrad haben dann Zugang zu den gleichen Leistungen der Pflegeversicherung. Dadurch wird auch die Gleichbehandlung von körperlichen, kognitiven und psychischen Beeinträchtigungen bei der Begutachtung und in der Konsequenz beim Leistungszugang verwirklicht.

Durch den neuen Begriff und das auf dieser Basis entwickelte NBA wird Pflegebedürftigkeit anders und besser ermittelt: Geändert haben sich sowohl

- die Sichtweise (Blick auf die Selbständigkeit und die Fähigkeiten in den Bereichen des § 14 Absatz 2 anstelle eines nur defizitorientierten Blicks auf die erforderlichen kompensatorischen Hilfen), – der Differenzierungsgrad (differenzierte Erfassung der Beeinträchtigungen der Selbständigkeit oder Fähigkeiten statt einer pflegewissenschaftlich nicht sachgerechten Einschätzung des Zeitaufwands für Laienpflege bei eng definierten Verrichtungen als Bemessungsgröße für die Einordnung in eine Pflegestufe),

- die pflegefachliche Fundierung (das NBA bezieht den internationalen Stand der pflegewissenschaftlichen Erkenntnisse ein),

- die Zahl und fachliche Reichweite der für das Vorliegen von Pflegebedürftigkeit maßgeblichen Kriterien (Erweiterung um Kriterien im Bereich der kognitiven und kommunikativen Fähigkeiten, der Verhaltensweisen und psychischen Problemlagen, der Bewältigung von und des Umgangs mit krankheits- oder therapiebedingten Anforderungen und Belastungen und im Bereich der Gestaltung des Alltagslebens und sozialer Kontakte anstelle von eng definierten Verrichtungen) als auch

- die Einstiegsschwelle der Pflegeversicherung (Pflegebedürftigkeit besteht zukünftig grundsätzlich bereits ab Pflegegrad 1, für den vielfach geringere Beeinträchtigungen ausreichen als für die Schwelle der erheblichen Pflegebedürftigkeit der bisherigen Pflegestufe I).

Die differenziertere Erfassung der für das Vorliegen von Pflegebedürftigkeit maßgeblichen Kriterien wirkt sich auch in der Begutachtung von Kindern positiv aus. Gerade in den Modulen 2, 3 und 5 werden Bedarfslagen erfasst, die bei der heutigen Begutachtung für die Pflegestufen größtenteils unberücksichtigt bleiben, für den Lebens- und Versorgungsalltag von pflegebedürftigen Kindern und ihren pflegenden Eltern aber von besonderer Bedeutung sind. Damit verbessert sich vielfach auch die Einstufung pflegebedürftiger Kinder.

Der Pflegegrad orientiert sich an der Schwere der Beeinträchtigungen der Selbständigkeit oder der Fähigkeiten. Damit wird sichergestellt, dass auch zukünftig diejenigen Pflegebedürftigen Leistungen der Pflegeversicherung erhalten, die wegen der Schwere der Pflegebedürftigkeit auf solidarische Unterstützung angewiesen sind (§ 1 Absatz 4). Zugleich werden damit auch die Staffelung nach Pflegegraden und der Anstieg der Leistungsbeträge über die Pflegegrade sozialpolitisch und fachlich begründet.

Zu Absatz 2

Allgemeines

Der neue Pflegebedürftigkeitsbegriff und das NBA stehen in einem untrennbaren fachlichen Zusammenhang. Das NBA greift die Elemente des neuen Pflegebedürftigkeitsbegriffs aus § 14 auf und konkretisiert diese in Absatz 2 für die Zwecke der Begutachtung im Rahmen der Pflegeversicherung. Der neue Pflegebedürftigkeitsbegriff wurde zusammen mit dem dazu gehörenden NBA über einen Zeitraum von acht Jahren durch mehrere wissenschaftliche Studien erarbeitet und durch zwei Expertenbeiräte begleitet. Die Entwicklung eines NBA ist damit vorerst abgeschlossen und das Instrument nach Einschätzung aller beteiligten Expertinnen und Experten sowie Wissenschaftlerinnen und Wissenschaftler einführungsreif.

Absatz 2 enthält die gesetzliche Umsetzung des NBA im Rahmen der Pflegeversicherung. Es handelt sich dabei um ein lernendes System, nicht um ein starres, einmal und auf Dauer festgelegtes Instrument. Daher wird der Begriff „Neues Begutachtungsassessment" nicht als feststehender Begriff eingeführt. Seine wesentlichen, für den Leistungszugang relevanten Elemente (abschließender Katalog von Kriterien für das Vorliegen von Pflegebedürftigkeit, abschließender Katalog von Bereichen, prozentuale Gewichtungen der einzelnen Bereiche, Festlegung der Einzelpunkte, Summe der Punkte und gewichteten Punkte für jedes Modul, Schwellenwerte für die Zuordnung zu einem Pflegegrad mit Sonderregelungen für Kinder bis 18 Monate sowie die Beschreibung möglicher besonderer Bedarfskonstellationen) werden allerdings zur rechtssicheren Beschreibung des NBA im Gesetz und den Anlagen 1 und 2 verankert.

Redaktionelle Anmerkung:

Die Anlagen zu § 15 sind auf den Seite 395 ff. abgedruckt.

Struktur des neuen Begutachtungsinstruments

Die modulare Struktur des NBA erlaubt über die Zusammenfassung von gleichartigen Kriterien oder der Kriterien eines Lebensbereichs eine zusammenfassende Betrachtung einzelner Lebensbereiche des Pflegebedürftigen. Zudem werden die Module im Verhältnis zueinander gewichtet.

Zentrales Ziel ist, dass körperliche, kognitive und psychische Beeinträchtigungen anhand eines übergreifenden Maßstabs, der Schwere der Beeinträchtigungen der Selbständigkeit und der Fähigkeiten, in ein Verhältnis gestellt werden, das die verschiedenen Arten von Beeinträchtigungen angemessen berücksichtigt und eine im Vergleich angemessene Einstufung sicherstellt. Damit sollen vorrangig körperlich beeinträchtigte Pflegebedürftige und vorrangig kognitiv oder psychisch beeinträchtigte Pflegebedürftige in der Pflegeversicherung endlich vergleichbar berücksichtigt und Zugang zu Leistungen haben.

Die Differenzierung nach der Schwere der Beeinträchtigungen der Selbständigkeit oder der Fähigkeiten ist ein durchgehendes Leitmotiv des Instruments. So werden sowohl die Einzelpunkte, Summe der Punkte und gewichtete Punkte jeweils nach der Schwere differenziert und begrifflich einzelnen Kategorien zugeordnet.

Die genauen Bezeichnungen der Kategorien sowie die Einzelpunkte, Summe der Punkte und gewichtete Punkt in jedem Modul sind in der Anlage 1 festgelegt.

Ermittlung der Gesamtpunkte

Die Berechnung des für die Zuordnung zu einem Pflegegrad relevanten Gesamtpunkts erfolgt mit Hilfe einer mehrschrittigen Berechnungsfolge auf Basis einer pflegefachlich begründeten Bewertungssystematik. Wesentlich ist dabei die Umrechnung der Summe der Punkte für die Einzelpunkte in gewichtete Punkte.

Die Beeinträchtigungen der Selbständigkeit oder der Fähigkeiten werden in den Modulen für jedes Kriterium der Bereiche des § 14 Absatz 2 und nach dem Grad ihrer Ausprägung erhoben. In den Modulen 1, 2, 3, 4 und 6 ist für die Beeinträchtigungen der Selbständigkeit oder der Fähigkeiten eine Skalierung in vier Schweregraden vorgesehen. Die Entscheidung für diese Viererskala war das Ergebnis allgemeiner methodischer Überlegungen und einer Analyse der Skalen, die in anderen international verwendeten Instrumenten zur Feststellung von Pflegebedürftigkeit Anwendung finden.

Die Skalen messen in den Modulen 1, 4, 6 den Grad der Selbstständigkeit einer Person, im Modul 2 die Intensität einer funktionalen Beeinträchtigung (bezüglich kognitiver und kommunikativer Fähigkeiten) und im Modul 3 die Häufigkeit des Auftretens (bezüglich Verhaltensweisen).

Im Bereich 5 werden aus pflegefachlichen Gründen verschiedene Kategorien, z. B. Vorkommen, Häufigkeit des Auftretens und Selbständigkeit bei der Durchführung verwendet.

Maßgeblich für die Zuordnung zu einer Kategorie ist eine pflegefachlich begründete Einschätzung durch die Gutachter des MDK oder andere unabhängige Gutachter auf Basis der Richtlinien nach § 17 Absatz 1. Die Einschätzung erfolgt personenbezogen und unabhängig vom jeweiligen (Wohn-) Umfeld.

Für jede Kategorie ist im Begutachtungsinstrument ein pflegefachlich begründeter Einzelpunkt vorgesehen. Die Einzelpunkte eines Moduls werden nach dem Schweregrad der Beeinträchtigungen der Selbständigkeit oder der Fähigkeiten einem von fünf Punktbereichen zugeordnet.

Jedem Punktbereich, das heißt, der Summe der Punkte, wird ein gewichteter Punkt zugeordnet. Aus den gewichteten Punkten wird der Gesamtpunkt auf einer Skala von 0 bis 100 Punkten errechnet.

Gewichtung der Module

Diese Berechnungsfolge und die Bewertungssystematik einschließlich der Gewichtung der Module bewirkt, dass der Gesamtpunkt und damit Grad der Pflegebedürftigkeit (Pflegegrad) sich nicht unmittelbar durch Summierung aller Einzelpunkte ergibt.

Die Gewichtung der Module erfolgt auf der Basis von empirischen Erkenntnissen und sozialpolitischen Überlegungen: Die Gewichtung bewirkt, dass die Schwere der Beeinträchtigungen der Selbständigkeit oder der Fähigkeiten von Personen mit körperlichen Defiziten einerseits und kognitiven oder psychischen Defiziten sachgerecht und angemessen bei der Bildung des Gesamtpunktes berücksichtigt wird. So wird auch der Tatsache Rechnung getragen, dass die Bereiche Selbstversorgung und Mobilität in etwa die Aktivitäten des täglichen Lebens des § 14 Absatz 4 in der Fassung bis zum 31. Dezember 2016 abdecken, die als Verrichtungen im Sinne des bisherigen Pflegebedürftigkeitsbegriffs für die Feststellung von Pflegebedürftigkeit relevant sind. Sie haben nach pflegefachlicher und pflegepraktischer Einschätzung für die Ausprägung von Pflegebedürftigkeit und die Leistungserbringung weiterhin zentrale Bedeutung und erhalten daher insgesamt eine Gewicht von 50 Prozent (Selbstversorgung 40 Prozent und Mobilität 10 Prozent).

Die Module kognitive und kommunikative Fähigkeiten sowie Verhaltensweisen und psychische Problemlagen einerseits und das Modul Gestaltung des Alltagslebens und sozialer Kontakte andererseits erhalten zusammen einen Anteil von 30 Prozent.

Die Gewichtung der Selbständigkeit im Umgang mit krankheits- und therapiebedingten Anforderungen wird aus pflegefachlichen Gründen mit 20 Prozent angesetzt.

Eine Besonderheit besteht bei der Ermittlung des gewichteten Punktes für die Bereiche 2 (kognitive und kommunikative Fähigkeiten) und 3 (Verhaltensweisen und psychische Problemlagen): Hier gehen nicht die Summen der Einzelpunkte in den einzelnen Bereichen, sondern nur der jeweils höchste Punkt aus Bereich 2 oder 3 in die Bewertung ein. Ein Grund hierfür ist, dass beide Bereiche bzw. Module einen psychosozialen Unterstützungsbedarf nach sich ziehen, der sich nicht ohne weiteres einzelnen Handlungen zuordnen lässt. Ist z. B. eine Pflegeperson in der Wohnung des Pflegebedürftigen tagsüber anwesend und liegen Beeinträchtigungen der Selbständigkeit und der Fähigkeiten in den Modulen 2 und 3 vor, resultiert die grundsätzliche Notwendigkeit zur Anwesenheit der Pflegeperson nicht entweder aus Modul 2 oder Modul 3. Sie kann auch aus beiden resultieren, ohne dass ein Modul vorrangig den Anlass hierfür gibt. Zudem sollen kognitive und psychische Problemlagen nicht mehrfach gewertet werden. Daher kommt hier nur der jeweils höchste Punkt aus einem der beiden Module 2 oder 3 zum Tragen. Da es aber vorkommen kann, dass nur Beeinträchtigungen in Modul 2 oder nur in Modul 3 vorliegen, und die Trennung üblichen pflegefachlichen Klassifizierungen entspricht, werden die Bereiche auf zwei Module verteilt.

Die Struktur der Bewertungssystematik einschließlich der Summe der Punkte und gewichteten Punkte ist in Anlage 2 zu § 15 festgelegt und dargestellt.

Redaktionelle Anmerkung:

Die Anlage 2 ist auf Seite 404 abgedruckt.

Zu Absatz 3

Der Pflegegrad hängt von der Schwere der Pflegebedürftigkeit (§ 1 Absatz 4) und daher nach dem neuen Verständnis von Pflegebedürftigkeit von der Schwere der Beeinträchtigungen der Selbständigkeit und der Fähigkeiten ab. Zukünftig gibt es mehr Abstufungen der Pflegebedürftigkeit als bisher.

Die neuen Pflegegrade sind wegen der vielfältigen Veränderungen beim Pflegebedürftigkeitsbegriff und beim neuen Begutachtungsinstrument mit den bis zum 31. Dezember 2016 geltenden Pflegestufen nur sehr eingeschränkt vergleichbar. Daher wird bei der Umstellung nicht einfach die Zahl der Pflegestufen erhöht, sondern die Pflegegrade stellen ein neues, eigenes und differenzierteres System der Einstufung dar. Gleich geblieben ist, dass diejenigen, die schwerer von Pflegebedürftigkeit betroffen sind, höhere Leistungen erhalten als diejenigen, die weniger schwer betroffen sind.

Die Schwellenwerte für die Pflegegrade 1 und 2 sind gegenüber den Empfehlungen des Expertenbeirats von 2013 geringfügig abgesenkt worden, um die Ergebnisse der beiden Erprobungsstudien vom April 2015 zu berücksichtigen, die eine etwas ungünstigere Verteilung der Pflegebedürftigen auf die Pflegegrade ergeben hat als die erste Erprobung in den Jahren 2008/2009.

Der Schwellenwert zur Erreichung des Pflegegrades 1 ist das Ergebnis pflegewissenschaftlicher Erkenntnisse und stellt rechnerisch den Mittelwert der von den Beiräten 2009 und 2013 diskutierten Eingangswerte dar. Für die Veränderungen gegenüber den Empfehlungen des Expertenbeirats von 2013 ist dabei auch die Überlegung von Bedeutung, Personen mit einsetzender Pflegebedürftigkeit frühzeitig die Inanspruchnahme der präventiv ausgerichteten Leistungen des Pflegegrades 1 zu ermöglichen.

Zu Absatz 4

Der Spitzenverband Bund der Pflegekassen wird ermächtigt, in den Richtlinien zum Begutachtungsverfahren (Begutachtungs-Richtlinien) nach § 17 Absatz 1 besondere Bedarfskonstellationen für Pflegebedürftige auszuweisen. Diese besonderen Bedarfskonstellationen betreffen Pflegebedürftige mit schwersten Beeinträchtigungen und einem außergewöhnlich hohem bzw. intensivem Hilfebedarf, der besondere Anforderungen an die pflegerische Versorgung aufweist.

In den Begutachtungs-Richtlinien werden pflegefachlich begründete Kriterien festgelegt, nach denen diese Pflegebedürftigen auch unabhängig vom Erreichen des Schwellenwerts von 90 Punkten in den Pflegegrad 5 eingestuft werden.

Bei einigen Pflegebedürftigen kann es möglich sein, dass der Pflegegrad 5 nicht automatisch erreicht wird, obwohl er nach der Schwere der Beeinträchtigungen der Selbständigkeit oder der Fähigkeiten angemessen wäre. Dies liegt daran, dass die jeweiligen gesundheitlichen Probleme sich einer pflegefachlichen Systematisierung im neuen Begutachtungsinstrument entziehen; eine regelhafte Einbeziehung wäre nur auf Kosten größerer Verschiebungen in der Bewertung anderer, deutlich häufigerer Fallkonstellationen möglich. Daher wird für wenige, besonders gelagerte Fallkonstellationen die Einstufung in Pflegegrad 5 auch ohne Erreichen des regulären Schwellenwerts ermöglicht. Es handelt sich hierbei nicht um eine Einzelfallregelung oder die Ermächtigung zu einer Einzelfallentscheidung – auch wenn nur sehr wenige Pflegebedürftige von der Regelung betroffen sind – sondern um eine regelhafte Ergänzung der Einstufung anhand von Schwellenwerten für sehr seltene Fallkonstellationen.

Der Expertenbeirat zur konkreten Ausgestaltung des neuen Pflegebedürftigkeitsbegriffs hat aufgrund von Anregungen aus der Pflegepraxis verschiedene Fallkonstellationen überprüfen lassen und hat – bestätigt durch die Praktikabilitätsstudie des MDS – ein Vorliegen einer besonderen Bedarfskonstellation nur bei einer Gebrauchsunfähigkeit beider Arme und beider Beine festgestellt. Diese umfasst nicht zwingend die Bewegungsunfähigkeit der Arme und Beine, sondern den vollständigen Verlust der Greif-, Steh- und Gehfunktionen. Sie ist nicht nur bei Lähmungen aller Extremitäten erfüllt, sondern kann auch bei hochgradigen Kontrakturen, rheumatischen Versteifungen, hochgradigem Tremor und Rigor bei Morbus Parkinson oder Athetose bei Chorea Huntington (Veitstanz) gegeben sein.

Bei kleinen Kindern können zwar besondere Bedarfskonstellationen vorkommen, diese führen aber nicht zu einem vergleichbar hohen Mehraufwand. Darüber hinaus ist der Vergleich mit altersentsprechend entwickelten Kindern maßgebend. Allerdings haben auch altersentsprechend entwickelte Kinder einen Hilfebedarf, der erst im Laufe ihrer Entwicklung abnimmt. Gerade Kleinkinder benötigen in jedem Fall ständige Beaufsichtigung und Hilfe. Die besondere Bedarfskonstellation einer Gebrauchsunfähigkeit beider Arme und beider Beine kann z. B. bei Kindern mit Infantiler Cerebralparese ab dem Alter von ca. 3 Jahren gegeben sein. Daher ist in den Richtlinien nach § 17 Absatz 1 jeweils festzulegen, ob und inwieweit eine besondere Bedarfskonstellation auch für Kinder und bezogen auf welche Altersstufen gelten soll.

Erforderlich ist, dass sich das Kriterium im Rahmen der Befunderhebung bei der Begutachtung sicher identifizieren lässt. Im Rahmen der begleitenden Evaluation (§ 18c) soll auch erhoben werden, ob darüber hinaus weitere besondere Bedarfskonstellationen zu prüfen und in die Richtlinien nach § 17 Absatz 1 aufzunehmen sind.

Zu Absatz 5

Absatz 5 stellt klar, dass bei der Begutachtung auch solche Kriterien zu berücksichtigen sind, die zu einem Hilfsbedarf führen, für den Leistungen des SGB V vorgesehen sind. Dies gilt auch und insbesondere für sogenannte krankheitsspezifische Pflegemaßnahmen. Dies war auch bisher schon in § 15 Absatz 3 Satz 2 und 3 in der Fassung bis zum 31. Dezember 2016 geregelt. Die Regelung wird bezogen auf den neuen Pflegebedürftigkeitsbegriff unverändert fortgeschrieben.

Zu Absatz 6

Für die Feststellung der Pflegebedürftigkeit von Kindern ist wie bisher der Vergleich mit altersentsprechend entwickelten Kindern maßgebend. Dies ist erforderlich, da die Hilfebedürftigkeit altersentsprechend entwickelter Kinder ihrem Entwicklungsstand entspricht und keinen Leistungsanspruch gegen die soziale Pflegeversicherung begründen soll. Nur darüber hinaus gehende Beeinträchtigungen der Selbständigkeit oder der Fähigkeiten sind für den Leistungszugang relevant. Auch bei pflegebedürftigen Kindern erfolgt eine Einstufung anhand der Schwere der Beeinträchtigungen der Selbständigkeit oder der Fähigkeiten in fünf Pflegegrade; die Absätze 1 bis 3 gelten insofern entsprechend.

Zu Absatz 7

Das neue Begutachtungsinstrument gilt grundsätzlich für alle Altersgruppen und ist aus fachlicher Sicht für die Feststellung der Pflegebedürftigkeit auch bei Kindern sehr gut und besser geeignet als das bisherige Verfahren. Da der Bezugspunkt für die Einstufung von Kindern der Vergleich mit einem alterstypisch entwickelten Kind ohne körperliche, kognitive oder psychische Beeinträchtigungen ist, ergeben sich für pflegebedürftige Kinder im Alter bis zu 18 Monaten Besonderheiten. Denn auch Kinder in der altersentsprechend entwickelten Vergleichsgruppe sind von Natur aus in allen Bereichen des Alltagslebens unselbständig; erst mit zunehmendem Alter erlangen sie aufgrund von Entwicklungsfortschritten schrittweise eine größere Selbständigkeit. Da das neue Begutachtungsinstrument wie bisher Selbständigkeit im Vergleich zu altersentsprechend entwickelten Kindern als Maßstab hat, könnten Kinder im Alter bis zu 18 Monaten ohne eine Sonderregelung regelhaft keine oder nur niedrigere Pflegegrade erreichen, was pflegefachlich nicht angemessen wäre. Zudem müssten sie aufgrund der häufigen Entwicklungsveränderungen in sehr kurzen Zeitabständen neu begutachtet werden, um die jeweils angemessene Einstufung zu erhalten.

Für pflegebedürftige Kinder im Alter bis zu 18 Monaten wird eine Sonderregelung getroffen: Sie werden – im Sinne einer pauschalierenden Einstufung – regelhaft etwas höher eingestuft als bei der Regelung nach Absatz 3 und können in diesem Pflegegrad ohne weitere Begutachtung bis zum 18. Lebensmonat verbleiben, soweit zwischenzeitlich kein Höherstufungsantrag gestellt wird oder eine Wiederholungsbegutachtung aus fachlicher Sicht notwendig ist. Eine Wiederholungsbegutachtung erfolgt daher in diesem Zeitraum nur, wenn relevante Änderungen zu erwarten sind (z. B. durch eine erfolgreiche Operation einer Lippen-/Kiefer-/Gaumenspalte). Damit wird sichergestellt, dass pflegebedürftige Kinder im Alter von 18 Monate einen fachlich angemessenen Pflegegrad erreichen, der die natürlichen Entwicklungsschwankungen sowohl bei den pflegebedürftigen Kindern als auch bei der Vergleichsgruppe der altersentsprechend entwickelten Kinder großzügig auffängt. Nach dem 18. Lebensmonat ist eine reguläre Einstufung fachlich angemessen, da die Kinder dann aufgrund der gewachsenen Selbständigkeit der Vergleichsgruppe regulär fachlich angemessene Pflegegrade erreichen und die relevanten Entwicklungsfortschritte in kleineren Abständen erfolgen.

Mit der Regelung wird auch vermieden, dass innerhalb eines kurzen Zeitraums häufige Höherstufungs- bzw. Wiederholungsbegutachtungen durchgeführt werden müssen, die die Familien von pflegebedürftigen Kindern belasten. Damit sollen die oft körperlich wie psychisch durch die Pflege eines pflegebedürftigen Kindes stark belasteten Familien zusätzlich unterstützt und entlastet werden.

Fassung bis 31. Dezember 2016	Fassung ab 1. Januar 2017
§ 16 Verordnungsermächtigung	**§ 16 Verordnungsermächtigung**
Das Bundesministerium für Gesundheit wird ermächtigt, im Einvernehmen mit dem Bundesministerium für Familie, Senioren, Frauen und Jugend und dem Bundesministerium für Arbeit und Soziales durch Rechtsverordnung mit Zustimmung des Bundesrates Vorschriften *zur näheren Abgrenzung der in § 14 genannten Merkmale der Pflegebedürftigkeit, der Pflegestufen nach § 15 sowie zur Anwendung der Härtefallregelung des § 36 Abs. 4 und des § 43 Abs. 3 zu erlassen.*	Das Bundesministerium für Gesundheit wird ermächtigt, im Einvernehmen mit dem Bundesministerium für Familien, Senioren, Frauen und Jugend und dem Bundesministerium für Arbeit und Soziales durch Rechtsverordnung mit Zustimmung des Bundesrates Vorschriften <u>zur pflegefachlichen Konkretisierung der Inhalte des Begutachtungsinstruments nach § 15 sowie zum Verfahren der Feststellung der Pflegebedürftigkeit nach § 18 zu erlassen. Es kann sich dabei von unabhängigen Sachverständigen beraten lassen.</u>

Gesetzesbegründung Drs. 18/5926 zu § 16

Änderungen zum 1. Januar 2017
Redaktionelle Anmerkung: § 16 wurde neu gefasst. Um bei der Gegenüberstellung die Neuerungen besser zu erkennen, wurden nur geänderte bzw. neue Passagen entsprechend markiert.

Die bisherige Verordnungsermächtigung für das Bundesministerium für Gesundheit nach § 16 wird neu gefasst und an die Aufgaben in § 17 in der Fassung ab dem 1. Januar 2017 angepasst.

Soweit das Bundesministerium für Gesundheit von der Verordnungsermächtigung Gebrauch macht, geht diese Regelung den Begutachtungs-Richtlinien nach § 17 Absatz 1 vor.

Fassung bis 31. Dezember 2015	Fassung ab 1. Januar 2016	Fassung ab 1. Januar 2017
§ 17 Richtlinien der Pflegekassen	**§ 17 Richtlinien der Pflegekassen**	**§ 17 Richtlinien der Pflegekassen**
(1) Der Spitzenverband Bund der Pflegekassen erlässt mit dem Ziel, eine einheitliche Rechtsanwendung zu fördern, unter Beteiligung des Medizinischen Dienstes des Spitzenverbandes Bund der Krankenkassen Richtlinien zur näheren Abgrenzung der in § 14 genannten Merkmale der Pflegebedürftigkeit, der Pflegestufen nach § 15 und zum Verfahren der Feststellung der Pflegebedürftigkeit.	(1) Der Spitzenverband Bund der Pflegekassen erlässt mit dem Ziel, eine einheitliche Rechtsanwendung zu fördern, unter Beteiligung des Medizinischen Dienstes des Spitzenverbandes Bund der Krankenkassen Richtlinien *zur näheren Abgrenzung der in § 14 genannten Merkmale der Pflegebedürftigkeit, der Pflegestufen nach § 15 und zum Verfahren der Feststellung der Pflegebedürftigkeit.*	(1) Der Spitzenverband Bund der Pflegekassen erlässt mit dem Ziel, eine einheitliche Rechtsanwendung zu fördern, unter Beteiligung des Medizinischen Dienstes des Spitzenverbandes Bund der Krankenkassen Richtlinien <u>zur pflegefachlichen Konkretisierung der Inhalte des Begutachtungsinstruments nach § 15 sowie zum Verfahren der Feststellung der Pflegebedürftigkeit nach § 18 (Begutachtungs-Richtlinien).</u>
Er hat die Kassenärztliche Bundesvereinigung, die Bundesverbände der Pflegeberufe und der behinderten Menschen, die Bundesarbeitsgemeinschaft der Freien Wohlfahrtspflege, die Bundesarbeitsgemeinschaft der überörtlichen Träger der Sozialhilfe, die kommunalen Spitzenverbände auf Bundesebene, die Bundesverbände privater Alten- und Pflegeheime sowie die Verbände der privaten ambulanten Dienste zu beteiligen. Der Spitzenverband Bund der Pflegekassen erlässt unter Beteiligung des Medizinischen Dienstes des Spitzenverbandes Bund der Krankenkassen Richtlinien zur Anwendung der Härtefallregelungen des § 36 Abs. 4 und des § 43 Abs. 3.	Er hat *die Kassenärztliche Bundesvereinigung, die Bundesverbände der Pflegeberufe und der behinderten Menschen, die Bundesarbeitsgemeinschaft der Freien Wohlfahrtspflege, die Bundesarbeitsgemeinschaft der überörtlichen Träger der Sozialhilfe, die kommunalen Spitzenverbände auf Bundesebene, die Bundesverbände privater Alten- und Pflegeheime sowie die Verbände der privaten ambulanten Dienste zu beteiligen. Der Spitzenverband Bund der Pflegekassen erlässt unter Beteiligung des Medizinischen Dienstes des Spitzenverbandes Bund der Krankenkassen Richtlinien zur Anwendung der Härtefallregelungen des § 36 Abs. 4 und des § 43 Abs. 3.*	Er hat dabei die <u>Vereinigungen der Träger der Pflegeeinrichtungen auf Bundesebene, den Verband der privaten Krankenversicherung e. V.,</u> die Bundesarbeitsgemeinschaft der überörtlichen Träger der Sozialhilfe, die kommunalen Spitzenverbände auf Bundesebene <u>und die Verbände der Pflegeberufe auf Bundesebene</u> zu beteiligen. <u>Ihnen ist unter Übermittlung der hierfür erforderlichen Informationen innerhalb einer angemessenen Frist vor der Entscheidung Gelegenheit zur Stellungnahme zu geben. Die Stellungnahmen sind in die Entscheidung einzubeziehen. Die maßgeblichen Organisationen für die Wahrnehmung der Interessen und der Selbsthilfe der pflegebedürftigen und behinderten Menschen wirken nach Maßgabe der nach § 118 Absatz 2 erlassenen Verordnung beratend mit. § 118 Absatz 1 Satz 2 und 3 gilt entsprechend.</u>
	<u>(1a) Der Spitzenverband Bund der Pflegekassen erlässt unter Beteiligung des Medizinischen Dienstes des Spitzenverbandes Bund der Krankenkassen bis zum 31. Juli 2018 Richtlinien zur einheitlichen Durchführung der Pflegeberatung nach § 7a, die für die Pflegeberater und Pflegeberaterinnen der</u>	(1a) Der Spitzenverband Bund der Pflegekassen erlässt unter Beteiligung des Medizinischen Dienstes des Spitzenverbandes Bund der Krankenkassen bis zum 31. Juli 2018 Richtlinien zur einheitlichen Durchführung der Pflegeberatung nach § 7a, die für die Pflegeberater und Pflegeberaterinnen der

Fassung bis 31. Dezember 2015	Fassung ab 1. Januar 2016	Fassung ab 1. Januar 2017
	Pflegekassen, der Beratungsstellen nach § 7b Absatz 1 Satz 1 Nummer 2 sowie der Pflegestützpunkte nach § 7c unmittelbar verbindlich sind (Pflegeberatungs-Richtlinien). An den Richtlinien nach Satz 1 sind die Länder, der Verband der privaten Krankenversicherung e. V., die Bundesarbeitsgemeinschaft der überörtlichen Träger der Sozialhilfe, die kommunalen Spitzenverbände auf Bundesebene, die Bundesarbeitsgemeinschaft der Freien Wohlfahrtspflege sowie die Verbände der Träger der Pflegeeinrichtungen auf Bundesebene zu beteiligen. Den Verbänden der Pflegeberufe auf Bundesebene, unabhängigen Sachverständigen sowie den maßgeblichen Organisationen für die Wahrnehmung der Interessen und der Selbsthilfe der pflegebedürftigen und behinderten Menschen sowie ihrer Angehörigen ist Gelegenheit zur Stellungnahme zu geben.	Pflegekassen, der Beratungsstellen nach § 7b Absatz 1 Satz 1 Nummer 2 sowie der Pflegestützpunkte nach § 7c unmittelbar verbindlich sind (Pflegeberatungs-Richtlinien). An den Richtlinien nach Satz 1 sind die Länder, der Verband der privaten Krankenversicherung e. V., die Bundesarbeitsgemeinschaft der überörtlichen Träger der Sozialhilfe, die kommunalen Spitzenverbände auf Bundesebene, die Bundesarbeitsgemeinschaft der Freien Wohlfahrtspflege sowie die Verbände der Träger der Pflegeeinrichtungen auf Bundesebene zu beteiligen. Den Verbänden der Pflegeberufe auf Bundesebene, unabhängigen Sachverständigen sowie den maßgeblichen Organisationen für die Wahrnehmung der Interessen und der Selbsthilfe der pflegebedürftigen und behinderten Menschen sowie ihrer Angehörigen ist Gelegenheit zur Stellungnahme zu geben.
(2) Die Richtlinien nach ~~Absatz~~ 1 werden erst wirksam, wenn das Bundesministerium für Gesundheit sie genehmigt. Die Genehmigung gilt als erteilt, wenn die Richtlinien nicht innerhalb eines Monats, nachdem sie dem Bundesministerium für Gesundheit vorgelegt worden sind, beanstandet werden. Beanstandungen des Bundesministeriums für Gesundheit sind innerhalb der von ihm gesetzten Frist zu beheben.	(2) Die Richtlinien nach <u>Absätzen 1 und 1a</u> werden erst wirksam, wenn das Bundesministerium für Gesundheit sie genehmigt. Die Genehmigung gilt als erteilt, wenn die Richtlinien nicht innerhalb eines Monats, nachdem sie dem Bundesministerium für Gesundheit vorgelegt worden sind, beanstandet werden. Beanstandungen des Bundesministeriums für Gesundheit sind innerhalb der von ihm gesetzten Frist zu beheben.	(2) Die Richtlinien nach Absätzen 1 und 1a werden erst wirksam, wenn das Bundesministerium für Gesundheit sie genehmigt. Die Genehmigung gilt als erteilt, wenn die Richtlinien nicht innerhalb eines Monats, nachdem sie dem Bundesministerium für Gesundheit vorgelegt worden sind, beanstandet werden. Beanstandungen des Bundesministeriums für Gesundheit sind innerhalb der von ihm gesetzten Frist zu beheben.

Gesetzesbegründung Drs. 18/5926 zu § 17

Änderungen zum 1. Januar 2016

Zu Absatz 1a

Es wird durch Absatz 1a eine neue Richtlinienkompetenz des Spitzenverbandes Bund der Pflegekassen unter Beteiligung des Medizinischen Dienstes des Spitzenverbandes Bund der Krankenkassen (MDS) eingeführt, mit der einheitliche Maßstäbe und Grundsätze insbesondere für das Verfahren, für eine qualitätsgesicherte Durchführung und für die wesentlichen Inhalte der Pflegeberatung nach § 7a vorgegeben werden (Pflegeberatungs-Richtlinien).

Hierdurch soll unter anderem auch erreicht werden, dass

- der Zugang zu Leistungen der Sozialversicherung (vgl. §§ 12 bis 17 SGB I sowie §§ 8, 9, 12, 69 und 70 SGB XI) verbessert,

- das Selbstbestimmungsrecht des Pflegebedürftigen gemäß § 2 gestärkt und

- die Verbraucher- und Dienstleistungsorientierung der durch unterschiedliche Personen und Stellen durchgeführten Pflegeberatung für die ratsuchenden Versicherten und ihre pflegenden Familienangehörigen sichergestellt bleibt.

Zugleich soll die Zweckmäßigkeit und Wirtschaftlichkeit der Durchführung der Beratungstätigkeiten nach § 7a Absatz 1 Satz 3 insbesondere durch eine abgestimmte Vorgehensweise und Organisation der Abläufe im Zuge dieser Beratungstätigkeiten gewährleistet werden. Es kann in diesem Zusammenhang z. B. auch der Einsatz einer unentgeltlich zugänglichen, anwenderfreundlichen und aufwandsarmen Software in der Beratung bzw. durch die Berater nach § 7a Absatz 6 vorgesehen werden, wofür eine vorrangige Nutzung bereits verfügbarer und geeigneter Programme angestrebt werden soll. Eine solche Software kann die vorhandenen, personellen Kapazitäten der Pflegekassen allein für die Beratung durch eigens qualifiziertes Personal entlasten, die mit inzwischen insgesamt 940 in Vollzeit beschäftigen Pflegeberaterinnen und Pflegeberatern im Jahr 2013 einen erheblichen Umfang erreicht haben.

Auch die qualitätsgesicherte Durchführung der Beratungstätigkeiten soll durch den Spitzenverband Bund der Pflegekassen unter Mitarbeit des MDS im Rahmen der Richtlinien geregelt werden.

Vorgesehen ist eine breite Beteiligung der Fachkreise, wie sie beispielsweise auch bei der Erarbeitung von Maßstäben und Grundsätzen zur Sicherung und Weiterentwicklung der Pflegequalität nach bisher geltendem Recht vorgesehen ist. Zu beteiligen sind demnach die Bundesarbeitsgemeinschaft der überörtlichen Träger der Sozialhilfe, die kommunalen Spitzenverbände auf Bundesebene sowie die Vereinigungen der Träger der Pflegeeinrichtungen auf Bundesebene sowie der Verband der privaten Krankenversicherung e. V. Künftig werden auch die Länder beteiligt, ihr Votum hat keine Bindungswirkung, d. h, es ist keine Mischverwaltung beabsichtigt. Den Verbänden der Pflegeberufe auf Bundesebene, den maßgeblichen Organisationen für die Wahrnehmung der Interessen und der Selbsthilfe der pflegebedürftigen und behinderten Menschen sowie unabhängigen Sachverständigen ist Gelegenheit zur Stellungnahme zu geben.

In den Richtlinien sollen insbesondere Maßstäbe und Grundsätze geregelt werden zu

- der Feststellung des individuellen Unterstützungsbedarfs z. B. bei der Alltagsbewältigung, den sozialen Beziehungen, der Wohn- und familiären Situation,

- der Ermittlung der im individuellen Fall möglichen Hilfe-, Betreuungs-, Unterstützungs- und Entlastungsleistungen, die neben den Leistungen der Pflegeversicherung und/oder anderer Sozialleistungsträger, einschließlich der regional verfügbaren sonstigen Angebote bestehen, insbesondere im Bereich Alltagsunterstützung, Wohnen und der Teilhabe,

- den Voraussetzungen und Inhalten eines Versorgungsplanes gemäß § 7a Absatz 1 Satz 3 Nummer 2 einschließlich von Vorgaben zur Überwachung, Einhaltung sowie möglicher Anpassung an veränderte Bedarfslagen der ratsuchenden Antragsteller,

- besonderen Vorgaben für einen umfassender auszugestaltenden Versorgungsplan (erweiterter Versorgungsplan) für Beratungstätigkeiten für Personengruppen mit einem erheblichen und umfangreichen Unterstützungsbedarf,

- der Berücksichtigung besonderer Personengruppen und besonderer Bedarfe in der Beratung (z. B. bei demenziellen Erkrankungen, für Kinder, für Personen mit Migrationshintergrund oder Schlaganfall-Patienten mit Pflegebedarf, im Falle von berufstätigen pflegenden Angehörigen).

Im Übrigen sind auch die einschlägigen Empfehlungen des neuen Qualitätsausschusses (vgl. § 113b) vor allem zur Struktur-, Prozess- und Ergebnisqualität der Beratungsbesuche nach Maßgabe von § 37 Absatz 3 und 5 im Rahmen der Richtlinienerstellung zu berücksichtigen.

In den Richtlinien sollen auch Vorgaben für eine strukturierte Zusammenarbeit zwischen den Beratungsstellen vorgesehen werden unter Berücksichtigung der Rahmenverträge nach § 7a Absatz 7.

Ein Beteiligungsrecht an der Erstellung der Richtlinien wird denjenigen Stellen und Akteuren eingeräumt, die regelhaft für weitere Beratungsstellen verantwortlich sind.

Zu Absatz 2

Die Vorschriften zur Prüfung und Genehmigung der Richtlinien nach Absatz 2 gelten auch für die neu eingeführten Richtlinien nach Absatz 1a zur Pflegeberatung. Bei der Wahrnehmung seiner Aufgaben nach dieser Vorschrift beteiligt das Bundesministerium für Gesundheit den Beauftragten der Bundesregierung für die Belange der Patientinnen und Patienten sowie Bevollmächtigten für Pflege.

> **Änderungen zum 1. Januar 2017**

Zu Absatz 1

In § 14 Absatz 2 werden die für die Feststellung der Pflegebedürftigkeit zu berücksichtigenden Bereiche und Merkmale benannt und in § 15 Absatz 2 bis 7 die für die Begutachtung, die darauf aufbauende Bewertungssystematik und damit die für den Leistungszugang wesentlichen Vorgaben (Festlegung der Gewichtungen der Bereiche/Module und der Bewertungssystematik, Beschreibung möglicher besonderer Bedarfskonstellationen sowie Regelungen zur Begutachtung von Kindern) getroffen. Weitere Einzelheiten, insbesondere zum Begutachtungsinstrument, z. B. Einzelpunkte, Summe der Punkte und gewichtete Punkte sowie Berechnungsregeln, werden in den Anlagen 1 und 2 zu § 15 konkretisiert.

§ 17 Absatz 1 wird dementsprechend angepasst. Danach erhält der Spitzenverband Bund der Pflegekassen die Aufgabe, in den Begutachtungs-Richtlinien nach § 17 pflegefachliche Konkretisierungen der Inhalte des Begutachtungsinstruments und zum Verfahren der Feststellung der Pflegebedürftigkeit vorzunehmen, um eine einheitliche Rechtsanwendung in der Begutachtungspraxis zu erreichen. Die pflegefachliche Konkretisierung betrifft insbesondere die pflegefachlichen Beschreibungen der Kriterien des § 14 Absatz 2

- für die Zwecke des Begutachtungsinstruments,

- für die Erstellung des Begutachtungsformulars sowie

- für das Erstellen von entsprechenden, der dafür erforderlichen Ausfüllanleitungen und Manuale auf pflegefachlicher Basis.

Die pflegefachliche Konkretisierung dient unter anderem auch der Schulung der Gutachter und der Erstellung der entsprechenden technischen Umsetzung der Begutachtungs-Software.

Die Kompetenz des Spitzenverbandes Bund der Pflegekassen zum Erlass von Richtlinien zum Begutachtungsinstrument und zum Begutachtungsverfahren wird damit an die neuen Grundlagen und Elemente des Pflegebedürftigkeitsbegriffs und der Festlegungen zum Begutachtungsverfahren nach den §§ 14, 15 und 18 in der ab dem 1. Januar 2017 geltenden Fassung angepasst.

Für die erstmalige Erstellung der Begutachtungs-Richtlinien ist in § 17a eine verbindliche Fristvorgabe gesetzt.

Die Vorschriften über Beteiligungsrechte werden entsprechend der in anderen Bereichen für Richtlinien des Spitzenverbandes Bund der Pflegekassen geltenden Regelungen weiterentwickelt.

Die bisherigen Härtefall-Regelungen und damit die Notwendigkeit für die Erstellung entsprechender Richtlinien entfallen. An ihre Stelle treten in § 15 Absatz 4 die neuen Bestimmungen zu Pflegebedürftigen mit besonderen Bedarfskonstellationen, die einen spezifischen, außergewöhnlich hohen Hilfebedarf mit besonderen Anforderungen an die pflegerische Versorgung aufweisen.

In § 17a, der durch das am 25. Juli 2015 in Kraft getretene Gesetz zur Stärkung der Gesundheitsförderung und der Prävention (Präventionsgesetz – PrävG) eingeführt wurde, wurde der Spitzenverband Bund der Pflegekassen bereits ermächtigt, die Richtlinien zum Verfahren der Feststellung der Pflegebedürftigkeit nach § 17 zu ändern und dem Bundesministerium für Gesundheit innerhalb von neun Monaten nach Inkrafttreten der Regelung zur Genehmigung vorzulegen. Damit wurde dem Spitzenverband Bund der Pflegekassen ermöglicht, die pflegefachlichen Vorarbeiten für die neuen Begutachtungs-Richtlinien bereits vor Inkrafttreten dieses Gesetzes zu beginnen, um die Einführung des neuen Pflegebedürftigkeitsbegriffs vorzubereiten. Diese Aufgabenstellung wird mit der neuen Fassung des § 17 Absatz 1 fortgeführt.

Fassung bis 31. Dezember 2015	Fassung ab 1. Januar 2016 bis 31. Dezember 2016
§ 17a Vorbereitung der Einführung eines neuen Pflegebedürftigkeitsbegriffs	**§ 17a Vorbereitung der Einführung eines neuen Pflegebedürftigkeitsbegriffs**
(1) Um die Einführung eines neuen Pflegebedürftigkeitsbegriffs sicherzustellen, hat der Spitzenverband Bund der Pflegekassen unter Beteiligung des Medizinischen Dienstes des Spitzenverbandes Bund der Krankenkassen die Richtlinien zum Verfahren der Feststellung der Pflegebedürftigkeit (Begutachtungsverfahren) nach § 17 in Verbindung mit § 53a Satz 1 Nummer 2 entsprechend den Maßgaben des Absatzes 2 zu ändern. Er hat die Kassenärztliche Bundesvereinigung, die Bundesverbände der Pflegeberufe, die Bundesarbeitsgemeinschaft der Freien Wohlfahrtspflege, die Bundesarbeitsgemeinschaft der überörtlichen Träger der Sozialhilfe, die kommunalen Spitzenverbände auf Bundesebene, die Bundesverbände privater Alten- und Pflegeheime sowie die Verbände der privaten ambulanten Dienste zu beteiligen. Die auf Bundesebene maßgeblichen Organisationen für die Wahrnehmung der Interessen und der Selbsthilfe der pflegebedürftigen und behinderten Menschen wirken nach Maßgabe der nach § 118 Absatz 2 erlassenen Verordnung beratend mit. § 118 Absatz 1 Satz 2 und 3 gilt entsprechend. Die geänderten Richtlinien sind dem Bundesministerium für Gesundheit innerhalb von neun Monaten ab dem 25. Juli 2015 zur Genehmigung vorzulegen.	(1) Um die Einführung eines neuen Pflegebedürftigkeitsbegriffs sicherzustellen, hat der Spitzenverband Bund der Pflegekassen unter Beteiligung des Medizinischen Dienstes des Spitzenverbandes Bund der Krankenkassen die Richtlinien zum Verfahren der Feststellung der Pflegebedürftigkeit (Begutachtungsverfahren) nach § 17 in Verbindung mit § 53a Satz 1 Nummer 2 entsprechend den Maßgaben des Absatzes 2 zu ändern. Er hat die Kassenärztliche Bundesvereinigung, die Bundesverbände der Pflegeberufe, die Bundesarbeitsgemeinschaft der Freien Wohlfahrtspflege, die Bundesarbeitsgemeinschaft der überörtlichen Träger der Sozialhilfe, die kommunalen Spitzenverbände auf Bundesebene, die Bundesverbände privater Alten- und Pflegeheime sowie die Verbände der privaten ambulanten Dienste zu beteiligen. Die auf Bundesebene maßgeblichen Organisationen für die Wahrnehmung der Interessen und der Selbsthilfe der pflegebedürftigen und behinderten Menschen wirken nach Maßgabe der nach § 118 Absatz 2 erlassenen Verordnung beratend mit. § 118 Absatz 1 Satz 2 und 3 gilt entsprechend. Die geänderten Richtlinien sind dem Bundesministerium für Gesundheit innerhalb von neun Monaten ab dem 25. Juli 2015 zur Genehmigung vorzulegen.
(2) Mit dem Begutachtungsverfahren ist festzustellen, ob die Voraussetzungen der Pflegebedürftigkeit nach dem neuen Pflegebedürftigkeitsbegriff erfüllt sind und welcher Pflegegrad vorliegt. Bei der Abstufung der Pflegegrade sind Beeinträchtigungen und Fähigkeitsstörungen in den Bereichen Mobilität, kognitive und kommunikative Fähigkeiten, Verhaltensweisen und psychische Problemlagen, Selbstversorgung, Umgang mit krankheits- und therapiebedingten Anforderungen und Belastungen, Gestaltung des Alltagslebens und sozialer Kontakte zu berücksichtigen. Das Begutachtungsverfahren muss die Zuordnung der Pflegebedürftigen zu einem der folgenden fünf Pflegegrade ermöglichen:	(2) Mit dem Begutachtungsverfahren ist festzustellen, ob die Voraussetzungen der Pflegebedürftigkeit nach dem neuen Pflegebedürftigkeitsbegriff erfüllt sind und welcher Pflegegrad vorliegt. Bei der Abstufung der Pflegegrade sind Beeinträchtigungen und Fähigkeitsstörungen in den Bereichen Mobilität, kognitive und kommunikative Fähigkeiten, Verhaltensweisen und psychische Problemlagen, Selbstversorgung, Umgang mit krankheits- und therapiebedingten Anforderungen und Belastungen, Gestaltung des Alltagslebens und sozialer Kontakte zu berücksichtigen. Das Begutachtungsverfahren muss die Zuordnung der Pflegebedürftigen zu einem der folgenden fünf Pflegegrade ermöglichen:
1. geringe Beeinträchtigung der Selbständigkeit,	1. geringe Beeinträchtigung der Selbständigkeit,
2. erhebliche Beeinträchtigung der Selbständigkeit,	2. erhebliche Beeinträchtigung der Selbständigkeit,
3. schwere Beeinträchtigung der Selbständigkeit,	3. schwere Beeinträchtigung der Selbständigkeit,
4. schwerste Beeinträchtigung der Selbständigkeit oder	4. schwerste Beeinträchtigung der Selbständigkeit oder
5. schwerste Beeinträchtigung der Selbständigkeit mit besonderen Anforderungen an die pflegerische Versorgung.	5. schwerste Beeinträchtigung der Selbständigkeit mit besonderen Anforderungen an die pflegerische Versorgung.

Fassung bis 31. Dezember 2015	Fassung ab 1. Januar 2016 bis 31. Dezember 2016
Im Begutachtungsverfahren sind darüber hinaus die Beeinträchtigungen der Selbständigkeit in den Bereichen außerhäusliche Aktivitäten und Haushaltsführung festzustellen, um eine umfassende Beratung und Pflege- und Hilfeplanung zu ermöglichen.	Im Begutachtungsverfahren sind darüber hinaus die Beeinträchtigungen der Selbständigkeit in den Bereichen außerhäusliche Aktivitäten und Haushaltsführung festzustellen, um eine umfassende Beratung und Pflege- und Hilfeplanung zu ermöglichen.
(3) Das Bundesministerium für Gesundheit legt im Einvernehmen mit dem Bundesministerium für Arbeit und Soziales und dem Bundesministerium für Familie, Senioren, Frauen und Jugend unter Beteiligung des Spitzenverbandes Bund der Pflegekassen unverzüglich in einem Zeitplan Zielvorgaben für die Änderung der Richtlinien zum Begutachtungsverfahren fest. Der Zeitplan kann vom Bundesministerium für Gesundheit nur im Einvernehmen mit dem Bundesministerium für Arbeit und Soziales und dem Bundesministerium für Familie, Senioren, Frauen und Jugend unter Beteiligung des Spitzenverbandes Bund der Pflegekassen geändert werden. Der Spitzenverband Bund der Pflegekassen ist verpflichtet, dem Bundesministerium für Gesundheit auf Verlangen unverzüglich Auskunft insbesondere über den Bearbeitungsstand der Richtlinien zum Begutachtungsverfahren sowie über Problembereiche und mögliche Lösungen zu erteilen.	(3) Das Bundesministerium für Gesundheit legt im Einvernehmen mit dem Bundesministerium für Arbeit und Soziales und dem Bundesministerium für Familie, Senioren, Frauen und Jugend unter Beteiligung des Spitzenverbandes Bund der Pflegekassen unverzüglich in einem Zeitplan Zielvorgaben für die Änderung der Richtlinien zum Begutachtungsverfahren fest. Der Zeitplan kann vom Bundesministerium für Gesundheit nur im Einvernehmen mit dem Bundesministerium für Arbeit und Soziales und dem Bundesministerium für Familie, Senioren, Frauen und Jugend unter Beteiligung des Spitzenverbandes Bund der Pflegekassen geändert werden. Der Spitzenverband Bund der Pflegekassen ist verpflichtet, dem Bundesministerium für Gesundheit auf Verlangen unverzüglich Auskunft insbesondere über den Bearbeitungsstand der Richtlinien zum Begutachtungsverfahren sowie über Problembereiche und mögliche Lösungen zu erteilen.
(4) ~~Die Richtlinien nach Absatz 1 werden erst wirksam, wenn das Bundesministerium für Gesundheit sie genehmigt. Das Bundesministerium für Gesundheit darf die Genehmigung erst nach Inkrafttreten eines Gesetzes, das einen neuen Pflegebedürftigkeitsbegriff einführt, erteilen.~~	(4) Eine Genehmigung des Bundesministeriums für Gesundheit nach Absatz 1 wird frühestens am 1. Januar 2017 wirksam.
Die Genehmigung gilt als erteilt, ~~wenn nach Einführung des neuen Pflegebedürftigkeitsbegriffs die Richtlinien~~ nicht innerhalb von zwei Monaten, nachdem sie dem Bundesministerium für Gesundheit vorgelegt worden sind, beanstandet werden.	Die Genehmigung gilt als erteilt, wenn die Richtlinien nicht innerhalb von zwei Monaten, nachdem sie dem Bundesministerium für Gesundheit vorgelegt worden sind, beanstandet werden.
§ 17 Absatz 2 Satz 3 gilt entsprechend. Die Nichtbeanstandung der Richtlinien zum Begutachtungsverfahren kann vom Bundesministerium für Gesundheit mit Auflagen verbunden werden. Das Bundesministerium für Gesundheit kann zur Erfüllung dieser Auflagen eine angemessene Frist setzen.	§ 17 Absatz 2 Satz 3 gilt entsprechend. Die Nichtbeanstandung der Richtlinien zum Begutachtungsverfahren kann vom Bundesministerium für Gesundheit mit Auflagen verbunden werden. Das Bundesministerium für Gesundheit kann zur Erfüllung dieser Auflagen eine angemessene Frist setzen.
(5) Wird eine Zielvorgabe des Zeitplanes nach Absatz 3 Satz 1 nicht fristgerecht erreicht und ist deshalb die fristgerechte Änderung der Richtlinien zum Begutachtungsverfahren gefährdet oder werden Beanstandungen des Bundesministeriums für Gesundheit nicht innerhalb der von ihm gesetzten Frist behoben, kann das Bundesministerium für Gesundheit die Richtlinien zum Begutachtungsverfahren selbst erlassen. Das	(5) Wird eine Zielvorgabe des Zeitplanes nach Absatz 3 Satz 1 nicht fristgerecht erreicht und ist deshalb die fristgerechte Änderung der Richtlinien zum Begutachtungsverfahren gefährdet oder werden Beanstandungen des Bundesministeriums für Gesundheit nicht innerhalb der von ihm gesetzten Frist behoben, kann das Bundesministerium für Gesundheit die Richtlinien zum Begutachtungsverfahren selbst erlassen. Das

Fassung bis 31. Dezember 2015	Fassung ab 1. Januar 2016 bis 31. Dezember 2016
Bundesministerium für Gesundheit kann sich bei der Erarbeitung der Richtlinien zum Begutachtungsverfahren von unabhängigen Sachverständigen beraten lassen. Die vom Bundesministerium für Gesundheit erlassenen Richtlinien zum Begutachtungsverfahren sind im Bundesanzeiger und die tragenden Gründe im Internet bekanntzumachen. Die Bekanntmachung der Richtlinien muss auch einen Hinweis auf die Fundstelle der Veröffentlichung der tragenden Gründe im Internet enthalten.	Bundesministerium für Gesundheit kann sich bei der Erarbeitung der Richtlinien zum Begutachtungsverfahren von unabhängigen Sachverständigen beraten lassen. Die vom Bundesministerium für Gesundheit erlassenen Richtlinien zum Begutachtungsverfahren sind im Bundesanzeiger und die tragenden Gründe im Internet bekanntzumachen. Die Bekanntmachung der Richtlinien muss auch einen Hinweis auf die Fundstelle der Veröffentlichung der tragenden Gründe im Internet enthalten.
(6) Die Richtlinien zum Begutachtungsverfahren sind für die Medizinischen Dienste der Krankenversicherung verbindlich.	(6) Die Richtlinien zum Begutachtungsverfahren sind für die Medizinischen Dienste der Krankenversicherung verbindlich.

Gesetzesbegründung Drs. 18/5926 zu § 17a

Änderungen vom 1. Januar 2016 bis 31. Dezember 2016; aufgehoben ab 1. Januar 2017

Mit der Änderung wird sichergestellt, dass die Genehmigung der Richtlinien zur Begutachtung durch das Bundesministerium für Gesundheit schon vor Inkrafttreten insbesondere

- des neuen Begriffs der Pflegebedürftigkeit nach § 14 in der Fassung ab dem 1. Januar 2017,

- des neuen Begutachtungsinstruments nach § 15 in der Fassung ab dem 1. Januar 2017 und

- des neuen Verfahrens zur Feststellung von Pflegebedürftigkeit nach § 18 in der Fassung ab dem 1. Januar 2017

erfolgen kann.

Dies ist wichtig, damit die bis zum 25. März 2016 (innerhalb von neun Monaten nach dem Inkrafttreten des § 17a am 25. Juli 2015) dem Bundesministerium für Gesundheit zur Genehmigung vorzulegenden Richtlinien so rechtzeitig genehmigt werden können, dass die Vorbereitung der Umstellung durch Pflegekassen, Medizinische Dienste der Krankenversicherung (MDK), Leistungserbringer und andere Beteiligte einschließlich der Umstellung der hierfür erforderlichen Software termingerecht erfolgen kann.

Die Genehmigung und damit die neuen Richtlinien zur Begutachtung werden aber erst zum 1. Januar 2017 wirksam.

Redaktionelle Anmerkung:

Wegen der Bedeutung der neuen Begutachtungs-Richtlinien wird hier noch als weitere Erläuterung die Gesetzesbegründung (Drs. 18/5261) zur Einführung des § 17a durch das Präventionsgesetzes abgedruckt:

Der 2012 eingesetzte Expertenbeirat zur konkreten Ausgestaltung eines neuen Pflegebedürftigkeitsbegriffs hat in seinem Abschlussbericht vom 27. Juni 2013 darauf hingewiesen, dass schon vor der Einführung eines neuen Pflegebedürftigkeitsbegriffs und dem regelhaften Einsatz eines neuen Begutachtungsverfahrens intensive Umsetzungsarbeiten erforderlich sind.

Wesentliche Grundlage dieser Umsetzungsarbeiten ist dabei die Änderung der Richtlinien zum Verfahren der Feststellung der Pflegebedürftigkeit (Begutachtungs-Richtlinien). Sie sind der Bezugsrahmen für eine Vielzahl weiterer Schritte. Es war gemeinsame Auffassung aller Mitglieder des Expertenbeirats, dass die Umstellung auf den neuen Pflegebedürftigkeitsbegriff für alle Beteiligten ein komplexes Vorhaben darstelle und daher eine ausreichende verfahrensmäßige Vorbereitung notwendig mache. In der Gesamtschau ging der Expertenbeirat von einem Zeitbedarf von mindestens achtzehn Monaten (nach Inkrafttreten eines entsprechenden Gesetzes) aus; in einer durch den Expertenbeirat zusammengestellten „Roadmap" wurde der zeitliche Aufwand für die „Erarbeitung und Fertigstellung der Begutachtungs-Richtlinien durch den GKV-Spitzenverband auf neun Monate veranschlagt.

Um die Einführung eines neuen Pflegebedürftigkeitsbegriffs sicherzustellen, wird daher mit der vorliegenden Regelung dem Spitzenverband Bund der Pflegekassen (GKV-Spitzenverband) der gesetzliche Auftrag erteilt, die Änderung der Begutachtungs-Richtlinien rechtzeitig zu beginnen („Erarbeitung"). Damit wird auch einer an die Bundesregierung gerichteten Aufforderung des Bundesrates in seiner Stellungnahme zum Entwurf eines Fünften SGB XI-Änderungsgesetzes (Drucksache 18/2379, Nummer 21) entsprochen, „darauf hinzuwirken, dass insbesondere der GKV-Spitzenverband bereits im Vorgriff auf ein Gesetzgebungsverfahren zur Einführung des neuen Pflegebedürftigkeitsbegriffs mit vorbereitenden Maßnahmen zu dessen Umsetzung beginnt." Im Vordergrund sollte hier die Entwicklung von Begutachtungs-Richtlinien zum Neuen Begutachtungsassessment (NBA) stehen.

Inhaltliche Richtschnur des Auftrages sind dabei die vorliegenden Berichte und Empfehlungen des Beirats zur Überprüfung des Pflegebedürftigkeitsbegriffs (2009) und des Expertenbeirats zur konkreten Ausgestaltung eines neuen Pflegebedürftigkeitsbegriffs (2013). Hinzu kommen die Ergebnisse und Empfehlungen aus den vom GKV-Spitzenverband als Projektgeber gemäß § 8 Absatz 3 durchgeführten Erprobungsprojekten zum neuen Begutachtungsverfahren, die Anfang 2015 abgeschlossen wurden.

Die vorgezogene Beauftragung zur Erarbeitung der Begutachtungs-Richtlinien ist erforderlich, um die Einführung des neuen Pflegebedürftigkeitsbegriffs vorzubereiten. Eine abschließende gesetzliche Definition des Pflegebedürftigkeitsbegriffs und leistungsrechtliche Entscheidungen sind weder für die hier konkret erteilte Aufgabenstellung in dieser Phase erforderlich noch werden sie hierdurch präjudiziert, sie werden durch den Gesetzgeber in einem eigenen Gesetz (Zweites Pflegestärkungsgesetz) erfolgen, dessen Inkrafttreten Anfang 2016 vorgesehen ist. Erst dann wird auch im zeitlichen Ablauf der Abschluss der Arbeiten an den Begutachtungs-Richtlinien („Fertigstellung") und deren gesetzlich vorgesehene Genehmigung durch das Bundesministerium für Gesundheit erfolgen können. Das Zweite Pflegestärkungsgesetz soll einen neuen Pflegebedürftigkeitsbegriff festlegen, die entsprechenden Konkretisierungen des Begutachtungsverfahrens abschließend bestimmen, leistungsrechtliche Festlegungen treffen und die Umstellung auf den neuen Pflegebedürftigkeitsbegriff und das neue Begutachtungsverfahren verankern.

Durch die vorliegende Vorschrift werden die rechtlichen Grundlagen für vorbereitende Maßnahmen zur Erarbeitung der Änderungen in den Begutachtungs-Richtlinien geschaffen. Zu den Regelungen im Einzelnen ist Folgendes auszuführen:

Zu Absatz 1

Absatz 1 enthält die Aufgabenzuweisung an den GKV-Spitzenverband zu einer termingebundenen Anpassung der Begutachtungs-Richtlinien nach § 17 in Verbindung mit § 53a Satz 1 Nummer 2, um die Einführung eines neuen Pflegebedürftigkeitsbegriffs sicherzustellen. Die Beteiligung ist entsprechend der bestehenden Vorschriften in § 17 Absatz 1 und §118 geregelt. Die Erarbeitung der Änderung der Begutachtungs-Richtlinien ist so vorzunehmen, dass diese dem Bundesministerium für Gesundheit innerhalb von neun Monaten ab dem Tag des Inkrafttretens dieser Vorschrift zur Genehmigung vorgelegt werden können. Dieser Zeitrahmen entspricht den Überlegungen des Expertenbeirats.

Zu Absatz 2

In Absatz 2 werden inhaltliche Vorgaben für die Begutachtungs-Richtlinien beschrieben. Sie entsprechen dem Stand der fachlichen Vorarbeiten für den neuen Pflegebedürftigkeitsbegriff und das Begutachtungsverfahren, wie sie in den Berichten und Empfehlungen des Beirates zur Überprüfung des Pflegebedürftigkeitsbegriffs (Berichte vom 26. Januar 2009 und vom 20. Mai 2009) und des Expertenbeirates zur konkreten Ausgestaltung eines neuen Pflegebedürftigkeitsbegriffs (Bericht vom 27. Juni 2013) zusammengefasst wurden. An das im Bericht des Expertenbeirats beschriebene Verständnis von Pflegebedürftigkeit (S. 11) sowie den demnach im Rahmen der Feststellung von Pflegebedürftigkeit zu erfassenden Bereichen (S. 22) ist anzuknüpfen.

Auf dieser Grundlage soll im Rahmen des Begutachtungsverfahrens und damit durch die Begutachtungs-Richtlinien insbesondere

- auf die Gleichbehandlung von somatisch, kognitiv und psychisch beeinträchtigten Pflegebedürftigen abgezielt werden;

- bei der begrifflichen Fassung der Pflegebedürftigkeit und der Erstellung eines Begutachtungsverfahrens ein modularer Aufbau angewendet und der Grad der Selbständigkeit in den pflegerelevanten Bereichen des täglichen Lebens ermittelt werden;

- eine Einstufung in fünf Pflegegrade anstelle der bisherigen drei Pflegestufen ermöglicht werden.

Im Nachgang zur Vorlage des Berichts des Expertenbeirats wurden durch den GKV-Spitzenverband wissenschaftlich begleitete Erprobungen des empfohlenen neuen Begutachtungsverfahrens durchgeführt, die Anfang 2015 abgeschlossen wurden. Ergebnisse und darauf beruhende Empfehlungen aus diesen Erprobungsprojekten sind vom GKV-Spitzenverband bei der Erarbeitung der Begutachtungs-Richtlinien ebenfalls zu beachten.

Zu Absatz 3

Der Prozess der Einführung eines neuen Pflegebedürftigkeitsbegriffs und eines neuen Begutachtungsverfahrens erfordert auf Grund seiner Komplexität ein enges Zusammenwirken der Beteiligten in allen Phasen. Dementsprechend enthält Absatz 3 strukturierende Regelungen, um den GKV-Spitzenverband darin zu unterstützen, die in den Absätzen 1 und 2 zeitlich und inhaltlich gesetzten Ziele zu erreichen. Das Bundesministerium für Gesundheit legt im Einvernehmen mit dem Bundesministerium für Arbeit und Soziales und dem Bundesministerium für Familie, Senioren, Frauen und Jugend unter Einbeziehung der umfassenden Expertise des GKV-Spitzenverbandes auf dem Gebiet des Begutachtungsverfahrens unverzüglich nach Inkrafttreten dieser Regelung einen Zeitplan für die Änderung der Begutachtungsrichtlinien fest. Dabei sind auch dann vorliegende Beschlüsse der Bundesregierung zur Definition des neuen Pflegebedürftigkeitsbegriffs (etwa zum Entwurf eines Zweiten Pflegestärkungsgesetzes) zu berücksichtigen. Der GKV-Spitzenverband hat zudem die sächlichen und personellen Voraussetzungen zu schaffen, um die ihm in dieser Vorschrift zugewiesenen Aufgaben in dem hier festgelegten Zeitraum erfüllen zu können. Der GKV-Spitzenverband wird verpflichtet, unverzüglich über den Entwicklungsstand zu berichten, wenn das Bundesministerium für Gesundheit dies für notwendig hält; dabei geht es insbesondere darum, etwaige Problembereiche frühzeitig zu benennen und Lösungen darzustellen.

Zu Absatz 4

Durch die hier vorgelegten Regelungen wird ermöglicht, dass – parallel zu dem vorgesehenen Gesetzgebungsverfahren, mit dem ein neuer Pflegebedürftigkeitsbegriff definiert und weitere damit verbundene Festlegungen getroffen werden sollen (zweite Stufe der Pflegereform) – bereits mit Vorarbeiten auf der Ebene der Selbstverwaltung begonnen werden kann. In Absatz 4 werden die erforderlichen Verknüpfungen bestimmt, die in der logischen und zeitlichen Abfolge von der Erarbeitung zur Fertigstellung der Richtlinien in der Verantwortung des GKV-Spitzenverbandes bis hin zur Genehmigung der Begutachtungs-Richtlinien durch das Bundesministerium für Gesundheit begründet sind. Vor dem Hintergrund dieser Abfolge kann und darf die Genehmigung erst auf der Grundlage des neu definierten Pflegebedürftigkeitsbegriffs erfolgen.

Zu Absatz 5

Absatz 5 bestimmt die Möglichkeit eines Selbsteintrittsrechtes des Bundesministeriums für Gesundheit für den Fall, dass die fristgerechte Änderung der Begutachtungs-Richtlinien gefährdet ist oder Beanstandungen des Bundesministeriums für Gesundheit nicht innerhalb der von ihm gesetzten Frist behoben werden. Damit wird sichergestellt, dass auf Verzögerungen im Zeitablauf bei der Erarbeitung der Begutachtungs-Richtlinien seitens des Bundesministeriums für Gesundheit aktiv unter Heranziehung weiterer fachlicher Ressourcen reagiert werden kann.

Zu Absatz 6

Absatz 6 erklärt die Richtlinien für die Medizinischen Dienste der Krankenversicherung für verbindlich.

Fassung bis 31. Dezember 2015	Fassung ab 1. Januar 2016	Fassung ab 1. Januar 2017
§ 18 Verfahren zur Feststellung der Pflegebedürftigkeit	**§ 18 Verfahren zur Feststellung der Pflegebedürftigkeit**	**§ 18 Verfahren zur Feststellung der Pflegebedürftigkeit**
(1) Die Pflegekassen beauftragen den Medizinischen Dienst der Krankenversicherung oder andere unabhängige Gutachter mit der Prüfung, ob die Voraussetzungen der Pflegebedürftigkeit erfüllt sind und welche Stufe der Pflegebedürftigkeit vorliegt. Im Rahmen dieser Prüfungen haben der Medizinische Dienst oder die von der Pflegekasse beauftragten Gutachter durch eine Untersuchung des Antragstellers die Einschränkungen bei den Verrichtungen im Sinne des § 14 Abs. 4 festzustellen sowie Art, Umfang und voraussichtliche Dauer der Hilfebedürftigkeit und das Vorliegen einer erheblich eingeschränkten Alltagskompetenz nach § 45a zu ermitteln.	(1) Die Pflegekassen beauftragen den Medizinischen Dienst der Krankenversicherung oder andere unabhängige Gutachter mit der Prüfung, ob die Voraussetzungen der Pflegebedürftigkeit erfüllt sind und *welche Stufe der Pflegebedürftigkeit* vorliegt. Im Rahmen dieser Prüfungen haben der Medizinische Dienst oder die von der Pflegekasse beauftragten Gutachter durch eine Untersuchung des Antragstellers *die Einschränkungen bei den Verrichtungen im Sinne des § 14 Abs. 4 festzustellen sowie Art, Umfang und voraussichtliche Dauer der Hilfebedürftigkeit und das Vorliegen einer erheblich eingeschränkten Alltagskompetenz nach § 45a* zu ermitteln. <u>Eine Prüfung, ob eine erheblich eingeschränkte Alltagskompetenz nach § 45a vorliegt, erfolgt auch bei Versicherten, die in stationären Pflegeeinrichtungen versorgt werden.</u>	(1) Die Pflegekassen beauftragen den Medizinischen Dienst der Krankenversicherung oder andere unabhängige Gutachter mit der Prüfung, ob die Voraussetzungen der Pflegebedürftigkeit erfüllt sind und <u>welcher Pflegegrad</u> vorliegt. Im Rahmen dieser Prüfungen haben der Medizinische Dienst oder die von der Pflegekasse beauftragten Gutachter durch eine Untersuchung des Antragstellers <u>die Beeinträchtigung der Selbstständigkeit oder der Fähigkeiten bei den in § 14 Absatz 2 genannten Kriterien nach Maßgabe des § 15 sowie die voraussichtliche Dauer der Pflegebedürftigkeit zu ermitteln.</u> ~~Eine Prüfung, ob eine erheblich eingeschränkte Alltagskompetenz nach § 45a vorliegt, erfolgt auch bei Versicherten, die in stationären Pflegeeinrichtungen versorgt werden.~~
Darüber hinaus sind auch Feststellungen darüber zu treffen, ob und in welchem Umfang Maßnahmen zur Beseitigung, Minderung oder Verhütung einer Verschlimmerung der Pflegebedürftigkeit einschließlich der Leistungen zur medizinischen Rehabilitation geeignet, notwendig und zumutbar sind; insoweit haben Versicherte einen Anspruch gegen den zuständigen Träger auf Leistungen zur medizinischen Rehabilitation. Jede Feststellung hat zudem eine Aussage darüber zu treffen, ob Beratungsbedarf insbesondere in der häuslichen Umgebung oder in der Einrichtung, in der der Anspruchsberechtigte lebt, hinsichtlich Leistungen zur verhaltensbezogenen Prävention nach § 20 Absatz 5 des Fünften Buches besteht.	Darüber hinaus sind auch Feststellungen darüber zu treffen, ob und in welchem Umfang Maßnahmen zur Beseitigung, Minderung oder Verhütung einer Verschlimmerung der Pflegebedürftigkeit einschließlich der Leistungen zur medizinischen Rehabilitation geeignet, notwendig und zumutbar sind; insoweit haben Versicherte einen Anspruch gegen den zuständigen Träger auf Leistungen zur medizinischen Rehabilitation. Jede Feststellung hat zudem eine Aussage darüber zu treffen, ob Beratungsbedarf insbesondere in der häuslichen Umgebung oder in der Einrichtung, in der der Anspruchsberechtigte lebt, hinsichtlich Leistungen zur verhaltensbezogenen Prävention nach § 20 Absatz 5 des Fünften Buches besteht.	Darüber hinaus sind auch Feststellungen darüber zu treffen, ob und in welchem Umfang Maßnahmen zur Beseitigung, Minderung oder Verhütung einer Verschlimmerung der Pflegebedürftigkeit einschließlich der Leistungen zur medizinischen Rehabilitation geeignet, notwendig und zumutbar sind; insoweit haben Versicherte einen Anspruch gegen den zuständigen Träger auf Leistungen zur medizinischen Rehabilitation. Jede Feststellung hat zudem eine Aussage darüber zu treffen, ob Beratungsbedarf insbesondere in der häuslichen Umgebung oder in der Einrichtung, in der der Anspruchsberechtigte lebt, hinsichtlich Leistungen zur verhaltensbezogenen Prävention nach § 20 Absatz 5 des Fünften Buches besteht.

Fassung bis 31. Dezember 2015	Fassung ab 1. Januar 2016	Fassung ab 1. Januar 2017
(2) Der Medizinische Dienst oder die von der Pflegekasse beauftragten Gutachter haben den Versicherten in seinem Wohnbereich zu untersuchen. Erteilt der Versicherte dazu nicht sein Einverständnis, kann die Pflegekasse die beantragten Leistungen verweigern. Die §§ 65, 66 des Ersten Buches bleiben unberührt. Die Untersuchung im Wohnbereich des Pflegebedürftigen kann ausnahmsweise unterbleiben, wenn auf Grund einer eindeutigen Aktenlage das Ergebnis der medizinischen Untersuchung bereits feststeht. Die Untersuchung ist in angemessenen Zeitabständen zu wiederholen.	(2) Der Medizinische Dienst oder die von der Pflegekasse beauftragten Gutachter haben den Versicherten in seinem Wohnbereich zu untersuchen. Erteilt der Versicherte dazu nicht sein Einverständnis, kann die Pflegekasse die beantragten Leistungen verweigern. Die §§ 65, 66 des Ersten Buches bleiben unberührt. Die Untersuchung im Wohnbereich des Pflegebedürftigen kann ausnahmsweise unterbleiben, wenn auf Grund einer eindeutigen Aktenlage das Ergebnis der medizinischen Untersuchung bereits feststeht. Die Untersuchung ist in angemessenen Zeitabständen zu wiederholen.

(2a) Bei pflegebedürftigen Versicherten werden vom 1. Juli 2016 bis zum 31. Dezember 2016 keine Wiederholungsbegutachtungen nach Absatz 2 Satz 5 durchgeführt, auch dann nicht, wenn die Wiederholungsbegutachtung vor diesem Zeitpunkt vom Medizinischen Dienst der Krankenversicherung oder anderen unabhängigen Gutachtern empfohlen wurde. Abweichend von Satz 1 können Wiederholungsbegutachtungen durchgeführt werden, wenn eine Verringerung des Hilfebedarfs, insbesondere aufgrund von durchgeführten Operationen oder Rehabilitationsmaßnahmen, zu erwarten ist.

(2b) Die Frist nach Absatz 3 Satz 2 ist vom 1. November 2016 bis zum 31. Dezember 2016 unbeachtlich. Abweichend davon ist einem Antragsteller, der ab dem 1. November 2016 einen Antrag auf Leistungen der Pflegeversicherung stellt und bei dem ein besonders dringlicher Entscheidungsbedarf vorliegt, spätestens 25 Arbeitstage nach Eingang des Antrags bei der zuständigen Pflegekasse die Ent- | (2) Der Medizinische Dienst oder die von der Pflegekasse beauftragten Gutachter haben den Versicherten in seinem Wohnbereich zu untersuchen. Erteilt der Versicherte dazu nicht sein Einverständnis, kann die Pflegekasse die beantragten Leistungen verweigern. Die §§ 65, 66 des Ersten Buches bleiben unberührt. Die Untersuchung im Wohnbereich des Pflegebedürftigen kann ausnahmsweise unterbleiben, wenn auf Grund einer eindeutigen Aktenlage das Ergebnis der medizinischen Untersuchung bereits feststeht. Die Untersuchung ist in angemessenen Zeitabständen zu wiederholen.

(2a) Bei pflegebedürftigen Versicherten werden vom 1. Juli 2016 bis zum 31. Dezember 2016 keine Wiederholungsbegutachtungen nach Absatz 2 Satz 5 durchgeführt, auch dann nicht, wenn die Wiederholungsbegutachtung vor diesem Zeitpunkt vom Medizinischen Dienst der Krankenversicherung oder anderen unabhängigen Gutachtern empfohlen wurde. Abweichend von Satz 1 können Wiederholungsbegutachtungen durchgeführt werden, wenn eine Verringerung des Hilfebedarfs, insbesondere aufgrund von durchgeführten Operationen oder Rehabilitationsmaßnahmen, zu erwarten ist.

(2b) Die Frist nach Absatz 3 Satz 2 ist vom 1. November 2016 bis zum 31. Dezember 2016 unbeachtlich. Abweichend davon ist einem Antragsteller, der ab dem 1. November 2016 einen Antrag auf Leistungen der Pflegeversicherung stellt und bei dem ein besonders dringlicher Entscheidungsbedarf vorliegt, spätestens 25 Arbeitstage nach Eingang des Antrags bei der zuständigen Pflegekasse die Ent- |

Fassung bis 31. Dezember 2015	Fassung ab 1. Januar 2016	Fassung ab 1. Januar 2017
	scheidung der Pflegekasse schriftlich mitzuteilen. Der Spitzenverband Bund der Pflegekassen entwickelt bundesweit einheitliche Kriterien für das Vorliegen, die Gewichtung und die Feststellung eines besonders dringlichen Entscheidungsbedarfs. Die Pflegekassen und die privaten Versicherungsunternehmen berichten in der nach Absatz 3b Satz 4 zu veröffentlichenden Statistik auch über die Anwendung der Kriterien zum Vorliegen und zur Feststellung eines besonders dringlichen Entscheidungsbedarfs.	scheidung der Pflegekasse schriftlich mitzuteilen. Der Spitzenverband Bund der Pflegekassen entwickelt bundesweit einheitliche Kriterien für das Vorliegen, die Gewichtung und die Feststellung eines besonders dringlichen Entscheidungsbedarfs. Die Pflegekassen und die privaten Versicherungsunternehmen berichten in der nach Absatz 3b Satz 4 zu veröffentlichenden Statistik auch über die Anwendung der Kriterien zum Vorliegen und zur Feststellung eines besonders dringlichen Entscheidungsbedarfs.
	(2c) Abweichend von Absatz 3a Satz 1 Nummer 2 ist die Pflegekasse vom 1. November 2016 bis zum 31. Dezember 2016 nur bei Vorliegen eines besonders dringlichen Entscheidungsbedarfs gemäß Absatz 2b dazu verpflichtet, dem Antragsteller mindestens drei unabhängige Gutachter zur Auswahl zu benennen, wenn innerhalb von 20 Arbeitstagen nach Antragstellung keine Begutachtung erfolgt ist.	(2c) Abweichend von Absatz 3a Satz 1 Nummer 2 ist die Pflegekasse vom 1. November 2016 bis zum 31. Dezember 2016 nur bei Vorliegen eines besonders dringlichen Entscheidungsbedarfs gemäß Absatz 2b dazu verpflichtet, dem Antragsteller mindestens drei unabhängige Gutachter zur Auswahl zu benennen, wenn innerhalb von 20 Arbeitstagen nach Antragstellung keine Begutachtung erfolgt ist.
(3) Die Pflegekasse leitet die Anträge zur Feststellung von Pflegebedürftigkeit unverzüglich an den Medizinischen Dienst der Krankenversicherung oder die von der Pflegekasse beauftragten Gutachter weiter. Dem Antragsteller ist spätestens ~~fünf Wochen~~ nach Eingang des Antrags bei der zuständigen Pflegekasse die Entscheidung der Pflegekasse schriftlich mitzuteilen. Befindet sich der Antragsteller im Krankenhaus oder in einer stationären Rehabilitationseinrichtung und	(3) Die Pflegekasse leitet die Anträge zur Feststellung von Pflegebedürftigkeit unverzüglich an den Medizinischen Dienst der Krankenversicherung oder die von der Pflegekasse beauftragten Gutachter weiter. Dem Antragsteller ist spätestens __25 Arbeitstage__ nach Eingang des Antrags bei der zuständigen Pflegekasse die Entscheidung der Pflegekasse schriftlich mitzuteilen. Befindet sich der Antragsteller im Krankenhaus oder in einer stationären Rehabilitationseinrichtung und	(3) Die Pflegekasse leitet die Anträge zur Feststellung von Pflegebedürftigkeit unverzüglich an den Medizinischen Dienst der Krankenversicherung oder die von der Pflegekasse beauftragten Gutachter weiter. Dem Antragsteller ist spätestens 25 Arbeitstage nach Eingang des Antrags bei der zuständigen Pflegekasse die Entscheidung der Pflegekasse schriftlich mitzuteilen. Befindet sich der Antragsteller im Krankenhaus oder in einer stationären Rehabilitationseinrichtung und
1. liegen Hinweise vor, dass zur Sicherstellung der ambulanten oder stationären Weiterversorgung und Betreuung eine Begutachtung in der Einrichtung erforderlich ist, oder	1. liegen Hinweise vor, dass zur Sicherstellung der ambulanten oder stationären Weiterversorgung und Betreuung eine Begutachtung in der Einrichtung erforderlich ist, oder	1. liegen Hinweise vor, dass zur Sicherstellung der ambulanten oder stationären Weiterversorgung und Betreuung eine Begutachtung in der Einrichtung erforderlich ist, oder

Fassung bis 31. Dezember 2015	Fassung ab 1. Januar 2016	Fassung ab 1. Januar 2017
2. wurde die Inanspruchnahme von Pflegezeit nach dem Pflegezeitgesetz gegenüber dem Arbeitgeber der pflegenden Person angekündigt oder 3. wurde mit dem Arbeitgeber der pflegenden Person eine Familienpflegezeit nach § 2 Absatz 1 des Familienpflegezeitgesetzes vereinbart, ist die Begutachtung dort unverzüglich, spätestens innerhalb einer Woche nach Eingang des Antrags bei der zuständigen Pflegekasse durchzuführen; die Frist kann durch regionale Vereinbarungen verkürzt werden. Die verkürzte Begutachtungsfrist gilt auch dann, wenn der Antragsteller sich in einem Hospiz befindet oder ambulant palliativ versorgt wird. Befindet sich der Antragsteller in häuslicher Umgebung, ohne palliativ versorgt zu werden, und wurde die Inanspruchnahme von Pflegezeit nach dem Pflegezeitgesetz gegenüber dem Arbeitgeber der pflegenden Person angekündigt oder mit dem Arbeitgeber der pflegenden Person eine Familienpflegezeit nach § 2 Absatz 1 des Familienpflegezeitgesetzes vereinbart, ist eine Begutachtung durch den Medizinischen Dienst der Krankenversicherung oder die von der Pflegekasse beauftragten Gutachter spätestens innerhalb von zwei Wochen nach Eingang des Antrags bei der zuständigen Pflegekasse durchzuführen und der Antragsteller seitens des Medizinischen Dienstes oder der von der Pflegekasse beauftragten Gutachter unverzüglich schriftlich darüber zu informieren, welche Empfehlung der Medizinische Dienst oder die von der Pflegekasse beauftragten Gutachter an die Pflegekasse weiterleiten. In den Fällen der Sätze 3 bis 5 muss die	2. wurde die Inanspruchnahme von Pflegezeit nach dem Pflegezeitgesetz gegenüber dem Arbeitgeber der pflegenden Person angekündigt oder 3. wurde mit dem Arbeitgeber der pflegenden Person eine Familienpflegezeit nach § 2 Absatz 1 des Familienpflegezeitgesetzes vereinbart, ist die Begutachtung dort unverzüglich, spätestens innerhalb einer Woche nach Eingang des Antrags bei der zuständigen Pflegekasse durchzuführen; die Frist kann durch regionale Vereinbarungen verkürzt werden. Die verkürzte Begutachtungsfrist gilt auch dann, wenn der Antragsteller sich in einem Hospiz befindet oder ambulant palliativ versorgt wird. Befindet sich der Antragsteller in häuslicher Umgebung, ohne palliativ versorgt zu werden, und wurde die Inanspruchnahme von Pflegezeit nach dem Pflegezeitgesetz gegenüber dem Arbeitgeber der pflegenden Person angekündigt oder mit dem Arbeitgeber der pflegenden Person eine Familienpflegezeit nach § 2 Absatz 1 des Familienpflegezeitgesetzes vereinbart, ist eine Begutachtung durch den Medizinischen Dienst der Krankenversicherung oder die von der Pflegekasse beauftragten Gutachter spätestens innerhalb von zwei Wochen nach Eingang des Antrags bei der zuständigen Pflegekasse durchzuführen und der Antragsteller seitens des Medizinischen Dienstes oder der von der Pflegekasse beauftragten Gutachter unverzüglich schriftlich darüber zu informieren, welche Empfehlung der Medizinische Dienst oder die von der Pflegekasse beauftragten Gutachter an die Pflegekasse weiterleiten. In den Fällen der Sätze 3 bis 5 muss die	2. wurde die Inanspruchnahme von Pflegezeit nach dem Pflegezeitgesetz gegenüber dem Arbeitgeber der pflegenden Person angekündigt oder 3. wurde mit dem Arbeitgeber der pflegenden Person eine Familienpflegezeit nach § 2 Absatz 1 des Familienpflegezeitgesetzes vereinbart, ist die Begutachtung dort unverzüglich, spätestens innerhalb einer Woche nach Eingang des Antrags bei der zuständigen Pflegekasse durchzuführen; die Frist kann durch regionale Vereinbarungen verkürzt werden. Die verkürzte Begutachtungsfrist gilt auch dann, wenn der Antragsteller sich in einem Hospiz befindet oder ambulant palliativ versorgt wird. Befindet sich der Antragsteller in häuslicher Umgebung, ohne palliativ versorgt zu werden, und wurde die Inanspruchnahme von Pflegezeit nach dem Pflegezeitgesetz gegenüber dem Arbeitgeber der pflegenden Person angekündigt oder mit dem Arbeitgeber der pflegenden Person eine Familienpflegezeit nach § 2 Absatz 1 des Familienpflegezeitgesetzes vereinbart, ist eine Begutachtung durch den Medizinischen Dienst der Krankenversicherung oder die von der Pflegekasse beauftragten Gutachter spätestens innerhalb von zwei Wochen nach Eingang des Antrags bei der zuständigen Pflegekasse durchzuführen und der Antragsteller seitens des Medizinischen Dienstes oder der von der Pflegekasse beauftragten Gutachter unverzüglich schriftlich darüber zu informieren, welche Empfehlung der Medizinische Dienst oder die von der Pflegekasse beauftragten Gutachter an die Pflegekasse weiterleiten. In den Fällen der Sätze 3 bis 5 muss die

Fassung bis 31. Dezember 2015	Fassung ab 1. Januar 2016	Fassung ab 1. Januar 2017
Empfehlung nur die Feststellung beinhalten, ob Pflegebedürftigkeit im Sinne der §§ 14 und 15 vorliegt. Die Entscheidung der Pflegekasse ist dem Antragsteller unverzüglich nach Eingang der Empfehlung des Medizinischen Dienstes oder der beauftragten Gutachter bei der Pflegekasse schriftlich mitzuteilen. Der Antragsteller hat ein Recht darauf, dass mit dem Bescheid das Gutachten übermittelt wird. Bei der Begutachtung ist zu erfassen, ob der Antragsteller von diesem Recht Gebrauch machen will.	Empfehlung nur die Feststellung beinhalten, ob Pflegebedürftigkeit im Sinne der §§ 14 und 15 vorliegt. Die Entscheidung der Pflegekasse ist dem Antragsteller unverzüglich nach Eingang der Empfehlung des Medizinischen Dienstes oder der beauftragten Gutachter bei der Pflegekasse schriftlich mitzuteilen. *Der Antragsteller hat ein Recht darauf, dass mit dem Bescheid das Gutachten übermittelt wird. Bei der Begutachtung ist zu erfassen, ob der Antragsteller von diesem Recht Gebrauch machen will.*	Empfehlung nur die Feststellung beinhalten, ob Pflegebedürftigkeit im Sinne der §§ 14 und 15 vorliegt. Die Entscheidung der Pflegekasse ist dem Antragsteller unverzüglich nach Eingang der Empfehlung des Medizinischen Dienstes oder der beauftragten Gutachter bei der Pflegekasse schriftlich mitzuteilen. Der Antragsteller <u>ist bei der Begutachtung auf die maßgebliche Bedeutung des Gutachtens insbesondere für eine umfassende Beratung, das Erstellen eines individuellen Versorgungsplans nach § 7a, das Versorgungsmanagement nach § 11 Absatz 4 des Fünften Buches und für die Pflegeplanung hinzuweisen. Das Gutachten wird dem Antragsteller durch die Pflegekasse übersandt, sofern er der Übersendung nicht widerspricht. Das Ergebnis des Gutachtens ist transparent darzustellen und dem Antragsteller verständlich zu erläutern. Der Spitzenverband Bund der Pflegekassen konkretisiert in den Richtlinien nach § 17 Absatz 1 die Anforderungen an eine transparente Darstellungsweise und verständliche Erläuterung des Gutachtens.</u>
Der Antragsteller kann die Übermittlung des Gutachtens auch zu einem späteren Zeitpunkt verlangen.	Der Antragsteller kann die Übermittlung des Gutachtens auch zu einem späteren Zeitpunkt verlangen.	Der Antragsteller kann die Übermittlung des Gutachtens auch zu einem späteren Zeitpunkt verlangen.
(3a) Die Pflegekasse ist verpflichtet, dem Antragsteller mindestens drei unabhängige Gutachter zur Auswahl zu benennen,	(3a) Die Pflegekasse ist verpflichtet, dem Antragsteller mindestens drei unabhängige Gutachter zur Auswahl zu benennen,	(3a) Die Pflegekasse ist verpflichtet, dem Antragsteller mindestens drei unabhängige Gutachter zur Auswahl zu benennen,
1. soweit nach Absatz 1 unabhängige Gutachter mit der Prüfung beauftragt werden sollen oder	1. soweit nach Absatz 1 unabhängige Gutachter mit der Prüfung beauftragt werden sollen oder	1. soweit nach Absatz 1 unabhängige Gutachter mit der Prüfung beauftragt werden sollen oder
2. wenn innerhalb von ~~vier Wochen~~ ab Antragstellung keine Begutachtung erfolgt ist.	2. wenn innerhalb von <u>20 Arbeitstage</u> ab Antragstellung keine Begutachtung erfolgt ist.	2. wenn innerhalb von 20 Arbeitstage ab Antragstellung keine Begutachtung erfolgt ist.

Fassung bis 31. Dezember 2015	Fassung ab 1. Januar 2016	Fassung ab 1. Januar 2017
Auf die Qualifikation und Unabhängigkeit des Gutachters ist der Versicherte hinzuweisen. Hat sich der Antragsteller für einen benannten Gutachter entschieden, wird dem Wunsch Rechnung getragen. Der Antragsteller hat der Pflegekasse seine Entscheidung innerhalb einer Woche ab Kenntnis der Namen der Gutachter mitzuteilen, ansonsten kann die Pflegekasse einen Gutachter aus der übersandten Liste beauftragen. Die Gutachter sind bei der Wahrnehmung ihrer Aufgaben nur ihrem Gewissen unterworfen. Satz 1 Nummer 2 gilt nicht, wenn die Pflegekasse die Verzögerung nicht zu vertreten hat.	Auf die Qualifikation und Unabhängigkeit des Gutachters ist der Versicherte hinzuweisen. Hat sich der Antragsteller für einen benannten Gutachter entschieden, wird dem Wunsch Rechnung getragen. Der Antragsteller hat der Pflegekasse seine Entscheidung innerhalb einer Woche ab Kenntnis der Namen der Gutachter mitzuteilen, ansonsten kann die Pflegekasse einen Gutachter aus der übersandten Liste beauftragen. Die Gutachter sind bei der Wahrnehmung ihrer Aufgaben nur ihrem Gewissen unterworfen. Satz 1 Nummer 2 gilt nicht, wenn die Pflegekasse die Verzögerung nicht zu vertreten hat.	Auf die Qualifikation und Unabhängigkeit des Gutachters ist der Versicherte hinzuweisen. Hat sich der Antragsteller für einen benannten Gutachter entschieden, wird dem Wunsch Rechnung getragen. Der Antragsteller hat der Pflegekasse seine Entscheidung innerhalb einer Woche ab Kenntnis der Namen der Gutachter mitzuteilen, ansonsten kann die Pflegekasse einen Gutachter aus der übersandten Liste beauftragen. Die Gutachter sind bei der Wahrnehmung ihrer Aufgaben nur ihrem Gewissen unterworfen. Satz 1 Nummer 2 gilt nicht, wenn die Pflegekasse die Verzögerung nicht zu vertreten hat.
(3b) Erteilt die Pflegekasse den schriftlichen Bescheid über den Antrag nicht innerhalb von ~~fünf Wochen~~ nach Eingang des Antrags oder wird eine der in Absatz 3 genannten verkürzten Begutachtungsfristen nicht eingehalten, hat die Pflegekasse nach Fristablauf für jede begonnene Woche der Fristüberschreitung unverzüglich 70 Euro an den Antragsteller zu zahlen. Dies gilt nicht, wenn die Pflegekasse die Verzögerung nicht zu vertreten hat oder wenn sich der Antragsteller in stationärer Pflege befindet und bereits als mindestens erheblich pflegebedürftig (mindestens Pflegestufe I) anerkannt ist.	(3b) Erteilt die Pflegekasse den schriftlichen Bescheid über den Antrag nicht innerhalb von <u>25 Arbeitstagen</u> nach Eingang des Antrags oder wird eine der in Absatz 3 genannten verkürzten Begutachtungsfristen nicht eingehalten, hat die Pflegekasse nach Fristablauf für jede begonnene Woche der Fristüberschreitung unverzüglich 70 Euro an den Antragsteller zu zahlen. Dies gilt nicht, wenn die Pflegekasse die Verzögerung nicht zu vertreten hat oder wenn sich der Antragsteller in stationärer Pflege befindet und bereits *als mindestens erheblich pflegebedürftig (mindestens Pflegestufe I) anerkannt ist.*	(3b) Erteilt die Pflegekasse den schriftlichen Bescheid über den Antrag nicht innerhalb von 25 Arbeitstagen nach Eingang des Antrags oder wird eine der in Absatz 3 genannten verkürzten Begutachtungsfristen nicht eingehalten, hat die Pflegekasse nach Fristablauf für jede begonnene Woche der Fristüberschreitung unverzüglich 70 Euro an den Antragsteller zu zahlen. Dies gilt nicht, wenn die Pflegekasse die Verzögerung nicht zu vertreten hat oder wenn sich der Antragsteller in <u>vollstationärer</u> Pflege befindet und bereits <u>bei ihm mindestens erhebliche Beeinträchtigungen der Selbständigkeit oder der Fähigkeiten (mindestens Pflegegrad 2) festgestellt</u> ist.
Entsprechendes gilt für die privaten Versicherungsunternehmen, die die private Pflege-Pflichtversicherung durchführen. Die Träger der Pflegeversicherung und die privaten Versicherungsunternehmen veröffentlichen jährlich jeweils bis zum 31. März des dem Berichtsjahr folgenden Jahres eine	Entsprechendes gilt für die privaten Versicherungsunternehmen, die die private Pflege-Pflichtversicherung durchführen. Die Träger der Pflegeversicherung und die privaten Versicherungsunternehmen veröffentlichen jährlich jeweils bis zum 31. März des dem Berichtsjahr folgenden Jahres eine	Entsprechendes gilt für die privaten Versicherungsunternehmen, die die private Pflege-Pflichtversicherung durchführen. Die Träger der Pflegeversicherung und die privaten Versicherungsunternehmen veröffentlichen jährlich jeweils bis zum 31. März des dem Berichtsjahr folgenden Jahres eine Statistik

Fassung bis 31. Dezember 2015	Fassung ab 1. Januar 2016	Fassung ab 1. Januar 2017
Statistik über die Einhaltung der Fristen nach Absatz 3.	Statistik über die Einhaltung der Fristen nach Absatz 3.	über die Einhaltung der Fristen nach Absatz 3. Die Sätze 1 bis 3 finden vom 1. Januar 2017 bis 31. Dezember 2017 keine Anwendung.
(4) Der Medizinische Dienst oder die von der Pflegekasse beauftragten Gutachter sollen, soweit der Versicherte einwilligt, die behandelnden Ärzte des Versicherten, insbesondere die Hausärzte, in die Begutachtung einbeziehen und ärztliche Auskünfte und Unterlagen über die für die Begutachtung der Pflegebedürftigkeit wichtigen Vorerkrankungen sowie Art, Umfang und Dauer der Hilfebedürftigkeit einholen. Mit Einverständnis des Versicherten sollen auch pflegende Angehörige oder sonstige Personen oder Dienste, die an der Pflege des Versicherten beteiligt sind, befragt werden.	(4) Der Medizinische Dienst oder die von der Pflegekasse beauftragten Gutachter sollen, soweit der Versicherte einwilligt, die behandelnden Ärzte des Versicherten, insbesondere die Hausärzte, in die Begutachtung einbeziehen und ärztliche Auskünfte und Unterlagen über die für die Begutachtung der Pflegebedürftigkeit wichtigen Vorerkrankungen sowie Art, Umfang und Dauer der Hilfebedürftigkeit einholen. Mit Einverständnis des Versicherten sollen auch pflegende Angehörige oder sonstige Personen oder Dienste, die an der Pflege des Versicherten beteiligt sind, befragt werden.	(4) Der Medizinische Dienst oder die von der Pflegekasse beauftragten Gutachter sollen, soweit der Versicherte einwilligt, die behandelnden Ärzte des Versicherten, insbesondere die Hausärzte, in die Begutachtung einbeziehen und ärztliche Auskünfte und Unterlagen über die für die Begutachtung der Pflegebedürftigkeit wichtigen Vorerkrankungen sowie Art, Umfang und Dauer der Hilfebedürftigkeit einholen. Mit Einverständnis des Versicherten sollen auch pflegende Angehörige oder sonstige Personen oder Dienste, die an der Pflege des Versicherten beteiligt sind, befragt werden.
(5) Die Pflege- und Krankenkassen sowie die Leistungserbringer sind verpflichtet, dem Medizinischen Dienst oder den von der Pflegekasse beauftragten Gutachtern die für die Begutachtung erforderlichen Unterlagen vorzulegen und Auskünfte zu erteilen. § 276 Abs. 1 Satz 2 und 3 des Fünften Buches gilt entsprechend.	(5) Die Pflege- und Krankenkassen sowie die Leistungserbringer sind verpflichtet, dem Medizinischen Dienst oder den von der Pflegekasse beauftragten Gutachtern die für die Begutachtung erforderlichen Unterlagen vorzulegen und Auskünfte zu erteilen. § 276 Abs. 1 Satz 2 und 3 des Fünften Buches gilt entsprechend.	(5) Die Pflege- und Krankenkassen sowie die Leistungserbringer sind verpflichtet, dem Medizinischen Dienst oder den von der Pflegekasse beauftragten Gutachtern die für die Begutachtung erforderlichen Unterlagen vorzulegen und Auskünfte zu erteilen. § 276 Abs. 1 Satz 2 und 3 des Fünften Buches gilt entsprechend.
		(5a) Bei der Begutachtung sind darüber hinaus die Beeinträchtigungen der Selbständigkeit oder der Fähigkeiten in den Bereichen außerhäusliche Aktivitäten und Haushaltsführung festzustellen. Mit diesen Informationen sollen eine umfassende Beratung und das Erstellen eines individuellen Versorgungsplans nach § 7a, das Versorgungsmanagement nach § 11 Absatz 4 des Fünften Buches und eine individuelle Pflegeplanung sowie eine sachgerechte Erbringung von Hilfen bei der Haushaltsführung ermöglicht werden. Hierbei ist im Einzelnen auf die nachfolgenden Kriterien abzustellen:

Fassung bis 31. Dezember 2015	Fassung ab 1. Januar 2016	Fassung ab 1. Januar 2017
		1. außerhäusliche Aktivitäten: Verlassen des Bereichs der Wohnung oder der Einrichtung, Fortbewegen außerhalb der Wohnung oder der Einrichtung, Nutzung öffentlicher Verkehrsmittel im Nahverkehr, Mitfahren in einem Kraftfahrzeug, Teilnahme an kulturellen, religiösen oder sportlichen Veranstaltungen, Besuch von Schule, Kindergarten, Arbeitsplatz, einer Werkstatt für behinderte Menschen oder Besuch einer Einrichtung der Tages- oder Nachtpflege oder eines Tagesbetreuungsangebotes, Teilnahme an sonstigen Aktivitäten mit anderen Menschen;
		2. Haushaltsführung: Einkaufen für den täglichen Bedarf, Zubereitung einfacher Mahlzeiten, einfache Aufräum- und Reinigungsarbeiten, aufwändige Aufräum- und Reinigungsarbeiten einschließlich Wäschepflege, Nutzung von Dienstleistungen, Umgang mit finanziellen Angelegenheiten, Umgang mit Behördenangelegenheiten.
		Der Spitzenverband Bund der Pflegekassen wird ermächtigt, in den Richtlinien nach § 17 Absatz 1 die in Satz 3 genannten Kriterien pflegefachlich unter Berücksichtigung der Ziele nach Satz 2 zu konkretisieren.
(6) Der Medizinische Dienst der Krankenversicherung oder die von der Pflegekasse beauftragten Gutachter haben der Pflegekasse das Ergebnis seiner oder ihrer Prüfung zur Feststellung der Pflegebedürftigkeit unverzüglich zu übermitteln. In seiner oder ihrer Stellungnahme haben der Medizinische Dienst oder die von der Pflege-	(6) Der Medizinische Dienst der Krankenversicherung oder die von der Pflegekasse beauftragten Gutachter haben der Pflegekasse das Ergebnis seiner oder ihrer Prüfung zur Feststellung der Pflegebedürftigkeit unverzüglich zu übermitteln. In seiner oder ihrer Stellungnahme haben der Medizinische Dienst oder die von der Pflege-	(6) Der Medizinische Dienst der Krankenversicherung oder die von der Pflegekasse beauftragten Gutachter haben der Pflegekasse das Ergebnis seiner oder ihrer Prüfung zur Feststellung der Pflegebedürftigkeit unverzüglich zu übermitteln. In seiner oder ihrer Stellungnahme haben der Medizinische Dienst oder die von der Pflege-

Fassung bis 31. Dezember 2015	Fassung ab 1. Januar 2016	Fassung ab 1. Januar 2017
kasse beauftragten Gutachter auch das Ergebnis der Prüfung, ob und gegebenenfalls welche Maßnahmen der Prävention und der medizinischen Rehabilitation geeignet, notwendig und zumutbar sind, mitzuteilen und Art und Umfang von Pflegeleistungen sowie einen individuellen Pflegeplan zu empfehlen. Die Feststellungen zur Prävention und zur medizinischen Rehabilitation sind durch den Medizinischen Dienst oder die von der Pflegekasse beauftragten Gutachter in einer gesonderten Präventions- und Rehabilitationsempfehlung zu dokumentieren. Beantragt der Pflegebedürftige Pflegegeld, hat sich die Stellungnahme auch darauf zu erstrecken, ob die häusliche Pflege in geeigneter Weise sichergestellt ist.	kasse beauftragten Gutachter auch das Ergebnis der Prüfung, ob und gegebenenfalls welche Maßnahmen der Prävention und der medizinischen Rehabilitation geeignet, notwendig und zumutbar sind, mitzuteilen und Art und Umfang von Pflegeleistungen sowie einen individuellen Pflegeplan zu empfehlen. Die Feststellungen zur Prävention und zur medizinischen Rehabilitation sind durch den Medizinischen Dienst oder die von der Pflegekasse beauftragten Gutachter **auf der Grundlage eines bundeseinheitlichen, strukturierten Verfahrens zu treffen und** in einer gesonderten Präventions- und Rehabilitationsempfehlung zu dokumentieren. Beantragt der Pflegebedürftige Pflegegeld, hat sich die Stellungnahme auch darauf zu erstrecken, ob die häusliche Pflege in geeigneter Weise sichergestellt ist.	kasse beauftragten Gutachter auch das Ergebnis der Prüfung, ob und gegebenenfalls welche Maßnahmen der Prävention und der medizinischen Rehabilitation geeignet, notwendig und zumutbar sind, mitzuteilen und Art und Umfang von Pflegeleistungen sowie einen individuellen Pflegeplan zu empfehlen. Die Feststellungen zur Prävention und zur medizinischen Rehabilitation sind durch den Medizinischen Dienst oder die von der Pflegekasse beauftragten Gutachter auf der Grundlage eines bundeseinheitlichen, strukturierten Verfahrens zu treffen und in einer gesonderten Präventions- und Rehabilitationsempfehlung zu dokumentieren. Beantragt der Pflegebedürftige Pflegegeld, hat sich die Stellungnahme auch darauf zu erstrecken, ob die häusliche Pflege in geeigneter Weise sichergestellt ist.
		(6a) Der Medizinische Dienst der Krankenversicherung oder die von der Pflegekasse beauftragten Gutachter haben gegenüber der Pflegekasse in ihrem Gutachten zur Feststellung der Pflegebedürftigkeit konkrete Empfehlungen zur Hilfsmittel- und Pflegehilfsmittelversorgung abzugeben. Die Empfehlungen gelten hinsichtlich Hilfsmitteln und Pflegehilfsmitteln, die den Zielen von § 40 dienen, jeweils als Antrag auf Leistungsgewährung, sofern der Versicherte zustimmt. Die Zustimmung erfolgt gegenüber dem Gutachter im Rahmen der Begutachtung und wird im Begutachtungsformular schriftlich dokumentiert. Bezüglich der empfohlenen Pflegehilfsmittel wird die Notwendigkeit der Versorgung nach § 40 Absatz 1 Satz 2 vermutet. Bis zum 31. Dezember 2020 wird auch die Erforderlichkeit der empfohlenen Hilfs-

Fassung bis 31. Dezember 2015	Fassung ab 1. Januar 2016	Fassung ab 1. Januar 2017
		mittel, die den Zielen von § 40 dienen, nach § 33 Absatz 1 des Fünften Buches vermutet; insofern bedarf es keiner ärztlichen Verordnung gemäß § 33 Absatz 5a des Fünften Buches. Welche Hilfsmittel und Pflegehilfsmittel im Sinne von Satz 2 den Zielen von § 40 dienen, wird in den Begutachtungs-Richtlinien nach § 17 konkretisiert. Dabei ist auch die Richtlinie des Gemeinsamen Bundesausschusses nach § 92 Absatz 1 des Fünften Buches über die Verordnung von Hilfsmitteln zu berücksichtigen. Die Pflegekasse übermittelt dem Antragsteller unverzüglich die Entscheidung über die empfohlenen Hilfsmittel und Pflegehilfsmittel.
(7) Die Aufgaben des Medizinischen Dienstes werden durch Ärzte in enger Zusammenarbeit mit Pflegefachkräften und anderen geeigneten Fachkräften wahrgenommen. Die Prüfung der Pflegebedürftigkeit von Kindern ist in der Regel durch besonders geschulte Gutachter mit einer Qualifikation als Gesundheits- und Kinderkrankenpflegerin oder Gesundheits- und Kinderkrankenpfleger oder als Kinderärztin oder Kinderarzt vorzunehmen. Der Medizinische Dienst ist befugt, den Pflegefachkräften oder sonstigen geeigneten Fachkräften, die nicht dem Medizinischen Dienst angehören, die für deren jeweilige Beteiligung erforderlichen personenbezogenen Daten zu übermitteln. Für andere unabhängige Gutachter gelten die Sätze 1 bis 3 entsprechend.	(7) Die Aufgaben des Medizinischen Dienstes werden durch Ärzte in enger Zusammenarbeit mit Pflegefachkräften und anderen geeigneten Fachkräften wahrgenommen. Die Prüfung der Pflegebedürftigkeit von Kindern ist in der Regel durch besonders geschulte Gutachter mit einer Qualifikation als Gesundheits- und Kinderkrankenpflegerin oder Gesundheits- und Kinderkrankenpfleger oder als Kinderärztin oder Kinderarzt vorzunehmen. Der Medizinische Dienst ist befugt, den Pflegefachkräften oder sonstigen geeigneten Fachkräften, die nicht dem Medizinischen Dienst angehören, die für deren jeweilige Beteiligung erforderlichen personenbezogenen Daten zu übermitteln. Für andere unabhängige Gutachter gelten die Sätze 1 bis 3 entsprechend.	(7) Die Aufgaben des Medizinischen Dienstes werden durch Ärzte in enger Zusammenarbeit mit Pflegefachkräften und anderen geeigneten Fachkräften wahrgenommen. Die Prüfung der Pflegebedürftigkeit von Kindern ist in der Regel durch besonders geschulte Gutachter mit einer Qualifikation als Gesundheits- und Kinderkrankenpflegerin oder Gesundheits- und Kinderkrankenpfleger oder als Kinderärztin oder Kinderarzt vorzunehmen. Der Medizinische Dienst ist befugt, den Pflegefachkräften oder sonstigen geeigneten Fachkräften, die nicht dem Medizinischen Dienst angehören, die für deren jeweilige Beteiligung erforderlichen personenbezogenen Daten zu übermitteln. Für andere unabhängige Gutachter gelten die Sätze 1 bis 3 entsprechend.

Gesetzesbegründung Drs. 18/6688 zu § 18

Änderungen zum 1. Januar 2016

Redaktionelle Anmerkung:

Die vorliegenden Änderungen des § 18 wurden erst mit der Beschlussempfehlung des Ausschusses für Gesundheit (Drs. 18/6688) eingefügt.

Zu Absatz 1

Die Änderung stellt sicher, dass bei Pflegebedürftigen, die in der stationären Pflege versorgt werden, das Vorliegen einer erheblich eingeschränkten Alltagskompetenz nach § 45a bei jeder Begutachtung im Rahmen der Prüfung nach Satz 1 erfasst wird. Dabei ist es unerheblich, ob es sich um ein Erstgutachten, ein Gutachten aufgrund eines Höherstufungsantrags oder ein Wiederholungsgutachten handelt. Die Feststellung über das Vorliegen einer erheblich eingeschränkten Alltagskompetenz stellt eine notwendige Information für den Pflegebedürftigen und seine Angehörigen dar, auf die der Pflegebedürftige einen Anspruch hat.

Zudem wird dadurch Rechtssicherheit im Hinblick auf den anstehenden Prozess der Überleitung von Pflegestufen auf Pflegegrade zum 1. Januar 2017 geschaffen; für die Umsetzung von § 140 [in der Fassung ab 1. Januar 2017] ist die Kenntnis des Vorliegens einer erheblich eingeschränkten Alltagskompetenz eine zwingende Grundlage.

Zu Absatz 2a

Durch die Übergangsregelung des § 142 Absatz 1 [in der Fassung ab 1. Januar 2017] wird das Aussetzen von Wiederholungsbegutachtungen für die Pflegebedürftigen, die nach § 140 Absatz 1 [in der Fassung ab 1. Januar 2017] von einer Pflegestufe in einen Pflegegrad übergeleitet wurden, für einen Zeitraum von zwei Jahren ab dem 1. Januar 2017 bestimmt. Damit wird unter anderem die Zahl der im Rahmen der Umstellung auf den neuen Pflegebedürftigkeitsbegriff durchzuführenden Begutachtungen insgesamt verringert.

Das Aussetzen der Wiederholungsbegutachtungen wird nun zeitlich und bezogen auf alle Pflegebedürftigen erweitert und gilt dann auch für den Zeitraum eines halben Jahres vor Inkrafttreten des neuen Pflegebedürftigkeitsbegriffs am 1. Januar 2017.

Die Regelung soll dazu beitragen, mögliche Probleme in der Übergangsphase zu vermeiden. Es ist davon auszugehen, dass es auch vor dem Umstellungstag bereits zu einem erhöhten Antrags- und Begutachtungsaufkommen kommen kann. Dieses wird mit der Regelung zu einem Teil aufgefangen.

Zudem wird weitgehend vermieden, dass es bereits vor dem Tag der Umstellung auf das neue Begutachtungsverfahren zu einer Häufung von Begutachtungsfällen kommt, deren Bearbeitung erst nach dem Umstellungstag erfolgen kann.

Redaktionelle Anmerkung:

Die Regelung gilt nur vom 1. Juli 2016 bis zum 31. Dezember 2016. Ab 1. Januar 2017 gilt dann die inhaltsgleiche Übergangsregelung in § 142.

Im Übrigen wird entsprechend einer ebenfalls in § 142 [in der Fassung ab 1. Januar 2017] neu einge-fügten Regelung vorgesehen, dass in bestimmten Fällen Wiederholungsbegutachtungen für Versi-cherte durchgeführt werden, um auf erwartbare, in der Regel deutliche Verbesserungen des Gesund-heitszustandes und damit eine Verringerung des Hilfsbedarfs angemessen reagieren zu können.

Zu Absatz 2b

In § 142 Absatz 2 [in der Fassung ab 1. Januar 2017] werden die gesetzlichen Voraussetzungen dafür geschaffen, dass innerhalb einer auf zwölf Monate nach dem Datum der Umstellung begrenzten Übergangsfrist auch bei einem gegebenenfalls erhöhten Begutachtungsaufkommen, das durch die Einführung des neuen Pflegebedürftigkeitsbegriffs auftreten kann, durch die Pflegekassen und die Medizinischen Dienste in diesem Sinne flexibel reagiert werden kann.

Da bereits vor dem Datum der Umstellung ein erhöhtes Begutachtungsaufkommen zu erwarten ist, wird die Regelung auf den Zeitraum vom 1. November 2016 bis zum 31. Dezember 2016 ausgeweitet.

Zu Absatz 2c

Es handelt sich entsprechend § 142 Absatz 3 [in der Fassung ab 1. Januar 2017] um eine Folgeände-rung zu der in Absatz 2b bestimmten Beschränkung der Geltung der 25 Arbeitstage-Frist auf dieje-nigen Anträge, bei denen ein besonders dringlicher Entscheidungsbedarf besteht.

Durch die Verpflichtung zur Benennung unabhängiger Gutachter nur bei besonders dringlichem Entscheidungsbedarf soll sichergestellt werden, dass zeitnah eine Begutachtung stattfinden kann. Im Übrigen entfällt die Verpflichtung im genannten Zeitraum.

Zu den Absätzen 3, 3a, 3b

Fallen gesetzliche Feiertage auf einen Arbeitstag, verkürzen sich damit die vom Gesetzgeber zur Beschleunigung der Verfahren zur Feststellung von Pflegebedürftigkeit und Mitteilung an den Antragsteller vorgesehenen Fristen für die Medizinischen Dienste und Pflegekassen zum Teil erheb-lich. Die bisherige Bemessung der Fristen nach Wochen führte daher zu unterschiedlich vielen mög-lichen Bearbeitungstagen bei den Medizinischen Diensten und den Pflegekassen, da in den Bundes-ländern unterschiedlich viele gesetzliche Feiertage vorgesehen sind.

Die Umstellung der bisherigen Wochenfristen auf Arbeitstage soll dazu beitragen, dass die Bearbei-tungstage im Jahresverlauf für alle Medizinischen Dienste, Pflegekassen und Versicherten bundes-einheitlich sind.

Als Arbeitstage gelten die Werktage von Montag bis Freitag. Damit wird den Medizinischen Diens-ten und den Pflegekassen in Zeiträumen, in denen besonders viele gesetzliche Feiertage auf Arbeits-tage fallen, die fristgerechte Bearbeitung der Verfahren ermöglicht.

Zu Absatz 6

Der Spitzenverband Bund der Pflegekassen hat im September 2014 erstmalig über die Erfahrungen mit der Umsetzung der Empfehlungen der Medizinischen Dienste oder der beauftragten Gutachter zur medizinischen Rehabilitation nach § 18a Absatz 2 SGB XI berichtet. Nach diesem Bericht sind bei knapp 1,3 Millionen Begutachtungen nur rund 5 300 Empfehlungen zu einer medizinischen Rehabilitation ausgesprochen worden. Die Anzahl der ausgesprochenen Empfehlungen (Quote: 0,4 Prozent) ist als deutlich zu gering einzuschätzen.

Ein Projekt des Spitzenverband Bund der Pflegekassen „Reha XI – Erkennung rehabilitativer Bedarfe in der Pflegebegutachtung des MDK; Evaluation und Umsetzung", das im Frühjahr 2014 abgeschlossen wurde, hat dagegen auf der Grundlage eines MDK-übergreifend einheitlichen Verfahrens für die Beurteilung rehabilitativer Bedarfe im Rahmen der Pflegebegutachtung zu einer Qualitätsverbesserung und zu deutlich mehr Rehabilitationsempfehlungen geführt. Im Rahmen der Studie wurde ein Anteil von 6,3 Prozent an Rehabilitationsempfehlungen ermittelt. Es wurde deutlich, dass bei einem entsprechend verbesserten strukturierten Verfahren deutlich mehr Rehabilitationsempfehlungen und damit ggf. auch eine deutlich höhere Beteiligung an Maßnahmen der medizinischen Rehabilitation erreicht werden kann.

Der Spitzenverband Bund der Pflegekassen hat das Ziel gesetzt, den im Projekt entwickelten einheitlichen Begutachtungs-Standard ab dem Jahr 2015 auch bundesweit umzusetzen. Von wesentlicher Bedeutung ist hierbei ein strukturiertes Vorgehen in Handlungsbereichen wie Schulung der Gutachter mit entsprechenden Schulungsunterlagen, Vorinformationen, Durchführung und Nachbereitung des Hausbesuchs sowie Grundlagen der ärztlichen Entscheidung und Datenübermittlung.

Der hier eingefügte Zusatz, dass die Feststellungen zur medizinischen Rehabilitation auf der Grundlage eines bundeseinheitlichen, strukturierten Verfahrens zu treffen sind, verpflichtet den Spitzenverband Bund der Pflegekassen und die MDK nunmehr auch auf dieser Grundlage zu verfahren und damit das gesetzte Ziel zu erreichen.

Damit wird auch der durch das neue Begutachtungsverfahren verbesserten Möglichkeit entsprochen, eine bestehende Rehabilitationsbedürftigkeit zu erkennen und entsprechende Maßnahmen einzuleiten.

Änderungen ab 1. Januar 2017

Zu Absatz 1

Satz 1: Es handelt sich um eine redaktionelle Änderung aufgrund der Einführung des neuen Pflegebedürftigkeitsbegriffs und des NBA.

Satz 2: Satz 2 wird neu gefasst als Folge der Einführung des neuen Pflegebedürftigkeitsbegriffs und des NBA und setzt dabei zwei Änderungen gegenüber der bisherigen Regelung um: Einerseits entspricht der Satz in der neuen Fassung der Definition des neuen Pflegebedürftigkeitsbegriffs und stellt insofern das Verhältnis zur Feststellung der Pflegebedürftigkeit und des Pflegegrades nach den §§ 14 und 15 dar, zum anderen entfällt der Hinweis auf den bisherigen § 45a und die dort enthaltene Definition erheblich eingeschränkter Alltagskompetenz.

Streichung von Satz 3: Satz 3 wurde durch Artikel 1 mit Wirkung zum 1. Januar 2016 eingefügt. Da ab dem 1. Januar 2017 keine regulären Begutachtungen nach § 45a in der Fassung am 31. Dezember 2016 erfolgen, wird Satz 3 zum 1. Januar 2017 obsolet.

Redaktionelle Anmerkung zu Absatz 2a und Absatz 2b:

Wie oben dargestellt, haben die Regelungen in diesen Absätzen nur in 2016 Bedeutung. Ab 1. Januar 2017 gilt als Übergangsregelung unmittelbar § 142. Warum der Gesetzgeber diese beiden Absätze dennoch ab dem 1. Januar 2017 weiter gelten lässt, ist der Gesetzesbegründung nicht zu entnehmen.

Zu Absatz 3

Durch die umfassende Berücksichtigung aller für die Feststellung der Pflegebedürftigkeit relevanten Kriterien bei der Begutachtung bietet das NBA nicht nur eine neue, pflegefachlich begründete und damit verbesserte Grundlage zur Einstufung in die Pflegegrade und damit für den Zugang zu den Leistungen der Pflegeversicherung. Es kann darüber hinaus einen wichtigen Beitrag zum unmittelbaren pflegerischen Assessment im Rahmen der Planung des individuellen Pflegeprozesses (Pflegeplanung) leisten, weil es umfassende und differenzierte Informationen zur Versorgungssituation des Pflegebedürftigen zur Verfügung stellt. Diese Informationen sollen insbesondere sowohl im Rahmen der umfassenden Beratung und der Erstellung eines individuellen Versorgungsplans nach § 7a als auch des Versorgungsmanagements nach § 11 Absatz 4 SGB V Berücksichtigung finden.

Das Begutachtungsverfahren kann zwar die Pflege- oder Versorgungsplanung nicht ersetzen, die umfassende und differenzierte Informationserfassung durch das neue Begutachtungsinstrument im Begutachtungsverfahren dient jedoch den Pflegebedürftigen und kann die Pflegekräfte in ihrer täglichen Arbeit unterstützen. Es ist daher angemessen, dass den Antragstellern mit der Zusendung des Bescheides durch die Pflegekasse auch das Gutachten des MDK übersandt wird und frühzeitig – d. h. bereits bei der Begutachtung – auf die Bedeutung des Gutachtens für die Pflege- und Versorgungsplanung und Gestaltung der Versorgung hingewiesen wird.

Die Übersendung darf nicht gegen den Wunsch eines Antragstellers oder einer Antragstellerin erfolgen. Auf das entsprechende Widerspruchsrecht wie auf die bereits bestehende Möglichkeit, auch zu einem späteren Zeitpunkt die Übersendung des Gutachtens zu verlangen, sind die Antragsteller hinzuweisen.

Zur Stärkung der Souveränität der Versicherten ist das Ergebnis des Gutachtens für den Versicherten transparent darzustellen und verständlich zu erläutern. Um die Umsetzung dieser Transparenz sicherzustellen, wird der Spitzenverband Bund der Pflegekassen verpflichtet, in den Richtlinien nach § 17 Absatz 1 auch Anforderungen an eine transparente Darstellungsweise und verständliche Erläuterung des Gutachtens zu regeln. Dabei sind die Belange des Datenschutzes besonders zu beachten. Dabei soll er auch bestehende wissenschaftliche Erkenntnisse zur patientenorientierten Darstellung von medizinischen und pflegerischen Sachverhalten sowie im Rahmen der Beteiligungsregelung des § 17 Absatz 1 insbesondere auch die Erfahrungen der maßgeblichen Organisationen für die Wahrnehmung der Interessen und der Selbsthilfe der pflegebedürftigen und behinderten Menschen mit einbeziehen.

Zu Absatz 3b

Es wird klargestellt, dass sich die Einschränkung hinsichtlich der Anwendung von Satz 1 auf Antragsteller in vollstationärer Pflege bezieht. Im Übrigen wird eine Folgeänderung aufgrund der Änderung der Definition von Pflegebedürftigkeit und der Einführung von Pflegegraden umgesetzt.

Zu Absatz 5a

In der pflegefachlichen Entwicklung des neuen Begriffs der Pflegebedürftigkeit und des NBA wurden neben den in § 14 Absatz 2 aufgezählten sechs Bereichen, in denen der Schweregrad der individuellen Beeinträchtigungen der Selbständigkeit oder der Fähigkeiten ermittelt wird, zwei weitere Bereiche als Module sieben und acht entwickelt. Diese Module beinhalten weitere Beeinträchtigungen der Selbständigkeit oder der Fähigkeiten pflegebedürftiger Menschen: außerhäusliche Aktivitäten und Haushaltsführung.

Die Erhebung der Beeinträchtigungen der Selbständigkeit oder deren Fähigkeiten anhand der in § 14 Absatz 2 genannten Kriterien umfasst auch diejenigen Kriterien, die zu Beeinträchtigungen der außerhäuslichen Aktivitäten oder der Haushaltsführung führen. Daher werden für diese beiden Bereiche keine Punkte vergeben und sie werden bei der rechnerischen Ermittlung des Pflegegrades nicht berücksichtigt, weil die gleiche Beeinträchtigung sonst doppelt berücksichtigt würde. So führt eine Beeinträchtigung bei der Mobilität in aller Regel auch dazu, dass selbständiges Einkaufen erschwert ist.

Die in diesen beiden Bereichen erhobenen Kriterien sind gleichwohl von großer Bedeutung für die Bewältigung der Pflegesituation, die Verbesserung der häuslichen Versorgung und damit die Stärkung der Selbständigkeit der Pflegebedürftigen. Daher sind Informationen über Beeinträchtigungen der Selbständigkeit oder der Fähigkeiten in den Bereichen außerhäusliche Aktivitäten und Haushaltsführung regelhaft im Rahmen der Begutachtung zu erheben.

Diese sollen in der konkreten individuellen Pflegeplanung, aber auch in der Beratung und Versorgungsplanung wie beim Versorgungsmanagement herangezogen werden können. Dementsprechend sind die für die beiden Bereiche in den Nummern 1 und 2 beschriebenen Kriterien als inhaltliche Bestandteile der Begutachtung zu betrachten und in den Richtlinien des Spitzenverband Bund der Pflegekassen nach § 17 Absatz 1 pflegefachlich zu konkretisieren.

Zu Absatz 6a

Redaktionelle Anmerkung:

Absatz 6a wurde erst aufgrund der Beschlussempfehlung des Ausschusses (Drs. 18/6688) für Gesundheit eingefügt.

Die Gutachterinnen und Gutachter sollen so konkret wie möglich die Hilfsmittel und Pflegehilfsmittel beschreiben, die für den Versicherten nach seinen individuellen Lebensumständen fachlich sinnvoll sind. Das Verfahren über die Gewährung von Hilfsmitteln oder Pflegehilfsmitteln ist zeitlich nicht mit dem Verfahren über die Feststellung von Pflegebedürftigkeit verknüpft. Der Versand des Bescheids über die Feststellung von Pflegebedürftigkeit soll nicht verzögert werden.

Mit Satz 5 wird klargestellt, dass die Vermutung der Erforderlichkeit der Versorgung mit Hilfsmitteln, die den Zielen des § 40 SGB XI entsprechen, auch die Entbehrlichkeit einer ärztlichen Verordnung (§ 33 Absatz 5a SGB V) zur Folge hat. Für den Bereich der gesetzlichen Krankenversicherung sollen die gesetzliche Vermutung und der Verzicht auf eine ärztliche Verordnung in Satz 5 zunächst für einen Zeitraum von drei Jahren erprobt werden.

Fassung bis 31. Dezember 2015	Fassung ab 1. Januar 2016
§ 18a Weiterleitung der Rehabilitationsempfehlung, Berichtspflichten	**§ 18a Weiterleitung der Rehabilitationsempfehlung, Berichtspflichten**
(1) Spätestens mit der Mitteilung der Entscheidung über die Pflegebedürftigkeit leitet die Pflegekasse dem Antragsteller die gesonderte Präventions- und Rehabilitationsempfehlung des Medizinischen Dienstes oder der von der Pflegekasse beauftragten Gutachter zu und nimmt umfassend und begründet dazu Stellung, inwieweit auf der Grundlage der Empfehlung die Durchführung einer Maßnahme zur Prävention oder zur medizinischen Rehabilitation angezeigt ist. Die Pflegekasse hat den Antragsteller zusätzlich darüber zu informieren, dass mit der Zuleitung einer Mitteilung über den Rehabilitationsbedarf an den zuständigen Rehabilitationsträger ein Antragsverfahren auf Leistungen zur medizinischen Rehabilitation entsprechend den Vorschriften des Neunten Buches ausgelöst wird, sofern der Antragsteller in dieses Verfahren einwilligt.	(1) Spätestens mit der Mitteilung der Entscheidung über die Pflegebedürftigkeit leitet die Pflegekasse dem Antragsteller die gesonderte Präventions- und Rehabilitationsempfehlung des Medizinischen Dienstes oder der von der Pflegekasse beauftragten Gutachter zu und nimmt umfassend und begründet dazu Stellung, inwieweit auf der Grundlage der Empfehlung die Durchführung einer Maßnahme zur Prävention oder zur medizinischen Rehabilitation angezeigt ist. Die Pflegekasse hat den Antragsteller zusätzlich darüber zu informieren, dass mit der Zuleitung einer Mitteilung über den Rehabilitationsbedarf an den zuständigen Rehabilitationsträger ein Antragsverfahren auf Leistungen zur medizinischen Rehabilitation entsprechend den Vorschriften des Neunten Buches ausgelöst wird, sofern der Antragsteller in dieses Verfahren einwilligt.
(2) Die Pflegekassen berichten für die Geschäftsjahre 2013 bis ~~2015~~ jährlich über	(2) Die Pflegekassen berichten für die Geschäftsjahre 2013 bis **2018** jährlich **über die Anwendung eines bundeseinheitlichen, strukturierten Verfahrens zur Erkennung rehabilitativer Bedarfe in der Pflegebegutachtung und**
die Erfahrungen mit der Umsetzung der Empfehlungen der Medizinischen Dienste der Krankenversicherung oder der beauftragten Gutachter zur medizinischen Rehabilitation. Hierzu wird insbesondere Folgendes gemeldet:	die Erfahrungen mit der Umsetzung der Empfehlungen der Medizinischen Dienste der Krankenversicherung oder der beauftragten Gutachter zur medizinischen Rehabilitation. Hierzu wird insbesondere Folgendes gemeldet:
1. die Anzahl der Empfehlungen der Medizinischen Dienste der Krankenversicherung und der beauftragten Gutachter für Leistungen der medizinischen Rehabilitation im Rahmen der Begutachtung zur Feststellung der Pflegebedürftigkeit,	1. die Anzahl der Empfehlungen der Medizinischen Dienste der Krankenversicherung und der beauftragten Gutachter für Leistungen der medizinischen Rehabilitation im Rahmen der Begutachtung zur Feststellung der Pflegebedürftigkeit,
2. die Anzahl der Anträge an den zuständigen Rehabilitationsträger gemäß § 31 Absatz 3 in Verbindung mit § 14 des Neunten Buches,	2. die Anzahl der Anträge an den zuständigen Rehabilitationsträger gemäß § 31 Absatz 3 in Verbindung mit § 14 des Neunten Buches,
3. die Anzahl der genehmigten und die Anzahl der abgelehnten Leistungsentscheidungen der zuständigen Rehabilitationsträger einschließlich der Gründe für Ablehnungen sowie die Anzahl der Widersprüche und	3. die Anzahl der genehmigten und die Anzahl der abgelehnten Leistungsentscheidungen der zuständigen Rehabilitationsträger einschließlich der Gründe für Ablehnungen sowie die Anzahl der Widersprüche und
4. die Anzahl der durchgeführten medizinischen Rehabilitationsmaßnahmen.	4. die Anzahl der durchgeführten medizinischen Rehabilitationsmaßnahmen.
Die Meldung durch die Pflegekassen erfolgt bis zum 31. März des dem Berichtsjahr folgenden Jahres an den Spitzenverband Bund der Pflegekassen. Näheres	Die Meldung durch die Pflegekassen erfolgt bis zum 31. März des dem Berichtsjahr folgenden Jahres an den Spitzenverband Bund der Pflegekassen. Näheres

Fassung bis 31. Dezember 2015	Fassung ab 1. Januar 2016
über das Meldeverfahren und die Inhalte entwickelt der Spitzenverband Bund der Pflegekassen im Einvernehmen mit dem Bundesministerium für Gesundheit.	über das Meldeverfahren und die Inhalte entwickelt der Spitzenverband Bund der Pflegekassen im Einvernehmen mit dem Bundesministerium für Gesundheit.
(3) Der Spitzenverband Bund der Pflegekassen bereitet die Daten auf und leitet die aufbereiteten und auf Plausibilität geprüften Daten bis zum 30. Juni des dem Berichtsjahr folgenden Jahres dem Bundesministerium für Gesundheit zu. Der Verband hat die aufbereiteten Daten der landesunmittelbaren Versicherungsträger auch den für die Sozialversicherung zuständigen obersten Verwaltungsbehörden der Länder oder den von diesen bestimmten Stellen auf Verlangen zuzuleiten. Der Spitzenverband Bund der Pflegekassen veröffentlicht auf Basis der gemeldeten Daten sowie sonstiger Erkenntnisse jährlich einen Bericht bis zum 1. September des dem Berichtsjahr folgenden Jahres.	(3) Der Spitzenverband Bund der Pflegekassen bereitet die Daten auf und leitet die aufbereiteten und auf Plausibilität geprüften Daten bis zum 30. Juni des dem Berichtsjahr folgenden Jahres dem Bundesministerium für Gesundheit zu. Der Verband hat die aufbereiteten Daten der landesunmittelbaren Versicherungsträger auch den für die Sozialversicherung zuständigen obersten Verwaltungsbehörden der Länder oder den von diesen bestimmten Stellen auf Verlangen zuzuleiten. Der Spitzenverband Bund der Pflegekassen veröffentlicht auf Basis der gemeldeten Daten sowie sonstiger Erkenntnisse jährlich einen Bericht bis zum 1. September des dem Berichtsjahr folgenden Jahres.

Gesetzesbegründung Drs. 18/5926 zu § 18a

Änderungen zum 1. Januar 2016

Die Pflegekassen waren für die Geschäftsjahre 2013 bis 2015 verpflichtet, jährlich über die Erfahrungen mit der Umsetzung der Empfehlungen der MDK oder der beauftragten Gutachter zur medizinischen Rehabilitation zu berichten.

Durch die Änderung wird die bestehende Berichtspflicht um drei Jahre bis in das Geschäftsjahr 2018 verlängert.

Damit sollen auch die Verbesserungen bei der Feststellung einer Rehabilitationsbedürftigkeit mit dem ab dem 1. Januar 2017 geltenden neuen Begutachtungsinstrument sowie durch das aufgrund von § 18 Absatz 6 Satz 3 umzusetzende, bundeseinheitliche, strukturierte Verfahren zur Erkennung rehabilitativer Bedarfe in der Pflegebegutachtung Gegenstand der Berichterstattung werden.

unverändert

§ 18b Dienstleistungsorientierung im Begutachtungsverfahren

(1) Der Spitzenverband Bund der Pflegekassen erlässt mit dem Ziel, die Dienstleistungsorientierung für die Versicherten im Begutachtungsverfahren zu stärken, bis zum 31. März 2013 für alle Medizinischen Dienste verbindliche Richtlinien. Der Medizinische Dienst des Spitzenverbandes Bund der Krankenkassen und die für die Wahrnehmung der Interessen und der Selbsthilfe der pflegebedürftigen und behinderten Menschen auf Bundesebene maßgeblichen Organisationen sind zu beteiligen.

(2) Die Richtlinien regeln insbesondere

1. allgemeine Verhaltensgrundsätze für alle unter der Verantwortung der Medizinischen Dienste am Begutachtungsverfahren Beteiligten,

2. die Pflicht der Medizinischen Dienste zur individuellen und umfassenden Information des Versicherten über das Begutachtungsverfahren, insbesondere über den Ablauf, die Rechtsgrundlagen und Beschwerdemöglichkeiten,

3. die regelhafte Durchführung von Versichertenbefragungen und

4. ein einheitliches Verfahren zum Umgang mit Beschwerden, die das Verhalten der Mitarbeiter der Medizinischen Dienste oder das Verfahren bei der Begutachtung betreffen.

(3) Die Richtlinien werden erst wirksam, wenn das Bundesministerium für Gesundheit sie genehmigt. Die Genehmigung gilt als erteilt, wenn die Richtlinien nicht innerhalb eines Monats, nachdem sie dem Bundesministerium für Gesundheit vorgelegt worden sind, beanstandet werden. Beanstandungen des Bundesministeriums für Gesundheit sind innerhalb der von ihm gesetzten Frist zu beheben.

Eingefügt ab 1. Januar 2016

§ 18c Fachliche und wissenschaftliche Begleitung der Umstellung des Verfahrens zur Feststellung der Pflegebedürftigkeit

(1) Das Bundesministerium für Gesundheit richtet im Benehmen mit dem Bundesministerium für Arbeit und Soziales und dem Bundesministerium für Familie, Senioren, Frauen und Jugend ein Begleitgremium ein, das die Vorbereitung der Umstellung des Verfahrens zur Feststellung der Pflegebedürftigkeit nach den §§ 14, 15 und 18 Absatz 5a in der ab dem 1. Januar 2017 geltenden Fassung mit pflegefachlicher und wissenschaftlicher Kompetenz unterstützt. Aufgabe des Begleitgremiums ist, das Bundesministerium für Gesundheit bei der Klärung fachlicher Fragen zu beraten und den Spitzenverband Bund der Pflegekassen, den Medizinischen Dienst des Spitzenverbandes Bund der Krankenkassen sowie die Vereinigungen der Träger der Pflegeeinrichtungen auf Bundesebene bei der Vorbereitung der Umstellung zu unterstützen. Dem Begleitgremium wird ab dem 1. Januar 2017 zusätzlich die Aufgabe übertragen, das Bundesministerium für Gesundheit bei der Klärung fachlicher Fragen zu beraten, die nach der Umstellung im Zuge der Umsetzung auftreten.

(2) Das Bundesministerium für Gesundheit beauftragt eine begleitende wissenschaftliche Evaluation insbesondere zu Maßnahmen und Ergebnissen der Vorbereitung und der Umsetzung der Umstellung des Verfahrens zur Feststellung der Pflegebedürftigkeit nach den §§ 14, 15 und 18 Absatz 5a in der ab dem 1. Januar 2017 geltenden Fassung. Die Auftragserteilung erfolgt im Benehmen mit dem Bundesministerium für Arbeit und Soziales, soweit Auswirkungen auf andere Sozialleistungssysteme aus dem Zuständigkeitsbereich des Bundesministeriums für Arbeit und Soziales untersucht werden. Im Rahmen der Evaluation sind insbesondere Erfahrungen und Auswirkungen hinsichtlich der folgenden Aspekte zu untersuchen:

1. Leistungsentscheidungsverfahren und Leistungsentscheidungen bei Pflegekassen und Medizinischen Diensten, beispielsweise Bearbeitungsfristen und Übermittlung von Ergebnissen;

2. Umsetzung der Übergangsregelungen im Begutachtungsverfahren;

3. Leistungsentscheidungsverfahren und Leistungsentscheidungen anderer Sozialleistungsträger, soweit diese pflegebedürftige Personen betreffen;

4. Umgang mit dem neuen Begutachtungsinstrument bei pflegebedürftigen Antragstellern, beispielsweise Antragsverhalten und Informationsstand;

5. Entwicklung der ambulanten Pflegevergütungen und der stationären Pflegesätze einschließlich der einrichtungseinheitlichen Eigenanteile;

6. Entwicklungen in den vertraglichen Grundlagen, in der Pflegeplanung, den pflegefachlichen Konzeptionen und in der konkreten Versorgungssituation in der ambulanten und in der stationären Pflege unter Berücksichtigung unterschiedlicher Gruppen von Pflegebedürftigen und Versorgungskonstellationen einschließlich derjenigen von pflegebedürftigen Personen, die im Rahmen der Eingliederungshilfe für behinderte Menschen versorgt werden.

Ein Bericht über die Ergebnisse der Evaluation ist bis zum 1. Januar 2020 zu veröffentlichen. Dem Bundesministerium für Gesundheit sind auf Verlangen Zwischenberichte vorzulegen.

Gesetzesbegründung Drs. 18/5926 und Drs. 18/6688 zu § 18c

Neu eingefügt mit Geltung ab 1. Januar 2016

Der Prozess der Einführung eines neuen Pflegebedürftigkeitsbegriffs und eines neuen Begutachtungsinstruments erfordert aufgrund der damit verbundenen Herausforderungen in allen Phasen eine umfassende Auseinandersetzung mit den fachlichen Inhalten und Zielen des neuen Begriffs.

Zum Prozess der Einführung gehören auch viele Aufgaben und Änderungsschritte, die zur Vorbereitung und Umsetzung des neuen Begriffs erforderlich sind und ein enges Zusammenwirken der beteiligten Akteure (Pflegekassen, Leistungserbringer, Pflegekräfte) auf der Verbändeebene sowie in der Praxis in allen Phasen.

Dementsprechend enthält die neu eingefügte Vorschrift Regelungen, um diese Zusammenarbeit strukturieren zu können und damit die zeitlich und inhaltlich gesetzten Ziele zu erreichen.

Zu Absatz 1

In Absatz 1 wird bestimmt, dass das Bundesministerium für Gesundheit im Benehmen mit dem Bundesministerium für Arbeit und Soziales und dem Bundesministerium für Familie, Senioren, Frauen und Jugend ein Begleitgremium einrichtet, das den Gesamtprozess unterstützen soll und in dem insbesondere auch pflegefachliche und wissenschaftliche Kompetenz repräsentiert ist.

Das Begleitgremium ersetzt nicht die gesetzlich vorgeschriebenen Beteiligungsverfahren.

Mit dieser Regelung wird die Anregung des Expertenbeirats aufgegriffen, Vorsorge für eine nachhaltende Begleitung (Monitoring) des Gesamtprozesses zu treffen. Das Gremium soll auch nach der Umstellung auf den neuen Pflegebedürftigkeitsbegriff und das neue Begutachtungsinstrument seine Arbeit fortsetzen und insbesondere mit Blick auf pflegefachliche Fragen, die bei und nach der Umstellung auftreten können, beratend tätig sein.

Zu Absatz 2

In Absatz 2 wird bestimmt, dass das Bundesministerium für Gesundheit eine begleitende wissenschaftliche Evaluation der Einführung des neuen Pflegebedürftigkeitsbegriffs sowohl für die Phase der Vorbereitung als auch für die Phase der Umsetzung der Umstellung auf den neuen Begriff und das neue Begutachtungsinstrument durchführen lässt. Dabei sind auch die Auswirkungen der Umstellung auf die Entwicklung der stationären Pflegesätze einschließlich der einrichtungseinheitlichen Eigenanteile mit in den Blick zu nehmen.

Die Ergebnisse der Evaluation sind drei Jahre nach dem Inkrafttreten der §§ 14, 15 und 18 Absatz 5a zu veröffentlichen [red. Anm. also Ende 2020/Anfang 2021]. Dies ermöglicht die Synchronisierung des Veröffentlichungsdatums mit dem Zeitpunkt der Veröffentlichung des Berichtes nach § 10.

Während der Evaluation können Zwischenberichte erstellt und veröffentlicht werden.

Redaktionelle Anmerkung:

Aufgrund der Beschlussempfehlung des Ausschusses für Gesundheit (Drs. 18/6688) wurde Absatz 2 noch genauer ausgestaltet:

Zu Satz 1: Aufgrund der Vielgestaltigkeit der in der Evaluation nach Satz 2 zu berücksichtigenden Aspekte wird es gegebenenfalls erforderlich sein, die Evaluation in mehr als einen Auftrag aufzuteilen. Der Wortlaut stellt klar, dass dies möglich ist.

Zu Satz 2 und 3: Die mit der Beschlussempfehlung eingefügte Aufzählung verdeutlicht wesentliche Bereiche, auf die im Rahmen der Evaluation Bezug zu nehmen ist. Dabei wird sichergestellt, dass sowohl die Perspektiven

- der Anwender des neuen Begutachtungsinstruments (Pflegekassen, Medizinische Dienste, Nummern 1 und 2),
- der Leistungserbringer (Nummern 5 und 6) und
- der Pflegebedürftigen (Nummern 4 und 6)

einbezogen werden.

Zugleich wird es erforderlich sein, sowohl die inhaltliche Umsetzung der durch den neuen Pflegebedürftigkeitsbegriff bedingten Veränderungen bei vertraglichen Grundlagen, in der Pflegeplanung, in den pflegefachlichen Konzeptionen und in der konkreten Versorgungssituation zu evaluieren, wobei auch die Vielfalt der Pflegebedürftigen (z.B. im Hinblick auf Geschlecht, sexuelle Identität oder Migrationshintergrund) berücksichtigt werden soll (Nummer 6), als auch die Auswirkungen auf andere Sozialleistungssysteme (z. B. gesetzliche Krankenversicherung, Hilfe zur Pflege und Eingliederungshilfe für behinderte Menschen, soweit pflegebedürftige Menschen betroffen sind) in den Blick zu nehmen (Nummern 3 und 6).

Soweit dabei auch Auswirkungen auf andere Sozialleistungssysteme aus dem Zuständigkeitsbereich des Bundesministeriums für Arbeit und Soziales untersucht werden, erfolgt die Auftragserteilung im Benehmen mit dem Bundesministerium für Arbeit und Soziales.

Fassung bis 31. Dezember 2016	Fassung ab 1. Januar 2017
§ 19 Begriff der Pflegepersonen	**§ 19 Begriff der Pflegepersonen**
Pflegepersonen im Sinne dieses Buches sind Personen, die nicht erwerbsmäßig einen Pflegebedürftigen im Sinne des § 14 in seiner häuslichen Umgebung pflegen. Leistungen zur sozialen Sicherung nach § 44 erhält eine Pflegeperson nur dann, wenn sie eine oder mehrere pflegebedürftige Personen wenigstens ~~14~~ Stunden wöchentlich pflegt.	Pflegepersonen im Sinne dieses Buches sind Personen, die nicht erwerbsmäßig einen Pflegebedürftigen im Sinne des § 14 in seiner häuslichen Umgebung pflegen. Leistungen zur sozialen Sicherung nach § 44 erhält eine Pflegeperson nur dann, wenn sie eine oder mehrere pflegebedürftige Personen wenigstens <u>zehn</u> Stunden wöchentlich, <u>verteilt auf regelmäßig mindestens zwei Tage in der Woche,</u> pflegt.

Gesetzesbegründung Drs. 18/5926 zu § 19

Änderung zum 1. Januar 2017

Mit der Einführung des neuen Pflegebedürftigkeitsbegriffs ist auch die soziale Sicherung der Pflegepersonen neu zu regeln. Unter Berücksichtigung des neuen Pflegebedürftigkeitsbegriffs umfasst Pflege im Sinne der Vorschrift alle pflegerischen Maßnahmen in den in § 14 Absatz 2 genannten Bereichen sowie Hilfen bei der Haushaltsführung. Hierzu zählen somit künftig auch pflegerische Maßnahmen in Form von Betreuungsmaßnahmen.

Um zu gewährleisten, dass geringfügige, gelegentliche oder alltägliche Unterstützungsleistungen nicht bereits Ansprüche auf Leistungen zur sozialen Sicherung auslösen (beispielsweise ein einmaliger wöchentlicher Einkauf für den Pflegebedürftigen oder gelegentliche Betreuung), wird weiterhin eine maßvolle Mindestanforderung an den pflegerischen Aufwand der Pflegeperson vorgesehen. Leistungen zur sozialen Sicherung erhält eine Pflegeperson nur dann, wenn sie eine oder mehrere pflegebedürftige Personen wenigstens zehn Stunden wöchentlich, verteilt auf regelmäßig mindestens zwei Tage in der Woche, pflegt.

Redaktionelle Anmerkung:

Im ursprünglichen Gesetzentwurf war eine widerlegliche Vermutungsregelung für den Pflegeaufwand in Pflegegrad 1 geplant, die wie folgt lauten sollte:

„Es wird vermutet, dass Pflegepersonen, die nicht erwerbsmäßig einen Pflegebedürftigen im Sinne von § 14 mit gemäß § 15 festgestellten Pflegegrad 1 in seiner häuslichen Umgebung pflegen, weniger als zehn Stunden wöchentlich pflegen."

Dieser Satz wurde aufgrund der Beschlussempfehlung des Ausschusses für Gesundheit gestrichen.

Drittes Kapitel
Versicherungspflichtiger Personenkreis

unverändert

§ 20 Versicherungspflicht in der sozialen Pflegeversicherung für Mitglieder der gesetzlichen Krankenversicherung

(1) Versicherungspflichtig in der sozialen Pflegeversicherung sind die versicherungspflichtigen Mitglieder der gesetzlichen Krankenversicherung. Dies sind:

1. Arbeiter, Angestellte und zu ihrer Berufsausbildung Beschäftigte, die gegen Arbeitsentgelt beschäftigt sind; für die Zeit des Bezugs von Kurzarbeitergeld nach dem Dritten Buch bleibt die Versicherungspflicht unberührt,

2. Personen in der Zeit, für die sie Arbeitslosengeld nach dem Dritten Buch beziehen, auch wenn die Entscheidung, die zum Bezug der Leistung geführt hat, rückwirkend aufgehoben oder die Leistung zurückgefordert oder zurückgezahlt worden ist; ab Beginn des zweiten Monats bis zur zwölften Woche einer Sperrzeit (§ 159 des Dritten Buches) oder ab Beginn des zweiten Monats der Ruhenszeit wegen einer Urlaubsabgeltung (§ 157 Absatz 2 des Dritten Buches) gelten die Leistungen als bezogen,

2a. Personen in der Zeit, für die sie Arbeitslosengeld II nach dem Zweiten Buch beziehen, auch wenn die Entscheidung, die zum Bezug der Leistung geführt hat, rückwirkend aufgehoben oder die Leistung zurückgefordert oder zurückgezahlt worden ist, es sei denn, dass diese Leistung nur darlehensweise gewährt wird oder nur Leistungen nach § 24 Abs. 3 Satz 1 des Zweiten Buches bezogen werden,

3. Landwirte, ihre mitarbeitenden Familienangehörigen und Altenteiler, die nach § 2 des Zweiten Gesetzes über die Krankenversicherung der Landwirte versicherungspflichtig sind,

4. selbständige Künstler und Publizisten nach näherer Bestimmung des Künstlersozialversicherungsgesetzes,

5. Personen, die in Einrichtungen der Jugendhilfe, in Berufsbildungswerken oder in ähnlichen Einrichtungen für behinderte Menschen für eine Erwerbstätigkeit befähigt werden sollen,

6. Teilnehmer an Leistungen zur Teilhabe am Arbeitsleben sowie an Berufsfindung oder Arbeitserprobung, es sei denn, die Leistungen werden nach den Vorschriften des Bundesversorgungsgesetzes erbracht,

7. behinderte Menschen, die in anerkannten Werkstätten für behinderte Menschen oder in Blindenwerkstätten im Sinne des § 143 des Neunten Buches oder für diese Einrichtungen in Heimarbeit tätig sind,

8. Behinderte Menschen, die in Anstalten, Heimen oder gleichartigen Einrichtungen in gewisser Regelmäßigkeit eine Leistung erbringen, die einem Fünftel der Leistung eines voll erwerbsfähigen Beschäftigten in gleichartiger Beschäftigung entspricht; hierzu zählen auch Dienstleistungen für den Träger der Einrichtung,

9. Studenten, die an staatlichen oder staatlich anerkannten Hochschulen eingeschrieben sind, soweit sie nach § 5 Abs. 1 Nr. 9 des Fünften Buches der Krankenversicherungspflicht unterliegen,

10. Personen, die zu ihrer Berufsausbildung ohne Arbeitsentgelt beschäftigt sind oder die eine Fachschule oder Berufsfachschule besuchen oder eine in Studien- oder Prüfungsordnungen vorgeschriebene berufspraktische Tätigkeit ohne Arbeitsentgelt verrichten (Praktikanten); Auszubildende des Zweiten Bildungsweges, die sich in einem nach dem Bundesausbildungsförderungsgesetz förderungsfähigen Teil eines Ausbildungsabschnittes befinden, sind Praktikanten gleichgestellt,

11. Personen, die die Voraussetzungen für den Anspruch auf eine Rente aus der gesetzlichen Rentenversicherung erfüllen und diese Rente beantragt haben, soweit sie nach § 5 Abs. 1 Nr. 11, 11a [ab 1.1.2017 11a, 11b] oder 12 des Fünften Buches der Krankenversicherungspflicht unterliegen,

12. Personen, die, weil sie bisher keinen Anspruch auf Absicherung im Krankheitsfall hatten, nach § 5 Abs. 1 Nr. 13 des Fünften Buches oder nach § 2 Abs. 1 Nr. 7 des Zweiten Gesetzes über die Krankenversicherung der Landwirte der Krankenversicherungspflicht unterliegen.

(2) Als gegen Arbeitsentgelt beschäftigte Arbeiter und Angestellte im Sinne des Absatzes 1 Nr. 1 gelten Bezieher von Vorruhestandsgeld, wenn sie unmittelbar vor Bezug des Vorruhestandsgeldes versicherungspflichtig waren und das Vorruhestandsgeld mindestens in Höhe von 65 vom Hundert des Bruttoarbeitsentgelts im Sinne des § 3 Abs. 2 des Vorruhestandsgesetzes gezahlt wird. Satz 1 gilt nicht für Personen, die im Ausland ihren Wohnsitz oder gewöhnlichen Aufenthalt in einem Staat haben, mit dem für Arbeitnehmer mit Wohnsitz oder gewöhnlichem Aufenthalt in diesem Staat keine über- oder zwischenstaatlichen Regelungen über Sachleistungen bei Krankheit bestehen.

(2a) Als zu ihrer Berufsausbildung Beschäftigte im Sinne des Absatzes 1 Satz 2 Nr. 1 gelten Personen, die als nicht satzungsmäßige Mitglieder geistlicher Genossenschaften oder ähnlicher religiöser Gemeinschaften für den Dienst in einer solchen Genossenschaft oder ähnlichen religiösen Gemeinschaft außerschulisch ausgebildet werden.

(3) Freiwillige Mitglieder der gesetzlichen Krankenversicherung sind versicherungspflichtig in der sozialen Pflegeversicherung.

(4) Nehmen Personen, die mindestens zehn Jahre nicht in der sozialen Pflegeversicherung oder der gesetzlichen Krankenversicherung versicherungspflichtig waren, eine dem äußeren Anschein nach versicherungspflichtige Beschäftigung oder selbständige Tätigkeit von untergeordneter wirtschaftlicher Bedeutung auf, besteht die widerlegbare Vermutung, daß eine die Versicherungspflicht begründende Beschäftigung nach Absatz 1 Nr. 1 oder eine versicherungspflichtige selbständige Tätigkeit nach Absatz 1 Nr. 3 oder 4 tatsächlich nicht ausgeübt wird. Dies gilt insbesondere für eine Beschäftigung bei Familienangehörigen oder Lebenspartnern.

§ 21 Versicherungspflicht in der sozialen Pflegeversicherung für sonstige Personen

Versicherungspflicht in der sozialen Pflegeversicherung besteht auch für Personen mit Wohnsitz oder gewöhnlichem Aufenthalt im Inland, die

1. nach dem Bundesversorgungsgesetz oder nach Gesetzen, die eine entsprechende Anwendung des Bundesversorgungsgesetzes vorsehen, einen Anspruch auf Heilbehandlung oder Krankenbehandlung haben,

2. Kriegsschadenrente oder vergleichbare Leistungen nach dem Lastenausgleichsgesetz oder dem Reparationsschädengesetz oder laufende Beihilfe nach dem Flüchtlingshilfegesetz beziehen,

3. ergänzende Hilfe zum Lebensunterhalt im Rahmen der Kriegsopferfürsorge nach dem Bundesversorgungsgesetz oder nach Gesetzen beziehen, die eine entsprechende Anwendung des Bundesversorgungsgesetzes vorsehen,

4. laufende Leistungen zum Unterhalt und Leistungen der Krankenhilfe nach dem Achten Buch beziehen,

5. krankenversorgungsberechtigt nach dem Bundesentschädigungsgesetz sind,

6. in das Dienstverhältnis eines Soldaten auf Zeit berufen worden sind,

wenn sie gegen das Risiko Krankheit weder in der gesetzlichen Krankenversicherung noch bei einem privaten Krankenversicherungsunternehmen versichert sind.

§ 22 Befreiung von der Versicherungspflicht

(1) Personen, die nach § 20 Abs. 3 in der sozialen Pflegeversicherung versicherungspflichtig sind, können auf Antrag von der Versicherungspflicht befreit werden, wenn sie nachweisen, daß sie bei einem privaten Versicherungsunternehmen gegen Pflegebedürftigkeit versichert sind und für sich und ihre Angehörigen oder Lebenspartner, die bei Versicherungspflicht nach § 25 versichert wären, Leistungen beanspruchen können, die nach Art und Umfang den Leistungen des Vierten Kapitels gleichwertig sind. Die befreiten Personen sind verpflichtet, den Versicherungsvertrag aufrechtzuerhalten, solange sie krankenversichert sind. Personen, die bei Pflegebedürftigkeit Beihilfeleistungen erhalten, sind zum Abschluß einer entsprechenden anteiligen Versicherung im Sinne des Satzes 1 verpflichtet.

(2) Der Antrag kann nur innerhalb von drei Monaten nach Beginn der Versicherungspflicht bei der Pflegekasse gestellt werden. Die Befreiung wirkt vom Beginn der Versicherungspflicht an, wenn seit diesem Zeitpunkt noch keine Leistungen in Anspruch genommen wurden, sonst vom Beginn des Kalendermonats an, der auf die Antragstellung folgt. Die Befreiung kann nicht widerrufen werden.

Fassung bis 31. Dezember 2016	Fassung ab 1. Januar 2017
§ 23 Versicherungspflicht für Versicherte der privaten Krankenversicherungsunternehmen	**§ 23 Versicherungspflicht für Versicherte der privaten Krankenversicherungsunternehmen**
(1) Personen, die gegen das Risiko Krankheit bei einem privaten Krankenversicherungsunternehmen mit Anspruch auf allgemeine Krankenhausleistungen oder im Rahmen von Versicherungsverträgen, die der Versicherungspflicht nach § 193 Abs. 3 des Versicherungsvertragsgesetzes genügen, versichert sind, sind vorbehaltlich des Absatzes 2 verpflichtet, bei diesem Unternehmen zur Absicherung des Risikos der Pflegebedürftigkeit einen Versicherungsvertrag abzuschließen und aufrechtzuerhalten. Der Vertrag muß ab dem Zeitpunkt des Eintritts der Versicherungspflicht für sie selbst und ihre Angehörigen oder Lebenspartner, für die in der sozialen Pflegeversicherung nach § 25 eine Familienversicherung bestünde, Vertragsleistungen vorsehen, die nach Art und Umfang den Leistungen des Vierten Kapitels gleichwertig sind. Dabei tritt an die Stelle der Sachleistungen eine der Höhe nach gleiche Kostenerstattung.	(1) Personen, die gegen das Risiko Krankheit bei einem privaten Krankenversicherungsunternehmen mit Anspruch auf allgemeine Krankenhausleistungen oder im Rahmen von Versicherungsverträgen, die der Versicherungspflicht nach § 193 Abs. 3 des Versicherungsvertragsgesetzes genügen, versichert sind, sind vorbehaltlich des Absatzes 2 verpflichtet, bei diesem Unternehmen zur Absicherung des Risikos der Pflegebedürftigkeit einen Versicherungsvertrag abzuschließen und aufrechtzuerhalten. Der Vertrag muß ab dem Zeitpunkt des Eintritts der Versicherungspflicht für sie selbst und ihre Angehörigen oder Lebenspartner, für die in der sozialen Pflegeversicherung nach § 25 eine Familienversicherung bestünde, Vertragsleistungen vorsehen, die nach Art und Umfang den Leistungen des Vierten Kapitels gleichwertig sind. Dabei tritt an die Stelle der Sachleistungen eine der Höhe nach gleiche Kostenerstattung.
(2) Der Vertrag nach Absatz 1 kann auch bei einem anderen privaten Versicherungsunternehmen abgeschlossen werden. Das Wahlrecht ist innerhalb von sechs Monaten auszuüben. Die Frist beginnt mit dem Eintritt der individuellen Versicherungspflicht. Das Recht zur Kündigung des Vertrages wird durch den Ablauf der Frist nicht berührt; bei fortbestehender Versicherungspflicht nach Absatz 1 wird eine Kündigung des Vertrages jedoch erst wirksam, wenn der Versicherungsnehmer nachweist, dass die versicherte Person bei einem neuen Versicherer ohne Unterbrechung versichert ist.	(2) Der Vertrag nach Absatz 1 kann auch bei einem anderen privaten Versicherungsunternehmen abgeschlossen werden. Das Wahlrecht ist innerhalb von sechs Monaten auszuüben. Die Frist beginnt mit dem Eintritt der individuellen Versicherungspflicht. Das Recht zur Kündigung des Vertrages wird durch den Ablauf der Frist nicht berührt; bei fortbestehender Versicherungspflicht nach Absatz 1 wird eine Kündigung des Vertrages jedoch erst wirksam, wenn der Versicherungsnehmer nachweist, dass die versicherte Person bei einem neuen Versicherer ohne Unterbrechung versichert ist.
(3) Personen, die nach beamtenrechtlichen Vorschriften oder Grundsätzen bei Pflegebedürftigkeit Anspruch auf Beihilfe haben, sind zum Abschluß einer entsprechenden anteiligen beihilfekonformen Versicherung im Sinne des Absatzes 1 verpflichtet, sofern sie nicht nach § 20 Abs. 3 versicherungspflichtig sind. Die beihilfekonforme Versicherung ist so auszugestalten, daß ihre Vertragsleistungen zusammen mit den Beihilfeleistungen, die sich bei Anwendung der in § 46 Absatz 2 und 3 der Bundesbeihilfeverordnung festgelegten Bemessungssätze ergeben, den in Absatz 1 Satz 2 vorgeschriebenen Versicherungsschutz gewährleisten.	(3) Personen, die nach beamtenrechtlichen Vorschriften oder Grundsätzen bei Pflegebedürftigkeit Anspruch auf Beihilfe haben, sind zum Abschluß einer entsprechenden anteiligen beihilfekonformen Versicherung im Sinne des Absatzes 1 verpflichtet, sofern sie nicht nach § 20 Abs. 3 versicherungspflichtig sind. Die beihilfekonforme Versicherung ist so auszugestalten, daß ihre Vertragsleistungen zusammen mit den Beihilfeleistungen, die sich bei Anwendung der in § 46 Absatz 2 und 3 der Bundesbeihilfeverordnung festgelegten Bemessungssätze ergeben, den in Absatz 1 Satz 2 vorgeschriebenen Versicherungsschutz gewährleisten.

Fassung bis 31. Dezember 2016	Fassung ab 1. Januar 2017
(4) Die Absätze 1 bis 3 gelten entsprechend für	(4) Die Absätze 1 bis 3 gelten entsprechend für
1. Heilfürsorgeberechtigte, die nicht in der sozialen Pflegeversicherung versicherungspflichtig sind,	1. Heilfürsorgeberechtigte, die nicht in der sozialen Pflegeversicherung versicherungspflichtig sind,
2. Mitglieder der Postbeamtenkrankenkasse und	2. Mitglieder der Postbeamtenkrankenkasse und
3. Mitglieder der Krankenversorgung der Bundesbahnbeamten.	3. Mitglieder der Krankenversorgung der Bundesbahnbeamten.
(5) Die Absätze 1, 3 und 4 gelten nicht für Personen, die sich auf nicht absehbare Dauer in stationärer Pflege befinden und bereits Pflegeleistungen nach § 35 Abs. 6 des Bundesversorgungsgesetzes, nach § 44 des Siebten Buches, nach § 34 des Beamtenversorgungsgesetzes oder nach den Gesetzen erhalten, die eine entsprechende Anwendung des Bundesversorgungsgesetzes vorsehen, sofern sie keine Familienangehörigen oder Lebenspartner haben, für die in der sozialen Pflegeversicherung nach § 25 eine Familienversicherung bestünde.	(5) Die Absätze 1, 3 und 4 gelten nicht für Personen, die sich auf nicht absehbare Dauer in stationärer Pflege befinden und bereits Pflegeleistungen nach § 35 Abs. 6 des Bundesversorgungsgesetzes, nach § 44 des Siebten Buches, nach § 34 des Beamtenversorgungsgesetzes oder nach den Gesetzen erhalten, die eine entsprechende Anwendung des Bundesversorgungsgesetzes vorsehen, sofern sie keine Familienangehörigen oder Lebenspartner haben, für die in der sozialen Pflegeversicherung nach § 25 eine Familienversicherung bestünde.
(6) Das private Krankenversicherungsunternehmen oder ein anderes die Pflegeversicherung betreibendes Versicherungsunternehmen sind verpflichtet,	(6) Das private Krankenversicherungsunternehmen oder ein anderes die Pflegeversicherung betreibendes Versicherungsunternehmen sind verpflichtet,
1. für die Feststellung der Pflegebedürftigkeit sowie für die Zuordnung zu ~~einer Pflegestufe~~ dieselben Maßstäbe wie in der sozialen Pflegeversicherung anzulegen und	1. für die Feststellung der Pflegebedürftigkeit sowie für die Zuordnung zu <u>einem Pflegegrad</u> dieselben Maßstäbe wie in der sozialen Pflegeversicherung anzulegen und
2. die in der sozialen Pflegeversicherung zurückgelegte Versicherungszeit des Mitglieds und seiner nach § 25 familienversicherten Angehörigen oder Lebenspartner auf die Wartezeit anzurechnen.	2. die in der sozialen Pflegeversicherung zurückgelegte Versicherungszeit des Mitglieds und seiner nach § 25 familienversicherten Angehörigen oder Lebenspartner auf die Wartezeit anzurechnen.

Gesetzesbegründung Drs. 18/5926 zu § 23

Änderung ab 1. Januar 2017

Es handelt sich um eine redaktionelle Folgeänderung aufgrund der Aufgabe der bisherigen Pflegestufen und der Neueinführung von Pflegegraden.

unverändert

§ 24 Versicherungspflicht der Abgeordneten

Mitglieder des Bundestages, des Europäischen Parlaments und der Parlamente der Länder (Abgeordnete) sind unbeschadet einer bereits nach § 20 Abs. 3 oder § 23 Abs. 1 bestehenden Versicherungspflicht verpflichtet, gegenüber dem jeweiligen Parlamentspräsidenten nachzuweisen, daß sie sich gegen das Risiko der Pflegebedürftigkeit versichert haben. Das gleiche gilt für die Bezieher von Versorgungsleistungen nach den jeweiligen Abgeordnetengesetzen des Bundes und der Länder.

§ 25 Familienversicherung

(1) Versichert sind der Ehegatte, der Lebenspartner und die Kinder von Mitgliedern sowie die Kinder von familienversicherten Kindern, wenn diese Familienangehörigen

1.   ihren Wohnsitz oder gewöhnlichen Aufenthalt im Inland haben,

2.   nicht nach § 20 Abs. 1 Nr. 1 bis 8 oder 11 oder nach § 20 Abs. 3 versicherungspflichtig sind,

3.   nicht nach § 22 von der Versicherungspflicht befreit oder nach § 23 in der privaten Pflegeversicherung pflichtversichert sind,

4.   nicht hauptberuflich selbständig erwerbstätig sind und

5.   kein Gesamteinkommen haben, das regelmäßig im Monat ein Siebtel der monatlichen Bezugsgröße nach § 18 des Vierten Buches, überschreitet; bei Renten wird der Zahlbetrag ohne den auf Entgeltpunkte für Kindererziehungszeiten entfallenden Teil berücksichtigt; für geringfügig Beschäftigte nach § 8 Abs. 1 Nr. 1, § 8a des Vierten Buches beträgt das zulässige Gesamteinkommen 450 Euro.

§ 7 Abs. 1 Satz 3 und 4 und Abs. 2 des Zweiten Gesetzes über die Krankenversicherung der Landwirte sowie § 10 Abs. 1 Satz 2 bis 4 des Fünften Buches gelten entsprechend.

(2) Kinder sind versichert:

1.   bis zur Vollendung des 18. Lebensjahres,

2.   bis zur Vollendung des 23. Lebensjahres, wenn sie nicht erwerbstätig sind,

3.   bis zur Vollendung des 25. Lebensjahres, wenn sie sich in Schul- oder Berufsausbildung befinden oder ein freiwilliges soziales Jahr oder ein freiwilliges ökologisches Jahr im Sinne des Jugendfreiwilligendienstegesetzes oder Bundesfreiwilligendienst leisten; wird die Schul- oder Berufsausbildung durch Erfüllung einer gesetzlichen Dienstpflicht des Kindes unterbrochen oder verzögert, besteht die Versicherung auch für einen der Dauer dieses Dienstes entsprechenden Zeitraum über das 25. Lebensjahr hinaus; dies gilt ab dem 1. Juli 2011 auch bei einer Unterbrechung durch den freiwilligen Wehrdienst nach § 58b des Soldatengesetzes, einen Freiwilligendienst nach dem Bundesfreiwilligendienstgesetz, dem Jugendfreiwilligendienstegesetz oder einen vergleichbaren anerkannten Freiwilligendienst oder durch eine Tätigkeit als Entwicklungshelfer im Sinne des § 1 Absatz 1 des Entwicklungshelfer-Gesetzes für die Dauer von höchstens zwölf Monaten,

4.   ohne Altersgrenze, wenn sie wegen körperlicher, geistiger oder seelischer Behinderung (§ 2 Abs. 1 des Neunten Buches) außerstande sind, sich selbst zu unterhalten; Voraussetzung ist, daß die Behinderung (§ 2 Abs. 1 des Neunten Buches) zu einem Zeitpunkt vorlag, in dem das Kind nach Nummer 1, 2 oder 3 versichert war.

§ 10 Abs. 4 und 5 des Fünften Buches gilt entsprechend.

(3) Kinder sind nicht versichert, wenn der mit den Kindern verwandte Ehegatte oder Lebenspartner des Mitglieds nach § 22 von der Versicherungspflicht befreit oder nach § 23 in der privaten Pflegeversicherung pflichtversichert ist und sein Gesamteinkommen regelmäßig im Monat ein Zwölftel der Jahresarbeitsentgeltgrenze nach dem Fünften Buch übersteigt und regelmäßig höher als das Gesamteinkommen des Mitglieds ist; bei Renten wird der Zahlbetrag berücksichtigt.

(4) Die Versicherung nach Absatz 2 Nr. 1, 2 und 3 bleibt bei Personen, die auf Grund gesetzlicher Pflicht Wehrdienst oder Zivildienst oder die Dienstleistungen oder Übungen nach dem Vierten Abschnitt des Soldatengesetzes leisten, für die Dauer des Dienstes bestehen. Dies gilt auch für Personen in einem Wehrdienstverhältnis besonderer Art nach § 6 des Einsatz-Weiterverwendungsgesetzes.

§ 26 Weiterversicherung

(1) Personen, die aus der Versicherungspflicht nach § 20 oder § 21 ausgeschieden sind und in den letzten fünf Jahren vor dem Ausscheiden mindestens 24 Monate oder unmittelbar vor dem Ausscheiden mindestens zwölf Monate versichert waren, können sich auf Antrag in der sozialen Pflegeversicherung weiterversichern, sofern für sie keine Versicherungspflicht nach § 23 Abs. 1 eintritt. Dies gilt auch für Personen, deren Familienversicherung nach § 25 erlischt oder nur deswegen nicht besteht, weil die Voraussetzungen des § 25 Abs. 3 vorliegen. Der Antrag ist in den Fällen des Satzes 1 innerhalb von drei Monaten nach Beendigung der Mitgliedschaft, in den Fällen des Satzes 2 nach Beendigung der Familienversicherung oder nach Geburt des Kindes bei der zuständigen Pflegekasse zu stellen.

(2) Personen, die wegen der Verlegung ihres Wohnsitzes oder gewöhnlichen Aufenthaltes ins Ausland aus der Versicherungspflicht ausscheiden, können sich auf Antrag weiterversichern. Der Antrag ist bis spätestens einen Monat nach Ausscheiden aus der Versicherungspflicht bei der Pflegekasse zu stellen, bei der die Versicherung zuletzt bestand. Die Weiterversicherung erstreckt sich auch auf die nach § 25 versicherten Familienangehörigen oder Lebenspartner, die gemeinsam mit dem Mitglied ihren Wohnsitz oder gewöhnlichen Aufenthalt in das Ausland verlegen. Für Familienangehörige oder Lebenspartner, die im Inland verbleiben, endet die Familienversicherung nach § 25 mit dem Tag, an dem das Mitglied seinen Wohnsitz oder gewöhnlichen Aufenthalt ins Ausland verlegt.

§ 26a Beitrittsrecht

(1) Personen mit Wohnsitz im Inland, die nicht pflegeversichert sind, weil sie zum Zeitpunkt der Einführung der Pflegeversicherung am 1. Januar 1995 trotz Wohnsitz im Inland keinen Tatbestand der Versicherungspflicht oder der Mitversicherung in der sozialen oder privaten Pflegeversicherung erfüllten, sind berechtigt, die freiwillige Mitgliedschaft bei einer der nach § 48 Abs. 2 wählbaren sozialen Pflegekassen zu beantragen oder einen Pflegeversicherungsvertrag mit einem privaten Versicherungsunternehmen abzuschließen. Ausgenommen sind Personen, die laufende Hilfe zum Lebensunterhalt nach dem Zwölften Buch beziehen sowie Personen, die nicht selbst in der Lage sind, einen Beitrag zu zahlen. Der Beitritt ist gegenüber der gewählten Pflegekasse oder dem gewählten privaten Versicherungsunternehmen bis zum 30. Juni 2002 schriftlich zu erklären; er bewirkt einen Versicherungsbeginn rückwirkend zum 1. April 2001. Die Vorversicherungszeiten nach § 33 Abs. 2 gelten als erfüllt. Auf den privaten Versicherungsvertrag findet § 110 Abs. 1 Anwendung.

(2) Personen mit Wohnsitz im Inland, die erst ab einem Zeitpunkt nach dem 1. Januar 1995 bis zum Inkrafttreten dieses Gesetzes nicht pflegeversichert sind und keinen Tatbestand der Versicherungspflicht nach diesem Buch erfüllen, sind berechtigt, die freiwillige Mitgliedschaft bei einer der nach § 48 Abs. 2 wählbaren sozialen Pflegekassen zu beantragen oder einen Pflegeversicherungsvertrag mit einem privaten Versicherungsunternehmen abzuschließen. Vom Beitrittsrecht ausgenommen sind die in Absatz 1 Satz 2 genannten Personen sowie Personen, die nur deswegen nicht pflegeversichert sind, weil sie nach dem 1. Januar 1995 ohne zwingenden Grund eine private Kranken- und Pflegeversicherung aufgegeben oder von einer möglichen Weiterversicherung in der gesetzlichen Krankenversicherung oder in der sozialen Pflegeversicherung keinen Gebrauch gemacht haben. Der Beitritt ist gegenüber der gewählten Pflegekasse oder dem gewählten privaten Versicherungsunternehmen bis zum 30. Juni 2002 schriftlich zu erklären. Er bewirkt einen Versicherungsbeginn zum 1. Januar 2002. Auf den privaten Versicherungsvertrag findet § 110 Abs. 3 Anwendung.

(3) Ab dem 1. Juli 2002 besteht ein Beitrittsrecht zur sozialen oder privaten Pflegeversicherung nur für nicht pflegeversicherte Personen, die als Zuwanderer oder Auslandsrückkehrer bei Wohnsitznahme im Inland keinen Tatbestand der Versicherungspflicht nach diesem Buch erfüllen und das 65. Lebensjahr noch nicht vollendet haben, sowie für nicht versicherungspflichtige Personen mit Wohnsitz im Inland, bei denen die Ausschluss-

gründe nach Absatz 1 Satz 2 entfallen sind. Der Beitritt ist gegenüber der nach § 48 Abs. 2 gewählten Pflege-kasse oder dem gewählten privaten Versicherungsunternehmen schriftlich innerhalb von drei Monaten nach Wohnsitznahme im Inland oder nach Wegfall der Ausschlussgründe nach Absatz 1 Satz 2 mit Wirkung vom 1. des Monats zu erklären, der auf die Beitrittserklärung folgt. Auf den privaten Versicherungsvertrag findet § 110 Abs. 3 Anwendung. Das Beitrittsrecht nach Satz 1 ist nicht gegeben in Fällen, in denen ohne zwingenden Grund von den in den Absätzen 1 und 2 geregelten Beitrittsrechten kein Gebrauch gemacht worden ist oder in denen die in Absatz 2 Satz 2 aufgeführten Ausschlussgründe vorliegen.

§ 27 Kündigung eines privaten Pflegeversicherungsvertrages

Personen, die nach den §§ 20 oder 21 versicherungspflichtig werden und bei einem privaten Krankenversiche-rungsunternehmen gegen Pflegebedürftigkeit versichert sind, können ihren Versicherungsvertrag mit Wirkung vom Eintritt der Versicherungspflicht an kündigen. Das Kündigungsrecht gilt auch für Familienangehörige oder Lebenspartner, wenn für sie eine Familienversicherung nach § 25 eintritt. § 5 Absatz 9 des Fünften Buches gilt entsprechend.

Viertes Kapitel
Leistungen der Pflegeversicherung

Fassung bis 31. Dezember 2016	Fassung ab 1. Januar 2017
Erster Abschnitt **Übersicht über die Leistungen**	**Erster Abschnitt** **Übersicht über die Leistungen**
§ 28 Leistungsarten, Grundsätze	**§ 28 Leistungsarten, Grundsätze**
(1) Die Pflegeversicherung gewährt folgende Leistungen:	(1) Die Pflegeversicherung gewährt folgende Leistungen:
1. Pflegesachleistung (§ 36),	1. Pflegesachleistung (§ 36),
2. Pflegegeld für selbst beschaffte Pflegehilfen (§ 37),	2. Pflegegeld für selbst beschaffte Pflegehilfen (§ 37),
3. Kombination von Geldleistung und Sachleistung (§ 38),	3. Kombination von Geldleistung und Sachleistung (§ 38),
4. häusliche Pflege bei Verhinderung der Pflegeperson (§ 39),	4. häusliche Pflege bei Verhinderung der Pflegeperson (§ 39),
5. Pflegehilfsmittel und wohnumfeldverbessernde Maßnahmen (§ 40),	5. Pflegehilfsmittel und wohnumfeldverbessernde Maßnahmen (§ 40),
6. Tagespflege und Nachtpflege (§ 41),	6. Tagespflege und Nachtpflege (§ 41),
7. Kurzzeitpflege (§ 42),	7. Kurzzeitpflege (§ 42),
8. vollstationäre Pflege (§ 43),	8. vollstationäre Pflege (§ 43),
9. Pflege in vollstationären Einrichtungen der Hilfe für behinderte Menschen (§ 43a),	9. Pflege in vollstationären Einrichtungen der Hilfe für behinderte Menschen (§ 43a),
	9a. <u>Zusätzliche Betreuung und Aktivierung in stationären Einrichtungen (§ 43b)</u>,
10. Leistungen zur sozialen Sicherung der Pflegepersonen (§ 44),	10. Leistungen zur sozialen Sicherung der Pflegepersonen (§ 44),
11. zusätzliche Leistungen bei Pflegezeit und kurzzeitiger Arbeitsverhinderung (§ 44a),	11. zusätzliche Leistungen bei Pflegezeit und kurzzeitiger Arbeitsverhinderung (§ 44a),
12. Pflegekurse für Angehörige und ehrenamtliche Pflegepersonen (§ 45),	12. Pflegekurse für Angehörige und ehrenamtliche Pflegepersonen (§ 45),
	12a. <u>Umwandlung des ambulanten Sachleistungsbeitrags (§ 45a)</u>,
13. ~~zusätzliche Betreuungs- und Entlastungsleistungen~~ (§ 45b),	13. <u>Entlastungsbetrag</u> (§ 45b),
14. Leistungen des Persönlichen Budgets nach § 17 Abs. 2 bis 4 des Neunten Buches,	14. Leistungen des Persönlichen Budgets nach § 17 Abs. 2 bis 4 des Neunten Buches,
15. zusätzliche Leistungen für Pflegebedürftige in ambulant betreuten Wohngruppen (§ 38a).	15. zusätzliche Leistungen für Pflegebedürftige in ambulant betreuten Wohngruppen (§ 38a).
(1a) Versicherte haben gegenüber ihrer Pflegekasse oder ihrem Versicherungsunternehmen Anspruch auf Pflegeberatung (§ 7a).	(1a) Versicherte haben gegenüber ihrer Pflegekasse oder ihrem Versicherungsunternehmen Anspruch auf Pflegeberatung (§ 7a).

Fassung bis 31. Dezember 2016	Fassung ab 1. Januar 2017
(1b) Bis zum Erreichen des in § 45e Absatz 2 Satz 2 genannten Zeitpunkts haben Pflegebedürftige unter den Voraussetzungen des § 45e Absatz 1 Anspruch auf Anschubfinanzierung bei Gründung von ambulant betreuten Wohngruppen. ~~Versicherte mit erheblich eingeschränkter Alltagskompetenz haben bis zum Inkrafttreten eines Gesetzes, das die Leistungsgewährung aufgrund eines neuen Pflegebedürftigkeitsbegriffs und eines entsprechenden Begutachtungsverfahrens regelt, Anspruch auf verbesserte Pflegeleistungen (§ 123).~~	(1b) Bis zum Erreichen des in § 45e Absatz 2 Satz 2 genannten Zeitpunkts haben Pflegebedürftige unter den Voraussetzungen des § 45e Absatz 1 Anspruch auf Anschubfinanzierung bei Gründung von ambulant betreuten Wohngruppen.
(2) Personen, die nach beamtenrechtlichen Vorschriften oder Grundsätzen bei Krankheit und Pflege Anspruch auf Beihilfe oder Heilfürsorge haben, erhalten die jeweils zustehenden Leistungen zur Hälfte; dies gilt auch für den Wert von Sachleistungen.	(2) Personen, die nach beamtenrechtlichen Vorschriften oder Grundsätzen bei Krankheit und Pflege Anspruch auf Beihilfe oder Heilfürsorge haben, erhalten die jeweils zustehenden Leistungen zur Hälfte; dies gilt auch für den Wert von Sachleistungen.
(3) Die Pflegekassen und die Leistungserbringer haben sicherzustellen, daß die Leistungen nach Absatz 1 nach allgemein anerkanntem Stand medizinisch-pflegerischer Erkenntnisse erbracht werden.	(3) Die Pflegekassen und die Leistungserbringer haben sicherzustellen, daß die Leistungen nach Absatz 1 nach allgemein anerkanntem Stand medizinisch-pflegerischer Erkenntnisse erbracht werden.
~~(4) Die Pflege soll auch die Aktivierung des Pflegebedürftigen zum Ziel haben, um vorhandene Fähigkeiten zu erhalten und, soweit dies möglich ist, verlorene Fähigkeiten zurückzugewinnen. Um der Gefahr einer Vereinsamung des Pflegebedürftigen entgegenzuwirken, sollen bei der Leistungserbringung auch die Bedürfnisse des Pflegebedürftigen nach Kommunikation berücksichtigt werden.~~	
~~(5)~~ Pflege schließt Sterbebegleitung mit ein; Leistungen anderer Sozialleistungsträger bleiben unberührt.	(4) Pflege schließt Sterbebegleitung mit ein; Leistungen anderer Sozialleistungsträger bleiben unberührt.

Gesetzesbegründung Drs. 18/5926 zu § 28

Änderungen zum 1. Januar 2017

Zu Absatz 1

Ziffer 9: Es handelt sich um eine notwendige Folgeänderung aufgrund der Einführung des neuen § 43b.

Ziffer 12a: Die Ergänzung der Übersicht erfolgt aufgrund der Neuverortung des bisher in § 45b Absatz 3 geregelten Anspruchs auf Kostenerstattung für Leistungen nach Landesrecht anerkannter Angebote unter Anrechnung auf den jeweiligen ambulanten Sachleistungsbetrag im neuen § 45a. Gleichzeitig wird für den Anspruch die Bezeichnung Umwandlungsanspruch eingeführt.

Ziffer 13: Es handelt sich um eine redaktionelle Anpassung an die Neubezeichnung des Anspruchs nach § 45b.

Zu Absatz 1b

Es handelt sich um eine redaktionelle Folgeänderung aufgrund der Aufhebung des § 123.

Zur Streichung des bisherigen Absatz 4

Nach dem bisherigen Absatz 4 Satz 2 sollen bei der Pflege auch die Bedürfnisse des Pflegebedürftigen nach Kommunikation berücksichtigt werden. Diese Regelung war erforderlich, da der bisherige Pflegebedürftigkeitsbegriff primär verrichtungsbezogen war.

Unter Geltung des neuen Pflegebedürftigkeitsbegriffs stellt die Kommunikation nicht nur ein maßgebliches Kriterium bei der Beurteilung von Pflegebedürftigkeit dar. Vielmehr ist sie auch wesentlicher Bestandteil der Leistungserbringung. Vor diesem Hintergrund ist die Regelung in Absatz 4 Satz 2, die zudem nur als Soll-Vorschrift verfasst ist, aufzuheben.

Auch der Aktivierung [bisher Absatz 4 Satz 1] kommt unter Geltung des neuen Pflegebedürftigkeitsbegriffs eine entscheidende Bedeutung zu. Sie wird deshalb in die Regelung zur Selbstbestimmung in § 2 Absatz 1 Satz 2 aufgenommen.

Umbenennung von Absatz 5 in Absatz 4

Redaktionelle Anmerkung:

Durch das Hospiz- und Palliativgesetz vom 1. Dezember 2015 (BGBl. I S. 2114) wurde mit Geltung ab 8. Dezember 2015 der bisherige Absatz 5 eingefügt, der ab 1. Januar 2017 aufgrund der Streichung des bisherigen Absatz 4 entsprechend umnummeriert wird.

Bezüglich des Wortlautes dieses Paragrafen findet sich in der Gesetzesbegründung (Drs. 185170) zum Hospiz- und Palliativgesetz folgende Begründung:

„Jeder Mensch hat das Recht auf ein Sterben unter würdigen Bedingungen. Sterbende Menschen benötigen eine umfassende medizinische, pflegerische, psychosoziale und spirituelle Betreuung und Begleitung, die ihrer individuellen Lebenssituation und ihrem hospizlich-palliativen Versorgungsbedarf Rechnung trägt. Ihre besonderen Bedürfnisse sind auch bei der Erbringung von Pflegeleistungen mit zu berücksichtigen.

Mit der Ergänzung wird klargestellt, dass pflegerische Maßnahmen der Sterbebegleitung zu einer Pflege nach dem allgemein anerkannten Stand medizinisch pflegerischer Erkenntnisse in stationärer und ambulanter Pflege dazu gehören. Leistungen anderer Sozialleistungsträger, insbesondere Leistungen der gesetzlichen Krankenversicherung nach dem Fünften Buch, sowie Leistungen durch Hospizdienste bleiben unberührt."

Neu ab 1. Januar 2017

§ 28a Leistungen bei Pflegegrad 1

(1) Abweichend von § 28 Absatz 1 und 1a gewährt die Pflegeversicherung bei Pflegegrad 1 folgende Leistungen:

1. Pflegeberatung gemäß den §§ 7a und 7b,

2. Beratung in der eigenen Häuslichkeit gemäß § 37 Absatz 3,

3. zusätzliche Leistungen für Pflegebedürftige in ambulant betreuten Wohngruppen gemäß § 38a,

4. Versorgung mit Pflegehilfsmitteln gemäß § 40 Absatz 1 bis 3 und 5,

5. finanzielle Zuschüsse für Maßnahmen zur Verbesserung des individuellen oder gemeinsamen Wohnumfelds gemäß § 40 Absatz 4,

6. zusätzliche Betreuung und Aktivierung in stationären Pflegeeinrichtungen gemäß § 43b,

7. Pflegekurse für Angehörige und ehrenamtliche Pflegepersonen gemäß § 45.

(2) Zudem gewährt die Pflegeversicherung den Entlastungsbetrag gemäß § 45b Absatz 1 Satz 1 in Höhe von 125 Euro monatlich. Dieser kann gemäß § 45b im Wege der Erstattung von Kosten eingesetzt werden, die dem Versicherten im Zusammenhang mit der Inanspruchnahme von Leistungen der Tages- und Nachtpflege sowie der Kurzzeitpflege, von Leistungen der ambulanten Pflegedienste im Sinne des § 36 sowie von Leistungen der nach Landesrecht anerkannten Angebote zur Unterstützung im Alltag im Sinne des § 45a Absatz 1 und 2 entstehen.

(3) Wählen Pflegebedürftige des Pflegegrades 1 vollstationäre Pflege, gewährt die Pflegeversicherung gemäß § 43 Absatz 3 einen Zuschuss in Höhe von 125 Euro monatlich.

Gesetzesbegründung Drs. 18/5926 zu § 28a

Neu eingefügt mit Geltung ab 1. Januar 2017

Grundsätzlich werden ab 1. Januar 2017 die Leistungen der Pflegeversicherung für die Pflegegrade 2 bis 5 gewährt. Sowohl der Beirat 2009 als auch der Expertenbeirat haben jedoch empfohlen, den Pflegegrad 1 (geringe Beeinträchtigungen der Selbständigkeit oder der Fähigkeiten, vgl. § 15 Absatz 3 Satz 4 Nummer 1) zum Zweck der Erhaltung und Wiederherstellung der Selbständigkeit und der Vermeidung schwererer Pflegebedürftigkeit leistungsrechtlich zu hinterlegen.

Die Beeinträchtigungen von Personen im Pflegegrad 1 sind gering und liegen vorrangig im somatischen Bereich. Sie erfordern Teilhilfen bei der Selbstversorgung, beim Verlassen der Wohnung und bei der Haushaltsführung. Daneben sind beratende und edukative Unterstützungsangebote von Bedeutung. Insgesamt stehen Leistungen im Vordergrund, die den Verbleib in der häuslichen Umgebung sicherstellen, ohne dass bereits voller Zugang zu den Leistungen der Pflegeversicherung angezeigt ist. Dies gilt insbesondere für Pflegebedürftige des Pflegegrades 1, die alleine leben, aber auch für diejenigen, deren soziales Umfeld die erforderlichen Unterstützungsleistungen nicht erbringen kann oder will.

Damit Pflegebedürftige des Pflegegrades 1 die ihnen zustehenden Ansprüche leicht finden und realisieren können und somit möglichst selbständig in der gewohnten häuslichen Umgebung verbleiben können, gibt § 28a einen Überblick über die Leistungen, die bei Pflegegrad 1 gewährt werden. Diese reichen von einer umfassenden Pflegeberatung mit Erstellung eines Versorgungsplans (§ 7a) über konkrete Leistungen, wie z. B. die Versorgung mit Hilfsmitteln (§ 40 Absatz 1 bis 3 und 5) und den Wohngruppenzuschlag (§ 38a), bis hin zu dem Entlastungsbetrag gemäß § 45b Absatz 1 Satz 1 in Höhe von bis zu 125 Euro, der flexibel eingesetzt werden kann.

Der Entlastungsbetrag kann im Wege der Kostenerstattung beispielsweise für Leistungen der Tages- und Nachtpflege oder für Leistungen der Kurzzeitpflege verwandt werden (§ 45b Absatz 1 Satz 3).

Wählen Pflegebedürftige des Pflegegrades 1 vollstationäre Pflege, gewährt die Pflegeversicherung gemäß § 43 Absatz 3 einen Zuschuss in Höhe von 125 Euro.

Auch der Anspruch auf zusätzliche Betreuung und Aktivierung in voll- und teilstationären Pflegeeinrichtungen gemäß § 43b steht Pflegebedürftigen des Pflegegrades 1 zu.

Über die in § 28a genannten Leistungen hinaus finden die sonstigen Regelungen des SGB XI grundsätzlich auch auf Pflegebedürftige des Pflegegrades 1 Anwendung. So gelten beispielsweise die Regelungen zur medizinischen Rehabilitation (§ 18 Absatz 1 Satz 3 und Absatz 6, § 18a Absatz 1, §§ 31 und 32) oder die Anschubfinanzierung zur Gründung von ambulant betreuten Wohngruppen (§ 45e) auch für Pflegebedürftige des Pflegegrades 1.

unverändert

Zweiter Abschnitt
Gemeinsame Vorschriften

§ 29 Wirtschaftlichkeitsgebot

(1) Die Leistungen müssen wirksam und wirtschaftlich sein; sie dürfen das Maß des Notwendigen nicht übersteigen. Leistungen, die diese Voraussetzungen nicht erfüllen, können Pflegebedürftige nicht beanspruchen, dürfen die Pflegekassen nicht bewilligen und dürfen die Leistungserbringer nicht zu Lasten der sozialen Pflegeversicherung bewirken.

(2) Leistungen dürfen nur bei Leistungserbringern in Anspruch genommen werden, mit denen die Pflegekassen oder die für sie tätigen Verbände Verträge abgeschlossen haben.

Fassung bis 31. Dezember 2015	Fassung ab 1. Januar 2016
§ 30 Dynamisierung, Verordnungsermächtigung	**§ 30 Dynamisierung, Verordnungsermächtigung**
(1) Die Bundesregierung prüft alle drei Jahre, erneut im Jahre ~~2017~~, Notwendigkeit und Höhe einer Anpassung der Leistungen der Pflegeversicherung. Als ein Orientierungswert für die Anpassungsnotwendigkeit dient die kumulierte Preisentwicklung in den letzten drei abgeschlossenen Kalenderjahren; dabei ist sicherzustellen, dass der Anstieg der Leistungsbeträge nicht höher ausfällt als die Bruttolohnentwicklung im gleichen Zeitraum. Bei der Prüfung können die gesamtwirtschaftlichen Rahmenbedingungen mit berücksichtigt werden. Die Bundesregierung legt den gesetzgebenden Körperschaften des Bundes einen Bericht über das Ergebnis der Prüfung und die tragenden Gründe vor.	(1) Die Bundesregierung prüft alle drei Jahre, erneut im Jahre **2020**, Notwendigkeit und Höhe einer Anpassung der Leistungen der Pflegeversicherung. Als ein Orientierungswert für die Anpassungsnotwendigkeit dient die kumulierte Preisentwicklung in den letzten drei abgeschlossenen Kalenderjahren; dabei ist sicherzustellen, dass der Anstieg der Leistungsbeträge nicht höher ausfällt als die Bruttolohnentwicklung im gleichen Zeitraum. Bei der Prüfung können die gesamtwirtschaftlichen Rahmenbedingungen mit berücksichtigt werden. Die Bundesregierung legt den gesetzgebenden Körperschaften des Bundes einen Bericht über das Ergebnis der Prüfung und die tragenden Gründe vor.
(2) Die Bundesregierung wird ermächtigt, nach Vorlage des Berichts unter Berücksichtigung etwaiger Stellungnahmen der gesetzgebenden Körperschaften des Bundes die Höhe der Leistungen der Pflegeversicherung sowie die in § 37 Abs. 3 festgelegten Vergütungen durch Rechtsverordnung mit Zustimmung des Bundesrates zum 1. Januar des Folgejahres anzupassen. Die Rechtsverordnung soll frühestens zwei Monate nach Vorlage des Berichts erlassen werden, um den gesetzgebenden Körperschaften des Bundes Gelegenheit zur Stellungnahme zu geben.	(2) Die Bundesregierung wird ermächtigt, nach Vorlage des Berichts unter Berücksichtigung etwaiger Stellungnahmen der gesetzgebenden Körperschaften des Bundes die Höhe der Leistungen der Pflegeversicherung sowie die in § 37 Abs. 3 festgelegten Vergütungen durch Rechtsverordnung mit Zustimmung des Bundesrates zum 1. Januar des Folgejahres anzupassen. Die Rechtsverordnung soll frühestens zwei Monate nach Vorlage des Berichts erlassen werden, um den gesetzgebenden Körperschaften des Bundes Gelegenheit zur Stellungnahme zu geben.

Gesetzesbegründung Drs. 18/5926 zu § 30

Änderung ab 1. Januar 2016

Die für das Jahr 2017 vorgesehene Prüfung der Notwendigkeit einer Leistungsdynamisierung findet in unmittelbarer zeitlicher Nähe zur grundsätzlichen Neufestsetzung der Leistungsbeträge im Rahmen der Einführung des neuen Pflegebedürftigkeitsbegriffs statt.

Vor diesem Hintergrund bietet es sich an, die vorgesehene Dynamisierung in die Gesamtausgestaltung der neuen Leistungsbeträge der Pflegeversicherung direkt zu integrieren. Dabei wird das auf die Leistungsdynamisierung entfallende Finanzvolumen gezielt verwendet, um zum einen die Umsetzung des Grundsatzes ambulante Pflege vor stationärer Pflege weiter zu fördern und zum anderen im stationären Bereich einer finanziellen Überforderung der Pflegebedürftigen insbesondere in hohen Pflegegraden besser entgegenzuwirken.

Die eigentlich ab dem Jahr 2018 vorzunehmende Erhöhung der Leistungen wird in die Neufestsetzung der Leistungsbeträge integriert.

unverändert

§ 31 Vorrang der Rehabilitation vor Pflege

(1) Die Pflegekassen prüfen im Einzelfall, welche Leistungen zur medizinischen Rehabilitation und ergänzenden Leistungen geeignet und zumutbar sind, Pflegebedürftigkeit zu überwinden, zu mindern oder ihre Verschlimmerung zu verhüten. Werden Leistungen nach diesem Buch gewährt, ist bei Nachuntersuchungen die Frage geeigneter und zumutbarer Leistungen zur medizinischen Rehabilitation mit zu prüfen.

(2) Die Pflegekassen haben bei der Einleitung und Ausführung der Leistungen zur Pflege sowie bei Beratung, Auskunft und Aufklärung mit den Trägern der Rehabilitation eng zusammenzuarbeiten, um Pflegebedürftigkeit zu vermeiden, zu überwinden, zu mindern oder ihre Verschlimmerung zu verhüten.

(3) Wenn eine Pflegekasse durch die gutachterlichen Feststellungen des Medizinischen Dienstes der Krankenversicherung (§ 18 Abs. 6) oder auf sonstige Weise feststellt, dass im Einzelfall Leistungen zur medizinischen Rehabilitation angezeigt sind, informiert sie unverzüglich den Versicherten sowie mit dessen Einwilligung den behandelnden Arzt und leitet mit Einwilligung des Versicherten eine entsprechende Mitteilung dem zuständigen Rehabilitationsträger zu. Die Pflegekasse weist den Versicherten gleichzeitig auf seine Eigenverantwortung und Mitwirkungspflicht hin. Soweit der Versicherte eingewilligt hat, gilt die Mitteilung an den Rehabilitationsträger als Antragstellung für das Verfahren nach § 14 des Neunten Buches. Die Pflegekasse ist über die Leistungsentscheidung des zuständigen Rehabilitationsträgers unverzüglich zu informieren. Sie prüft in einem angemessenen zeitlichen Abstand, ob entsprechende Maßnahmen durchgeführt worden sind; soweit erforderlich, hat sie vorläufige Leistungen zur medizinischen Rehabilitation nach § 32 Abs. 1 zu erbringen.

§ 32 Vorläufige Leistungen zur medizinischen Rehabilitation

(1) Die Pflegekasse erbringt vorläufige Leistungen zur medizinischen Rehabilitation, wenn eine sofortige Leistungserbringung erforderlich ist, um eine unmittelbar drohende Pflegebedürftigkeit zu vermeiden, eine bestehende Pflegebedürftigkeit zu überwinden, zu mindern oder eine Verschlimmerung der Pflegebedürftigkeit zu verhüten, und sonst die sofortige Einleitung der Leistungen gefährdet wäre.

(2) Die Pflegekasse hat zuvor den zuständigen Träger zu unterrichten und auf die Eilbedürftigkeit der Leistungsgewährung hinzuweisen; wird dieser nicht rechtzeitig, spätestens jedoch vier Wochen nach Antragstellung, tätig, erbringt die Pflegekasse die Leistungen vorläufig.

Fassung bis 31. Dezember 2015	Fassung ab 1. Januar 2016	Fassung ab 1. Januar 2017
§ 33 Leistungsvoraussetzungen	**§ 33 Leistungsvoraussetzungen**	**§ 33 Leistungsvoraussetzungen**
(1) Versicherte erhalten die Leistungen der Pflegeversicherung auf Antrag. Die Leistungen werden ab Antragstellung gewährt, frühestens jedoch von dem Zeitpunkt an, in dem die Anspruchsvoraussetzungen vorliegen. Wird der Antrag später als einen Monat nach Eintritt der Pflegebedürftigkeit gestellt, werden die Leistungen vom Beginn des Monats der Antragstellung an gewährt. Die Zuordnung zu einer Pflegestufe, die Anerkennung als Härtefall sowie die Bewilligung von Leistungen können befristet werden und enden mit Ablauf der Frist.	(1) Versicherte erhalten die Leistungen der Pflegeversicherung auf Antrag. Die Leistungen werden ab Antragstellung gewährt, frühestens jedoch von dem Zeitpunkt an, in dem die Anspruchsvoraussetzungen vorliegen. Wird der Antrag später als einen Monat nach Eintritt der Pflegebedürftigkeit gestellt, werden die Leistungen vom Beginn des Monats der Antragstellung an gewährt. Die Zuordnung zu *einer Pflegestufe, die Anerkennung als Härtefall sowie* die Bewilligung von Leistungen können befristet werden und enden mit Ablauf der Frist.	(1) Versicherte erhalten die Leistungen der Pflegeversicherung auf Antrag. Die Leistungen werden ab Antragstellung gewährt, frühestens jedoch von dem Zeitpunkt an, in dem die Anspruchsvoraussetzungen vorliegen. Wird der Antrag später als einen Monat nach Eintritt der Pflegebedürftigkeit gestellt, werden die Leistungen vom Beginn des Monats der Antragstellung an gewährt. Die Zuordnung zu <u>einem Pflegegrad und</u> die Bewilligung von Leistungen können befristet werden und enden mit Ablauf der Frist.
Die Befristung erfolgt, wenn und soweit eine Verringerung des Hilfebedarfs nach der Einschätzung des Medizinischen Dienstes der Krankenversicherung zu erwarten ist. Die Befristung kann wiederholt werden und schließt Änderungen bei der Zuordnung zu einer Pflegestufe, bei der Anerkennung als Härtefall sowie bei bewilligten Leistungen im Befristungszeitraum nicht aus, soweit dies durch Rechtsvorschriften des Sozialgesetzbuches angeordnet oder erlaubt ist.	Die Befristung erfolgt, wenn und soweit eine Verringerung *des Hilfebedarfs* nach der Einschätzung des Medizinischen Dienstes der Krankenversicherung zu erwarten ist. Die Befristung kann wiederholt werden und schließt Änderungen bei der Zuordnung zu *einer Pflegestufe, bei der Anerkennung als Härtefall sowie* bei bewilligten Leistungen im Befristungszeitraum nicht aus, soweit dies durch Rechtsvorschriften des Sozialgesetzbuches angeordnet oder erlaubt ist.	Die Befristung erfolgt, wenn und soweit eine Verringerung <u>der Beeinträchtigungen der Selbstständigkeit oder der Fähigkeiten</u> nach der Einschätzung des Medizinischen Dienstes der Krankenversicherung zu erwarten ist. Die Befristung kann wiederholt werden und schließt Änderungen bei der Zuordnung <u>zu einem Pflegegrad und</u> bei bewilligten Leistungen im Befristungszeitraum nicht aus, soweit dies durch Rechtsvorschriften des Sozialgesetzbuches angeordnet oder erlaubt ist.
Der Befristungszeitraum darf insgesamt die Dauer von drei Jahren nicht überschreiten. Um eine nahtlose Leistungsgewährung sicherzustellen, hat die Pflegekasse vor Ablauf einer Befristung rechtzeitig zu prüfen und dem Pflegebedürftigen sowie der ihn betreuenden Pflegeeinrichtung mitzuteilen, ob Pflegeleistungen weiterhin bewilligt werden und welcher Pflegestufe der Pflegebedürftige zuzuordnen ist.	Der Befristungszeitraum darf insgesamt die Dauer von drei Jahren nicht überschreiten. Um eine nahtlose Leistungsgewährung sicherzustellen, hat die Pflegekasse vor Ablauf einer Befristung rechtzeitig zu prüfen und dem Pflegebedürftigen sowie der ihn betreuenden Pflegeeinrichtung mitzuteilen, ob Pflegeleistungen weiterhin bewilligt werden und *welcher Pflegestufe* der Pflegebedürftige zuzuordnen ist.	Der Befristungszeitraum darf insgesamt die Dauer von drei Jahren nicht überschreiten. Um eine nahtlose Leistungsgewährung sicherzustellen, hat die Pflegekasse vor Ablauf einer Befristung rechtzeitig zu prüfen und dem Pflegebedürftigen sowie der ihn betreuenden Pflegeeinrichtung mitzuteilen, ob Pflegeleistungen weiterhin bewilligt werden und <u>welchem Pflegegrad</u> der Pflegebedürftige zuzuordnen ist.

Fassung bis 31. Dezember 2015	Fassung ab 1. Januar 2016	Fassung ab 1. Januar 2017
(2) Anspruch auf Leistungen besteht: 1. ~~in der Zeit vom 1. Januar 1996 bis 31. Dezember 1996, wenn der Versicherte vor der Antragstellung mindestens ein Jahr,~~ 2. ~~in der Zeit vom 1. Januar 1997 bis 31. Dezember 1997, wenn der Versicherte vor der Antragstellung mindestens zwei Jahre,~~ 3. ~~in der Zeit vom 1. Januar 1998 bis 31. Dezember 1998, wenn der Versicherte vor der Antragstellung mindestens drei Jahre,~~ 4. ~~in der Zeit vom 1. Januar 1999 bis 31. Dezember 1999, wenn der Versicherte vor der Antragstellung mindestens vier Jahre,~~ 5. ~~in der Zeit vom 1. Januar 2000 bis 30. Juni 2008, wenn der Versicherte in den letzten zehn Jahren vor der Antragstellung mindestens fünf Jahre,~~ 6. ~~in der Zeit ab 1. Juli 2008, wenn der Versicherte in den letzten zehn Jahren vor der Antragstellung mindestens zwei Jahre~~	(2) Anspruch auf Leistungen besteht<u>, wenn der Versicherte in den letzten zehn Jahren vor der Antragstellung mindestens zwei Jahre</u>	(2) Anspruch auf Leistungen besteht, wenn der Versicherte in den letzten zehn Jahren vor der Antragstellung mindestens zwei Jahre
als Mitglied versichert oder nach § 25 familienversichert war. Zeiten der Weiterversicherung nach § 26 Abs. 2 werden bei der Ermittlung der nach Satz 1 erforderlichen Vorversicherungszeit mitberücksichtigt. Für versicherte Kinder gilt die Vorversicherungszeit nach Satz 1 als erfüllt, wenn ein Elternteil sie erfüllt. (3) Personen, die wegen des Eintritts von Versicherungspflicht in der sozialen Pflegeversicherung aus der privaten Pflegeversiche-	als Mitglied versichert oder nach § 25 familienversichert war. Zeiten der Weiterversicherung nach § 26 Abs. 2 werden bei der Ermittlung der nach Satz 1 erforderlichen Vorversicherungszeit mitberücksichtigt. Für versicherte Kinder gilt die Vorversicherungszeit nach Satz 1 als erfüllt, wenn ein Elternteil sie erfüllt. (3) Personen, die wegen des Eintritts von Versicherungspflicht in der sozialen Pflegeversicherung aus der privaten Pflegeversiche-	als Mitglied versichert oder nach § 25 familienversichert war. Zeiten der Weiterversicherung nach § 26 Abs. 2 werden bei der Ermittlung der nach Satz 1 erforderlichen Vorversicherungszeit mitberücksichtigt. Für versicherte Kinder gilt die Vorversicherungszeit nach Satz 1 als erfüllt, wenn ein Elternteil sie erfüllt. (3) Personen, die wegen des Eintritts von Versicherungspflicht in der sozialen Pflegeversicherung aus der privaten Pflegeversiche-

Fassung bis 31. Dezember 2015	Fassung ab 1. Januar 2016	Fassung ab 1. Januar 2017
rung ausscheiden, ist die dort unterbrochen zurückgelegte Versicherungszeit auf die Vorversicherungszeit nach Absatz 2 anzurechnen.	rung ausscheiden, ist die dort unterbrochen zurückgelegte Versicherungszeit auf die Vorversicherungszeit nach Absatz 2 anzurechnen.	rung ausscheiden, ist die dort unterbrochen zurückgelegte Versicherungszeit auf die Vorversicherungszeit nach Absatz 2 anzurechnen.

Gesetzesbegründung Drs. 18/5926 zu § 33

Änderungen zum 1. Januar 2016

Zu Absatz 2

Es handelt sich um eine Rechtsbereinigung. Die nicht mehr erforderlichen Angaben zu den jeweiligen Vorversicherungszeiten, die vor dem 1. Juli 2008 gegolten haben, werden gestrichen.

Änderungen zum 1. Januar 2017

Zu Absatz 1

Es handelt sich um redaktionelle Folgeänderungen aufgrund der Einführung des neuen Pflegebedürftigkeitsbegriffs, der Aufgabe von Pflegestufen, des Wegfalls von Härtefällen und aufgrund der Neueinführung von Pflegegraden.

Neben diesen Folgeänderungen werden in Satz 5 zusätzlich die Worte „des Hilfsbedarfs" im Sinne der neuen Definition von Pflegebedürftigkeit in § 14 durch die Wörter „der Beeinträchtigungen der Selbständigkeit oder der Fähigkeiten" ersetzt. Zukünftig ist nicht mehr der Hilfebedarf bei bestimmten Verrichtungen, sondern die Schwere der Beeinträchtigungen der Selbständigkeit oder der Fähigkeiten maßgeblich für das Vorliegen von Pflegebedürftigkeit.

unverändert

§ 33a Leistungsausschluss

Auf Leistungen besteht kein Anspruch, wenn sich Personen in den Geltungsbereich dieses Gesetzbuchs begeben, um in einer Versicherung nach § 20 Abs. 1 Satz 2 Nr. 12 oder auf Grund dieser Versicherung in einer Versicherung nach § 25 missbräuchlich Leistungen in Anspruch zu nehmen. Das Nähere zur Durchführung regelt die Pflegekasse in ihrer Satzung.

Fassung bis 31. Dezember 2016	Fassung ab 1. Januar 2017
§ 34 Ruhen der Leistungsansprüche	**§ 34 Ruhen der Leistungsansprüche**
(1) Der Anspruch auf Leistungen ruht:	(1) Der Anspruch auf Leistungen ruht:
1. solange sich der Versicherte im Ausland aufhält. Bei vorübergehendem Auslandsaufenthalt von bis zu sechs Wochen im Kalenderjahr ist das Pflegegeld nach § 37 oder anteiliges Pflegegeld nach § 38 weiter zu gewähren. Für die Pflegesachleistung gilt dies nur, soweit die Pflegekraft, die ansonsten die Pflegesachleistung erbringt, den Pflegebedürftigen während des Auslandsaufenthaltes begleitet,	1. solange sich der Versicherte im Ausland aufhält. Bei vorübergehendem Auslandsaufenthalt von bis zu sechs Wochen im Kalenderjahr ist das Pflegegeld nach § 37 oder anteiliges Pflegegeld nach § 38 weiter zu gewähren. Für die Pflegesachleistung gilt dies nur, soweit die Pflegekraft, die ansonsten die Pflegesachleistung erbringt, den Pflegebedürftigen während des Auslandsaufenthaltes begleitet,
2. soweit Versicherte Entschädigungsleistungen wegen Pflegebedürftigkeit unmittelbar nach § 35 des Bundesversorgungsgesetzes oder nach den Gesetzen, die eine entsprechende Anwendung des Bundesversorgungsgesetzes vorsehen, aus der gesetzlichen Unfallversicherung oder aus öffentlichen Kassen auf Grund gesetzlich geregelter Unfallversorgung oder Unfallfürsorge erhalten. Dies gilt auch, wenn vergleichbare Leistungen aus dem Ausland oder von einer zwischenstaatlichen oder überstaatlichen Einrichtung bezogen werden.	2. soweit Versicherte Entschädigungsleistungen wegen Pflegebedürftigkeit unmittelbar nach § 35 des Bundesversorgungsgesetzes oder nach den Gesetzen, die eine entsprechende Anwendung des Bundesversorgungsgesetzes vorsehen, aus der gesetzlichen Unfallversicherung oder aus öffentlichen Kassen auf Grund gesetzlich geregelter Unfallversorgung oder Unfallfürsorge erhalten. Dies gilt auch, wenn vergleichbare Leistungen aus dem Ausland oder von einer zwischenstaatlichen oder überstaatlichen Einrichtung bezogen werden.
(1a) Der Anspruch auf Pflegegeld nach § 37 oder anteiliges Pflegegeld nach § 38 ruht nicht bei pflegebedürftigen Versicherten, die sich in einem Mitgliedstaat der Europäischen Union, einem Vertragsstaat des Abkommens über den Europäischen Wirtschaftsraum oder der Schweiz aufhalten.	(1a) Der Anspruch auf Pflegegeld nach § 37 oder anteiliges Pflegegeld nach § 38 ruht nicht bei pflegebedürftigen Versicherten, die sich in einem Mitgliedstaat der Europäischen Union, einem Vertragsstaat des Abkommens über den Europäischen Wirtschaftsraum oder der Schweiz aufhalten.
(2) Der Anspruch auf Leistungen bei häuslicher Pflege ruht darüber hinaus, soweit im Rahmen des Anspruchs auf häusliche Krankenpflege (§ 37 des Fünften Buches) auch Anspruch auf *Grundpflege und hauswirtschaftliche Versorgung besteht,* sowie für die Dauer des stationären Aufenthalts in einer Einrichtung im Sinne des § 71 Abs. 4, soweit § 39 nichts Abweichendes bestimmt. Pflegegeld nach § 37 oder anteiliges Pflegegeld nach § 38 ist in den ersten vier Wochen einer vollstationären Krankenhausbehand-	(2) Der Anspruch auf Leistungen bei häuslicher Pflege ruht darüber hinaus, soweit im Rahmen des Anspruchs auf häusliche Krankenpflege (§ 37 des Fünften Buches) auch Anspruch auf <u>Leistungen besteht, deren Inhalt den Leistungen nach § 36 besteht,</u> sowie für die Dauer des stationären Aufenthalts in einer Einrichtung im Sinne des § 71 Abs. 4, soweit § 39 nichts Abweichendes bestimmt. Pflegegeld nach § 37 oder anteiliges Pflegegeld nach § 38 ist in den ersten vier Wochen einer vollstationären Krankenhausbehand-

Fassung bis 31. Dezember 2016	Fassung ab 1. Januar 2017
lung, einer häuslichen Krankenpflege mit Anspruch auf *Grundpflege und hauswirtschaftliche Versorgung* oder einer Aufnahme in Vorsorge- oder Rehabilitationseinrichtungen nach § 107 Absatz 2 des Fünften Buches weiter zu zahlen; bei Pflegebedürftigen, die ihre Pflege durch von ihnen beschäftigte besondere Pflegekräfte sicherstellen und bei denen § 66 Absatz 4 Satz 2 des Zwölften Buches Anwendung findet, wird das Pflegegeld nach § 37 oder anteiliges Pflegegeld nach § 38 auch über die ersten vier Wochen hinaus weiter gezahlt.	lung, einer häuslichen Krankenpflege mit Anspruch auf <u>Leistungen, deren Inhalt den Leistungen nach § 36 entspricht,</u> oder einer Aufnahme in Vorsorge- oder Rehabilitationseinrichtungen nach § 107 Absatz 2 des Fünften Buches weiter zu zahlen; bei Pflegebedürftigen, die ihre Pflege durch von ihnen beschäftigte besondere Pflegekräfte sicherstellen und bei denen § 66 Absatz 4 Satz 2 des Zwölften Buches Anwendung findet, wird das Pflegegeld nach § 37 oder anteiliges Pflegegeld nach § 38 auch über die ersten vier Wochen hinaus weiter gezahlt.
(3) Die Leistungen zur sozialen Sicherung nach den §§ 44 und 44a ruhen nicht für die Dauer der häuslichen Krankenpflege, bei vorübergehendem Auslandsaufenthalt des Versicherten oder Erholungsurlaub der Pflegeperson von bis zu sechs Wochen im Kalenderjahr sowie in den ersten vier Wochen einer vollstationären Krankenhausbehandlung oder einer stationären Leistung zur medizinischen Rehabilitation.	(3) Die Leistungen zur sozialen Sicherung nach den §§ 44 und 44a ruhen nicht für die Dauer der häuslichen Krankenpflege, bei vorübergehendem Auslandsaufenthalt des Versicherten oder Erholungsurlaub der Pflegeperson von bis zu sechs Wochen im Kalenderjahr sowie in den ersten vier Wochen einer vollstationären Krankenhausbehandlung oder einer stationären Leistung zur medizinischen Rehabilitation.

Gesetzesbegründung Drs. 18/5926 zu § 34

Änderungen zum 1. Januar 2017

Zu Absatz 2

Es handelt sich um redaktionelle Folgeänderungen zur Einführung des neuen Pflegebedürftigkeitsbegriffs. Bislang ist das Ruhen der Leistungen bei häuslicher Pflege vorgesehen, soweit im Rahmen des Anspruchs auf häusliche Krankenpflege nach § 37 SGB V auch Anspruch auf Grundpflege und hauswirtschaftliche Versorgung besteht. Die Begriffe Grundpflege und hauswirtschaftliche Versorgung werden im SGB XI mit Einführung des neuen Pflegebedürftigkeitsbegriffs nicht mehr verwendet, wobei die bisherigen Leistungsinhalte des § 36 insoweit aber vollständig erhalten bleiben. Zugleich werden die Leistungsinhalte des § 36 im Rahmen des neuen Pflegebedürftigkeitsbegriffs inhaltlich erweitert, so dass sie über die Erbringung von Grundpflege und hauswirtschaftlicher Versorgung hinausgehen.

Deshalb wird die Vorschrift zum Ruhen der Leistungen rein redaktionell angepasst. Eine inhaltliche Änderung ist hiermit nicht verbunden.

---

unverändert

§ 35 Erlöschen der Leistungsansprüche

Der Anspruch auf Leistungen erlischt mit dem Ende der Mitgliedschaft, soweit in diesem Buch nichts Abweichendes bestimmt ist. § 19 Absatz 1a des Fünften Buches gilt entsprechend.

§ 35a Teilnahme an einem trägerübergreifenden Persönlichen Budget nach § 17 Abs. 2 bis 4 des Neunten Buches

Pflegebedürftige können auf Antrag die Leistungen nach den §§ 36, 37 Abs. 1, §§ 38, 40 Abs. 2 und § 41 auch als Teil eines trägerübergreifenden Budgets nach § 17 Abs. 2 bis 4 des Neunten Buches in Verbindung mit der Budgetverordnung und § 159 des Neunten Buches erhalten; bei der Kombinationsleistung nach § 38 ist nur das anteilige und im Voraus bestimmte Pflegegeld als Geldleistung budgetfähig, die Sachleistungen nach den §§ 36, 38 und 41 dürfen nur in Form von Gutscheinen zur Verfügung gestellt werden, die zur Inanspruchnahme von zugelassenen Pflegeeinrichtungen nach diesem Buch berechtigen. Der beauftragte Leistungsträger nach § 17 Abs. 4 des Neunten Buches hat sicherzustellen, dass eine den Vorschriften dieses Buches entsprechende Leistungsbewilligung und Verwendung der Leistungen durch den Pflegebedürftigen gewährleistet ist. Andere als die in Satz 1 genannten Leistungsansprüche bleiben ebenso wie die sonstigen Vorschriften dieses Buches unberührt.

Fassung bis 31. Dezember 2016	Fassung ab 1. Januar 2017
Dritter Abschnitt **Leistungen**	**Dritter Abschnitt** **Leistungen**
Erster Titel **Leistungen bei häuslicher Pflege**	**Erster Titel** **Leistungen bei häuslicher Pflege**
§ 36 Pflegesachleistungen	**§ 36 Pflegesachleistung**
(1) Pflegebedürftige haben bei häuslicher Pflege Anspruch auf *Grundpflege und hauswirtschaftliche Versorgung* als Sachleistung (häusliche Pflegehilfe). *Leistungen der häuslichen Pflege sind auch zulässig, wenn Pflegebedürftige nicht in ihrem eigenen Haushalt gepflegt werden; sie sind nicht zulässig, wenn Pflegebedürftige in einer stationären Pflegeeinrichtung oder in einer Einrichtung im Sinne des § 71 Abs. 4 gepflegt werden. Häusliche Pflegehilfe wird durch geeignete Pflegekräfte erbracht, die entweder von der Pflegekasse oder bei ambulanten Pflegeeinrichtungen, mit denen die Pflegekasse einen Versorgungsvertrag abgeschlossen hat, angestellt sind. Auch durch Einzelpersonen, mit denen die Pflegekasse einen Vertrag nach § 77 Abs. 1 abgeschlossen hat, kann häusliche Pflegehilfe als Sachleistung erbracht werden. Mehrere Pflegebedürftige können Pflege- und Betreuungsleistungen sowie hauswirtschaftliche Versorgung gemeinsam als Sachleistung in Anspruch nehmen. Der Anspruch auf Betreuungsleistungen als Sachleistung setzt voraus, dass die Grundpflege und die hauswirtschaftliche Versorgung im Einzelfall sichergestellt sind. Betreuungsleistungen als Sachleistungen nach Satz 5 dürfen nicht zulasten der Pflegekassen in Anspruch genommen werden, wenn diese Leistungen im Rahmen der Eingliederungshilfe für behinderte Menschen nach dem Zwölften Buch, durch den zuständigen Träger der Eingliederungshilfe nach dem Achten Buch oder nach dem Bundesversorgungsgesetz finanziert werden.*	(1) Pflegebedürftige der Pflegegrade 2 bis 5 haben bei häuslicher Pflege Anspruch auf körperbezogene Pflegemaßnahmen und pflegerische Betreuungsmaßnahmen sowie auf Hilfen bei der Haushaltsführung als Sachleistung (häusliche Pflegehilfe). Der Anspruch umfasst pflegerische Maßnahmen in den in § 14 Absatz 2 genannten Bereichen Mobilität, kognitive und kommunikative Fähigkeiten, Verhaltensweisen und psychische Problemlagen, Selbstversorgung, Bewältigung von und selbständiger Umgang mit krankheits- oder therapiebedingten Anforderungen und Belastungen sowie Gestaltung des Alltagslebens und sozialer Kontakte. (2) Häusliche Pflegehilfe wird erbracht, um Beeinträchtigungen der Selbständigkeit oder der Fähigkeiten des Pflegebedürftigen so weit wie möglich durch pflegerische Maßnahmen zu beseitigen oder zu mindern und eine Verschlimmerung der Pflegebedürftigkeit zu verhindern. Bestandteil der häuslichen Pflegehilfe ist auch die pflegefachliche Anleitung von Pflegebedürftigen und Pflegepersonen. Pflegerische Betreuungsmaßnahmen umfassen Unterstützungsleistungen zur Bewältigung und Gestaltung des alltäglichen Lebens im häuslichen Umfeld, insbesondere 1. bei der Bewältigung psychosozialer Problemlagen oder von Gefährdungen, 2. bei der Orientierung, bei der Tagesstrukturierung, bei der Kommunikation, bei der Aufrechterhaltung sozialer Kontakte und bei bedürfnisgerechten Beschäftigungen im Alltag sowie 3. durch Maßnahmen zur kognitiven Aktivierung.
(2) Grundpflege und hauswirtschaftliche Versorgung umfassen Hilfeleistungen bei den in § 14 genannten Verrichtungen; die verrichtungsbezogenen krankheitsspezifischen Pflegemaßnahmen gehören nicht dazu, soweit diese im Rahmen der häuslichen Krankenpflege nach § 37 des Fünften Buches zu leisten sind.	

Fassung bis 31. Dezember 2016	Fassung ab 1. Januar 2017
(3) Der Anspruch auf häusliche Pflegehilfe umfasst je Kalendermonat	(3) Der Anspruch auf häusliche Pflegehilfe umfasst je Kalendermonat

Fassung bis 31. Dezember 2016:

(3) Der Anspruch auf häusliche Pflegehilfe umfasst je Kalendermonat

1. für Pflegebedürftige der Pflegestufe I Pflegeeinsätze bis zu einem Gesamtwert von

   a) 420 Euro ab 1. Juli 2008,

   b) 440 Euro ab 1. Januar 2010,

   c) 450 Euro ab 1. Januar 2012,

   d) 468 Euro ab 1. Januar 2015,

2. für Pflegebedürftige der Pflegestufe II Pflegeeinsätze bis zu einem Gesamtwert von

   a) 980 Euro ab 1. Juli 2008,

   b) 1.040 Euro ab 1. Januar 2010,

   c) 1.100 Euro ab 1. Januar 2012,

   d) 1.144 Euro ab 1. Januar 2015,

3. für Pflegebedürftige der Pflegestufe III Pflegeeinsätze bis zu einem Gesamtwert von

   a) 1.470 Euro ab 1. Juli 2008,

   b) 1.510 Euro ab 1. Januar 2010,

   c) 1.550 Euro ab 1. Januar 2012,

   d) 1.612 Euro ab 1. Januar 2015.

(4) Die Pflegekassen können in besonders gelagerten Einzelfällen zur Vermeidung von Härten Pflegebedürftigen der Pflegestufe III weitere Pflegeeinsätze bis zu einem Gesamtwert von 1 995 Euro monatlich gewähren, wenn ein außergewöhnlich hoher Pflegeaufwand vorliegt, der das übliche Maß der Pflegestufe III weit übersteigt, beispielsweise wenn im Endstadium von Krebserkrankungen regelmäßig mehrfach auch in der Nacht Hilfe geleistet werden muß. Die Ausnahmeregelung des Satzes 1 darf für nicht mehr als 3 vom Hundert aller versicherten Pflegebedürftigen der Pflegestufe III, die häuslich gepflegt werden, Anwendung finden. Der Spitzenverband Bund der Pflegekassen überwacht die Einhaltung dieses Höchstsatzes und hat erforderlichenfalls geeignete Maßnahmen zur Einhaltung zu ergreifen.

Fassung ab 1. Januar 2017:

(3) Der Anspruch auf häusliche Pflegehilfe umfasst je Kalendermonat

1. für Pflegebedürftige des Pflegegrades 2 Leistungen bis zu einem Gesamtwert von 689 Euro,

2. für Pflegebedürftige des Pflegegrades 3 Leistungen bis zu einem Gesamtwert von 1 298 Euro,

3. für Pflegebedürftige des Pflegegrades 4 Leistungen bis zu einem Gesamtwert von 1 612 Euro,

4. für Pflegebedürftige des Pflegegrades 5 Leistungen bis zu einem Gesamtwert von 1 995 Euro.

(4) Häusliche Pflegehilfe ist auch zulässig, wenn Pflegebedürftige nicht in ihrem eigenen Haushalt gepflegt werden; sie ist nicht zulässig, wenn Pflegebedürftige in einer stationären Pflegeeinrichtung oder in einer Einrichtung im Sinne des § 71 Absatz 4 gepflegt werden. Häusliche Pflegehilfe wird durch geeignete Pflegekräfte erbracht, die entweder von der Pflegekasse oder bei ambulanten Pflegeeinrichtungen, mit denen die Pflegekasse einen Versorgungsvertrag abgeschlossen hat, angestellt sind. Auch durch Einzelpersonen, mit denen die Pflegekasse einen Vertrag nach § 77 Absatz 1 abgeschlossen hat, kann häusliche Pflegehilfe als Sachleistung erbracht werden. Mehrere Pflegebedürftige können häusliche Pflegehilfe gemeinsam in Anspruch nehmen.

Gesetzesbegründung Drs. 18/5926 und 18/6688 zu § 36

Änderungen ab 1. Januar 2017

Häusliche Pflegehilfe umfasst als Sachleistung körperbezogene Pflegemaßnahmen und pflegerische Betreuungsmaßnahmen. Diese pflegerischen Maßnahmen beziehen sich auf die in § 14 Absatz 2 für die Feststellung der Pflegebedürftigkeit genannten Bereiche. Daneben umfasst häusliche Pflegehilfe auch Hilfen bei der Haushaltsführung. Zur Konkretisierung der bei der Haushaltsführung erforderlichen Hilfen im Sinne des § 14 Absatz 3 sollen auch die Ergebnisse der Begutachtung nach § 18 Absatz 5a herangezogen werden.

Die Neudefinition der häuslichen Pflegehilfe und die damit zusammenhängenden Änderungen des § 36 sind bedingt durch die Einführung des neuen Pflegebedürftigkeitsbegriffs und des damit korrespondierenden NBA. Das NBA erhebt in sechs für die Einschätzung von Pflegebedürftigkeit relevanten Bereichen (Modulen) das jeweilige Ausmaß der Selbständigkeit und der Fähigkeiten und damit einhergehend das Ausmaß der Abhängigkeit von Hilfe durch andere. Die bisherige Beschränkung auf bestimmte, körperbezogene Verrichtungen entfällt. Im Mittelpunkt des neuen Verständnisses von Pflegebedürftigkeit stehen nicht mehr die Defizite, die pflegebedürftige Menschen aufweisen, sondern Ziel ist, das Ausmaß ihrer Selbständigkeit erkennbar zu machen.

Durch die Anknüpfung an den Grad der Selbständigkeit ist es mit dem NBA erstmals möglich, körperlich, kognitiv und psychisch beeinträchtigte Pflegebedürftige bei der Begutachtung und Einstufung in einen Pflegegrad gleich zu behandeln. Diese Gleichbehandlung von somatisch, kognitiv und psychisch beeinträchtigten Pflegebedürftigen beschränkt sich jedoch nicht auf Begutachtung und Einstufung in einen Pflegegrad, sondern setzt sich konsequenterweise im Leistungszugang fort: Wenn alle Pflegebedürftigen bei Begutachtung und Einstufung gleich behandelt werden, stehen ihnen auch dieselben Leistungen der Pflegeversicherung offen; sie können aus demselben Leistungsangebot wählen und erhalten – abhängig von ihrem Pflegegrad – Leistungen in derselben Höhe.

Dies zugrunde legend entfällt die Berechtigung für Sonderregelungen, wie sie beispielsweise bisher in den §§ 123 und 124 enthalten sind. Sie werden deshalb mit Einführung des neuen Pflegebedürftigkeitsbegriffs aufgehoben.

Gleichzeitig müssen die Leistungsinhalte der häuslichen Pflegehilfe mit dem erweiterten Verständnis von Pflegebedürftigkeit korrespondieren:

Dies erfolgt zum einen, indem sich die pflegerischen Maßnahmen auf die in § 14 Absatz 2 für die Feststellung von Pflegebedürftigkeit genannten Bereiche beziehen (vgl. § 36 Absatz 1 Satz 2). Dies gilt ausdrücklich auch für die Aspekte von Pflegebedürftigkeit, die bisher nicht erhoben wurden, wie beispielsweise Verhaltensweisen und psychische Problemlagen (vgl. § 14 Absatz 2 Nummer 3 – Modul 3) und die Bewältigung von und der selbständige Umgang mit krankheits- oder therapiebedingten Anforderungen und Belastungen (vgl. § 14 Absatz 2 Nummer 5 – Modul 5), soweit sie nicht anderen Leistungsträgern zugeordnet sind.

Zum anderen erfolgt dies, indem die pflegerische Betreuung als gleichwertige und regelhafte Leistung in die häusliche Pflegehilfe aufgenommen wird. Der jeweilige Sachleistungsbetrag (siehe Absatz 3) steht nunmehr für alle drei Leistungsbereiche – körperbezogene Pflegemaßnahmen, pflegerische Betreuungsmaßnahmen und Hilfen bei der Haushaltsführung – zur Verfügung.

Die bisherige Voraussetzung für die Inanspruchnahme von Betreuungsleistungen, dass Grundpflege und hauswirtschaftliche Versorgung – diese Begriffe werden unter Geltung des neuen Pflegebedürftigkeitsbegriffs im Einklang mit dem veränderten Verständnis von Pflege ersetzt – im Einzelfall sichergestellt sein müssen, wird aufgegeben; sie ist mit dem neuen Verständnis von Pflegebedürftigkeit nicht vereinbar. Die Pflegebedürftigen können somit aus den Angeboten zugelassener Pflegedienste nach ihren Wünschen und Bedürfnissen frei wählen, unabhängig davon, ob diese Angebote körperbezogene Pflegemaßnahmen, pflegerische Betreuungsmaßnahmen oder Hilfen bei der Haushaltsführung betreffen.

Betreuungsleistungen entsprechen vor allem den Wünschen von an Demenz erkrankten Menschen und deren Angehörigen, da sie maßgeblich zur Entlastung der pflegenden Angehörigen beitragen. Aber auch somatisch erkrankte Pflegebedürftige erhalten neue Gestaltungsmöglichkeiten bei der Zusammenstellung ihrer Pflegeleistungen.

Mit der Aufnahme der pflegerischen Betreuungsmaßnahmen in die häusliche Pflegehilfe wird auch eine Empfehlung des Expertenbeirats aufgegriffen. Insbesondere mit Blick auf die Flexibilisierung des Leistungsspektrums des § 36 durch die bisherige Regelung des § 124 (Übergangsregelung: Häusliche Betreuung) empfiehlt der Expertenbeirat nämlich, § 124 in § 36 zu integrieren (siehe S. 32 des Abschlussberichts vom 27. Juni 2013).

Mit dem Expertenbeirat besteht Übereinstimmung dahingehend, dass die Konkretisierung von Betreuung in dem bisherigen § 124 bereits wichtige Aspekte pflegerischer Betreuung beinhaltet, die beibehalten werden sollen (siehe S. 32 des Abschlussberichts vom 27. Juni 2013). § 124 Absatz 2 lautet:

„Leistungen der häuslichen Betreuung werden neben Grundpflege und hauswirtschaftlicher Versorgung als pflegerische Betreuungsmaßnahmen erbracht. Sie umfassen Unterstützung und sonstige Hilfen im häuslichen Umfeld des Pflegebedürftigen oder seiner Familie und schließen insbesondere das Folgende mit ein:

1. Unterstützung von Aktivitäten im häuslichen Umfeld, die dem Zweck der Kommunikation und der Aufrechterhaltung sozialer Kontakte dienen,

2. Unterstützung bei der Gestaltung des häuslichen Alltags, insbesondere Hilfen zur Entwicklung und Aufrechterhaltung einer Tagesstruktur, zur Durchführung bedürfnisgerechter Beschäftigungen und zur Einhaltung eines bedürfnisgerechten Tag-/Nacht-Rhythmus.

Häusliche Betreuung kann von mehreren Pflegebedürftigen oder Versicherten mit erheblich eingeschränkter Alltagskompetenz auch als gemeinschaftliche häusliche Betreuung im häuslichen Umfeld einer oder eines Beteiligten oder seiner Familie als Sachleistung in Anspruch genommen werden.“

Über die gesetzliche Regelung hinaus enthält die Begründung zu § 124 eine weitere Umschreibung pflegerischer Betreuungsmaßnahmen (vgl. Drs.17/9369 vom 23. April 2012, S. 53), die in die hiesige Begründung übernommen werden soll: So können beispielsweise Spaziergänge in der näheren Umgebung ebenso zur Aufrechterhaltung sozialer Kontakte beitragen wie die Ermöglichung des Besuchs von Verwandten und Bekannten oder die Begleitung zum Friedhof. Auch Unterstützungsleistungen bei der Regelung von finanziellen und administrativen Angelegenheiten kommen in Betracht. Zur Gestaltung des Alltags gehört auch die Unterstützung bei Hobby und Spiel. Der Begriff der sonstigen Hilfen schließt Hilfen mit ein, bei denen ein aktives Tun nicht im Vordergrund steht. Dies gilt beispielsweise bei Beobachtung zur Vermeidung von Selbst- oder Fremdgefährdung oder bei einer bloßen Anwesenheit, um dem Pflegebedürftigen emotionale Sicherheit zu geben. Beaufsichtigung durch eine räumlich nicht anwesende Person, insbesondere durch eine Videoüberwachung, ist jedoch keine häusliche Betreuung in diesem Sinne.

Daneben gibt es noch ein Spektrum an psychosozialer Unterstützung, das unter Bezugnahme auf Wingenfeld u. Gansweid (Analysen für die Entwicklung von Empfehlungen zur leistungsrechtlichen Ausgestaltung des neuen Pflegebedürftigkeitsbegriffs; Abschlussbericht April 2013, S. 35 bis 37) die folgenden Hilfen umfasst:

- Hilfen bei der Kommunikation,

- emotionale Unterstützung,

- Hilfen zur Verhinderung bzw. Reduzierung von Gefährdungen,

- Orientierungshilfen,

- Unterstützung bei der Beschäftigung,

- kognitiv fördernde Maßnahmen,

- Präsenz

Die Beeinträchtigungen, auf die sich diese Hilfen beziehen, liegen primär in den Bereichen

- kognitive und kommunikative Fähigkeiten (§ 14 Absatz 2 Nummer 2 – Modul 2),

- Verhaltensweisen und psychische Problemlagen (§ 14 Absatz 2 Nummer 3 – Modul 3) sowie

- Gestaltung des Alltagslebens und sozialer Kontakte (§ 14 Absatz 2 Nummer 6 – Modul 6).

Soweit der neue Pflegebedürftigkeitsbegriff auch in das SGB XII [Sozialhilfe] und andere Gesetze eingeführt wird, wird der Begriff der pflegerischen Betreuungsmaßnahmen zur Klärung von Schnittstellen näher zu definieren sein. Ob hierfür ein detaillierter, offener Leistungskatalog erforderlich ist, wo derartige Regelungen verortet werden, und welche Regelungen zur Leistungskonkurrenz erfolgen, wird noch festgelegt.

> **Redaktionelle Anmerkung:**
>
> Siehe zum Sachstand S. 79. Hier ist die Entschließung bzw. Aufforderung des Bundesrates enthalten, so rasch wie möglich einen Gesetzentwurf einzubringen, der die Schnittstellen zu weiteren Sozialleistungssystemen regelt.

Der Begriff der körperbezogenen Pflegemaßnahmen bezieht sich insbesondere auf Beeinträchtigungen der Selbständigkeit oder der Fähigkeiten in den Modulen 1 (Mobilität) und 4 (Selbstversorgung), vgl. § 14 Absatz 2 Nummer 1 und 4. Die in diesen Modulen berücksichtigten Aktivitäten entsprechen weitgehend dem bisherigen Verrichtungskatalog in § 14 Absatz 4 in der Fassung bis zum 31. Dezember 2016. Durch die Bezugnahme in Absatz 1 Satz 2 auf die Module 1 und 4 wird somit einerseits sichergestellt, dass keine Leistung aus dem Bereich der bisherigen Grundpflege „verloren geht". Andererseits gehören die Module 1 und 4 zum NBA und spiegeln das neue Verständnis von Pflegebedürftigkeit wider.

Neben körperbezogenen Pflegemaßnahmen und pflegerischen Betreuungsmaßnahmen umfasst die häusliche Pflegehilfe – wie bisher auch – Hilfen bei der Haushaltsführung. Während unter Geltung des alten Pflegebedürftigkeitsbegriffs Verrichtungen im Bereich der hauswirtschaftlichen Versorgung von § 14 ausdrücklich erfasst waren (vgl. § 14 Absatz 4 Nummer 4 in der Fassung bis zum 31. Dezember 2016), ist die Feststellung von Beeinträchtigungen der Selbständigkeit oder der Fähigkeiten bei der Haushaltsführung nicht unmittelbar für die Beurteilung des Grades der Pflegebedürftigkeit relevant. Dies liegt darin begründet, dass die Beeinträchtigungen der Selbständigkeit oder der Fähigkeiten, die dazu führen, dass die Haushaltsführung nicht mehr ohne Hilfe bewältigt werden kann, bereits im Rahmen der Erhebungen der Module 1 bis 6 im jeweils betroffenen Bereich erfasst werden. Die gesonderte Erhebung der Beeinträchtigungen bei der Haushaltsführung als Grundlage für die Pflegeplanung, die in § 18 Absatz 5a vorgesehen ist, dient zur Präzisierung des Hilfebedarfs, nicht zur Feststellung der Pflegebedürftigkeit. Hilfen bei der Haushaltsführung werden jedoch auch weiterhin gewährt. Dafür spricht sich auch der Expertenbeirat aus: Aus pflegefachlichen Gründen solle die hauswirtschaftliche Versorgung Bestandteil der Leistungen der Pflegeversicherung bleiben (siehe S. 32 des Abschlussberichts vom 27. Juni 2013).

Die Änderung des Begriffs von hauswirtschaftlicher Versorgung in Hilfen bei der Haushaltsführung berücksichtigt die veränderte Perspektive des neuen Pflegebedürftigkeitsbegriffs: Pflegebedürftige sollen nicht nur (passiv) versorgt, sondern (aktiv) bei der Haushaltsführung unterstützt werden. Auch wenn dies im Einzelfall bis zu einer vollständigen Übernahme von Aktivitäten im Rahmen der Haushaltsführung gehen kann, wird damit betont, dass die Selbständigkeit der Pflegebedürftigen im Zentrum der pflegerischen Maßnahmen stehen soll.

Leistungsinhalt ist eine Unterstützung bei den nach § 18 Absatz 5a erfassten Aktivitäten. Es handelt sich dabei einerseits um typische Hausarbeiten, die jetzt schon von der Pflegeversicherung umfasst werden, also alle in § 14 Absatz 4 Nummer 4. in der Fassung bis zum 31. Dezember 2016 genannten Hilfen beim Einkaufen, Kochen, Reinigen der Wohnung, Spülen, Wechseln und Waschen der Wäsche sowie der Kleidung und das Beheizen, einschließlich der Konkretisierungen durch die bisherigen Begutachtungs-Richtlinien nach § 17 in der Fassung bis zum 31. Dezember 2016. Andererseits wird zukünftig auch die Unterstützung bei den für die alltägliche Lebensführung notwendigen geschäftlichen Belangen erfasst. Dabei muss es sich um Aktivitäten handeln, die aus pflegefachlicher Sicht besonders wichtig sind, um im eigenen Haushalt verbleiben zu können.

Neben der gesetzlichen Regelung selbst und dieser Begründung erfahren der Begriff der häuslichen Pflegehilfe und somit die körperbezogenen Pflegemaßnahmen, die pflegerischen Betreuungsmaßnahmen sowie die Hilfen bei der Haushaltsführung nähere Ausgestaltung unter anderem durch

- die Bundesempfehlungen und Rahmenvereinbarungen nach § 75,
- die Maßstäbe und Grundsätze für die Qualität und die Qualitätssicherung in der ambulanten und stationären Pflege sowie für die Entwicklung eines einrichtungsinternen Qualitätsmanagements nach § 113 und
- das Gemeinsame Rundschreiben des Spitzenverbandes Bund der Pflegekassen und der Verbände der Pflegekassen auf Bundesebene zu den leistungsrechtlichen Vorschriften des SGB XI

Der Anspruch auf häusliche Pflegehilfe steht Pflegebedürftigen der Pflegegrade 2 bis 5 zu.

Welche Ansprüche Pflegebedürftigen des Pflegegrades 1 zustehen, ergibt sich aus § 28a in Verbindung mit den entsprechenden Regelungen.

Zu Absatz 2

Redaktionelle Anmerkung:

Die Anfügung von Satz 2 und damit die inhaltliche Bestimmung des Begriffs „pflegerische Betreuungsmaßnahmen" erfolgte erst aufgrund der Beschlussempfehlung des Ausschusses für Gesundheit (Drs. 16/6688).

Das Konzept des neuen Pflegebedürftigkeitsbegriffes berücksichtigt Beeinträchtigungen der Selbständigkeit, die Hilfen bei der Anleitung, Motivation und Schulung von Pflegebedürftigen und Pflegepersonen erfordern. Vor diesem Hintergrund wird nunmehr auch ausdrücklich vorgesehen, dass auch die fachliche Anleitung von Pflegebedürftigen und in die Pflege eingebundenen Pflegepersonen einschließlich einer vorhergehenden Problem- und Bedarfseinschätzung Bestandteil der häuslichen Pflegehilfe ist.

Pflegekräfte im Rahmen der häuslichen Pflegehilfe sind in aller Regel nur zu bestimmten Tages- oder Nachtzeiten beim Pflegebedürftigen. Situationen beim Pflegebedürftigen, die ein Handeln der an der Pflege Beteiligten erfordern, treten aber häufig auch außerhalb der Anwesenheitszeiten der Pflegekräfte auf. Daher ist es Bestandteil der Leistung, durch pflegefachliche Anleitung der Pflegebedürftigen und der Pflegepersonen diese darin zu unterstützen, auch während Zeiten der Abwesenheit pflegerelevante Situationen gut bewältigen zu können.

Diese Art der pflegefachlichen Anleitung findet laufend und situationsbezogen im Rahmen der häuslichen Pflegehilfe statt. Sie wird ergänzt und vertieft durch die Möglichkeit zur Beratung im Rahmen der Beratungseinsätze nach § 37 Absatz 3 und durch die Möglichkeit zur Inanspruchnahme von individuellen und Gruppenschulungen nach § 45.

Pflegerische Betreuungsmaßnahmen umfassen insbesondere Maßnahmen zur kognitiven Aktivierung sowie Unterstützungsleistungen bei der Bewältigung auftretender psychosozialer Problemlagen oder von Selbst- oder Fremdgefährdungen und bei der Orientierung, insbesondere der räumlichen und zeitlichen Orientierung des Pflegebedürftigen, bei der Tagesstrukturierung, den individuellen Bedürfnissen Rechnung tragenden Aktivitäten wie beispielsweise Musik hören, Zeitung lesen oder dem Betrachten von Fotoalben, bei der Kommunikation und bei der Aufrechterhaltung sozialer Kontakte im Alltag. Pflegerische Betreuungsmaßnahmen können auch durch Anwesenheit einer geeigneten Pflegekraft, die jeweils bei Bedarf situationsgerecht Unterstützung leistet, erbracht werden.

Psychische Problemlagen sind oft dadurch gekennzeichnet, dass sie einen psychosozialen Unterstützungsbedarf nach sich ziehen. Insoweit sind die Erläuterungen zu §§ 14 Absatz 2 sowie 36 Absätze 1 und 2 [in der Fassung ab 1. Januar 2017] hier uneingeschränkt heranzuziehen.

Pflegerische Betreuungsmaßnahmen werden in Bezug auf das häusliche Umfeld erbracht. Sie weisen damit einen unmittelbaren Bezug zur Gestaltung des alltäglichen Lebens im Zusammenhang mit einem Haushalt und seiner häuslichen Umgebung auf. Die Maßnahmen erfolgen dementsprechend zur Unterstützung bei der Gestaltung des alltäglichen Lebens in Bezug zum Haushalt und bei Aktivitäten mit engem räumlichem Bezug hierzu. Wie bislang können pflegerische Betreuungsmaßnahmen dabei nicht nur in Bezug auf das häusliche Umfeld des Pflegebedürftigen selbst erbracht werden, sondern beispielsweise auch im häuslichen Umfeld seiner Familie oder anderer nahestehender Menschen oder bei der gemeinsamen Inanspruchnahme häuslicher Pflegehilfe zum Beispiel im häuslichen Umfeld eines der Beteiligten oder seiner Familie.

Die Leistungen dienen auch der alltäglichen Freizeitgestaltung mit Bezug zur Gestaltung des häuslichen Alltags.

Die Maßnahmen beziehen sich hingegen insbesondere nicht auf die Unterstützung des Besuchs von Kindergarten oder Schule, der Ausbildung, der Berufstätigkeit oder sonstigen Teilhabe am Arbeitsleben, der Ausübung von Ämtern oder der Mitarbeit in Institutionen oder in vergleichbaren Bereichen. Auch Leistungen, die in den Verantwortungsbereich eines anderen Sozialleistungsträgers fallen, etwa das Verabreichen von Medikamenten im Rahmen der Leistungen der häuslichen

Krankenpflege nach dem Fünften Buch Sozialgesetzbuch, gehören (unter Berücksichtigung von gesetzlichen Vorschriften, die das Verhältnis der Leistungen der Pflegeversicherung zu anderen Sozialleistungen regeln) nicht zur pflegerischen Betreuung im Sinne dieser Vorschrift.

Dies entspricht auch dem Inhalt der pflegerischen Betreuungsmaßnahmen im Sinne des § 124 SGB XI, nach dem bereits bislang Anspruch auf Unterstützung und sonstige Hilfen im häuslichen Umfeld bestand, im Besonderen bezüglich der Unterstützung von Aktivitäten im häuslichen Umfeld, die dem Zweck der Kommunikation und der Aufrechterhaltung sozialer Kontakte dienen. Hierzu können beispielsweise auch Spaziergänge in der näheren Umgebung, die Ermöglichung des Besuchs von Verwandten und Bekannten oder die Begleitung zum Friedhof oder zum Gottesdienst beitragen (vgl. auch Drs. 17/9369 zum Pflege-Neuausrichtungs-Gesetz, S. 53; Drs. 18/5926 zum Pflegestärkungsgesetz I, S. 120).

Zu Absatz 3

In Absatz 3 ist der Umfang der häuslichen Pflegehilfe geregelt. Es gilt der Grundsatz, dass der Umfang der Leistungen korrespondiert mit dem Ausmaß der Beeinträchtigungen der Selbständigkeit oder der Fähigkeiten und damit einhergehend mit dem Anstieg der Abhängigkeit von fremder Hilfe. Anknüpfungspunkt für die Leistungsbeträge ist der Grad der Pflegebedürftigkeit, der dies widerspiegelt.

Das Leistungsvolumen der bisherigen Regelung in § 123 (Übergangsregelung: Verbesserte Pflegeleistungen für Personen mit erheblich eingeschränkter Alltagskompetenz) ist in das Leistungsvolumen des § 36 integriert worden.

Die Festlegung der ambulanten Leistungsbeträge ist so vorgenommen worden, dass ihre Höhe der der bisherigen Leistungsbeträge in den korrespondierenden Pflegestufen (z. B. Pflegegrad 2 wie Pflegestufe I) einschließlich der Vorzieheleistungen nach § 123 entspricht. Damit wird sichergestellt, dass neben den übergeleiteten Pflegebedürftigen auch alle Neufälle mit erheblich eingeschränkter Alltagskompetenz zumindest gleich hohe (in der Regel aber höhere) Leistungen erhalten, als bei Fortgeltung des bisherigen Rechts.

Zu Absatz 4

Absatz 4 Satz 1 bis 3 entspricht den bisherigen Regelungen in § 36 Absatz 1 Satz 2 bis 4 in der Fassung bis zum 31. Dezember 2016, so dass sich keine inhaltlichen Änderungen ergeben.

Absatz 4 Satz 4 entspricht vom Grundsatz her der bisherigen Regelung in § 36 Absatz 1 Satz 5. Die Neuformulierung ergibt sich daraus, dass häusliche Pflegehilfe nunmehr körperbezogene Pflegemaßnahmen, pflegerische Betreuungsmaßnahmen und Hilfen bei der Haushaltsführung als gleichwertige und regelhafte Leistungen umfasst.

Fassung bis 31. Dezember 2015	Fassung ab 1. Januar 2016	Fassung ab 1. Januar 2017
§ 37 Pflegegeld für selbst beschaffte Pflegehilfen	**§ 37 Pflegegeld für selbst beschaffte Pflegehilfen**	**§ 37 Pflegegeld für selbst beschaffte Pflegehilfen**
(1) Pflegebedürftige können anstelle der häuslichen Pflegehilfe ein Pflegegeld beantragen. Der Anspruch setzt voraus, daß der Pflegebedürftige mit dem Pflegegeld dessen Umfang entsprechend die erforderliche Grundpflege und hauswirtschaftliche Versorgung in geeigneter Weise selbst sicherstellt.	(1) Pflegebedürftige können anstelle der häuslichen Pflegehilfe ein Pflegegeld beantragen. Der Anspruch setzt voraus, daß der Pflegebedürftige mit dem Pflegegeld dessen Umfang entsprechend die erforderliche *Grundpflege und hauswirtschaftliche Versorgung* in geeigneter Weise selbst sicherstellt.	(1) Pflegebedürftige der Pflegegrade 2 bis 5 können anstelle der häuslichen Pflegehilfe ein Pflegegeld beantragen. Der Anspruch setzt voraus, dass der Pflegebedürftige mit dem Pflegegeld dessen Umfang entsprechend die erforderlichen körperbezogenen Pflegemaßnahmen und pflegerischen Betreuungsmaßnahmen sowie Hilfen bei der Haushaltsführung in geeigneter Weise selbst sicherstellt.
Das Pflegegeld beträgt je Kalendermonat	Das Pflegegeld beträgt je Kalendermonat	Das Pflegegeld beträgt je Kalendermonat
1. für Pflegebedürftige der Pflegestufe I a) 215 Euro ab 1. Juli 2008, b) 225 Euro ab 1. Januar 2010, c) 235 Euro ab 1. Januar 2012, d) 244 Euro ab 1. Januar 2015,	1. *für Pflegebedürftige der Pflegestufe I* a) *215 Euro ab 1. Juli 2008,* b) *225 Euro ab 1. Januar 2010,* c) *235 Euro ab 1. Januar 2012,* d) *244 Euro ab 1. Januar 2015,*	1. 316 Euro für Pflegebedürftige des Pflegegrades 2, 2. 545 Euro für Pflegebedürftige des Pflegegrades 3, 3. 728 Euro für Pflegebedürftige des Pflegegrades 4, 4. 901 Euro für Pflegebedürftige des Pflegegrades 5.
2. für Pflegebedürftige der Pflegestufe II a) 420 Euro ab 1. Juli 2008, b) 430 Euro ab 1. Januar 2010, c) 440 Euro ab 1. Januar 2012, d) 458 Euro ab 1. Januar 2015,	2. *für Pflegebedürftige der Pflegestufe II* a) *420 Euro ab 1. Juli 2008,* b) *430 Euro ab 1. Januar 2010,* c) *440 Euro ab 1. Januar 2012,* d) *458 Euro ab 1. Januar 2015,*	
3. für Pflegebedürftige der Pflegestufe III a) 675 Euro ab 1. Juli 2008, b) 685 Euro ab 1. Januar 2010, c) 700 Euro ab 1. Januar 2012, d) 728 Euro ab 1. Januar 2015.	3. *für Pflegebedürftige der Pflegestufe III* a) *675 Euro ab 1. Juli 2008,* b) *685 Euro ab 1. Januar 2010,* c) *700 Euro ab 1. Januar 2012,* d) *728 Euro ab 1. Januar 2015.*	
(2) Besteht der Anspruch nach Absatz 1 nicht für den vollen Kalendermonat, ist der Geldbetrag entsprechend zu kürzen; dabei ist der Kalendermonat mit 30 Tagen anzusetzen. Die Hälfte des bisher bezogenen Pflegegeldes wird während einer Kurzzeit-	(2) Besteht der Anspruch nach Absatz 1 nicht für den vollen Kalendermonat, ist der Geldbetrag entsprechend zu kürzen; dabei ist der Kalendermonat mit 30 Tagen anzusetzen. Die Hälfte des bisher bezogenen Pflegegeldes wird während einer Kurzzeit-	(2) Besteht der Anspruch nach Absatz 1 nicht für den vollen Kalendermonat, ist der Geldbetrag entsprechend zu kürzen; dabei ist der Kalendermonat mit 30 Tagen anzusetzen. Die Hälfte des bisher bezogenen Pflegegeldes wird während einer Kurzzeit-

Fassung bis 31. Dezember 2015	Fassung ab 1. Januar 2016	Fassung ab 1. Januar 2017
pflege nach § 42 und einer Verhinderungspflege nach § 39 ~~jeweils~~ für bis zu ~~vier~~ Wochen je Kalenderjahr fortgewährt. Das Pflegegeld wird bis zum Ende des Kalendermonats geleistet, in dem der Pflegebedürftige gestorben ist. § 118 Abs. 3 und 4 des Sechsten Buches gilt entsprechend, wenn für die Zeit nach dem Monat, in dem der Pflegebedürftige verstorben ist, Pflegegeld überwiesen wurde.	pflege nach § 42 <u>für bis zu acht Wochen</u> und <u>während</u> einer Verhinderungspflege nach § 39 für bis zu <u>sechs</u> Wochen je Kalenderjahr fortgewährt. Das Pflegegeld wird bis zum Ende des Kalendermonats geleistet, in dem der Pflegebedürftige gestorben ist. § 118 Abs. 3 und 4 des Sechsten Buches gilt entsprechend, wenn für die Zeit nach dem Monat, in dem der Pflegebedürftige verstorben ist, Pflegegeld überwiesen wurde.	pflege nach § 42 für bis zu acht Wochen und während einer Verhinderungspflege nach § 39 für bis zu sechs Wochen je Kalenderjahr fortgewährt. Das Pflegegeld wird bis zum Ende des Kalendermonats geleistet, in dem der Pflegebedürftige gestorben ist. § 118 Abs. 3 und 4 des Sechsten Buches gilt entsprechend, wenn für die Zeit nach dem Monat, in dem der Pflegebedürftige verstorben ist, Pflegegeld überwiesen wurde.
(3) Pflegebedürftige, die Pflegegeld nach Absatz 1 beziehen, haben	(3) Pflegebedürftige, die Pflegegeld nach Absatz 1 beziehen, haben	(3) Pflegebedürftige, die Pflegegeld nach Absatz 1 beziehen, haben
1. bei Pflegestufe I und II halbjährlich einmal,	1. bei Pflegestufe I und II halbjährlich einmal,	1. bei **Pflegegrad 2 und 3** halbjährlich einmal,
2. bei Pflegestufe III vierteljährlich einmal	2. bei Pflegestufe III vierteljährlich einmal	2. bei **Pflegegrad 4 und 5** vierteljährlich einmal
eine Beratung in der eigenen Häuslichkeit durch eine zugelassene Pflegeeinrichtung, durch eine von den Landesverbänden der Pflegekassen nach Absatz 7 anerkannte Beratungsstelle mit nachgewiesener pflegefachlicher Kompetenz oder, sofern dies durch eine zugelassene Pflegeeinrichtung vor Ort oder eine von den Landesverbänden der Pflegekassen anerkannte Beratungsstelle mit nachgewiesener pflegefachlicher Kompetenz nicht gewährleistet werden kann, durch eine von der Pflegekasse beauftragte, jedoch von ihr nicht beschäftigte Pflegefachkraft abzurufen. Die Beratung dient der Sicherung der Qualität der häuslichen Pflege und der regelmäßigen Hilfestellung und praktischen pflegefachlichen Unterstützung der häuslich Pflegenden. Die Vergütung für die Beratung ist von der zuständigen Pflegekasse, bei privat Pflegeversicherten von dem zuständigen privaten Versicherungsunternehmen zu tragen, im Fall der Beihilfeberechtigung anteilig von den Beihilfefestsetzungsstellen.	eine Beratung in der eigenen Häuslichkeit durch eine zugelassene Pflegeeinrichtung, durch eine von den Landesverbänden der Pflegekassen nach Absatz 7 anerkannte Beratungsstelle mit nachgewiesener pflegefachlicher Kompetenz oder, sofern dies durch eine zugelassene Pflegeeinrichtung vor Ort oder eine von den Landesverbänden der Pflegekassen anerkannte Beratungsstelle mit nachgewiesener pflegefachlicher Kompetenz nicht gewährleistet werden kann, durch eine von der Pflegekasse beauftragte, jedoch von ihr nicht beschäftigte Pflegefachkraft abzurufen. Die Beratung dient der Sicherung der Qualität der häuslichen Pflege und der regelmäßigen Hilfestellung und praktischen pflegefachlichen Unterstützung der häuslich Pflegenden. Die Vergütung für die Beratung ist von der zuständigen Pflegekasse, bei privat Pflegeversicherten von dem zuständigen privaten Versicherungsunternehmen zu tragen, im Fall der Beihilfeberechtigung anteilig von den Beihilfefestsetzungsstellen.	eine Beratung in der eigenen Häuslichkeit durch eine zugelassene Pflegeeinrichtung, durch eine von den Landesverbänden der Pflegekassen nach Absatz 7 anerkannte Beratungsstelle mit nachgewiesener pflegefachlicher Kompetenz oder, sofern dies durch eine zugelassene Pflegeeinrichtung vor Ort oder eine von den Landesverbänden der Pflegekassen anerkannte Beratungsstelle mit nachgewiesener pflegefachlicher Kompetenz nicht gewährleistet werden kann, durch eine von der Pflegekasse beauftragte, jedoch von ihr nicht beschäftigte Pflegefachkraft abzurufen. Die Beratung dient der Sicherung der Qualität der häuslichen Pflege und der regelmäßigen Hilfestellung und praktischen pflegefachlichen Unterstützung der häuslich Pflegenden. Die Vergütung für die Beratung ist von der zuständigen Pflegekasse, bei privat Pflegeversicherten von dem zuständigen privaten Versicherungsunternehmen zu tragen, im Fall der Beihilfeberechtigung anteilig von den Beihilfefestsetzungsstellen.

Fassung bis 31. Dezember 2015	Fassung ab 1. Januar 2016	Fassung ab 1. Januar 2017
Sie beträgt in den Pflegestufen I und II bis zu 22 Euro und in der Pflegestufe III bis zu 32 Euro. Pflegebedürftige, bei denen ein erheblicher Bedarf an allgemeiner Beaufsichtigung und Betreuung nach § 45a festgestellt ist, sind berechtigt, den Beratungseinsatz innerhalb der in Satz 1 genannten Zeiträume zweimal in Anspruch zu nehmen. Personen, bei denen ein erheblicher Bedarf an allgemeiner Beaufsichtigung und Betreuung nach § 45a festgestellt ist und die noch nicht die Voraussetzungen der Pflegestufe I erfüllen, können halbjährlich einmal einen Beratungsbesuch in Anspruch nehmen; die Vergütung für die Beratung entspricht der für die Pflegestufen I und II nach Satz 4. In diesen Fällen kann die Beratung auch durch von den Landesverbänden der Pflegekassen anerkannte Beratungsstellen wahrgenommen werden, ohne dass für die Anerkennung eine pflegefachliche Kompetenz nachgewiesen werden muss.	Sie beträgt in den *Pflegestufen I und II* bis zu *22 Euro* und in der *Pflegestufe III* bis zu *32 Euro*. *Pflegebedürftige, bei denen ein erheblicher Bedarf an allgemeiner Beaufsichtigung und Betreuung nach § 45a festgestellt ist, sind berechtigt, den Beratungseinsatz innerhalb der in Satz 1 genannten Zeiträume zweimal in Anspruch zu nehmen. Personen, bei denen ein erheblicher Bedarf an allgemeiner Beaufsichtigung und Betreuung nach § 45a festgestellt ist und die noch nicht die Voraussetzungen der Pflegestufe I erfüllen, können halbjährlich einmal einen Beratungsbesuch* in Anspruch nehmen; *die Vergütung für die Beratung entspricht der für die Pflegestufen I und II nach Satz 4. In diesen Fällen kann die Beratung auch durch von den Landesverbänden der Pflegekassen anerkannte Beratungsstellen wahrgenommen werden, ohne dass für die Anerkennung eine pflegefachliche Kompetenz nachgewiesen werden muss.*	Sie beträgt in den Pflegegraden 2 und 3 bis zu 23 Euro und in den Pflegegraden 4 und 5 bis zu 33 Euro. Pflegebedürftige des Pflegegrades 1 haben Anspruch, halbjährlich einmal einen Beratungsbesuch abzurufen; die Vergütung für die Beratung entspricht der für die Pflegegrade 2 und 3 nach Satz 4. Beziehen Pflegebedürftige von einem ambulanten Pflegedienst Pflegesachleistungen, können sie ebenfalls halbjährlich einmal einen Beratungsbesuch in Anspruch nehmen; für die Vergütung der Beratung gelten die Sätze 3 bis 5.
(4) Die Pflegedienste und die anerkannten Beratungsstellen sowie die beauftragten Pflegefachkräfte haben die Durchführung der Beratungseinsätze gegenüber der Pflegekasse oder dem privaten Versicherungsunternehmen zu bestätigen sowie die bei dem Beratungsbesuch gewonnenen Erkenntnisse über die Möglichkeiten der Verbesserung der häuslichen Pflegesituation dem Pflegebedürftigen und mit dessen Einwilligung der Pflegekasse oder dem privaten Versicherungsunternehmen mitzuteilen, im Fall der Beihilfeberechtigung auch der zuständigen Beihilfefestsetzungsstelle. Der Spitzenverband Bund der Pflegekassen und die privaten Versicherungsunternehmen stellen ihnen für diese Mitteilung ein ein-	(4) Die Pflegedienste und die anerkannten Beratungsstellen sowie die beauftragten Pflegefachkräfte haben die Durchführung der Beratungseinsätze gegenüber der Pflegekasse oder dem privaten Versicherungsunternehmen zu bestätigen sowie die bei dem Beratungsbesuch gewonnenen Erkenntnisse über die Möglichkeiten der Verbesserung der häuslichen Pflegesituation dem Pflegebedürftigen und mit dessen Einwilligung der Pflegekasse oder dem privaten Versicherungsunternehmen mitzuteilen, im Fall der Beihilfeberechtigung auch der zuständigen Beihilfefestsetzungsstelle. Der Spitzenverband Bund der Pflegekassen und die privaten Versicherungsunternehmen stellen ihnen für diese Mitteilung ein ein-	(4) Die Pflegedienste und die anerkannten Beratungsstellen sowie die beauftragten Pflegefachkräfte haben die Durchführung der Beratungseinsätze gegenüber der Pflegekasse oder dem privaten Versicherungsunternehmen zu bestätigen sowie die bei dem Beratungsbesuch gewonnenen Erkenntnisse über die Möglichkeiten der Verbesserung der häuslichen Pflegesituation dem Pflegebedürftigen und mit dessen Einwilligung der Pflegekasse oder dem privaten Versicherungsunternehmen mitzuteilen, im Fall der Beihilfeberechtigung auch der zuständigen Beihilfefestsetzungsstelle. Der Spitzenverband Bund der Pflegekassen und die privaten Versicherungsunternehmen stellen ihnen für diese Mitteilung ein ein-

Fassung bis 31. Dezember 2015	Fassung ab 1. Januar 2016	Fassung ab 1. Januar 2017
heitliches Formular zur Verfügung. Der beauftragte Pflegedienst und die anerkannte Beratungsstelle haben dafür Sorge zu tragen, dass für einen Beratungsbesuch im häuslichen Bereich Pflegekräfte eingesetzt werden, die spezifisches Wissen zu dem Krankheits- und Behinderungsbild sowie des sich daraus ergebenden Hilfebedarfs des Pflegebedürftigen mitbringen und über besondere Beratungskompetenz verfügen. Zudem soll bei der Planung für die Beratungsbesuche weitestgehend sichergestellt werden, dass der Beratungsbesuch bei einem Pflegebedürftigen möglichst auf Dauer von derselben Pflegekraft durchgeführt wird.	heitliches Formular zur Verfügung. Der beauftragte Pflegedienst und die anerkannte Beratungsstelle haben dafür Sorge zu tragen, dass für einen Beratungsbesuch im häuslichen Bereich Pflegekräfte eingesetzt werden, die spezifisches Wissen zu dem Krankheits- und Behinderungsbild sowie des sich daraus ergebenden Hilfebedarfs des Pflegebedürftigen mitbringen und über besondere Beratungskompetenz verfügen. Zudem soll bei der Planung für die Beratungsbesuche weitestgehend sichergestellt werden, dass der Beratungsbesuch bei einem Pflegebedürftigen möglichst auf Dauer von derselben Pflegekraft durchgeführt wird.	heitliches Formular zur Verfügung. Der beauftragte Pflegedienst und die anerkannte Beratungsstelle haben dafür Sorge zu tragen, dass für einen Beratungsbesuch im häuslichen Bereich Pflegekräfte eingesetzt werden, die spezifisches Wissen zu dem Krankheits- und Behinderungsbild sowie des sich daraus ergebenden Hilfebedarfs des Pflegebedürftigen mitbringen und über besondere Beratungskompetenz verfügen. Zudem soll bei der Planung für die Beratungsbesuche weitestgehend sichergestellt werden, dass der Beratungsbesuch bei einem Pflegebedürftigen möglichst auf Dauer von derselben Pflegekraft durchgeführt wird.
(5) Der Spitzenverband Bund der Pflegekassen und der Verband der privaten Krankenversicherung e. V. beschließen gemeinsam mit den Vereinigungen der Träger der ambulanten Pflegeeinrichtungen auf Bundesebene unter Beteiligung des Medizinischen Dienstes des Spitzenverbandes Bund der Krankenkassen Empfehlungen zur Qualitätssicherung der Beratungsbesuche nach Absatz 3.	(5) *Der Spitzenverband Bund der Pflegekassen und der Verband der privaten Krankenversicherung e. V. beschließen gemeinsam mit den Vereinigungen der Träger der ambulanten Pflegeeinrichtungen auf Bundesebene unter Beteiligung des Medizinischen Dienstes des Spitzenverbandes Bund der Krankenkassen* Empfehlungen zur Qualitätssicherung der Beratungsbesuche nach Absatz 3.	(5) Die Vertragsparteien nach § 113 beschließen gemäß § 113b bis zum 1. Januar 2018 unter Beachtung der in Absatz 4 festgelegten Anforderungen Empfehlungen zur Qualitätssicherung der Beratungsbesuche nach Absatz 3. Fordert das Bundesministerium für Gesundheit oder eine Vertragspartei nach § 113 im Einvernehmen mit dem Bundesministerium für Gesundheit die Vertragsparteien schriftlich zum Beschluss neuer Empfehlungen nach Satz 1 auf, sind diese innerhalb von sechs Monaten nach Eingang der Aufforderung neu zu beschließen.
Die Empfehlungen gelten für die anerkannten Beratungsstellen entsprechend.	Die Empfehlungen gelten für die anerkannten Beratungsstellen entsprechend.	Die Empfehlungen gelten für die anerkannten Beratungsstellen entsprechend.
(6) Rufen Pflegebedürftige die Beratung nach Absatz 3 Satz 1 nicht ab, hat die Pflegekasse oder das private Versicherungsunter-	(6) Rufen Pflegebedürftige die Beratung nach Absatz 3 Satz 1 nicht ab, hat die Pflegekasse oder das private Versicherungsunter-	(6) Rufen Pflegebedürftige die Beratung nach Absatz 3 Satz 1 nicht ab, hat die Pflegekasse oder das private Versicherungsunter-

Fassung bis 31. Dezember 2015	Fassung ab 1. Januar 2016	Fassung ab 1. Januar 2017
nehmen das Pflegegeld angemessen zu kürzen und im Wiederholungsfall zu entziehen.	nehmen das Pflegegeld angemessen zu kürzen und im Wiederholungsfall zu entziehen.	nehmen das Pflegegeld angemessen zu kürzen und im Wiederholungsfall zu entziehen.
(7) Die Landesverbände der Pflegekassen haben neutrale und unabhängige Beratungsstellen zur Durchführung der Beratung nach den Absätzen 3 und 4 anzuerkennen. Dem Antrag auf Anerkennung ist ein Nachweis über die erforderliche pflegefachliche Kompetenz der Beratungsstelle und ein Konzept zur Qualitätssicherung des Beratungsangebotes beizufügen. Die Landesverbände der Pflegekassen regeln das Nähere zur Anerkennung der Beratungsstellen. Für die Durchführung von Beratungen nach Absatz 3 Satz 6 können die Landesverbände der Pflegekassen geeignete Beratungsstellen anerkennen, ohne dass ein Nachweis über die pflegefachliche Kompetenz erforderlich ist.	(7) Die Landesverbände der Pflegekassen haben neutrale und unabhängige Beratungsstellen zur Durchführung der Beratung nach den Absätzen 3 und 4 anzuerkennen. Dem Antrag auf Anerkennung ist ein Nachweis über die erforderliche pflegefachliche Kompetenz der Beratungsstelle und ein Konzept zur Qualitätssicherung des Beratungsangebotes beizufügen. Die Landesverbände der Pflegekassen regeln das Nähere zur Anerkennung der Beratungsstellen. *Für die Durchführung von Beratungen nach Absatz 3 Satz 6 können die Landesverbände der Pflegekassen geeignete Beratungsstellen anerkennen, ohne dass ein Nachweis über die pflegefachliche Kompetenz erforderlich ist.*	(7) Die Landesverbände der Pflegekassen haben neutrale und unabhängige Beratungsstellen zur Durchführung der Beratung nach den Absätzen 3 und 4 anzuerkennen. Dem Antrag auf Anerkennung ist ein Nachweis über die erforderliche pflegefachliche Kompetenz der Beratungsstelle und ein Konzept zur Qualitätssicherung des Beratungsangebotes beizufügen. Die Landesverbände der Pflegekassen regeln das Nähere zur Anerkennung der Beratungsstellen.
(8) Der Pflegeberater oder die Pflegeberaterin (§ 7a) kann die vorgeschriebenen Beratungseinsätze durchführen und diese bescheinigen.	(8) Der Pflegeberater oder die Pflegeberaterin (§ 7a) kann die vorgeschriebenen Beratungseinsätze durchführen und diese bescheinigen.	(8) Der Pflegeberater oder die Pflegeberaterin (§ 7a) kann die vorgeschriebenen Beratungseinsätze durchführen und diese bescheinigen.

Gesetzesbegründung Drs. 18/5926 zu § 37

Änderungen zum 1. Januar 2016

Zu Absatz 2

Mit dem Pflege-Neuausrichtungs-Gesetz wurde eine Regelung eingeführt, die es ermöglicht, während einer Verhinderungs- und während einer Kurzzeitpflege das zuvor gewährte (anteilige) Pflegegeld in halber Höhe weiter zu beziehen (§ 37 Absatz 2 Satz 2 sowie § 38 Satz 4). Zum damaligen Zeitpunkt konnten die Verhinderungspflege und die Kurzzeitpflege jeweils für bis zu vier Wochen je Kalenderjahr in Anspruch genommen werden. Dementsprechend wurde auch die hälftige Pflegegeldfortzahlung auf jeweils bis zu vier Wochen je Kalenderjahr limitiert.

Durch das Erste Pflegestärkungsgesetz sind die Ansprüche auf Verhinderungs- und Kurzzeitpflege ausgebaut und flexibilisiert worden. Verhinderungspflege kann seitdem für einen Zeitraum von bis zu sechs Wochen und Kurzzeitpflege für bis zu acht Wochen im Kalenderjahr – unter Anrechnung auf den jeweils anderen Leistungsbetrag – in Anspruch genommen werden. Hierdurch sind die zeitlichen Höchstgrenzen für die Inanspruchnahme von Verhinderungs- und Kurzzeitpflege einerseits und der Dauer der hälftigen Pflegegeldfortzahlung während einer Verhinderungs- und Kurzzeitpflege andererseits auseinandergefallen. Dies führt in der Praxis zu Umsetzungsschwierigkeiten und Auslegungsproblemen.

Daher werden nunmehr die Vorschriften zur hälftigen Fortzahlung des (anteiligen) Pflegegeldes in ihrem Wortlaut an die flexibilisierten zeitlichen Höchstgrenzen für Kurzzeit- und Verhinderungspflege nach dem Ersten Pflegestärkungsgesetz angepasst, um eventuell auftretende Nachteile für die Versicherten zu vermeiden.

Das heißt, das (anteilige) Pflegegeld wird während einer Kurzzeitpflege nach § 42 für bis zu acht Wochen und während einer Verhinderungspflege nach § 39 für bis zu sechs Wochen je Kalenderjahr in halber Höhe fortgewährt.

Änderungen zum 1. Januar 2017

Zu Absatz 1

Es handelt sich um notwendige Folgeänderungen, die sich aus dem neuen Pflegebedürftigkeitsbegriff und der Einführung der fünf Pflegegrade ergeben. Begrifflich wird an die Neuregelung der Pflegesachleistung in § 36 angeknüpft und diese inhaltlich nachvollzogen. Dies bedeutet, der Anspruch ist darauf ausgerichtet, körperbezogene Pflegemaßnahmen und pflegerische Betreuungsmaßnahmen sowie Hilfen bei der Haushaltsführung unter Einsatz der Pflegegeldleistung selbst sicherzustellen. Diese begriffliche Gleichstellung ist erforderlich, weil die selbst sichergestellte Pflege als Surrogat an die Stelle der Pflegesachleistung tritt. Dabei bleibt der Charakter der Pflegegeldleistung unverändert. Sie stellt kein Entgelt für erbrachte Pflegeleistungen dar, sondern ist eine Art Anerkennung für die innerfamiliäre Unterstützungs- und Hilfeleistung.

Darüber hinaus erfordert die Neueinführung von Pflegegraden schon aus redaktionellen Gründen eine Anpassung des Absatzes 1. Ferner wird die Rechtsänderung dazu genutzt, die nicht mehr erforderlichen Angaben zu den Leistungsbeträgen in den Jahren 2008, 2010, 2012 und 2015 zu streichen.

Durch die Anpassung wird zudem klargestellt, dass die Pflegegeldleistung für Pflegebedürftige der Pflegegrade 2 bis 5 geöffnet ist.

Zu Absatz 3

Die Überarbeitung wird dazu genutzt, die Regelung zu den Beratungsbesuchen nach Absatz 3 behutsam weiterzuentwickeln, um sie an die Erfordernisse anzupassen, die sich aus dem neuen Pflegebedürftigkeitsbegriff ergeben, und zugleich die Qualität der Beratung zu verbessern. Es ist nicht daran gedacht, die Zielsetzung der Beratung nach dieser Vorschrift grundlegend zu ändern oder zu erweitern. Es soll mit den Änderungen in der Hauptsache sichergestellt werden, dass die Qualität der selbst sichergestellten Pflege durch eine individuelle Beratung gewährleistet bleibt.

Satz 1 Ziffer 1 und Ziffer 2: In Absatz 3 Satz 1 werden in Anlehnung an die Vorschläge des Expertenbeirates die verpflichtenden Beratungseinsätze für Pflegebedürftige der Pflegegrade 2 und 3 auf einen halbjährlichen und für Pflegebedürftige der Pflegegrade 4 und 5 auf einen vierteljährlichen Turnus festgesetzt.

Die Beratungsinstitutionen werden nicht verändert. Nach dem geltenden Recht werden die Beratungsbesuche insbesondere durch zugelassene Pflegedienste durchgeführt. Dies soll auch weiterhin ermöglicht werden, da von den Pflegediensten flächendeckend pflegefachlicher Sachverstand vorgehalten wird.

Gleichwohl ist anzuerkennen, dass bei der Beratung nach dieser Vorschrift Verbesserungsbedarf gesehen wird. Dem wird unter anderem durch eine Neustrukturierung der einschlägigen Regelungen zum Zustandekommen der Empfehlungen zur Qualitätssicherung der Beratungsbesuche in Absatz 5 Rechnung getragen.

Die Ausrichtung der Beratung ist mit der Einführung des neuen Pflegebedürftigkeitsbegriffs zudem inhaltlich zu verbreitern. Bislang war die pflegefachliche Beratung – entsprechend dem bisherigen Pflegebedürftigkeitsbegriff – häufig auf den Bedarf von somatisch Pflegebedürftigen ausgerichtet. Nunmehr ist vor allem eine zielgruppenspezifische Beratungskompetenz erforderlich, die insbesondere auch den Belangen von an Demenz erkrankten Menschen in vollem Umfang gerecht wird.

Um dem neuen Pflegebedürftigkeitsbegriff Rechnung zu tragen, muss sich die pflegefachliche Beratung, anstatt sich auf die pflegefachlichen Belange im herkömmlichen Sinne zu beschränken, künftig also weiterentwickeln und insbesondere in noch stärkerem Maße an den jeweiligen individuellen Pflege- und Betreuungsbedarfen ausgerichtet werden. Die Beratung soll daher je nach dem Bedarf der Pflegebedürftigen Hinweise nicht nur zu Problemlagen im Zusammenhang mit körperlichen Einschränkungen beinhalten, sondern etwa auch zu Fragen, die die Bereiche

- der kognitiven und kommunikativen Fähigkeiten,

- der Verhaltensweisen und psychischen Problemlagen,

- den Bereich der Bewältigung und des selbständigen Umgangs mit krankheits- oder therapiebedingten Anforderungen und Belastungen sowie

- den Bereich der Gestaltung des Alltagslebens und sozialer Kontakte

betreffen.

Sie ist mithin auf die Bedarfslagen auszurichten, die mit dem neuen Pflegebedürftigkeitsbegriff umschrieben sind. Die Beratungsbesuche sollen aber auch Kenntnis über weitergehende Beratungs- und Schulungsmöglichkeiten nach diesem Buch vermitteln. Die Pflegebedürftigen sollen insbesondere aktiv und ausdrücklich auf die Möglichkeit der unentgeltlichen Inanspruchnahme von Pflegekursen nach § 45, auch in der eigenen Häuslichkeit, hingewiesen werden.

Satz 4 bis 6: Da die Personengruppe von Menschen mit eingeschränkter Alltagskompetenz nicht mehr über § 45a erfasst wird, sondern regelhaft einem der fünf Pflegegrade zugeordnet wird, entfallen die insoweit in Absatz 3 Satz 5 ff. geregelten Beratungsansprüche. Stattdessen wird sowohl für Pflegebedürftige des Pflegegrades 1 als auch für Pflegebedürftige, die Sachleistungen in Anspruch nehmen, jeweils ein halbjährlicher Anspruch auf einen Beratungseinsatz eingeführt. Dies trägt dem Anliegen Rechnung, auch diesen Personengruppen einen verbindlichen Anspruch auf eine regelmäßige individuelle Beratung zu Fragen, die ihre pflegerische Situation und ihre Betreuungssituation betreffen, zu verschaffen.

Für die Vergütung der Beratungseinsätze verbleibt es im Kern bei der bisherigen Struktur. Bei der Änderung der Höhe der Vergütung handelt es sich um eine Folgeänderung aufgrund der Einführung des neuen Pflegebedürftigkeitsbegriffs und der damit verbundenen Neuverteilung der finanziellen Mittel der Pflegeversicherung.

Streichung von Satz 7: Bislang konnten Versicherte mit erheblich eingeschränkter Alltagskompetenz im Sinne des bisherigen § 45a, die (noch) nicht die Voraussetzungen der Pflegestufe I erfüllten, die Beratungseinsätze auch bei anerkannten Beratungsstellen abrufen, die für die Anerkennung keine pflegefachliche Kompetenz nachweisen mussten. Diese Versicherten werden nun einem der Pflegegrade zugeordnet, ohne dass unterscheidbar wäre, in welchem Maße ihre Pflegebedürftigkeit vor allem auf somatischen oder vor allem auf kognitiven, geistigen oder psychischen Einschränkungen beruht. Gesonderte Beratungsstellen für eine besondere Gruppe Pflegebedürftiger vorzuhalten, entspricht somit nicht mehr dem neuen Begriff von Pflegebedürftigkeit. Vielmehr hat sich das Verständnis dessen, was unter pflegefachlicher Kompetenz zu verstehen ist, mit dem neuen Pflegebedürftigkeitsbegriff weiterzuentwickeln. Beratungsstellen, die bisher Beratungen nach Absatz 3 Satz 7 durchgeführt haben, können weiterhin Beratungen nach Absatz 3 anbieten, wenn sie unter Nachweis der hierfür unter Geltung des neuen Pflegebedürftigkeitsbegriffs erforderlichen Kompetenzen eine neue Anerkennung nach Absatz 7 erhalten.

Zu Absatz 5

Absatz 5 sieht bislang die Vereinbarung von Empfehlungen zur Qualitätssicherung der Beratungsbesuche auf Bundesebene durch die Partner der Selbstverwaltung vor. Ein Beschluss über die Empfehlungen ist bisher nicht zustande gekommen. Die Empfehlungen haben nach der Konzeption des Gesetzes allerdings eine wichtige Funktion für die Gewährleistung der Beratungsqualität. Vor diesem Hintergrund ist es notwendig, Strukturen einzuführen, die das Zustandekommen der Empfehlungen sicherstellen. Hierzu wird der Beschluss über die Empfehlungen nunmehr den Vertragsparteien nach § 113 zugeordnet: Diese beschließen die Empfehlungen zur Qualitätssicherung der Beratungsbesuche durch den Qualitätsausschuss gemäß § 113b. Zugleich wird festgelegt, dass es spätestens bis zum 1. Januar 2018 zu einem Beschluss über die Empfehlungen kommen muss.

Die Vertragsparteien erhalten durch den Qualitätsausschuss einen Rahmen für den Beschluss der Empfehlungen zur Qualitätssicherung der Beratungsbesuche. Wenn es in den Beratungen im Qualitätsausschuss nicht zu einer Einigung kommt, wird der Qualitätsausschuss auf Verlangen von mindestens einer Vertragspartei, aber auch des Bundesministeriums für Gesundheit in einen erweiterten Qualitätsausschuss umgewandelt. Dieser zeichnet sich dadurch aus, dass ein unparteiischer Vorsitzender und zwei weitere unparteiische Mitglieder hinzutreten und nunmehr das Mehrheitsprinzip für die Beschlussfassung gilt (vgl. § 113b Absatz 3 Satz 1 und 5). Die durch den erweiterten Qualitätsausschuss getroffenen Festsetzungen haben die Rechtswirkung einer vertraglichen Beschlussfassung (vgl. § 113b Absatz 3 Satz 6), wie sie durch die Vertragsparteien nach § 113b Absatz 1 ohne Hinzuziehung der Unparteiischen einvernehmlich getroffen wird.

Sowohl dem Bundesministerium für Gesundheit als auch mit dessen Einvernehmen den Vertragsparteien nach § 113 steht ein Initiativrecht zur Einleitung eines Beschlussverfahrens hinsichtlich neuer Empfehlungen zu. Durch die vorgegebene Frist von sechs Monaten, innerhalb derer es zu einem Beschluss kommen muss, ist auch in diesem Fall das Zustandekommen der Empfehlungen sichergestellt.

Inhaltlich weist der seit dem Jahr 2003 vorliegende Entwurf einer Vereinbarung nach Absatz 5 wichtige Merkmale auf, die als Ausgangspunkt für aktuelle Empfehlungen angesehen werden könnten. Es sollten wenigstens Empfehlungen aufgenommen werden zur

- Strukturqualität der Beratungsinstitutionen, wie beispielsweise zum eingesetzten Beratungspersonal und dessen Beratungskompetenz,

- zur Prozessqualität mit Aussagen etwa zur Durchführung der Beratungseinsätze und deren Dokumentation sowie

- zur Ergebnisqualität, die etwa die Wirkung der Beratung beschreibt.

Ferner stellen die Feststellung der Pflegequalität und die zu deren Sicherung erforderlichen Schritte, einschließlich der Einbindung der Pflegekasse, wichtige Inhalte der Empfehlungen dar. Vor diesem Hintergrund wird auch ausdrücklich auf die Anforderungen, die sich aus Absatz 4 ergeben, hingewiesen und deren Beachtung bei der Beschlussfassung über die Empfehlungen vorgeschrieben.

Der Beschluss des Qualitätsausschusses ist dem Bundesministerium für Gesundheit gemäß § 113b Absatz 8 Satz 1 vorzulegen und kann gemäß § 113b Absatz 8 Satz 2 innerhalb von zwei Monaten beanstandet werden. Das Bundesministerium für Gesundheit stimmt sich insoweit mit dem Beauftragten der Bundesregierung für die Belange der Patientinnen und Patienten sowie Bevollmächtigten für Pflege ab.

> **Redaktionelle Anmerkung:**
>
> Siehe zur Weiterentwicklung der Beratung sowie zu den Berichtspflichten die Ausführungen zu § 7a Absatz 3 bis 8, Seite 54 ff.

Zu Absatz 7

Es handelt sich um eine Folgeänderung aufgrund der Aufhebung von Absatz 3 Satz 7. Beratungsstellen, die bisher nach Absatz 7 Satz 4 anerkannt waren, können bei Nachweis der hierfür unter Geltung des neuen Pflegebedürftigkeitsbegriffs erforderlichen pflegefachlichen Kompetenzen und eines entsprechenden Konzepts zur Qualitätssicherung erneut eine Anerkennung nach Absatz 7 erhalten.

Fassung bis 31. Dezember 2015	Fassung ab 1. Januar 2016	Fassung ab 1. Januar 2017
§ 38 Kombination von Geldleistung und Sachleistung (Kombinationsleistung)	**§ 38 Kombination von Geldleistung und Sachleistung (Kombinationsleistung)**	**§ 38 Kombination von Geldleistung und Sachleistung (Kombinationsleistung)**
Nimmt der Pflegebedürftige die ihm nach § 36 Abs. 3 und 4 zustehende Sachleistung nur teilweise in Anspruch, erhält er daneben ein anteiliges Pflegegeld im Sinne des § 37. Das Pflegegeld wird um den Vomhundertsatz vermindert, in dem der Pflegebedürftige Sachleistungen in Anspruch genommen hat. An die Entscheidung, in welchem Verhältnis er Geld- und Sachleistung in Anspruch nehmen will, ist der Pflegebedürftige für die Dauer von sechs Monaten gebunden. Anteiliges Pflegegeld wird während einer Kurzzeitpflege nach § 42 und einer Verhinderungspflege nach § 39 ~~jeweils~~ für bis zu ~~vier~~ Wochen je Kalenderjahr in Höhe der Hälfte der vor Beginn der Kurzzeit- oder Verhinderungspflege geleisteten Höhe fortgewährt. Pflegebedürftige in vollstationären Einrichtungen der Hilfe für behinderte Menschen (§ 43a) haben Anspruch auf ungekürztes Pflegegeld anteilig für die Tage, an denen sie sich in häuslicher Pflege befinden.	Nimmt der Pflegebedürftige die ihm nach § 36 *Abs. 3 und 4* zustehende Sachleistung nur teilweise in Anspruch, erhält er daneben ein anteiliges Pflegegeld im Sinne des § 37. Das Pflegegeld wird um den Vomhundertsatz vermindert, in dem der Pflegebedürftige Sachleistungen in Anspruch genommen hat. An die Entscheidung, in welchem Verhältnis er Geld- und Sachleistung in Anspruch nehmen will, ist der Pflegebedürftige für die Dauer von sechs Monaten gebunden. Anteiliges Pflegegeld wird während einer Kurzzeitpflege nach § 42 <u>für bis zu acht Wochen</u> und <u>während</u> einer Verhinderungspflege nach § 39 für bis zu <u>sechs</u> Wochen je Kalenderjahr in Höhe der Hälfte der vor Beginn der Kurzzeit- oder Verhinderungspflege geleisteten Höhe fortgewährt. Pflegebedürftige in vollstationären Einrichtungen der Hilfe für behinderte Menschen (§ 43a) haben Anspruch auf ungekürztes Pflegegeld anteilig für die Tage, an denen sie sich in häuslicher Pflege befinden.	Nimmt der Pflegebedürftige die ihm nach § 36 <u>Absatz 3</u> zustehende Sachleistung nur teilweise in Anspruch, erhält er daneben ein anteiliges Pflegegeld im Sinne des § 37. Das Pflegegeld wird um den Vomhundertsatz vermindert, in dem der Pflegebedürftige Sachleistungen in Anspruch genommen hat. An die Entscheidung, in welchem Verhältnis er Geld- und Sachleistung in Anspruch nehmen will, ist der Pflegebedürftige für die Dauer von sechs Monaten gebunden. Anteiliges Pflegegeld wird während einer Kurzzeitpflege nach § 42 für bis zu acht Wochen und während einer Verhinderungspflege nach § 39 für bis zu sechs Wochen je Kalenderjahr in Höhe der Hälfte der vor Beginn der Kurzzeit- oder Verhinderungspflege geleisteten Höhe fortgewährt. Pflegebedürftige in vollstationären Einrichtungen der Hilfe für behinderte Menschen (§ 43a) haben Anspruch auf ungekürztes Pflegegeld anteilig für die Tage, an denen sie sich in häuslicher Pflege befinden.

Gesetzesbegründung Drs. 18/5926 zu § 38

Änderungen zum 1. Januar 2016

Die Regelung übernimmt für die Kombinationsleistung die erweiterten zeitlichen Höchstgrenzen für das anteilige Pflegegeld nach § 37. Auf die dortigen Ausführungen zur Begründung wird verwiesen.

Das anteilige Pflegegeld, das während einer Kombinationsleistung zu gewähren ist, wird während einer Kurzzeitpflege nach § 42 für bis zu acht Wochen und während einer Verhinderungspflege nach § 39 für bis zu sechs Wochen je Kalenderjahr in Höhe der Hälfte der vor Beginn der Kurzzeit- oder Verhinderungspflege geleisteten Höhe fortgewährt.

Änderungen zum 1. Januar 2017

Die bisherige Regelung in § 36 Absatz 4 zur Leistung für Personen, die als Härtefälle anerkannt sind, entfällt, weil dieser Personenkreis bei der leistungsrechtlichen Zuordnung in den fünf neuen Pflegegraden aufgeht und keiner gesonderten Regelung mehr bedarf. Mithin bedarf es auch keiner Berücksichtigung mehr bei der Inanspruchnahme von Kombinationsleistungen, so dass sich der entsprechende Verweis auf § 36 Absatz 3 beschränken kann.

Fassung bis 31. Dezember 2016	Fassung ab 1. Januar 2017
§ 38a Zusätzliche Leistungen für Pflegebedürftige in ambulant betreuten Wohngruppen	**§ 38a Zusätzliche Leistungen für Pflegebedürftige in ambulant betreuten Wohngruppen**
(1) Pflegebedürftige haben Anspruch auf einen pauschalen Zuschlag in Höhe von *205 Euro* monatlich, wenn	(1) Pflegebedürftige haben Anspruch auf einen pauschalen Zuschlag in Höhe von <u>214 Euro</u> monatlich, wenn
1. sie mit mindestens zwei und höchstens elf weiteren Personen in einer ambulant betreuten Wohngruppe in einer gemeinsamen Wohnung zum Zweck der gemeinschaftlich organisierten pflegerischen Versorgung leben und davon mindestens zwei weitere Personen pflegebedürftig im Sinne der §§ 14, 15 sind *oder eine erhebliche Einschränkung der Alltagskompetenz nach § 45a bei ihnen festgestellt wurde,*	1. sie mit mindestens zwei und höchstens elf weiteren Personen in einer ambulant betreuten Wohngruppe in einer gemeinsamen Wohnung zum Zweck der gemeinschaftlich organisierten pflegerischen Versorgung leben und davon mindestens zwei weitere Personen pflegebedürftig im Sinne der §§ 14, 15 sind,
2. sie Leistungen nach den §§ 36, 37, 38, *45b oder § 123* beziehen,	2. sie Leistungen nach den §§ 36, 37, 38, <u>45a oder 45b</u> beziehen,
3. eine Person *von den Mitgliedern* der Wohngruppe gemeinschaftlich beauftragt ist, unabhängig von der individuellen pflegerischen Versorgung allgemeine organisatorische, verwaltende, betreuende oder das Gemeinschaftsleben fördernde Tätigkeiten zu verrichten oder hauswirtschaftliche Unterstützung zu leisten, und	3. eine Person <u>durch die Mitglieder</u> der Wohngruppe gemeinschaftlich beauftragt ist, unabhängig von der individuellen pflegerischen Versorgung allgemeine organisatorische, verwaltende, betreuende oder das Gemeinschaftsleben fördernde Tätigkeiten zu verrichten oder hauswirtschaftliche Unterstützung zu leisten, und
4. keine Versorgungsform vorliegt,	4. keine Versorgungsform <u>einschließlich teilstationärer Pflege</u> vorliegt,
in der der Anbieter der Wohngruppe oder ein Dritter den Pflegebedürftigen Leistungen anbietet oder gewährleistet, die dem im jeweiligen Rahmenvertrag nach § 75 Absatz 1 für vollstationäre Pflege vereinbarten Leistungsumfang weitgehend entsprechen; der Anbieter einer ambulant betreuten Wohngruppe hat die Pflegebedürftigen vor deren Einzug in die Wohngruppe in geeigneter Weise darauf hinzuweisen, dass dieser Leistungsumfang von ihm oder einem Dritten ~~in der Wohngruppe~~ nicht erbracht wird, sondern die Versorgung auch durch die aktive Einbindung ihrer eigenen Ressourcen und ihres sozialen *Umfeldes* sichergestellt werden kann.	in der ein Anbieter der Wohngruppe oder ein Dritter den Pflegebedürftigen Leistungen anbietet oder gewährleistet, die dem im jeweiligen Rahmenvertrag nach § 75 Absatz 1 für vollstationäre Pflege vereinbarten Leistungsumfang weitgehend entsprechen; der Anbieter einer ambulant betreuten Wohngruppe hat die Pflegebedürftigen vor deren Einzug in die Wohngruppe in geeigneter Weise darauf hinzuweisen, dass dieser Leistungsumfang von ihm oder einem Dritten nicht erbracht wird, sondern die Versorgung <u>in der Wohngruppe</u> auch durch die aktive Einbindung ihrer eigenen Ressourcen und ihres sozialen <u>Umfelds</u> sichergestellt werden kann.
	<u>Leistungen der Tages- und Nachtpflege gemäß § 41 können neben den Leistungen nach dieser Vorschrift nur in Anspruch genommen werden, wenn gegenüber der zuständigen Pflegekasse durch eine Prüfung des Medizinischen Dienstes der Krankenversicherung nachgewiesen ist, dass die Pflege in der ambulant betreuten Wohngruppe ohne teilstationäre Pflege nicht in ausreichendem Umfang sichergestellt ist; dies gilt entsprechend für die Versicherten der privaten Pflege-Pflichtversicherung.</u>

Fassung bis 31. Dezember 2016	Fassung ab 1. Januar 2017
(2) Die Pflegekassen sind berechtigt, zur Feststellung der Anspruchsvoraussetzungen bei dem Antragsteller folgende Daten zu erheben, zu verarbeiten und zu nutzen und folgende Unterlagen anzufordern:	(2) Die Pflegekassen sind berechtigt, zur Feststellung der Anspruchsvoraussetzungen bei dem Antragsteller folgende Daten zu erheben, zu verarbeiten und zu nutzen und folgende Unterlagen anzufordern:
1. eine formlose Bestätigung des Antragstellers, dass die Voraussetzungen nach Absatz 1 Nummer 1 erfüllt sind,	1. eine formlose Bestätigung des Antragstellers, dass die Voraussetzungen nach Absatz 1 Nummer 1 erfüllt sind,
2. die Adresse und das Gründungsdatum der Wohngruppe,	2. die Adresse und das Gründungsdatum der Wohngruppe,
3. den Mietvertrag einschließlich eines Grundrisses der Wohnung und den Pflegevertrag nach § 120,	3. den Mietvertrag einschließlich eines Grundrisses der Wohnung und den Pflegevertrag nach § 120,
4. Vorname, Name, Anschrift und Telefonnummer sowie Unterschrift der Person nach Absatz 1 Nummer 3 und	4. Vorname, Name, Anschrift und Telefonnummer sowie Unterschrift der Person nach Absatz 1 Nummer 3 und
5. die vereinbarten Aufgaben der Person nach Absatz 1 Nummer 3.	5. die vereinbarten Aufgaben der Person nach Absatz 1 Nummer 3.

Gesetzesbegründung Drs. 18/5926 zu § 38a

Änderungen zum 1. Januar 2017

Zu Absatz 1

Satz 1

Es handelt sich um eine Folgeänderung aufgrund der Einführung des neuen Pflegebedürftigkeitsbegriffs und der damit verbundenen Neuverteilung der finanziellen Mittel der Pflegeversicherung.

Nummer 1: Die Regelung des bisherigen § 45a enthält die Definition der erheblichen Einschränkung der Alltagskompetenz. Diese Regelung entfällt mit Einführung des neuen Pflegebedürftigkeitsbegriffs. Vor diesem Hintergrund ist der Verweis hierauf in Absatz 1 als Folgeänderung zu streichen.

Nummer 2: Es handelt sich um eine Folgeänderung aufgrund der Aufhebung des § 123 sowie der Übernahme von Regelungsinhalten aus dem bisherigen § 45b in den neuen § 45a.

Nummer 3: Es handelt sich um eine redaktionelle Berichtigung ohne inhaltliche Änderung.

Nummer 4: Ziel des Wohngruppenzuschlages ist es, gemeinschaftliche Pflegewohnformen außerhalb der stationären Pflegeeinrichtungen und außerhalb des klassischen betreuten Wohnens leistungsrechtlich besonders zu unterstützen. Besonders in den Blick zu nehmen sind hier anbieterverantwortete ambulant betreute Wohngruppen – also Wohngruppen, die nicht von den Bewohnerinnen und Bewohnern und ihren Angehörigen selbst organisiert werden, sondern bei denen ein bestimmter Anbieter oder ein Dritter den in der Wohngruppe lebenden Pflegebedürftigen

Leistungen anbietet oder gewährleistet. Auch bei diesen Wohngruppen muss sich aus einer Gesamtschau ergeben, dass es sich weiterhin um eine ambulante Versorgungsform handelt, die sich in Anbetracht der insgesamt von dem Anbieter oder Dritten für die Wohngruppenmitglieder angebotenen oder gewährleisteten Leistungen, einschließlich der Leistungen der teilstationären Pflege, von einer vollstationären Versorgung unterscheiden lässt. Durch die Anpassungen im Wortlaut wird noch deutlicher als bisher zum Ausdruck gebracht, dass Wohngruppen nicht als solche im Sinne des § 38a anerkannt werden können, in denen nach dem zugrundeliegenden Gesamtkonzept der Leistungserbringung vom Anbieter der Wohngruppe oder einem Dritten zugleich Leistungen angeboten werden, die insgesamt weitestgehend dem Umfang vollstationärer Pflege entsprechen.

Satz 2 (neu)

Es wird immer wieder beklagt, dass Anbieter Leistungen für Mitglieder von ambulant betreuten Wohngruppen mit Angeboten der teilstationären Pflege in einer Weise verknüpfen, die nicht der Zwecksetzung des Gesetzgebers entspreche. Primäre Zielsetzung sei dabei, alle möglichen Leistungstatbestände zu kombinieren, ohne dass damit ein erkennbarer Zusatznutzen in der pflegerischen Versorgung erreicht werde. Mit der Änderung soll derartigen Kombinationsmöglichkeiten der Boden entzogen werden, ohne den Mitgliedern von ambulant betreuten Wohngruppen den Zugang zu Leistungen der teilstationären Pflege zu verschließen.

Der Medizinische Dienst der Krankenversicherung soll dazu im Einzelfall prüfen, ob die Inanspruchnahme von Tages- oder Nachtpflege erforderlich ist, damit der betreffende Pflegebedürftige alle von ihm individuell benötigten körperbezogenen Pflegemaßnahmen und pflegerischen Betreuungsmaßnahmen in ausreichendem Umfang erhält. Bei der Prüfung sind sämtliche in der ambulant betreuten Wohngruppe durch die Präsenzkraft gemäß § 38a Absatz 1 Satz 1 Nummer 3 sowie den ambulanten Pflegedienst erbrachten Leistungen sowie etwaiger Entlastungsbedarf anderer Mitglieder der Wohngruppe (z. B. bei Störungen des Tages- und Nachtrhythmus) zu berücksichtigen.

Redaktionelle Anmerkung:

Der Bundesrat bemängelte, dass hinsichtlich des Begriffs der anbieterverantworteten ambulant betreuten Wohngruppe im Bundesrecht und in den landesheimrechtlichen Regelungen bisher voneinander abweichende Auslegungen auftreten.

Mit der jetzigen Formulierung kam der Gesetzgeber der Forderung nach Auflösung dieser Divergenz nach. Der Beschlussempfehlung des Ausschusses für Gesundheit (Drs. 18/6688) ist zu Nummer 4 folgende Erläuterung zu entnehmen:

Die Zielsetzung stellt sicher, „dass durch den Anbieter einer ambulant betreuten Wohngruppe oder einen Dritten im Rahmen der vom Anbieter oder Dritten angebotenen bzw. gewährleisteten Leistungen insgesamt ein Leistungsumfang, der einer vollstationären Versorgung weitgehend entspricht, nicht erbracht wird. Vielmehr kann die Versorgung in der Wohngruppe insbesondere auch durch die aktive Einbindung der eigenen Ressourcen der Pflegebedürftigen und ihres sozialen Umfeldes sichergestellt werden.

Zur näheren Definition und Abgrenzung des Begriffs ambulant betreuter Wohngruppen werden in der Fachwelt weitere Vorschläge erörtert. Die jetzt vorgenommenen Anpassungen der Regelung stellen eine behutsame Konkretisierung der Anforderungen dar, ohne den weiteren Auf- und Ausbau dieser neuen Wohnformen zu behindern. Im Zusammenhang mit der Fortentwicklung der Voraussetzungen für Leistungen in ambulant betreuten Wohngruppen wird zudem die Frage aufgeworfen, ob eine Anrechnung der Leistungen der Hilfe zur Pflege nach dem Zwölften Buch Sozialgesetzbuch auf die Leistungen nach § 38a ausgeschlossen werden muss, um die Leistungen des § 38a in ihrer Wirkung nicht zu beeinträchtigen. Insoweit bleibt die Entwicklung im Rahmen zukünftiger Gesetzgebungsverfahren abzuwarten."

Zum Sachstand eines weiteren Gesetzes zur Regelung der Schnittstellen zu anderen Sozialleistungssystemen siehe S. 79.

Fassung bis 31. Dezember 2015	Fassung ab 1. Januar 2016	Fassung ab 1. Januar 2017
§ 39 Häusliche Pflege bei Verhinderung der Pflegeperson	**§ 39 Häusliche Pflege bei Verhinderung der Pflegeperson**	**§ 39 Häusliche Pflege bei Verhinderung der Pflegeperson**
(1) Ist eine Pflegeperson wegen Erholungsurlaubs, Krankheit oder aus anderen Gründen an der Pflege gehindert, übernimmt die Pflegekasse die nachgewiesenen Kosten einer notwendigen Ersatzpflege für längstens sechs Wochen je Kalenderjahr; § 34 Absatz 2 Satz 1 gilt nicht. Voraussetzung ist, dass die Pflegeperson den Pflegebedürftigen vor der erstmaligen Verhinderung mindestens sechs Monate in seiner häuslichen Umgebung gepflegt hat.	(1) Ist eine Pflegeperson wegen Erholungsurlaubs, Krankheit oder aus anderen Gründen an der Pflege gehindert, übernimmt die Pflegekasse die nachgewiesenen Kosten einer notwendigen Ersatzpflege für längstens sechs Wochen je Kalenderjahr; § 34 Absatz 2 Satz 1 gilt nicht. Voraussetzung ist, dass die Pflegeperson den Pflegebedürftigen vor der erstmaligen Verhinderung mindestens sechs Monate in seiner häuslichen Umgebung gepflegt hat.	(1) Ist eine Pflegeperson wegen Erholungsurlaubs, Krankheit oder aus anderen Gründen an der Pflege gehindert, übernimmt die Pflegekasse die nachgewiesenen Kosten einer notwendigen Ersatzpflege für längstens sechs Wochen je Kalenderjahr; § 34 Absatz 2 Satz 1 gilt nicht. Voraussetzung ist, dass die Pflegeperson den Pflegebedürftigen vor der erstmaligen Verhinderung mindestens sechs Monate in seiner häuslichen Umgebung gepflegt hat und der Pflegebedürftige zum Zeitpunkt der Verhinderung mindestens in Pflegegrad 2 eingestuft ist.
Die Aufwendungen der Pflegekassen können sich im Kalenderjahr auf bis zu ~~1.470 Euro ab 1. Juli 2008, auf bis zu 1.510 Euro ab 1. Januar 2010, auf bis zu 1.550 Euro ab 1. Januar 2012 und auf bis zu~~ 1.612 Euro ab 1. Januar 2015 belaufen, wenn die Ersatzpflege durch Pflegepersonen sichergestellt wird, die mit dem Pflegebedürftigen nicht bis zum zweiten Grade verwandt oder verschwägert sind und nicht mit ihm in häuslicher Gemeinschaft leben.	Die Aufwendungen der Pflegekasse können sich im Kalenderjahr auf bis zu 1.612 Euro belaufen, wenn die Ersatzpflege durch andere Pflegepersonen sichergestellt wird als solche, die mit dem Pflegebedürftigen bis zum zweiten Grade verwandt oder verschwägert sind oder die mit ihm in häuslicher Gemeinschaft leben.	Die Aufwendungen der Pflegekasse können sich im Kalenderjahr auf bis zu 1.612 Euro belaufen, wenn die Ersatzpflege durch andere Pflegepersonen sichergestellt wird als solche, die mit dem Pflegebedürftigen bis zum zweiten Grade verwandt oder verschwägert sind oder die mit ihm in häuslicher Gemeinschaft leben.
	(2) Der Leistungsbetrag nach Absatz 1 Satz 3 kann um bis zu 806 Euro aus noch nicht in Anspruch genommenen Mitteln der Kurzzeitpflege nach § 42 Absatz 2 Satz 2 auf insgesamt bis zu 2.418 Euro im Kalenderjahr erhöht werden. Der für die Verhinderungspflege in Anspruch genommene Erhöhungsbetrag wird auf den Leistungsbetrag für eine Kurzzeitpflege nach § 42 Absatz 2 Satz 2 angerechnet.	(2) Der Leistungsbetrag nach Absatz 1 Satz 3 kann um bis zu 806 Euro aus noch nicht in Anspruch genommenen Mitteln der Kurzzeitpflege nach § 42 Absatz 2 Satz 2 auf insgesamt bis zu 2.418 Euro im Kalenderjahr erhöht werden. Der für die Verhinderungspflege in Anspruch genommene Erhöhungsbetrag wird auf den Leistungsbetrag für eine Kurzzeitpflege nach § 42 Absatz 2 Satz 2 angerechnet.
~~(2)~~ Bei einer Ersatzpflege durch Pflegepersonen, die mit dem Pflegebedürftigen bis zum zweiten	(3) Bei einer Ersatzpflege durch Pflegepersonen, die mit dem Pflegebedürftigen bis zum zweiten	(3) Bei einer Ersatzpflege durch Pflegepersonen, die mit dem Pflegebedürftigen bis zum zweiten

Fassung bis 31. Dezember 2015	Fassung ab 1. Januar 2016	Fassung ab 1. Januar 2017
Grade verwandt oder verschwägert sind oder mit ihm in häuslicher Gemeinschaft leben, dürfen die Aufwendungen der Pflegekasse regelmäßig den Betrag des Pflegegeldes nach § 37 Absatz 1 Satz 3 für bis zu sechs Wochen nicht überschreiten~~, es sei denn, die Ersatzpflege wird erwerbsmäßig ausgeübt; in diesen Fällen findet der Leistungsbetrag nach Absatz 1 Satz 3 Anwendung.~~	Grade verwandt oder verschwägert sind oder mit ihm in häuslicher Gemeinschaft leben, dürfen die Aufwendungen der Pflegekasse regelmäßig den Betrag des Pflegegeldes nach § 37 Absatz 1 Satz 3 für bis zu sechs Wochen nicht überschreiten. <u>Wird Ersatzpflege von den in Satz 1 genannten Personen erwerbsmäßig ausgeübt, können sich die Aufwendungen der Pflegekasse abweichend von Satz 1 auf den Leistungsbetrag nach Absatz 1 Satz 3 belaufen; Absatz 2 findet Anwendung.</u> Bei Bezug der Leistung in Höhe des Pflegegeldes für eine Ersatzpflege durch Pflegepersonen, die mit dem Pflegebedürftigen bis zum zweiten Grade verwandt oder verschwägert sind oder mit ihm in häuslicher Gemeinschaft leben, können von der Pflegekasse auf Nachweis notwendige Aufwendungen, die der Pflegeperson im Zusammenhang mit der Ersatzpflege entstanden sind, übernommen werden.	Grade verwandt oder verschwägert sind oder mit ihm in häuslicher Gemeinschaft leben, dürfen die Aufwendungen der Pflegekasse regelmäßig den Betrag des Pflegegeldes nach § 37 Absatz 1 Satz 3 für bis zu sechs Wochen nicht überschreiten. Wird Ersatzpflege von den in Satz 1 genannten Personen erwerbsmäßig ausgeübt, können sich die Aufwendungen der Pflegekasse abweichend von Satz 1 auf den Leistungsbetrag nach Absatz 1 Satz 3 belaufen; Absatz 2 findet Anwendung. Bei Bezug der Leistung in Höhe des Pflegegeldes für eine Ersatzpflege durch Pflegepersonen, die mit dem Pflegebedürftigen bis zum zweiten Grade verwandt oder verschwägert sind oder mit ihm in häuslicher Gemeinschaft leben, können von der Pflegekasse auf Nachweis notwendige Aufwendungen, die der Pflegeperson im Zusammenhang mit der Ersatzpflege entstanden sind, übernommen werden.
Bei Bezug der Leistung in Höhe des Pflegegeldes für eine Ersatzpflege durch Pflegepersonen, die mit dem Pflegebedürftigen bis zum zweiten Grade verwandt oder verschwägert sind oder mit ihm in häuslicher Gemeinschaft leben, können von der Pflegekasse auf Nachweis notwendige Aufwendungen, die der Pflegeperson im Zusammenhang mit der Ersatzpflege entstanden sind, übernommen werden.		
Die Aufwendungen der Pflegekasse nach den Sätzen 1 und ~~2~~ dürfen zusammen den in Absatz 1 Satz 3 genannten Betrag nicht übersteigen.	Die Aufwendungen der Pflegekasse nach den Sätzen 1 und <u>3</u> dürfen zusammen den <u>Leistungsbetrag nach</u> Absatz 1 Satz 3 nicht übersteigen; <u>Absatz 2 findet Anwendung.</u>	Die Aufwendungen der Pflegekasse nach den Sätzen 1 und 3 dürfen zusammen den Leistungsbetrag nach Absatz 1 Satz 3 nicht übersteigen; Absatz 2 findet Anwendung.
~~(3) Bei einer Ersatzpflege nach Absatz 1 kann der Leistungsbetrag um bis zu 806 Euro aus noch nicht in Anspruch genommenen Mitteln der Kurzzeitpflege nach § 42 Absatz 2 Satz 2 auf insgesamt bis zu 2.418 Euro im Kalenderjahr erhöht werden. Der für die Verhinderungspflege in Anspruch genommene Erhöhungsbetrag wird auf den Leistungsbetrag für eine Kurzzeitpflege nach § 42 Absatz 2 Satz 2 angerechnet.~~		

Gesetzesbegründung Drs. 18/5926 zu § 39

Änderungen zum 1. Januar 2016

Zu Absatz 1

Der Wortlaut von Absatz 1 Satz 3 wird sprachlich klarer gefasst, um die Verständlichkeit der Vorschrift zu erhöhen; eine inhaltliche Änderung ist hiermit nicht verbunden.

Darüber hinaus wird Absatz 1 um die nicht mehr erforderlichen Angaben zu den Leistungsbeträgen in den Jahren 2008, 2010, 2012 und 2015 redaktionell bereinigt.

Zu Absatz 2

Die Vorschrift des bisherigen Absatzes 3, nach der der Leistungsbetrag nach Absatz 1 unter Anrechnung auf den Leistungsbetrag für eine Kurzzeitpflege erhöht werden kann, wird nun Absatz 2.

Durch eine Anpassung des Wortlauts im neuen Absatz 2 Satz 1 wird zudem verdeutlicht, dass die Möglichkeit zur Nutzung von maximal der Hälfte der noch nicht in Anspruch genommenen Mittel der Kurzzeitpflege nach § 42 Absatz 2 Satz 2 zugunsten von Leistungen der Verhinderungspflege geschaffen worden ist, um hiermit den Leistungsbetrag nach § 39 Absatz 1 Satz 3 in allen Fällen zu erhöhen, in denen dieser zur Ermittlung der (Gesamt-)Leistungshöhe im § 39 einschlägig ist.

Die entsprechende Flexibilisierung soll also sowohl in den Fällen der Ersatzpflege nach § 39 Absatz 1 als auch in den Fällen der erwerbsmäßig ausgeübten Ersatzpflege im Sinne des neuen § 39 Absatz 3 Satz 2 sowie den Fällen der Übernahme nachgewiesener notwendiger Aufwendungen von nahen Angehörigen oder Haushaltsmitgliedern nach dem neuen § 39 Absatz 3 Satz 3 und 4 ermöglicht werden.

Unverändert bleibt es in allen Fällen einer Ausweitung des Anspruchs auf Verhinderungspflege unter Nutzung der Kurzzeitpflegemittel dabei, dass eine entsprechende Anrechnung auf den Anspruch auf Kurzzeitpflege erfolgt, dieser sich also insoweit vermindert.

Zu Absatz 3

Der bisherige Absatz 2, der den Fall der Ersatzpflege durch nahe Verwandte oder Verschwägerte bis zum zweiten Grad und durch Haushaltsmitglieder regelt, wird Absatz 3.

Die Regelungen in diesem Absatz werden zudem sprachlich klarer gefasst, um die Verständlichkeit der Vorschrift zu erhöhen; inhaltliche Änderungen sind hiermit nicht verbunden.

Änderungen zum 1. Januar 2017

Zu Absatz 1 Satz 2

Anspruch auf Verhinderungspflege haben ab der Einführung des neuen Pflegebedürftigkeitsbegriffes Pflegebedürftige der Pflegegrade 2 bis 5. Der Leistungsbetrag der Verhinderungspflege kann dabei wie bisher weiterhin in allen Fällen auch für die Aufwendungen für eine erforderliche Betreuung im Rahmen der Sicherstellung der Ersatzpflege des Anspruchsberechtigten eingesetzt werden.

Redaktionelle Anmerkung:

Aufgrund der Beschlussempfehlung des Ausschusses für Gesundheit (Drs. 18/6688) wird zudem klargestellt, dass Pflegegrad 2 nicht bereits während der sechsmonatigen Vorpflegezeit vorliegen muss. Die Vorpflegezeit ist somit etwa auch dann als erfüllt anzusehen, wenn der Pflegebedürftige in dieser Zeit in Pflegegrad 1 (geringe Beeinträchtigungen der Selbständigkeit oder der Fähigkeiten, vgl. § 15 Absatz 3 Satz 4 Nummer 1) eingestuft war.

Dies dient der Unterstützung und Förderung der häuslichen Pflege im Allgemeinen sowie der Pflegebereitschaft von Angehörigen, Freunden oder sonstigen ehrenamtlichen Pflegepersonen im Besonderen: Nach Höherstufung in Pflegegrad 2 muss nicht sechs weitere Monate gewartet werden, bevor der Anspruch auf Verhinderungspflege geltend gemacht werden kann, wenn der Pflegebedürftige bereits mit Pflegegrad 1 mindestens sechs Monate in seiner häuslichen Umgebung gepflegt wurde.

---

unverändert

§ 40 Pflegehilfsmittel und wohnumfeldverbessernde Maßnahmen

(1) Pflegebedürftige haben Anspruch auf Versorgung mit Pflegehilfsmitteln, die zur Erleichterung der Pflege oder zur Linderung der Beschwerden des Pflegebedürftigen beitragen oder ihm eine selbständigere Lebensführung ermöglichen, soweit die Hilfsmittel nicht wegen Krankheit oder Behinderung von der Krankenversicherung oder anderen zuständigen Leistungsträgern zu leisten sind. Die Pflegekasse überprüft die Notwendigkeit der Versorgung mit den beantragten Pflegehilfsmitteln unter Beteiligung einer Pflegefachkraft oder des Medizinischen Dienstes. Entscheiden sich Versicherte für eine Ausstattung des Pflegehilfsmittels, die über das Maß des Notwendigen hinausgeht, haben sie die Mehrkosten und die dadurch bedingten Folgekosten selbst zu tragen. § 33 Abs. 6 und 7 des Fünften Buches gilt entsprechend.

(2) Die Aufwendungen der Pflegekassen für zum Verbrauch bestimmte Pflegehilfsmittel dürfen monatlich den Betrag von 40 Euro nicht übersteigen. Die Leistung kann auch in Form einer Kostenerstattung erbracht werden.

(3) Die Pflegekassen sollen technische Pflegehilfsmittel in allen geeigneten Fällen vorrangig leihweise überlassen. Sie können die Bewilligung davon abhängig machen, daß die Pflegebedürftigen sich das Pflegehilfsmittel anpassen oder sich selbst oder die Pflegeperson in seinem Gebrauch ausbilden lassen. Der Anspruch umfaßt auch die notwendige Änderung, Instandsetzung und Ersatzbeschaffung von Pflegehilfsmitteln sowie die Ausbildung in ihrem Gebrauch. Versicherte, die das 18. Lebensjahr vollendet haben, haben zu den Kosten der Pflegehilfsmittel mit Ausnahme der Pflegehilfsmittel nach Absatz 2 eine Zuzahlung von zehn vom Hundert, höchstens jedoch 25 Euro je Pflegehilfsmittel an die abgebende Stelle zu leisten. Zur Vermeidung von Härten kann die Pflegekasse den Versicherten in entsprechender Anwendung des § 62 Abs. 1 Satz 1, 2 und 6 sowie Abs. 2 und 3 des Fünften Buches ganz oder teilweise von der Zuzahlung befreien. Versicherte, die die für sie geltende Belastungsgrenze nach § 62 des Fünften Buches erreicht haben oder unter Berücksichtigung der Zuzahlung nach Satz 4 erreichen, sind hinsichtlich des die Belastungsgrenze überschreitenden Betrags von der Zuzahlung nach diesem Buch befreit. Lehnen Versicherte die leihweise Überlassung eines Pflegehilfsmittels ohne zwingenden Grund ab, haben sie die Kosten des Pflegehilfsmittels in vollem Umfang selbst zu tragen.

(4) Die Pflegekassen können subsidiär finanzielle Zuschüsse für Maßnahmen zur Verbesserung des individuellen Wohnumfeldes des Pflegebedürftigen gewähren, beispielsweise für technische Hilfen im Haushalt, wenn dadurch im Einzelfall die häusliche Pflege ermöglicht oder erheblich erleichtert oder eine möglichst selbständige Lebensführung des Pflegebedürftigen wiederhergestellt wird. Die Zuschüsse dürfen einen Betrag in Höhe von 4 000 Euro je Maßnahme nicht übersteigen. Leben mehrere Pflegebedürftige in einer gemeinsamen Wohnung, dürfen die Zuschüsse für Maßnahmen zur Verbesserung des gemeinsamen Wohnumfeldes einen Betrag in Höhe von 4 000 Euro je Pflegebedürftigem nicht übersteigen. Der Gesamtbetrag je Maßnahme nach Satz 3 ist auf 16 000 Euro begrenzt und wird bei mehr als vier Anspruchsberechtigten anteilig auf die Versicherungsträger der Anspruchsberechtigten aufgeteilt.

(5) Für Hilfsmittel und Pflegehilfsmittel, die sowohl den in § 23 und § 33 des Fünften Buches als auch den in Absatz 1 genannten Zwecken dienen können, prüft der Leistungsträger, bei dem die Leistung beantragt wird, ob ein Anspruch gegenüber der Krankenkasse oder der Pflegekasse besteht und entscheidet über die Bewilligung der Hilfsmittel und Pflegehilfsmittel. Zur Gewährleistung einer Absatz 1 Satz 1 entsprechenden Abgrenzung der Leistungsverpflichtungen der gesetzlichen Krankenversicherung und der sozialen Pflegeversicherung werden die Ausgaben für Hilfsmittel und Pflegehilfsmittel zwischen der jeweiligen Krankenkasse und der bei ihr errichteten Pflegekasse in einem bestimmten Verhältnis pauschal aufgeteilt. Der Spitzenverband Bund der Krankenkassen bestimmt in Richtlinien, die erstmals bis zum 30. April 2012 zu beschließen sind, die Hilfsmittel und Pflegehilfsmittel nach Satz 1, das Verhältnis, in dem die Ausgaben aufzuteilen sind, sowie die Einzelheiten zur Umsetzung der Pauschalierung. Er berücksichtigt dabei die bisherigen Ausgaben der Kranken- und Pflegekassen und stellt sicher, dass bei der Aufteilung die Zielsetzung der Vorschriften des Fünften Buches und dieses Buches zur Hilfsmittelversorgung sowie die Belange der Versicherten gewahrt bleiben. Die Richtlinien bedürfen der Genehmigung des Bundesministeriums für Gesundheit und treten am ersten Tag des auf die Genehmigung folgenden Monats in Kraft; die Genehmigung kann mit Auflagen verbunden werden. Die Richtlinien sind für die Kranken- und Pflegekassen verbindlich. Für die nach Satz 3 bestimmten Hilfsmittel und Pflegehilfsmittel richtet sich die Zuzahlung nach den §§ 33, 61 und 62 des Fünften Buches; für die Prüfung des Leistungsanspruchs gilt § 275 Absatz 3 des Fünften Buches. Die Regelungen dieses Absatzes gelten nicht für Ansprüche auf Hilfsmittel oder Pflegehilfsmittel von Pflegebedürftigen, die sich in vollstationärer Pflege befinden, sowie von Pflegebedürftigen nach § 28 Absatz 2.

Fassung bis 31. Dezember 2016	Fassung ab 1. Januar 2017
Zweiter Titel **Teilstationäre Pflege und Kurzzeitpflege** **§ 41 Tagespflege und Nachtpflege** (1) Pflegebedürftige haben Anspruch auf teilstationäre Pflege in Einrichtungen der Tages- oder Nachtpflege, wenn häusliche Pflege nicht in ausreichendem Umfang sichergestellt werden kann oder wenn dies zur Ergänzung oder Stärkung der häuslichen Pflege erforderlich ist. Die teilstationäre Pflege umfaßt auch die notwendige Beförderung des Pflegebedürftigen von der Wohnung zur Einrichtung der Tagespflege oder der Nachtpflege und zurück. (2) Die Pflegekasse übernimmt im Rahmen der Leistungsbeträge nach Satz 2 die pflegebedingten Aufwendungen der teilstationären Pflege~~, die Aufwendungen der sozialen Betreuung und die Aufwendungen für die in der Einrichtung notwendigen Leistungen der medizinischen Behandlungspflege. Der Anspruch auf teilstationäre Pflege umfasst je Kalendermonat~~ ~~1. für Pflegebedürftige der Pflegestufe I einen Gesamtwert bis zu~~ ~~a) 420 Euro ab 1. Juli 2008,~~ ~~b) 440 Euro ab 1. Januar 2010,~~ ~~c) 450 Euro ab 1. Januar 2012,~~ ~~d) 468 Euro ab 1. Januar 2015,~~ ~~2. für Pflegebedürftige der Pflegestufe II einen Gesamtwert bis zu~~ ~~a) 980 Euro ab 1. Juli 2008,~~ ~~b) 1.040 Euro ab 1. Januar 2010,~~ ~~c) 1.100 Euro ab 1. Januar 2012,~~ ~~d) 1.144 Euro ab 1. Januar 2015,~~ ~~3. für Pflegebedürftige der Pflegestufe III einen Gesamtwert bis zu~~ ~~a) 1.470 Euro ab 1. Juli 2008,~~ ~~b) 1.510 Euro ab 1. Januar 2010,~~ ~~c) 1.550 Euro ab 1. Januar 2012,~~ ~~d) 1.612 Euro ab 1. Januar 2015.~~ (3) Pflegebedürftige können teilstationäre Tages- und Nachtpflege zusätzlich zu ambulanten Pflegesachleistungen, Pflegegeld oder der Kombinationsleistung nach § 38 in Anspruch nehmen, ohne dass eine Anrechnung auf diese Ansprüche erfolgt.	**Zweiter Titel** **Teilstationäre Pflege und Kurzzeitpflege** **§ 41 Tagespflege und Nachtpflege** (1) Pflegebedürftige der <u>Pflegegrade 2 bis 5</u> haben Anspruch auf teilstationäre Pflege in Einrichtungen der Tages- oder Nachtpflege, wenn häusliche Pflege nicht in ausreichendem Umfang sichergestellt werden kann oder wenn dies zur Ergänzung oder Stärkung der häuslichen Pflege erforderlich ist. Die teilstationäre Pflege umfaßt auch die notwendige Beförderung des Pflegebedürftigen von der Wohnung zur Einrichtung der Tagespflege oder der Nachtpflege und zurück. (2) Die Pflegekasse übernimmt im Rahmen der Leistungsbeträge nach Satz 2 die pflegebedingten Aufwendungen der teilstationären Pflege <u>einschließlich der Aufwendungen für Betreuung</u> und die Aufwendungen für die in der Einrichtung notwendigen Leistungen der medizinischen Behandlungspflege. Der Anspruch auf teilstationäre Pflege umfasst je Kalendermonat 1. <u>für Pflegebedürftige des Pflegegrades 2 einen Gesamtwert bis zu 689 Euro,</u> 2. <u>für Pflegebedürftige des Pflegegrades 3 einen Gesamtwert bis zu 1.298 Euro,</u> 3. <u>für Pflegebedürftige des Pflegegrades 4 einen Gesamtwert bis zu 1.612 Euro,</u> 4. <u>für Pflegebedürftige des Pflegegrades 5 einen Gesamtwert bis zu 1.995 Euro.</u> (3) Pflegebedürftige <u>der Pflegegrade 2 bis 5</u> können teilstationäre Tages- und Nachtpflege zusätzlich zu ambulanten Pflegesachleistungen, Pflegegeld oder der Kombinationsleistung nach § 38 in Anspruch nehmen, ohne dass eine Anrechnung auf diese Ansprüche erfolgt.

Gesetzesbegründung Drs. 18/5926 zu § 41

Änderungen zum 1. Januar 2017

Zu Absatz 1

Durch die Ergänzung wird bereits am Anfang der Norm klargestellt, dass die Leistungen der Tages- und Nachtpflege für Pflegebedürftige der Pflegegrade 2 bis 5 eröffnet sind.

Die Leistung für Pflegebedürftige des Pflegegrades 1 ergibt sich aus § 45b Absatz 1. Danach können Pflegebedürftige des Pflegegrades 1 den ihnen zustehenden Entlastungsbetrag gemäß § 45b Absatz 1 im Wege der Kostenerstattung auch für Leistungen der Tages- und Nachtpflege einsetzen.

Zu Absatz 2

Die teilstationäre Pflege dient der Unterstützung und Sicherstellung der häuslichen Versorgung. Gesetzessystematisch stellt sie aber eine Form der stationären Versorgung dar, bei der während des Aufenthaltes in der Einrichtung eine umfassende Versorgung zu gewährleisten ist. Dies spiegelte sich bereits im bisher geltenden Leistungsrecht zumindest insoweit wider, als von der Pflegeversicherung im Rahmen der Leistungsbeträge die Aufwendungen für Grundpflege und auch für soziale Betreuung zu tragen waren.

Vor diesem Hintergrund erfordert der neue Pflegebedürftigkeitsbegriff, der neben den somatisch bedingten Einschränkungen nunmehr auch die kognitiv bedingten Einschränkungen der Selbständigkeit besser als bisher berücksichtigt, für die leistungsrechtliche Beschreibung und Einordnung teilstationär zu erbringender Sachleistungen der Pflegeversicherung keine grundsätzliche Neuorientierung, sondern vor allem eine begriffliche Klarstellung. Dieser Auffassung ist offenbar auch der Expertenbeirat zur konkreten Ausgestaltung des neuen Pflegebedürftigkeitsbegriffs, dessen Empfehlungen zur Ausgestaltung der Leistungsinhalte in seinem Bericht vom 27. Juni 2013 keine näheren Ausführungen zur teilstationären Pflege enthalten.

Die begriffliche Klarstellung erfolgt in Satz 1 dergestalt, dass nicht mehr zwischen pflegebedingten Aufwendungen, die sich nach bisherigem Verständnis auf die sogenannte Grundpflege beziehen, und den Aufwendungen für soziale Betreuung differenziert wird. Entsprechend dem neuen Pflegebedürftigkeitsbegriff und dem neuen Verständnis von Pflege wird Betreuung als Bestandteil der pflegebedingten Aufwendungen angesehen.

Im Übrigen erfolgt keine Änderung. Dies gilt insbesondere auch im Hinblick auf die Einbeziehung der medizinischen Behandlungspflege. Die Aufgabe der bisherigen Pflegestufen und die Neueinführung von Pflegegraden erfordern allein aus redaktionellen Gründen eine Anpassung des Absatzes 2.

Ferner wird die Rechtsänderung dazu genutzt, die nicht mehr erforderlichen Angaben zu den Leistungsbeträgen in den Jahren 2008, 2010, 2012 und 2015 zu streichen. Die Leistungsbeträge der teilstationären Pflege nach Satz 2 sind für Pflegebedürftige der Pflegegrade 2 bis 5 eröffnet.

Die Leistungsbeträge entsprechen – wie bisher auch – den Leistungsbeträgen der ambulanten Sachleistung nach § 36.

Zu Absatz 3

Die Ergänzung ergibt sich daraus, dass die Leistungen der Tages- und Nachtpflege nach § 41 sowie die in Absatz 3 genannten weiteren Leistungen nur für Pflegebedürftige der Pflegegrade 2 bis 5 eröffnet sind.

Fassung bis 31. Dezember 2015	Fassung ab 1. Januar 2016	Fassung ab 1. Januar 2017
§ 42 Kurzzeitpflege	**§ 42 Kurzzeitpflege**	**§ 42 Kurzzeitpflege**
(1) Kann die häusliche Pflege zeitweise nicht, noch nicht oder nicht im erforderlichen Umfang erbracht werden und reicht auch teilstationäre Pflege nicht aus, besteht	(1) Kann die häusliche Pflege zeitweise nicht, noch nicht oder nicht im erforderlichen Umfang erbracht werden und reicht auch teilstationäre Pflege nicht aus, besteht	(1) Kann die häusliche Pflege zeitweise nicht, noch nicht oder nicht im erforderlichen Umfang erbracht werden und reicht auch teilstationäre Pflege nicht aus, besteht <u>für Pflegebedürftige der Pflegegrade 2 bis 5</u> Anspruch auf Pflege in einer vollstationären Einrichtung. Dies gilt:
Anspruch auf Pflege in einer vollstationären Einrichtung. Dies gilt:	Anspruch auf Pflege in einer vollstationären Einrichtung. Dies gilt:	
1. für eine Übergangszeit im Anschluß an eine stationäre Behandlung des Pflegebedürftigen oder	1. für eine Übergangszeit im Anschluß an eine stationäre Behandlung des Pflegebedürftigen oder	1. für eine Übergangszeit im Anschluß an eine stationäre Behandlung des Pflegebedürftigen oder
2. in sonstigen Krisensituationen, in denen vorübergehend häusliche oder teilstationäre Pflege nicht möglich oder nicht ausreichend ist.	2. in sonstigen Krisensituationen, in denen vorübergehend häusliche oder teilstationäre Pflege nicht möglich oder nicht ausreichend ist.	2. in sonstigen Krisensituationen, in denen vorübergehend häusliche oder teilstationäre Pflege nicht möglich oder nicht ausreichend ist.
(2) Der Anspruch auf Kurzzeitpflege ist auf ~~vier~~ Wochen pro Kalenderjahr beschränkt. Die Pflegekasse übernimmt die pflegebedingten Aufwendungen, die Aufwendungen der sozialen Betreuung sowie die Aufwendungen für Leistungen der medizinischen Behandlungspflege bis zu dem Gesamtbetrag von 1.1470 Euro ab 1. Juli 2008, 1.510 Euro ab 1. Januar 2010, 1.550 Euro ab 1. Januar 2012 und 1.612 Euro ab 1. Januar 2015 im Kalenderjahr. Der Leistungsbetrag nach Satz 2 kann um bis zu 1.612 Euro aus noch nicht in Anspruch genommenen Mitteln der Verhinderungspflege nach § 39 Absatz 1 Satz 3 auf insgesamt bis zu 3.224 Euro im Kalenderjahr erhöht werden.	(2) Der Anspruch auf Kurzzeitpflege ist auf <u>acht</u> Wochen pro Kalenderjahr beschränkt. Die Pflegekasse übernimmt die pflegebedingten Aufwendungen, die Aufwendungen der *sozialen* Betreuung sowie die Aufwendungen für Leistungen der medizinischen Behandlungspflege bis zu dem Gesamtbetrag *von 1.1470 Euro ab 1. Juli 2008, 1.510 Euro ab 1. Januar 2010, 1.550 Euro ab 1. Januar 2012 und 1.612 Euro ab 1. Januar 2015 im Kalenderjahr.* Der Leistungsbetrag nach Satz 2 kann um bis zu 1.612 Euro aus noch nicht in Anspruch genommenen Mitteln der Verhinderungspflege nach § 39 Absatz 1 Satz 3 auf insgesamt bis zu 3.224 Euro im Kalenderjahr erhöht werden.	(2) Der Anspruch auf Kurzzeitpflege ist auf acht Wochen pro Kalenderjahr beschränkt. Die Pflegekasse übernimmt die pflegebedingten Aufwendungen <u>einschließlich der Aufwendungen für Betreuung</u> sowie die Aufwendungen für Leistungen der medizinischen Behandlungspflege bis zu dem Gesamtbetrag von 1.612 Euro im Kalenderjahr.
~~Abweichend von Satz 1 ist der Anspruch auf Kurzzeitpflege in diesem Fall auf längstens acht Wochen pro Kalenderjahr beschränkt.~~ Der für die Kurzzeitpflege in Anspruch genommene Erhöhungsbetrag wird auf den	Der für die Kurzzeitpflege in Anspruch genommene Erhöhungsbetrag wird auf den Leistungsbe-	Der Leistungsbetrag nach Satz 2 kann um bis zu 1.612 Euro aus noch nicht in Anspruch genommenen Mitteln der Verhinderungspflege nach § 39 Absatz 1 Satz 3 auf insgesamt bis zu 3.224 Euro im Kalenderjahr erhöht werden. Der für die Kurzzeitpflege in Anspruch genommene Erhöhungsbetrag wird auf den Leistungsbe-

Fassung bis 31. Dezember 2015	Fassung ab 1. Januar 2016	Fassung ab 1. Januar 2017
Leistungsbetrag für eine Verhinderungspflege nach § 39 Absatz 1 Satz 3 angerechnet.	trag für eine Verhinderungspflege nach § 39 Absatz 1 Satz 3 angerechnet.	trag für eine Verhinderungspflege nach § 39 Absatz 1 Satz 3 angerechnet.
(3) Abweichend von den Absätzen 1 und 2 besteht der Anspruch auf Kurzzeitpflege in begründeten Einzelfällen bei zu Hause gepflegten Pflegebedürftigen auch in geeigneten Einrichtungen der Hilfe für behinderte Menschen und anderen geeigneten Einrichtungen, wenn die Pflege in einer von den Pflegekassen zur Kurzzeitpflege zugelassenen Pflegeeinrichtung nicht möglich ist oder nicht zumutbar erscheint. § 34 Abs. 2 Satz 1 findet keine Anwendung. Sind in dem Entgelt für die Einrichtung Kosten für Unterkunft und Verpflegung sowie Aufwendungen für Investitionen enthalten, ohne gesondert ausgewiesen zu sein, so sind 60 vom Hundert des Entgelts zuschussfähig. In begründeten Einzelfällen kann die Pflegekasse in Ansehung der Kosten für Unterkunft und Verpflegung sowie der Aufwendungen für Investitionen davon abweichende pauschale Abschläge vornehmen.	(3) Abweichend von den Absätzen 1 und 2 besteht der Anspruch auf Kurzzeitpflege in begründeten Einzelfällen bei zu Hause gepflegten Pflegebedürftigen auch in geeigneten Einrichtungen der Hilfe für behinderte Menschen und anderen geeigneten Einrichtungen, wenn die Pflege in einer von den Pflegekassen zur Kurzzeitpflege zugelassenen Pflegeeinrichtung nicht möglich ist oder nicht zumutbar erscheint. § 34 Abs. 2 Satz 1 findet keine Anwendung. Sind in dem Entgelt für die Einrichtung Kosten für Unterkunft und Verpflegung sowie Aufwendungen für Investitionen enthalten, ohne gesondert ausgewiesen zu sein, so sind 60 vom Hundert des Entgelts zuschussfähig. In begründeten Einzelfällen kann die Pflegekasse in Ansehung der Kosten für Unterkunft und Verpflegung sowie der Aufwendungen für Investitionen davon abweichende pauschale Abschläge vornehmen.	(3) Abweichend von den Absätzen 1 und 2 besteht der Anspruch auf Kurzzeitpflege in begründeten Einzelfällen bei zu Hause gepflegten Pflegebedürftigen auch in geeigneten Einrichtungen der Hilfe für behinderte Menschen und anderen geeigneten Einrichtungen, wenn die Pflege in einer von den Pflegekassen zur Kurzzeitpflege zugelassenen Pflegeeinrichtung nicht möglich ist oder nicht zumutbar erscheint. § 34 Abs. 2 Satz 1 findet keine Anwendung. Sind in dem Entgelt für die Einrichtung Kosten für Unterkunft und Verpflegung sowie Aufwendungen für Investitionen enthalten, ohne gesondert ausgewiesen zu sein, so sind 60 vom Hundert des Entgelts zuschussfähig. In begründeten Einzelfällen kann die Pflegekasse in Ansehung der Kosten für Unterkunft und Verpflegung sowie der Aufwendungen für Investitionen davon abweichende pauschale Abschläge vornehmen.
(4) Abweichend von den Absätzen 1 und 2 besteht der Anspruch auf Kurzzeitpflege auch in Einrichtungen, die stationäre Leistungen zur medizinischen Vorsorge oder Rehabilitation erbringen, wenn während einer Maßnahme der medizinischen Vorsorge oder Rehabilitation für eine Pflegeperson eine gleichzeitige Unterbringung und Pflege des Pflegebedürftigen erforderlich ist.	(4) Abweichend von den Absätzen 1 und 2 besteht der Anspruch auf Kurzzeitpflege auch in Einrichtungen, die stationäre Leistungen zur medizinischen Vorsorge oder Rehabilitation erbringen, wenn während einer Maßnahme der medizinischen Vorsorge oder Rehabilitation für eine Pflegeperson eine gleichzeitige Unterbringung und Pflege des Pflegebedürftigen erforderlich ist.	(4) Abweichend von den Absätzen 1 und 2 besteht der Anspruch auf Kurzzeitpflege auch in Einrichtungen, die stationäre Leistungen zur medizinischen Vorsorge oder Rehabilitation erbringen, wenn während einer Maßnahme der medizinischen Vorsorge oder Rehabilitation für eine Pflegeperson eine gleichzeitige Unterbringung und Pflege des Pflegebedürftigen erforderlich ist.

Gesetzesbegründung Drs. 18/5926 zu § 42

Änderungen zum 1. Januar 2016

Zu Absatz 2

Bereits mit dem Ersten Pflegestärkungsgesetz wurde geregelt, dass der Anspruch auf Kurzzeitpflege als solcher bis zu acht Wochen je Kalenderjahr umfassen kann, wenn Mittel der Verhinderungspflege zugunsten der Kurzzeitpflege eingesetzt werden.

Um die Anwendung der Vorschrift in der Praxis zu vereinfachen, wird die zeitliche Höchstgrenze für die Inanspruchnahme von Kurzzeitpflege nun generell auf acht Wochen je Kalenderjahr ausgedehnt.

Es bleibt jedoch bei der betragsmäßigen Höchstgrenze von grundsätzlich 1.612 Euro je Kalenderjahr für die Kurzzeitpflege. Dieser Leistungsbetrag kann wie bisher nur erhöht werden, soweit nach Maßgabe des Absatzes 2 Satz 3 und 4 (bisher 5) Mittel der Verhinderungspflege zugunsten der Kurzzeitpflege eingesetzt werden, wodurch sich der Anspruch auf Verhinderungspflege entsprechend vermindert.

Streichung des bisherigen Satz 4: Die Änderung erfolgt, um die Anwendung der Vorschrift in der Praxis zu vereinfachen.

Änderungen zum 1. Januar 2017

Zu Absatz 1

Anspruch auf Kurzzeitpflege in dem in § 42 geregelten Umfang haben ab der Einführung des neuen Pflegebedürftigkeitsbegriffes ausschließlich Pflegebedürftige der Pflegegrade 2 bis 5. Unberührt davon bleibt der Anspruch auf den Entlastungsbetrag nach § 45b, nach dem unter anderem auch für Aufwendungen, die im Zusammenhang mit der Inanspruchnahme von Leistungen der Kurzzeitpflege entstanden sind, eine Kostenerstattung erfolgen kann.

Im Rahmen des Entlastungsbetrags nach § 45b haben daher auch Pflegebedürftige des Pflegegrades 1 Zugang zu Leistungen der Kurzzeitpflege. Kurzzeitpflege soll dabei insbesondere auch auf aktivierende Pflege ausgerichtet sein.

Zu Absatz 2

Von den Pflegekassen übernommen werden im Rahmen des Anspruchs auf Kurzzeitpflege die pflegebedingten Aufwendungen, einschließlich der Aufwendungen für Betreuung, sowie die Aufwendungen für Leistungen der medizinischen Behandlungspflege. Auf die Begründung zu der entsprechenden Änderung in § 41 Absatz 2 wird Bezug genommen.

Darüber hinaus wird Absatz 2 um die nicht mehr erforderlichen Angaben zu den Leistungsbeträgen in den Jahren 2008, 2010, 2012 und 2015 redaktionell bereinigt.

Fassung bis 31. Dezember 2016	Fassung ab 1. Januar 2017
Dritter Titel **Vollstationäre Pflege**	**Dritter Titel** **Vollstationäre Pflege**
§ 43 Inhalt der Leistung	**§ 43 Inhalt der Leistung**
(1) Pflegebedürftige haben Anspruch auf Pflege in vollstationären Einrichtungen, wenn häusliche oder teilstationäre Pflege nicht möglich ist oder wegen der Besonderheit des einzelnen Falles nicht in Betracht kommt.	(1) Pflegebedürftige der Pflegegrade 2 bis 5 haben Anspruch auf Pflege in vollstationären Einrichtungen, wenn häusliche oder teilstationäre Pflege nicht möglich ist oder wegen der Besonderheit des einzelnen Falles nicht in Betracht kommt.
(2) Für Pflegebedürftige in vollstationären Einrichtungen übernimmt die Pflegekasse im Rahmen der pauschalen Leistungsbeträge nach Satz 2 die pflegebedingten Aufwendungen, ~~die Aufwendungen der sozialen Betreuung~~ und die Aufwendungen für Leistungen der medizinischen Behandlungspflege. Der Anspruch beträgt je Kalendermonat	(2) Für Pflegebedürftige in vollstationären Einrichtungen übernimmt die Pflegekasse im Rahmen der pauschalen Leistungsbeträge nach Satz 2 die pflegebedingten Aufwendungen einschließlich der Aufwendungen für Betreuung und die Aufwendungen für Leistungen der medizinischen Behandlungspflege. Der Anspruch beträgt je Kalendermonat
1. ~~für Pflegebedürftige der Pflegestufe I 1.064 Euro,~~ 2. ~~für Pflegebedürftige der Pflegestufe II 1.330 Euro,~~ 3. ~~für Pflegebedürftige der Pflegestufe III~~ ~~a) 1.470 Euro ab 1. Juli 2008,~~ ~~b) 1.510 Euro ab 1. Januar 2010,~~ ~~c) 1.550 Euro ab 1. Januar 2012,~~ ~~d) 1.612 Euro ab 1. Januar 2015,~~ 4. ~~für Pflegebedürftige, die nach Absatz 3 als Härtefall anerkannt sind,~~ ~~a) 1.750 Euro ab 1. Juli 2008,~~ ~~b) 1.825 Euro ab 1. Januar 2010,~~ ~~c) 1.918 Euro ab 1. Januar 2012,~~ ~~d) 1.995 Euro ab 1. Januar 2015.~~	1. 770 Euro für Pflegebedürftige des Pflegegrades 2, 2. 1.262 Euro für Pflegebedürftige des Pflegegrades 3, 3. 1.775 Euro für Pflegebedürftige des Pflegegrades 4, 4. 2.005 Euro für Pflegebedürftige des Pflegegrades 5.
~~Der von der Pflegekasse einschließlich einer Dynamisierung nach § 30 zu übernehmende Betrag darf 75 vom Hundert des Gesamtbetrages aus Pflegesatz, Entgelt für Unterkunft und Verpflegung und gesondert berechenbaren Investitionskosten nach § 82 Abs. 3 und 4 nicht übersteigen.~~	(3) Wählen Pflegebedürftige des Pflegegrades 1 vollstationäre Pflege, erhalten sie für die in Absatz 2 Satz 1 genannten Aufwendungen einen Zuschuss in Höhe von 125 Euro monatlich.
~~(3) Die Pflegekassen können in besonderen Ausnahmefällen zur Vermeidung von Härten die pflegebedingten Aufwendungen, die Aufwendungen der sozialen Betreuung und die Aufwendungen für Leistungen der medizinischen Behandlungspflege pauschal in Höhe des nach Absatz 2 Satz 2 Nr. 4 geltenden Betrages übernehmen, wenn ein außergewöhnlich hoher und intensiver Pflegeaufwand erforderlich ist, der das übliche Maß der Pflegestufe III weit übersteigt, beispielsweise bei Apallikern, schwerer Demenz oder im Endstadium von Krebserkrankun-~~	

Fassung bis 31. Dezember 2016	Fassung ab 1. Januar 2017
~~gen. Die Ausnahmeregelung des Satzes 1 darf für nicht mehr als 5 vom Hundert aller versicherten Pflegebedürftigen der Pflegestufe III, die stationäre Pflegeleistungen erhalten, Anwendung finden. Der Spitzenverband Bund der Pflegekassen überwacht die Einhaltung dieses Höchstsatzes und hat erforderlichenfalls geeignete Maßnahmen zur Einhaltung zu ergreifen.~~	
~~(4) Wählen Pflegebedürftige vollstationäre Pflege, obwohl diese nach Feststellung der Pflegekasse nicht erforderlich ist, erhalten sie zu den pflegebedingten Aufwendungen einen Zuschuß in Höhe des in § 36 Abs. 3 für die jeweilige Pflegestufe vorgesehenen Gesamtwertes.~~	
~~(5)~~ Bei vorübergehender Abwesenheit von Pflegebedürftigen aus dem Pflegeheim werden die Leistungen für vollstationäre Pflege erbracht, solange die Voraussetzungen des § 87a Abs. 1 Satz 5 und 6 vorliegen.	<u>(4)</u> Bei vorübergehender Abwesenheit von Pflegebedürftigen aus dem Pflegeheim werden die Leistungen für vollstationäre Pflege erbracht, solange die Voraussetzungen des § 87a Abs. 1 Satz 5 und 6 vorliegen.

Gesetzesbegründung Drs. 18/5926 und Drs. 18/6688 zu § 43

Änderungen zum 1. Januar 2017

Zu Absatz 1

Durch die Ergänzung wird bereits am Anfang der Norm klargestellt, dass die vollstationäre Sachleistung für Pflegebedürftige der Pflegegrade 2 bis 5 eröffnet ist.

Die Leistung für Pflegebedürftige des Pflegegrades 1 ist im neuen Absatz 3 geregelt.

Zu Absatz 2

Im Rahmen der vollstationären Pflege ist von der Einrichtung eine umfassende Versorgung zu gewährleisten. Dies spiegelte sich bereits im bisher geltenden Leistungsrecht zumindest insoweit wider, als von der Pflegeversicherung im Rahmen der Leistungsbeträge die Aufwendungen für Grundpflege und auch für soziale Betreuung zu tragen waren.

Vor diesem Hintergrund erfordert der neue Pflegebedürftigkeitsbegriff, der neben den somatisch bedingten Einschränkungen nunmehr auch die kognitiv bedingten Einschränkungen der Selbständigkeit besser als bisher berücksichtigt, für die leistungsrechtliche Beschreibung und Einordnung vollstationär zu erbringender Sachleistungen der Pflegeversicherung keine grundsätzliche Neuorientierung, sondern vor allem eine begriffliche Klarstellung.

Die vollstationären Leistungsbeträge werden in ihrer Höhe so zueinander gestaffelt, dass sie zusammen mit dem einrichtungseinheitlichen Eigenanteil nach § 84 im Durchschnitt den in der vom

Spitzenverband Bund der Pflegekassen beauftragten Studie der Universität Bremen zur Erfassung von Versorgungsaufwänden in stationären Einrichtungen festgestellten Aufwandsrelationen entsprechen.

Die begriffliche Klarstellung erfolgt in Satz 1 dergestalt, dass nicht mehr zwischen pflegebedingten Aufwendungen, die sich nach bisherigem Verständnis auf die sogenannte Grundpflege beziehen, und den Aufwendungen für soziale Betreuung differenziert wird. Entsprechend dem neuen Pflegebedürftigkeitsbegriff und dem neuen Verständnis von Pflege wird Betreuung als Bestandteil der pflegebedingten Aufwendungen angesehen.

Bei der Einbeziehung der medizinischen Behandlungspflege gibt es keine Änderung. Die Aufgabe der bisherigen Pflegestufen und die Neueinführung von Pflegegraden erfordern allein aus redaktionellen Gründen eine Anpassung von Absatz 2 Satz 2.

Ferner wird die Rechtsänderung dazu genutzt, die nicht mehr erforderlichen Angaben zu den Leistungsbeträgen in den Jahren 2008, 2010, 2012 und 2015 zu streichen.

Die Neufassung von Absatz 2 führt dazu, dass der bisherige Satz 3 des zweiten Absatzes wegfällt. Die bisherige Regelung in Satz 3, nach der die Pflegeversicherung mit ihren Leistungsbeträgen nicht mehr als 75 Prozent des Gesamtheimentgelts in vollstationärer Pflege abdecken soll, diente der Sicherstellung eines angemessenen Eigenanteils der Pflegebedürftigen im Rahmen des Teilleistungssystems Pflegeversicherung.

In der Praxis findet die Regelung nur selten Anwendung, weil die Heimentgelte in der Regel um mehr als ein Drittel über den Leistungsbeträgen der Pflegeversicherung liegen. Mit dem vorgesehenen einrichtungseinheitlichen Eigenanteil am Pflegesatz [red. Anm.: siehe § 84] sind nach Einführung des neuen Pflegebedürftigkeitsbegriffs alle vom Pflegebedürftigen zu zahlenden Komponenten des Heimentgelts in vollstationärer Pflege in den Pflegegraden 2 bis 5 absolut gleich hoch. Eine prozentuale Begrenzung der Leistungspflicht der Pflegeversicherung würde in den (wenigen) Anwendungsfällen dazu führen, dass die höheren Pflegegrade (wegen des höheren Anteils der Leistungsbeträge am Gesamtheimentgelt) von der Regelung betroffen wären, die niedrigeren aber nicht. Damit würde das Prinzip der einrichtungseinheitlichen Eigenanteile durchbrochen. Zusätzlich würde die Anwendung der Bestandsschutzregelungen in Kürzungsfällen erschwert. Angesichts dessen und vor dem Hintergrund von Hinweisen aus der Praxis, dass die Regelung im Rahmen der Überleitung wieder etwas häufiger zum Tragen käme, wird sie deshalb gestrichen.

Zu Absatz 3

Absatz 3 sieht eine Neuregelung für Pflegebedürftige des Pflegegrades 1 in vollstationärer Pflege vor. Diese erhalten zu den in Absatz 2 Satz 1 genannten Aufwendungen einen Zuschuss in Höhe von 125 Euro monatlich, dies jedoch nicht als Sachleistung, sondern in Form der Kostenerstattung.

Somit ist sichergestellt, dass Pflegebedürftigen des Pflegegrades 1 in vollstationärer Pflege grundsätzlich derselbe Geldbetrag zur Verfügung steht, wie Pflegebedürftigen des Pflegegrades 1 in häuslicher Pflege.

Gleichzeitig findet damit der Umstand Berücksichtigung, dass die Beeinträchtigungen der Selbständigkeit oder der Fähigkeiten in Pflegegrad 1 gering sind.

Streichung des bisherigen Absatzes 3

Absatz 3 in seiner bisherigen Fassung ist hinfällig. Unter dem neuen Pflegebedürftigkeitsbegriff und der Zuordnung zu einem der fünf Pflegegrade ist eine gesonderte Anerkennung für Härtefälle nicht mehr vorgesehen. Die Bedarfe und Defizite der Personengruppen, die bisher der Härtefall- regelung zugeordnet wurden, werden nunmehr im Rahmen der fünfstufigen Graduierung mit abgebildet.

Vor diesem Hintergrund sind gesonderte Regelungen zur Berücksichtigung von Härtefällen ein- schließlich ihres zahlenmäßigen Anteils an den Leistungsempfängern in vollstationärer Pflege nicht mehr erforderlich.

> **Redaktionelle Anmerkung:**
>
> Dies bedeutet auch, dass es keine neuen Härtefallrichtlinien mehr geben wird.

Streichung des bisherigen Absatzes 4

Die bisherige Abschlagsregelung wird nicht aufrechterhalten. Im bis 31. Dezember 2016 geltenden Recht wird bestimmt, dass Pflegebedürftige, die vollstationäre Pflege wählen, obwohl diese nach Feststellung der Pflegekasse nicht erforderlich ist, zu den pflegebedingten Aufwendungen einen Zuschuss in Höhe des in § 36 Absatz 3 für die jeweilige Pflegestufe vorgesehenen Gesamtwertes erhalten. Der dahinter stehende Gedanke ist, dass Pflegebedürftige nicht in den Genuss der – gegenüber der ambulanten Pflegesachleistung bislang höheren – Leistungsbeträge für die vollsta- tionäre Pflege kommen sollen, da vollstationäre Pflege in ihrem Fall (noch) nicht erforderlich ist. Sie sollen aber auch nicht schlechter stehen als sie bei der Pflege in der eigenen Häuslichkeit stehen würden. Daher werden die Leistungsbeträge, die zu Hause für ambulante Pflegesachleistungen zur Verfügung stehen, als Zuschuss zu den Kosten des Heimaufenthalts gezahlt.

Infolge der mit diesem Gesetz vorgenommenen Neuordnung der Leistungsbeträge für die ambu- lante und die vollstationäre Pflege kann diese Regelung nicht mehr aufrecht erhalten werden, da die Leistungsbeträge für ambulante Sachleistungen nun teilweise höher liegen als die Leistungs- beträge, die in dem gleichen Pflegegrad für die vollstationäre Pflege vorgesehen sind. Dies ist Aus- fluss einerseits der wiederholt vorgenommenen Stärkung der häuslichen Pflege und andererseits der Einführung eines einrichtungseinheitlichen pflegebedingten Eigenanteils in der vollstationären Pflege.

> **Redaktionelle Anmerkung:**
>
> Anstelle der bisherigen Regelung sah der ursprüngliche Gesetzentwurf vor, dass sowohl auf die für die vollstationäre Pflege vorgesehenen Sachleistungsbeträge der Pflegebedürftigen der Pflegegrade 2 bis 5 als auch auf den Zuschuss für Pflegebedürftige des Pflegegrades 1 ein Abschlag in Höhe von 20 Prozent eingeführt wird, wenn nach der Feststellung der Pflegekasse vollstationäre Pflege nicht erforderlich ist. In Höhe des Abschlags sind die Kosten dann von dem Pflegebedürftigen bzw. ggf. vom Träger der Sozialhilfe zu tragen.

Dieser im Gesetzentwurf vorgesehene neue Absatz 4 sollte lauten:

„(4) Wählen Pflegebedürftige der Pflegegrade 2 bis 5 vollstationäre Pflege, obwohl diese nach Feststellung der Pflegekasse nicht erforderlich ist, erhalten sie für die in Absatz 2 Satz 1 genannten Aufwendungen einen Zuschuss in Höhe von 80 Prozent des in Absatz 2 Satz 2 für den jeweiligen Pflegegrad vorgesehenen Gesamtwertes. Entsprechendes gilt für Pflegebedürftige des Pflegegrades 1 für den in Absatz 3 genannten Betrag. Der für die Pflegegrade 2 bis 5 nach § 84 Absatz 2 Satz 3 vorgesehene einheitliche Eigenanteil erhöht sich in diesen Fällen entsprechend."

Auf Empfehlung des Ausschusses für Gesundheit wurde auf diesen Absatz 4 verzichtet. In der Beschlussempfehlung wurde wie folgt argumentiert:

„Hinsichtlich der Pflegebedürftigen der Pflegegrade 2 bis 5 ist in der Regel davon auszugehen, dass sie nicht ohne gute Gründe ein vollstationäres Pflegeheim wählen, um ihre Versorgung sicherzustellen. In den meisten Fällen wird eine nähere Prüfung auch zu dem Ergebnis führen, dass eine vollstationäre Pflege im Einzelfall doch gerechtfertigt ist. In diesen Fällen werden die Betroffenen mit einem erhöhten Begründungsaufwand und die Pflegekassen und der Medizinische Dienst der Krankenversicherung mit Prüfaufwand belastet, der sich im Ergebnis als unnötig erweist. In den wenigen Fällen, in denen theoretisch auch eine häusliche Pflege vorstellbar wäre und der Abschlag zur Anwendung kommen könnte, bedeutet er für die Pflegebedürftigen vor allem in den höheren Pflegegraden jedoch eine unangemessen hohe Belastung."

Fassung bis 31. Dezember 2016	Fassung ab 1. Januar 2017
Vierter Titel **Pflege in vollstationären Einrichtungen der Hilfe für behinderte Menschen**	**Vierter Titel** **Pflege in vollstationären Einrichtungen der Hilfe für behinderte Menschen**
§ 43a Inhalt der Leistung	**§ 43a Inhalt der Leistung**
Für Pflegebedürftige in einer vollstationären Einrichtung der Hilfe für behinderte Menschen, in der die Teilhabe am Arbeitsleben und am Leben in der Gemeinschaft, die schulische Ausbildung oder die Erziehung behinderter Menschen im Vordergrund des Einrichtungszwecks stehen (§ 71 Abs. 4), übernimmt die Pflegekasse zur Abgeltung der in § 43 Abs. 2 genannten Aufwendungen zehn vom Hundert des nach § 75 Abs. 3 des Zwölften Buches vereinbarten Heimentgelts. Die Aufwendungen der Pflegekasse dürfen im Einzelfall je Kalendermonat 266 Euro nicht überschreiten. Wird für die Tage, an denen die pflegebedürftigen Behinderten zu Hause gepflegt und betreut werden, anteiliges Pflegegeld beansprucht, gelten die Tage der An- und Abreise als volle Tage der häuslichen Pflege.	Für Pflegebedürftige <u>der Pflegegrade 2 bis 5</u> in einer vollstationären Einrichtung der Hilfe für behinderte Menschen, in der die Teilhabe am Arbeitsleben und am Leben in der Gemeinschaft, die schulische Ausbildung oder die Erziehung behinderter Menschen im Vordergrund des Einrichtungszwecks stehen (§ 71 Abs. 4), übernimmt die Pflegekasse zur Abgeltung der in § 43 Abs. 2 genannten Aufwendungen zehn vom Hundert des nach § 75 Abs. 3 des Zwölften Buches vereinbarten Heimentgelts. Die Aufwendungen der Pflegekasse dürfen im Einzelfall je Kalendermonat 266 Euro nicht überschreiten. Wird für die Tage, an denen die pflegebedürftigen Behinderten zu Hause gepflegt und betreut werden, anteiliges Pflegegeld beansprucht, gelten die Tage der An- und Abreise als volle Tage der häuslichen Pflege.

Gesetzesbegründung Drs. 18/5926 zu § 43a

Änderung zum 1. Januar 2017

Es handelt sich um eine Folgeänderung aufgrund der Umstellung von Pflegestufen auf Pflegegrade sowie aufgrund der Einführung des § 28a für Pflegebedürftige des Pflegegrades 1.

Neu ab 1. Januar 2017

Fünfter Titel
Zusätzliche Betreuung und Aktivierung in stationären Einrichtungen

§ 43b Inhalt der Leistung

Pflegebedürftige in stationären Pflegeeinrichtungen haben nach Maßgabe von § 84 Absatz 8 und § 85 Absatz 8 Anspruch auf zusätzliche Betreuung und Aktivierung, die über die nach Art und Schwere der Pflegebedürftigkeit notwendige Versorgung hinausgeht.

Gesetzesbegründung Drs. 18/5926 zu § 43b

Eingefügt mit Geltung ab 1. Januar 2017

Die Neuregelung im Fünften Titel (Zusätzliche Betreuung und Aktivierung in stationären Pflegeeinrichtungen), § 43b (Inhalt der Leistung), gibt Pflegebedürftigen in stationären Pflegeeinrichtungen einen individuellen Rechtsanspruch auf Maßnahmen der zusätzlichen Betreuung und Aktivierung gegen ihre Pflegekasse oder das private Versicherungsunternehmen.

Bislang ist die zusätzliche Betreuung und Aktivierung in stationären Pflegeeinrichtungen in § 87b lediglich als vergütungsrechtliche Regelung ausgestaltet. Danach haben stationäre Pflegeeinrichtungen Anspruch auf Vereinbarung leistungsrechtlicher Zuschläge zur Pflegevergütung, wenn bestimmte Voraussetzungen erfüllt sind. Erst mit der Zahlung des Vergütungszuschlags von der Pflegekasse an die Pflegeeinrichtung erhält die anspruchsberechtigte Person einen Anspruch auf Erbringung der zusätzlichen Betreuung und Aktivierung gegenüber der Pflegeeinrichtung (vgl. § 87b Absatz 2 Satz 4). Ein Individualanspruch aus der Pflegeversicherung besteht bisher nicht. Dies wird mit der Neuregelung geändert.

Unter Geltung des neuen Pflegebedürftigkeitsbegriffs, der körperlich, kognitiv und psychisch beeinträchtigte Pflegebedürftige sowohl bei der Einstufung in einen Pflegegrad als auch beim Zugang zu den Leistungen der Pflegeversicherung gleich behandelt, bestünde grundsätzlich kein Anlass, das Angebot auf zusätzliche Betreuung und Aktivierung (ehemals § 87b) aufrecht zu erhalten. Vor diesem Hintergrund weist auch der Expertenbeirat in seinem Abschlussbericht darauf hin, dass es folgerichtig wäre, die Leistungsvolumina des § 87b in die Leistungsbeträge nach § 43 zu integrieren (S. 36 des Abschlussberichts vom 27. Juni 2013).

Gleichzeitig betont der Expertenbeirat jedoch auch, dass durch die Gestaltung der zukünftigen Regelungen sichergestellt werden müsse, dass die zusätzliche Betreuung und Aktivierung auch in Zukunft tatsächlich stattfinde (S. 36 des Abschlussberichts vom 27. Juni 2013). Dieses Anliegen wird mit der Schaffung des neuen, eigenständigen Leistungsanspruchs in § 43b aufgegriffen.

Zudem gilt es Folgendes zu bedenken:

Der bisherige Vergütungszuschlag gemäß § 87b ist von der Pflegekasse bzw. dem privaten Versicherungsunternehmen zu tragen. Weder die anspruchsberechtigten Personen noch die Träger der Sozialhilfe sind damit zu belasten (vgl. § 87b Absatz 2 Satz 1 und 3). Außerdem wurden bisher nach der Pflegestatistik aus dem Jahr 2013 rund 28 000 zusätzliche Betreuungskräfte von den Trägern stationärer Pflegeeinrichtungen eingestellt, um den anspruchsberechtigten Personen Maßnahmen der zusätzlichen Betreuung und Aktivierung anbieten zu können. Die so entstandenen Strukturen und auch die Finanzierung der Maßnahmen sollen in der bisherigen Form erhalten bleiben. Auch dies sichert die neue Regelung in § 43b ab.

§ 43b gilt für alle stationären Einrichtungen, also neben den vollstationären Einrichtungen auch für die teilstationären Einrichtungen. Er gilt ebenso für alle Pflegebedürftigen in diesen Einrichtungen, also auch für Pflegebedürftige des Pflegegrades 1.

§ 43b beinhaltet leistungsrechtlich den Individualanspruch des Pflegebedürftigen gegenüber der Pflegeversicherung. Der Anspruch ist inhaltlich nicht geändert gegenüber dem Inhalt des bisherigen § 87b. Das heißt, er zielt im Ergebnis darauf ab, zusätzliches Personal für dieses Betreuungsangebot in den Einrichtungen bereit zu stellen. Die Besonderheit der Leistung nach § 43b liegt demnach darin, dass sie von zusätzlichen Betreuungskräften unter vollständiger Finanzierung durch die Pflegeversicherung erbracht wird. Zusätzliche Kostenbelastungen anderer Kostenträger, insbesondere der Sozialhilfeträger, sind trotz der Gestaltung als Individualanspruch mithin ausgeschlossen. Die regelhaft zu erbringenden Leistungen der Betreuung nach den §§ 41 bis 43 (bisher soziale Betreuung) bleiben davon unberührt und werden nicht auf die zusätzlichen Betreuungskräfte verlagert.

Die vertrags- und vergütungsrechtliche Umsetzung wird in die §§ 84 ff. integriert; § 87b wird aufgehoben (siehe im Einzelnen die Begründung zu den §§ 84 und 85).

Das Nähere zur Qualifikation und zu den Aufgaben der zusätzlichen Betreuungskräfte wird in der entsprechenden Richtlinie gemäß § 53c geregelt.

Fassung bis 31. Dezember 2016	Fassung ab 1. Januar 2017
Vierter Abschnitt **Leistungen für Pflegepersonen**	**Vierter Abschnitt** **Leistungen für Pflegepersonen**
§ 44 Leistungen zur sozialen Sicherung der Pflegepersonen	**§ 44 Leistungen zur sozialen Sicherung der Pflegepersonen**
(1) Zur Verbesserung der sozialen Sicherung der Pflegepersonen im Sinne des § 19	(1) Zur Verbesserung der sozialen Sicherung der Pflegepersonen im Sinne des § 19, die einen Pflegebedürftigen mit mindestens Pflegegrad 2 pflegen, entrichten die Pflegekassen und die privaten Versicherungsunternehmen, bei denen eine private Pflege-Pflichtversicherung durchgeführt wird, sowie die sonstigen in § 170 Absatz 1 Nummer 6 des Sechsten Buches genannten Stellen Beiträge nach Maßgabe des § 166 Absatz 2 des Sechsten Buches
entrichten die Pflegekassen und die privaten Versicherungsunternehmen, bei denen eine private Pflege-Pflichtversicherung durchgeführt wird, sowie die sonstigen in § 170 Abs. 1 Nr. 6 des Sechsten Buches genannten Stellen Beiträge	
an den zuständigen Träger der gesetzlichen Rentenversicherung, wenn die Pflegeperson regelmäßig nicht mehr als dreißig Stunden wöchentlich erwerbstätig ist. *Näheres regeln die §§ 3, 137, 166 und 170 des Sechsten Buches. Der Medizinische Dienst der Krankenversicherung stellt im Einzelfall fest, ob und in welchem zeitlichen Umfang häusliche Pflege durch eine Pflegeperson erforderlich ist, und erfragt in den Fällen, in denen die Pflege des Pflegebedürftigen die Dauer von 14 Stunden unterschreitet, ob die Pflegeperson weitere Pflegebedürftige pflegt. Der Pflegebedürftige oder die Pflegeperson haben darzulegen und auf Verlangen glaubhaft zu machen, daß Pflegeleistungen in diesem zeitlichen Umfang auch tatsächlich erbracht werden. Dies gilt insbesondere, wenn Pflegesachleistungen (§ 36) in Anspruch genommen werden. Während der pflegerischen Tätigkeit sind die Pflegepersonen nach Maßgabe der §§ 2, 4, 105, 106, 129, 185 des Siebten Buches in den Versicherungsschutz der gesetzlichen Unfallversicherung einbezogen. Pflegepersonen, die nach der Pflegetätigkeit in das Erwerbsleben zurückkehren wollen, können bei beruflicher Weiterbildung nach Maßgabe des Dritten Buches bei Vorliegen der dort genannten Voraussetzungen gefördert werden.*	an den zuständigen Träger der gesetzlichen Rentenversicherung, wenn die Pflegeperson regelmäßig nicht mehr als 30 Stunden wöchentlich erwerbstätig ist. Der Medizinische Dienst der Krankenversicherung oder ein anderer von der Pflegekasse beauftragter unabhängiger Gutachter ermittelt im Einzelfall, ob die Pflegeperson eine oder mehrere pflegebedürftige Personen wenigstens zehn Stunden wöchentlich, verteilt auf regelmäßig mindestens zwei Tage in der Woche, pflegt. Wird die Pflege eines Pflegebedürftigen von mehreren Pflegepersonen erbracht (Mehrfachpflege), wird zudem der Umfang der jeweiligen Pflegetätigkeit je Pflegeperson im Verhältnis zum Umfang der von den Pflegepersonen zu leistenden Pflegetätigkeit insgesamt (Gesamtpflegeaufwand) ermittelt. Dabei werden die Angaben der beteiligten Pflegepersonen zugrunde gelegt. Werden keine oder keine übereinstimmenden Angaben gemacht, erfolgt eine Aufteilung zu gleichen Teilen. Die Feststellungen zu den Pflegezeiten und zum Pflegeaufwand der Pflegeperson sowie bei Mehrfachpflege zum Einzel- und Gesamtpflegeaufwand trifft die für die Pflegeleistungen nach diesem Buch zuständige Stelle. Diese Feststellungen sind der Pflegeperson auf Wunsch zu übermitteln.
(2) Für Pflegepersonen, die wegen einer Pflichtmitgliedschaft in einer berufsständischen Versorgungseinrichtung auch in ihrer Pflegetätigkeit von der Versicherungspflicht in der gesetzlichen Rentenversicherung befreit sind oder befreit wären, wenn sie in der gesetzlichen Rentenversicherung versicherungspflichtig wären und einen Befreiungsantrag gestellt hätten, werden die nach Absatz 1 *Satz 1 und 2* zu entrichtenden Beiträge auf Antrag an die berufsständische Versorgungseinrichtung gezahlt.	(2) Für Pflegepersonen, die wegen einer Pflichtmitgliedschaft in einer berufsständischen Versorgungseinrichtung auch in ihrer Pflegetätigkeit von der Versicherungspflicht in der gesetzlichen Rentenversicherung befreit sind oder befreit wären, wenn sie in der gesetzlichen Rentenversicherung versicherungspflichtig wären und einen Befreiungsantrag gestellt hätten, werden die nach Absatz 1 zu entrichtenden Beiträge auf Antrag an die berufsständische Versorgungseinrichtung gezahlt.

Fassung bis 31. Dezember 2016	Fassung ab 1. Januar 2017
	(2a) Während der pflegerischen Tätigkeit sind Pflegepersonen im Sinne des § 19, die einen Pflegebedürftigen mit mindestens Pflegegrad 2 pflegen, nach Maßgabe des § 2 Absatz 1 Nummer 17 des Siebten Buches in den Versicherungsschutz der gesetzlichen Unfallversicherung einbezogen.
	(2b) Während der pflegerischen Tätigkeit sind Pflegepersonen im Sinne des § 19, die einen Pflegebedürftigen mit mindestens Pflegegrad 2 pflegen, nach Maßgabe des § 26 Absatz 2b des Dritten Buches nach dem Recht der Arbeitsförderung versichert. Die Pflegekassen und die privaten Versicherungsunternehmen, bei denen eine private Pflege-Pflichtversicherung durchgeführt wird, sowie die sonstigen in § 347 Nummer 10 Buchstabe c des Dritten Buches genannten Stellen entrichten für die Pflegepersonen Beiträge an die Bundesagentur für Arbeit. Näheres zu den Beiträgen und zum Verfahren regeln die §§ 345, 347 und 349 des Dritten Buches.
(3) Die Pflegekasse und das private Versicherungsunternehmen haben die in der Renten- und Unfallversicherung zu versichernde Pflegeperson den zuständigen Renten- und Unfallversicherungsträgern zu melden.	(3) Die Pflegekasse und das private Versicherungsunternehmen haben die in der Renten- und Unfallversicherung sowie nach dem Dritten Buch zu versichernde Pflegeperson den zuständigen Renten- und Unfallversicherungsträgern sowie der Bundesagentur für Arbeit zu melden.
Die Meldung für die Pflegeperson enthält:	Die Meldung für die Pflegeperson enthält:
1. ihre Versicherungsnummer, soweit bekannt,	1. ihre Versicherungsnummer, soweit bekannt,
2. ihren Familien- und Vornamen,	2. ihren Familien- und Vornamen,
3. ihr Geburtsdatum,	3. ihr Geburtsdatum,
4. ihre Staatsangehörigkeit,	4. ihre Staatsangehörigkeit,
5. ihre Anschrift,	5. ihre Anschrift,
6. Beginn und Ende der Pflegetätigkeit,	6. Beginn und Ende der Pflegetätigkeit,
7. *die Pflegestufe* des Pflegebedürftigen und	7. den Pflegegrad des Pflegebedürftigen und
8. die *unter Berücksichtigung des Umfangs der Pflegetätigkeit* nach § 166 des Sechsten Buches maßgeblichen beitragspflichtigen Einnahmen.	8. die nach § 166 Absatz 2 des Sechsten Buches maßgeblichen beitragspflichtigen Einnahmen.
Der Spitzenverband Bund der Pflegekassen sowie der Verband der privaten Krankenversicherung e. V. können mit der Deutschen Rentenversicherung Bund und mit den Trägern der Unfallversicherung Näheres über das Meldeverfahren vereinbaren.	Der Spitzenverband Bund der Pflegekassen sowie der Verband der privaten Krankenversicherung e. V. können mit der Deutschen Rentenversicherung Bund und mit den Trägern der Unfallversicherung sowie mit der Bundesagentur für Arbeit Näheres über das Meldeverfahren vereinbaren.
(4) Der Inhalt der Meldung nach Absatz 3 Satz 2 Nr. 1 bis 6 und 8 ist der Pflegeperson, der Inhalt der Meldung nach Absatz 3 Satz 2 Nr. 7 dem Pflegebedürftigen schriftlich mitzuteilen.	(4) Der Inhalt der Meldung nach Absatz 3 Satz 2 Nr. 1 bis 6 und 8 ist der Pflegeperson, der Inhalt der Meldung nach Absatz 3 Satz 2 Nr. 7 dem Pflegebedürftigen schriftlich mitzuteilen.

Fassung bis 31. Dezember 2016	Fassung ab 1. Januar 2017
(5) Die Pflegekasse und das private Versicherungsunternehmen haben in den Fällen, in denen eine nicht erwerbsmäßig tätige Pflegeperson einen Pflegebedürftigen pflegt,	(5) Die Pflegekasse und das private Versicherungsunternehmen haben in den Fällen, in denen eine nicht erwerbsmäßig tätige Pflegeperson einen Pflegebedürftigen **mit mindestens Pflegegrad 2** pflegt,
der Anspruch auf Beihilfeleistungen oder Leistungen der Heilfürsorge hat und für die die Beiträge an die gesetzliche Rentenversicherung nach § 170 Abs. 1 Nr. 6 Buchstabe c des Sechsten Buches anteilig getragen werden,	der Anspruch auf Beihilfeleistungen oder Leistungen der Heilfürsorge hat**,** und für die die Beiträge an die gesetzliche Rentenversicherung nach § 170 Absatz 1 Nummer 6 Buchstabe c des Sechsten Buches **oder an die Bundesagentur für Arbeit nach § 347 Nummer 10 Buchstabe c des Dritten Buches** anteilig getragen werden,
im Antragsverfahren auf Leistungen der Pflegeversicherung von dem Pflegebedürftigen *ab dem 1. Juni 2005* die zuständige Festsetzungsstelle für die Beihilfe oder den Dienstherrn unter Hinweis auf die beabsichtigte Weiterleitung der in Satz 2 genannten Angaben an diese Stelle zu erfragen.	im Antragsverfahren auf Leistungen der Pflegeversicherung von dem Pflegebedürftigen die zuständige Festsetzungsstelle für die Beihilfe oder den Dienstherrn unter Hinweis auf die beabsichtigte Weiterleitung der in Satz 2 genannten Angaben an diese Stelle zu erfragen.
Der angegebenen Festsetzungsstelle für die Beihilfe oder dem Dienstherrn sind bei Feststellung der Beitragspflicht	Der angegebenen Festsetzungsstelle für die Beihilfe oder dem Dienstherrn sind bei Feststellung der Beitragspflicht **sowie bei Änderungen in den Verhältnissen des Pflegebedürftigen oder der Pflegeperson, insbesondere bei einer Änderung des Pflegegrades, einer Unterbrechung der Pflegetätigkeit oder einem Wechsel der Pflegeperson,** die in Absatz 3 Satz 2 genannten Angaben mitzuteilen.
die in Absatz 3 Satz 2 *Nr. 1 bis 5 und 8* genannten Angaben *sowie der Beginn der Beitragspflicht* mitzuteilen.	
Absatz 4 findet auf Satz 2 entsprechende Anwendung.	Absatz 4 findet auf Satz 2 entsprechende Anwendung.
(6) Für *die Fälle*, in denen die Mindeststundenzahl von ~~14~~ Stunden wöchentlicher Pflege für die Rentenversicherungspflicht einer Pflegeperson nur durch die Pflege mehrerer Pflegebedürftiger erreicht wird, haben der Spitzenverband Bund der Pflegekassen, der Verband der privaten Krankenversicherung e. V. *und* die Deutsche Rentenversicherung Bund das Verfahren und die Mitteilungspflichten zwischen den an einer Addition von Pflegezeiten beteiligten Pflegekassen *und Versicherungsunternehmen durch Vereinbarung* zu regeln. Die Pflegekassen und Versicherungsunternehmen dürfen die in Absatz 3 Satz 2 Nummer 1 bis 3 und 6 und, soweit dies für eine sichere Identifikation der Pflegeperson erforderlich ist, die in den Nummern 4 und 5 genannten Daten sowie die Angabe des zeitlichen Umfangs der Pflegetätigkeit der Pflegeperson an andere Pflegekassen und Versicherungsunternehmen, die an einer Addition von Pflegezeiten beteiligt sind, zur Überprüfung der Voraussetzungen der Rentenversicherungspflicht der Pflegeperson übermitteln und ihnen übermittelte Daten verarbeiten und nutzen.	(6) Für **Pflegepersonen**, bei denen die Mindeststundenzahl von **zehn** Stunden wöchentlicher Pflege, **verteilt auf regelmäßig mindestens zwei Tage in der Woche,** nur durch die Pflege mehrerer Pflegebedürftiger erreicht wird, haben der Spitzenverband Bund der Pflegekassen, der Verband der privaten Krankenversicherung e. V.**,** die Deutsche Rentenversicherung Bund **und die Bundesagentur für Arbeit** das Verfahren und die Mitteilungspflichten zwischen den an einer Addition von Pflegezeiten **und Pflegeaufwänden** beteiligten Pflegekassen zu regeln. Die Pflegekassen und Versicherungsunternehmen dürfen die in Absatz 3 Satz 2 Nummer 1 bis 3 und 6 und, soweit dies für eine sichere Identifikation der Pflegeperson erforderlich ist, die in den Nummern 4 und 5 genannten Daten sowie die Angabe des zeitlichen Umfangs der Pflegetätigkeit der Pflegeperson an andere Pflegekassen und Versicherungsunternehmen, die an einer Addition von Pflegezeiten **und Pflegeaufwänden** beteiligt sind, zur Überprüfung der Voraussetzungen der Rentenversicherungspflicht **oder der Versicherungspflicht nach dem Dritten Buch** der Pflegeperson übermitteln und ihnen übermittelte Daten verarbeiten und nutzen.

Gesetzesbegründung Drs. 18/5926 zu § 44

Änderungen zum 1. Januar 2017

Zu Absatz 1

Mit der Neufassung wird der Anspruch auf die Entrichtung von Rentenversicherungsbeiträgen für Pflegepersonen durch die Pflegeversicherung unter Geltung des neuen Pflegebedürftigkeitsbegriffs geregelt:

Alle Personen, die nicht erwerbsmäßig eine oder mehrere pflegebedürftige Personen wenigstens zehn Stunden wöchentlich, verteilt auf regelmäßig mindestens zwei Tage in der Woche, in häuslicher Umgebung pflegen (Pflegeperson im Sinne des § 19), haben grundsätzlich einen Anspruch auf die Entrichtung von Rentenversicherungsbeiträgen durch die Pflegeversicherung des Pflegebedürftigen, wenn für diesen mindestens Pflegegrad 2 festgestellt wurde.

Es ist Aufgabe des MDK oder eines anderen von der Pflegekasse beauftragten unabhängigen Gutachters, das Vorliegen der Voraussetzungen zu ermitteln.

Der Begriff Pflege wird dem neuen Pflegebedürftigkeitsbegriff entsprechend so verstanden, dass er alle pflegerischen Maßnahmen in den in § 14 Absatz 2 genannten Bereichen sowie Hilfen bei der Haushaltsführung umfasst. Umfasst sind künftig auch pflegerische Maßnahmen in Form von Betreuungsmaßnahmen. Diese werden somit auch bei der Ermittlung der Zehn-Stunden-Grenze berücksichtigt. Voraussetzung ist zudem weiterhin, dass die Pflegeperson regelmäßig nicht mehr als dreißig Stunden wöchentlich erwerbstätig ist.

Wegen des geringen Umfangs des Pflegebedarfs ist die rentenrechtliche Absicherung nicht für Pflegepersonen geöffnet, die einen Pflegebedürftigen des Pflegegrades 1 pflegen.

Werden die erforderlichen Pflegeleistungen für einen Pflegebedürftigen von mehreren Personen erbracht (sog. Mehrfachpflege), muss zudem für jede benannte Pflegeperson eine gutachterliche Aussage dazu getroffen werden, welchen Anteil der erforderlichen Pflege sie für den Pflegebedürftigen erbringt, um so den jeweils zustehenden relativen Anteil des Rentenbeitrags berechnen bzw. zuordnen zu können. Leistungen zur sozialen Sicherung erhält eine Pflegeperson auch bei Mehrfachpflege nur, wenn sie eine oder mehrere pflegebedürftige Personen insgesamt wenigstens zehn Stunden wöchentlich, verteilt auf regelmäßig mindestens zwei Tage in der Woche, pflegt.

In den Fällen, in denen zwei oder mehrere Pflegepersonen sich die Pflege eines Pflegebedürftigen teilen (Mehrfachpflege), hat der Gutachter im Hinblick auf deren Anspruch auf eine Absicherung in der gesetzlichen Rentenversicherung den Umfang der jeweiligen Pflegetätigkeit je Pflegeperson im Verhältnis zum Umfang der von allen Pflegepersonen zu leistenden Pflegetätigkeit (Gesamtpflegeaufwand) festzustellen. Er legt dabei nach dem neuen Satz 4 die Angaben der beteiligten Pflegepersonen zugrunde. Da die Höhe des Gesamtanspruchs aller beteiligten Pflegepersonen auf Zahlung von Rentenversicherungsbeiträgen durch die Pflegeversicherung gesetzlich festgelegt ist, bedarf es im Interesse der Verfahrensvereinfachung keiner Überprüfung der Angaben der beteiligten Pflegepersonen.

Machen die beteiligten Pflegepersonen keine Angaben, findet nach dem neuen Satz 5 eine gleichmäßige Aufteilung des Anspruchs auf alle Beteiligten statt. Können sich die Beteiligten nicht auf übereinstimmende Angaben verständigen, wird der Gutachter zunächst durch Vermittlung zu einer

Einigung beitragen. Kommt es dennoch nicht zu übereinstimmenden Angaben, erfolgt eine gleichmäßige Aufteilung des Anspruchs auf die beteiligten Pflegepersonen. Es ist davon auszugehen, dass eine Einigung über die Aufteilung der Rentenversicherungsbeiträge in der Regel einvernehmlich möglich ist. Denn auch die Verwendung und Aufteilung des Pflegegeldes – und hier geht es finanziell um mehr – gelingt innerhalb der Familien ohne eine Einflussnahme durch die Pflegekassen.

Redaktionelle Anmerkung:

Im ursprünglichen Gesetzentwurf war noch die Notwendigkeit eines Mindestpflegeaufwands von 30 Prozent bzw. der addierte Mindestpflegeaufwand von 30 Prozentpunkten enthalten. Dieser sollte bei Mehrfachpflege sicherstellen, dass eine nur in sehr geringem Umfang ausgeübte Pflegetätigkeit nicht zu einer Beitragszahlung zur Rentenversicherung führt.

Diese 30-Prozent-Regelung wurde aufgrund der Beschlussempfehlung des Ausschusses für Gesundheit gestrichen, da das Ziel des Ausschlusses von Rentenversicherungsbeiträgen für geringfügige Pflege bereits durch die Voraussetzung der Pflege von zehn Stunden wöchentlich (verteilt auf regelmäßig mindestens zwei Tage in der Woche) weitestgehend sichergestellt ist. Dementsprechend wurde auch eine Regelung zur Versicherungsfreiheit bei nur geringfügiger Pflege trotz Streichung der 30-Prozent-Regelung nicht für erforderlich gehalten.

Zudem wird klargestellt, dass die Feststellungen zum erbrachten Pflegeaufwand der Pflegeperson sowie bei Mehrfachpflege zum Einzel- und Gesamtpflegeaufwand die für die Pflegeleistungen nach diesem Buch zuständige Stelle trifft. Dabei handelt es sich insbesondere um den ermittelten Umfang der von der Pflegeperson erbrachten Pflege, auf deren Basis über das Vorliegen der Versicherungspflicht durch die Rentenversicherung entschieden wird. Auf Wunsch erhält die Pflegeperson die sie betreffenden Feststellungen zum Pflegeaufwand. Dadurch wird sie in die Lage versetzt, die Feststellungen zeitnah während der aktuellen Pflegesituation nachzuvollziehen und ggf. bei der Pflegekasse eine Korrektur anzustrengen. Auf diese Weise können streitige Sachverhalte zur Rentenversicherungspflicht der Pflegeperson und damit Verwaltungsaufwand beim Rentenversicherungsträger reduziert werden.

Zu Absatz 2

Es handelt sich um eine Folgeänderung aufgrund der Änderung des Absatzes 1.

Zu Absatz 2a und Absatz 2b (neu)

Zur besseren Übersichtlichkeit wird der an die neu geregelten Voraussetzungen angepasste bisherige Satz 6 des Absatzes 1 in einen neuen Absatz 2a überführt. Der Wegfall der bisherigen Aufzählung verschiedener Paragraphen des Siebten Buches Sozialgesetzbuch hat nur redaktionelle Bedeutung.

Die Regelungen zur sozialen Sicherung der Pflegepersonen befinden sich somit künftig

- für das Sechste Buch Sozialgesetzbuch (Rentenversicherung) insbesondere in Absatz 1,

- für das Siebte Buch Sozialgesetzbuch (Unfallversicherung) in Absatz 2a und

- für das Dritte Buch Sozialgesetzbuch (Arbeitsförderung) in einem neuen Absatz 2b.

In Absatz 2b wird die Versicherungspflicht von Pflegepersonen in der Arbeitsförderung im SGB XI verankert. Pflegepersonen im Sinne des § 19 sind künftig unter den Voraussetzungen des § 26 Absatz 2b SGB III versicherungspflichtig und damit in das Leistungssystem der Arbeitsförderung einbezogen.

Zu Absatz 3

Satz 1: Es handelt sich um eine Folgeänderung aufgrund der Einbeziehung von Pflegepersonen in die Versicherungspflicht nach § 26 Absatz 2b des Dritten Buches Sozialgesetzbuch.

Satz 2, Nummer 7: Es handelt sich um eine Folgeänderung bedingt durch die Umstellung von Pflegestufen auf Pflegegrade.

Satz 2, Nummer 8: Es handelt sich um eine Folgeänderung aufgrund der Änderung des Absatzes 1 sowie um eine Folgeänderung aufgrund der Änderung des § 166 des Sechsten Buches Sozialgesetzbuch.

Satz 3: Es handelt sich um eine Folgeänderung aufgrund der Einbeziehung von Pflegepersonen in die Versicherungspflicht nach § 26 Absatz 2b des Dritten Buches Sozialgesetzbuch.

Zu Absatz 5

Satz 1: Es handelt sich um Folgeänderungen aufgrund der Änderung des Absatzes 1 und der Einbeziehung von Pflegepersonen in die Versicherungspflicht nach § 26 Absatz 2b des Dritten Buches Sozialgesetzbuch sowie um eine Rechtsbereinigung, bedingt durch Zeitablauf.

Satz 2: Die Pflegekassen und die privaten Versicherungsunternehmen entrichten unter den Voraussetzungen des § 44 Absatz 1 Satz 1 zur Verbesserung der sozialen Sicherung nicht erwerbsmäßig tätiger Pflegepersonen Beiträge an die Träger der gesetzlichen Rentenversicherung. Erhält der Pflegebedürftige Beihilfeleistungen oder Leistungen der Heilfürsorge und Leistungen einer Pflegekasse oder eines privaten Versicherungsunternehmens, sind die Beiträge zur gesetzlichen Rentenversicherung nach § 170 Absatz 1 Nummer 6 Buchstabe c des Sechsten Buches Sozialgesetzbuch von der Pflegekasse oder dem privaten Versicherungsunternehmen und den Festsetzungsstellen für die Beihilfe oder den Dienstherrn anteilig zu tragen und unmittelbar an den Rentenversicherungsträger zu zahlen. Aus diesem Grund erfragt die Pflegekasse oder das private Versicherungsunternehmen im Antragsverfahren auf Leistungen von dem Pflegebedürftigen die zuständige Festsetzungsstelle oder den Dienstherrn und teilt dieser bzw. diesem bei Feststellung der Beitragspflicht nach bisher geltendem Recht nur die in § 44 Absatz 3 Satz 2 Nummer 1 bis 5 und 8 genannten Angaben sowie den Beginn der Beitragspflicht mit.

Bei einer Änderung in den Verhältnissen des Pflegebedürftigen oder der Pflegeperson, z. B. einer Änderung des Pflegegrades, einer Unterbrechung der Pflegetätigkeit oder bei einem Wechsel der Pflegeperson, wurden von den Pflegekassen und privaten Versicherungsunternehmen bisher keine Folgemeldungen an die Beihilfestellen oder den Dienstherrn übermittelt. Die Beihilfestellen oder der Dienstherr erfuhren dadurch nicht oder erst verspätet bei Beantragung der Beihilfeleistung von den geänderten Verhältnissen. Dadurch kam es zu fehlerhaften, verspäteten oder unterbliebenen Beitragszahlungen an die Rentenversicherungsträger. Daraus resultierende Einnahme- bzw. Zinsverluste der Rentenversicherungsträger sowie aufwändige und fehlerhafte Prüfverfahren bei den Beihilfestellen wurden auch vom Bundesrechnungshof beanstandet.

Mit der Neuregelung werden die Meldetatbestände der Pflegekassen und privaten Versicherungsunternehmen erweitert. Künftig sind auch Änderungen in den Verhältnissen, die Einfluss auf die Versicherungs- und Beitragspflicht oder die Höhe der Beiträge in der gesetzlichen Rentenversicherung haben, den Beihilfestellen oder dem Dienstherrn mitzuteilen. Aufgrund der künftigen Einbeziehung von Pflegepersonen in die Versicherungspflicht nach § 26 Absatz 2b des Dritten Buches Sozialgesetzbuch gelten die Mitteilungspflichten der Pflegekassen und privaten Versicherungsunternehmen der Meldetatbestände an die Beihilfestellen oder den Dienstherrn entsprechend, soweit diese Einfluss auf die Versicherungs- und Beitragspflicht in der Arbeitsförderung haben.

Zu Absatz 6

Es handelt sich um Folgeänderungen aufgrund der Änderung des Absatzes 1 sowie der Einbeziehung von Pflegepersonen in die Versicherungspflicht nach § 26 Absatz 2b des Dritten Buches Sozialgesetzbuch.

Fassung bis 31. Dezember 2015	Fassung ab 1. Januar 2016	Fassung ab 1. Januar 2017
§ 44a Zusätzliche Leistungen bei Pflegezeit und kurzzeitiger Arbeitsverhinderung	**§ 44a Zusätzliche Leistungen bei Pflegezeit und kurzzeitiger Arbeitsverhinderung**	**§ 44a Zusätzliche Leistungen bei Pflegezeit und kurzzeitiger Arbeitsverhinderung**
(1) Beschäftigte, die nach § 3 des Pflegezeitgesetzes von der Arbeitsleistung vollständig freigestellt wurden oder deren Beschäftigung durch Reduzierung der Arbeitszeit zu einer geringfügigen Beschäftigung im Sinne des § 8 Abs. 1 Nr. 1 des Vierten Buches wird, erhalten auf Antrag Zuschüsse zur Kranken- und Pflegeversicherung. Zuschüsse werden gewährt für eine freiwillige Versicherung in der gesetzlichen Krankenversicherung, eine Pflichtversicherung nach § 5 Abs. 1 Nr. 13 des Fünften Buches oder nach § 2 Abs. 1 Nr. 7 des Zweiten Gesetzes über die Krankenversicherung der Landwirte, eine Versicherung bei einem privaten Krankenversicherungsunternehmen, eine Versicherung bei der Postbeamtenkrankenkasse oder der Krankenversorgung der Bundesbahnbeamten, soweit im Einzelfall keine beitragsfreie Familienversicherung möglich ist, sowie für eine damit in Zusammenhang stehende Pflege-Pflichtversicherung. Die Zuschüsse belaufen sich auf die Höhe der Mindestbeiträge, die von freiwillig in der gesetzlichen Krankenversicherung versicherten Personen zur gesetzlichen Krankenversicherung (§ 240 Abs. 4 Satz 1 des Fünften Buches) und zur sozialen Pflegeversicherung (§ 57 Abs. 4) zu entrichten sind und dürfen die tatsächliche Höhe der Beiträge nicht übersteigen. Für die Berechnung der Mindestbeiträge zur gesetzlichen Krankenversicherung werden bei Mitgliedern der gesetzlichen Krankenversicherung der allgemeine Beitragssatz nach § 241 des Fünften Buches sowie der kassenindividuelle Zusatzbei-	(1) Beschäftigte, die nach § 3 des Pflegezeitgesetzes von der Arbeitsleistung vollständig freigestellt wurden oder deren Beschäftigung durch Reduzierung der Arbeitszeit zu einer geringfügigen Beschäftigung im Sinne des § 8 Abs. 1 Nr. 1 des Vierten Buches wird, erhalten auf Antrag Zuschüsse zur Kranken- und Pflegeversicherung. Zuschüsse werden gewährt für eine freiwillige Versicherung in der gesetzlichen Krankenversicherung, eine Pflichtversicherung nach § 5 Abs. 1 Nr. 13 des Fünften Buches oder nach § 2 Abs. 1 Nr. 7 des Zweiten Gesetzes über die Krankenversicherung der Landwirte, eine Versicherung bei einem privaten Krankenversicherungsunternehmen, eine Versicherung bei der Postbeamtenkrankenkasse oder der Krankenversorgung der Bundesbahnbeamten, soweit im Einzelfall keine beitragsfreie Familienversicherung möglich ist, sowie für eine damit in Zusammenhang stehende Pflege-Pflichtversicherung. Die Zuschüsse belaufen sich auf die Höhe der Mindestbeiträge, die von freiwillig in der gesetzlichen Krankenversicherung versicherten Personen zur gesetzlichen Krankenversicherung (§ 240 Abs. 4 Satz 1 des Fünften Buches) und zur sozialen Pflegeversicherung (§ 57 Abs. 4) zu entrichten sind und dürfen die tatsächliche Höhe der Beiträge nicht übersteigen. Für die Berechnung der Mindestbeiträge zur gesetzlichen Krankenversicherung werden bei Mitgliedern der gesetzlichen Krankenversicherung der allgemeine Beitragssatz nach § 241 des Fünften Buches sowie der kassenindividuelle Zusatzbei-	(1) Beschäftigte, die nach § 3 des Pflegezeitgesetzes von der Arbeitsleistung vollständig freigestellt wurden oder deren Beschäftigung durch Reduzierung der Arbeitszeit zu einer geringfügigen Beschäftigung im Sinne des § 8 Abs. 1 Nr. 1 des Vierten Buches wird, erhalten auf Antrag Zuschüsse zur Kranken- und Pflegeversicherung. Zuschüsse werden gewährt für eine freiwillige Versicherung in der gesetzlichen Krankenversicherung, eine Pflichtversicherung nach § 5 Abs. 1 Nr. 13 des Fünften Buches oder nach § 2 Abs. 1 Nr. 7 des Zweiten Gesetzes über die Krankenversicherung der Landwirte, eine Versicherung bei einem privaten Krankenversicherungsunternehmen, eine Versicherung bei der Postbeamtenkrankenkasse oder der Krankenversorgung der Bundesbahnbeamten, soweit im Einzelfall keine beitragsfreie Familienversicherung möglich ist, sowie für eine damit in Zusammenhang stehende Pflege-Pflichtversicherung. Die Zuschüsse belaufen sich auf die Höhe der Mindestbeiträge, die von freiwillig in der gesetzlichen Krankenversicherung versicherten Personen zur gesetzlichen Krankenversicherung (§ 240 Abs. 4 Satz 1 des Fünften Buches) und zur sozialen Pflegeversicherung (§ 57 Abs. 4) zu entrichten sind und dürfen die tatsächliche Höhe der Beiträge nicht übersteigen. Für die Berechnung der Mindestbeiträge zur gesetzlichen Krankenversicherung werden bei Mitgliedern der gesetzlichen Krankenversicherung der allgemeine Beitragssatz nach § 241 des Fünften Buches sowie der kassenindividuelle Zusatzbei-

Fassung bis 31. Dezember 2015	Fassung ab 1. Januar 2016	Fassung ab 1. Januar 2017
tragssatz nach § 242 Absatz 1 des Fünften Buches zugrunde gelegt. Bei Mitgliedern der landwirtschaftlichen Krankenversicherung sowie bei Personen, die nicht in der gesetzlichen Krankenversicherung versichert sind, werden der allgemeine Beitragssatz nach § 241 des Fünften Buches sowie der durchschnittliche Zusatzbeitragssatz nach § 242a des Fünften Buches zugrunde gelegt. Beschäftigte haben Änderungen in den Verhältnissen, die sich auf die Zuschussgewährung auswirken können, unverzüglich der Pflegekasse oder dem privaten Versicherungsunternehmen, bei dem der Pflegebedürftige versichert ist, mitzuteilen.	tragssatz nach § 242 Absatz 1 des Fünften Buches zugrunde gelegt. Bei Mitgliedern der landwirtschaftlichen Krankenversicherung sowie bei Personen, die nicht in der gesetzlichen Krankenversicherung versichert sind, werden der allgemeine Beitragssatz nach § 241 des Fünften Buches sowie der durchschnittliche Zusatzbeitragssatz nach § 242a des Fünften Buches zugrunde gelegt. Beschäftigte haben Änderungen in den Verhältnissen, die sich auf die Zuschussgewährung auswirken können, unverzüglich der Pflegekasse oder dem privaten Versicherungsunternehmen, bei dem der Pflegebedürftige versichert ist, mitzuteilen.	tragssatz nach § 242 Absatz 1 des Fünften Buches zugrunde gelegt. Bei Mitgliedern der landwirtschaftlichen Krankenversicherung sowie bei Personen, die nicht in der gesetzlichen Krankenversicherung versichert sind, werden der allgemeine Beitragssatz nach § 241 des Fünften Buches sowie der durchschnittliche Zusatzbeitragssatz nach § 242a des Fünften Buches zugrunde gelegt. Beschäftigte haben Änderungen in den Verhältnissen, die sich auf die Zuschussgewährung auswirken können, unverzüglich der Pflegekasse oder dem privaten Versicherungsunternehmen, bei dem der Pflegebedürftige versichert ist, mitzuteilen.
2) Pflegende Personen sind während der Inanspruchnahme einer Pflegezeit im Sinne des Pflegezeitgesetzes nach Maßgabe des Dritten Buches nach dem Recht der Arbeitsförderung versichert.	*(2) Pflegende Personen sind während der Inanspruchnahme einer Pflegezeit im Sinne des Pflegezeitgesetzes nach Maßgabe des Dritten Buches nach dem Recht der Arbeitsförderung versichert.*	(2) <u>(weggefallen)</u>
(3) Für kurzzeitige Arbeitsverhinderung nach § 2 des Pflegezeitgesetzes hat eine Beschäftigte oder ein Beschäftigter im Sinne des § 7 Absatz 1 des Pflegezeitgesetzes, die oder der für diesen Zeitraum keine Entgeltfortzahlung vom Arbeitgeber und kein Kranken- oder Verletztengeld bei Erkrankung oder Unfall eines Kindes nach § 45 des Fünften Buches oder nach § 45 Absatz 4 des Siebten Buches beanspruchen kann, Anspruch auf einen Ausgleich für entgangenes Arbeitsentgelt (Pflegeunterstützungsgeld) für bis zu insgesamt zehn Arbeitstage. Wenn mehrere Beschäftigte den Anspruch nach § 2 Absatz 1 des Pflegezeitgesetzes für einen pflegebedürftigen nahen Angehörigen geltend machen, ist deren Anspruch auf Pflegeunterstützungsgeld auf insgesamt bis zu	(3) Für kurzzeitige Arbeitsverhinderung nach § 2 des Pflegezeitgesetzes hat eine Beschäftigte oder ein Beschäftigter im Sinne des § 7 Absatz 1 des Pflegezeitgesetzes, die oder der für diesen Zeitraum keine Entgeltfortzahlung vom Arbeitgeber und kein Kranken- oder Verletztengeld bei Erkrankung oder Unfall eines Kindes nach § 45 des Fünften Buches oder nach § 45 Absatz 4 des Siebten Buches beanspruchen kann, Anspruch auf einen Ausgleich für entgangenes Arbeitsentgelt (Pflegeunterstützungsgeld) für bis zu insgesamt zehn Arbeitstage. Wenn mehrere Beschäftigte den Anspruch nach § 2 Absatz 1 des Pflegezeitgesetzes für einen pflegebedürftigen nahen Angehörigen geltend machen, ist deren Anspruch auf Pflegeunterstützungsgeld auf insgesamt bis zu	(3) Für kurzzeitige Arbeitsverhinderung nach § 2 des Pflegezeitgesetzes hat eine Beschäftigte oder ein Beschäftigter im Sinne des § 7 Absatz 1 des Pflegezeitgesetzes, die oder der für diesen Zeitraum keine Entgeltfortzahlung vom Arbeitgeber und kein Kranken- oder Verletztengeld bei Erkrankung oder Unfall eines Kindes nach § 45 des Fünften Buches oder nach § 45 Absatz 4 des Siebten Buches beanspruchen kann, Anspruch auf einen Ausgleich für entgangenes Arbeitsentgelt (Pflegeunterstützungsgeld) für bis zu insgesamt zehn Arbeitstage. Wenn mehrere Beschäftigte den Anspruch nach § 2 Absatz 1 des Pflegezeitgesetzes für einen pflegebedürftigen nahen Angehörigen geltend machen, ist deren Anspruch auf Pflegeunterstützungsgeld auf insgesamt bis zu

Fassung bis 31. Dezember 2015	Fassung ab 1. Januar 2016	Fassung ab 1. Januar 2017
zehn Arbeitstage begrenzt. Das Pflegeunterstützungsgeld wird auf Antrag, der unverzüglich zu stellen ist, unter Vorlage der ärztlichen Bescheinigung nach § 2 Absatz 2 Satz 2 des Pflegezeitgesetzes von der Pflegekasse oder dem Versicherungsunternehmen des pflegebedürftigen nahen Angehörigen gewährt. Für die Höhe des Pflegeunterstützungsgeldes gilt § 45 Absatz 2 Satz 3 bis 5 des Fünften Buches entsprechend.	zehn Arbeitstage begrenzt. Das Pflegeunterstützungsgeld wird auf Antrag, der unverzüglich zu stellen ist, unter Vorlage der ärztlichen Bescheinigung nach § 2 Absatz 2 Satz 2 des Pflegezeitgesetzes von der Pflegekasse oder dem Versicherungsunternehmen des pflegebedürftigen nahen Angehörigen gewährt. Für die Höhe des Pflegeunterstützungsgeldes gilt § 45 Absatz 2 Satz 3 bis 5 des Fünften Buches entsprechend.	zehn Arbeitstage begrenzt. Das Pflegeunterstützungsgeld wird auf Antrag, der unverzüglich zu stellen ist, unter Vorlage der ärztlichen Bescheinigung nach § 2 Absatz 2 Satz 2 des Pflegezeitgesetzes von der Pflegekasse oder dem Versicherungsunternehmen des pflegebedürftigen nahen Angehörigen gewährt. Für die Höhe des Pflegeunterstützungsgeldes gilt § 45 Absatz 2 Satz 3 bis 5 des Fünften Buches entsprechend.
(4) Beschäftigte, die Pflegeunterstützungsgeld nach Absatz 3 beziehen, erhalten für die Dauer des Leistungsbezuges von den in Absatz 3 bezeichneten Organisationen auf Antrag Zuschüsse zur Krankenversicherung. Zuschüsse werden gewährt für eine Versicherung bei einem privaten Krankenversicherungsunternehmen, eine Versicherung bei der Postbeamtenkrankenkasse oder der Krankenversorgung der Bundesbahnbeamten. Die Zuschüsse belaufen sich auf den Betrag, der bei Versicherungspflicht in der gesetzlichen Krankenversicherung als Leistungsträgeranteil nach § 249c des Fünften Buches aufzubringen wäre, und dürfen die tatsächliche Höhe der Beiträge nicht übersteigen. Für die Berechnung nach Satz 3 werden der allgemeine Beitragssatz nach § 241 des Fünften Buches sowie der durchschnittliche Zusatzbeitragssatz nach § 242a Absatz 2 des Fünften Buches zugrunde gelegt. Für Beschäftigte, die Pflegeunterstützungsgeld nach Absatz 3 beziehen und wegen einer Pflichtmitgliedschaft in einer berufsständischen Versorgungseinrichtung von der Versicherungspflicht in der gesetzlichen Rentenversicherung befreit sind, zahlen die in § 170 Absatz 1 Nummer 2 Buchstabe e des Sech-	(4) Beschäftigte, die Pflegeunterstützungsgeld nach Absatz 3 beziehen, erhalten für die Dauer des Leistungsbezuges von den in Absatz 3 bezeichneten Organisationen auf Antrag Zuschüsse zur Krankenversicherung. Zuschüsse werden gewährt für eine Versicherung bei einem privaten Krankenversicherungsunternehmen, eine Versicherung bei der Postbeamtenkrankenkasse oder der Krankenversorgung der Bundesbahnbeamten. Die Zuschüsse belaufen sich auf den Betrag, der bei Versicherungspflicht in der gesetzlichen Krankenversicherung als Leistungsträgeranteil nach § 249c des Fünften Buches aufzubringen wäre, und dürfen die tatsächliche Höhe der Beiträge nicht übersteigen. Für die Berechnung nach Satz 3 werden der allgemeine Beitragssatz nach § 241 des Fünften Buches sowie der durchschnittliche Zusatzbeitragssatz nach § 242a Absatz 2 des Fünften Buches zugrunde gelegt. Für Beschäftigte, die Pflegeunterstützungsgeld nach Absatz 3 beziehen und wegen einer Pflichtmitgliedschaft in einer berufsständischen Versorgungseinrichtung von der Versicherungspflicht in der gesetzlichen Rentenversicherung befreit sind, zahlen die in § 170 Absatz 1 Nummer 2 Buchstabe e des Sech-	(4) Beschäftigte, die Pflegeunterstützungsgeld nach Absatz 3 beziehen, erhalten für die Dauer des Leistungsbezuges von den in Absatz 3 bezeichneten Organisationen auf Antrag Zuschüsse zur Krankenversicherung. Zuschüsse werden gewährt für eine Versicherung bei einem privaten Krankenversicherungsunternehmen, eine Versicherung bei der Postbeamtenkrankenkasse oder der Krankenversorgung der Bundesbahnbeamten. Die Zuschüsse belaufen sich auf den Betrag, der bei Versicherungspflicht in der gesetzlichen Krankenversicherung als Leistungsträgeranteil nach § 249c des Fünften Buches aufzubringen wäre, und dürfen die tatsächliche Höhe der Beiträge nicht übersteigen. Für die Berechnung nach Satz 3 werden der allgemeine Beitragssatz nach § 241 des Fünften Buches sowie der durchschnittliche Zusatzbeitragssatz nach § 242a Absatz 2 des Fünften Buches zugrunde gelegt. Für Beschäftigte, die Pflegeunterstützungsgeld nach Absatz 3 beziehen und wegen einer Pflichtmitgliedschaft in einer berufsständischen Versorgungseinrichtung von der Versicherungspflicht in der gesetzlichen Rentenversicherung befreit sind, zahlen die in § 170 Absatz 1 Nummer 2 Buchstabe e des Sech-

Fassung bis 31. Dezember 2015	Fassung ab 1. Januar 2016	Fassung ab 1. Januar 2017
sten Buches genannten Stellen auf Antrag Beiträge an die zuständige berufsständische Versorgungseinrichtung in der Höhe, wie sie bei Eintritt von Versicherungspflicht nach § 3 Satz 1 Nummer 3 des Sechsten Buches an die gesetzliche Rentenversicherung zu entrichten wären.	sten Buches genannten Stellen auf Antrag Beiträge an die zuständige berufsständische Versorgungseinrichtung in der Höhe, wie sie bei Eintritt von Versicherungspflicht nach § 3 Satz 1 Nummer 3 des Sechsten Buches an die gesetzliche Rentenversicherung zu entrichten wären.	sten Buches genannten Stellen auf Antrag Beiträge an die zuständige berufsständische Versorgungseinrichtung in der Höhe, wie sie bei Eintritt von Versicherungspflicht nach § 3 Satz 1 Nummer 3 des Sechsten Buches an die gesetzliche Rentenversicherung zu entrichten wären.
(5) Die Pflegekasse oder das private Pflegeversicherungsunternehmen des pflegebedürftigen nahen Angehörigen stellt dem Leistungsbezieher nach Absatz 3 mit der Leistungsbewilligung eine Bescheinigung über den Zeitraum des Bezugs und die Höhe des gewährten Pflegeunterstützungsgeldes aus. Der Leistungsbezieher hat diese Bescheinigung unverzüglich seinem Arbeitgeber vorzulegen. In den Fällen des § 170 Absatz 1 Nummer 2 Buchstabe e Doppelbuchstabe cc des Sechsten Buches bescheinigt die Pflegekasse oder das private Versicherungsunternehmen die gesamte Höhe der Leistung.	(5) Die Pflegekasse oder das private Pflegeversicherungsunternehmen des pflegebedürftigen nahen Angehörigen stellt dem Leistungsbezieher nach Absatz 3 mit der Leistungsbewilligung eine Bescheinigung über den Zeitraum des Bezugs und die Höhe des gewährten Pflegeunterstützungsgeldes aus. Der Leistungsbezieher hat diese Bescheinigung unverzüglich seinem Arbeitgeber vorzulegen. In den Fällen des § 170 Absatz 1 Nummer 2 Buchstabe e Doppelbuchstabe cc des Sechsten Buches bescheinigt die Pflegekasse oder das private Versicherungsunternehmen die gesamte Höhe der Leistung.	(5) Die Pflegekasse oder das private Pflegeversicherungsunternehmen des pflegebedürftigen nahen Angehörigen stellt dem Leistungsbezieher nach Absatz 3 mit der Leistungsbewilligung eine Bescheinigung über den Zeitraum des Bezugs und die Höhe des gewährten Pflegeunterstützungsgeldes aus. Der Leistungsbezieher hat diese Bescheinigung unverzüglich seinem Arbeitgeber vorzulegen. In den Fällen des § 170 Absatz 1 Nummer 2 Buchstabe e Doppelbuchstabe cc des Sechsten Buches bescheinigt die Pflegekasse oder das private Versicherungsunternehmen die gesamte Höhe der Leistung.
(6) Landwirtschaftlichen Unternehmern im Sinne des § 2 Absatz 1 Nummer 1 und 2 des Zweiten Gesetzes über die Krankenversicherung der Landwirte, die an der Führung des Unternehmens gehindert sind, weil sie für einen pflegebedürftigen nahen Angehörigen in einer akut aufgetretenen Pflegesituation eine bedarfsgerechte Pflege organisieren oder eine pflegerische Versorgung in dieser Zeit sicherstellen müssen, wird anstelle des Pflegeunterstützungsgeldes für bis zu zehn Arbeitstage Betriebshilfe entsprechend § 9 des Zweiten Gesetzes über die Krankenversicherung der Landwirte gewährt. Diese Kosten der Leistungen für die Betriebshilfe werden der landwirtschaftlichen Pflegekasse von der Pflege-	(6) Landwirtschaftlichen Unternehmern im Sinne des § 2 Absatz 1 Nummer 1 und 2 des Zweiten Gesetzes über die Krankenversicherung der Landwirte, die an der Führung des Unternehmens gehindert sind, weil sie für einen pflegebedürftigen nahen Angehörigen in einer akut aufgetretenen Pflegesituation eine bedarfsgerechte Pflege organisieren oder eine pflegerische Versorgung in dieser Zeit sicherstellen müssen, wird anstelle des Pflegeunterstützungsgeldes für bis zu zehn Arbeitstage Betriebshilfe entsprechend § 9 des Zweiten Gesetzes über die Krankenversicherung der Landwirte gewährt. Diese Kosten der Leistungen für die Betriebshilfe werden der landwirtschaftlichen Pflegekasse von der Pflege-	(6) Landwirtschaftlichen Unternehmern im Sinne des § 2 Absatz 1 Nummer 1 und 2 des Zweiten Gesetzes über die Krankenversicherung der Landwirte, die an der Führung des Unternehmens gehindert sind, weil sie für einen pflegebedürftigen nahen Angehörigen in einer akut aufgetretenen Pflegesituation eine bedarfsgerechte Pflege organisieren oder eine pflegerische Versorgung in dieser Zeit sicherstellen müssen, wird anstelle des Pflegeunterstützungsgeldes für bis zu zehn Arbeitstage Betriebshilfe entsprechend § 9 des Zweiten Gesetzes über die Krankenversicherung der Landwirte gewährt. Diese Kosten der Leistungen für die Betriebshilfe werden der landwirtschaftlichen Pflegekasse von der Pflege-

Fassung bis 31. Dezember 2015	Fassung ab 1. Januar 2016	Fassung ab 1. Januar 2017
versicherung des pflegebedürftigen nahen Angehörigen erstattet; innerhalb der sozialen Pflegeversicherung wird von einer Erstattung abgesehen. Privat pflegeversicherte landwirtschaftliche Unternehmer, die an der Führung des Unternehmens gehindert sind, weil dies erforderlich ist, um für einen pflegebedürftigen nahen Angehörigen in einer akut aufgetretenen Pflegesituation eine bedarfsgerechte Pflege zu organisieren oder eine pflegerische Versorgung in dieser Zeit sicherzustellen, erhalten von der Pflegekasse des Pflegebedürftigen oder in Höhe des tariflichen Erstattungssatzes von dem privaten Versicherungsunternehmen des Pflegebedürftigen eine Kostenerstattung für bis zu zehn Arbeitstage Betriebshilfe; dabei werden nicht die tatsächlichen Kosten, sondern ein pauschaler Betrag in Höhe von 200 Euro je Tag Betriebshilfe zugrunde gelegt. (7) Die Pflegekasse und das private Versicherungsunternehmen haben in den Fällen, in denen ein Leistungsbezieher nach Absatz 3 einen pflegebedürftigen nahen Angehörigen pflegt, der Anspruch auf Beihilfeleistungen oder Leistungen der Heilfürsorge hat, und für den Beiträge anteilig getragen werden, im Antragsverfahren auf Pflegeunterstützungsgeld von dem Pflegebedürftigen die zuständige Festsetzungsstelle für die Beihilfe oder den Dienstherrn unter Hinweis auf die beabsichtigte Information dieser Stelle über den beitragspflichtigen Bezug von Pflegeunterstützungsgeld zu erfragen. Der angegebenen Festsetzungsstelle für die Beihilfe oder dem angegebenen Dienstherrn sind bei Feststellung der Beitragspflicht folgende Angaben zum Leistungsbezieher mitzuteilen:	versicherung des pflegebedürftigen nahen Angehörigen erstattet; innerhalb der sozialen Pflegeversicherung wird von einer Erstattung abgesehen. Privat pflegeversicherte landwirtschaftliche Unternehmer, die an der Führung des Unternehmens gehindert sind, weil dies erforderlich ist, um für einen pflegebedürftigen nahen Angehörigen in einer akut aufgetretenen Pflegesituation eine bedarfsgerechte Pflege zu organisieren oder eine pflegerische Versorgung in dieser Zeit sicherzustellen, erhalten von der Pflegekasse des Pflegebedürftigen oder in Höhe des tariflichen Erstattungssatzes von dem privaten Versicherungsunternehmen des Pflegebedürftigen eine Kostenerstattung für bis zu zehn Arbeitstage Betriebshilfe; dabei werden nicht die tatsächlichen Kosten, sondern ein pauschaler Betrag in Höhe von 200 Euro je Tag Betriebshilfe zugrunde gelegt. (7) Die Pflegekasse und das private Versicherungsunternehmen haben in den Fällen, in denen ein Leistungsbezieher nach Absatz 3 einen pflegebedürftigen nahen Angehörigen pflegt, der Anspruch auf Beihilfeleistungen oder Leistungen der Heilfürsorge hat, und für den Beiträge anteilig getragen werden, im Antragsverfahren auf Pflegeunterstützungsgeld von dem Pflegebedürftigen die zuständige Festsetzungsstelle für die Beihilfe oder den Dienstherrn unter Hinweis auf die beabsichtigte Information dieser Stelle über den beitragspflichtigen Bezug von Pflegeunterstützungsgeld zu erfragen. Der angegebenen Festsetzungsstelle für die Beihilfe oder dem angegebenen Dienstherrn sind bei Feststellung der Beitragspflicht folgende Angaben zum Leistungsbezieher mitzuteilen:	versicherung des pflegebedürftigen nahen Angehörigen erstattet; innerhalb der sozialen Pflegeversicherung wird von einer Erstattung abgesehen. Privat pflegeversicherte landwirtschaftliche Unternehmer, die an der Führung des Unternehmens gehindert sind, weil dies erforderlich ist, um für einen pflegebedürftigen nahen Angehörigen in einer akut aufgetretenen Pflegesituation eine bedarfsgerechte Pflege zu organisieren oder eine pflegerische Versorgung in dieser Zeit sicherzustellen, erhalten von der Pflegekasse des Pflegebedürftigen oder in Höhe des tariflichen Erstattungssatzes von dem privaten Versicherungsunternehmen des Pflegebedürftigen eine Kostenerstattung für bis zu zehn Arbeitstage Betriebshilfe; dabei werden nicht die tatsächlichen Kosten, sondern ein pauschaler Betrag in Höhe von 200 Euro je Tag Betriebshilfe zugrunde gelegt. (7) Die Pflegekasse und das private Versicherungsunternehmen haben in den Fällen, in denen ein Leistungsbezieher nach Absatz 3 einen pflegebedürftigen nahen Angehörigen pflegt, der Anspruch auf Beihilfeleistungen oder Leistungen der Heilfürsorge hat, und für den Beiträge anteilig getragen werden, im Antragsverfahren auf Pflegeunterstützungsgeld von dem Pflegebedürftigen die zuständige Festsetzungsstelle für die Beihilfe oder den Dienstherrn unter Hinweis auf die beabsichtigte Information dieser Stelle über den beitragspflichtigen Bezug von Pflegeunterstützungsgeld zu erfragen. Der angegebenen Festsetzungsstelle für die Beihilfe oder dem angegebenen Dienstherrn sind bei Feststellung der Beitragspflicht folgende Angaben zum Leistungsbezieher mitzuteilen:

Fassung bis 31. Dezember 2015	Fassung ab 1. Januar 2016	Fassung ab 1. Januar 2017
1. die Versicherungsnummer, soweit bekannt,	1. die Versicherungsnummer, soweit bekannt,	1. die Versicherungsnummer, soweit bekannt,
2. der Familien- und der Vorname,	2. der Familien- und der Vorname,	2. der Familien- und der Vorname,
3. das Geburtsdatum,	3. das Geburtsdatum,	3. das Geburtsdatum,
4. die Staatsangehörigkeit,	4. die Staatsangehörigkeit,	4. die Staatsangehörigkeit,
5. die Anschrift,	5. die Anschrift,	5. die Anschrift,
6. der Beginn des Bezugs von Pflegeunterstützungsgeld ~~und~~	6. der Beginn des Bezugs von Pflegeunterstützungsgeld,	6. der Beginn des Bezugs von Pflegeunterstützungsgeld,
7. die Höhe des dem Pflegeunterstützungsgeld zugrunde liegenden ausgefallenen Arbeitsentgelts.	7. die Höhe des dem Pflegeunterstützungsgeld zugrunde liegenden ausgefallenen Arbeitsentgelts und	7. die Höhe des dem Pflegeunterstützungsgeld zugrunde liegenden ausgefallenen Arbeitsentgelts und
	8. <u>Name und Anschrift der Krankenkasse oder des privaten Krankenversicherungsunternehmens.</u>	8. Name und Anschrift der Krankenkasse oder des privaten Krankenversicherungsunternehmens.

Gesetzesbegründung Drs. 18/5926 und Drs. 18/6688 zu § 44a

Änderung zum 1. Januar 2016

Redaktionelle Anmerkung:

Die veröffentlichte Änderung wurde mit der Beschlussempfehlungen des Ausschusses für Gesundheit eingefügt und enthält Änderungen zu den Aspekten

- Ergänzung der Meldepflichten der Pflegekassen bzw. der privaten Pflegeversicherungsunternehmen gegenüber den Beihilfestellen

- Vermeidung einer Doppelregelung zur Einbehaltung von Sozialversicherungsbeiträgen auf das Pflegeunterstützungsgeld

Einfügung von Ziffer 8

Für die (anteilige) Zahlung der Beiträge zur Krankenversicherung aus dem Pflegeunterstützungsgeld muss in Fällen eines Anspruchs des Pflegebedürftigen auf Beihilfeleistungen oder Leistungen der Heilfürsorge die zuständige Beihilfestelle bzw. der Dienstherr die zuständige Krankenkasse oder das zuständige private Krankenversicherungsunternehmen des Leistungsbeziehers kennen.

Um diese nicht extra beim Leistungsbezieher erfragen zu müssen, sollen künftig die Pflegekasse bzw. das private Pflegeversicherungsunternehmen den Namen und die Anschrift der Krankenkasse bzw. des privaten Krankenversicherungsunternehmens zusammen mit den anderen bereits im

Gesetz vorgesehenen Meldungen den Beihilfestellen bzw. dem Dienstherrn mitteilen. Dies führt zu einer Vereinfachung bei den Beihilfestellen bzw. dem Dienstherrn und vermeidet unnötige Doppelarbeit.

Änderung zum 1. Januar 2017

Wegfall von Absatz 2

Es handelt sich um eine Folgeänderung aufgrund der Einbeziehung von Pflegepersonen in die Versicherungspflicht nach § 26 Absatz 2b des Dritten Buches Sozialgesetzbuch.

Redaktionelle Anmerkung:

Siehe dazu die Begründung bei § 44.

Fassung bis 31. Dezember 2015	Fassung ab 1. Januar 2016
§ 45 Pflegekurse für Angehörige und ehrenamtliche Pflegepersonen	**§ 45 Pflegekurse für Angehörige und ehrenamtliche Pflegepersonen**
(1) Die Pflegekassen ~~sollen~~ für Angehörige und sonstige an einer ehrenamtlichen Pflegetätigkeit interessierte Personen Schulungskurse unentgeltlich ~~anbieten~~, um soziales Engagement im Bereich der Pflege zu fördern und zu stärken, Pflege und Betreuung zu erleichtern und zu verbessern sowie pflegebedingte körperliche und seelische Belastungen zu mindern und ihrer Entstehung vorzubeugen. Die Kurse sollen Fertigkeiten für eine eigenständige Durchführung der Pflege vermitteln. Die Schulung ~~soll~~ auch in der häuslichen Umgebung des Pflegebedürftigen stattfinden.	(1) Die Pflegekassen <u>haben</u> für Angehörige und sonstige an einer ehrenamtlichen Pflegetätigkeit interessierte Personen <u>unentgeltlich</u> Schulungskurse <u>durchzuführen</u>, um soziales Engagement im Bereich der Pflege zu fördern und zu stärken, Pflege und Betreuung zu erleichtern und zu verbessern sowie pflegebedingte körperliche und seelische Belastungen zu mindern und ihrer Entstehung vorzubeugen. Die Kurse sollen Fertigkeiten für eine eigenständige Durchführung der Pflege vermitteln. <u>Auf Wunsch der Pflegeperson und der pflegebedürftigen Person</u> findet die Schulung auch in der häuslichen Umgebung des Pflegebedürftigen statt. <u>§ 114a Absatz 3a gilt entsprechend.</u>
(2) Die Pflegekasse kann die Kurse entweder selbst oder gemeinsam mit anderen Pflegekassen durchführen oder geeignete andere Einrichtungen mit der Durchführung beauftragen.	(2) Die Pflegekasse kann die Kurse entweder selbst oder gemeinsam mit anderen Pflegekassen durchführen oder geeignete andere Einrichtungen mit der Durchführung beauftragen.
(3) Über die einheitliche Durchführung sowie über die inhaltliche Ausgestaltung der Kurse können die Landesverbände der Pflegekassen Rahmenvereinbarungen mit den Trägern der Einrichtungen schließen, die die Pflegekurse durchführen.	(3) Über die einheitliche Durchführung sowie über die inhaltliche Ausgestaltung der Kurse können die Landesverbände der Pflegekassen Rahmenvereinbarungen mit den Trägern der Einrichtungen schließen, die die Pflegekurse durchführen.

Gesetzesbegründung Drs. 18/5926 zu § 45

Änderung zum 1. Januar 2016

Zu Absatz 1

Den Pflegekursen der Pflegekassen für Angehörige und sonstige an einer ehrenamtlichen Pflegetätigkeit interessierte Personen kommt vielfältige Bedeutung zu. Mit ihnen soll zum einen das allgemeine Interesse der Menschen an der Pflege aufgegriffen und gefördert werden. Mit ihnen sollen zum anderen aber auch pflegefachliche Kenntnisse und praktische Hilfestellungen vermittelt werden, um eine konkrete Pflegesituation so gut wie möglich bewältigen zu können.

Letzteres nimmt auch das Präventionsgesetz in den Blick, das eine Ergänzung dahingehend vorsieht, dass mit Hilfe der Schulungskurse der Entstehung von körperlichen und seelischen Belastungen bei den Pflegepersonen vorgebeugt werden soll.

Redaktionelle Anmerkung:

Diese Aussage bezieht sich auf die Änderung von Absatz 1 Satz 1 durch das „Gesetz zur Stärkung der Gesundheitsförderung und der Prävention – PrävG" vom 17. Juli 2015 (BGBl. I S. 1368), die am 25. Juli 2015 in Kraft trat. Mit dieser Änderung wurde in Satz 1 eingefügt „und ihrer Entstehung vorzubeugen". Ziel dieses Gesetzes ist insbesondere die Gesundheitsförderung und Prävention insbesondere in den Lebenswelten der Bürger zu stärken; dabei sind alle Sozialversicherungsträger sowie die private Krankenversicherung und die privaten Pflege-Pflichtversicherung mit einbezogen worden.

Indem die Pflegekassen Pflegekurse nunmehr verpflichtend – entweder als Gruppen- oder als Einzelschulungen – durchzuführen haben, wird betont, wie wichtig die Schulungskurse sind.

Dies gilt sowohl für die Pflegepersonen, beispielsweise die pflegenden Angehörigen, als auch für die betroffenen Pflegebedürftigen. Denn je besser die Pflegepersonen körperlich und seelisch mit der Pflege zurechtkommen, umso besser geht es in der Regel auch dem Pflegebedürftigen selbst.

Durch die Einführung des neuen Pflegebedürftigkeitsbegriffs wird das Bild von Pflege zudem vielschichtiger. Um den individuellen Bedürfnissen der Betroffenen im Pflegealltag gut gerecht werden zu können, sind deshalb gerade Schulungsangebote ein wichtiger Baustein. Dies gilt beispielsweise auch bei der Unterstützung der Pflegebedürftigen bei besonderen krankheits- oder therapiebedingten Anforderungen und Belastungen oder bei der Herausforderung, den Pflegebedürftigen trotz ihres Hilfebedarfs weiterhin die Pflege sozialer Kontakte zu eröffnen. Diese Unterstützung jeden Tag zu leisten, kann als weniger belastend erfahren werden, wenn die pflegenden Angehörigen und die anderen an ehrenamtlicher Pflege interessierten Personen hierzu fachlich qualifizierte Hilfestellungen erhalten haben.

Deshalb wird die bisherige Sollvorschrift zu einer Verpflichtung der Pflegekassen weiterentwickelt, Schulungskurse durchzuführen. Dies entspricht ebenfalls einer Empfehlung des Expertenbeirats zur konkreten Ausgestaltung des neuen Pflegebedürftigkeitsbegriffs, der sich in seinem Abschlussbericht vom 27. Juni 2013 auch dafür ausgesprochen hatte, die edukativen Leistungen der Pflegeversicherung weiter zu stärken.

In den Kursen ist der Einführung des neuen Verständnisses von Pflegebedürftigkeit Rechnung zu tragen, das allem Handeln zugrunde liegt und entsprechend vermittelt werden muss.

- Im Mittelpunkt stehen hierbei nicht mehr die Defizite, die pflegebedürftige Menschen aufweisen, sondern Ziel ist, das Ausmaß ihrer Selbständigkeit erkennbar zu machen.

- Davon ausgehend wird sodann das Ausmaß der Abhängigkeit von Hilfe durch andere festgestellt, so dass die Schulungen hier individuell und gezielt ansetzen können.

Zudem wird der Zugang zu Einzelschulungen in der häuslichen Umgebung des Pflegebedürftigen erleichtert: Auf Wunsch findet die Schulung auch in der häuslichen Umgebung statt. Damit kann auf die individuelle Pflegesituation ebenfalls im alltäglichen Wohnumfeld eingegangen und nach Verbesserungsmöglichkeiten für alle Beteiligten gesucht werden.

Da die Beratung in einem durch Artikel 13 des Grundgesetzes [red. Anm.: das Grundrecht der Unverletzlichkeit der Wohnung; geschützt sind alle Räumlichkeiten, die einem Wohnzweck gewidmet wurden, damit auch Zimmer in Pflegeeinrichtungen] geschützten Bereich stattfindet, ist die Einwilligung des Pflegebedürftigen erforderlich.

Fassung bis 31. Dezember 2016	Fassung ab 1. Januar 2017
Fünfter Abschnitt	**Fünfter Abschnitt**
Leistungen für Versicherte mit erheblichem allgemeinem Betreuungsbedarf, zusätzliche Betreuungs- und Entlastungsleistungen und Weiterentwicklung der Versorgungsstrukturen	**Angebote zur Unterstützung im Alltag, Entlastungsbetrag, Förderung der Weiterentwicklung der Versorgungsstrukturen und des Ehrenamts sowie der Selbsthilfe**

§ 45a Berechtigter Personenkreis

(1) Soweit nichts anderes bestimmt ist, betreffen die Leistungen in diesem Abschnitt Pflegebedürftige in häuslicher Pflege, bei denen neben dem Hilfebedarf im Bereich der Grundpflege und der hauswirtschaftlichen Versorgung (§§ 14 und 15) ein erheblicher Bedarf an allgemeiner Beaufsichtigung und Betreuung gegeben ist. Dies sind

1. *Pflegebedürftige der Pflegestufen I, II und III sowie*

2. *Personen, die einen Hilfebedarf im Bereich der Grundpflege und hauswirtschaftlichen Versorgung haben, der nicht das Ausmaß der Pflegestufe I erreicht,*

mit demenzbedingten Fähigkeitsstörungen, geistigen Behinderungen oder psychischen Erkrankungen, bei denen der Medizinische Dienst der Krankenversicherung oder die von der Pflegekasse beauftragten Gutachter im Rahmen der Begutachtung nach § 18 als Folge der Krankheit oder Behinderung Auswirkungen auf die Aktivitäten des täglichen Lebens festgestellt haben, die dauerhaft zu einer erheblichen Einschränkung der Alltagskompetenz geführt haben.

(2) Für die Bewertung, ob die Einschränkung der Alltagskompetenz auf Dauer erheblich ist, sind folgende Schädigungen und Fähigkeitsstörungen maßgebend:

1. *unkontrolliertes Verlassen des Wohnbereiches (Weglauftendenz);*

2. *Verkennen oder Verursachen gefährdender Situationen;*

3. *unsachgemäßer Umgang mit gefährlichen Gegenständen oder potenziell gefährdenden Substanzen;*

4. *tätlich oder verbal aggressives Verhalten in Verkennung der Situation;*

5. *im situativen Kontext inadäquates Verhalten;*

6. *Unfähigkeit, die eigenen körperlichen und seelischen Gefühle oder Bedürfnisse wahrzunehmen;*

7. *Unfähigkeit zu einer erforderlichen Kooperation bei therapeutischen oder schützenden Maßnahmen als Folge einer therapieresistenten Depression oder Angststörung;*

Fassung bis 31. Dezember 2016	Fassung ab 1. Januar 2017
8. *Störungen der höheren Hirnfunktionen (Beeinträchtigungen des Gedächtnisses, herabgesetztes Urteilsvermögen), die zu Problemen bei der Bewältigung von sozialen Alltagsleistungen geführt haben;*	
9. *Störung des Tag-/Nacht-Rhythmus;*	
10. *Unfähigkeit, eigenständig den Tagesablauf zu planen und zu strukturieren;*	
11. *Verkennen von Alltagssituationen und inadäquates Reagieren in Alltagssituationen;*	
12. *ausgeprägtes labiles oder unkontrolliert emotionales Verhalten;*	
13. *zeitlich überwiegend Niedergeschlagenheit, Verzagtheit, Hilflosigkeit oder Hoffnungslosigkeit aufgrund einer therapieresistenten Depression.*	
Die Alltagskompetenz ist erheblich eingeschränkt, wenn der Gutachter des Medizinischen Dienstes oder die von der Pflegekasse beauftragten Gutachter bei dem Pflegebedürftigen wenigstens in zwei Bereichen, davon mindestens einmal aus einem der Bereiche 1 bis 9, dauerhafte und regelmäßige Schädigungen oder Fähigkeitsstörungen feststellen. Der Spitzenverband Bund der Pflegekassen beschließt mit dem Verband der privaten Krankenversicherung e. V. unter Beteiligung der kommunalen Spitzenverbände auf Bundesebene, der maßgeblichen Organisationen für die Wahrnehmung der Interessen und der Selbsthilfe der pflegebedürftigen und behinderten Menschen auf Bundesebene und des Medizinischen Dienstes des Spitzenverbandes Bund der Krankenkassen in Ergänzung der Richtlinien nach § 17 das Nähere zur einheitlichen Begutachtung und Feststellung des erheblichen und dauerhaften Bedarfs an allgemeiner Beaufsichtigung und Betreuung.	**§ 45a Angebote zur Unterstützung im Alltag, Umwandlung des ambulanten Sachleistungsbetrags (Umwandlungsanspruch), Verordnungsermächtigung** (1) Angebote zur Unterstützung im Alltag tragen dazu bei, Pflegepersonen zu entlasten, und helfen Pflegebedürftigen, möglichst lange in ihrer häuslichen Umgebung zu bleiben, soziale Kontakte aufrechtzuerhalten und ihren Alltag weiterhin möglichst selbständig bewältigen zu können. Angebote zur Unterstützung im Alltag sind

Fassung bis 31. Dezember 2016	Fassung ab 1. Januar 2017
	1. Angebote, in denen insbesondere ehrenamtliche Helferinnen und Helfer unter pflegefachlicher Anleitung die Betreuung von Pflegebedürftigen mit allgemeinem oder mit besonderem Betreuungsbedarf in Gruppen oder im häuslichen Bereich übernehmen (Betreuungsangebote),
	2. Angebote, die der gezielten Entlastung und beratenden Unterstützung von pflegenden Angehörigen und vergleichbar nahestehenden Pflegepersonen in ihrer Eigenschaft als Pflegende dienen (Angebote zur Entlastung von Pflegenden),
	3. Angebote, die dazu dienen, die Pflegebedürftigen bei der Bewältigung von allgemeinen oder pflegebedingten Anforderungen des Alltags oder im Haushalt, insbesondere bei der Haushaltsführung, oder bei der eigenverantwortlichen Organisation individuell benötigter Hilfeleistungen zu unterstützen (Angebote zur Entlastung im Alltag).
	Die Angebote benötigen eine Anerkennung durch die zuständige Behörde nach Maßgabe des gemäß Absatz 3 erlassenen Landesrechts. Durch ein Angebot zur Unterstützung im Alltag können auch mehrere der in Satz 2 Nummer 1 bis 3 genannten Bereiche abgedeckt werden. In Betracht kommen als Angebote zur Unterstützung im Alltag insbesondere Betreuungsgruppen für an Demenz erkrankte Menschen, Helferinnen- und Helferkreise zur stundenweisen Entlastung pflegender Angehöriger im häuslichen Bereich, die Tagesbetreuung in Kleingruppen oder Einzelbetreuung durch anerkannte Helferinnen oder Helfer, Agenturen zur Vermittlung von Betreuungs- und Entlastungsleistungen für Pflegebedürftige und pflegende Angehörige sowie vergleichbar nahestehende Pflegepersonen, Familienentlastende Dienste, Alltagsbegleiter, Pflegebegleiter und Serviceangebote für haushaltsnahe Dienstleistungen.
	(2) Angebote zur Unterstützung im Alltag beinhalten die Übernahme von Betreuung und allgemeiner Beaufsichtigung, eine die vorhandenen Ressourcen und Fähigkeiten stärkende oder stabilisierende Alltagsbegleitung, Unterstützungsleistungen für Angehörige und vergleichbar Nahestehende in ihrer Eigenschaft als Pflegende zur besseren Bewältigung des Pflegealltags, die Erbringung von Dienstleistungen, organisatorische Hilfestellungen oder andere geeignete Maßnahmen. Die Angebote verfügen über ein Konzept, das Angaben zur Qualitätssicherung des Angebots sowie eine Übersicht über die Leistungen, die angeboten werden sollen, und die Höhe der den

Fassung bis 31. Dezember 2016	Fassung ab 1. Januar 2017
	Pflegebedürftigen hierfür in Rechnung gestellten Kosten enthält. Das Konzept umfasst ferner Angaben zur zielgruppen- und tätigkeitsgerechten Qualifikation der Helfenden und zu dem Vorhandensein von Grund- und Notfallwissen im Umgang mit Pflegebedürftigen sowie dazu, wie eine angemessene Schulung und Fortbildung der Helfenden sowie eine kontinuierliche fachliche Begleitung und Unterstützung insbesondere von ehrenamtlich Helfenden in ihrer Arbeit gesichert werden. Bei wesentlichen Änderungen hinsichtlich der angebotenen Leistungen ist das Konzept entsprechend fortzuschreiben; bei Änderung der hierfür in Rechnung gestellten Kosten sind die entsprechenden Angaben zu aktualisieren.

Fassung ab 1. Januar 2017 (Fortsetzung):

(3) Die Landesregierungen werden ermächtigt, durch Rechtsverordnung das Nähere über die Anerkennung der Angebote zur Unterstützung im Alltag im Sinne der Absätze 1 und 2 einschließlich der Vorgaben zur regelmäßigen Qualitätssicherung der Angebote und zur regelmäßigen Übermittlung einer Übersicht über die aktuell angebotenen Leistungen und die Höhe der hierfür erhobenen Kosten zu bestimmen. Beim Erlass der Rechtsverordnung sollen sie die gemäß § 45c Absatz 7 beschlossenen Empfehlungen berücksichtigen.

(4) Pflegebedürftige in häuslicher Pflege mit mindestens Pflegegrad 2 können eine Kostenerstattung zum Ersatz von Aufwendungen für Leistungen der nach Landesrecht anerkannten Angebote zur Unterstützung im Alltag unter Anrechnung auf ihren Anspruch auf ambulante Pflegesachleistungen nach § 36 erhalten, soweit für den entsprechenden Leistungsbetrag nach § 36 in dem jeweiligen Kalendermonat keine ambulanten Pflegesachleistungen bezogen wurden. Der hierfür verwendete Betrag darf je Kalendermonat 40 Prozent des nach § 36 für den jeweiligen Pflegegrad vorgesehenen Höchstleistungsbetrags nicht überschreiten. Die Anspruchsberechtigten erhalten die Kostenerstattung nach Satz 1 auf Antrag von der zuständigen Pflegekasse oder dem zuständigen privaten Versicherungsunternehmen sowie im Fall der Beihilfeberechtigung anteilig von der Beihilfefestsetzungsstelle gegen Vorlage entsprechender Belege über Eigenbelastungen, die ihnen im Zusammenhang mit der Inanspruchnahme der in Satz 1 genannten Leistungen entstanden sind. Die Vergütungen für ambulante Pflegesachleistungen nach § 36 sind vorrangig abzurechnen. Im Rahmen der Kombinationsleistung nach § 38 gilt die Erstattung der Aufwendungen nach Satz 1 als Inanspruchnahme der dem

Fassung bis 31. Dezember 2016	Fassung ab 1. Januar 2017
	Anspruchsberechtigten nach § 36 Absatz 3 zustehenden Sachleistung. Beziehen Anspruchsberechtigte die Leistung nach Satz 1, findet § 37 Absatz 3 bis 5, 7 und 8 Anwendung; § 37 Absatz 6 findet mit der Maßgabe entsprechende Anwendung, dass eine Kürzung oder Entziehung in Bezug auf die Kostenerstattung nach Satz 1 erfolgt. Das Bundesministerium für Gesundheit evaluiert die Möglichkeit zur anteiligen Verwendung der in § 36 für den Bezug ambulanter Pflegesachleistungen vorgesehenen Leistungsbeträge auch für Leistungen nach Landesrecht anerkannter Angebote zur Unterstützung im Alltag nach den Sätzen 1 bis 6 spätestens bis zum 31. Dezember 2018. Die Inanspruchnahme der Umwandlung des ambulanten Sachleistungsbetrags nach Satz 1 und die Inanspruchnahme des Entlastungsbetrags nach § 45b erfolgen unabhängig voneinander.

Fassung bis 31. Dezember 2016

§ 45b Zusätzliche Betreuungs- und Entlastungsleistungen, Verordnungsermächtigung

Versicherte, die die Voraussetzungen des § 45a erfüllen, können je nach Umfang des erheblichen allgemeinen Betreuungsbedarfs zusätzliche Betreuungs- und Entlastungsleistungen in Anspruch nehmen. Die Kosten hierfür werden ersetzt, höchstens jedoch 104 Euro monatlich (Grundbetrag) oder 208 Euro monatlich (erhöhter Betrag). Die Höhe des jeweiligen Anspruchs nach Satz 2 wird von der Pflegekasse auf Empfehlung des Medizinischen Dienstes der Krankenversicherung im Einzelfall festgelegt und dem Versicherten mitgeteilt. Der Spitzenverband Bund der Pflegekassen beschließt unter Beteiligung des Medizinischen Dienstes des Spitzenverbandes Bund der Krankenkassen, des Verbandes der privaten Krankenversicherung e. V., der kommunalen Spitzenverbände auf Bundesebene und der maßgeblichen Organisationen für die Wahrnehmung der Interessen und der Selbsthilfe der pflegebedürftigen und behinderten Menschen auf Bundesebene Richtlinien über einheitliche Maßstäbe zur Bewertung des Hilfebedarfs auf Grund der Schädigungen und Fähigkeitsstörungen in den in § 45a Abs. 2 Nr. 1 bis 13 aufgeführten Bereichen für die Empfehlung des Medizinischen Dienstes der Krankenversicherung zur Bemessung der jeweiligen Höhe des Betreuungs- und Entlastungsbetrages; § 17 Abs. 2 gilt entsprechend. Der Betrag ist zweckgebunden einzusetzen für qualitätsgesicherte Leistungen der Betreuung oder Entlastung. Er dient der Erstattung von Aufwendungen, die den Versicherten entstehen im Zusammenhang mit der Inanspruchnahme von Leistungen

Fassung ab 1. Januar 2017

§ 45b Entlastungsbetrag

(1) Pflegebedürftige in häuslicher Pflege haben Anspruch auf einen Entlastungsbetrag in Höhe von bis zu 125 Euro monatlich. Der Betrag ist zweckgebunden einzusetzen für qualitätsgesicherte Leistungen zur Entlastung pflegender Angehöriger und vergleichbar Nahestehender in ihrer Eigenschaft als Pflegende sowie zur Förderung der Selbständigkeit und Selbstbestimmtheit der Pflegebedürftigen bei der Gestaltung ihres Alltags. Er dient der Erstattung von Aufwendungen, die den Versicherten entstehen im Zusammenhang mit der Inanspruchnahme von

1. Leistungen der Tages- oder Nachtpflege,

2. Leistungen der Kurzzeitpflege,

3. Leistungen der ambulanten Pflegedienste im Sinne des § 36, in den Pflegegraden 2 bis 5 jedoch nicht von Leistungen im Bereich der Selbstversorgung,

4. Leistungen der nach Landesrecht anerkannten Angebote zur Unterstützung im Alltag im Sinne des § 45a.

Die Erstattung der Aufwendungen erfolgt auch, wenn für die Finanzierung der in Satz 3 genannten Leistungen Mittel der Verhinderungspflege gemäß § 39 eingesetzt werden.

(2) Die Pflegebedürftigen erhalten die Kostenerstattung in Höhe des Entlastungsbetrags nach Absatz 1 auf Antrag von der zuständigen Pflegekasse oder dem zuständigen privaten Versicherungsunternehmen sowie im Fall der Beihilfeberechtigung anteilig

Fassung bis 31. Dezember 2016	Fassung ab 1. Januar 2017
1. der Tages- oder Nachtpflege,	von der Beihilfefestsetzungsstelle gegen Vorlage entsprechender Belege über entstandene Eigenbelastungen im Zusammenhang mit der Inanspruchnahme der in Absatz 1 Satz 3 genannten Leistungen. Die Leistung nach Absatz 1 Satz 1 kann innerhalb des jeweiligen Kalenderjahres in Anspruch genommen werden; wird die Leistung in einem Kalenderjahr nicht ausgeschöpft, kann der nicht verbrauchte Betrag in das folgende Kalenderhalbjahr übertragen werden.

1. der Tages- oder Nachtpflege,

2. der Kurzzeitpflege,

3. der zugelassenen Pflegedienste, sofern es sich um besondere Angebote der allgemeinen Anleitung und Betreuung oder Angebote der hauswirtschaftlichen Versorgung und nicht um Leistungen der Grundpflege handelt, oder

4. der nach Landesrecht anerkannten niedrigschwelligen Betreuungs- und Entlastungsangebote, die nach § 45c gefördert oder förderungsfähig sind.

Die Erstattung der Aufwendungen erfolgt auch, wenn für die Finanzierung der in Satz 6 genannten Betreuungs- und Entlastungsleistungen Mittel der Verhinderungspflege gemäß § 39 eingesetzt werden.

(1a) Pflegebedürftige, die nicht die Voraussetzungen des § 45a erfüllen, können ebenfalls zusätzliche Betreuungs- und Entlastungsleistungen nach Absatz 1 in Anspruch nehmen. Die Kosten hierfür werden bis zu einem Betrag in Höhe von 104 Euro monatlich ersetzt.

(2) Die Anspruchsberechtigten erhalten die zusätzlichen finanziellen Mittel auf Antrag von der zuständigen Pflegekasse oder dem zuständigen privaten Versicherungsunternehmen sowie im Fall der Beihilfeberechtigung anteilig von der Beihilfefestsetzungsstelle gegen Vorlage entsprechender Belege über entstandene Eigenbelastungen im Zusammenhang mit der Inanspruchnahme der in Absatz 1 genannten Leistungen. Die Leistung nach den Absätzen 1 und 1a kann innerhalb des jeweiligen Kalenderjahres in Anspruch genommen werden; wird die Leistung in einem Kalenderjahr nicht ausgeschöpft, kann der nicht verbrauchte Betrag in das folgende Kalenderhalbjahr übertragen werden. Ist der Betrag für zusätzliche Betreuungsleistungen nach dem bis zum 30. Juni 2008 geltenden Recht nicht ausgeschöpft worden, kann der nicht verbrauchte kalenderjährliche Betrag in das zweite Halbjahr 2008 und in das Jahr 2009 übertragen werden.

(3) Soweit für die entsprechenden Leistungsbeträge nach den §§ 36 und 123 in dem jeweiligen Kalendermonat keine ambulanten Pflegesachleistungen bezogen wurden, können die nach Absatz 1 oder Absatz 1a anspruchsberechtigten Versicherten unter Anrechnung auf ihren Anspruch auf ambulante Pflegesachleistungen Leistungen niedrigschwelliger Betreuungs- und Entlastungsangebote zusätzlich zu den in den Absätzen 1 und 1a genannten Beträgen in Anspruch

Fassung bis 31. Dezember 2016	Fassung ab 1. Januar 2017
nehmen. Der nach Satz 1 für niedrigschwellige Betreuungs- und Entlastungsleistungen verwendete Betrag darf je Kalendermonat 40 Prozent des für die jeweilige Pflegestufe vorgesehenen Höchstbetrags für ambulante Pflegesachleistungen nicht überschreiten. Die Grundpflege und die hauswirtschaftliche Versorgung im Einzelfall sind sicherzustellen. Die Aufwendungen, die den Anspruchsberechtigten im Zusammenhang mit der Inanspruchnahme der niedrigschwelligen Betreuungs- und Entlastungsleistungen nach Satz 1 entstehen, werden erstattet; Absatz 2 Satz 1 gilt entsprechend. Die Vergütungen für ambulante Pflegesachleistungen sind vorrangig abzurechnen. Im Rahmen der Kombinationsleistung nach § 38 gilt die Erstattung der Aufwendungen als Inanspruchnahme der dem Anspruchsberechtigten nach § 36 Absatz 3 und 4 sowie § 123 zustehenden Sachleistung. Beziehen Anspruchsberechtigte die Leistung nach Satz 1, findet § 37 Absatz 3 bis 5, 7 und 8 Anwendung; § 37 Absatz 6 findet mit der Maßgabe entsprechende Anwendung, dass eine Kürzung oder Entziehung in Bezug auf die Kostenerstattung nach Satz 4 erfolgt. § 13 Absatz 3a findet auf die Inanspruchnahme der Leistung nach Satz 1 keine Anwendung. Das Bundesministerium für Gesundheit evaluiert die Möglichkeit zur anteiligen Verwendung der in den §§ 36 und 123 für den Bezug ambulanter Pflegesachleistungen vorgesehenen Leistungsbeträge auch für Leistungen niedrigschwelliger Betreuungs- und Entlastungsangebote nach den Sätzen 1 bis 8 spätestens innerhalb von vier Jahren nach Inkrafttreten.	
(4) Die Landesregierungen werden ermächtigt, durch Rechtsverordnung das Nähere über die Anerkennung der niedrigschwelligen Betreuungs- und Entlastungsangebote einschließlich der Vorgaben zur regelmäßigen Qualitätssicherung der Angebote zu bestimmen. Niedrigschwellige Angebote, die sowohl die Voraussetzungen des § 45c Absatz 3 als auch des § 45c Absatz 3a erfüllen, können unter Beachtung der jeweiligen Anerkennungsbedingungen eine gemeinsame Anerkennung als Betreuungs- und Entlastungsangebot erhalten.	
§ 45c Weiterentwicklung der Versorgungsstrukturen, Verordnungsermächtigung	**§ 45c** **Förderung der** Weiterentwicklung der Versorgungsstrukturen **und des Ehrenamts,** Verordnungsermächtigung
(1) Zur Weiterentwicklung der Versorgungsstrukturen und Versorgungskonzepte *insbesondere für demenzkranke Pflegebedürftige* fördert der Spitzenverband Bund der Pflegekassen im Wege der Anteilsfinanzie-	(1) Zur Weiterentwicklung der Versorgungsstrukturen und Versorgungskonzepte und zur Förderung ehrenamtlicher Strukturen fördert der Spitzenverband Bund der Pflegekassen im Wege der Anteilsfinanzie-

Fassung bis 31. Dezember 2016	Fassung ab 1. Januar 2017
rung aus Mitteln des Ausgleichsfonds mit 25 Millionen Euro je Kalenderjahr	rung aus Mitteln des Ausgleichsfonds mit 25 Millionen Euro je Kalenderjahr
den Auf- und Ausbau *von niedrigschwelligen Betreuungsangeboten*	1. den Auf- und Ausbau von Angeboten zur Unterstützung im Alltag im Sinne des § 45a,
	2. den Auf- und Ausbau und die Unterstützung von Gruppen ehrenamtlich tätiger sowie sonstiger zum bürgerschaftlichen Engagement bereiter Personen und entsprechender ehrenamtlicher Strukturen sowie
sowie Modellvorhaben zur Erprobung neuer Versorgungskonzepte und Versorgungsstrukturen insbesondere für demenzkranke Pflegebedürftige. *Ebenso gefördert werden können aus den in Satz 1 genannten Mitteln niedrigschwellige Entlastungsangebote für Pflegebedürftige mit mindestens Pflegestufe I sowie für Versicherte ohne Pflegestufe, die wegen erheblich eingeschränkter Alltagskompetenz die Voraussetzungen des § 45a erfüllen.* Die privaten Versicherungsunternehmen, die die private Pflegepflichtversicherung durchführen, beteiligen sich an dieser Förderung mit insgesamt 10 vom Hundert des in Satz 1 genannten Fördervolumens.	3. Modellvorhaben zur Erprobung neuer Versorgungskonzepte und Versorgungsstrukturen insbesondere für an Demenz erkrankte Pflegebedürftige sowie andere Gruppen von Pflegebedürftigen, deren Versorgung in besonderem Maße der strukturellen Weiterentwicklung bedarf. Die privaten Versicherungsunternehmen, die die private Pflege-Pflichtversicherung durchführen, beteiligen sich an dieser Förderung mit insgesamt 10 Prozent des in Satz 1 genannten Fördervolumens.
(2) Der Zuschuss aus Mitteln der sozialen und privaten Pflegeversicherung ergänzt eine Förderung *der niedrigschwelligen Betreuungs- und Entlastungsangebote und der Modellvorhaben zur Weiterentwicklung der Versorgungsstrukturen für Pflegebedürftige mit mindestens Pflegestufe I sowie für Versicherte ohne Pflegestufe, die wegen erheblich eingeschränkter Alltagskompetenz die Voraussetzungen des § 45a erfüllen,* durch das jeweilige Land oder die jeweilige kommunale Gebietskörperschaft. *Der Zuschuss wird jeweils in gleicher Höhe gewährt wie der Zuschuss, der vom Land oder von der kommunalen Gebietskörperschaft für die einzelne Fördermaßnahme geleistet wird, so dass insgesamt ein Fördervolumen von 50 Millionen Euro im Kalenderjahr erreicht wird.* Soweit Mittel der Arbeitsförderung bei einem Projekt eingesetzt werden, sind diese einem vom Land oder von der Kommune geleisteten Zuschuss gleichgestellt.	(2) Der Zuschuss aus Mitteln der sozialen und privaten Pflegeversicherung ergänzt eine Förderung der in Absatz 1 genannten Zwecke durch das jeweilige Land oder die jeweilige kommunale Gebietskörperschaft. Der Zuschuss wird jeweils in gleicher Höhe gewährt wie der Zuschuss, der vom Land oder von der kommunalen Gebietskörperschaft für die einzelne Fördermaßnahme geleistet wird, sodass insgesamt ein Fördervolumen von 50 Millionen Euro im Kalenderjahr erreicht wird.

Soweit Mittel der Arbeitsförderung bei einem Projekt eingesetzt werden, sind diese einem vom Land oder von der Kommune geleisteten Zuschuss gleichgestellt. |
| *(3) Niedrigschwellige Betreuungsangebote im Sinne des Absatzes 1 Satz 1 sind Betreuungsangebote, in denen Helfer und Helferinnen unter pflegefachlicher Anleitung die Betreuung von Pflegebedürftigen mit mindestens Pflegestufe I sowie von Versicherten ohne Pflegestufe, die wegen erheblich eingeschränkter Alltagskompetenz die Voraussetzungen des § 45a erfüllen, in Gruppen oder im häuslichen Bereich überneh-* | (3) Die Förderung des Auf- und Ausbaus von Angeboten zur Unterstützung im Alltag im Sinne des § 45a nach Absatz 1 Satz 1 Nummer 1 erfolgt als Projektförderung und dient insbesondere dazu, Aufwandsentschädigungen für die ehrenamtlich tätigen Helfenden zu finanzieren sowie notwendige Personal- und Sachkosten, die mit der Koordination und Organisation der Hilfen und der fachlichen Anleitung und |

Fassung bis 31. Dezember 2016	Fassung ab 1. Januar 2017
men sowie pflegende Angehörige und vergleichbar nahestehende Pflegepersonen entlasten und beratend unterstützen. Die Förderung dieser niedrigschwelligen Betreuungsangebote erfolgt als Projektförderung und dient insbesondere dazu, Aufwandsentschädigungen für die ehrenamtlichen Betreuungspersonen zu finanzieren, sowie notwendige Personal- und Sachkosten, die mit der Koordination und Organisation der Hilfen und der fachlichen Anleitung und Schulung der Betreuenden durch Fachkräfte verbunden sind. Dem Antrag auf Förderung ist ein Konzept zur Qualitätssicherung des Betreuungsangebotes beizufügen. Aus dem Konzept muss sich ergeben, dass eine angemessene Schulung und Fortbildung der Helfenden sowie eine kontinuierliche fachliche Begleitung und Unterstützung der ehrenamtlich Helfenden in ihrer Arbeit gesichert ist. Als grundsätzlich förderungsfähige niedrigschwellige Betreuungsangebote kommen insbesondere in Betracht Betreuungsgruppen für Demenzkranke, Helferinnenkreise zur stundenweisen Entlastung pflegender Angehöriger im häuslichen Bereich, die Tagesbetreuung in Kleingruppen oder Einzelbetreuung durch anerkannte Helfer, Agenturen zur Vermittlung von Betreuungsleistungen für Pflegebedürftige mit mindestens Pflegestufe I sowie für Versicherte ohne Pflegestufe, die wegen erheblich eingeschränkter Alltagskompetenz die Voraussetzungen des § 45a erfüllen, sowie Familienentlastende Dienste. *(3a) Niedrigschwellige Entlastungsangebote im Sinne des Absatzes 1 Satz 2 sind Angebote für Pflegebedürftige mit mindestens Pflegestufe I sowie für Versicherte ohne Pflegestufe, die wegen erheblich eingeschränkter Alltagskompetenz die Voraussetzungen des § 45a erfüllen, die der Deckung des Bedarfs der Anspruchsberechtigten an Unterstützung im Haushalt, insbesondere bei der hauswirtschaftlichen Versorgung, bei der Bewältigung von allgemeinen oder pflegebedingten Anforderungen des Alltags oder bei der eigenverantwortlichen Organisation individuell benötigter Hilfeleistungen dienen oder die dazu beitragen, Angehörige oder vergleichbar Nahestehende in ihrer Eigenschaft als Pflegende zu entlasten. Niedrigschwellige Entlastungsangebote beinhalten die Erbringung von Dienstleistungen, eine die vorhandenen Ressourcen und Fähigkeiten stärkende oder stabilisierende Alltagsbegleitung, organisatorische Hilfestellungen, Unterstützungsleistungen für Angehörige und vergleichbar Nahestehende in ihrer Eigenschaft als Pflegende zur Bewältigung des Pflege-*	Schulung der Helfenden durch Fachkräfte verbunden sind. Dem Antrag auf Förderung ist ein Konzept zur Qualitätssicherung des Angebots beizufügen. Aus dem Konzept muss sich ergeben, dass eine angemessene Schulung und Fortbildung der Helfenden sowie eine kontinuierliche fachliche Begleitung und Unterstützung der ehrenamtlich Helfenden in ihrer Arbeit gesichert sind. (4) Die Förderung des Auf- und Ausbaus und der Unterstützung von Gruppen ehrenamtlich tätiger sowie sonstiger zum bürgerschaftlichen Engagement bereiter Personen und entsprechender ehrenamtlicher Strukturen nach Absatz 1 Satz 1 Nummer 2 erfolgt zur Förderung von Initiativen, die sich die Unterstützung, allgemeine Betreuung und Entlastung von Pflegebedürftigen und deren Angehörigen sowie vergleichbar nahestehenden Pflegepersonen zum Ziel gesetzt haben. (5) Im Rahmen der Modellförderung nach Absatz 1 Satz 1 Nummer 3 sollen insbesondere modellhaft Möglichkeiten einer wirksamen Vernetzung der erforderlichen Hilfen für an Demenz erkrankte Pflegebedürftige und andere Gruppen von Pflegebedürftigen, deren Versorgung in besonderem Maße der strukturellen Weiterentwicklung bedarf, in einzelnen Regionen erprobt werden. Dabei können auch stationäre Versorgungsangebote berücksichtigt werden. Die Modellvorhaben sind auf längstens fünf Jahre zu befristen. Bei der Vereinbarung und Durchführung von Modellvorhaben kann im Einzelfall von den Regelungen des Siebten Kapitels abgewichen werden. Für die Modellvorhaben sind eine wissenschaftliche Begleitung und Auswertung vorzusehen. Soweit im Rahmen der Modellvorhaben personenbezogene Daten benötigt werden, können diese nur mit Einwilligung des Pflegebedürftigen erhoben, verarbeitet und genutzt werden. (6) Um eine gerechte Verteilung der Fördermittel der Pflegeversicherung auf die Länder zu gewährleisten, werden die Fördermittel der sozialen und privaten Pflegeversicherung nach dem Königsteiner Schlüssel aufgeteilt. Mittel, die in einem Land im jeweiligen Haushaltsjahr nicht in Anspruch genommen werden, können in das Folgejahr übertragen werden. (7) Der Spitzenverband Bund der Pflegekassen beschließt mit dem Verband der privaten Krankenversicherung e. V. nach Anhörung der Verbände der Behinderten und Pflegebedürftigen auf Bundesebene

Fassung bis 31. Dezember 2016	Fassung ab 1. Januar 2017
alltags oder andere geeignete Maßnahmen. Absatz 3 Satz 2 bis 4 gilt entsprechend. Als grundsätzlich förderungsfähige niedrigschwellige Entlastungsangebote kommen insbesondere in Betracht Serviceangebote für haushaltsnahe Dienstleistungen, Alltagsbegleiter sowie Pflegebegleiter. *(4) Im Rahmen der Modellförderung nach Absatz 1 Satz 1 sollen insbesondere modellhaft Möglichkeiten einer wirksamen Vernetzung der erforderlichen Hilfen für demenzkranke Pflegebedürftige und die Voraussetzungen des § 45a erfüllende Versicherte ohne Pflegestufe in einzelnen Regionen erprobt werden. Dabei können auch stationäre Versorgungsangebote berücksichtigt werden. Die Modellvorhaben sind auf längstens fünf Jahre zu befristen. Bei der Vereinbarung und Durchführung von Modellvorhaben kann im Einzelfall von den Regelungen des Siebten Kapitels abgewichen werden. Für die Modellvorhaben ist eine wissenschaftliche Begleitung und Auswertung vorzusehen. Soweit im Rahmen der Modellvorhaben personenbezogene Daten benötigt werden, können diese nur mit Einwilligung des Pflegebedürftigen oder die Voraussetzungen des § 45a erfüllenden Versicherten ohne Pflegestufe erhoben, verarbeitet und genutzt werden.* *(5) Um eine gerechte Verteilung der Fördermittel der Pflegeversicherung auf die Länder zu gewährleisten, werden die Fördermittel der sozialen und privaten Pflegeversicherung nach dem Königsteiner Schlüssel aufgeteilt. Mittel, die in einem Land im jeweiligen Haushaltsjahr nicht in Anspruch genommen werden, können in das Folgejahr übertragen werden.* *(6) Der Spitzenverband Bund der Pflegekassen beschließt mit dem Verband der privaten Krankenversicherung e. V. nach Anhörung der Verbände der Behinderten und Pflegebedürftigen auf Bundesebene Empfehlungen über die Voraussetzungen, Ziele, Dauer, Inhalte und Durchführung der Förderung sowie zu dem Verfahren zur Vergabe der Fördermittel für die niedrigschwelligen Betreuungs- und Entlastungsangebote und die Modellprojekte. In den Empfehlungen ist unter anderem auch festzulegen, dass jeweils im Einzelfall zu prüfen ist, ob im Rahmen der neuen Betreuungs- und Entlastungsangebote und Versorgungskonzepte Mittel und Möglichkeiten der Arbeitsförderung genutzt werden können. Die Empfehlungen bedürfen der Zustimmung des Bundesministeriums für Gesundheit und der Länder. Die Landesregierungen werden ermächtigt, durch Rechtsver-*	Empfehlungen über die Voraussetzungen, Ziele, Dauer, Inhalte und Durchführung der Förderung sowie zu dem Verfahren zur Vergabe der Fördermittel für die in Absatz 1 genannten Zwecke. In den Empfehlungen ist unter anderem auch festzulegen, dass jeweils im Einzelfall zu prüfen ist, ob im Rahmen der in Absatz 1 Satz 1 genannten Zwecke Mittel und Möglichkeiten der Arbeitsförderung genutzt werden können. Die Empfehlungen bedürfen der Zustimmung des Bundesministeriums für Gesundheit und der Länder. Soweit Belange des Ehrenamts betroffen sind, erteilt das Bundesministerium für Gesundheit seine Zustimmung im Benehmen mit dem Bundesministerium für Familie, Senioren, Frauen und Jugend. Die Landesregierungen werden ermächtigt, durch Rechtsverordnung das Nähere über die Umsetzung der Empfehlungen zu bestimmen. (8) Der Finanzierungsanteil, der auf die privaten Versicherungsunternehmen entfällt, kann von dem Verband der privaten Krankenversicherung e. V. unmittelbar an das Bundesversicherungsamt zugunsten des Ausgleichsfonds der Pflegeversicherung (§ 65) überwiesen werden. Näheres über das Verfahren der Auszahlung der Fördermittel, die aus dem Ausgleichsfonds zu finanzieren sind, sowie über die Zahlung und Abrechnung des Finanzierungsanteils der privaten Versicherungsunternehmen regeln das Bundesversicherungsamt, der Spitzenverband Bund der Pflegekassen und der Verband der privaten Krankenversicherung e. V. durch Vereinbarung. (9) Zur Verbesserung der Versorgung und Unterstützung von Pflegebedürftigen und deren Angehörigen sowie vergleichbar nahestehenden Pflegepersonen können die in Absatz 1 genannten Mittel auch für die Beteiligung von Pflegekassen an regionalen Netzwerken verwendet werden, die der strukturierten Zusammenarbeit von Akteuren dienen, die an der Versorgung Pflegebedürftiger beteiligt sind und die sich im Rahmen einer freiwilligen Vereinbarung vernetzen. Die Förderung der strukturierten regionalen Zusammenarbeit erfolgt, indem sich die Pflegekassen einzeln oder gemeinsam im Wege einer Anteilsfinanzierung an den netzwerkbedingten Kosten beteiligen. Je Kreis oder kreisfreier Stadt darf der Förderbetrag dabei 20 000 Euro je Kalenderjahr nicht überschreiten. Den Kreisen und kreisfreien Städten, Selbsthilfegruppen, -organisationen und -kontaktstellen im Sinne des § 45d sowie organisierten Gruppen ehrenamtlich tätiger sowie sonstiger zum bürgerschaftlichen Engagement bereiter Personen im Sinne des

Fassung bis 31. Dezember 2016	Fassung ab 1. Januar 2017
ordnung das Nähere über die Umsetzung der Empfehlungen zu bestimmen.	Absatzes 4 ist in ihrem jeweiligen Einzugsgebiet die Teilnahme an der geförderten strukturierten regionalen Zusammenarbeit zu ermöglichen. Für private Versicherungsunternehmen, die die private Pflege-Pflichtversicherung durchführen, gelten die Sätze 1 bis 4 entsprechend. Absatz 7 Satz 1 bis 4 und Absatz 8 finden entsprechende Anwendung. Die Absätze 2 und 6 finden keine Anwendung.

Fassung bis 31. Dezember 2016:

(7) Der Finanzierungsanteil, der auf die privaten Versicherungsunternehmen entfällt, kann von dem Verband der privaten Krankenversicherung e. V. unmittelbar an das Bundesversicherungsamt zugunsten des Ausgleichsfonds der Pflegeversicherung (§ 65) überwiesen werden. Näheres über das Verfahren der Auszahlung der Fördermittel, die aus dem Ausgleichsfonds zu finanzieren sind, sowie über die Zahlung und Abrechnung des Finanzierungsanteils der privaten Versicherungsunternehmen regeln das Bundesversicherungsamt, der Spitzenverband Bund der Pflegekassen und der Verband der privaten Krankenversicherung e. V. durch Vereinbarung.

§ 45d *Förderung ehrenamtlicher Strukturen sowie der Selbsthilfe*

(1) In entsprechender Anwendung des § 45c können die dort vorgesehenen Mittel des Ausgleichsfonds, die dem Spitzenverband Bund der Pflegekassen zur Förderung der Weiterentwicklung der Versorgungsstrukturen und Versorgungskonzepte insbesondere für demenziell Erkrankte zur Verfügung stehen, auch verwendet werden zur Förderung und zum Auf- und Ausbau von Gruppen ehrenamtlich tätiger sowie sonstiger zum bürgerschaftlichen Engagement bereiter Personen, die sich die Unterstützung, allgemeine Betreuung und Entlastung von Pflegebedürftigen, von Personen mit erheblichem allgemeinem Betreuungsbedarf sowie deren Angehörigen zum Ziel gesetzt haben.

Fassung ab 1. Januar 2017:

§ 45d Förderung der Selbsthilfe, Verordnungsermächtigung

Fassung bis 31. Dezember 2016:

(2) Je Versicherten werden 0,10 Euro je Kalenderjahr verwendet zur Förderung und zum Auf- und Ausbau von Selbsthilfegruppen, -organisationen und -kontaktstellen, die sich die Unterstützung von Pflegebedürftigen, *von Personen mit erheblichem allgemeinem Betreuungsbedarf* sowie deren Angehörigen zum Ziel gesetzt haben. Dabei werden die Vorgaben des § 45c und das dortige Verfahren entsprechend angewendet. Selbsthilfegruppen sind freiwillige, neutrale, unabhängige und nicht gewinnorientierte Zusammenschlüsse von Personen, die entweder auf Grund eigener Betroffenheit oder als Angehörige das Ziel verfolgen, durch persönliche, wechselseitige Unterstützung, auch unter Zuhilfenahme von Angeboten ehrenamtlicher und sonstiger zum bürgerschaftlichen Engagement bereiter Personen, die Lebenssituation von Pflegebedürftigen, von Personen mit erheblichem allgemeinem Betreuungsbedarf sowie deren Angehörigen

Fassung ab 1. Januar 2017:

Je Versichertem werden 0,10 Euro je Kalenderjahr verwendet zur Förderung und zum Auf- und Ausbau von Selbsthilfegruppen, -organisationen und -kontaktstellen, die sich die Unterstützung von Pflegebedürftigen sowie von deren Angehörigen und vergleichbar Nahestehenden zum Ziel gesetzt haben. Dabei werden die Vorgaben des § 45c und das dortige Verfahren entsprechend angewendet. Selbsthilfegruppen sind freiwillige, neutrale, unabhängige und nicht gewinnorientierte Zusammenschlüsse von Personen, die entweder aufgrund eigener Betroffenheit oder als Angehörige das Ziel verfolgen, durch persönliche, wechselseitige Unterstützung, auch unter Zuhilfenahme von Angeboten ehrenamtlicher und sonstiger zum bürgerschaftlichen Engagement bereiter Personen, die Lebenssituation von Pflegebedürftigen sowie von deren Angehörigen und vergleichbar Nahestehenden zu verbessern. Selbsthilfeorganisa-

Fassung bis 31. Dezember 2016	Fassung ab 1. Januar 2017
zu verbessern. Selbsthilfeorganisationen sind die Zusammenschlüsse von Selbsthilfegruppen in Verbänden. Selbsthilfekontaktstellen sind örtlich oder regional arbeitende professionelle Beratungseinrichtungen mit hauptamtlichem Personal, die das Ziel verfolgen, die Lebenssituation von Pflegebedürftigen, *von Personen mit erheblichem allgemeinem Betreuungsbedarf* sowie deren Angehörigen zu verbessern. Eine Förderung der Selbsthilfe nach dieser Vorschrift ist ausgeschlossen, soweit für dieselbe Zweckbestimmung eine Förderung nach § 20h des Fünften Buches erfolgt.	tionen sind die Zusammenschlüsse von Selbsthilfegruppen in Verbänden. Selbsthilfekontaktstellen sind örtlich oder regional arbeitende professionelle Beratungseinrichtungen mit hauptamtlichem Personal, die das Ziel verfolgen, die Lebenssituation von Pflegebedürftigen sowie von deren Angehörigen und vergleichbar Nahestehenden zu verbessern. Eine Förderung der Selbsthilfe nach dieser Vorschrift ist ausgeschlossen, soweit für dieselbe Zweckbestimmung eine Förderung nach § 20h des Fünften Buches erfolgt.
(3) § 45c Abs. 6 Satz 4 gilt entsprechend.	§ 45c Absatz 7 Satz 5 gilt entsprechend.

Gesetzesbegründung Drs. 18/5926 zum Fünften Abschnitt des Vierten Kapitels; §§ 45a bis 45d

Änderungen ab 1. Januar 2017

Die bisherigen Sonderregelungen für Versicherte mit erheblich eingeschränkter Alltagskompetenz werden aufgrund der Einführung eines neuen Pflegebedürftigkeitsbegriffs entbehrlich, so dass der Regelungsgehalt des bisherigen § 45a entfällt.

Insbesondere der Bereich der ursprünglich für den Personenkreis der Versicherten mit erheblich eingeschränkter Alltagskompetenz entwickelten niedrigschwelligen Betreuungsangebote, der durch das Erste Pflegestärkungsgesetz bereits im Vorgriff auf den neuen Pflegebedürftigkeitsbegriff für alle Pflegebedürftigen geöffnet und zugleich inhaltlich um niedrigschwellige Entlastungsangebote erweitert worden ist, soll jedoch erhalten bleiben und weiterhin besonders gefördert werden.

Dies kommt auch darin zum Ausdruck, dass die Ansprüche auf die Leistungen entsprechender Angebote zusammen mit den Fördervorschriften zum Auf- und Ausbau der entsprechenden Angebotsstrukturen wie auch der Strukturen von Ehrenamt und Selbsthilfe allgemein in einem eigenen Abschnitt geregelt bleiben.

Der Fünfte Abschnitt des Vierten Kapitels wird somit im Rahmen der jetzt erfolgenden Einführung des neuen Pflegebedürftigkeitsbegriffes weiterentwickelt. Demgemäß wird auch die Überschrift des Fünften Abschnitts angepasst. Zugleich werden die Vorschriften übersichtlicher gegliedert und der Sprachgebrauch insgesamt vereinheitlicht.

Zu § 45a (neu)

Geltung von § 45a ab 1. Januar 2017

Die bislang erst in § 45c Absatz 3 und 3a erfolgende Definition der niedrigschwelligen Betreuungs- und Entlastungsangebote wird nun zu Beginn des Abschnitts in einem neuen § 45a Absatz 1 und 2 zusammengefasst und zugleich übersichtlicher gegliedert.

Absatz 1

Da es sich bei der Bezeichnung als niedrigschwellige Betreuungs- und Entlastungsangebote um einen für die Bürgerinnen und Bürger mitunter schwer verständlichen und in den meisten Fällen erklärungsbedürftigen Begriff handelt, werden nun neue, leichter verständliche Begriffe eingeführt.

Die bisherigen niedrigschwelligen Betreuungs- und Entlastungsangebote werden dabei unter dem neuen Oberbegriff der Angebote zur Unterstützung im Alltag zusammengefasst. Je nach der Ausrichtung der Angebote kann es sich dabei um

- Betreuungsangebote (z. B. Tagesbetreuung, Einzelbetreuung),

- Angebote zur Entlastung von Pflegenden (z. B. durch Pflegebegleiter) oder

- Angebote zur Entlastung im Alltag (z. B. in Form von praktischen Hilfen)

handeln.

Mit Angeboten zur Entlastung von Pflegenden sind dabei Angebote gemeint, die sich gezielt auf die Unterstützung der Betroffenen in ihrer Eigenschaft als Pflegepersonen ausrichten (z. B. in Form einer kontinuierlichen qualifizierten Pflegebegleitung oder als feste Ansprechpartner in Notsituationen), nicht die Angebote, die eine Entlastung der Pflegepersonen als – durchaus gewünschten – Reflex ihrer Wirkung erreichen wie z. B. Betreuungsangebote. Diese Begriffe sollen den Bürgerinnen und Bürgern Orientierung bieten, welche (Haupt-)Ausrichtung die jeweiligen Angebote verfolgen.

Wie schon bislang können die Anbieter aber selbstverständlich sowohl separat nur einzelne Tätigkeitsbereiche abdecken – etwa nur Betreuung oder nur Entlastung bei der Bewältigung allgemeiner Anforderungen des Alltags anbieten – als auch integrierte Angebote vorhalten, die mehrere Bereiche aus einer Hand abdecken. Wie bereits bislang in § 45c Absatz 3 geregelt, basieren die Angebote zur Unterstützung im Alltag auf einem Konzept, das Angaben zur Qualitätssicherung des Angebots enthält und aus dem sich ergibt, dass eine angemessene Schulung und Fortbildung der Helfenden sowie eine kontinuierliche fachliche Begleitung und Unterstützung insbesondere – aber nicht nur – von ehrenamtlich Helfenden in ihrer Arbeit gesichert ist.

Um die Transparenz für die Anspruchsberechtigten und ihre Angehörigen zu erhöhen, soll das Konzept außerdem eine nachvollziehbare Übersicht über die Leistungen, die angeboten werden sollen, und die Kosten, die den Anspruchsberechtigten dafür entstehen, enthalten. Diese Übersichten sollten einfach zugänglich veröffentlicht werden und finden auch Eingang in die Leistungs- und Preisvergleichslisten nach § 7 Absatz 3.

Bei wesentlichen Änderungen hinsichtlich der angebotenen Leistungen ist das Konzept fortzuschreiben, bei Änderungen hinsichtlich der in Rechnung gestellten Kosten eine entsprechende Aktualisierung vorzunehmen. Die Übersicht über die aktuell angebotenen Leistungen und die Höhe der hierfür erhobenen Kosten ist der zuständigen Stelle jeweils nach Maßgabe der entsprechenden Regelungen des Landesrechts zu übermitteln. Das Nähere bestimmen die Länder nach dem neuen Absatz 3 per Rechtsverordnung. Wie bisher sind die Länder dabei ermächtigt, sowohl separate Anerkennungsvoraussetzungen für bestimmte Angebotsarten festzuschreiben als auch einheitliche Kriterien festzulegen, die alle Angebote erfüllen müssen. Ein alle Angebote betreffendes Kriterium ist beispielsweise das Vorhalten eines ausreichenden Versicherungsschutzes im Rahmen der ausgeübten Tätigkeiten.

Redaktionelle Anmerkung:

Abdeckung mehrerer Bereiche

Aufgrund der Empfehlung des Ausschusses für Gesundheit wurde der klarstellende Satz „Durch ein Angebot zur Unterstützung im Alltag können auch mehrere der in Satz 2 Nummer 1 bis 3 genannten Bereiche abgedeckt werden" in Absatz 1 eingefügt.

In der Beschlussempfehlung 18/6688 findet sich dazu folgende Erläuterung:

„[Durch diese Klarstellung] wird gesetzlich geregelt, dass ein Angebot zur Unterstützung im Alltag im Sinne des § 45a auch mehrere der in Absatz 1 Satz 2 Nummer 1 bis 3 genannten Bereiche aus einer Hand abdecken kann.

Angebote zur Unterstützung im Alltag können sich also sowohl auf einzelne Bereiche konzentrieren, beispielsweise nur als Betreuungsangebot konzipiert sein, als auch auf mehrere Bereiche erstrecken, beispielsweise nach ihrem Konzept sowohl Betreuung als auch praktische Hilfen bei der Bewältigung pflegebedingter Anforderungen des Alltags beinhalten.

Wichtig ist, dass die Angebote hinsichtlich sämtlicher Leistungen, die sie anbieten möchten, – zusätzlich zu dem stets zu fordernden Vorhandensein von ausreichendem Grund- und Notfallwissen im Umgang mit Pflegebedürftigen – jeweils die hierfür spezifischen zielgruppen- und tätigkeitsgerechten Qualifikationen aufweisen.

Wie der Anbieter das Vorliegen der jeweiligen spezifischen Qualifikationsanforderungen hinsichtlich der Tätigkeiten, die er erbringen will, nachzuweisen hat, um eine Anerkennung als Angebot zur Unterstützung im Alltag nach § 45a erhalten zu können, liegt dabei in der Regelungskompetenz der Länder. Wie bisher sind die Länder im Rahmen dessen ermächtigt, sowohl separate Anerkennungsvoraussetzungen für bestimmte Angebotsarten festzuschreiben als auch einheitliche Kriterien festzulegen, die alle Angebote erfüllen müssen. Wie bislang ist ebenfalls sowohl eine separate Anerkennung einzelner Angebotsarten durch die Länder möglich als auch die Anerkennung integrierter Angebote.

Die Einführung von Begriffen zur Differenzierung zwischen Angeboten mit unterschiedlicher Schwerpunktsetzung erleichtert es dabei den Ländern, soweit sie hiervon Gebrauch machen möchten, eine separate Anerkennung unterschiedlich ausgerichteter Angebote vorzusehen oder für bestimmte Angebotstypen spezifische Qualitätsanforderungen vorzusehen. Gleichzeitig wird aber auch die Anerkennung integrierter Angebote, die mehrere Bereiche aus einer Hand abdecken, erleichtert, da für die bisherigen niedrigschwelligen Betreuungs- und Entlastungsangebote nun ein gemeinsamer Oberbegriff für die verschiedenen Angebotstypen eingeführt wird.

Abgesehen von dieser Funktion sollen die verschiedenen Bezeichnungen den Bürgerinnen und Bürgern Orientierung bieten, welche (Haupt-)Ausrichtung die jeweiligen Angebote verfolgen, so dass sie – auch anhand der Leistungs- und Preisvergleichslisten, die sie nach § 7 Absatz 3 erhalten – jeweils ohne Weiteres erkennen können, ob die Angebote Leistungen beinhalten, die zu dem Bedarf passen, den sie hiermit decken möchten.

Dies steht einer einheitlichen Anerkennung integrierter Angebote zur Unterstützung im Alltag aber nicht entgegen, bei denen dieses Ziel ja auch auf andere Weise erreicht werden kann. Leistungsrechtlich hat die Differenzierung keine Relevanz, sondern diesbezüglich ist entscheidend, ob ein Angebot als Angebot zur Unterstützung im Alltag nach dem jeweiligen Landesrecht anerkannt worden ist.

Das Recht der Pflegeversicherung sieht keine Vorgaben für eine bestimmte Organisations- oder Rechtsform der Angebote zur Unterstützung im Alltag vor. Von Bedeutung ist jedoch, dass die angebotenen Hilfen für die Anspruchsberechtigten leicht zugänglich sind und verlässlich erbracht werden.

Alle Angebote zur Unterstützung im Alltag haben ferner die für ihr Tätigwerden jeweils einschlägigen gesetzlichen Bestimmungen vollumfänglich einzuhalten. Dies gilt insbesondere auch hinsichtlich der legalen und arbeits- sowie sozialversicherungsrechtlich einwandfreien Beschäftigung von eingesetzten ehrenamtlichen Helferinnen und Helfern oder eingesetztem Personal."

Die bereits bisher in § 45c Absatz 3 und 3a enthaltene, nicht abschließende Aufzählung von Beispielen für Betreuungs- und Entlastungsangebote wird im neuen § 45a Absatz 1 nun zusammengeführt und zugleich geschlechtergerechter formuliert; die Begriffe Alltagsbegleiter und Pflegebegleiter sind hier als geschlechtsneutrale Gattungsbegriffe zu verstehen.

Absatz 2

Im neuen § 45a Absatz 2 wird ferner nun auch gesetzlich konkretisiert, was bereits bislang untergesetzlich vorausgesetzt wurde: Jedes Angebot zur Unterstützung im Alltag muss sich Gedanken zur zielgruppen- und tätigkeitsgerechten Qualifikation der eingesetzten Helfenden machen.

- So wird beispielsweise jemand, der die Betreuung von Menschen übernehmen möchte, die an Demenz erkrankt sind, entsprechende Kenntnisse gerade hierfür erwerben müssen.

- Jemand, der ein Angebot für haushaltsnahe Dienstleistungen vorhält, wird seine Qualifikation im Bereich der Hauswirtschaft sowie der weiteren haushaltsnahen Tätigkeiten, die erbracht werden sollen, nachweisen.

- Jemand, der Pflegeverantwortung tragende Angehörige und vergleichbar Nahestehende unterstützen will, wird eine sachgerechte Schulung durchlaufen, die ihn dazu befähigt, diese verantwortungsvolle Tätigkeit verlässlich durchführen zu können. (Siehe auch Drs. 18/1798 [= PSG I], S. 36.)

Grundsätzlich vorauszusetzen ist zudem das Vorhandensein eines gewissen, angemessenen Grund- und Notfallwissens im Umgang mit Pflegebedürftigen, dies gilt auch bei einem Einsatz im rein hauswirtschaftlichen Bereich (siehe auch Drs. 18/1798 [= PSG I], S. 36). Gesetzliche Bestimmungen sind vollumfänglich einzuhalten (siehe auch Drs. 18/1798 [= PSG I], S. 37).

Absatz 3

Die bislang in § 45b Absatz 4 enthaltene Ermächtigung der Länder, durch Rechtsverordnung das Nähere über die Anerkennung der niedrigschwelligen Betreuungs- und Entlastungsangebote einschließlich der Vorgaben zur regelmäßigen Qualitätssicherung der Angebote zu bestimmen, wird nun in § 45a Absatz 3 geregelt und um die nähere Bestimmung der Vorgaben zur Abfrage der aktuell angebotenen Leistungen und der Höhe der hierfür jeweils erhobenen Kosten, die den Anspruchsberechtigten in Rechnung gestellt werden sollen, ergänzt.

Die Betreuungsangebote und die verschiedenen Entlastungsangebote können dabei wie bislang sowohl jeweils eine separate Anerkennung nach dem jeweiligen Landesrecht erhalten als auch – bei

Vorliegen eines integrierten Angebots sowohl von Betreuung als auch von Entlastung – eine gemeinsame Anerkennung als Betreuungs- und Entlastungsangebot im Sinne eines umfassenden Angebots zur Unterstützung im Alltag.

Die vom Spitzenverband Bund der Pflegekassen mit dem Verband der privaten Krankenversicherung e. V. nach Anhörung der Verbände der Behinderten und Pflegebedürftigen auf Bundesebene unter Zustimmung des Bundesministeriums für Gesundheit und der Länder beschlossenen Empfehlungen nach § 45c Absatz 7 sollen bei der Erarbeitung der landesrechtlichen Regelungen zur Anerkennung der Angebote zur Unterstützung im Alltag berücksichtigt werden, dies gilt auch nach der Neustrukturierung des Fünften Abschnitts des Vierten Kapitels.

Die Ermächtigung der Landesregierungen nach § 45a Absatz 3 enthält keine Ermächtigung zur Erhebung personenbezogener Daten.

Absatz 4

Der bislang in § 45b Absatz 3 geregelte Anspruch auf eine Kostenerstattung für Leistungen niedrigschwelliger Betreuungs- und Entlastungsangebote unter Anrechnung auf den Leistungsbetrag für ambulante Pflegesachleistungen – maximal in Höhe von 40 Prozent des jeweiligen Höchstleistungsbetrags nach § 36 – wird nun in § 45a Absatz 4 geregelt.

Da dieser Kostenerstattungsanspruch auf einer teilweisen Umwandlung des in § 36 für ambulante Pflegesachleistungen vorgesehenen Leistungsbetrags beruht, wird für ihn die Bezeichnung Umwandlungsanspruch eingeführt. Dieser Anspruch steht den nach § 36 Absatz 1 anspruchsberechtigten Pflegebedürftigen, also den Pflegebedürftigen der Pflegegrade 2 bis 5 zu. An der bereits bei Einführung der Regelung durch das Erste Pflegestärkungsgesetz vorgesehenen Evaluation innerhalb von vier Jahren nach Inkrafttreten wird festgehalten. Da die Vorschrift am 1. Januar 2015 in Kraft getreten ist, wird in § 45a Absatz 4 Satz 7 hierfür nun konkret der Zeitraum bis zum 31. Dezember 2018 benannt.

> **Redaktionelle Anmerkung:**
>
> Durch Einfügung des letzten Satzes von Absatz 4 wird eine Auslegung mancher Pflegekassen korrigiert, die nach Inkrafttreten des Ersten Pflegestärkungsgesetzes aufgetreten ist und hinsichtlich des Entlastungsbetrags und des Umwandlungsanspruchs vom Bestehen eines Vorrang-Nachrang-Verhältnisses ausgeht – so die Beschlussempfehlung Drs. 18/6688 zur Erläuterung dieser Anfügung.

Zu § 45b

> **Geltung von § 45b ab 1. Januar 2017**

Zu Absatz 1

Der bisherige Anspruch auf zusätzliche Betreuungs- und Entlastungsleistungen wird nun besser verständlich als Entlastungsbetrag bezeichnet.

Da die Grundlage für die bisherige Unterscheidung zwischen Grundbetrag und erhöhtem Betrag – nämlich die Feststellung des Medizinischen Dienstes der Krankenversicherung zu Ausmaß und Schwere der vorliegenden Schädigungen und Fähigkeitsstörungen im Sinne des bisherigen § 45a – entfällt, wird nunmehr allen Anspruchsberechtigten ein einheitlicher Entlastungsbetrag gewährt.

- Der Entlastungsbetrag soll Menschen, die als Pflegepersonen Verantwortung übernehmen und im Pflegealltag oftmals großen Belastungen ausgesetzt sind, Möglichkeiten zur Entlastung eröffnen.

- Außerdem sollen die Leistungen, für die der Entlastungsbetrag eingesetzt wird, darauf ausgerichtet sein, den Pflegebedürftigen Hilfestellungen zu geben, die ihre Fähigkeit zur selbständigen und selbstbestimmten Gestaltung des Alltags fördern.

Auf diese Zielsetzungen soll bei der Leistungserbringung besonderer Wert gelegt werden.

Es handelt sich bei der Leistung nach § 45b unverändert um einen Kostenerstattungsanspruch, der zum Ersatz von Aufwendungen im Zusammenhang mit Leistungen der Tages- oder Nachtpflege, der Kurzzeitpflege, zugelassener Pflegedienste oder nach Landesrecht anerkannter niedrigschwelliger Betreuungs- oder Entlastungsangebote eingesetzt werden kann.

Entsprechend der Neufassung des Fünften Abschnitts des Vierten Kapitels werden die niedrigschwelligen Betreuungs- und Entlastungsangebote dabei jetzt mit dem Begriff Angebote zur Unterstützung im Alltag bezeichnet und es wird anstatt auf § 45c in Nummer 4 nun auf § 45a neuer Fassung verwiesen, ohne hiermit inhaltlich eine Änderung vorzunehmen.

Da Betreuung jetzt – wie bereits bislang die hauswirtschaftliche Versorgung – integraler Bestandteil der Leistungen ambulanter Pflegedienste ist und sich insoweit der Anwendungsbereich des § 36 im Zusammenspiel mit der Einführung des neuen Pflegebedürftigkeitsbegriffs erweitert und Leistungen umfasst, die zum Teil bislang als unter § 45b fallend betrachtet wurden, entfällt jedoch der bisherige Sonderbereich für das Tätigwerden zugelassener Pflegedienste in § 45b. Eine Erstattung erfolgt dementsprechend für die Leistungen ambulanter Pflegedienste im Sinne des § 36, nicht jedoch – im Kern wie bereits bisher – für Leistungen, die in Bezug auf den Bereich der körperbezogenen Selbstversorgung (bislang: Grundpflege; nun: Selbstversorgung im Sinne des neuen § 14 Absatz 2) erbracht werden.

Die entsprechende Beschränkung folgt der Empfehlung des Expertenbeirates zur konkreten Ausgestaltung des neuen Pflegebedürftigkeitsbegriffs, der in seinem Abschlussbericht vom 27. Juni 2013 hinsichtlich der Einführung einer Entlastungsleistung ausgeführt hatte, die Verankerung eines separaten Betrages solle einen Anreiz setzen, dass Angehörige und andere Pflegepersonen sich tatsächlich entlasten. Hiermit war nicht vorrangig eine finanzielle Entlastung beabsichtigt, sondern eine praktische Entlastung im Sinne einer tatsächlichen Reduzierung der mit der Übernahme von Pflegeverantwortung einhergehenden Belastungen im Alltag. Dies kann regelmäßig insbesondere durch die Inanspruchnahme von Leistungen im Bereich von pflegerischer Betreuung und von Hilfen bei der Haushaltsführung erreicht werden.

Um den Bedarf an Leistungen im Zusammenhang mit dem Bereich der körperbezogenen Selbstversorgung (als Kernbereich der bisherigen Grundpflege) abzudecken, steht Pflegebedürftigen der Pflegegrade 2 bis 5 dagegen jeweils der reguläre Leistungsbetrag nach § 36 zur Verfügung.

Allerdings gilt dies nicht für Pflegegrad 1. Der Expertenbeirat zur konkreten Ausgestaltung des neuen Pflegebedürftigkeitsbegriffs ging zwar davon aus, dass ein großer Teil des Hilfebedarfs der Pflegebedürftigen des Pflegegrades 1 insgesamt über Angehörige und andere privat Pflegende aufgefangen werden würde, insbesondere für Versicherte des Pflegegrades 1, die externe Unterstützungsangebote in Anspruch nehmen möchten oder müssen, z. B. weil sie alleinlebend sind. Gleichwohl hat er jedoch eine Kostenerstattung auch für Leistungen der Grundpflege empfohlen.

Dementsprechend gilt die Herausnahme von Leistungen im Bereich der Selbstversorgung im Sinne des neuen § 14 Absatz 2 aus § 45b Absatz 1 Satz 3 Nummer 3 nur für die Pflegegrade 2 bis 5. Pflegebedürftige des Pflegegrades 1 hingegen können den Entlastungsbetrag auch für Aufwendungen einsetzen, die ihnen im Zusammenhang mit der Inanspruchnahme von Leistungen im Bereich der Selbstversorgung im Sinne des § 36 entstehen. Die mit den ambulanten Pflegediensten für die Leistungserbringung nach § 36 vereinbarten Vergütungssätze bilden dabei auch bei einer Leistungserbringung für Pflegebedürftige des Pflegegrades 1 die Obergrenze für die von den Versicherten hierfür zu entrichtenden Vergütungen.

Auch wenn die Inhalte der Leistungen und die Obergrenze der von den Versicherten hierfür zu entrichtenden Vergütungen im Rahmen des § 45b Absatz 1 Satz 3 Nummer 3 aus § 36 abgeleitet werden, bleibt es dabei, dass es sich um einen Kostenerstattungsanspruch handelt. Die Pflegebedürftigen müssen – auch um jederzeit einen Überblick über die bezogenen Leistungen und die Höhe des Entlastungsbetrags, der ihnen noch zur Verfügung steht, zu behalten – eine aussagefähige Rechnung sowie ggf. Quittung erhalten, die sie bei ihrer Pflegekasse oder ihrem Versicherungsunternehmen zwecks Kostenerstattung einreichen können. Aus der Rechnung muss dabei auch ersichtlich sein, ob und in welchem Umfang im Rahmen der Leistungserbringung nach § 45b ebenfalls Leistungen im Bereich der Selbstversorgung erbracht und abgerechnet werden.

Die zivilrechtlich gegebenen Möglichkeiten zur Bevollmächtigung oder Abtretung bleiben unberührt, entbinden aber nicht von der umfassenden Information der Anspruchsberechtigten über die Leistungen, für die eine Kostenerstattung beantragt wird.

Der Antrag auf Kostenerstattung muss dabei wie bisher bei der Pflegekasse oder dem Versicherungsunternehmen nicht bereits vor Beginn des Bezugs von Leistungen nach § 45b gestellt werden. Ausreichend ist vielmehr eine Antragstellung zusammen mit der Einreichung der Belege zu den entstandenen Aufwendungen, auch wenn der Anfall der Kosten, deren Erstattung beantragt wird, in der Vergangenheit liegt und vor der (erstmaligen) Beantragung zunächst einige Belege gesammelt worden sind.

Eine Erstattung von Aufwendungen, die im Zusammenhang mit der Inanspruchnahme von Leistungen vor dem grundsätzlichen Bestehen einer Anspruchsberechtigung auf den Entlastungsbetrag nach Absatz 1 entstanden sind, bleibt dabei wie bisher ausgeschlossen.

Bei Leistungen der Tages- und Nachtpflege sowie der Kurzzeitpflege ist eine Differenzierung danach, ob es sich um Aufwendungen für Leistungen im Bereich der Selbstversorgung handelt, nicht geboten, da es sich in der teil- und vollstationären Pflege jeweils um einheitliche Gesamtleistungen handelt, die eine Trennung nach Leistungen im Bereich der körperbezogener Selbstversorgung und solchen im Bereich anderer pflegerischer Maßnahmen nicht zulassen. Bei diesen Leistungen ist vielmehr davon auszugehen, dass sie insgesamt zur Entlastung von pflegenden Angehörigen und vergleichbar nahestehenden Pflegepersonen sowie zur Förderung der Selbständigkeit und Selbstbestimmtheit der Pflegebedürftigen bei der Gestaltung ihres Alltags beitragen. Gegenüber der bisherigen Rechtslage erfolgt also keine Änderung.

Die Leistungen nach § 45b finden gemäß § 13 Absatz 3a bei den Fürsorgeleistungen zur Pflege [red. Anm.: Hilfe zur Pflege oder Eingliederungshilfe nach SGB XII, Sozialhilfe oder Bundesversorgungsgesetz] nach § 13 Absatz 3 Satz 1 weiterhin keine Berücksichtigung.

Der Entlastungsbetrag ist gemäß § 45b Absatz 1 Satz 2 zweckgebunden einzusetzen für qualitätsgesicherte Leistungen zur Entlastung pflegender Angehöriger und vergleichbar Nahestehender in ihrer Eigenschaft als Pflegende sowie zur Förderung der Selbständigkeit und Selbstbestimmtheit der Pflegebedürftigen bei der Gestaltung ihres Alltags. Wie auch vom Expertenbeirat zur konkreten Ausgestaltung des neuen Pflegebedürftigkeitsbegriffs empfohlen (vgl. Abschlussbericht des Expertenbeirats vom 27. Juni 2013, S. 35), soll hiermit eine Leistung vorgesehen werden, die speziell die Belange der Pflegepersonen adressiert. Sie soll angesichts der Belastungen, die mit der Übernahme von Verantwortung für einen Pflegebedürftigen verbunden sind, einen Anreiz geben, sich tatsächlich zu entlasten. Entsprechende Entlastungen des umgebenden Pflegesettings sind im Recht der Sozialhilfe im Bereich der Hilfe zur Pflege nicht so ausgeprägt. Die Fürsorgeleistungen nach dem Zwölften Buch dienen im Grundsatz dazu, die individuellen Bedarfe des Pflegebedürftigen selbst abzudecken. Der weitere Zweck des Entlastungsbetrags liegt darin, dem Pflegebedürftigen Unterstützungsleistungen durch qualitätsgesicherte Angebote zu eröffnen, mit deren Hilfe er seinen Alltag (wieder) möglichst eigenständig selbst bewältigen kann. Auch diese Hilfestellungen bewirken damit eine Entlastung der Pflegepersonen sowie natürlich ebenfalls eine Stärkung der Pflegebedürftigen selbst. Es erfolgt also auch insoweit eine Unterstützung, die in dieser Form nicht den üblichen Regelleistungen entspricht. Im Übrigen wird vielfach auch deswegen kein Bedürfnis für darüber hinaus gehende Leistungen bestehen, weil bei den Betroffenen eine entsprechende Bedarfsdeckung typischerweise mit der Leistung nach § 45b wird finanziert werden können.

Dies gilt auch bei Pflegebedürftigen des Pflegegrads 1, die nur beschränkten Zugang zu Leistungen der Pflegeversicherung haben. Dies liegt vornehmlich daran, dass der Hilfebedarf bei Pflegebedürftigen in Pflegegrad 1 nicht sehr hoch ist. Der Expertenbeirat zur konkreten Ausgestaltung des Pflegebedürftigkeitsbegriffs ist zudem davon ausgegangen, dass ein großer Teil des Hilfebedarfs über Angehörige und andere privat Pflegende aufgefangen werden wird. Er hat deshalb die Ermöglichung einer Kostenerstattung auch nur in Höhe von 100 Euro monatlich empfohlen (siehe den Abschlussbericht vom 27. Juni 2013, Seiten 42 und 43). Der jetzt vorgesehene Entlastungsbetrag liegt mit 125 Euro bereits über diesem Betrag und dürfte auch deshalb auskömmlich sein, weil dem Pflegegrad 1 vorwiegend somatisch beeinträchtigte Menschen zugeordnet sind, die keinen Betreuungsbedarf aufweisen, sondern Hilfen vor allem im Bereich der hauswirtschaftlichen Versorgung benötigen. Zudem gewährt die Pflegeversicherung eine Reihe präventiver Leistungen, die dabei helfen sollen, die Abhängigkeit von fremder Hilfe im Pflegegrad 1 noch weiter zu reduzieren. Hierbei handelt es sich beispielsweise um regelmäßige qualifizierte Beratungsmöglichkeiten in der eigenen Häuslichkeit, die Zurverfügungstellung von Pflegehilfsmitteln sowie die Gewährung von Zuschüssen zur Verbesserung des Wohnumfelds (siehe im Einzelnen § 28a).

Zu Absatz 2

In § 45b Absatz 2 erfolgt eine redaktionelle Anpassung an die Neustrukturierung der Vorschriften und eine Bereinigung des Textes um eine nur für die Jahre 2008/2009 relevante Übergangsregelung; der Inhalt der Vorschrift wird im Übrigen nicht verändert.

Zu § 45c

Geltung von § 45c ab 1. Januar 2017

Der bisherige § 45c Absatz 1 wird klarer gegliedert; zudem wird die Förderung ehrenamtlicher Strukturen, die bislang in § 45d Absatz 1 geregelt war, in den neuen § 45c Absatz 1 Satz 1 Nummer 2 und Absatz 4 integriert. Da die Förderung nach dem bisherigen § 45d Absatz 1 bereits bislang aus den in § 45c vorgesehenen Fördermitteln und nach dem gleichen Verfahren und den sonstigen Vorgaben im Sinne des § 45c erfolgte, ergibt sich hierdurch materiell keine Änderung. Die Regelung aller aus den Mitteln des § 45c förderfähigen Strukturen in einer einzigen Norm erfolgt vielmehr, um die Übersichtlichkeit über die verschiedenen Förderzwecke und -inhalte zu erhöhen.

Die bisher in § 45d Absatz 1 unter der Paragraphen-Überschrift Förderung ehrenamtlicher Strukturen sowie der Selbsthilfe geregelte Verwendbarkeit der Fördermittel nach § 45c zur Förderung und zum Auf- und Ausbau von Gruppen ehrenamtlich tätiger sowie sonstiger zum bürgerschaftlichen Engagement bereiter Personen, die sich die Unterstützung, allgemeine Betreuung und Entlastung von Pflegebedürftigen, von Personen mit erheblichem allgemeinem Betreuungsbedarf sowie deren Angehörigen zum Ziel gesetzt haben wird bei der Überführung in § 45c Absatz 1 und 4 sprachlich behutsam angepasst. Mit der Formulierung, dass gemäß § 45c eine Förderung des Auf- und Ausbaus und der Unterstützung von Gruppen ehrenamtlich tätiger sowie sonstiger zum bürgerschaftlichen Engagement bereiter Personen und entsprechender ehrenamtlicher Strukturen erfolgt, ist jedoch keine Änderung der Fördermöglichkeiten verbunden. Hinsichtlich der ehrenamtlichen Strukturen sollen weiterhin Impulse sowohl zum Aufbau als auch zum Ausbau gesetzt werden. Außerdem sollen die ehrenamtlichen Strukturen in ihrem Bestand gestärkt werden, also auch eine laufende Unterstützung der ehrenamtlichen Initiativen möglich sein.

Ebenso wenig ändern sich die bereits bislang gemäß § 45c bestehenden Fördermöglichkeiten zum Auf- und Ausbau von niedrigschwelligen Betreuungs- und Entlastungsangeboten. Diese Angebote werden nun mit dem neuen Begriff der Angebote zur Unterstützung im Alltag im Sinne des § 45a bezeichnet.

Im Rahmen der Modellförderung nach dem neuen § 45c Absatz 1 Satz 1 Nummer 3 und Absatz 5 sollen – wie bisher in § 45c Absatz 1 und 4 geregelt – auch weiterhin neue Versorgungskonzepte und Versorgungsstrukturen insbesondere für an Demenz erkrankte Pflegebedürftige gefördert und hierbei insbesondere modellhaft Möglichkeiten einer wirksamen Vernetzung der erforderlichen Hilfen für an Demenz erkrankte Pflegebedürftige in einzelnen Regionen erprobt werden. Denn eine Weiterentwicklung der Versorgungsstrukturen und Versorgungskonzepte für an Demenz erkrankte Menschen bleibt auch nach der Einführung des neuen Pflegebedürftigkeitsbegriffs eine Herausforderung und eine Aufgabe der Pflegeversicherung und der Infrastrukturverantwortlichen in den Ländern. Eine bessere Vernetzung der Hilfsangebote ist dementsprechend ebenfalls Teil des nationalen Aktionsprogramms Gemeinsam für Menschen mit Demenz, das die Allianz für Menschen mit Demenz am 15. September 2014 vereinbart hat. Es gibt jedoch auch weitere Gruppen Pflegebedürftiger, deren Versorgung aktuell noch strukturelle Defizite aufweist und daher in besonderem Maße der strukturellen Weiterentwicklung bedarf. Dies betrifft beispielsweise Pflegebedürftige mit Migrationshintergrund, bei denen die Weiterentwicklung einer bedürfnisgerechten und kultursensiblen Versorgung und Vernetzung der vorhandenen Hilfen verstärkt in den Blick genommen werden sollte. Auch die Förderung von Modellvorhaben zur Erprobung neuer Versorgungskonzepte und -strukturen in solchen Bereichen kann über § 45c erfolgen.

Soweit im Rahmen der geförderten Modellvorhaben personenbezogene Daten benötigt werden, können diese wie bislang nur mit Einwilligung des Pflegebedürftigen oder – bei fehlender Einwilligungsfähigkeit – seines gesetzlichen Vertreters erhoben, verarbeitet und genutzt werden.

Die bisherigen Absätze 6 und 7 des § 45c werden zu Absatz 7 und 8. Hinsichtlich der Empfehlungen, die der Spitzenverband Bund der Pflegekassen mit dem Verband der privaten Krankenversicherung e. V. nach § 45c Absatz 7 beschließt, wird geregelt, dass das Bundesministerium für Gesundheit seine Zustimmung zu diesen Empfehlungen im Benehmen mit dem Bundesministerium für Familie, Senioren, Frauen und Jugend erteilt, soweit Belange des Ehrenamts betroffen sind. Im Übrigen bleibt der Inhalt der Regelungen unverändert.

Mit Einfügung von Absatz 9 [red. Anm.: aufgrund der Beschlussempfehlung des Ausschusses für Gesundheit, 18/6688] wird ein weiterer Förderzweck eingeführt, für den die Mittel des Ausgleichsfonds in Höhe von jährlich 25 Millionen Euro nach § 45c Absatz 1 verwendet werden können.

Die Pflegekassen und die privaten Versicherungsunternehmen, die die private Pflege-Pflichtversicherung durchführen, erhalten hiermit die Möglichkeit, sich einzeln oder gemeinsam mit anderen Pflegekassen oder entsprechenden privaten Versicherungsunternehmen mit einem Zuschuss an den Kosten selbstorganisierter regionaler Netzwerke zur Verbesserung der Versorgung und zur Unterstützung Pflegebedürftiger und ihrer Angehörigen und vergleichbar nahestehenden Pflegepersonen zu beteiligen. Mögliche weitere Beteiligte an entsprechenden regionalen Netzwerken für die Versorgung Pflegebedürftiger sind unter anderem

- niedergelassene Ärzte,
- Heilmittelerbringer,
- Krankenhäuser,
- Pflegeeinrichtungen,
- Wohlfahrtsverbände,
- Selbsthilfegruppen,
- Kommunen sowie
- Krankenkassen.

Mit der Regelung werden zugleich die Ergebnisse der wissenschaftlichen Evaluation regionaler Netzwerke im Rahmen des Projekts „Zukunftswerkstatt Demenz" des Bundesministeriums für Gesundheit umgesetzt. Diese Evaluation zeigt, dass durch eine regionale, selbst organisierte und strukturierte Vernetzung zwischen Trägern der Versorgung in einer Region und Selbsthilfegruppen die Versorgung an Demenz erkrankter Pflegebedürftiger signifikant verbessert werden kann.

Diese Ergebnisse sind auf die Versorgung Pflegebedürftiger insgesamt übertragbar. Auch für Pflegebedürftige ohne demenzielle Erkrankungen, die einen besonders hohen Versorgungsbedarf haben, kann der Versorgungsbedarf durch eine strukturierte Zusammenarbeit in der Versorgung besser gedeckt werden. Daher soll allgemein eine Beteiligung der Pflegekassen und privaten Versicherungsunternehmen, die die private Pflege- Pflichtversicherung durchführen, an einer strukturierten regionalen Zusammenarbeit ermöglicht und gefördert werden, bei der sich die verschiedenen in einer Region an der Versorgung und der Unterstützung der Pflegebedürftigen und ihrer Angehörigen und vergleichbar nahestehenden Pflegepersonen beteiligten Akteure vernetzen.

Gefördert werden können hierbei regionale Netzwerke, die auf einem freiwilligen Zusammenschluss der beteiligten Akteure basieren. Nicht bezuschusst wird hingegen die Wahrnehmung allgemeiner kommunaler Aufgaben und sonstiger allgemeiner Verwaltungsaufgaben. Gefördert werden können zudem nur solche Netzwerke, bei denen in Bezug auf das jeweilige Einzugsgebiet auch eine Teilnahme der regionalen Selbsthilfegruppen, -organisationen oder -kontaktstellen sowie der regionalen Gruppen ehrenamtlich Tätiger, die eine für eine Teilnahme an der Vernetzung hinreichend feste Organisationsstruktur aufweisen, ermöglicht wird. Ebenso ist erforderlich, dass auch der Kreis oder die kreisfreie Stadt der freiwilligen Vereinbarung zur Vernetzung der regionalen, an der Versorgung Pflegebedürftiger beteiligten Akteure beitreten kann.

In den vorgenannten Projekten im Rahmen der „Zukunftswerkstatt Demenz" erreichten die jährlichen netzwerkspezifischen Kosten der an den regionalen Projekten Beteiligten zwischen 65 000 und 80 000 Euro pro Jahr insgesamt. An solchen netzwerkbedingten Kosten können sich nach der vorliegenden Regelung die Pflegekassen und privaten Versicherungsunternehmen mit einem Betrag von bis zu 20 000 Euro je Kreis oder kreisfreier Stadt beteiligen.

Eine anteilige Finanzierung des jeweiligen Landes oder der jeweiligen Gebietskörperschaft ist keine Voraussetzung für eine Beteiligung von Pflegekassen oder privaten Versicherungsunternehmen, da es nicht sachgerecht wäre, die Beteiligung von Pflegekassen und privaten Versicherungsunternehmen, die die private Pflege- Pflichtversicherung durchführen, an selbstorganisierten regionalen Netzen von einer finanziellen Beteiligung des Landes oder der kommunalen Gebietskörperschaft abhängig zu machen. Absatz 2 findet daher keine Anwendung.

Auch findet keine Aufteilung der Fördermittel auf die Länder nach dem Königsteiner Schlüssel und keine Übertragung der Mittel statt, sondern der Förderhöchstbetrag bezieht sich auf das jeweilige Gebiet des Kreises oder der kreisfreien Stadt sowie auf das jeweilige Kalenderjahr. Dementsprechend findet auch Absatz 6 keine Anwendung.

Um eine bundesweit einheitliche Handhabung der Regelung zu fördern und sinnvolle Hinweise für eine einheitliche Durchführung der Verfahren zur Vergabe der Fördermittel zu geben, wird der Regelungsgegenstand ebenfalls in die Empfehlungen des Spitzenverbandes Bund der Pflegekassen miteinbezogen, die dieser gemäß Absatz 7 Satz 1 bis 4 gemeinsam mit dem Verband der privaten Krankenversicherung e. V. unter Zustimmung des Bundesministeriums für Gesundheit (ggf. im Benehmen mit dem Bundesministerium für Familie, Senioren, Frauen und Jugend) und der Länder beschließt. Es soll zugleich eine möglichst flexible Handhabung der Förderung der selbstorganisierten regionalen Netzwerke durch die Pflegekassen und privaten Versicherungsunternehmen ermöglicht werden. Absatz 7 Satz 5 findet daher keine Anwendung.

Würden in der Hälfte der bundesweit insgesamt 402 Kreise und kreisfreien Städte entsprechende Versorgungsnetzwerke aufgrund dieser Vorschrift durch Pflegekassen und private Versicherungsunternehmen gefördert, ergäben sich Gesamtkosten von insgesamt nicht mehr als 4 Millionen Euro pro Kalenderjahr. In den einzelnen Regionen könnte diese Förderung gleichzeitig aber einen wesentlichen Beitrag leisten, die Versorgung und Unterstützung von Pflegebedürftigen und deren Angehörigen sowie vergleichbar nahestehenden Pflegepersonen nachhaltig zu verbessern. In diesem Zusammenhang kann zudem der als Ergebnis des Förderprogramms des Bundesgesundheitsministeriums im Rahmen des Projekts „Zukunftswerkstatt Demenz" entwickelte Werkzeugkasten mit evaluierten Bausteinen für die Organisation erfolgreicher Demenznetzwerke genutzt werden, der im Internet durch einen der Projektträger (DZNE) veröffentlicht worden ist. Auch dieser kann eine wertvolle

Hilfe zur Selbsthilfe für alle an der örtlichen Versorgung Beteiligten sein, die in ihrer Region Netzwerke zur Lösung spezifischer regionaler Versorgungsfragen für an Demenz erkrankte Personen aufbauen wollen.

Zu § 45d

> **Geltung von § 45d ab 1. Januar 2017**

Absatz 2 und 3 des bisherigen § 45d bilden den Wortlaut des neuen § 45d.

Die Vorschrift regelt damit jetzt in einer eigenständigen Norm die Förderung der Selbsthilfe, für die bereits seit dem Pflege-Neuausrichtungs-Gesetz in der Pflegeversicherung auch eigenständige Fördermittel bereitgestellt werden.

Die Bedeutung der Selbsthilfe wird hierdurch unterstrichen. Neben Angehörigen von Pflegebedürftigen werden nun auch den Pflegebedürftigen vergleichbar Nahestehende in der Vorschrift explizit benannt (vgl. hierzu auch Drs. 18/1798 [PSG I], S. 35).

Die auf dem bisherigen § 45a beruhenden Sonderregelungen werden redaktionell bereinigt. Eine inhaltliche Änderung findet insoweit nicht statt. Keine Änderung findet auch in der Hinsicht statt, dass bei der Durchführung der Förderung die Vorgaben des § 45c und das dortige Verfahren entsprechend angewendet werden (vgl. Drs. 18/1798 [PSG I], S. 42).

unverändert

Sechster Abschnitt
Initiativprogramm zur Förderung neuer Wohnformen

§ 45e Anschubfinanzierung zur Gründung von ambulant betreuten Wohngruppen

(1) Zur Förderung der Gründung von ambulant betreuten Wohngruppen wird Pflegebedürftigen, die Anspruch auf Leistungen nach § 38a haben und die an der gemeinsamen Gründung beteiligt sind, für die altersgerechte oder barrierearme Umgestaltung der gemeinsamen Wohnung zusätzlich zu dem Betrag nach § 40 Absatz 4 einmalig ein Betrag von bis zu 2.500 Euro gewährt. Der Gesamtbetrag ist je Wohngruppe auf 10.000 Euro begrenzt und wird bei mehr als vier Anspruchsberechtigten anteilig auf die Versicherungsträger der Anspruchsberechtigten aufgeteilt. Der Antrag ist innerhalb eines Jahres nach Vorliegen der Anspruchsvoraussetzungen zu stellen. Dabei kann die Umgestaltungsmaßnahme auch vor der Gründung und dem Einzug erfolgen. Die Sätze 1 bis 4 gelten für die Versicherten der privaten Pflege-Pflichtversicherung entsprechend.

(2) Die Pflegekassen zahlen den Förderbetrag aus, wenn die Gründung einer ambulant betreuten Wohngruppe nachgewiesen wird. Der Anspruch endet mit Ablauf des Monats, in dem das Bundesversicherungsamt den Pflegekassen und dem Verband der privaten Krankenversicherung e. V. mitteilt, dass mit der Förderung eine Gesamthöhe von 30 Millionen Euro erreicht worden ist. Einzelheiten zu den Voraussetzungen und dem Verfahren der Förderung regelt der Spitzenverband Bund der Pflegekassen im Einvernehmen mit dem Verband der privaten Krankenversicherung e. V.

§ 45f Weiterentwicklung neuer Wohnformen

(1) Zur wissenschaftlich gestützten Weiterentwicklung und Förderung neuer Wohnformen werden zusätzlich 10 Millionen Euro zur Verfügung gestellt. Dabei sind insbesondere solche Konzepte einzubeziehen, die es alternativ zu stationären Einrichtungen ermöglichen, außerhalb der vollstationären Betreuung bewohnerorientiert individuelle Versorgung anzubieten.

(2) Einrichtungen, die aus diesem Grund bereits eine Modellförderung, insbesondere nach § 8 Absatz 3, erfahren haben, sind von der Förderung nach Absatz 1 Satz 1 ausgenommen. Für die Förderung gilt § 8 Absatz 3 entsprechend.

Fünftes Kapitel
Organisation

Fassung bis 31. Dezember 2015	Fassung ab 1. Januar 2016	Fassung ab 1. Januar 2018
Erster Abschnitt **Träger der Pflegeversicherung**	**Erster Abschnitt** **Träger der Pflegeversicherung**	**Erster Abschnitt** **Träger der Pflegeversicherung**
§ 46 Pflegekassen	**§ 46 Pflegekassen**	**§ 46 Pflegekassen**
(1) Träger der Pflegeversicherung sind die Pflegekassen. Bei jeder Krankenkasse (§ 4 Abs. 2 des Fünften Buches) wird eine Pflegekasse errichtet. Die Deutsche Rentenversicherung Knappschaft-Bahn-See als Träger der Krankenversicherung führt die Pflegeversicherung für die Versicherten durch.	(1) Träger der Pflegeversicherung sind die Pflegekassen. Bei jeder Krankenkasse (§ 4 Abs. 2 des Fünften Buches) wird eine Pflegekasse errichtet. Die Deutsche Rentenversicherung Knappschaft-Bahn-See als Träger der Krankenversicherung führt die Pflegeversicherung für die Versicherten durch.	(1) Träger der Pflegeversicherung sind die Pflegekassen. Bei jeder Krankenkasse (§ 4 Abs. 2 des Fünften Buches) wird eine Pflegekasse errichtet. Die Deutsche Rentenversicherung Knappschaft-Bahn-See als Träger der Krankenversicherung führt die Pflegeversicherung für die Versicherten durch.
(2) Die Pflegekassen sind rechtsfähige Körperschaften des öffentlichen Rechts mit Selbstverwaltung. Organe der Pflegekassen sind die Organe der Krankenkassen, bei denen sie errichtet sind. Arbeitgeber (Dienstherr) der für die Pflegekasse tätigen Beschäftigten ist die Krankenkasse, bei der die Pflegekasse errichtet ist. Krankenkassen und Pflegekassen können für Mitglieder, die ihre Kranken- und Pflegeversicherungsbeiträge selbst zu zahlen haben, die Höhe der Beiträge zur Kranken- und Pflegeversicherung in einem gemeinsamen Beitragsbescheid festsetzen. Das Mitglied ist darauf hinzuweisen, dass der Bescheid über den Beitrag zur Pflegeversicherung im Namen der Pflegekasse ergeht. Bei der Ausführung dieses Buches ist das Erste Kapitel des Zehnten Buches anzuwenden.	(2) Die Pflegekassen sind rechtsfähige Körperschaften des öffentlichen Rechts mit Selbstverwaltung. Organe der Pflegekassen sind die Organe der Krankenkassen, bei denen sie errichtet sind. Arbeitgeber (Dienstherr) der für die Pflegekasse tätigen Beschäftigten ist die Krankenkasse, bei der die Pflegekasse errichtet ist. Krankenkassen und Pflegekassen können für Mitglieder, die ihre Kranken- und Pflegeversicherungsbeiträge selbst zu zahlen haben, die Höhe der Beiträge zur Kranken- und Pflegeversicherung in einem gemeinsamen Beitragsbescheid festsetzen. Das Mitglied ist darauf hinzuweisen, dass der Bescheid über den Beitrag zur Pflegeversicherung im Namen der Pflegekasse ergeht. Bei der Ausführung dieses Buches ist das Erste Kapitel des Zehnten Buches anzuwenden. <u>In den Fällen des Satzes 4 kann auch ein gemeinsamer Widerspruchsbescheid erlassen werden; Satz 5 gilt entsprechend.</u>	(2) Die Pflegekassen sind rechtsfähige Körperschaften des öffentlichen Rechts mit Selbstverwaltung. Organe der Pflegekassen sind die Organe der Krankenkassen, bei denen sie errichtet sind. Arbeitgeber (Dienstherr) der für die Pflegekasse tätigen Beschäftigten ist die Krankenkasse, bei der die Pflegekasse errichtet ist. Krankenkassen und Pflegekassen können für Mitglieder, die ihre Kranken- und Pflegeversicherungsbeiträge selbst zu zahlen haben, die Höhe der Beiträge zur Kranken- und Pflegeversicherung in einem gemeinsamen Beitragsbescheid festsetzen. Das Mitglied ist darauf hinzuweisen, dass der Bescheid über den Beitrag zur Pflegeversicherung im Namen der Pflegekasse ergeht. Bei der Ausführung dieses Buches ist das Erste Kapitel des Zehnten Buches anzuwenden. In den Fällen des Satzes 4 kann auch ein gemeinsamer Widerspruchsbescheid erlassen werden; Satz 5 gilt entsprechend.
(3) Die Verwaltungskosten einschließlich der Personalkosten, die den Krankenkassen auf Grund dieses Buches entstehen, werden von den Pflegekassen in Höhe von 3,5 vom Hundert des Mittelwertes von	(3) Die Verwaltungskosten einschließlich der Personalkosten, die den Krankenkassen auf Grund dieses Buches entstehen, werden von den Pflegekassen in Höhe von *3,5 vom Hundert* des Mittelwertes von	(3) Die Verwaltungskosten einschließlich der Personalkosten, die den Krankenkassen auf Grund dieses Buches entstehen, werden von den Pflegekassen in Höhe von <u>3,2 Prozent</u> des Mittelwertes von Lei-

Fassung bis 31. Dezember 2015	Fassung ab 1. Januar 2016	Fassung ab 1. Januar 2018
Leistungsaufwendungen und Beitragseinnahmen erstattet; dabei ist der Erstattungsbetrag für die einzelne Krankenkasse um die Hälfte der Aufwendungen der jeweiligen Pflegekasse für Pflegeberatung nach § 7a Abs. 4 Satz 5 und um die Aufwendungen für Zahlungen nach § 18 Absatz 3b zu vermindern. Bei der Berechnung der Erstattung sind die Beitragseinnahmen um die Beitragseinnahmen zu vermindern, die dazu bestimmt sind, nach § 135 dem Vorsorgefonds der sozialen Pflegeversicherung zugeführt zu werden. Der Gesamtbetrag der nach Satz 1 zu erstattenden Verwaltungskosten aller Krankenkassen ist nach dem tatsächlich entstehenden Aufwand (Beitragseinzug/Leistungsgewährung) auf die Krankenkassen zu verteilen. Der Spitzenverband Bund der Pflegekassen bestimmt das Nähere über die Verteilung. Außerdem übernehmen die Pflegekassen 50 vom Hundert der umlagefinanzierten Kosten des Medizinischen Dienstes der Krankenversicherung. Personelle Verwaltungskosten, die einer Betriebskrankenkasse von der Pflegekasse erstattet werden, sind an den Arbeitgeber weiterzuleiten, wenn er die Personalkosten der Betriebskrankenkasse nach § 147 Abs. 2 des Fünften Buches trägt. Der Verwaltungsaufwand in der sozialen Pflegeversicherung ist nach Ablauf von einem Jahr nach Inkrafttreten dieses Gesetzes zu überprüfen.	Leistungsaufwendungen und Beitragseinnahmen erstattet; dabei ist der Erstattungsbetrag für die einzelne Krankenkasse um die Hälfte der Aufwendungen der jeweiligen Pflegekasse für Pflegeberatung nach § 7a Abs. 4 Satz 5 und um die Aufwendungen für Zahlungen nach § 18 Absatz 3b zu vermindern. Bei der Berechnung der Erstattung sind die Beitragseinnahmen um die Beitragseinnahmen zu vermindern, die dazu bestimmt sind, nach § 135 dem Vorsorgefonds der sozialen Pflegeversicherung zugeführt zu werden. Der Gesamtbetrag der nach Satz 1 zu erstattenden Verwaltungskosten aller Krankenkassen ist nach dem tatsächlich entstehenden Aufwand (Beitragseinzug/Leistungsgewährung) auf die Krankenkassen zu verteilen. Der Spitzenverband Bund der Pflegekassen bestimmt das Nähere über die Verteilung. Außerdem übernehmen die Pflegekassen 50 vom Hundert der umlagefinanzierten Kosten des Medizinischen Dienstes der Krankenversicherung. Personelle Verwaltungskosten, die einer Betriebskrankenkasse von der Pflegekasse erstattet werden, sind an den Arbeitgeber weiterzuleiten, wenn er die Personalkosten der Betriebskrankenkasse nach § 147 Abs. 2 des Fünften Buches trägt. Der Verwaltungsaufwand in der sozialen Pflegeversicherung ist nach Ablauf von einem Jahr nach Inkrafttreten dieses Gesetzes zu überprüfen.	stungsaufwendungen und Beitragseinnahmen erstattet; dabei ist der Erstattungsbetrag für die einzelne Krankenkasse um die Hälfte der Aufwendungen der jeweiligen Pflegekasse für Pflegeberatung nach § 7a Abs. 4 Satz 5 und um die Aufwendungen für Zahlungen nach § 18 Absatz 3b zu vermindern. Bei der Berechnung der Erstattung sind die Beitragseinnahmen um die Beitragseinnahmen zu vermindern, die dazu bestimmt sind, nach § 135 dem Vorsorgefonds der sozialen Pflegeversicherung zugeführt zu werden. Der Gesamtbetrag der nach Satz 1 zu erstattenden Verwaltungskosten aller Krankenkassen ist nach dem tatsächlich entstehenden Aufwand (Beitragseinzug/Leistungsgewährung) auf die Krankenkassen zu verteilen. Der Spitzenverband Bund der Pflegekassen bestimmt das Nähere über die Verteilung. Außerdem übernehmen die Pflegekassen 50 vom Hundert der umlagefinanzierten Kosten des Medizinischen Dienstes der Krankenversicherung. Personelle Verwaltungskosten, die einer Betriebskrankenkasse von der Pflegekasse erstattet werden, sind an den Arbeitgeber weiterzuleiten, wenn er die Personalkosten der Betriebskrankenkasse nach § 147 Abs. 2 des Fünften Buches trägt. Der Verwaltungsaufwand in der sozialen Pflegeversicherung ist nach Ablauf von einem Jahr nach Inkrafttreten dieses Gesetzes zu überprüfen.
(4) Das Bundesministerium für Gesundheit wird ermächtigt, durch Rechtsverordnung mit Zustimmung des Bundesrates Näheres über die Erstattung der Verwaltungskosten zu regeln sowie die Höhe der Verwaltungskostenerstattung neu festzusetzen, wenn die Überprüfung des Verwaltungs-	(4) Das Bundesministerium für Gesundheit wird ermächtigt, durch Rechtsverordnung mit Zustimmung des Bundesrates Näheres über die Erstattung der Verwaltungskosten zu regeln sowie die Höhe der Verwaltungskostenerstattung neu festzusetzen, wenn die Überprüfung des Verwaltungs-	(4) Das Bundesministerium für Gesundheit wird ermächtigt, durch Rechtsverordnung mit Zustimmung des Bundesrates Näheres über die Erstattung der Verwaltungskosten zu regeln sowie die Höhe der Verwaltungskostenerstattung neu festzusetzen, wenn die Überprüfung des Verwaltungs-

Fassung bis 31. Dezember 2015	Fassung ab 1. Januar 2016	Fassung ab 1. Januar 2018
aufwandes nach Absatz 3 Satz 6 dies rechtfertigt.	aufwandes nach Absatz 3 Satz 6 dies rechtfertigt.	aufwandes nach Absatz 3 Satz 6 dies rechtfertigt.
(5) Bei Vereinigung, Auflösung und Schließung einer Krankenkasse gelten die §§ 143 bis 172 des Fünften Buches für die bei ihr errichtete Pflegekasse entsprechend.	(5) Bei Vereinigung, Auflösung und Schließung einer Krankenkasse gelten die §§ 143 bis 172 des Fünften Buches für die bei ihr errichtete Pflegekasse entsprechend.	(5) Bei Vereinigung, Auflösung und Schließung einer Krankenkasse gelten die §§ 143 bis 172 des Fünften Buches für die bei ihr errichtete Pflegekasse entsprechend.
(6) Die Aufsicht über die Pflegekassen führen die für die Aufsicht über die Krankenkassen zuständigen Stellen. Das Bundesversicherungsamt und die für die Sozialversicherung zuständigen obersten Verwaltungsbehörden der Länder haben mindestens alle fünf Jahre die Geschäfts-, Rechnungs- und Betriebsführung der ihrer Aufsicht unterstehenden Pflegekassen und deren Arbeitsgemeinschaften zu prüfen. Das Bundesministerium für Gesundheit kann die Prüfung der bundesunmittelbaren Pflegekassen und deren Arbeitsgemeinschaften, die für die Sozialversicherung zuständigen obersten Verwaltungsbehörden der Länder können die Prüfung der landesunmittelbaren Pflegekassen und deren Arbeitsgemeinschaften auf eine öffentlich-rechtliche Prüfungseinrichtung übertragen, die bei der Durchführung der Prüfung unabhängig ist. Die Prüfung hat sich auf den gesamten Geschäftsbetrieb zu erstrecken; sie umfaßt die Prüfung seiner Gesetzmäßigkeit und Wirtschaftlichkeit. Die Pflegekassen und deren Arbeitsgemeinschaften haben auf Verlangen alle Unterlagen vorzulegen und alle Auskünfte zu erteilen, die zur Durchführung der Prüfung erforderlich sind. § 274 Abs. 2 und 3 des Fünften Buches gilt entsprechend.	(6) Die Aufsicht über die Pflegekassen führen die für die Aufsicht über die Krankenkassen zuständigen Stellen. Das Bundesversicherungsamt und die für die Sozialversicherung zuständigen obersten Verwaltungsbehörden der Länder haben mindestens alle fünf Jahre die Geschäfts-, Rechnungs- und Betriebsführung der ihrer Aufsicht unterstehenden Pflegekassen und deren Arbeitsgemeinschaften zu prüfen. Das Bundesministerium für Gesundheit kann die Prüfung der bundesunmittelbaren Pflegekassen und deren Arbeitsgemeinschaften, die für die Sozialversicherung zuständigen obersten Verwaltungsbehörden der Länder können die Prüfung der landesunmittelbaren Pflegekassen und deren Arbeitsgemeinschaften auf eine öffentlich-rechtliche Prüfungseinrichtung übertragen, die bei der Durchführung der Prüfung unabhängig ist. Die Prüfung hat sich auf den gesamten Geschäftsbetrieb zu erstrecken; sie umfaßt die Prüfung seiner Gesetzmäßigkeit und Wirtschaftlichkeit. Die Pflegekassen und deren Arbeitsgemeinschaften haben auf Verlangen alle Unterlagen vorzulegen und alle Auskünfte zu erteilen, die zur Durchführung der Prüfung erforderlich sind. § 274 Abs. 2 und 3 des Fünften Buches gilt entsprechend.	(6) Die Aufsicht über die Pflegekassen führen die für die Aufsicht über die Krankenkassen zuständigen Stellen. Das Bundesversicherungsamt und die für die Sozialversicherung zuständigen obersten Verwaltungsbehörden der Länder haben mindestens alle fünf Jahre die Geschäfts-, Rechnungs- und Betriebsführung der ihrer Aufsicht unterstehenden Pflegekassen und deren Arbeitsgemeinschaften zu prüfen. Das Bundesministerium für Gesundheit kann die Prüfung der bundesunmittelbaren Pflegekassen und deren Arbeitsgemeinschaften, die für die Sozialversicherung zuständigen obersten Verwaltungsbehörden der Länder können die Prüfung der landesunmittelbaren Pflegekassen und deren Arbeitsgemeinschaften auf eine öffentlich-rechtliche Prüfungseinrichtung übertragen, die bei der Durchführung der Prüfung unabhängig ist. Die Prüfung hat sich auf den gesamten Geschäftsbetrieb zu erstrecken; sie umfaßt die Prüfung seiner Gesetzmäßigkeit und Wirtschaftlichkeit. Die Pflegekassen und deren Arbeitsgemeinschaften haben auf Verlangen alle Unterlagen vorzulegen und alle Auskünfte zu erteilen, die zur Durchführung der Prüfung erforderlich sind. § 274 Abs. 2 und 3 des Fünften Buches gilt entsprechend.

Gesetzesbegründung Drs. 18/5926 zu § 46

Änderung zum 1. Januar 2016

Zu Absatz 2

Die Regelung stellt sicher, dass für die Beiträge zur Kranken- und Pflegeversicherung nicht nur ein gemeinsamer Beitragsbescheid, sondern auch ein gemeinsamer Widerspruchsbescheid über die Beitragshöhe erlassen werden kann.

Änderung zum 1. Januar 2018

Zu Absatz 3

Mit der Einführung des Pflegebedürftigkeitsbegriffs entstehen den Krankenkassen, die für die Durchführung der Pflegeversicherung zuständig sind, aufgrund der Umstellungsarbeiten einmalig höhere Verwaltungskosten im Jahr 2017.

Danach ist wieder mit einem deutlichen Rückgang der Verwaltungskosten zu rechnen. Die pauschale Erstattung der Verwaltungskosten in Zeiten deutlicher Leistungsausweitungen führt dann zu Zuwächsen, die über die tatsächliche Verwaltungstätigkeit hinausgehen.

Vor diesem Hintergrund ist der bei unveränderter Berechnungsformel sich ergebende Mehrerstattungsbetrag dauerhaft zu hoch.

unverändert

§ 47 Satzung

(1) Die Satzung muß Bestimmungen enthalten über:

1. Name und Sitz der Pflegekasse,

2. Bezirk der Pflegekasse und Kreis der Mitglieder,

3. Rechte und Pflichten der Organe,

4. Art der Beschlußfassung der Vertreterversammlung,

5. Bemessung der Entschädigungen für Organmitglieder, soweit sie Aufgaben der Pflegeversicherung wahrnehmen,

6. jährliche Prüfung der Betriebs- und Rechnungsführung und Abnahme der Jahresrechnung,

7. Zusammensetzung und Sitz der Widerspruchsstelle und

8. Art der Bekanntmachungen.

(2) Die Satzung kann eine Bestimmung enthalten, nach der die Pflegekasse den Abschluss privater Pflege-Zusatzversicherungen zwischen ihren Versicherten und privaten Krankenversicherungsunternehmen vermitteln kann.

(3) Die Satzung und ihre Änderungen bedürfen der Genehmigung der Behörde, die für die Genehmigung der Satzung der Krankenkasse, bei der die Pflegekasse errichtet ist, zuständig ist.

§ 47a Stellen zur Bekämpfung von Fehlverhalten im Gesundheitswesen

(1) § 197a des Fünften Buches gilt entsprechend; § 197a Absatz 3 des Fünften Buches gilt mit der Maßgabe, auch mit den nach Landesrecht bestimmten Trägern der Sozialhilfe, die für die Hilfe zur Pflege im Sinne des Siebten Kapitels des Zwölften Buches zuständig sind, zusammenzuarbeiten. Die organisatorischen Einheiten nach § 197a Abs. 1 des Fünften Buches sind die Stellen zur Bekämpfung von Fehlverhalten im Gesundheitswesen bei den Pflegekassen, ihren Landesverbänden und dem Spitzenverband Bund der Pflegekassen.

(2) Die Einrichtungen nach Absatz 1 Satz 2 dürfen personenbezogene Daten, die von ihnen zur Erfüllung ihrer Aufgaben nach Absatz 1 erhoben oder an sie weitergegeben oder übermittelt wurden, untereinander übermitteln, soweit dies für die Feststellung und Bekämpfung von Fehlverhalten im Gesundheitswesen beim Empfänger erforderlich ist. An die nach Landesrecht bestimmten Träger der Sozialhilfe, die für die Hilfe zur Pflege im Sinne des Siebten Kapitels des Zwölften Buches zuständig sind, dürfen die Einrichtungen nach Absatz 1 Satz 2 personenbezogene Daten nur übermitteln, soweit dies für die Feststellung und Bekämpfung von Fehlverhalten im Zusammenhang mit den Regelungen des Siebten Kapitels des Zwölften Buches erforderlich ist und im Einzelfall konkrete Anhaltspunkte dafür vorliegen. Der Empfänger darf diese Daten nur zu dem Zweck verarbeiten und nutzen, zu dem sie ihm übermittelt worden sind. Ebenso dürfen die nach Landesrecht bestimmten Träger der Sozialhilfe, die für die Hilfe zur Pflege im Sinne des Siebten Kapitels des Zwölften Buches zuständig sind, personenbezogene Daten, die von ihnen zur Erfüllung ihrer Aufgaben erhoben oder an sie weitergegeben oder übermittelt wurden, an die in Absatz 1 Satz 2 genannten Einrichtungen übermitteln, soweit dies für die Feststellung und Bekämpfung von Fehlverhalten im Gesundheitswesen beim Empfänger erforderlich ist. Die in Absatz 1 Satz 2 genannten Einrichtungen dürfen diese nur zu dem Zweck verarbeiten und nutzen, zu dem sie ihnen übermittelt worden sind. Die Einrichtungen nach Absatz 1 Satz 2 sowie die nach Landesrecht bestimmten Träger der Sozialhilfe, die für die Hilfe zur Pflege im Sinne des Siebten Kapitels des Zwölften Buches zuständig sind, haben sicherzustellen, dass die personenbezogenen Daten nur Befugten zugänglich sind oder nur an diese weitergegeben werden.

Zweiter Abschnitt
Zuständigkeit, Mitgliedschaft

§ 48 Zuständigkeit für Versicherte einer Krankenkasse und sonstige Versicherte

(1) Für die Durchführung der Pflegeversicherung ist jeweils die Pflegekasse zuständig, die bei der Krankenkasse errichtet ist, bei der eine Pflichtmitgliedschaft oder freiwillige Mitgliedschaft besteht. Für Familienversicherte nach § 25 ist die Pflegekasse des Mitglieds zuständig.

(2) Für Personen, die nach § 21 Nr. 1 bis 5 versichert sind, ist die Pflegekasse zuständig, die bei der Krankenkasse errichtet ist, die mit der Leistungserbringung im Krankheitsfalle beauftragt ist. Ist keine Krankenkasse mit der Leistungserbringung im Krankheitsfall beauftragt, kann der Versicherte die Pflegekasse nach Maßgabe des Absatzes 3 wählen.

(3) Personen, die nach § 21 Nr. 6 versichert sind, können die Mitgliedschaft wählen bei der Pflegekasse, die bei

1. der Krankenkasse errichtet ist, der sie angehören würden, wenn sie in der gesetzlichen Krankenversicherung versicherungspflichtig wären,

2. der Allgemeinen Ortskrankenkasse ihres Wohnsitzes oder gewöhnlichen Aufenthaltes errichtet ist,

3. einer Ersatzkasse errichtet ist, wenn sie zu dem Mitgliederkreis gehören, den die gewählte Ersatzkasse aufnehmen darf.

Ab 1. Januar 1996 können sie die Mitgliedschaft bei der Pflegekasse wählen, die bei der Krankenkasse errichtet ist, die sie nach § 173 Abs. 2 des Fünften Buches wählen könnten, wenn sie in der gesetzlichen Krankenversicherung versicherungspflichtig wären.

§ 49 Mitgliedschaft

(1) Die Mitgliedschaft bei einer Pflegekasse beginnt mit dem Tag, an dem die Voraussetzungen des § 20 oder des § 21 vorliegen. Sie endet mit dem Tod des Mitglieds oder mit Ablauf des Tages, an dem die Voraussetzungen des § 20 oder des § 21 entfallen, sofern nicht das Recht zur Weiterversicherung nach § 26 ausgeübt wird. Für die nach § 20 Abs. 1 Satz 2 Nr. 12 Versicherten gelten § 186 Abs. 11 und § 190 Abs. 13 des Fünften Buches entsprechend.

(2) Für das Fortbestehen der Mitgliedschaft gelten die §§ 189, 192 des Fünften Buches sowie § 25 des Zweiten Gesetzes über die Krankenversicherung der Landwirte entsprechend.

(3) Die Mitgliedschaft freiwillig Versicherter nach den §§ 26 und 26a endet:

1. mit dem Tod des Mitglieds oder

2. mit Ablauf des übernächsten Kalendermonats, gerechnet von dem Monat, in dem das Mitglied den Austritt erklärt, wenn die Satzung nicht einen früheren Zeitpunkt bestimmt.

Dritter Abschnitt
Meldungen

§ 50 Melde- und Auskunftspflichten bei Mitgliedern der sozialen Pflegeversicherung

(1) Alle nach § 20 versicherungspflichtigen Mitglieder haben sich selbst unverzüglich bei der für sie zuständigen Pflegekasse anzumelden. Dies gilt nicht, wenn ein Dritter bereits eine Meldung nach den §§ 28a bis 28c des Vierten Buches, §§ 199 bis 205 des Fünften Buches oder §§ 27 bis 29 des Zweiten Gesetzes über die Krankenversicherung der Landwirte zur gesetzlichen Krankenversicherung abgegeben hat; die Meldung zur gesetzlichen Krankenversicherung schließt die Meldung zur sozialen Pflegeversicherung ein. Bei freiwillig versicherten Mitgliedern der gesetzlichen Krankenversicherung gilt die Beitrittserklärung zur gesetzlichen Krankenversicherung als Meldung zur sozialen Pflegeversicherung.

(2) Für die nach § 21 versicherungspflichtigen Mitglieder haben eine Meldung an die zuständige Pflegekasse zu erstatten:

1. das Versorgungsamt für Leistungsempfänger nach dem Bundesversorgungsgesetz oder nach den Gesetzen, die eine entsprechende Anwendung des Bundesversorgungsgesetzes vorsehen,

2. das Ausgleichsamt für Leistungsempfänger von Kriegsschadenrente oder vergleichbaren Leistungen nach dem Lastenausgleichsgesetz oder dem Reparationsschädengesetz oder von laufender Beihilfe nach dem Flüchtlingshilfegesetz,

3. der Träger der Kriegsopferfürsorge für Empfänger von laufenden Leistungen der ergänzenden Hilfe zum Lebensunterhalt nach dem Bundesversorgungsgesetz oder nach den Gesetzen, die eine entsprechende Anwendung des Bundesversorgungsgesetzes vorsehen,

4. der Leistungsträger der Jugendhilfe für Empfänger von laufenden Leistungen zum Unterhalt nach dem Achten Buch,

5. der Leistungsträger für Krankenversorgungsberechtigte nach dem Bundesentschädigungsgesetz,

6. der Dienstherr für Soldaten auf Zeit.

(3) Personen, die versichert sind oder als Versicherte in Betracht kommen, haben der Pflegekasse, soweit sie nicht nach § 28o des Vierten Buches auskunftspflichtig sind,

1. auf Verlangen über alle für die Feststellung der Versicherungs- und Beitragspflicht und für die Durchführung der der Pflegekasse übertragenen Aufgaben erforderlichen Tatsachen unverzüglich Auskunft zu erteilen,

2. Änderungen in den Verhältnissen, die für die Feststellung der Versicherungs- und Beitragspflicht erheblich sind und nicht durch Dritte gemeldet werden, unverzüglich mitzuteilen.

Sie haben auf Verlangen die Unterlagen, aus denen die Tatsachen oder die Änderung der Verhältnisse hervorgehen, der Pflegekasse in deren Geschäftsräumen unverzüglich vorzulegen.

(4) Entstehen der Pflegekasse durch eine Verletzung der Pflichten nach Absatz 3 zusätzliche Aufwendungen, kann sie von dem Verpflichteten die Erstattung verlangen.

(5) Die Krankenkassen übermitteln den Pflegekassen die zur Erfüllung ihrer Aufgaben erforderlichen personenbezogenen Daten.

(6) Für die Meldungen der Pflegekassen an die Rentenversicherungsträger gilt § 201 des Fünften Buches entsprechend.

§ 51 Meldungen bei Mitgliedern der privaten Pflegeversicherung

(1) Das private Versicherungsunternehmen hat Personen, die bei ihm gegen Krankheit versichert sind und trotz Aufforderung innerhalb von sechs Monaten nach Inkrafttreten des Pflege-Versicherungsgesetzes, bei Neuabschlüssen von Krankenversicherungsverträgen innerhalb von drei Monaten nach Abschluß des Vertrages, keinen privaten Pflegeversicherungsvertrag abgeschlossen haben, unverzüglich dem Bundesversicherungsamt zu melden. Das Versicherungsunternehmen hat auch Versicherungsnehmer zu melden, die mit der Entrichtung von sechs Monatsprämien in Verzug geraten sind. Das Bundesversicherungsamt kann mit dem Verband der privaten Krankenversicherung e.V. Näheres über das Meldeverfahren vereinbaren.

(2) Der Dienstherr hat für Heilfürsorgeberechtigte, die weder privat krankenversichert noch Mitglied in der gesetzlichen Krankenversicherung sind, eine Meldung an das Bundesversicherungsamt zu erstatten. Die Postbeamtenkrankenkasse und die Krankenversorgung der Bundesbahnbeamten melden die im Zeitpunkt des Inkrafttretens des Gesetzes bei diesen Einrichtungen versicherten Mitglieder und mitversicherten Familienangehörigen an das Bundesversicherungsamt.

(3) Die Meldepflichten bestehen auch für die Fälle, in denen eine bestehende private Pflegeversicherung gekündigt und der Abschluß eines neuen Vertrages bei einem anderen Versicherungsunternehmen nicht nachgewiesen wird.

Vierter Abschnitt
Wahrnehmung der Verbandsaufgaben

§ 52 Aufgaben auf Landesebene

(1) Die Landesverbände der Ortskrankenkassen, der Betriebskrankenkassen und der Innungskrankenkassen, die Deutsche Rentenversicherung Knappschaft-Bahn-See, die nach § 36 des Zweiten Gesetzes über die Krankenversicherung der Landwirte als Landesverband tätige landwirtschaftliche Krankenkasse sowie die Ersatzkassen nehmen die Aufgaben der Landesverbände der Pflegekassen wahr. § 211a und § 212 Abs. 5 Satz 4 bis 10 des Fünften Buches gelten entsprechend.

(2) Für die Aufgaben der Landesverbände nach Absatz 1 gilt § 211 des Fünften Buches entsprechend. Die Landesverbände haben insbesondere den Spitzenverband Bund der Pflegekassen bei der Erfüllung seiner Aufgaben zu unterstützen.

(3) Für die Aufsicht über die Landesverbände im Bereich der Aufgaben nach Absatz 1 gilt § 208 des Fünften Buches entsprechend.

(4) Soweit in diesem Buch die Landesverbände der Pflegekassen Aufgaben wahrnehmen, handeln die in Absatz 1 aufgeführten Stellen.

§ 53 Aufgaben auf Bundesebene

Der Spitzenverband Bund der Krankenkassen nimmt die Aufgaben des Spitzenverbandes Bund der Pflegekassen wahr. Die §§ 217b, 217d und 217f des Fünften Buches gelten entsprechend.

§ 53a Zusammenarbeit der Medizinischen Dienste

Der Spitzenverband Bund der Pflegekassen erlässt für den Bereich der sozialen Pflegeversicherung Richtlinien

1. über die Zusammenarbeit der Pflegekassen mit den Medizinischen Diensten,

2. zur Durchführung und Sicherstellung einer einheitlichen Begutachtung,

3. über die von den Medizinischen Diensten zu übermittelnden Berichte und Statistiken,

4. zur Qualitätssicherung der Begutachtung und Beratung sowie über das Verfahren zur Durchführung von Qualitätsprüfungen und zur Qualitätssicherung der Qualitätsprüfungen,

5. über Grundsätze zur Fort- und Weiterbildung.

Die Richtlinien bedürfen der Zustimmung des Bundesministeriums für Gesundheit. Sie sind für die Medizinischen Dienste verbindlich.

§ 53b Beauftragung von anderen unabhängigen Gutachtern durch die Pflegekassen im Verfahren zur Feststellung der Pflegebedürftigkeit

(1) Der Spitzenverband Bund der Pflegekassen erlässt bis zum 31. März 2013 mit dem Ziel einer einheitlichen Rechtsanwendung Richtlinien zur Zusammenarbeit der Pflegekassen mit anderen unabhängigen Gutachtern im Verfahren zur Feststellung der Pflegebedürftigkeit. Die Richtlinien sind für die Pflegekassen verbindlich.

(2) Die Richtlinien regeln insbesondere Folgendes:

1. die Anforderungen an die Qualifikation und die Unabhängigkeit der Gutachter,

2. das Verfahren, mit dem sichergestellt wird, dass die von den Pflegekassen beauftragten unabhängigen Gutachter bei der Feststellung der Pflegebedürftigkeit und bei der Zuordnung zu einer Pflegestufe dieselben Maßstäbe wie der Medizinische Dienst der Krankenversicherung anlegen,

3. die Sicherstellung der Dienstleistungsorientierung im Begutachtungsverfahren und

4. die Einbeziehung der Gutachten der von den Pflegekassen beauftragten Gutachter in das Qualitätssicherungsverfahren der Medizinischen Dienste.

(3) Die Richtlinien bedürfen der Zustimmung des Bundesministeriums für Gesundheit.

Neu ab 1. Januar 2017

§ 53c Richtlinien zur Qualifikation und zu den Aufgaben zusätzlicher Betreuungskräfte

Der Spitzenverband Bund der Pflegekassen hat für die zusätzlich einzusetzenden Betreuungskräfte für die Leistungen nach § 43b Richtlinien zur Qualifikation und zu den Aufgaben in stationären Pflegeeinrichtungen zu beschließen. Er hat hierzu die Bundesvereinigungen der Träger stationärer Pflegeeinrichtungen und die Verbände der Pflegeberufe auf Bundesebene anzuhören und den allgemein anerkannten Stand medizinisch-pflegerischer Erkenntnisse zu beachten. Die Richtlinien werden für alle Pflegekassen und deren Verbände sowie für die stationären Pflegeeinrichtungen erst nach Genehmigung durch das Bundesministerium für Gesundheit wirksam. § 17 Absatz 2 Satz 2 und 3 gilt entsprechend.

Gesetzesbegründung Drs. 18/5926 zu § 53c

Geltung von § 53c ab 1. Januar 2017

Angesichts der leistungsrechtlichen Neuregelung der zusätzlichen Betreuung und Aktivierung in stationären Pflegeeinrichtungen in § 43b und der damit verbundenen Überführung der vertrags- und vergütungsrechtlichen Regelungen in die Vorschriften des allgemeinen Pflegesatzverfahrens wird der Auftrag des bisherigen § 87b Absatz 3 für den Spitzenverband Bund der Pflegekassen, Richtlinien zur Qualifikation und zu den Aufgaben der zusätzlichen Betreuungskräfte zu erlassen, im Wesentlichen inhaltlich unverändert als neuer § 53c in das Fünfte Kapitel integriert.

Die Verbände der Pflegeberufe auf Bundesebene erhalten ein Anhörungsrecht.

Sechstes Kapitel
Finanzierung

---

unverändert

Erster Abschnitt
Beiträge

§ 54 Grundsatz

(1) Die Mittel für die Pflegeversicherung werden durch Beiträge sowie sonstige Einnahmen gedeckt.

(2) Die Beiträge werden nach einem Vomhundertsatz (Beitragssatz) von den beitragspflichtigen Einnahmen der Mitglieder bis zur Beitragsbemessungsgrenze (§ 55) erhoben. Die Beiträge sind für jeden Kalendertag der Mitgliedschaft zu zahlen, soweit dieses Buch nichts Abweichendes bestimmt. Für die Berechnung der Beiträge ist die Woche zu sieben, der Monat zu 30 und das Jahr zu 360 Tagen anzusetzen.

(3) Die Vorschriften des Zwölften Kapitels des Fünften Buches gelten entsprechend.

Fassung bis 31. Dezember 2016	Fassung ab 1. Januar 2017
§ 55 Beitragssatz, Beitragsbemessungsgrenze	**§ 55 Beitragssatz, Beitragsbemessungsgrenze**
(1) Der Beitragssatz beträgt bundeseinheitlich ~~2,35 Prozent~~ der beitragspflichtigen Einnahmen der Mitglieder; er wird durch Gesetz festgesetzt. Für Personen, bei denen § 28 Abs. 2 Anwendung findet, beträgt der Beitragssatz die Hälfte des Beitragssatzes nach Satz 1.	(1) Der Beitragssatz beträgt bundeseinheitlich <u>2,55 Prozent</u> der beitragspflichtigen Einnahmen der Mitglieder; er wird durch Gesetz festgesetzt. Für Personen, bei denen § 28 Abs. 2 Anwendung findet, beträgt der Beitragssatz die Hälfte des Beitragssatzes nach Satz 1.
(2) Beitragspflichtige Einnahmen sind bis zu einem Betrag von 1/360 der in § 6 Abs. 7 des Fünften Buches festgelegten Jahresarbeitsentgeltgrenze für den Kalendertag zu berücksichtigen (Beitragsbemessungsgrenze).	(2) Beitragspflichtige Einnahmen sind bis zu einem Betrag von 1/360 der in § 6 Abs. 7 des Fünften Buches festgelegten Jahresarbeitsentgeltgrenze für den Kalendertag zu berücksichtigen (Beitragsbemessungsgrenze).
(3) Der Beitragssatz nach Absatz 1 Satz 1 und 2 erhöht sich für Mitglieder nach Ablauf des Monats, in dem sie das 23. Lebensjahr vollendet haben, um einen Beitragszuschlag in Höhe von 0,25 Beitragssatzpunkten (Beitragszuschlag für Kinderlose). Satz 1 gilt nicht für Eltern im Sinne des § 56 Abs. 1 Satz 1 Nr. 3 und Abs. 3 Nr. 2 und 3 des Ersten Buches. Die Elterneigenschaft ist in geeigneter Form gegenüber der beitragsabführenden Stelle, von Selbstzahlern gegenüber der Pflegekasse, nachzuweisen, sofern diesen die Elterneigenschaft nicht bereits aus anderen Gründen bekannt ist. Der Spitzenverband Bund der Pflegekassen gibt Empfehlungen darüber, welche Nachweise geeignet sind. Erfolgt die Vorlage des Nachweises innerhalb von drei Monaten nach der Geburt des Kindes, gilt der Nachweis mit Beginn des Monats der Geburt als erbracht, ansonsten wirkt der Nachweis ab Beginn des Monats, der dem Monat folgt, in dem der Nachweis erbracht wird. Nachweise für vor dem 1. Januar 2005 geborene Kinder, die bis zum 30. Juni 2005 erbracht werden, wirken vom 1. Januar 2005 an.	(3) Der Beitragssatz nach Absatz 1 Satz 1 und 2 erhöht sich für Mitglieder nach Ablauf des Monats, in dem sie das 23. Lebensjahr vollendet haben, um einen Beitragszuschlag in Höhe von 0,25 Beitragssatzpunkten (Beitragszuschlag für Kinderlose). Satz 1 gilt nicht für Eltern im Sinne des § 56 Abs. 1 Satz 1 Nr. 3 und Abs. 3 Nr. 2 und 3 des Ersten Buches. Die Elterneigenschaft ist in geeigneter Form gegenüber der beitragsabführenden Stelle, von Selbstzahlern gegenüber der Pflegekasse, nachzuweisen, sofern diesen die Elterneigenschaft nicht bereits aus anderen Gründen bekannt ist. Der Spitzenverband Bund der Pflegekassen gibt Empfehlungen darüber, welche Nachweise geeignet sind. Erfolgt die Vorlage des Nachweises innerhalb von drei Monaten nach der Geburt des Kindes, gilt der Nachweis mit Beginn des Monats der Geburt als erbracht, ansonsten wirkt der Nachweis ab Beginn des Monats, der dem Monat folgt, in dem der Nachweis erbracht wird. Nachweise für vor dem 1. Januar 2005 geborene Kinder, die bis zum 30. Juni 2005 erbracht werden, wirken vom 1. Januar 2005 an.

Satz 1 gilt nicht für Mitglieder, die vor dem 1. Januar 1940 geboren wurden, für Wehr- und Zivildienstleistende sowie für Bezieher von Arbeitslosengeld II.

(3a) Zu den Eltern im Sinne des Absatzes 3 Satz 2 gehören nicht

1. Adoptiveltern, wenn das Kind zum Zeitpunkt des Wirksamwerdens der Adoption bereits die in § 25 Abs. 2 vorgesehenen Altersgrenzen erreicht hat,

2. Stiefeltern, wenn das Kind zum Zeitpunkt der Eheschließung mit dem Elternteil des Kindes bereits die in § 25 Abs. 2 vorgesehenen Altersgrenzen erreicht hat oder wenn das Kind vor Erreichen dieser Altersgrenzen nicht in den gemeinsamen Haushalt mit dem Mitglied aufgenommen worden ist.

(4) Der Beitragszuschlag für die Monate Januar bis März 2005 auf Renten der gesetzlichen Rentenversicherung wird für Rentenbezieher, die nach dem 31. Dezember 1939 geboren wurden, in der Weise abgegolten, dass der Beitragszuschlag im Monat April 2005 1 vom Hundert der im April 2005 beitragspflichtigen Rente beträgt. Für die Rentenbezieher, die in den Monaten Januar bis April 2005 zeitweise nicht beitrags- oder zuschlagspflichtig sind, wird der Beitragszuschlag des Monats April 2005 entsprechend der Dauer dieser Zeit reduziert.

(5) Sind landwirtschaftliche Unternehmer, die nicht zugleich Arbeitslosengeld II beziehen, sowie mitarbeitende Familienangehörige Mitglied der landwirtschaftlichen Krankenkasse, wird der Beitrag abweichend von den Absätzen 1 bis 3 in Form eines Zuschlags auf den Krankenversicherungsbeitrag, den sie nach den Vorschriften des Zweiten Gesetzes über die Krankenversicherung der Landwirte aus dem Arbeitseinkommen aus Land- und Forstwirtschaft zu zahlen haben, erhoben. Die Höhe des Zuschlags ergibt sich aus dem Verhältnis des Beitragssatzes nach Absatz 1 Satz 1 zu dem um den durchschnittlichen Zusatzbeitragssatz erhöhten allgemeinen Beitragssatz nach § 241 des Fünften Buches. Sind die Voraussetzungen für einen Beitragszuschlag für Kinderlose nach Absatz 3 erfüllt, erhöht sich der Zuschlag nach Satz 2 um das Verhältnis des Beitragszuschlags für Kinderlose nach Absatz 3 Satz 1 zu dem Beitragssatz nach Absatz 1 Satz 1.

Satz 1 gilt nicht für Mitglieder, die vor dem 1. Januar 1940 geboren wurden, für Wehr- und Zivildienstleistende sowie für Bezieher von Arbeitslosengeld II.

(3a) Zu den Eltern im Sinne des Absatzes 3 Satz 2 gehören nicht

1. Adoptiveltern, wenn das Kind zum Zeitpunkt des Wirksamwerdens der Adoption bereits die in § 25 Abs. 2 vorgesehenen Altersgrenzen erreicht hat,

2. Stiefeltern, wenn das Kind zum Zeitpunkt der Eheschließung mit dem Elternteil des Kindes bereits die in § 25 Abs. 2 vorgesehenen Altersgrenzen erreicht hat oder wenn das Kind vor Erreichen dieser Altersgrenzen nicht in den gemeinsamen Haushalt mit dem Mitglied aufgenommen worden ist.

(4) Der Beitragszuschlag für die Monate Januar bis März 2005 auf Renten der gesetzlichen Rentenversicherung wird für Rentenbezieher, die nach dem 31. Dezember 1939 geboren wurden, in der Weise abgegolten, dass der Beitragszuschlag im Monat April 2005 1 vom Hundert der im April 2005 beitragspflichtigen Rente beträgt. Für die Rentenbezieher, die in den Monaten Januar bis April 2005 zeitweise nicht beitrags- oder zuschlagspflichtig sind, wird der Beitragszuschlag des Monats April 2005 entsprechend der Dauer dieser Zeit reduziert.

(5) Sind landwirtschaftliche Unternehmer, die nicht zugleich Arbeitslosengeld II beziehen, sowie mitarbeitende Familienangehörige Mitglied der landwirtschaftlichen Krankenkasse, wird der Beitrag abweichend von den Absätzen 1 bis 3 in Form eines Zuschlags auf den Krankenversicherungsbeitrag, den sie nach den Vorschriften des Zweiten Gesetzes über die Krankenversicherung der Landwirte aus dem Arbeitseinkommen aus Land- und Forstwirtschaft zu zahlen haben, erhoben. Die Höhe des Zuschlags ergibt sich aus dem Verhältnis des Beitragssatzes nach Absatz 1 Satz 1 zu dem um den durchschnittlichen Zusatzbeitragssatz erhöhten allgemeinen Beitragssatz nach § 241 des Fünften Buches. Sind die Voraussetzungen für einen Beitragszuschlag für Kinderlose nach Absatz 3 erfüllt, erhöht sich der Zuschlag nach Satz 2 um das Verhältnis des Beitragszuschlags für Kinderlose nach Absatz 3 Satz 1 zu dem Beitragssatz nach Absatz 1 Satz 1.

Redaktionelle Anmerkung:

Die ab 1. Januar 2016 geltende Änderung in Absatz 5 durch das Gesetz zur Stärkung der Versorgung in der gesetzlichen Krankenversicherung vom 16. Juli 2015 (BGBl. I S. 1211) ist eingearbeitet.

Gesetzesbegründung Drs. 18/5926 zu § 55

Änderungen ab 1. Januar 2017

Die Beitragssatzerhöhung trägt dem Finanzbedarf der sozialen Pflegeversicherung Rechnung. Parallel zur Einführung des neuen Pflegebedürftigkeitsbegriffs wird der Beitragssatz um 0,2 Prozentpunkte angehoben.

unverändert

§ 56 Beitragsfreiheit

(1) Familienangehörige und Lebenspartner sind für die Dauer der Familienversicherung nach § 25 beitragsfrei.

(2) Beitragsfreiheit besteht vom Zeitpunkt der Rentenantragstellung bis zum Beginn der Rente einschließlich einer Rente nach dem Gesetz über die Alterssicherung der Landwirte für:

1. den hinterbliebenen Ehegatten eines Rentners, der bereits Rente bezogen hat, wenn Hinterbliebenenrente beantragt wird,

2. die Waise eines Rentners, der bereits Rente bezogen hat, vor Vollendung des 18. Lebensjahres; dies gilt auch für Waisen, deren verstorbener Elternteil eine Rente nach dem Gesetz über die Alterssicherung der Landwirte bezogen hat,

3. den hinterbliebenen Ehegatten eines Beziehers einer Rente nach dem Gesetz über die Alterssicherung der Landwirte, wenn die Ehe vor Vollendung des 65. Lebensjahres des Verstorbenen geschlossen wurde,

4. den hinterbliebenen Ehegatten eines Beziehers von Landabgaberente.

Satz 1 gilt nicht, wenn der Rentenantragsteller eine eigene Rente, Arbeitsentgelt, Arbeitseinkommen oder Versorgungsbezüge erhält.

(3) Beitragsfrei sind Mitglieder für die Dauer des Bezuges von Mutterschafts-, Eltern- oder Betreuungsgeld. Die Beitragsfreiheit erstreckt sich nur auf die in Satz 1 genannten Leistungen.

(4) Beitragsfrei sind auf Antrag Mitglieder, die sich auf nicht absehbare Dauer in stationärer Pflege befinden und bereits Leistungen nach § 35 Abs. 6 des Bundesversorgungsgesetzes, nach § 44 des Siebten Buches, nach § 34 des Beamtenversorgungsgesetzes oder nach den Gesetzen erhalten, die eine entsprechende Anwendung des Bundesversorgungsgesetzes vorsehen, wenn sie keine Familienangehörigen haben, für die eine Versicherung nach § 25 besteht.

(5) Beitragsfrei sind Mitglieder für die Dauer des Bezuges von Pflegeunterstützungsgeld. Die Beitragsfreiheit erstreckt sich nur auf die in Satz 1 genannten Leistungen.

§ 57 Beitragspflichtige Einnahmen

(1) Bei Mitgliedern der Pflegekasse, die in der gesetzlichen Krankenversicherung pflichtversichert sind, gelten für die Beitragsbemessung die §§ 226 bis 232a, 233 bis 238 und § 244 des Fünften Buches sowie die §§ 23a und 23b Abs. 2 bis 4 des Vierten Buches. Bei Personen, die Arbeitslosengeld II beziehen, ist abweichend von § 232a Abs. 1 Satz 1 Nr. 2 des Fünften Buches das 0,2172fache der monatlichen Bezugsgröße zugrunde zu legen und sind abweichend von § 54 Absatz 2 Satz 2 die Beiträge für jeden Kalendermonat, in dem mindestens für einen Tag eine Mitgliedschaft besteht, zu zahlen; § 232a Absatz 1a des Fünften Buches gilt entsprechend.

(2) Bei Beziehern von Krankengeld gilt als beitragspflichtige Einnahmen 80 vom Hundert des Arbeitsentgelts, das der Bemessung des Krankengeldes zugrundeliegt. Dies gilt auch für den Krankengeldbezug eines rentenversicherungspflichtigen mitarbeitenden Familienangehörigen eines landwirtschaftlichen Unternehmers. Beim Krankengeldbezug eines nicht rentenversicherungspflichtigen mitarbeitenden Familienangehörigen ist der Zahlbetrag der Leistung der Beitragsbemessung zugrunde zu legen. Bei Personen, die Krankengeld nach § 44a des Fünften Buches beziehen, wird das der Leistung zugrunde liegende Arbeitsentgelt oder Arbeitseinkommen zugrunde gelegt; wird dieses Krankengeld nach § 47b des Fünften Buches gezahlt, gelten die Sätze 1 bis 3. Bei Personen, die Leistungen für den Ausfall von Arbeitseinkünften von einem privaten Krankenversicherungsunternehmen, von einem Beihilfeträger des Bundes, von einem sonstigen öffentlich-rechtlichen Träger von Kosten in Krankheitsfällen auf Bundesebene, von dem Träger der Heilfürsorge im Bereich des Bundes, von dem Träger der truppenärztlichen Versorgung oder von einem öffentlich-rechtlichen Träger von Kosten in Krankheitsfällen auf Landesebene, soweit Landesrecht dies vorsieht, im Zusammenhang mit einer nach den §§ 8 und 8a des Transplantationsgesetzes erfolgenden Spende von Organen oder Geweben oder im Zusammenhang mit einer

im Sinne von § 9 des Transfusionsgesetzes erfolgenden Spende von Blut zur Separation von Blutstammzellen oder anderen Blutbestandteilen erhalten, wird das diesen Leistungen zugrunde liegende Arbeitsentgelt oder Arbeitseinkommen zugrunde gelegt. Bei Personen, die Krankengeld nach § 45 Absatz 1 des Fünften Buches beziehen, gelten als beitragspflichtige Einnahmen 80 Prozent des während der Freistellung ausgefallenen, laufenden Arbeitsentgelts oder des der Leistung zugrunde liegenden Arbeitseinkommens.

(3) Für die Beitragsbemessung der in § 20 Absatz 1 Satz 2 Nummer 3 genannten Altenteiler gilt § 45 des Zweiten Gesetzes über die Krankenversicherung der Landwirte.

(4) Bei freiwilligen Mitgliedern der gesetzlichen Krankenversicherung und bei Mitgliedern der sozialen Pflegeversicherung, die nicht in der gesetzlichen Krankenversicherung versichert sind, ist für die Beitragsbemessung § 240 des Fünften Buches entsprechend anzuwenden. Für die Beitragsbemessung der in der gesetzlichen Krankenversicherung versicherten Rentenantragsteller und freiwillig versicherten Rentner finden darüber hinaus die §§ 238a und 239 des Fünften Buches entsprechende Anwendung. Abweichend von Satz 1 ist bei Mitgliedern nach § 20 Abs. 1 Nr. 10, die in der gesetzlichen Krankenversicherung freiwillig versichert sind, § 236 des Fünften Buches entsprechend anzuwenden; als beitragspflichtige Einnahmen der satzungsmäßigen Mitglieder geistlicher Genossenschaften, Diakonissen und ähnlicher Personen, die freiwillig in der gesetzlichen Krankenversicherung versichert sind, sind der Wert für gewährte Sachbezüge oder das ihnen zur Beschaffung der unmittelbaren Lebensbedürfnisse an Wohnung, Verpflegung, Kleidung und dergleichen gezahlte Entgelt zugrunde zu legen. Bei freiwilligen Mitgliedern der gesetzlichen Krankenversicherung, die von einem Rehabilitationsträger Verletztengeld, Versorgungskrankengeld oder Übergangsgeld erhalten, gilt für die Beitragsbemessung § 235 Abs. 2 des Fünften Buches entsprechend; für die in der landwirtschaftlichen Krankenversicherung freiwillig Versicherten gilt § 46 des Zweiten Gesetzes über die Krankenversicherung der Landwirte.

(5) Der Beitragsberechnung von Personen, die nach § 26 Abs. 2 weiterversichert sind, werden für den Kalendertag der 180. Teil der monatlichen Bezugsgröße nach § 18 des Vierten Buches zugrunde gelegt.

§ 58 Tragung der Beiträge bei versicherungspflichtig Beschäftigten

(1) Die nach § 20 Abs. 1 Satz 2 Nr. 1 und 12 versicherungspflichtig Beschäftigten, die in der gesetzlichen Krankenversicherung pflichtversichert sind, und ihre Arbeitgeber tragen die nach dem Arbeitsentgelt zu bemessenden Beiträge jeweils zur Hälfte. Soweit für Beschäftigte Beiträge für Kurzarbeitergeld zu zahlen sind, trägt der Arbeitgeber den Beitrag allein. Den Beitragszuschlag für Kinderlose nach § 55 Abs. 3 tragen die Beschäftigten.

(2) Zum Ausgleich der mit den Arbeitgeberbeiträgen verbundenen Belastungen der Wirtschaft werden die Länder einen gesetzlichen landesweiten Feiertag, der stets auf einen Werktag fällt, aufheben.

(3) Die in Absatz 1 genannten Beschäftigten tragen die Beiträge in Höhe von 1 vom Hundert allein, wenn der Beschäftigungsort in einem Land liegt, in dem die am 31. Dezember 1993 bestehende Anzahl der gesetzlichen landesweiten Feiertage nicht um einen Feiertag, der stets auf einen Werktag fiel, vermindert worden ist. In Fällen des § 55 Abs. 1 Satz 2 werden die Beiträge in Höhe von 0,5 vom Hundert allein getragen. Im Übrigen findet Absatz 1 Anwendung, soweit es sich nicht um eine versicherungspflichtige Beschäftigung mit einem monatlichen Arbeitsentgelt innerhalb der Gleitzone nach § 20 Abs. 2 des Vierten Buches handelt, für die Absatz 5 Satz 2 Anwendung findet. Die Beiträge der Beschäftigten erhöhen sich nicht, wenn Länder im Jahr 2017 den Reformationstag einmalig zu einem gesetzlichen Feiertag erheben.

(4) Die Aufhebung eines Feiertages wirkt für das gesamte Kalenderjahr. Handelt es sich um einen Feiertag, der im laufenden Kalenderjahr vor dem Zeitpunkt des Inkrafttretens der Regelung über die Streichung liegt, wirkt die Aufhebung erst im folgenden Kalenderjahr.

(5) § 249 Abs. 2 des Fünften Buches gilt entsprechend. § 249 Abs. 4 des Fünften Buches gilt mit der Maßgabe, dass statt des Beitragssatzes der Krankenkasse der Beitragssatz der Pflegeversicherung und bei den in Absatz 3 Satz 1 genannten Beschäftigten für die Berechnung des Beitragsanteils des Arbeitgebers ein Beitragssatz in Höhe von 0,7 vom Hundert Anwendung findet.

§ 59 Beitragstragung bei anderen Mitgliedern

(1) Für die nach § 20 Abs. 1 Satz 2 Nr. 2 bis 12 versicherten Mitglieder der sozialen Pflegeversicherung, die in der gesetzlichen Krankenversicherung pflichtversichert sind, gelten für die Tragung der Beiträge die § 250 Abs. 1 und 3 und § 251 des Fünften Buches sowie § 48 des Zweiten Gesetzes über die Krankenversicherung der Landwirte entsprechend; die Beiträge aus der Rente der gesetzlichen Rentenversicherung sind von dem Mitglied allein zu tragen. Bei Beziehern einer Rente nach dem Gesetz über die Alterssicherung der Landwirte, die nach § 20 Abs. 1 Satz 2 Nr. 3 versichert sind, und bei Beziehern von Produktionsaufgaberente oder Ausgleichsgeld, die nach § 14 Abs. 4 des Gesetzes zur Förderung der Einstellung der landwirtschaftlichen Erwerbstätigkeit versichert sind, werden die Beiträge aus diesen Leistungen von den Beziehern der Leistung allein getragen.

(2) Die Beiträge für Bezieher von Krankengeld werden von den Leistungsbeziehern und den Krankenkassen je zur Hälfte getragen, soweit sie auf das Krankengeld entfallen und dieses nicht in Höhe der Leistungen der Bundesagentur für Arbeit zu zahlen ist, im übrigen von den Krankenkassen; die Beiträge werden auch dann von den Krankenkassen getragen, wenn das dem Krankengeld zugrunde liegende monatliche Arbeitsentgelt 450 Euro nicht übersteigt. Die Beiträge für Bezieher von Krankengeld nach § 44a des Fünften Buches oder für den Ausfall von Arbeitseinkünften im Zusammenhang mit einer nach den §§ 8 und 8a des Transplantationsgesetzes erfolgenden Spende von Organen oder Geweben oder im Zusammenhang mit einer im Sinne von § 9 des Transfusionsgesetzes erfolgenden Spende von Blut zur Separation von Blutstammzellen oder anderen Blutbestandteilen sind von der Stelle zu tragen, die die Leistung erbringt; wird die Leistung von mehreren Stellen erbracht, sind die Beiträge entsprechend anteilig zu tragen.

(3) Die Beiträge für die nach § 21 Nr. 1 bis 5 versicherten Leistungsempfänger werden vom jeweiligen Leistungsträger getragen. Beiträge auf Grund des Leistungsbezugs im Rahmen der Kriegsopferfürsorge gelten als Aufwendungen für die Kriegsopferfürsorge.

(4) Mitglieder der sozialen Pflegeversicherung, die in der gesetzlichen Krankenversicherung freiwillig versichert sind, sowie Mitglieder, deren Mitgliedschaft nach § 49 Abs. 2 Satz 1 erhalten bleibt oder nach den §§ 26 und 26a freiwillig versichert sind, und die nach § 21 Nr. 6 versicherten Soldaten auf Zeit tragen den Beitrag allein. Abweichend von Satz 1 werden

1. die auf Grund des Bezuges von Verletztengeld, Versorgungskrankengeld oder Übergangsgeld zu zahlenden Beiträge von dem zuständigen Rehabilitationsträger,

2. die Beiträge für satzungsmäßige Mitglieder geistlicher Genossenschaften, Diakonissen und ähnliche Personen einschließlich der Beiträge bei einer Weiterversicherung nach § 26 von der Gemeinschaft

allein getragen.

(5) Den Beitragszuschlag für Kinderlose nach § 55 Abs. 3 trägt das Mitglied.

§ 60 Beitragszahlung

(1) Soweit gesetzlich nichts Abweichendes bestimmt ist, sind die Beiträge von demjenigen zu zahlen, der sie zu tragen hat. § 252 Abs. 1 Satz 2, die §§ 253 bis 256a des Fünften Buches und § 49 Satz 2, die §§ 50 und 50a des Zweiten Gesetzes über die Krankenversicherung der Landwirte gelten entsprechend. Die aus einer Rente nach dem Gesetz über die Alterssicherung der Landwirte und einer laufenden Geldleistung nach dem Gesetz zur Förderung der Einstellung der landwirtschaftlichen Erwerbstätigkeit zu entrichtenden Beiträge werden von der Alterskasse gezahlt; § 28g Satz 1 des Vierten Buches gilt entsprechend.

> **Redaktionelle Anmerkung:**
>
> Die ab 1. Januar 2016 geltende Änderung in Absatz 1 durch das Gesetz zur Stärkung der Versorgung in der gesetzlichen Krankenversicherung vom 16. Juli 2015 (BGBl. I S. 1211) ist eingearbeitet.

(2) Für Bezieher von Krankengeld zahlen die Krankenkassen die Beiträge; für den Beitragsabzug gilt § 28g Satz 1 des Vierten Buches entsprechend. Die zur Tragung der Beiträge für die in § 21 Nr. 1 bis 5 genannten Mitglieder Verpflichteten können einen Dritten mit der Zahlung der Beiträge beauftragen und mit den Pflegekassen Näheres über die Zahlung und Abrechnung der Beiträge vereinbaren.

(3) Die Beiträge sind an die Krankenkassen zu zahlen; in den in § 252 Abs. 2 Satz 1 des Fünften Buches geregelten Fällen sind sie an den Gesundheitsfonds zu zahlen, der sie unverzüglich an den Ausgleichsfonds weiterzuleiten hat. Die nach Satz 1 eingegangenen Beiträge zur Pflegeversicherung sind von der Krankenkasse unverzüglich an die Pflegekasse weiterzuleiten. In den Fällen des § 252 Absatz 2 Satz 1 des Fünften Buches ist das Bundesversicherungsamt als Verwalter des Gesundheitsfonds, im Übrigen sind die Pflegekassen zur Prüfung der ordnungsgemäßen Beitragszahlung berechtigt; § 251 Absatz 5 Satz 3 bis 7 des Fünften Buches gilt entsprechend. § 24 Abs. 1 des Vierten Buches gilt. § 252 Abs. 3 des Fünften Buches gilt mit der Maßgabe, dass die Beiträge zur Pflegeversicherung den Beiträgen zur Krankenversicherung gleichstehen.

(4) Die Deutsche Rentenversicherung Bund leitet alle Pflegeversicherungsbeiträge aus Rentenleistungen der allgemeinen Rentenversicherung am fünften Arbeitstag des Monats, der dem Monat folgt, in dem die Rente fällig war, an den Ausgleichsfonds der Pflegeversicherung (§ 65) weiter. Werden Rentenleistungen am letzten Bankarbeitstag des Monats ausgezahlt, der dem Monat vorausgeht, in dem sie fällig werden (§ 272a des Sechsten Buches), leitet die Deutsche Rentenversicherung Bund die darauf entfallenden Pflegeversicherungsbeiträge am fünften Arbeitstag des laufenden Monats an den Ausgleichsfonds der Pflegeversicherung weiter.

(5) Der Beitragszuschlag nach § 55 Abs. 3 ist von demjenigen zu zahlen, der die Beiträge zu zahlen hat. Wird der Pflegeversicherungsbeitrag von einem Dritten gezahlt, hat dieser einen Anspruch gegen das Mitglied auf den von dem Mitglied zu tragenden Beitragszuschlag. Dieser Anspruch kann von dem Dritten durch Abzug von der an das Mitglied zu erbringenden Geldleistung geltend gemacht werden.

(6) Wenn kein Abzug nach Absatz 5 möglich ist, weil der Dritte keine laufende Geldleistung an das Mitglied erbringen muss, hat das Mitglied den sich aus dem Beitragszuschlag ergebenden Betrag an die Pflegekasse zu zahlen.

(7) Die Beitragszuschläge für die Bezieher von Arbeitslosengeld, Unterhaltsgeld und Kurzarbeitergeld, Ausbildungsgeld, Übergangsgeld und, soweit die Bundesagentur beitragszahlungspflichtig ist, für Bezieher von Berufsausbildungsbeihilfe nach dem Dritten Buch werden von der Bundesagentur für Arbeit pauschal in Höhe von 20 Millionen Euro pro Jahr an den Ausgleichsfonds der Pflegeversicherung (§ 66) überwiesen. Die Bundesagentur für Arbeit kann mit Zustimmung des Bundesministeriums für Arbeit und Soziales hinsichtlich der übernommenen Beträge Rückgriff bei den genannten Leistungsbeziehern nach dem Dritten Buch nehmen. Die Bundesagentur für Arbeit kann mit dem Bundesversicherungsamt Näheres zur Zahlung der Pauschale vereinbaren.

Zweiter Abschnitt
Beitragszuschüsse

§ 61 Beitragszuschüsse für freiwillige Mitglieder der gesetzlichen Krankenversicherung und Privatversicherte

(1) Beschäftigte, die in der gesetzlichen Krankenversicherung freiwillig versichert sind, erhalten unter den Voraussetzungen des § 58 von ihrem Arbeitgeber einen Beitragszuschuß, der in der Höhe begrenzt ist, auf den Betrag, der als Arbeitgeberanteil nach § 58 zu zahlen wäre. Bestehen innerhalb desselben Zeitraums mehrere Beschäftigungsverhältnisse, sind die beteiligten Arbeitgeber anteilmäßig nach dem Verhältnis der Höhe der jeweiligen Arbeitsentgelte zur Zahlung des Beitragszuschusses verpflichtet. Für Beschäftigte, die Kurzarbeitergeld nach dem Dritten Buch beziehen, ist zusätzlich zu dem Zuschuß nach Satz 1 die Hälfte des Betrages zu zahlen, den der Arbeitgeber bei Versicherungspflicht des Beschäftigten nach § 58 Abs. 1 Satz 2 als Beitrag zu tragen hätte.

(2) Beschäftigte, die in Erfüllung ihrer Versicherungspflicht nach den §§ 22 und 23 bei einem privaten Krankenversicherungsunternehmen versichert sind und für sich und ihre Angehörigen oder Lebenspartner, die bei Versicherungspflicht des Beschäftigten in der sozialen Pflegeversicherung nach § 25 versichert wären, Vertragsleistungen beanspruchen können, die nach Art und Umfang den Leistungen dieses Buches gleichwertig sind, erhalten unter den Voraussetzungen des § 58 von ihrem Arbeitgeber einen Beitragszuschuß. Der Zuschuß ist in der Höhe begrenzt auf den Betrag, der als Arbeitgeberanteil bei Versicherungspflicht in der sozialen Pflegeversicherung als Beitragsanteil zu zahlen wäre, höchstens jedoch auf die Hälfte des Betrages, den der Beschäftigte für seine private Pflegeversicherung zu zahlen hat. Für Beschäftigte, die Kurzarbeitergeld nach dem Dritten Buch beziehen, gilt Absatz 1 Satz 3 mit der Maßgabe, daß sie höchstens den Betrag erhalten, den sie tatsächlich zu zahlen haben. Bestehen innerhalb desselben Zeitraumes mehrere Beschäftigungsverhältnisse, sind die beteiligten Arbeitgeber anteilig nach dem Verhältnis der Höhe der jeweiligen Arbeitsentgelte zur Zahlung des Beitragszuschusses verpflichtet.

(3) Für Bezieher von Vorruhestandsgeld, die als Beschäftigte bis unmittelbar vor Beginn der Vorruhestandsleistungen Anspruch auf den vollen oder anteiligen Beitragszuschuß nach Absatz 1 oder 2 hatten, sowie für Bezieher von Leistungen nach § 9 Abs. 1 Nr. 1 und 2 des Anspruchs- und Anwartschaftsüberführungsgesetzes und Bezieher einer Übergangsversorgung nach § 7 des Tarifvertrages über einen sozialverträglichen Personalabbau im Bereich des Bundesministeriums der Verteidigung vom 30. November 1991 bleibt der Anspruch für die Dauer der Vorruhestandsleistungen gegen den zur Zahlung des Vorruhestandsgeldes Verpflichteten erhalten. Der Zuschuss beträgt die Hälfte des Beitrages, den Bezieher von Vorruhestandsgeld als versicherungspflichtig Beschäftigte ohne den Beitragszuschlag nach § 55 Abs. 3 zu zahlen hätten, höchstens jedoch die Hälfte des Betrages, den sie ohne den Beitragszuschlag nach § 55 Abs. 3 zu zahlen haben. Absatz 1 Satz 2 gilt entsprechend.

(4) Die in § 20 Abs. 1 Satz 2 Nr. 6, 7 oder 8 genannten Personen, für die nach § 23 Versicherungspflicht in der privaten Pflegeversicherung besteht, erhalten vom zuständigen Leistungsträger einen Zuschuß zu ihrem privaten Pflegeversicherungsbeitrag. Als Zuschuß ist der Betrag zu zahlen, der von dem Leistungsträger als Beitrag bei Versicherungspflicht in der sozialen Pflegeversicherung zu zahlen wäre, höchstens jedoch der Betrag, der an das private Versicherungsunternehmen zu zahlen ist.

(5) Der Zuschuß nach den Absätzen 2, 3 und 4 wird für eine private Pflegeversicherung nur gezahlt, wenn das Versicherungsunternehmen:

1. die Pflegeversicherung nach Art der Lebensversicherung betreibt,

2. sich verpflichtet, den überwiegenden Teil der Überschüsse, die sich aus dem selbst abgeschlossenen Versicherungsgeschäft ergeben, zugunsten der Versicherten zu verwenden,

3. die Pflegeversicherung nur zusammen mit der Krankenversicherung, nicht zusammen mit anderen Versicherungssparten betreibt oder, wenn das Versicherungsunternehmen seinen Sitz in einem anderen Mitgliedstaat der Europäischen Union hat, den Teil der Prämien, für den Berechtigte den Zuschuss erhalten, nur für die Kranken- und Pflegeversicherung verwendet.

(6) Das Krankenversicherungsunternehmen hat dem Versicherungsnehmer eine Bescheinigung darüber auszuhändigen, daß ihm die Aufsichtsbehörde bestätigt hat, daß es die Versicherung, die Grundlage des Versicherungsvertrages ist, nach den in Absatz 5 genannten Voraussetzungen betreibt. Der Versicherungsnehmer hat diese Bescheinigung dem zur Zahlung des Beitragszuschusses Verpflichteten jeweils nach Ablauf von drei Jahren vorzulegen.

(7) Personen, die nach beamtenrechtlichen Vorschriften oder Grundsätzen bei Krankheit und Pflege Anspruch auf Beihilfe oder Heilfürsorge haben und bei einem privaten Versicherungsunternehmen pflegeversichert sind, sowie Personen, für die der halbe Beitragssatz nach § 55 Abs. 1 Satz 2 gilt, haben gegenüber dem Arbeitgeber oder Dienstherrn, der die Beihilfe und Heilfürsorge zu Aufwendungen aus Anlaß der Pflege gewährt, keinen Anspruch auf einen Beitragszuschuß. Hinsichtlich der Beitragszuschüsse für Abgeordnete, ehemalige Abgeordnete und deren Hinterbliebene wird auf die Bestimmungen in den jeweiligen Abgeordnetengesetzen verwiesen.

Dritter Abschnitt
Verwendung und Verwaltung der Mittel

§ 62 Mittel der Pflegekasse

Die Mittel der Pflegekasse umfassen die Betriebsmittel und die Rücklage.

§ 63 Betriebsmittel

(1) Die Betriebsmittel dürfen nur verwendet werden:

1. für die gesetzlich oder durch die Satzung vorgesehenen Aufgaben sowie für die Verwaltungskosten,

2. zur Auffüllung der Rücklage und zur Finanzierung des Ausgleichsfonds.

(2) Die Betriebsmittel dürfen im Durchschnitt des Haushaltsjahres monatlich das Einfache des nach dem Haushaltsplan der Pflegekasse auf einen Monat entfallenden Betrages der in Absatz 1 Nr. 1 genannten Aufwendungen

nicht übersteigen. Bei der Feststellung der vorhandenen Betriebsmittel sind die Forderungen und Verpflichtungen der Pflegekasse zu berücksichtigen, soweit sie nicht der Rücklage zuzuordnen sind. 3Durchlaufende Gelder bleiben außer Betracht.

(3) Die Betriebsmittel sind im erforderlichen Umfang bereitzuhalten und im übrigen so anzulegen, daß sie für den in Absatz 1 bestimmten Zweck verfügbar sind.

§ 64 Rücklage

(1) Die Pflegekasse hat zur Sicherstellung ihrer Leistungsfähigkeit eine Rücklage zu bilden.

(2) Die Rücklage beträgt 50 vom Hundert des nach dem Haushaltsplan durchschnittlich auf den Monat entfallenden Betrages der Ausgaben (Rücklagesoll).

(3) Die Pflegekasse hat Mittel aus der Rücklage den Betriebsmitteln zuzuführen, wenn Einnahme- und Ausgabeschwankungen innerhalb eines Haushaltsjahres nicht durch die Betriebsmittel ausgeglichen werden können.

(4) Übersteigt die Rücklage das Rücklagesoll, so ist der übersteigende Betrag den Betriebsmitteln bis zu der in § 63 Abs. 2 genannten Höhe zuzuführen. Darüber hinaus verbleibende Überschüsse sind bis zum 15. des Monats an den Ausgleichsfonds nach § 65 zu überweisen.

(5) Die Rücklage ist getrennt von den sonstigen Mitteln so anzulegen, daß sie für den nach Absatz 1 bestimmten Zweck verfügbar ist. 2Sie wird von der Pflegekasse verwaltet.

Fassung bis 31. Dezember 2016	Fassung ab 1. Januar 2017
Vierter Abschnitt **Ausgleichsfonds, Finanzausgleich**	**Vierter Abschnitt** **Ausgleichsfonds, Finanzausgleich**
§ 65 Ausgleichsfonds	**§ 65 Ausgleichsfonds**
(1) Das Bundesversicherungsamt verwaltet als Sondervermögen (Ausgleichsfonds) die eingehenden Beträge aus:	(1) Das Bundesversicherungsamt verwaltet als Sondervermögen (Ausgleichsfonds) die eingehenden Beträge aus:
1. den Beiträgen aus den Rentenzahlungen, 2. den von den Pflegekassen überwiesenen Überschüssen aus Betriebsmitteln und Rücklage (§ 64 Abs. 4), 3. den vom Gesundheitsfonds überwiesenen Beiträgen der Versicherten.	1. den Beiträgen aus den Rentenzahlungen, 2. den von den Pflegekassen überwiesenen Überschüssen aus Betriebsmitteln und Rücklage (§ 64 Abs. 4), 3. den vom Gesundheitsfonds überwiesenen Beiträgen der Versicherten.
(2) Die im Laufe eines Jahres entstehenden Kapitalerträge werden dem Sondervermögen gutgeschrieben.	(2) Die im Laufe eines Jahres entstehenden Kapitalerträge werden dem Sondervermögen gutgeschrieben.
(3) Die Mittel des Ausgleichsfonds sind so anzulegen, daß sie für den in den §§ 67, 68 genannten Zweck verfügbar sind.	(3) Die Mittel des Ausgleichsfonds sind so anzulegen, daß sie für den in den §§ 67, 68 genannten Zweck verfügbar sind.
	(4) Die dem Bundesversicherungsamt bei der Verwaltung des Ausgleichsfonds entstehenden Kosten werden durch die Mittel des Ausgleichsfonds gedeckt. Das Bundesministerium für Gesundheit wird ermächtigt, im Einvernehmen mit dem Bundesministerium der Finanzen und dem Bundesministerium für Arbeit und Soziales durch Rechtsverordnung ohne Zustimmung des Bundesrates Vorschriften zu erlassen, die Näheres zu der Erstattung der Verwaltungskosten regeln.

Gesetzesbegründung Drs. 18/5926 zu § 65

Änderung ab 1 Januar 2017

Absatz 4 (neu)

Dem Bundesversicherungsamt obliegt gemäß den §§ 65 ff. die Aufgabe der Verwaltung des Ausgleichsfonds der sozialen Pflegeversicherung sowie der Durchführung des Finanzausgleichs.

Außerdem sind dem Bundesversicherungsamt durch Gesetz eine Reihe weiterer Aufgaben in der sozialen Pflegeversicherung zugewiesen (vgl. die §§ 8, 45c, e und f, 7c, 114a Absatz 5).

Da es sich bei den vorgenannten Aufgaben nicht um die nach den §§ 87, 90 SGB IV typischerweise dem Bundesversicherungsamt obliegenden Aufgaben aus Aufsichtstätigkeit handelt, sondern um sonstige Verwaltungsaufgaben, für die der Gesetzgeber in vergleichbaren Fällen eine Refinanzierung der Sach- und Personalkosten vorgesehen hat (vgl. z. B. §§ 271 Absatz 6, 137g Absatz 1, 274 Absatz 2 SGB V sowie § 181 Absatz 5 SGB V), ist aus systematischen Gründen eine Gleichbehandlung des Ausgleichsfonds in dieser Hinsicht geboten.

---

unverändert

§ 66 Finanzausgleich

(1) Die Leistungsaufwendungen sowie die Verwaltungskosten der Pflegekassen werden von allen Pflegekassen nach dem Verhältnis ihrer Beitragseinnahmen gemeinsam getragen. Zu diesem Zweck findet zwischen allen Pflegekassen ein Finanzausgleich statt. Das Bundesversicherungsamt führt den Finanzausgleich zwischen den Pflegekassen durch. Es hat Näheres zur Durchführung des Finanzausgleichs mit dem Spitzenverband Bund der Pflegekassen zu vereinbaren. Die Vereinbarung ist für die Pflegekasse verbindlich.

(2) Das Bundesversicherungsamt kann zur Durchführung des Zahlungsverkehrs nähere Regelungen mit der Deutsche Rentenversicherung Bund treffen.

§ 67 Monatlicher Ausgleich

(1) Jede Pflegekasse ermittelt bis zum 10. des Monats

1.   die bis zum Ende des Vormonats gebuchten Ausgaben,

2.   die bis zum Ende des Vormonats gebuchten Einnahmen (Beitragsist),

3.   das Betriebsmittel- und Rücklagesoll,

4.   den am Ersten des laufenden Monats vorhandenen Betriebsmittelbestand (Betriebsmittelist) und die Höhe der Rücklage.

(2) Sind die Ausgaben zuzüglich des Betriebsmittel- und Rücklagesolls höher als die Einnahmen zuzüglich des vorhandenen Betriebsmittelbestands und der Rücklage am Ersten des laufenden Monats, erhält die Pflegekasse bis zum Monatsende den Unterschiedsbetrag aus dem Ausgleichsfonds. Sind die Einnahmen zuzüglich des am Ersten des laufenden Monats vorhandenen Betriebsmittelbestands und der Rücklage höher als die Ausgaben zuzüglich des Betriebsmittel- und Rücklagesolls, überweist die Pflegekasse den Unterschiedsbetrag an den Ausgleichsfonds.

(3) Die Pflegekasse hat dem Bundesversicherungsamt die notwendigen Berechnungsgrundlagen mitzuteilen.

---

§ 68 Jahresausgleich

(1) Nach Ablauf des Kalenderjahres wird zwischen den Pflegekassen ein Jahresausgleich durchgeführt. Nach Vorliegen der Geschäfts- und Rechnungsergebnisse aller Pflegekassen und der Jahresrechnung der Deutschen Rentenversicherung Knappschaft-Bahn-See als Träger der knappschaftlichen Pflegeversicherung für das abgelaufene Kalenderjahr werden die Ergebnisse nach § 67 bereinigt.

(2) Werden nach Abschluß des Jahresausgleichs sachliche oder rechnerische Fehler in den Berechnungsgrundlagen festgestellt, hat das Bundesversicherungsamt diese bei der Ermittlung des nächsten Jahresausgleichs nach den zu diesem Zeitpunkt geltenden Vorschriften zu berücksichtigen.

(3) Das Bundesministerium für Gesundheit kann durch Rechtsverordnung mit Zustimmung des Bundesrates das Nähere über:

1. die inhaltliche und zeitliche Abgrenzung und Ermittlung der Beträge nach den §§ 66 bis 68,

2. die Fälligkeit der Beträge und Verzinsung bei Verzug,

3. das Verfahren bei der Durchführung des Finanzausgleichs sowie die hierfür von den Pflegekassen mitzuteilenden Angaben

regeln.

Siebtes Kapitel
Beziehungen der Pflegekassen zu den Leistungserbringern

unverändert

Erster Abschnitt
Allgemeine Grundsätze

§ 69 Sicherstellungsauftrag

Die Pflegekassen haben im Rahmen ihrer Leistungsverpflichtung eine bedarfsgerechte und gleichmäßige, dem allgemein anerkannten Stand medizinisch-pflegerischer Erkenntnisse entsprechende pflegerische Versorgung der Versicherten zu gewährleisten (Sicherstellungsauftrag). Sie schließen hierzu Versorgungsverträge sowie Vergütungsvereinbarungen mit den Trägern von Pflegeeinrichtungen (§ 71) und sonstigen Leistungserbringern. Dabei sind die Vielfalt, die Unabhängigkeit und Selbständigkeit sowie das Selbstverständnis der Träger von Pflegeeinrichtungen in Zielsetzung und Durchführung ihrer Aufgaben zu achten.

§ 70 Beitragssatzstabilität

(1) Die Pflegekassen stellen in den Verträgen mit den Leistungserbringern über Art, Umfang und Vergütung der Leistungen sicher, daß ihre Leistungsausgaben die Beitragseinnahmen nicht überschreiten (Grundsatz der Beitragssatzstabilität).

(2) Vereinbarungen über die Höhe der Vergütungen, die dem Grundsatz der Beitragssatzstabilität widersprechen, sind unwirksam.

Fassung bis 31. Dezember 2016	Fassung ab 1. Januar 2017
Zweiter Abschnitt **Beziehungen zu den Pflegeeinrichtungen**	**Zweiter Abschnitt** **Beziehungen zu den Pflegeeinrichtungen**
§ 71 Pflegeeinrichtungen	**§ 71 Pflegeeinrichtungen**
(1) Ambulante Pflegeeinrichtungen (Pflegedienste) im Sinne dieses Buches sind selbständig wirtschaftende Einrichtungen, die unter ständiger Verantwortung einer ausgebildeten Pflegefachkraft Pflegebedürftige in ihrer Wohnung ~~pflegen und hauswirtschaftlich~~ versorgen.	(1) Ambulante Pflegeeinrichtungen (Pflegedienste) im Sinne dieses Buches sind selbständig wirtschaftende Einrichtungen, die unter ständiger Verantwortung einer ausgebildeten Pflegefachkraft Pflegebedürftige in ihrer Wohnung <u>mit Leistungen der häuslichen Pflegehilfe im Sinne von § 36</u> versorgen.
(2) Stationäre Pflegeeinrichtungen (Pflegeheime) im Sinne dieses Buches sind selbständig wirtschaftende Einrichtungen, in denen Pflegebedürftige:	(2) Stationäre Pflegeeinrichtungen (Pflegeheime) im Sinne dieses Buches sind selbständig wirtschaftende Einrichtungen, in denen Pflegebedürftige:
1. unter ständiger Verantwortung einer ausgebildeten Pflegefachkraft gepflegt werden,	1. unter ständiger Verantwortung einer ausgebildeten Pflegefachkraft gepflegt werden,
2. ganztägig (vollstationär) oder tagsüber oder nachts (teilstationär) untergebracht und verpflegt werden können.	2. ganztägig (vollstationär) oder tagsüber oder nachts (teilstationär) untergebracht und verpflegt werden können.
(3) Für die Anerkennung als verantwortliche Pflegefachkraft im Sinne von Absatz 1 und 2 ist neben dem Abschluss einer Ausbildung als	(3) Für die Anerkennung als verantwortliche Pflegefachkraft im Sinne von Absatz 1 und 2 ist neben dem Abschluss einer Ausbildung als

Fassung bis 31. Dezember 2016	Fassung ab 1. Januar 2017
1. Gesundheits- und Krankenpflegerin oder Gesundheits- und Krankenpfleger,	1. Gesundheits- und Krankenpflegerin oder Gesundheits- und Krankenpfleger,
2. Gesundheits- und Kinderkrankenpflegerin oder Gesundheits- und Kinderkrankenpfleger oder	2. Gesundheits- und Kinderkrankenpflegerin oder Gesundheits- und Kinderkrankenpfleger oder
3. Altenpflegerin oder Altenpfleger	3. Altenpflegerin oder Altenpfleger
eine praktische Berufserfahrung in dem erlernten Ausbildungsberuf von zwei Jahren innerhalb der letzten acht Jahre erforderlich. Bei ambulanten Pflegeeinrichtungen, die überwiegend behinderte Menschen pflegen und betreuen, gelten auch nach Landesrecht ausgebildete Heilerziehungspflegerinnen und Heilerziehungspfleger sowie Heilerzieherinnen und Heilerzieher mit einer praktischen Berufserfahrung von zwei Jahren innerhalb der letzten acht Jahre als ausgebildete Pflegefachkraft. Die Rahmenfrist nach Satz 1 oder 2 beginnt acht Jahre vor dem Tag, zu dem die verantwortliche Pflegefachkraft im Sinne des Absatzes 1 oder 2 bestellt werden soll. Für die Anerkennung als verantwortliche Pflegefachkraft ist ferner Voraussetzung, dass eine Weiterbildungsmaßnahme für leitende Funktionen mit einer Mindeststundenzahl, die 460 Stunden nicht unterschreiten soll, erfolgreich durchgeführt wurde.	eine praktische Berufserfahrung in dem erlernten Ausbildungsberuf von zwei Jahren innerhalb der letzten acht Jahre erforderlich. Bei ambulanten Pflegeeinrichtungen, die überwiegend behinderte Menschen pflegen und betreuen, gelten auch nach Landesrecht ausgebildete Heilerziehungspflegerinnen und Heilerziehungspfleger sowie Heilerzieherinnen und Heilerzieher mit einer praktischen Berufserfahrung von zwei Jahren innerhalb der letzten acht Jahre als ausgebildete Pflegefachkraft. Die Rahmenfrist nach Satz 1 oder 2 beginnt acht Jahre vor dem Tag, zu dem die verantwortliche Pflegefachkraft im Sinne des Absatzes 1 oder 2 bestellt werden soll. Für die Anerkennung als verantwortliche Pflegefachkraft ist ferner Voraussetzung, dass eine Weiterbildungsmaßnahme für leitende Funktionen mit einer Mindeststundenzahl, die 460 Stunden nicht unterschreiten soll, erfolgreich durchgeführt wurde.
(4) Stationäre Einrichtungen, in denen die Leistungen zur medizinischen Vorsorge, zur medizinischen Rehabilitation, zur Teilhabe am Arbeitsleben oder am Leben in der Gemeinschaft, die schulische Ausbildung oder die Erziehung kranker oder behinderter Menschen im Vordergrund des Zweckes der Einrichtung stehen, sowie Krankenhäuser sind keine Pflegeeinrichtungen im Sinne des Absatzes 2.	(4) Stationäre Einrichtungen, in denen die Leistungen zur medizinischen Vorsorge, zur medizinischen Rehabilitation, zur Teilhabe am Arbeitsleben oder am Leben in der Gemeinschaft, die schulische Ausbildung oder die Erziehung kranker oder behinderter Menschen im Vordergrund des Zweckes der Einrichtung stehen, sowie Krankenhäuser sind keine Pflegeeinrichtungen im Sinne des Absatzes 2.

Gesetzesbegründung Drs. 18/5926 zu § 71

Änderung zum 1. Januar 2017

Redaktionelle Anmerkung:

Mit der Änderung von Absatz 1 erfolgte eine Anpassung an den neuen § 36. Zur Begründung siehe dort.

unverändert

§ 72 Zulassung zur Pflege durch Versorgungsvertrag

(1) Die Pflegekassen dürfen ambulante und stationäre Pflege nur durch Pflegeeinrichtungen gewähren, mit denen ein Versorgungsvertrag besteht (zugelassene Pflegeeinrichtungen). In dem Versorgungsvertrag sind Art, Inhalt und Umfang der allgemeinen Pflegeleistungen (§ 84 Abs. 4) festzulegen, die von der Pflegeeinrichtung während der Dauer des Vertrages für die Versicherten zu erbringen sind (Versorgungsauftrag).

(2) Der Versorgungsvertrag wird zwischen dem Träger der Pflegeeinrichtung oder einer vertretungsberechtigten Vereinigung gleicher Träger und den Landesverbänden der Pflegekassen im Einvernehmen mit den überörtlichen Trägern der Sozialhilfe im Land abgeschlossen, soweit nicht nach Landesrecht der örtliche Träger für die Pflegeeinrichtung zuständig ist; für mehrere oder alle selbständig wirtschaftenden Einrichtungen (§ 71 Abs. 1 und 2) eines Pflegeeinrichtungsträgers, die vor Ort organisatorisch miteinander verbunden sind, kann ein einheitlicher Versorgungsvertrag (Gesamtversorgungsvertrag) geschlossen werden. Er ist für die Pflegeeinrichtung und für alle Pflegekassen im Inland unmittelbar verbindlich.

(3) Versorgungsverträge dürfen nur mit Pflegeeinrichtungen abgeschlossen werden, die

1. den Anforderungen des § 71 genügen,

2. die Gewähr für eine leistungsfähige und wirtschaftliche pflegerische Versorgung bieten sowie eine in Pflegeeinrichtungen ortsübliche Arbeitsvergütung an ihre Beschäftigten zahlen, soweit diese nicht von einer Verordnung über Mindestentgeltsätze aufgrund des Gesetzes über zwingende Arbeitsbedingungen für grenzüberschreitend entsandte und für regelmäßig im Inland beschäftigte Arbeitnehmer und Arbeitnehmerinnen (Arbeitnehmer-Entsendegesetz) erfasst sind,

3. sich verpflichten, nach Maßgabe der Vereinbarungen nach § 113 einrichtungsintern ein Qualitätsmanagement einzuführen und weiterzuentwickeln,

4. sich verpflichten, alle Expertenstandards nach § 113a anzuwenden;

ein Anspruch auf Abschluß eines Versorgungsvertrages besteht, soweit und solange die Pflegeeinrichtung diese Voraussetzungen erfüllt. Bei notwendiger Auswahl zwischen mehreren geeigneten Pflegeeinrichtungen sollen die Versorgungsverträge vorrangig mit freigemeinnützigen und privaten Trägern abgeschlossen werden. Bei ambulanten Pflegediensten ist in den Versorgungsverträgen der Einzugsbereich festzulegen, in dem die Leistungen zu erbringen sind.

(4) Mit Abschluß des Versorgungsvertrages wird die Pflegeeinrichtung für die Dauer des Vertrages zur pflegerischen Versorgung der Versicherten zugelassen. Die zugelassene Pflegeeinrichtung ist im Rahmen ihres Versorgungsauftrages zur pflegerischen Versorgung der Versicherten verpflichtet; dazu gehört bei ambulanten Pflegediensten auch die Durchführung von Pflegeeinsätzen nach § 37 Abs. 3 auf Anforderung des Pflegebedürftigen. Die Pflegekassen sind verpflichtet, die Leistungen der Pflegeeinrichtung nach Maßgabe des Achten Kapitels zu vergüten.

§ 73 Abschluß von Versorgungsverträgen

(1) Der Versorgungsvertrag ist schriftlich abzuschließen.

(2) Gegen die Ablehnung eines Versorgungsvertrages durch die Landesverbände der Pflegekassen ist der Rechtsweg zu den Sozialgerichten gegeben. Ein Vorverfahren findet nicht statt; die Klage hat keine aufschiebende Wirkung.

(3) Mit Pflegeeinrichtungen, die vor dem 1. Januar 1995 ambulante Pflege, teilstationäre Pflege oder Kurzzeitpflege auf Grund von Vereinbarungen mit Sozialleistungsträgern erbracht haben, gilt ein Versorgungsvertrag als abgeschlossen. Satz 1 gilt nicht, wenn die Pflegeeinrichtung die Anforderungen nach § 72 Abs. 3 Satz 1 nicht erfüllt und die zuständigen Landesverbände der Pflegekassen dies im Einvernehmen mit dem zuständigen Träger der Sozialhilfe (§ 72 Abs. 2 Satz 1) bis zum 30. Juni 1995 gegenüber dem Träger der Einrichtung schriftlich geltend machen. Satz 1 gilt auch dann nicht, wenn die Pflegeeinrichtung die Anforderungen nach § 72 Abs. 3 Satz 1 offensichtlich nicht erfüllt. Die Pflegeeinrichtung hat bis spätestens zum 31. März 1995 die Voraussetzungen

gen für den Bestandschutz nach den Sätzen 1 und 2 durch Vorlage von Vereinbarungen mit Sozialleistungsträgern sowie geeigneter Unterlagen zur Prüfung und Beurteilung der Leistungsfähigkeit und Wirtschaftlichkeit gegenüber einem Landesverband der Pflegekassen nachzuweisen. Der Versorgungsvertrag bleibt wirksam, bis er durch einen neuen Versorgungsvertrag abgelöst oder gemäß § 74 gekündigt wird.

(4) Für vollstationäre Pflegeeinrichtungen gilt Absatz 3 entsprechend mit der Maßgabe, daß der für die Vorlage der Unterlagen nach Satz 3 maßgebliche Zeitpunkt der 30. September 1995 und der Stichtag nach Satz 2 der 30. Juni 1996 ist.

§ 74 Kündigung von Versorgungsverträgen

(1) Der Versorgungsvertrag kann von jeder Vertragspartei mit einer Frist von einem Jahr ganz oder teilweise gekündigt werden, von den Landesverbänden der Pflegekassen jedoch nur, wenn die zugelassene Pflegeeinrichtung nicht nur vorübergehend eine der Voraussetzungen des § 72 Abs. 3 Satz 1 nicht oder nicht mehr erfüllt; dies gilt auch, wenn die Pflegeeinrichtung ihre Pflicht wiederholt gröblich verletzt, Pflegebedürftigen ein möglichst selbständiges und selbstbestimmtes Leben zu bieten, die Hilfen darauf auszurichten, die körperlichen, geistigen und seelischen Kräfte der Pflegebedürftigen wiederzugewinnen oder zu erhalten und angemessenen Wünschen der Pflegebedürftigen zur Gestaltung der Hilfe zu entsprechen. Vor Kündigung durch die Landesverbände der Pflegekassen ist das Einvernehmen mit dem zuständigen Träger der Sozialhilfe (§ 72 Abs. 2 Satz 1) herzustellen. Die Landesverbände der Pflegekassen können im Einvernehmen mit den zuständigen Trägern der Sozialhilfe zur Vermeidung der Kündigung des Versorgungsvertrages mit dem Träger der Pflegeeinrichtung insbesondere vereinbaren, dass

1. die verantwortliche Pflegefachkraft sowie weitere Leitungskräfte zeitnah erfolgreich geeignete Fort- und Weiterbildungsmaßnahmen absolvieren,

2. die Pflege, Versorgung und Betreuung weiterer Pflegebedürftiger bis zur Beseitigung der Kündigungsgründe ganz oder teilweise vorläufig ausgeschlossen ist.

(2) Der Versorgungsvertrag kann von den Landesverbänden der Pflegekassen auch ohne Einhaltung einer Kündigungsfrist gekündigt werden, wenn die Einrichtung ihre gesetzlichen oder vertraglichen Verpflichtungen gegenüber den Pflegebedürftigen oder deren Kostenträgern derart gröblich verletzt, daß ein Festhalten an dem Vertrag nicht zumutbar ist. Das gilt insbesondere dann, wenn Pflegebedürftige infolge der Pflichtverletzung zu Schaden kommen oder die Einrichtung nicht erbrachte Leistungen gegenüber den Kostenträgern abrechnet. Das gleiche gilt, wenn dem Träger eines Pflegeheimes nach den heimrechtlichen Vorschriften die Betriebserlaubnis entzogen oder der Betrieb des Heimes untersagt wird. Absatz 1 Satz 2 gilt entsprechend.

(3) Die Kündigung bedarf der Schriftform. Für Klagen gegen die Kündigung gilt § 73 Abs. 2 entsprechend.

Fassung bis 31. Dezember 2016	Fassung ab 1. Januar 2017
§ 75 Rahmenverträge, Bundesempfehlungen und -vereinbarungen über die pflegerische Versorgung	**§ 75 Rahmenverträge, Bundesempfehlungen und -vereinbarungen über die pflegerische Versorgung**
(1) Die Landesverbände der Pflegekassen schließen unter Beteiligung des Medizinischen Dienstes der Krankenversicherung sowie des Verbandes der privaten Krankenversicherung e. V. im Land mit den Vereinigungen der Träger der ambulanten oder stationären Pflegeeinrichtungen im Land gemeinsam und einheitlich Rahmenverträge mit dem Ziel, eine wirksame und wirtschaftliche pflegerische Versorgung der Versicherten sicherzustellen. Für Pflegeeinrichtungen, die einer Kirche oder Religionsgemeinschaft des öffentlichen Rechts oder einem sonstigen freigemeinnützigen Träger zuzuordnen sind, können die Rahmenverträge auch von der Kirche oder Religionsgemeinschaft oder von dem Wohlfahrtsverband abgeschlossen werden, dem die Pflegeeinrichtung angehört. Bei Rahmenverträgen über ambulante Pflege sind die Arbeitsgemeinschaften der örtlichen Träger der Sozialhilfe, bei Rahmenverträgen über stationäre Pflege die überörtlichen Träger der Sozialhilfe und die Arbeitsgemeinschaften der örtlichen Träger der Sozialhilfe als Vertragspartei am Vertragsschluß zu beteiligen. Die Rahmenverträge sind für die Pflegekassen und die zugelassenen Pflegeeinrichtungen im Inland unmittelbar verbindlich.	(1) Die Landesverbände der Pflegekassen schließen unter Beteiligung des Medizinischen Dienstes der Krankenversicherung sowie des Verbandes der privaten Krankenversicherung e. V. im Land mit den Vereinigungen der Träger der ambulanten oder stationären Pflegeeinrichtungen im Land gemeinsam und einheitlich Rahmenverträge mit dem Ziel, eine wirksame und wirtschaftliche pflegerische Versorgung der Versicherten sicherzustellen. Für Pflegeeinrichtungen, die einer Kirche oder Religionsgemeinschaft des öffentlichen Rechts oder einem sonstigen freigemeinnützigen Träger zuzuordnen sind, können die Rahmenverträge auch von der Kirche oder Religionsgemeinschaft oder von dem Wohlfahrtsverband abgeschlossen werden, dem die Pflegeeinrichtung angehört. Bei Rahmenverträgen über ambulante Pflege sind die Arbeitsgemeinschaften der örtlichen Träger der Sozialhilfe, bei Rahmenverträgen über stationäre Pflege die überörtlichen Träger der Sozialhilfe und die Arbeitsgemeinschaften der örtlichen Träger der Sozialhilfe als Vertragspartei am Vertragsschluß zu beteiligen. Die Rahmenverträge sind für die Pflegekassen und die zugelassenen Pflegeeinrichtungen im Inland unmittelbar verbindlich.
(2) Die Verträge regeln insbesondere:	(2) Die Verträge regeln insbesondere:
1. den Inhalt der Pflegeleistungen einschließlich der Sterbebegleitung sowie bei stationärer Pflege die Abgrenzung zwischen den allgemeinen Pflegeleistungen, den Leistungen bei Unterkunft und Verpflegung und den Zusatzleistungen,	1. den Inhalt der Pflegeleistungen einschließlich der Sterbebegleitung sowie bei stationärer Pflege die Abgrenzung zwischen den allgemeinen Pflegeleistungen, den Leistungen bei Unterkunft und Verpflegung und den Zusatzleistungen,
2. die allgemeinen Bedingungen der Pflege einschließlich der Kostenübernahme, der Abrechnung der Entgelte und der hierzu erforderlichen Bescheinigungen und Berichte,	2. die allgemeinen Bedingungen der Pflege einschließlich der Kostenübernahme, der Abrechnung der Entgelte und der hierzu erforderlichen Bescheinigungen und Berichte,
3. Maßstäbe und Grundsätze für eine wirtschaftliche und leistungsbezogene, am Versorgungsauftrag orientierte personelle und sächliche Ausstattung der Pflegeeinrichtungen,	3. Maßstäbe und Grundsätze für eine wirtschaftliche und leistungsbezogene, am Versorgungsauftrag orientierte personelle und sächliche Ausstattung der Pflegeeinrichtungen,
4. die Überprüfung der Notwendigkeit und Dauer der Pflege,	4. die Überprüfung der Notwendigkeit und Dauer der Pflege,
5. Abschläge von der Pflegevergütung bei vorübergehender Abwesenheit (Krankenhausaufenthalt, Beurlaubung) des Pflegebedürftigen aus dem Pflegeheim,	5. Abschläge von der Pflegevergütung bei vorübergehender Abwesenheit (Krankenhausaufenthalt, Beurlaubung) des Pflegebedürftigen aus dem Pflegeheim,

Fassung bis 31. Dezember 2016	Fassung ab 1. Januar 2017
6. den Zugang des Medizinischen Dienstes und sonstiger von den Pflegekassen beauftragter Prüfer zu den Pflegeeinrichtungen,	6. den Zugang des Medizinischen Dienstes und sonstiger von den Pflegekassen beauftragter Prüfer zu den Pflegeeinrichtungen,
7. die Verfahrens- und Prüfungsgrundsätze für Wirtschaftlichkeitsprüfungen,	7. die Verfahrens- und Prüfungsgrundsätze für Wirtschaftlichkeitsprüfungen,
8. die Grundsätze zur Festlegung der örtlichen oder regionalen Einzugsbereiche der Pflegeeinrichtungen, um Pflegeleistungen ohne lange Wege möglichst orts- und bürgernah anzubieten,	8. die Grundsätze zur Festlegung der örtlichen oder regionalen Einzugsbereiche der Pflegeeinrichtungen, um Pflegeleistungen ohne lange Wege möglichst orts- und bürgernah anzubieten,
9. die Möglichkeiten, unter denen sich Mitglieder von Selbsthilfegruppen, ehrenamtliche Pflegepersonen und sonstige zum bürgerschaftlichen Engagement bereite Personen und Organisationen in der häuslichen Pflege sowie in ambulanten und stationären Pflegeeinrichtungen an der Betreuung Pflegebedürftiger beteiligen können.	9. die Möglichkeiten, unter denen sich Mitglieder von Selbsthilfegruppen, ehrenamtliche Pflegepersonen und sonstige zum bürgerschaftlichen Engagement bereite Personen und Organisationen in der häuslichen Pflege sowie in ambulanten und stationären Pflegeeinrichtungen an der Betreuung Pflegebedürftiger beteiligen können.
Durch die Regelung der sächlichen Ausstattung in Satz 1 Nr. 3 werden Ansprüche der Pflegeheimbewohner nach § 33 des Fünften Buches auf Versorgung mit Hilfsmitteln weder aufgehoben noch eingeschränkt.	Durch die Regelung der sächlichen Ausstattung in Satz 1 Nr. 3 werden Ansprüche der Pflegeheimbewohner nach § 33 des Fünften Buches auf Versorgung mit Hilfsmitteln weder aufgehoben noch eingeschränkt.
(3) Als Teil der Verträge nach Absatz 2 Nr. 3 sind entweder	(3) Als Teil der Verträge nach Absatz 2 Nr. 3 sind entweder
1. landesweite Verfahren zur Ermittlung des Personalbedarfs oder zur Bemessung der Pflegezeiten oder	1. landesweite Verfahren zur Ermittlung des Personalbedarfs oder zur Bemessung der Pflegezeiten oder
2. landesweite Personalrichtwerte	2. landesweite Personalrichtwerte
zu vereinbaren. Dabei ist jeweils der besondere Pflege- und Betreuungsbedarf Pflegebedürftiger mit geistigen Behinderungen, psychischen Erkrankungen, demenzbedingten Fähigkeitsstörungen und anderen Leiden des Nervensystems zu beachten. Bei der Vereinbarung der Verfahren nach Satz 1 Nr. 1 sind auch in Deutschland erprobte und bewährte internationale Erfahrungen zu berücksichtigen. Die Personalrichtwerte nach Satz 1 Nr. 2 können als Bandbreiten vereinbart werden und umfassen bei teil- oder vollstationärer Pflege wenigstens	zu vereinbaren. Dabei ist jeweils der besondere Pflege- und Betreuungsbedarf Pflegebedürftiger mit geistigen Behinderungen, psychischen Erkrankungen, demenzbedingten Fähigkeitsstörungen und anderen Leiden des Nervensystems zu beachten. Bei der Vereinbarung der Verfahren nach Satz 1 Nr. 1 sind auch in Deutschland erprobte und bewährte internationale Erfahrungen zu berücksichtigen. Die Personalrichtwerte nach Satz 1 Nr. 2 können als Bandbreiten vereinbart werden und umfassen bei teil- oder vollstationärer Pflege wenigstens
1. das Verhältnis zwischen der Zahl der Heimbewohner und der Zahl der Pflege- und Betreuungskräfte (in Vollzeitkräfte umgerechnet), unterteilt nach *Pflegestufen* (Personalanhaltszahlen), sowie	1. das Verhältnis zwischen der Zahl der Heimbewohner und der Zahl der Pflege- und Betreuungskräfte (in Vollzeitkräfte umgerechnet), unterteilt nach <u>Pflegegrad</u> (Personalanhaltszahlen), sowie
2. im Bereich der Pflege, der sozialen Betreuung und der medizinischen Behandlungspflege zusätzlich den Anteil der ausgebildeten Fachkräfte am Pflege- und Betreuungspersonal.	2. im Bereich der Pflege, der sozialen Betreuung und der medizinischen Behandlungspflege zusätzlich den Anteil der ausgebildeten Fachkräfte am Pflege- und Betreuungspersonal.
Die Heimpersonalverordnung bleibt in allen Fällen unberührt.	

Fassung bis 31. Dezember 2016	Fassung ab 1. Januar 2017
(4) Kommt ein Vertrag nach Absatz 1 innerhalb von sechs Monaten ganz oder teilweise nicht zustande, nachdem eine Vertragspartei schriftlich zu Vertragsverhandlungen aufgefordert hat, wird sein Inhalt auf Antrag einer Vertragspartei durch die Schiedsstelle nach § 76 festgesetzt. Satz 1 gilt auch für Verträge, mit denen bestehende Rahmenverträge geändert oder durch neue Verträge abgelöst werden sollen.	(4) Kommt ein Vertrag nach Absatz 1 innerhalb von sechs Monaten ganz oder teilweise nicht zustande, nachdem eine Vertragspartei schriftlich zu Vertragsverhandlungen aufgefordert hat, wird sein Inhalt auf Antrag einer Vertragspartei durch die Schiedsstelle nach § 76 festgesetzt. Satz 1 gilt auch für Verträge, mit denen bestehende Rahmenverträge geändert oder durch neue Verträge abgelöst werden sollen.
(5) Die Verträge nach Absatz 1 können von jeder Vertragspartei mit einer Frist von einem Jahr ganz oder teilweise gekündigt werden. Satz 1 gilt entsprechend für die von der Schiedsstelle nach Absatz 4 getroffenen Regelungen. Diese können auch ohne Kündigung jederzeit durch einen Vertrag nach Absatz 1 ersetzt werden.	(5) Die Verträge nach Absatz 1 können von jeder Vertragspartei mit einer Frist von einem Jahr ganz oder teilweise gekündigt werden. Satz 1 gilt entsprechend für die von der Schiedsstelle nach Absatz 4 getroffenen Regelungen. Diese können auch ohne Kündigung jederzeit durch einen Vertrag nach Absatz 1 ersetzt werden.
(6) Der Spitzenverband Bund der Pflegekassen und die Vereinigungen der Träger der Pflegeeinrichtungen auf Bundesebene sollen unter Beteiligung des Medizinischen Dienstes des Spitzenverbandes Bund der Krankenkassen, des Verbandes der privaten Krankenversicherung e. V. sowie unabhängiger Sachverständiger gemeinsam mit der Bundesvereinigung der kommunalen Spitzenverbände und der Bundesarbeitsgemeinschaft der überörtlichen Träger der Sozialhilfe Empfehlungen zum Inhalt der Verträge nach Absatz 1 abgeben. Sie arbeiten dabei mit den Verbänden der Pflegeberufe sowie den Verbänden der Behinderten und der Pflegebedürftigen eng zusammen.	(6) Der Spitzenverband Bund der Pflegekassen und die Vereinigungen der Träger der Pflegeeinrichtungen auf Bundesebene sollen unter Beteiligung des Medizinischen Dienstes des Spitzenverbandes Bund der Krankenkassen, des Verbandes der privaten Krankenversicherung e. V. sowie unabhängiger Sachverständiger gemeinsam mit der Bundesvereinigung der kommunalen Spitzenverbände und der Bundesarbeitsgemeinschaft der überörtlichen Träger der Sozialhilfe Empfehlungen zum Inhalt der Verträge nach Absatz 1 abgeben. Sie arbeiten dabei mit den Verbänden der Pflegeberufe sowie den Verbänden der Behinderten und der Pflegebedürftigen eng zusammen.
(7) Der Spitzenverband Bund der Pflegekassen, die Bundesarbeitsgemeinschaft der überörtlichen Träger der Sozialhilfe, die Bundesvereinigung der kommunalen Spitzenverbände und die Vereinigungen der Träger der Pflegeeinrichtungen auf Bundesebene vereinbaren gemeinsam und einheitlich Grundsätze ordnungsgemäßer Pflegebuchführung für die ambulanten und stationären Pflegeeinrichtungen. Die Vereinbarung nach Satz 1 tritt unmittelbar nach Aufhebung der gemäß § 83 Abs. 1 Satz 1 Nr. 3 erlassenen Rechtsverordnung in Kraft und ist den im Land tätigen zugelassenen Pflegeeinrichtungen von den Landesverbänden der Pflegekassen unverzüglich bekannt zu geben. Sie ist für alle Pflegekassen und deren Verbände sowie für die zugelassenen Pflegeeinrichtungen unmittelbar verbindlich.	(7) Der Spitzenverband Bund der Pflegekassen, die Bundesarbeitsgemeinschaft der überörtlichen Träger der Sozialhilfe, die Bundesvereinigung der kommunalen Spitzenverbände und die Vereinigungen der Träger der Pflegeeinrichtungen auf Bundesebene vereinbaren gemeinsam und einheitlich Grundsätze ordnungsgemäßer Pflegebuchführung für die ambulanten und stationären Pflegeeinrichtungen. Die Vereinbarung nach Satz 1 tritt unmittelbar nach Aufhebung der gemäß § 83 Abs. 1 Satz 1 Nr. 3 erlassenen Rechtsverordnung in Kraft und ist den im Land tätigen zugelassenen Pflegeeinrichtungen von den Landesverbänden der Pflegekassen unverzüglich bekannt zu geben. Sie ist für alle Pflegekassen und deren Verbände sowie für die zugelassenen Pflegeeinrichtungen unmittelbar verbindlich.

Gesetzesbegründung Drs. 18/5926 zu § 75

> **Änderungen zum 1. Januar 2017**

Zu Absatz 3

Satz 4 Nummer 1: Die Gesetzesänderung steht in einem engen Zusammenhang mit dem Paradigmenwechsel durch den neuen Pflegebedürftigkeitsbegriff und erfolgt aufgrund der damit verbundenen Umstellung von den Pflegestufen auf die Pflegegrade. In den Landesrahmenverträgen sind dazu insbesondere die Maßstäbe und Grundsätze für eine wirtschaftliche und leistungsbezogene, am Versorgungsauftrag orientierte personelle Ausstattung der Pflegeeinrichtungen vereinbart.

Im Hinblick auf den neuen Pflegebedürftigkeitsbegriff sind von den Vereinbarungspartnern die Personalstruktur und die Personalrichtwertvereinbarungen zu prüfen und auf die neuen Pflegegrade hin anzupassen.

Dabei sind insbesondere bereits vorliegende Untersuchungen und Erfahrungswerte, handlungsleitende Verfahrensabsprachen sowie die vorliegenden Erkenntnisse aus den beiden im Auftrag des Spitzenverbandes Bund der Pflegekassen durchgeführten Modellprojekten zur Erprobung des NBA – Praktikabilitätsstudie zur Einführung des Neuen Begutachtungsassessments und Evaluation des Neuen Begutachtungsassessments NBA – Erfassung von Versorgungsaufwänden in stationären Einrichtungen – zu berücksichtigen.

Streichung von Satz 5: Durch die erste Stufe der Föderalismusreform im Jahr 2006 ist die Zuständigkeit für den ordnungsrechtlichen Teil des Heimrechts auf die Länder übergegangen (Artikel 74 Absatz 1 Nummer 7 des Grundgesetzes). Für die Übergangszeit, in der die Länder noch keine eigenen Gesetze erlassen hatten, galt das Heimgesetz uneingeschränkt fort (Artikel 125a Absatz 1 des Grundgesetzes).

Mittlerweile haben alle Länder von dieser Gesetzgebungskompetenz Gebrauch gemacht und die ordnungsrechtlichen Vorschriften des Heimgesetzes durch landesrechtliche Regelungen ersetzt. Der Hinweis auf die Heimpersonalverordnung des Bundes ist damit gegenstandslos.

> **Redaktionelle Anmerkung:**
>
> Berücksichtigt ist die ab 8. Dezember 2015 geltende Einfügung der Wörter „einschließlich der Sterbebegleitung" in Absatz 2 Nummer 1 durch das Gesetz zur Verbesserung der Hospiz- und Palliativversorgung in Deutschland vom 1. Dezember 2015 (BGBl. I S. 2114).

unverändert

§ 76 Schiedsstelle

(1) Die Landesverbände der Pflegekassen und die Vereinigungen der Träger der Pflegeeinrichtungen im Land bilden gemeinsam für jedes Land eine Schiedsstelle. Diese entscheidet in den ihr nach diesem Buch zugewiesenen Angelegenheiten.

(2) Die Schiedsstelle besteht aus Vertretern der Pflegekassen und Pflegeeinrichtungen in gleicher Zahl sowie einem unparteiischen Vorsitzenden und zwei weiteren unparteiischen Mitgliedern; für den Vorsitzenden und die unparteiischen Mitglieder können Stellvertreter bestellt werden. Der Schiedsstelle gehört auch ein Vertreter des Verbandes der privaten Krankenversicherung e. V. sowie der überörtlichen oder, sofern Landesrecht dies bestimmt, ein örtlicher Träger der Sozialhilfe im Land an, die auf die Zahl der Vertreter der Pflegekassen angerechnet werden. Die Vertreter der Pflegekassen und deren Stellvertreter werden von den Landesverbänden der Pflegekassen, die Vertreter der Pflegeeinrichtungen und deren Stellvertreter von den Vereinigungen der Träger der Pflegedienste und Pflegeheime im Land bestellt; bei der Bestellung der Vertreter der Pflegeeinrichtungen ist die Trägervielfalt zu beachten. Der Vorsitzende und die weiteren unparteiischen Mitglieder werden von den beteiligten Organisationen gemeinsam bestellt. Kommt eine Einigung nicht zustande, werden sie durch Los bestimmt. Soweit beteiligte Organisationen keinen Vertreter bestellen oder im Verfahren nach Satz 4 keine Kandidaten für das Amt des Vorsitzenden oder der weiteren unparteiischen Mitglieder benennen, bestellt die zuständige Landesbehörde auf Antrag einer der beteiligten Organisationen die Vertreter und benennt die Kandidaten.

(3) Die Mitglieder der Schiedsstelle führen ihr Amt als Ehrenamt. Sie sind an Weisungen nicht gebunden. Jedes Mitglied hat eine Stimme. Die Entscheidungen werden mit der Mehrheit der Mitglieder getroffen. Ergibt sich keine Mehrheit, gibt die Stimme des Vorsitzenden den Ausschlag.

(4) Die Rechtsaufsicht über die Schiedsstelle führt die zuständige Landesbehörde.

(5) Die Landesregierungen werden ermächtigt, durch Rechtsverordnung das Nähere über die Zahl, die Bestellung, die Amtsdauer und die Amtsführung, die Erstattung der baren Auslagen und die Entschädigung für Zeitaufwand der Mitglieder der Schiedsstelle, die Geschäftsführung, das Verfahren, die Erhebung und die Höhe der Gebühren sowie über die Verteilung der Kosten zu bestimmen.

(6) Abweichend von § 85 Abs. 5 können die Parteien der Pflegesatzvereinbarung (§ 85 Abs. 2) gemeinsam eine unabhängige Schiedsperson bestellen. Diese setzt spätestens bis zum Ablauf von 28 Kalendertagen nach ihrer Bestellung die Pflegesätze und den Zeitpunkt ihres Inkrafttretens fest. Gegen die Festsetzungsentscheidung kann ein Antrag auf gerichtliche Aufhebung nur gestellt werden, wenn die Festsetzung der öffentlichen Ordnung widerspricht. Die Kosten des Schiedsverfahrens tragen die Vertragspartner zu gleichen Teilen. § 85 Abs. 6 gilt entsprechend.

Fassung bis 31. Dezember 2016	Fassung ab 1. Januar 2017
Dritter Abschnitt **Beziehungen zu sonstigen Leistungserbringern**	**Dritter Abschnitt** **Beziehungen zu sonstigen Leistungserbringern**
§ 77 Häusliche Pflege durch Einzelpersonen	**§ 77 Häusliche Pflege durch Einzelpersonen**
(1) Zur Sicherstellung der *häuslichen Pflege und Betreuung sowie der hauswirtschaftlichen Versorgung* soll die Pflegekasse Verträge mit einzelnen geeigneten Pflegekräften schließen, um dem Pflegebedürftigen zu helfen, ein möglichst selbständiges und selbstbestimmtes Leben zu führen oder dem besonderen Wunsch des Pflegebedürftigen zur Gestaltung der Hilfe zu entsprechen; Verträge mit Verwandten oder Verschwägerten des Pflegebedürftigen bis zum dritten Grad sowie mit Personen, die mit dem Pflegebedürftigen in häuslicher Gemeinschaft leben, sind unzulässig. In dem Vertrag sind Inhalt, Umfang, Qualität, Qualitätssicherung, Vergütung sowie Prüfung der Qualität und Wirtschaftlichkeit der vereinbarten Leistungen zu regeln; § 112 ist entsprechend anzuwenden.	(1) Zur Sicherstellung der <u>körperbezogenen Pflege, der pflegerischen Betreuung sowie der Haushaltsführung im Sinne des § 36</u> soll die Pflegekasse Verträge mit einzelnen geeigneten Pflegekräften schließen, um dem Pflegebedürftigen zu helfen, ein möglichst selbständiges und selbstbestimmtes Leben zu führen oder dem besonderen Wunsch des Pflegebedürftigen zur Gestaltung der Hilfe zu entsprechen; Verträge mit Verwandten oder Verschwägerten des Pflegebedürftigen bis zum dritten Grad sowie mit Personen, die mit dem Pflegebedürftigen in häuslicher Gemeinschaft leben, sind unzulässig. In dem Vertrag sind Inhalt, Umfang, Qualität, Qualitätssicherung, Vergütung sowie Prüfung der Qualität und Wirtschaftlichkeit der vereinbarten Leistungen zu regeln; § 112 ist entsprechend anzuwenden.
Die Vergütungen sind für Leistungen der *Grundpflege und der hauswirtschaftlichen Versorgung sowie für Betreuungsleistungen* nach § 36 Absatz 1 zu vereinbaren.	Die Vergütungen sind für Leistungen der <u>häuslichen Pflegehilfe</u> nach § 36 Absatz 1 zu vereinbaren.
In dem Vertrag ist weiter zu regeln, dass die Pflegekräfte mit dem Pflegebedürftigen, dem sie Leistungen der häuslichen *Pflege und der hauswirtschaftlichen Versorgung* erbringen, kein Beschäftigungsverhältnis eingehen dürfen. Soweit davon abweichend Verträge geschlossen sind, sind sie zu kündigen. Die Sätze 4 und 5 gelten nicht, wenn	In dem Vertrag ist weiter zu regeln, dass die Pflegekräfte mit dem Pflegebedürftigen, dem sie Leistungen der häuslichen <u>Pflegehilfe</u> erbringen, kein Beschäftigungsverhältnis eingehen dürfen. Soweit davon abweichend Verträge geschlossen sind, sind sie zu kündigen. Die Sätze 4 und 5 gelten nicht, wenn
1. das Beschäftigungsverhältnis vor dem 1. Mai 1996 bestanden hat und	1. das Beschäftigungsverhältnis vor dem 1. Mai 1996 bestanden hat und
2. die vor dem 1. Mai 1996 erbrachten Pflegeleistungen von der zuständigen Pflegekasse aufgrund eines von ihr mit der Pflegekraft abgeschlossenen Vertrages vergütet worden sind.	2. die vor dem 1. Mai 1996 erbrachten Pflegeleistungen von der zuständigen Pflegekasse aufgrund eines von ihr mit der Pflegekraft abgeschlossenen Vertrages vergütet worden sind.
In den Pflegeverträgen zwischen den Pflegebedürftigen und den Pflegekräften sind mindestens Art, Inhalt und Umfang der Leistungen einschließlich der dafür mit den Kostenträgern vereinbarten Vergütungen zu beschreiben. § 120 Absatz 1 Satz 2 gilt entsprechend.	In den Pflegeverträgen zwischen den Pflegebedürftigen und den Pflegekräften sind mindestens Art, Inhalt und Umfang der Leistungen einschließlich der dafür mit den Kostenträgern vereinbarten Vergütungen zu beschreiben. § 120 Absatz 1 Satz 2 gilt entsprechend.
(2) Die Pflegekassen können bei Bedarf einzelne Pflegekräfte zur Sicherstellung der *häuslichen Pflege* anstellen, für die hinsichtlich der Wirtschaftlichkeit und Qualität ihrer Leistungen die gleichen Anforderungen wie für die zugelassenen Pflegedienste nach diesem Buch gelten.	(2) Die Pflegekassen können bei Bedarf einzelne Pflegekräfte zur Sicherstellung der <u>körperbezogenen Pflege, der pflegerischen Betreuung sowie der Haushaltsführung im Sinne des § 36</u> anstellen, für die hinsichtlich der Wirtschaftlichkeit und Qualität ihrer Leistungen die gleichen Anforderungen wie für die zugelassenen Pflegedienste nach diesem Buch gelten.

Gesetzesbegründung Drs. 18/5926 zu § 77

Änderungen zum 1. Januar 2017

Redaktionelle Anmerkung:

Die Änderungen erfolgen aufgrund einer notwendigen Anpassung an den neuen § 36; zur Begründung siehe dort.

unverändert

§ 78 Verträge über Pflegehilfsmittel

(1) Der Spitzenverband Bund der Pflegekassen schließt mit den Leistungserbringern oder deren Verbänden Verträge über die Versorgung der Versicherten mit Pflegehilfsmitteln, soweit diese nicht nach den Vorschriften des Fünften Buches über die Hilfsmittel zu vergüten sind. Abweichend von Satz 1 können die Pflegekassen Verträge über die Versorgung der Versicherten mit Pflegehilfsmitteln schließen, um dem Wirtschaftlichkeitsgebot verstärkt Rechnung zu tragen. Die §§ 36, 126 und 127 des Fünften Buches gelten entsprechend.

(2) Der Spitzenverband Bund der Pflegekassen erstellt als Anlage zu dem Hilfsmittelverzeichnis nach § 139 des Fünften Buches ein systematisch strukturiertes Pflegehilfsmittelverzeichnis. Darin sind die von der Leistungspflicht der Pflegeversicherung umfassten Pflegehilfsmittel aufzuführen, soweit diese nicht bereits im Hilfsmittelverzeichnis enthalten sind. Pflegehilfsmittel, die für eine leihweise Überlassung an die Versicherten geeignet sind, sind gesondert auszuweisen. Im Übrigen gilt § 139 des Fünften Buches entsprechend mit der Maßgabe, dass die Verbände der Pflegeberufe und der behinderten Menschen vor Erstellung und Fortschreibung des Pflegehilfsmittelverzeichnisses ebenfalls anzuhören sind.

(3) Die Landesverbände der Pflegekassen vereinbaren untereinander oder mit geeigneten Pflegeeinrichtungen das Nähere zur Ausleihe der hierfür nach Absatz 2 Satz 4 geeigneten Pflegehilfsmittel einschließlich ihrer Beschaffung, Lagerung, Wartung und Kontrolle. Die Pflegebedürftigen und die zugelassenen Pflegeeinrichtungen sind von den Pflegekassen oder deren Verbänden in geeigneter Form über die Möglichkeit der Ausleihe zu unterrichten.

(4) Das Bundesministerium für Gesundheit wird ermächtigt, das Pflegehilfsmittelverzeichnis nach Absatz 2 und die Festbeträge nach Absatz 3 durch Rechtsverordnung im Einvernehmen mit dem Bundesministerium für Arbeit und Soziales und dem Bundesministerium für Familie, Senioren, Frauen und Jugend und mit Zustimmung des Bundesrates zu bestimmen; § 40 Abs. 5 bleibt unberührt.

Vierter Abschnitt
Wirtschaftlichkeitsprüfungen

§ 79 Wirtschaftlichkeitsprüfungen

(1) Die Landesverbände der Pflegekassen können die Wirtschaftlichkeit und Wirksamkeit der ambulanten, teilstationären und vollstationären Pflegeleistungen durch von ihnen bestellte Sachverständige prüfen lassen; vor Bestellung der Sachverständigen ist der Träger der Pflegeeinrichtung zu hören. Eine Prüfung ist nur zulässig, wenn tatsächliche Anhaltspunkte dafür bestehen, dass die Pflegeeinrichtung die Anforderungen des § 72 Abs. 3 Satz 1 ganz oder teilweise nicht oder nicht mehr erfüllt. Die Anhaltspunkte sind der Pflegeeinrichtung rechtzeitig vor der Anhörung mitzuteilen. 4Personenbezogene Daten sind zu anonymisieren.

(2) Die Träger der Pflegeeinrichtungen sind verpflichtet, dem Sachverständigen auf Verlangen die für die Wahrnehmung seiner Aufgaben notwendigen Unterlagen vorzulegen und Auskünfte zu erteilen.

(3) Das Prüfungsergebnis ist, unabhängig von den sich daraus ergebenden Folgerungen für eine Kündigung des Versorgungsvertrags nach § 74, in der nächstmöglichen Vergütungsvereinbarung, mit Wirkung für die Zukunft zu berücksichtigen.

§ 80 (weggefallen)

§ 81 Verfahrensregelungen

(1) Die Landesverbände der Pflegekassen (§ 52) erfüllen die ihnen nach dem Siebten und Achten Kapitel zugewiesenen Aufgaben gemeinsam. Kommt eine Einigung ganz oder teilweise nicht zustande, erfolgt die Beschlussfassung durch die Mehrheit der in § 52 Abs. 1 Satz 1 genannten Stellen mit der Maßgabe, dass die Beschlüsse durch drei Vertreter der Ortskrankenkassen und durch zwei Vertreter der Ersatzkassen sowie durch je einen Vertreter der weiteren Stellen gefasst werden.

(2) Bei Entscheidungen, die von den Landesverbänden der Pflegekassen mit den Arbeitsgemeinschaften der örtlichen Träger der Sozialhilfe oder den überörtlichen Trägern der Sozialhilfe gemeinsam zu treffen sind, werden die Arbeitsgemeinschaften oder die überörtlichen Träger mit zwei Vertretern an der Beschlussfassung nach Absatz 1 Satz 2 beteiligt. Kommt bei zwei Beschlussfassungen nacheinander eine Einigung mit den Vertretern der Träger der Sozialhilfe nicht zustande, kann jeder Beteiligte nach Satz 1 die Entscheidung des Vorsitzenden und der weiteren unparteiischen Mitglieder der Schiedsstelle nach § 76 verlangen. Sie entscheiden für alle Beteiligten verbindlich über die streitbefangenen Punkte unter Ausschluss des Rechtswegs. Die Kosten des Verfahrens nach Satz 2 und das Honorar des Vorsitzenden sind von allen Beteiligten anteilig zu tragen.

(3) Bei Entscheidungen nach dem Siebten Kapitel, die der Spitzenverband Bund der Pflegekassen mit den Vertretern der Träger der Sozialhilfe gemeinsam zu treffen hat, stehen dem Spitzenverband Bund der Pflegekassen in entsprechender Anwendung von Absatz 2 Satz 1 in Verbindung mit Absatz 1 Satz 2 neun und den Vertretern der Träger der Sozialhilfe zwei Stimmen zu. Absatz 2 Satz 2 bis 4 gilt mit der Maßgabe entsprechend, dass bei Nichteinigung ein Schiedsstellenvorsitzender zur Entscheidung von den Beteiligten einvernehmlich auszuwählen ist.

Achtes Kapitel
Pflegevergütung

Fassung bis 31. Dezember 2016	Fassung ab 1. Januar 2017
Erster Abschnitt **Allgemeine Vorschriften**	**Erster Abschnitt** **Allgemeine Vorschriften**
§ 82 Finanzierung der Pflegeeinrichtungen	**§ 82 Finanzierung der Pflegeeinrichtungen**
(1) Zugelassene Pflegeheime und Pflegedienste erhalten nach Maßgabe dieses Kapitels	(1) Zugelassene Pflegeheime und Pflegedienste erhalten nach Maßgabe dieses Kapitels
eine leistungsgerechte Vergütung für die allgemeinen Pflegeleistungen (Pflegevergütung) sowie	eine leistungsgerechte Vergütung für die allgemeinen Pflegeleistungen (Pflegevergütung) sowie
bei stationärer Pflege ein angemessenes Entgelt für Unterkunft und Verpflegung.	bei stationärer Pflege ein angemessenes Entgelt für Unterkunft und Verpflegung.
Die Pflegevergütung ist von den Pflegebedürftigen oder deren Kostenträgern zu tragen. Sie *umfasst bei stationärer Pflege auch die soziale Betreuung und, soweit* kein Anspruch auf Krankenpflege nach § 37 des Fünften Buches besteht, die medizinische Behandlungspflege. Für Unterkunft und Verpflegung bei stationärer Pflege hat der Pflegebedürftige selbst aufzukommen.	Die Pflegevergütung ist von den Pflegebedürftigen oder deren Kostenträgern zu tragen. Sie umfasst <u>auch die Betreuung und, soweit bei stationärer Pflege</u> kein Anspruch auf Krankenpflege nach § 37 des Fünften Buches besteht, die medizinische Behandlungspflege. Für Unterkunft und Verpflegung bei stationärer Pflege hat der Pflegebedürftige selbst aufzukommen.
(2) In der Pflegevergütung und in den Entgelten für Unterkunft und Verpflegung dürfen keine Aufwendungen berücksichtigt werden für	(2) In der Pflegevergütung und in den Entgelten für Unterkunft und Verpflegung dürfen keine Aufwendungen berücksichtigt werden für
1. Maßnahmen einschließlich Kapitalkosten, die dazu bestimmt sind, die für den Betrieb der Pflegeeinrichtung notwendigen Gebäude und sonstigen abschreibungsfähigen Anlagegüter herzustellen, anzuschaffen, wiederzubeschaffen, zu ergänzen, instandzuhalten oder instandzusetzen; ausgenommen sind die zum Verbrauch bestimmten Güter (Verbrauchsgüter), die der Pflegevergütung nach Absatz 1 Satz 1 Nr. 1 zuzuordnen sind,	1. Maßnahmen einschließlich Kapitalkosten, die dazu bestimmt sind, die für den Betrieb der Pflegeeinrichtung notwendigen Gebäude und sonstigen abschreibungsfähigen Anlagegüter herzustellen, anzuschaffen, wiederzubeschaffen, zu ergänzen, instandzuhalten oder instandzusetzen; ausgenommen sind die zum Verbrauch bestimmten Güter (Verbrauchsgüter), die der Pflegevergütung nach Absatz 1 Satz 1 Nr. 1 zuzuordnen sind,
2. den Erwerb und die Erschließung von Grundstücken,	2. den Erwerb und die Erschließung von Grundstücken,
3. Miete, Pacht, Erbbauzins, Nutzung oder Mitbenutzung von Grundstücken, Gebäuden oder sonstigen Anlagegütern,	3. Miete, Pacht, Erbbauzins, Nutzung oder Mitbenutzung von Grundstücken, Gebäuden oder sonstigen Anlagegütern,
4. den Anlauf oder die innerbetriebliche Umstellung von Pflegeeinrichtungen,	4. den Anlauf oder die innerbetriebliche Umstellung von Pflegeeinrichtungen,
5. die Schließung von Pflegeeinrichtungen oder ihre Umstellung auf andere Aufgaben.	5. die Schließung von Pflegeeinrichtungen oder ihre Umstellung auf andere Aufgaben.
(3) Soweit betriebsnotwendige Investitionsaufwendungen nach Absatz 2 Nr. 1 oder Aufwendungen für Miete, Pacht, Erbbauzins, Nutzung oder Mitbenutzung von Gebäuden oder sonstige abschreibungsfähige	(3) Soweit betriebsnotwendige Investitionsaufwendungen nach Absatz 2 Nr. 1 oder Aufwendungen für Miete, Pacht, Erbbauzins, Nutzung oder Mitbenutzung von Gebäuden oder sonstige abschreibungsfähige

Fassung bis 31. Dezember 2016	Fassung ab 1. Januar 2017
Anlagegüter nach Absatz 2 Nr. 3 durch öffent- liche Förderung gemäß § 9 nicht vollständig gedeckt sind, kann die Pflegeeinrichtung diesen Teil der Aufwendungen den Pflegebedürftigen gesondert berechnen. Gleiches gilt, soweit die Aufwendungen nach Satz 1 vom Land durch Darlehen oder sonstige rückzahlbare Zuschüsse gefördert werden. Die gesonderte Berechnung bedarf der Zustimmung der zuständigen Landesbehörde; das Nähere hierzu, insbesondere auch zu Art, Höhe und Laufzeit sowie die Verteilung der gesondert berechenbaren Aufwendungen auf die Pflegebedürftigen einschließlich der Berücksichtigung pauschalierter Instandhaltungs- und Instandsetzungsaufwendungen sowie der zugrunde zu legenden Belegungsquote, wird durch Landesrecht bestimmt. Die Pauschalen müssen in einem angemessenen Verhältnis zur tatsächlichen Höhe der Instandhaltungs- und Instandsetzungsaufwendungen stehen.

(4) Pflegeeinrichtungen, die nicht nach Landesrecht gefördert werden, können ihre betriebsnotwendigen Investitionsaufwendungen den Pflegebedürftigen ohne Zustimmung der zuständigen Landesbehörde gesondert berechnen. Die gesonderte Berechnung ist der zuständigen Landesbehörde mitzuteilen.

(5) Öffentliche Zuschüsse zu den laufenden Aufwendungen einer Pflegeeinrichtung (Betriebskostenzuschüsse) sind von der Pflegevergütung abzuziehen. | Anlagegüter nach Absatz 2 Nr. 3 durch öffent- liche Förderung gemäß § 9 nicht vollständig gedeckt sind, kann die Pflegeeinrichtung diesen Teil der Aufwendungen den Pflegebedürftigen gesondert berechnen. Gleiches gilt, soweit die Aufwendungen nach Satz 1 vom Land durch Darlehen oder sonstige rückzahlbare Zuschüsse gefördert werden. Die gesonderte Berechnung bedarf der Zustimmung der zuständigen Landesbehörde; das Nähere hierzu, insbesondere auch zu Art, Höhe und Laufzeit sowie die Verteilung der gesondert berechenbaren Aufwendungen auf die Pflegebedürftigen einschließlich der Berücksichtigung pauschalierter Instandhaltungs- und Instandsetzungsaufwendungen sowie der zugrunde zu legenden Belegungsquote, wird durch Landesrecht bestimmt. Die Pauschalen müssen in einem angemessenen Verhältnis zur tatsächlichen Höhe der Instandhaltungs- und Instandsetzungsaufwendungen stehen.

(4) Pflegeeinrichtungen, die nicht nach Landesrecht gefördert werden, können ihre betriebsnotwendigen Investitionsaufwendungen den Pflegebedürftigen ohne Zustimmung der zuständigen Landesbehörde gesondert berechnen. Die gesonderte Berechnung ist der zuständigen Landesbehörde mitzuteilen.

(5) Öffentliche Zuschüsse zu den laufenden Aufwendungen einer Pflegeeinrichtung (Betriebskostenzuschüsse) sind von der Pflegevergütung abzuziehen. |

Gesetzesbegründung Drs. 18/5926 zu § 82

Änderung zum 1. Januar 2017

Die Neufassung von Absatz 1 Satz 3 stellt klar, dass die Pflegevergütung für die zugelassenen Pflegeeinrichtungen auch die Betreuung umfasst.

unverändert

§ 82a Ausbildungsvergütung

(1) Die Ausbildungsvergütung im Sinne dieser Vorschrift umfasst die Vergütung, die aufgrund von Rechtsvorschriften, Tarifverträgen, entsprechenden allgemeinen Vergütungsregelungen oder aufgrund vertraglicher Vereinbarungen an Personen, die nach Bundesrecht in der Altenpflege oder nach Landesrecht in der Altenpflegehilfe ausgebildet werden, während der Dauer ihrer praktischen oder theoretischen Ausbildung zu zahlen ist, sowie nach § 17 Abs. 1a des Altenpflegegesetzes zu erstattenden Weiterbildungskosten.

(2) Soweit eine nach diesem Gesetz zugelassene Pflegeeinrichtung nach Bundesrecht zur Ausbildung in der Altenpflege oder nach Landesrecht zur Ausbildung in der Altenpflegehilfe berechtigt oder verpflichtet ist, ist die Ausbildungsvergütung der Personen, die aufgrund eines entsprechenden Ausbildungsvertrages mit der Einrichtung oder ihrem Träger zum Zwecke der Ausbildung in der Einrichtung tätig sind, während der Dauer des Ausbildungsverhältnisses in der Vergütung der allgemeinen Pflegeleistungen (§ 84 Abs. 1, § 89) berücksichtigungsfähig. Betreut die Einrichtung auch Personen, die nicht pflegebedürftig im Sinne dieses Buches sind, so ist in der Pflegevergütung nach Satz 1 nur der Anteil an der Gesamtsumme der Ausbildungsvergütungen berücksichtigungsfähig, der bei einer gleichmäßigen Verteilung der Gesamtsumme auf alle betreuten Personen auf die Pflegebedürftigen im Sinne dieses Buches entfällt. Soweit die Ausbildungsvergütung im Pflegesatz eines zugelassenen Pflegeheimes zu berücksichtigen ist, ist der Anteil, der auf die Pflegebedürftigen im Sinne dieses Buches entfällt, gleichmäßig auf alle pflegebedürftigen Heimbewohner zu verteilen. Satz 1 gilt nicht, soweit

1. die Ausbildungsvergütung oder eine entsprechende Vergütung nach anderen Vorschriften aufgebracht wird oder

2. die Ausbildungsvergütung durch ein landesrechtliches Umlageverfahren nach Absatz 3 finanziert wird.

Die Ausbildungsvergütung ist in der Vergütungsvereinbarung über die allgemeinen Pflegeleistungen gesondert auszuweisen; die §§ 84 bis 86 und 89 gelten entsprechend.

(3) Wird die Ausbildungsvergütung ganz oder teilweise durch ein landesrechtliches Umlageverfahren finanziert, so ist die Umlage in der Vergütung der allgemeinen Pflegeleistungen nur insoweit berücksichtigungsfähig, als sie auf der Grundlage nachfolgender Berechnungsgrundsätze ermittelt wird:

1. Die Kosten der Ausbildungsvergütung werden nach einheitlichen Grundsätzen gleichmäßig auf alle zugelassenen ambulanten, teilstationären und stationären Pflegeeinrichtungen und die Altenheime im Land verteilt. Bei der Bemessung und Verteilung der Umlage ist sicherzustellen, daß der Verteilungsmaßstab nicht einseitig zu Lasten der zugelassenen Pflegeeinrichtungen gewichtet ist. Im übrigen gilt Absatz 2 Satz 2 und 3 entsprechend.

2. Die Gesamthöhe der Umlage darf den voraussichtlichen Mittelbedarf zur Finanzierung eines angemessenen Angebots an Ausbildungsplätzen nicht überschreiten.

3. Aufwendungen für die Vorhaltung, Instandsetzung oder Instandhaltung von Ausbildungsstätten (§§ 9, 82 Abs. 2 bis 4), für deren laufende Betriebskosten (Personal- und Sachkosten) sowie für die Verwaltungskosten der nach Landesrecht für das Umlageverfahren zuständigen Stelle bleiben unberücksichtigt.

(4) Die Höhe der Umlage nach Absatz 3 sowie ihre Berechnungsfaktoren sind von der dafür nach Landesrecht zuständigen Stelle den Landesverbänden der Pflegekassen rechtzeitig vor Beginn der Pflegesatzverhandlungen mitzuteilen. Es genügt die Mitteilung an einen Landesverband; dieser leitet die Mitteilung unverzüglich an die übrigen Landesverbände und an die zuständigen Träger der Sozialhilfe weiter. Bei Meinungsverschiedenheiten zwischen den nach Satz 1 Beteiligten über die ordnungsgemäße Bemessung und die Höhe des von den zugelassenen Pflegeeinrichtungen zu zahlenden Anteils an der Umlage entscheidet die Schiedsstelle nach § 76 unter Ausschluß des Rechtsweges. Die Entscheidung ist für alle Beteiligten nach Satz 1 sowie für die Parteien der Vergütungsvereinbarungen nach dem Achten Kapitel verbindlich; § 85 Abs. 5 Satz 1 und 2, erster Halbsatz, sowie Abs. 6 gilt entsprechend.

§ 82b Ehrenamtliche Unterstützung

(1) Soweit und solange einer nach diesem Gesetz zugelassenen Pflegeeinrichtung, insbesondere

1. für die vorbereitende und begleitende Schulung,

2. für die Planung und Organisation des Einsatzes oder

3. für den Ersatz des angemessenen Aufwands

der Mitglieder von Selbsthilfegruppen sowie der ehrenamtlichen und sonstigen zum bürgerschaftlichen Engagement bereiten Personen und Organisationen, für von der Pflegeversicherung versorgte Leistungsempfänger nicht anderweitig gedeckte Aufwendungen entstehen, sind diese bei stationären Pflegeeinrichtungen in den Pflegesätzen (§ 84 Abs. 1) und bei ambulanten Pflegeeinrichtungen in den Vergütungen (§ 89) berücksichtigungsfähig. Die Aufwendungen können in der Vergütungsvereinbarung über die allgemeinen Pflegeleistungen gesondert ausgewiesen werden.

(2) Stationäre Pflegeeinrichtungen können für ehrenamtliche Unterstützung als ergänzendes Engagement bei allgemeinen Pflegeleistungen Aufwandsentschädigungen zahlen. Absatz 1 gilt entsprechend.

§ 83 Verordnung zur Regelung der Pflegevergütung

(1) Die Bundesregierung wird ermächtigt, durch Rechtsverordnung mit Zustimmung des Bundesrates Vorschriften zu erlassen über

1. die Pflegevergütung der Pflegeeinrichtungen einschließlich der Verfahrensregelungen zu ihrer Vereinbarung nach diesem Kapitel,

2. den Inhalt der Pflegeleistungen sowie bei stationärer Pflege die Abgrenzung zwischen den allgemeinen Pflegeleistungen (§ 84 Abs. 4), den Leistungen bei Unterkunft und Verpflegung (§ 87) und den Zusatzleistungen (§ 88),

3. die Rechnungs- und Buchführungsvorschriften der Pflegeeinrichtungen einschließlich einer Kosten- und Leistungsrechnung; bei zugelassenen Pflegeeinrichtungen, die neben den Leistungen nach diesem Buch auch andere Sozialleistungen im Sinne des Ersten Buches (gemischte Einrichtung) erbringen, kann der Anwendungsbereich der Verordnung auf den Gesamtbetrieb erstreckt werden,

4. Maßstäbe und Grundsätze für eine wirtschaftliche und leistungsbezogene, am Versorgungsauftrag (§ 72 Abs. 1) orientierte personelle Ausstattung der Pflegeeinrichtungen,

5. die nähere Abgrenzung der Leistungsaufwendungen nach Nummer 2 von den Investitionsaufwendungen und sonstigen Aufwendungen nach § 82 Abs. 2,

§ 90 bleibt unberührt.

(2) Nach Erlass der Rechtsverordnung sind Rahmenverträge und Schiedsstellenregelungen nach § 75 zu den von der Verordnung erfassten Regelungsbereichen nicht mehr zulässig.

Fassung bis 31. Dezember 2016	Fassung ab 1. Januar 2017
Zweiter Abschnitt **Vergütung der stationären Pflegeleistungen**	**Zweiter Abschnitt** **Vergütung der stationären Pflegeleistungen**
§ 84 Bemessungsgrundsätze	**§ 84 Bemessungsgrundsätze**
(1) Pflegesätze sind die Entgelte der Heimbewohner oder ihrer Kostenträger für die teil- oder vollstationären Pflegeleistungen des Pflegeheims sowie für die ~~soziale~~ Betreuung und, soweit kein Anspruch auf Krankenpflege nach § 37 des Fünften Buches besteht, für die medizinische Behandlungspflege. In den Pflegesätzen dürfen keine Aufwendungen berücksichtigt werden, die nicht der Finanzierungszuständigkeit der sozialen Pflegeversicherung unterliegen.	(1) Pflegesätze sind die Entgelte der Heimbewohner oder ihrer Kostenträger für die teil- oder vollstationären Pflegeleistungen des Pflegeheims sowie für die Betreuung und, soweit kein Anspruch auf Krankenpflege nach § 37 des Fünften Buches besteht, für die medizinische Behandlungspflege. In den Pflegesätzen dürfen keine Aufwendungen berücksichtigt werden, die nicht der Finanzierungszuständigkeit der sozialen Pflegeversicherung unterliegen.
(2) Die Pflegesätze müssen leistungsgerecht sein. Sie sind nach dem Versorgungsaufwand, den der Pflegebedürftige nach Art und Schwere seiner Pflegebedürftigkeit benötigt, *in drei Pflegeklassen einzuteilen; für Pflegebedürftige, die als Härtefall anerkannt sind, können Zuschläge zum Pflegesatz der Pflegeklasse 3 bis zur Höhe des kalendertäglichen Unterschiedsbetrages vereinbart werden, der sich aus § 43 Abs. 2 Satz 2 Nr. 3 und 4 ergibt. Bei der Zuordnung der Pflegebedürftigen zu den Pflegeklassen sind die Pflegestufen gemäß § 15 zugrunde zu legen, soweit nicht nach der gemeinsamen Beurteilung des Medizinischen Dienstes und der Pflegeleitung des Pflegeheimes die Zuordnung zu einer anderen Pflegeklasse notwendig oder ausreichend ist.* Die Pflegesätze müssen einem Pflegeheim bei wirtschaftlicher Betriebsführung ermöglichen, seine Aufwendungen zu finanzieren und seinen Versorgungsauftrag zu erfüllen. Die Bezahlung tarifvertraglich vereinbarter Vergütungen sowie entsprechender Vergütungen nach kirchlichen Arbeitsrechtsregelungen kann dabei nicht als unwirtschaftlich abgelehnt werden. Überschüsse verbleiben dem Pflegeheim; Verluste sind von ihm zu tragen. Der Grundsatz der Beitragssatzstabilität ist zu beachten. Bei der Bemessung der Pflegesätze einer Pflegeeinrichtung können die Pflegesätze derjenigen Pflegeeinrichtungen, die nach Art und Größe sowie hinsichtlich der in Absatz 5 genannten Leistungs- und Qualitätsmerkmale im Wesentlichen gleichartig sind, angemessen berücksichtigt werden.	(2) Die Pflegesätze müssen leistungsgerecht sein. Sie sind nach dem Versorgungsaufwand, den der Pflegebedürftige nach Art und Schwere seiner Pflegebedürftigkeit benötigt, <u>entsprechend den fünf Pflegegraden</u> einzuteilen. <u>Davon ausgehend sind in der vollstationären Pflege für die Pflegegrade 2 bis 5 einrichtungseinheitliche Eigenanteile zu ermitteln; dieses gilt auch bei Änderungen der Leistungsbeträge nach § 43 Absatz 2.</u> Die Pflegesätze müssen einem Pflegeheim bei wirtschaftlicher Betriebsführung ermöglichen, seine Aufwendungen zu finanzieren und seinen Versorgungsauftrag zu erfüllen. Die Bezahlung tarifvertraglich vereinbarter Vergütungen sowie entsprechender Vergütungen nach kirchlichen Arbeitsrechtsregelungen kann dabei nicht als unwirtschaftlich abgelehnt werden. Überschüsse verbleiben dem Pflegeheim; Verluste sind von ihm zu tragen. Der Grundsatz der Beitragssatzstabilität ist zu beachten. Bei der Bemessung der Pflegesätze einer Pflegeeinrichtung können die Pflegesätze derjenigen Pflegeeinrichtungen, die nach Art und Größe sowie hinsichtlich der in Absatz 5 genannten Leistungs- und Qualitätsmerkmale im Wesentlichen gleichartig sind, angemessen berücksichtigt werden.
(3) Die Pflegesätze sind für alle Heimbewohner des Pflegeheimes nach einheitlichen Grundsätzen zu bemessen; eine Differenzierung nach Kostenträgern ist unzulässig.	(3) Die Pflegesätze sind für alle Heimbewohner des Pflegeheimes nach einheitlichen Grundsätzen zu bemessen; eine Differenzierung nach Kostenträgern ist unzulässig.
(4) Mit den Pflegesätzen sind alle für die Versorgung der Pflegebedürftigen nach Art und Schwere ihrer Pflegebedürftigkeit erforderlichen Pflegeleistungen	(4) Mit den Pflegesätzen sind alle für die Versorgung der Pflegebedürftigen nach Art und Schwere ihrer Pflegebedürftigkeit erforderlichen Pflegeleistungen

Fassung bis 31. Dezember 2016	Fassung ab 1. Januar 2017
der Pflegeeinrichtung (allgemeine Pflegeleistungen) abgegolten. Für die allgemeinen Pflegeleistungen dürfen, soweit nichts anderes bestimmt ist, ausschließlich die nach § 85 oder § 86 vereinbarten oder nach § 85 Abs. 5 festgesetzten Pflegesätze berechnet werden, ohne Rücksicht darauf, wer zu ihrer Zahlung verpflichtet ist.	der Pflegeeinrichtung (allgemeine Pflegeleistungen) abgegolten. Für die allgemeinen Pflegeleistungen dürfen, soweit nichts anderes bestimmt ist, ausschließlich die nach § 85 oder § 86 vereinbarten oder nach § 85 Abs. 5 festgesetzten Pflegesätze berechnet werden, ohne Rücksicht darauf, wer zu ihrer Zahlung verpflichtet ist.
(5) In der Pflegesatzvereinbarung sind die wesentlichen Leistungs- und Qualitätsmerkmale der Einrichtung festzulegen. Hierzu gehören insbesondere	(5) In der Pflegesatzvereinbarung sind die wesentlichen Leistungs- und Qualitätsmerkmale der Einrichtung festzulegen. Hierzu gehören insbesondere
1. die Zuordnung des voraussichtlich zu versorgenden Personenkreises sowie Art, Inhalt und Umfang der Leistungen, die von der Einrichtung während des nächsten Pflegesatzzeitraums erwartet werden,	1. die Zuordnung des voraussichtlich zu versorgenden Personenkreises sowie Art, Inhalt und Umfang der Leistungen, die von der Einrichtung während des nächsten Pflegesatzzeitraums erwartet werden,
2. die von der Einrichtung für den voraussichtlich zu versorgenden Personenkreis individuell vorzuhaltende personelle Ausstattung, gegliedert nach Berufsgruppen, sowie	2. die von der Einrichtung für den voraussichtlich zu versorgenden Personenkreis individuell vorzuhaltende personelle Ausstattung, gegliedert nach Berufsgruppen, sowie
3. Art und Umfang der Ausstattung der Einrichtung mit Verbrauchsgütern (§ 82 Abs. 2 Nr. 1).	3. Art und Umfang der Ausstattung der Einrichtung mit Verbrauchsgütern (§ 82 Abs. 2 Nr. 1).
(6) Der Träger der Einrichtung ist verpflichtet, mit der vereinbarten personellen Ausstattung die Versorgung der Pflegebedürftigen jederzeit sicherzustellen. Er hat bei Personalengpässen oder -ausfällen durch geeignete Maßnahmen sicherzustellen, dass die Versorgung der Pflegebedürftigen nicht beeinträchtigt wird. Auf Verlangen einer Vertragspartei hat der Träger der Einrichtung in einem Personalabgleich nachzuweisen, dass die vereinbarte Personalausstattung tatsächlich bereitgestellt und bestimmungsgemäß eingesetzt wird. Das Nähere zur Durchführung des Personalabgleichs wird in den Verträgen nach § 75 Abs. 1 und 2 geregelt.	(6) Der Träger der Einrichtung ist verpflichtet, mit der vereinbarten personellen Ausstattung die Versorgung der Pflegebedürftigen jederzeit sicherzustellen. Er hat bei Personalengpässen oder -ausfällen durch geeignete Maßnahmen sicherzustellen, dass die Versorgung der Pflegebedürftigen nicht beeinträchtigt wird. Auf Verlangen einer Vertragspartei hat der Träger der Einrichtung in einem Personalabgleich nachzuweisen, dass die vereinbarte Personalausstattung tatsächlich bereitgestellt und bestimmungsgemäß eingesetzt wird. Das Nähere zur Durchführung des Personalabgleichs wird in den Verträgen nach § 75 Abs. 1 und 2 geregelt.
(7) Der Träger der Einrichtung ist verpflichtet, im Falle einer Vereinbarung der Pflegesätze auf Grundlage der Bezahlung der Beschäftigten nach tarifvertraglich vereinbarten Vergütungen sowie entsprechenden Vergütungen nach kirchlichen Arbeitsrechtsregelungen, die entsprechende Bezahlung der Beschäftigten jederzeit einzuhalten. Auf Verlangen einer Vertragspartei hat der Träger der Einrichtung dieses nachzuweisen. Personenbezogene Daten sind zu anonymisieren. Das Nähere zur Durchführung des Nachweises wird in den Verträgen nach § 75 Absatz 1 und 2 geregelt.	(7) Der Träger der Einrichtung ist verpflichtet, im Falle einer Vereinbarung der Pflegesätze auf Grundlage der Bezahlung der Beschäftigten nach tarifvertraglich vereinbarten Vergütungen sowie entsprechenden Vergütungen nach kirchlichen Arbeitsrechtsregelungen, die entsprechende Bezahlung der Beschäftigten jederzeit einzuhalten. Auf Verlangen einer Vertragspartei hat der Träger der Einrichtung dieses nachzuweisen. Personenbezogene Daten sind zu anonymisieren. Das Nähere zur Durchführung des Nachweises wird in den Verträgen nach § 75 Absatz 1 und 2 geregelt.
	(8) Vergütungszuschläge sind abweichend von Absatz 2 Satz 2 und Absatz 4 Satz 1 sowie unter entsprechender Anwendung des Absatzes 2 Satz 1 und 5,

Fassung bis 31. Dezember 2016	Fassung ab 1. Januar 2017
	des Absatzes 7 und des § 87a zusätzliche Entgelte zur Pflegevergütung für die Leistungen nach § 43b. Der Vergütungszuschlag ist von der Pflegekasse zu tragen und von dem privaten Versicherungsunternehmen im Rahmen des vereinbarten Versicherungsschutzes zu erstatten; § 28 Absatz 2 ist entsprechend anzuwenden. Mit den Vergütungszuschlägen sind alle zusätzlichen Leistungen der Betreuung und Aktivierung in stationären Pflegeeinrichtungen abgegolten. Pflegebedürftige dürfen mit den Vergütungszuschlägen weder ganz noch teilweise belastet werden.

Gesetzesbegründung Drs. 18/5926 zu § 84

Änderungen zum 1. Januar 2017

Zu Absatz 2

In den Bemessungsgrundsätzen für die Vergütung in stationären Pflegeeinrichtungen wird im Hinblick auf das Inkrafttreten des neuen Pflegebedürftigkeitsbegriffs künftig nicht mehr in drei Pflegeklassen eingeteilt, da sich diese derzeit in der Praxis mit den jeweiligen Pflegestufen weitestgehend decken. Stattdessen wird nach dem Versorgungsaufwand und entsprechend der zugrunde zu legenden fünf Pflegegrade unterschieden. An dem grundsätzlichen Erfordernis der Leistungsgerechtigkeit der zu vereinbarenden Pflegesätze wird hierbei unverändert festgehalten. Durch die Änderung im Leistungsrecht entfällt auch die Regelung für Härtefälle.

Für die Pflegesätze im vollstationären Bereich sind in den Pflegegraden 2 bis 5 für die jeweilige Pflegeeinrichtung gleich hohe Beträge für die nicht von der Pflegeversicherung gedeckten Kosten vorzusehen (einrichtungseinheitliche Eigenanteile). Diese werden ausgehend von dem jeweiligen prospektiven Versorgungsaufwand abzüglich der Summe des Leistungsbetrags nach § 43 für die Pflegegrade 2 bis 5 ermittelt. Damit wird erreicht, dass der von den Pflegebedürftigen bzw. vom zuständigen Sozialhilfeträger zu tragende Eigenanteil nicht mehr mit der Schwere der Pflegebedürftigkeit steigt.

Dies ist im Rahmen der Reform insbesondere deshalb von Bedeutung, weil sonst Pflegebedürftige mit erheblich eingeschränkter Alltagskompetenz infolge des Erreichens höherer Pflegegrade höhere Eigenanteile als nach dem bisherigen Recht zu tragen hätten.

Auf dieses Problem wurde auch in den Diskussionen der Expertenbeiräte von verschiedenen Teilnehmern hingewiesen. Die vollstationären Leistungsbeträge nach § 43 werden in ihrer Höhe so zueinander gestaffelt, dass sie zusammen mit dem einrichtungseinheitlichen Eigenanteil im Durchschnitt den der in der vom Spitzenverband Bund der Pflegekassen beauftragten Studie der Universität Bremen zur Erfassung von Versorgungsaufwänden in stationären Einrichtungen (EViS) festgestellten Aufwandsrelationen entsprechen.

Um auch bei Änderungen der Leistungsbeträge der Pflegeversicherung (z. B. durch eine Leistungs-dynamisierung) eine einheitliche Höhe der Eigenanteile zu gewährleisten sind diese dann für die Pflegeeinrichtung neu zu ermitteln.

Mit dem Übergang zu einrichtungseinheitlichen Eigenanteilen in den Pflegegraden 2 bis 5 wird für die finanzielle Planung der Pflegebedürftigen und ihrer Angehörigen Sicherheit geschaffen. Für sie ergibt sich eine Vereinfachung der Vergleichbarkeit und der individuellen Kalkulation. Die Entwicklung der einrichtungseinheitlichen Eigenanteile ist auch Gegenstand des Monitoringprogramms nach § 18c.

Zu Absatz 8

Entsprechend der leistungsrechtlichen Integration der bisher in § 87b geregelten zusätzlichen Betreuung und Aktivierung in stationären Pflegeeinrichtungen in das Vierte Kapitel erfolgt die Aufnahme der vertrags- und vergütungsrechtlichen Bestimmungen in die allgemeinen Vorschriften für die Vergütung der stationären Pflegeleistungen. Dabei bleibt die bisherige Ausgestaltung als zusätzliche, die Pflegebedürftigen finanziell nicht belastende Leistung, die durch zusätzliches Betreuungspersonal in den stationären Pflegeeinrichtungen erbracht wird, erhalten.

Eine Absenkung der vereinbarten Pflegesätze, beispielsweise im Hinblick auf die soziale Betreuung der Pflegebedürftigen, ist mit der Vereinbarung der Vergütungszuschläge nicht verbunden. Die Qualifikationsanforderungen und die Aufgaben der zusätzlichen Betreuungskräfte in stationären Pflegeeinrichtungen ergeben sich aus den Betreuungskräfte-Richtlinien nach § 53c. Das Vereinbarungs- und Abrechnungsverfahren wird ebenfalls im Grundsatz unverändert beibehalten. Bisherige Vereinbarungen nach § 87b behalten damit inhaltlich gleichbleibend ihre Gültigkeit. Der Empfehlung des Expertenbeirates folgend ist nunmehr von allen voll- und teilstationären Pflegeeinrichtungen verpflichtend neben der Pflegesatzvereinbarung für die Finanzierung des zusätzlichen Betreuungspersonales ein separater Vergütungszuschlag zu vereinbaren. Dabei sind die Vorgaben in § 84 zur Leistungsgerechtigkeit der Vergütung und zur Sicherstellung der Anerkennung von tarifvertraglich vereinbarter Vergütungen sowie entsprechender Vergütungen nach kirchlichen Arbeitsrechtsregelungen ausdrücklich mit einbezogen.

Siehe ergänzend die folgende Begründung zu § 85.

Fassung bis 31. Dezember 2016	Fassung ab 1. Januar 2017
§ 85 Pflegesatzverfahren	**§ 85 Pflegesatzverfahren**
(1) Art, Höhe und Laufzeit der Pflegesätze werden zwischen dem Träger des Pflegeheimes und den Leistungsträgern nach Absatz 2 vereinbart.	(1) Art, Höhe und Laufzeit der Pflegesätze werden zwischen dem Träger des Pflegeheimes und den Leistungsträgern nach Absatz 2 vereinbart.
(2) Parteien der Pflegesatzvereinbarung (Vertragsparteien) sind der Träger des einzelnen zugelassenen Pflegeheimes sowie	(2) Parteien der Pflegesatzvereinbarung (Vertragsparteien) sind der Träger des einzelnen zugelassenen Pflegeheimes sowie
1. die Pflegekassen oder sonstige Sozialversicherungsträger,	1. die Pflegekassen oder sonstige Sozialversicherungsträger,
2. die für die Bewohner des Pflegeheimes zuständigen Träger der Sozialhilfe sowie	2. die für die Bewohner des Pflegeheimes zuständigen Träger der Sozialhilfe sowie
3. die Arbeitsgemeinschaften der unter Nummer 1 und 2 genannten Träger,	3. die Arbeitsgemeinschaften der unter Nummer 1 und 2 genannten Träger,
soweit auf den jeweiligen Kostenträger oder die Arbeitsgemeinschaft im Jahr vor Beginn der Pflegesatzverhandlungen jeweils mehr als fünf vom Hundert der Berechnungstage des Pflegeheimes entfallen. Die Pflegesatzvereinbarung ist für jedes zugelassene Pflegeheim gesondert abzuschließen; § 86 Abs. 2 bleibt unberührt. Die Vereinigungen der Pflegeheime im Land, die Landesverbände der Pflegekassen sowie der Verband der privaten Krankenversicherung e. V. im Land können sich am Pflegesatzverfahren beteiligen.	soweit auf den jeweiligen Kostenträger oder die Arbeitsgemeinschaft im Jahr vor Beginn der Pflegesatzverhandlungen jeweils mehr als fünf vom Hundert der Berechnungstage des Pflegeheimes entfallen. Die Pflegesatzvereinbarung ist für jedes zugelassene Pflegeheim gesondert abzuschließen; § 86 Abs. 2 bleibt unberührt. Die Vereinigungen der Pflegeheime im Land, die Landesverbände der Pflegekassen sowie der Verband der privaten Krankenversicherung e. V. im Land können sich am Pflegesatzverfahren beteiligen.
(3) Die Pflegesatzvereinbarung ist im voraus, vor Beginn der jeweiligen Wirtschaftsperiode des Pflegeheimes, für einen zukünftigen Zeitraum (Pflegesatzzeitraum) zu treffen. Das Pflegeheim hat Art, Inhalt, Umfang und Kosten der Leistungen, für die es eine Vergütung beansprucht, durch Pflegedokumentationen und andere geeignete Nachweise rechtzeitig vor Beginn der Pflegesatzverhandlungen darzulegen; es hat außerdem die schriftliche Stellungnahme der nach heimrechtlichen Vorschriften vorgesehenen Interessenvertretung der Bewohnerinnen und Bewohner beizufügen. Soweit dies zur Beurteilung seiner Wirtschaftlichkeit und Leistungsfähigkeit im Einzelfall erforderlich ist, hat das Pflegeheim auf Verlangen einer Vertragspartei zusätzliche Unterlagen vorzulegen und Auskünfte zu erteilen. Hierzu gehören auch pflegesatzerhebliche Angaben zum Jahresabschluß entsprechend den Grundsätzen ordnungsgemäßer Pflegebuchführung, zur personellen und sachlichen Ausstattung des Pflegeheims einschließlich der Kosten sowie zur tatsächlichen Stellenbesetzung und Eingruppierung. Personenbezogene Daten sind zu anonymisieren.	(3) Die Pflegesatzvereinbarung ist im voraus, vor Beginn der jeweiligen Wirtschaftsperiode des Pflegeheimes, für einen zukünftigen Zeitraum (Pflegesatzzeitraum) zu treffen. Das Pflegeheim hat Art, Inhalt, Umfang und Kosten der Leistungen, für die es eine Vergütung beansprucht, durch Pflegedokumentationen und andere geeignete Nachweise rechtzeitig vor Beginn der Pflegesatzverhandlungen darzulegen; es hat außerdem die schriftliche Stellungnahme der nach heimrechtlichen Vorschriften vorgesehenen Interessenvertretung der Bewohnerinnen und Bewohner beizufügen. Soweit dies zur Beurteilung seiner Wirtschaftlichkeit und Leistungsfähigkeit im Einzelfall erforderlich ist, hat das Pflegeheim auf Verlangen einer Vertragspartei zusätzliche Unterlagen vorzulegen und Auskünfte zu erteilen. Hierzu gehören auch pflegesatzerhebliche Angaben zum Jahresabschluß entsprechend den Grundsätzen ordnungsgemäßer Pflegebuchführung, zur personellen und sachlichen Ausstattung des Pflegeheims einschließlich der Kosten sowie zur tatsächlichen Stellenbesetzung und Eingruppierung. Personenbezogene Daten sind zu anonymisieren.

Fassung bis 31. Dezember 2016	Fassung ab 1. Januar 2017
(4) Die Pflegesatzvereinbarung kommt durch Einigung zwischen dem Träger des Pflegeheimes und der Mehrheit der Kostenträger nach Absatz 2 Satz 1 zustande, die an der Pflegesatzverhandlung teilgenommen haben. Sie ist schriftlich abzuschließen. Soweit Vertragsparteien sich bei den Pflegesatzverhandlungen durch Dritte vertreten lassen, haben diese vor Verhandlungsbeginn den übrigen Vertragsparteien eine schriftliche Verhandlungs- und Abschlußvollmacht vorzulegen.	(4) Die Pflegesatzvereinbarung kommt durch Einigung zwischen dem Träger des Pflegeheimes und der Mehrheit der Kostenträger nach Absatz 2 Satz 1 zustande, die an der Pflegesatzverhandlung teilgenommen haben. Sie ist schriftlich abzuschließen. Soweit Vertragsparteien sich bei den Pflegesatzverhandlungen durch Dritte vertreten lassen, haben diese vor Verhandlungsbeginn den übrigen Vertragsparteien eine schriftliche Verhandlungs- und Abschlußvollmacht vorzulegen.
(5) Kommt eine Pflegesatzvereinbarung innerhalb von sechs Wochen nicht zustande, nachdem eine Vertragspartei schriftlich zu Pflegesatzverhandlungen aufgefordert hat, setzt die Schiedsstelle nach § 76 auf Antrag einer Vertragspartei die Pflegesätze unverzüglich fest. Satz 1 gilt auch, soweit der nach Absatz 2 Satz 1 Nr. 2 zuständige Träger der Sozialhilfe der Pflegesatzvereinbarung innerhalb von zwei Wochen nach Vertragsschluß widerspricht; der Träger der Sozialhilfe kann im voraus verlangen, daß an Stelle der gesamten Schiedsstelle nur der Vorsitzende und die beiden weiteren unparteiischen Mitglieder oder nur der Vorsitzende allein entscheiden. Gegen die Festsetzung ist der Rechtsweg zu den Sozialgerichten gegeben. Ein Vorverfahren findet nicht statt; die Klage hat keine aufschiebende Wirkung.	(5) Kommt eine Pflegesatzvereinbarung innerhalb von sechs Wochen nicht zustande, nachdem eine Vertragspartei schriftlich zu Pflegesatzverhandlungen aufgefordert hat, setzt die Schiedsstelle nach § 76 auf Antrag einer Vertragspartei die Pflegesätze unverzüglich fest. Satz 1 gilt auch, soweit der nach Absatz 2 Satz 1 Nr. 2 zuständige Träger der Sozialhilfe der Pflegesatzvereinbarung innerhalb von zwei Wochen nach Vertragsschluß widerspricht; der Träger der Sozialhilfe kann im voraus verlangen, daß an Stelle der gesamten Schiedsstelle nur der Vorsitzende und die beiden weiteren unparteiischen Mitglieder oder nur der Vorsitzende allein entscheiden. Gegen die Festsetzung ist der Rechtsweg zu den Sozialgerichten gegeben. Ein Vorverfahren findet nicht statt; die Klage hat keine aufschiebende Wirkung.
(6) Pflegesatzvereinbarungen sowie Schiedsstellenentscheidungen nach Absatz 5 Satz 1 oder 2 treten zu dem darin unter angemessener Berücksichtigung der Interessen der Pflegeheimbewohner bestimmten Zeitpunkt in Kraft; sie sind für das Pflegeheim sowie für die in dem Heim versorgten Pflegebedürftigen und deren Kostenträger unmittelbar verbindlich. Ein rückwirkendes Inkrafttreten von Pflegesätzen ist nicht zulässig. Nach Ablauf des Pflegesatzzeitraums gelten die vereinbarten oder festgesetzten Pflegesätze bis zum Inkrafttreten neuer Pflegesätze weiter.	(6) Pflegesatzvereinbarungen sowie Schiedsstellenentscheidungen nach Absatz 5 Satz 1 oder 2 treten zu dem darin unter angemessener Berücksichtigung der Interessen der Pflegeheimbewohner bestimmten Zeitpunkt in Kraft; sie sind für das Pflegeheim sowie für die in dem Heim versorgten Pflegebedürftigen und deren Kostenträger unmittelbar verbindlich. Ein rückwirkendes Inkrafttreten von Pflegesätzen ist nicht zulässig. Nach Ablauf des Pflegesatzzeitraums gelten die vereinbarten oder festgesetzten Pflegesätze bis zum Inkrafttreten neuer Pflegesätze weiter.
(7) Bei unvorhersehbaren wesentlichen Veränderungen der Annahmen, die der Vereinbarung oder Festsetzung der Pflegesätze zugrunde lagen, sind die Pflegesätze auf Verlangen einer Vertragspartei für den laufenden Pflegesatzzeitraum neu zu verhandeln; die Absätze 3 bis 6 gelten entsprechend.	(7) Bei unvorhersehbaren wesentlichen Veränderungen der Annahmen, die der Vereinbarung oder Festsetzung der Pflegesätze zugrunde lagen, sind die Pflegesätze auf Verlangen einer Vertragspartei für den laufenden Pflegesatzzeitraum neu zu verhandeln. <u>Dies gilt insbesondere bei einer erheblichen Abweichung der tatsächlichen Bewohnerstruktur.</u> Die Absätze 3 bis 6 gelten entsprechend. <u>Im Fall von Satz 2 kann eine Festsetzung der Pflegesätze durch die Schiedsstelle abweichend von Satz 3 in Verbindung mit Absatz 5 Satz 1 bereits nach einem Monat beantragt werden.</u>

Fassung bis 31. Dezember 2016	Fassung ab 1. Januar 2017
	(8) Die Vereinbarung des Vergütungszuschlags nach § 84 Absatz 8 erfolgt auf der Grundlage, dass
	1. die stationäre Pflegeeinrichtung für die zusätzliche Betreuung und Aktivierung der Pflegebedürftigen über zusätzliches Betreuungspersonal, in vollstationären Pflegeeinrichtungen in sozialversicherungspflichtiger Beschäftigung verfügt und die Aufwendungen für dieses Personal weder bei der Bemessung der Pflegesätze noch bei den Zusatzleistungen nach § 88 berücksichtigt werden,
	2. in der Regel für jeden Pflegebedürftigen 5 Prozent der Personalaufwendungen für eine zusätzliche Vollzeitkraft finanziert wird und
	3. die Vertragsparteien Einvernehmen erzielt haben, dass der vereinbarte Vergütungszuschlag nicht berechnet werden darf, soweit die zusätzliche Betreuung und Aktivierung für Pflegebedürftige nicht erbracht wird.
	Pflegebedürftige und ihre Angehörigen sind von der stationären Pflegeeinrichtung im Rahmen der Verhandlung und des Abschlusses des stationären Pflegevertrages nachprüfbar und deutlich darauf hinzuweisen, dass ein zusätzliches Betreuungsangebot besteht. Im Übrigen gelten die Absätze 1 bis 7 entsprechend.

Gesetzesbegründung Drs. 18/5926 und Drs. 18/6688 zu § 85

Änderungen zum 1. Januar 2017

Zu Absatz 7

Redaktionelle Anmerkung:

Absatz 7 zur Nachverhandlung bei erheblicher Änderung der Bewohnerstruktur wurde erst aufgrund der Beschlussempfehlung des Ausschusses für Gesundheit eingefügt.

Weicht die Relation des in den Vergütungsverhandlungen kalkulatorisch angesetzten Personaleinsatzes für die einzelnen Pflegegrade stark von der Relation der sich bei einheitlichem Eigenanteil ergebenden von den Pflegebedürftigen zu zahlenden Pflegesätze ab, so kann sich bei deutlichen Änderungen der Zusammensetzung der Bewohner die Summe der gezahlten Pflegesätze stärker oder schwächer ändern als die Kosten des angesetzten Personalaufwands.

Nach dem bisherigen § 85 Absatz 7 können die Vertragsparteien bei wesentlichen, unvorhersehbaren Änderungen in der Geschäftsgrundlage der Pflegesatzvereinbarung ausnahmsweise die Pflegesätze innerhalb der Laufzeit der Vereinbarung neu verhandeln. Im Hinblick auf die Einführung der einrichtungseinheitlichen Eigenanteile nach § 84 Absatz 2 Satz 3 erfolgt hierzu mit dem neuen Satz 2 eine ergänzende Klarstellung. So ist der Weg zu einer vertraglichen Anpassung bestehender Pflegesatzvereinbarungen ausdrücklich auch bei erheblichen Unterschieden zwischen der zugrunde gelegten, prospektiven Zusammensetzung der Bewohnerinnen und Bewohner und der tatsächlich gegebenen Bewohnerstruktur eröffnet. Hiermit können die Vereinbarungspartner insbesondere auch im Hinblick auf ihre bestehende Personalausstattung nachverhandeln. Gleichzeitig muss damit aber eine erhebliche Auseinanderentwicklung der Summe der gezahlten Pflegesätze und der dafür kalkulierten Personalkosten verbunden sein.

Um den Einigungsprozess für die in Satz 2 geregelte Neuverhandlung zu beschleunigen, kann in diesem Fall eine Festsetzung der Pflegesätze durch die Schiedsstelle zur effektiven Konfliktlösung abweichend von Satz 3 in Verbindung mit Absatz 5 Satz 1 bereits nach einem Monat beantragt werden. Zur besseren Verständlichkeit erfolgt die Änderung als Neufassung des gesamten Absatzes.

Zu Absatz 8

Die voll- und teilstationären Pflegeeinrichtungen, die bislang noch keinen Gebrauch von dem fakultativen Vergütungszuschlag gemacht haben, sind dazu aufgefordert, zur Finanzierung der neuen ergänzenden Betreuungs- und Aktivierungsangebote die separaten Vergütungszuschläge im Rahmen ihrer Überleitung der stationären Pflegesätze mit zu vereinbaren.

Für den teilstationären Bereich wird hierfür die Möglichkeit beibehalten, auch geringfügig Beschäftigte nach § 8 Absatz 1 des Vierten Buches Sozialgesetzbuch als zusätzliche Betreuungskräfte einzusetzen, um das zusätzliche Leistungsangebot auch in kleinen teilstationären Pflegeeinrichtungen mit der nötigen Flexibilität sicherzustellen. Dies soll auch weiterhin nicht zu einer Verdrängung sozialversicherungspflichtiger Beschäftigungsverhältnisse führen.

Die weiteren vertragsrechtlichen Voraussetzungen zur Vereinbarung der Vergütungszuschläge nach § 87b werden inhaltlich unverändert übernommen und beibehalten durch eine Integration in die Regelung der Vorschriften zur Vergütung der stationären Pflegeleistungen.

Siehe dazu ergänzend die vorstehende Begründung zur Änderung des § 84 Absatz 8.

unverändert

§ 86 Pflegesatzkommission

(1) Die Landesverbände der Pflegekassen, der Verband der privaten Krankenversicherung e.V., die überörtlichen oder ein nach Landesrecht bestimmter Träger der Sozialhilfe und die Vereinigungen der Pflegeheimträger im Land bilden regional oder landesweit tätige Pflegesatzkommissionen, die anstelle der Vertragsparteien nach § 85 Abs. 2 die Pflegesätze mit Zustimmung der betroffenen Pflegeheimträger vereinbaren können. § 85 Abs. 3 bis 7 gilt entsprechend.

(2) Für Pflegeheime, die in derselben kreisfreien Gemeinde oder in demselben Landkreis liegen, kann die Pflegesatzkommission mit Zustimmung der betroffenen Pflegeheimträger für die gleichen Leistungen einheitliche Pflegesätze vereinbaren. Die beteiligten Pflegeheime sind befugt, ihre Leistungen unterhalb der nach Satz 1 vereinbarten Pflegesätze anzubieten.

(3) Die Pflegesatzkommission oder die Vertragsparteien nach § 85 Abs. 2 können auch Rahmenvereinbarungen abschließen, die insbesondere ihre Rechte und Pflichten, die Vorbereitung, den Beginn und das Verfahren der Pflegesatzverhandlungen sowie Art, Umfang und Zeitpunkt der vom Pflegeheim vorzulegenden Leistungsnachweise und sonstigen Verhandlungsunterlagen näher bestimmen. Satz 1 gilt nicht, soweit für das Pflegeheim verbindliche Regelungen nach § 75 getroffen worden sind.

§ 87 Unterkunft und Verpflegung

Die als Pflegesatzparteien betroffenen Leistungsträger (§ 85 Abs. 2) vereinbaren mit dem Träger des Pflegeheimes die von den Pflegebedürftigen zu tragenden Entgelte für die Unterkunft und für die Verpflegung jeweils getrennt. Die Entgelte müssen in einem angemessenen Verhältnis zu den Leistungen stehen. § 84 Abs. 3 und 4 und die §§ 85 und 86 gelten entsprechend; § 88 bleibt unberührt.

Fassung bis 31. Dezember 2016	Fassung ab 1. Januar 2017
§ 87a Berechnung und Zahlung des Heimentgelts	**§ 87a Berechnung und Zahlung des Heimentgelts**
(1) Die Pflegesätze, die Entgelte für Unterkunft und Verpflegung sowie die gesondert berechenbaren Investitionskosten (Gesamtheimentgelt) werden für den Tag der Aufnahme des Pflegebedürftigen in das Pflegeheim sowie für jeden weiteren Tag des Heimaufenthalts berechnet (Berechnungstag). Die Zahlungspflicht der Heimbewohner oder ihrer Kostenträger endet mit dem Tag, an dem der Heimbewohner aus dem Heim entlassen wird oder verstirbt. Zieht ein Pflegebedürftiger in ein anderes Heim um, darf nur das aufnehmende Pflegeheim ein Gesamtheimentgelt für den Verlegungstag berechnen. Von den Sätzen 1 bis 3 abweichende Vereinbarungen zwischen dem Pflegeheim und dem Heimbewohner oder dessen Kostenträger sind nichtig. Der Pflegeplatz ist im Fall vorübergehender Abwesenheit vom Pflegeheim für einen Abwesenheitszeitraum von bis zu 42 Tagen im Kalenderjahr für den Pflegebedürftigen freizuhalten. Abweichend hiervon verlängert sich der Abwesenheitszeitraum bei Krankenhausaufenthalten und bei Aufenthalten in Rehabilitationseinrichtungen für	(1) Die Pflegesätze, die Entgelte für Unterkunft und Verpflegung sowie die gesondert berechenbaren Investitionskosten (Gesamtheimentgelt) werden für den Tag der Aufnahme des Pflegebedürftigen in das Pflegeheim sowie für jeden weiteren Tag des Heimaufenthalts berechnet (Berechnungstag). Die Zahlungspflicht der Heimbewohner oder ihrer Kostenträger endet mit dem Tag, an dem der Heimbewohner aus dem Heim entlassen wird oder verstirbt. Zieht ein Pflegebedürftiger in ein anderes Heim um, darf nur das aufnehmende Pflegeheim ein Gesamtheimentgelt für den Verlegungstag berechnen. Von den Sätzen 1 bis 3 abweichende Vereinbarungen zwischen dem Pflegeheim und dem Heimbewohner oder dessen Kostenträger sind nichtig. Der Pflegeplatz ist im Fall vorübergehender Abwesenheit vom Pflegeheim für einen Abwesenheitszeitraum von bis zu 42 Tagen im Kalenderjahr für den Pflegebedürftigen freizuhalten. Abweichend hiervon verlängert sich der Abwesenheitszeitraum bei Krankenhausaufenthalten und bei Aufenthalten in Rehabilitationseinrichtungen für

Fassung bis 31. Dezember 2016	Fassung ab 1. Januar 2017
die Dauer dieser Aufenthalte. In den Rahmenverträgen nach § 75 sind für die nach den Sätzen 5 und 6 bestimmten Abwesenheitszeiträume, soweit drei Kalendertage überschritten werden, Abschläge von mindestens 25 vom Hundert der Pflegevergütung, der Entgelte für Unterkunft und Verpflegung und der Zuschläge nach § 92b vorzusehen.	die Dauer dieser Aufenthalte. In den Rahmenverträgen nach § 75 sind für die nach den Sätzen 5 und 6 bestimmten Abwesenheitszeiträume, soweit drei Kalendertage überschritten werden, Abschläge von mindestens 25 vom Hundert der Pflegevergütung, der Entgelte für Unterkunft und Verpflegung und der Zuschläge nach § 92b vorzusehen.
(2) Bestehen Anhaltspunkte dafür, dass der pflegebedürftige Heimbewohner auf Grund der Entwicklung seines Zustands *einer höheren Pflegestufe* zuzuordnen ist, so ist er auf schriftliche Aufforderung des Heimträgers verpflichtet, bei seiner Pflegekasse die Zuordnung zu einer höheren Pflegestufe zu beantragen. Die Aufforderung ist zu begründen und auch der Pflegekasse sowie bei Sozialhilfeempfängern dem zuständigen Träger der Sozialhilfe zuzuleiten. Weigert sich der Heimbewohner, den Antrag zu stellen, kann der Heimträger ihm oder seinem Kostenträger ab dem ersten Tag des zweiten Monats nach der Aufforderung vorläufig den Pflegesatz nach *der* nächsthöheren *Pflegeklasse* berechnen. Werden die Voraussetzungen für *eine höhere Pflegestufe* vom Medizinischen Dienst nicht bestätigt und lehnt die Pflegekasse eine Höherstufung deswegen ab, hat das Pflegeheim dem Pflegebedürftigen den überzahlten Betrag unverzüglich zurückzuzahlen; der Rückzahlungsbetrag ist rückwirkend ab dem in Satz 3 genannten Zeitpunkt mit wenigstens 5 vom Hundert zu verzinsen.	(2) Bestehen Anhaltspunkte dafür, dass der pflegebedürftige Heimbewohner auf Grund der Entwicklung seines Zustands einem höheren Pflegegrad zuzuordnen ist, so ist er auf schriftliche Aufforderung des Heimträgers verpflichtet, bei seiner Pflegekasse die Zuordnung zu einer höheren Pflegestufe zu beantragen. Die Aufforderung ist zu begründen und auch der Pflegekasse sowie bei Sozialhilfeempfängern dem zuständigen Träger der Sozialhilfe zuzuleiten. Weigert sich der Heimbewohner, den Antrag zu stellen, kann der Heimträger ihm oder seinem Kostenträger ab dem ersten Tag des zweiten Monats nach der Aufforderung vorläufig den Pflegesatz nach dem nächsthöheren Pflegegrad berechnen. Werden die Voraussetzungen für einen höheren Pflegegrad vom Medizinischen Dienst nicht bestätigt und lehnt die Pflegekasse eine Höherstufung deswegen ab, hat das Pflegeheim dem Pflegebedürftigen den überzahlten Betrag unverzüglich zurückzuzahlen; der Rückzahlungsbetrag ist rückwirkend ab dem in Satz 3 genannten Zeitpunkt mit wenigstens 5 vom Hundert zu verzinsen.
(3) Die dem pflegebedürftigen Heimbewohner nach den §§ 41 bis 43 zustehenden Leistungsbeträge sind von seiner Pflegekasse mit befreiender Wirkung unmittelbar an das Pflegeheim zu zahlen. Maßgebend für die Höhe des zu zahlenden Leistungsbetrags ist der Leistungsbescheid der Pflegekasse, unabhängig davon, ob der Bescheid bestandskräftig ist oder nicht. Die von den Pflegekassen zu zahlenden Leistungsbeträge werden bei vollstationärer Pflege (§ 43) zum 15. eines jeden Monats fällig.	(3) Die dem pflegebedürftigen Heimbewohner nach den §§ 41 bis 43 zustehenden Leistungsbeträge sind von seiner Pflegekasse mit befreiender Wirkung unmittelbar an das Pflegeheim zu zahlen. Maßgebend für die Höhe des zu zahlenden Leistungsbetrags ist der Leistungsbescheid der Pflegekasse, unabhängig davon, ob der Bescheid bestandskräftig ist oder nicht. Die von den Pflegekassen zu zahlenden Leistungsbeträge werden bei vollstationärer Pflege (§ 43) zum 15. eines jeden Monats fällig.
(4) Pflegeeinrichtungen, die Leistungen im Sinne des § 43 erbringen, erhalten von der Pflegekasse zusätzlich den Betrag von *1.597 Euro*, wenn der Pflegebedürftige nach der Durchführung aktivierender oder rehabilitativer Maßnahmen in *eine niedrigere Pflegestufe oder von erheblicher zu nicht erheblicher Pflegebedürftigkeit* zurückgestuft wurde. Der Betrag wird entsprechend § 30 angepasst. Der von der Pflegekasse gezahlte Betrag ist von der Pflegeeinrichtung zurückzuzahlen, wenn der Pflegebedürftige inner-	(4) Pflegeeinrichtungen, die Leistungen im Sinne des § 43 erbringen, erhalten von der Pflegekasse zusätzlich den Betrag von 2.952 Euro, wenn der Pflegebedürftige nach der Durchführung aktivierender oder rehabilitativer Maßnahmen in einen niedrigeren Pflegegrad zurückgestuft wurde oder festgestellt wurde, dass er nicht mehr pflegebedürftig im Sinne der §§ 14 und 15 ist. Der Betrag wird entsprechend § 30 angepasst. Der von der Pflegeeinrichtung zurückzuzahlen, wenn der

Fassung bis 31. Dezember 2016	Fassung ab 1. Januar 2017
halb von sechs Monaten in *eine höhere Pflegestufe* oder *von nicht erheblicher zu erheblicher Pflegebedürftigkeit* eingestuft wird.	Pflegebedürftige innerhalb von sechs Monaten in <u>einen höheren Pflegegrad</u> oder <u>wieder als pflegebedürftig im Sinne der §§ 14 und 15</u> eingestuft wird.

Gesetzesbegründung Drs. 18/5926 zu § 87a

Änderungen zum 1. Januar 2017

Die Änderungen sind Folge der Einführung des neuen Pflegebedürftigkeitsbegriffs und des damit verbundenen Begriffes der Pflegegrade. Zudem stehen sie auch im Zusammenhang mit der Abschaffung der Kategorie der Pflegeklasse in § 84.

Neben diesen [redaktionellen] Änderungen wird der Erstattungsbetrag bei Rückstufung an die neuen Leistungsbeträge angepasst. Er entspricht mit 2.952 Euro der Differenz aus den Leistungsbeträgen der Pflegegrade 3 und 2 innerhalb eines Halbjahreszeitraumes.

Fassung bis 31. Dezember 2016	Fassung ab 1. Januar 2017
§ 87b Vergütungszuschläge für zusätzliche Betreuung und Aktivierung in stationären Pflegeeinrichtungen	<u>§ 87b (weggefallen)</u>

(1) Stationäre Pflegeeinrichtungen haben abweichend von § 84 Abs. 2 Satz 2 und Abs. 4 Satz 1 sowie unter entsprechender Anwendung der §§ 45a, 85 und 87a für die zusätzliche Betreuung und Aktivierung der pflegebedürftigen Heimbewohner sowie der Versicherten, die einen Hilfebedarf im Bereich der Grundpflege und hauswirtschaftlichen Versorgung haben, der nicht das Ausmaß der Pflegestufe I erreicht, (anspruchsberechtigten Personen) Anspruch auf Vereinbarung leistungsgerechter Zuschläge zur Pflegevergütung. Die Vereinbarung der Vergütungszuschläge setzt voraus, dass

1. *die anspruchsberechtigten Personen über die nach Art und Schwere der Pflegebedürftigkeit notwendige Versorgung hinaus zusätzlich betreut und aktiviert werden,*

2. *die stationäre Pflegeeinrichtung für die zusätzliche Betreuung und Aktivierung der anspruchsberechtigten Personen über zusätzliches Betreuungspersonal, in vollstationären Pflegeeinrichtungen in sozialversicherungspflichtiger Beschäftigung verfügt und die Aufwendungen für dieses Personal weder bei der Bemessung der Pflegesätze noch bei den Zusatzleistungen nach § 88 berücksichtigt werden,*

3. *die Vergütungszuschläge auf der Grundlage vereinbart werden, dass in der Regel für jede anspruchsberechtigte Person der zwanzigste Teil der Personalaufwendungen für eine zusätzliche Vollzeitkraft finanziert wird und*

4. *die Vertragsparteien Einvernehmen erzielt haben, dass der vereinbarte Vergütungszuschlag nicht berechnet werden darf, soweit die zusätzliche Betreuung und Aktivierung für anspruchsberechtigte Personen nicht erbracht wird.*

Eine Vereinbarung darf darüber hinaus nur mit stationären Pflegeeinrichtungen getroffen werden, die anspruchsberechtigte Personen und ihre Angehörigen im Rahmen der Verhandlung und des Abschlusses des Heimvertrages nachprüfbar und deutlich darauf hinweisen, dass ein zusätzliches Betreuungsangebot, für das ein Vergütungszuschlag nach Absatz 1 gezahlt wird, besteht. Die Leistungs- und Preisvergleichsliste nach § 7 Abs. 3 ist entsprechend zu ergänzen.

Fassung bis 31. Dezember 2016	Fassung ab 1. Januar 2017
(2) Der Vergütungszuschlag ist von der Pflegekasse zu tragen und von dem privaten Versicherungsunternehmen im Rahmen des vereinbarten Versicherungsschutzes zu erstatten; § 28 Absatz 2 ist entsprechend anzuwenden. Mit den Vergütungszuschlägen sind alle zusätzlichen Leistungen der Betreuung und Aktivierung für anspruchsberechtigte Personen im Sinne von Absatz 1 abgegolten. Die anspruchsberechtigten Personen und die Träger der Sozialhilfe dürfen mit den Vergütungszuschlägen weder ganz noch teilweise belastet werden. Mit der Zahlung des Vergütungszuschlags von der Pflegekasse an die Pflegeeinrichtung hat die anspruchsberechtigte Person Anspruch auf Erbringung der zusätzlichen Betreuung und Aktivierung gegenüber der Pflegeeinrichtung.	
(3) Der Spitzenverband Bund der Pflegekassen hat für die zusätzlich einzusetzenden Betreuungskräfte auf der Grundlage des § 45c Abs. 3 Richtlinien zur Qualifikation und zu den Aufgaben in stationären Pflegeeinrichtungen zu beschließen; er hat hierzu die Bundesvereinigungen der Träger stationärer Pflegeeinrichtungen anzuhören und den allgemein anerkannten Stand medizinisch-pflegerischer Erkenntnisse zu beachten. Die Richtlinien werden für alle Pflegekassen und deren Verbände sowie für die stationären Pflegeeinrichtungen erst nach Genehmigung durch das Bundesministerium für Gesundheit wirksam; § 17 Abs. 2 gilt entsprechend.	

Gesetzesbegründung Drs. 18/5926 zu § 87b

Änderung zum 1. Januar 2017: Wegfall von § 87b

Redaktionelle Anmerkung:

Siehe zum Wegfall die Begründung zu den Änderungen der §§ 43b, 53c, 84 Absatz 8 und § 85 Absatz 8.

unverändert

§ 88 Zusatzleistungen

(1) Neben den Pflegesätzen nach § 85 und den Entgelten nach § 87 darf das Pflegeheim mit den Pflegebedürftigen über die im Versorgungsvertrag vereinbarten notwendigen Leistungen hinaus (§ 72 Abs. 1 Satz 2) gesondert ausgewiesene Zuschläge für

1. besondere Komfortleistungen bei Unterkunft und Verpflegung sowie

2. zusätzliche pflegerisch-betreuende Leistungen

vereinbaren (Zusatzleistungen). Der Inhalt der notwendigen Leistungen und deren Abgrenzung von den Zusatzleistungen werden in den Rahmenverträgen nach § 75 festgelegt.

(2) Die Gewährung und Berechnung von Zusatzleistungen ist nur zulässig, wenn:

1. dadurch die notwendigen stationären oder teilstationären Leistungen des Pflegeheimes (§ 84 Abs. 4 und § 87) nicht beeinträchtigt werden,

2. die angebotenen Zusatzleistungen nach Art, Umfang, Dauer und Zeitabfolge sowie die Höhe der Zuschläge und die Zahlungsbedingungen vorher schriftlich zwischen dem Pflegeheim und dem Pflegebedürftigen vereinbart worden sind,

3. das Leistungsangebot und die Leistungsbedingungen den Landesverbänden der Pflegekassen und den überörtlichen Trägern der Sozialhilfe im Land vor Leistungsbeginn schriftlich mitgeteilt worden sind.

Fassung bis 31. Dezember 2016	Fassung ab 1. Januar 2017
Dritter Abschnitt **Vergütung der ambulanten Pflegeleistungen**	**Dritter Abschnitt** **Vergütung der ambulanten Pflegeleistungen**
§ 89 Grundsätze für die Vergütungsregelung	**§ 89 Grundsätze für die Vergütungsregelung**
(1) Die Vergütung der ambulanten *Pflegeleistungen und der hauswirtschaftlichen Versorgung* wird, soweit nicht die Gebührenordnung nach § 90 Anwendung findet, zwischen dem Träger des Pflegedienstes und den Leistungsträgern nach Absatz 2 für alle Pflegebedürftigen nach einheitlichen Grundsätzen vereinbart. Sie muß leistungsgerecht sein. Die Vergütung muss einem Pflegedienst bei wirtschaftlicher Betriebsführung ermöglichen, seine Aufwendungen zu finanzieren und seinen Versorgungsauftrag zu erfüllen. Die Bezahlung tarifvertraglich vereinbarter Vergütungen sowie entsprechender Vergütungen nach kirchlichen Arbeitsrechtsregelungen kann dabei nicht als unwirtschaftlich abgelehnt werden. Eine Differenzierung in der Vergütung nach Kostenträgern ist unzulässig.	(1) Die Vergütung der ambulanten <u>Leistungen der häuslichen Pflegehilfe</u> wird, soweit nicht die Gebührenordnung nach § 90 Anwendung findet, zwischen dem Träger des Pflegedienstes und den Leistungsträgern nach Absatz 2 für alle Pflegebedürftigen nach einheitlichen Grundsätzen vereinbart. Sie muß leistungsgerecht sein. Die Vergütung muss einem Pflegedienst bei wirtschaftlicher Betriebsführung ermöglichen, seine Aufwendungen zu finanzieren und seinen Versorgungsauftrag zu erfüllen. Die Bezahlung tarifvertraglich vereinbarter Vergütungen sowie entsprechender Vergütungen nach kirchlichen Arbeitsrechtsregelungen kann dabei nicht als unwirtschaftlich abgelehnt werden. Eine Differenzierung in der Vergütung nach Kostenträgern ist unzulässig.
(2) Vertragsparteien der Vergütungsvereinbarung sind die Träger des Pflegedienstes sowie	(2) Vertragsparteien der Vergütungsvereinbarung sind die Träger des Pflegedienstes sowie
1. die Pflegekassen oder sonstige Sozialversicherungsträger,	1. die Pflegekassen oder sonstige Sozialversicherungsträger,
2. die Träger der Sozialhilfe, die für die durch den Pflegedienst versorgten Pflegebedürftigen zuständig sind, sowie	2. die Träger der Sozialhilfe, die für die durch den Pflegedienst versorgten Pflegebedürftigen zuständig sind, sowie
3. die Arbeitsgemeinschaften der unter Nummer 1 und 2 genannten Träger,	3. die Arbeitsgemeinschaften der unter Nummer 1 und 2 genannten Träger,

Fassung bis 31. Dezember 2016	Fassung ab 1. Januar 2017
soweit auf den jeweiligen Kostenträger oder die Arbeitsgemeinschaft im Jahr vor Beginn der Vergütungsverhandlungen jeweils mehr als 5 vom Hundert der vom Pflegedienst betreuten Pflegebedürftigen entfallen. Die Vergütungsvereinbarung ist für jeden Pflegedienst gesondert abzuschließen und gilt für den nach § 72 Abs. 3 Satz 3 vereinbarten Einzugsbereich, soweit nicht ausdrücklich etwas Abweichendes vereinbart wird.	soweit auf den jeweiligen Kostenträger oder die Arbeitsgemeinschaft im Jahr vor Beginn der Vergütungsverhandlungen jeweils mehr als 5 vom Hundert der vom Pflegedienst betreuten Pflegebedürftigen entfallen. Die Vergütungsvereinbarung ist für jeden Pflegedienst gesondert abzuschließen und gilt für den nach § 72 Abs. 3 Satz 3 vereinbarten Einzugsbereich, soweit nicht ausdrücklich etwas Abweichendes vereinbart wird.
(3) Die Vergütungen können, je nach Art und Umfang der Pflegeleistung, nach dem dafür erforderlichen Zeitaufwand oder unabhängig vom Zeitaufwand nach dem Leistungsinhalt des jeweiligen Pflegeeinsatzes, nach Komplexleistungen oder in Ausnahmefällen auch nach Einzelleistungen bemessen werden; sonstige Leistungen wie hauswirtschaftliche Versorgung, Behördengänge oder Fahrkosten können auch mit Pauschalen vergütet werden. Die Vergütungen haben zu berücksichtigen, dass Leistungen von mehreren Pflegebedürftigen gemeinsam abgerufen und in Anspruch genommen werden können; die sich aus einer gemeinsamen Leistungsinanspruchnahme ergebenden Zeit- und Kostenersparnisse kommen den Pflegebedürftigen zugute. *Darüber hinaus sind auch Vergütungen für Betreuungsleistungen nach § 36 Abs. 1 zu vereinbaren.* § 84 Absatz 4 Satz 2 und Absatz 7, § 85 Absatz 3 bis 7 und § 86 gelten entsprechend.	(3) Die Vergütungen können, je nach Art und Umfang der Pflegeleistung, nach dem dafür erforderlichen Zeitaufwand oder unabhängig vom Zeitaufwand nach dem Leistungsinhalt des jeweiligen Pflegeeinsatzes, nach Komplexleistungen oder in Ausnahmefällen auch nach Einzelleistungen bemessen werden; sonstige Leistungen wie hauswirtschaftliche Versorgung, Behördengänge oder Fahrkosten können auch mit Pauschalen vergütet werden. Die Vergütungen haben zu berücksichtigen, dass Leistungen von mehreren Pflegebedürftigen gemeinsam abgerufen und in Anspruch genommen werden können; die sich aus einer gemeinsamen Leistungsinanspruchnahme ergebenden Zeit- und Kostenersparnisse kommen den Pflegebedürftigen zugute. § 84 Absatz 4 Satz 2 und Absatz 7, § 85 Absatz 3 bis 7 und § 86 gelten entsprechend.

Gesetzesbegründung Drs. 18/5926 zu § 89

Änderungen zum 1. Januar 2017

Die Änderungen folgen der Neufassung des § 36 und stellt klar, dass bei der Vereinbarung von Vergütungen in der ambulanten Pflege die Leistungen für körperbezogene Pflegemaßnahmen, pflegerische Betreuungsmaßnahmen sowie Hilfen bei der Haushaltsführung zu umfassen haben.

Fassung bis 31. Dezember 2016	Fassung ab 1. Januar 2017
§ 90 Gebührenordnung für ambulante Pflegeleistungen	**§ 90 Gebührenordnung für ambulante Pflegeleistungen**
(1) Das Bundesministerium für Gesundheit wird ermächtigt, im Einvernehmen mit dem Bundesministerium für Familie, Senioren, Frauen und Jugend und dem Bundesministerium für Arbeit und Soziales durch Rechtsverordnung mit Zustimmung des Bundesrates eine Gebührenordnung für die Vergütung der *ambulanten Pflegeleistungen und der hauswirtschaftlichen Versorgung der Pflegebedürftigen* zu erlassen, soweit die Versorgung von der Leistungspflicht der Pflegeversicherung umfaßt ist. Die Vergütung muß leistungsgerecht sein, den Bemessungsgrundsätzen nach § 89 entsprechen und hinsichtlich ihrer Höhe regionale Unterschiede berücksichtigen. § 82 Abs. 2 gilt entsprechend. In der Verordnung ist auch das Nähere zur Abrechnung der Vergütung zwischen den Pflegekassen und den Pflegediensten zu regeln.	(1) Das Bundesministerium für Gesundheit wird ermächtigt, im Einvernehmen mit dem Bundesministerium für Familie, Senioren, Frauen und Jugend und dem Bundesministerium für Arbeit und Soziales durch Rechtsverordnung mit Zustimmung des Bundesrates eine Gebührenordnung für die Vergütung der ambulanten <u>Leistungen der häuslichen Pflegehilfe</u> zu erlassen, soweit die Versorgung von der Leistungspflicht der Pflegeversicherung umfaßt ist. Die Vergütung muß leistungsgerecht sein, den Bemessungsgrundsätzen nach § 89 entsprechen und hinsichtlich ihrer Höhe regionale Unterschiede berücksichtigen. § 82 Abs. 2 gilt entsprechend. In der Verordnung ist auch das Nähere zur Abrechnung der Vergütung zwischen den Pflegekassen und den Pflegediensten zu regeln.
(2) Die Gebührenordnung gilt nicht für die Vergütung von ambulanten *Pflegeleistungen und der hauswirtschaftlichen Versorgung* durch Familienangehörige und sonstige Personen, die mit dem Pflegebedürftigen in häuslicher Gemeinschaft leben. Soweit die Gebührenordnung Anwendung findet, sind die davon betroffenen Pflegeeinrichtungen und Pflegepersonen nicht berechtigt, über die Berechnung der Gebühren hinaus weitergehende Ansprüche an die Pflegebedürftigen oder deren Kostenträger zu stellen.	(2) Die Gebührenordnung gilt nicht für die Vergütung von ambulanten <u>Leistungen der häuslichen Pflegehilfe</u> durch Familienangehörige und sonstige Personen, die mit dem Pflegebedürftigen in häuslicher Gemeinschaft leben. Soweit die Gebührenordnung Anwendung findet, sind die davon betroffenen Pflegeeinrichtungen und Pflegepersonen nicht berechtigt, über die Berechnung der Gebühren hinaus weitergehende Ansprüche an die Pflegebedürftigen oder deren Kostenträger zu stellen.

Gesetzesbegründung Drs. 18/5926 zu § 90

Änderungen zum 1. Januar 2017

Die Änderungen folgen der Neufassung des § 36.

Fassung bis zum 31. Dezember 2015	Fassung ab 1. Januar 2016
Vierter Abschnitt **Kostenerstattung, ~~Landespflegeausschüsse,~~ Pflegeheimvergleich**	**Vierter Abschnitt** **Kostenerstattung, Pflegeheimvergleich**
§ 91 Kostenerstattung	**§ 91 Kostenerstattung**
(1) Zugelassene Pflegeeinrichtungen, die auf eine vertragliche Regelung der Pflegevergütung nach den §§ 85 und 89 verzichten oder mit denen eine solche Regelung nicht zustande kommt, können den Preis für ihre ambulanten oder stationären Leistungen unmittelbar mit den Pflegebedürftigen vereinbaren.	(1) Zugelassene Pflegeeinrichtungen, die auf eine vertragliche Regelung der Pflegevergütung nach den §§ 85 und 89 verzichten oder mit denen eine solche Regelung nicht zustande kommt, können den Preis für ihre ambulanten oder stationären Leistungen unmittelbar mit den Pflegebedürftigen vereinbaren.
(2) Den Pflegebedürftigen werden die ihnen von den Einrichtungen nach Absatz 1 berechneten Kosten für die pflegebedingten Aufwendungen erstattet. Die Erstattung darf jedoch 80 vom Hundert des Betrages nicht überschreiten, den die Pflegekasse für den einzelnen Pflegebedürftigen nach Art und Schwere seiner Pflegebedürftigkeit nach dem Dritten Abschnitt des Vierten Kapitels zu leisten hat. Eine weitergehende Kostenerstattung durch einen Träger der Sozialhilfe ist unzulässig.	(2) Den Pflegebedürftigen werden die ihnen von den Einrichtungen nach Absatz 1 berechneten Kosten für die pflegebedingten Aufwendungen erstattet. Die Erstattung darf jedoch 80 vom Hundert des Betrages nicht überschreiten, den die Pflegekasse für den einzelnen Pflegebedürftigen nach Art und Schwere seiner Pflegebedürftigkeit nach dem Dritten Abschnitt des Vierten Kapitels zu leisten hat. Eine weitergehende Kostenerstattung durch einen Träger der Sozialhilfe ist unzulässig.
(3) Die Absätze 1 und 2 gelten entsprechend für Pflegebedürftige, die nach Maßgabe dieses Buches bei einem privaten Versicherungsunternehmen versichert sind.	(3) Die Absätze 1 und 2 gelten entsprechend für Pflegebedürftige, die nach Maßgabe dieses Buches bei einem privaten Versicherungsunternehmen versichert sind.
(4) Die Pflegebedürftigen und ihre Angehörigen sind von der Pflegekasse und der Pflegeeinrichtung rechtzeitig auf die Rechtsfolgen der Absätze 2 und 3 hinzuweisen.	(4) Die Pflegebedürftigen und ihre Angehörigen sind von der Pflegekasse und der Pflegeeinrichtung rechtzeitig auf die Rechtsfolgen der Absätze 2 und 3 hinzuweisen.

Gesetzesbegründung Drs. 18/5926 zu § 91

Änderung zum 1. Januar 2016

Zur Änderung der Abschnittsüberschrift

Es handelt sich um eine redaktionelle Folgeänderung aufgrund der Überführung der Regelung des § 92 in den neuen § 8a.

Fassung bis zum 31. Dezember 2015	Fassung ab 1. Januar 2016
~~§ 92 Landespflegeausschüsse~~ ~~Für jedes Land oder für Teile des Landes wird zur Beratung über Fragen der Pflegeversicherung ein Landespflegeausschuss gebildet. Der Ausschuss kann zur Umsetzung der Pflegeversicherung einvernehmlich Empfehlungen abgeben. Die Landesregierungen werden ermächtigt, durch Rechtsverordnung das Nähere zu den Landespflegeausschüssen zu bestimmen; insbesondere können sie die den Landespflegeausschüssen angehörenden Organisationen unter Berücksichtigung der Interessen aller an der Pflege im Land Beteiligten berufen.~~	<u>§ 92 (weggefallen)</u>

Gesetzesbegründung Drs. 18/5926 zu § 92

Weggefallen ab 1. Januar 2016 (siehe jetzt § 8a)

Aus systematischen Gründen erhält die Regelung einen neuen Standort (§ 8a).

unverändert

§ 92a Pflegeheimvergleich

(1) Die Bundesregierung wird ermächtigt, durch Rechtsverordnung mit Zustimmung des Bundesrates einen Pflegeheimvergleich anzuordnen, insbesondere mit dem Ziel,

1. die Landesverbände der Pflegekassen bei der Durchführung von Wirtschaftlichkeits- und Qualitätsprüfungen (§ 79, Elftes Kapitel),

2. die Vertragsparteien nach § 85 Abs. 2 bei der Bemessung der Vergütungen und Entgelte sowie

3. die Pflegekassen bei der Erstellung der Leistungs- und Preisvergleichslisten (§ 7 Abs. 3)

zu unterstützen. Die Pflegeheime sind länderbezogen, Einrichtung für Einrichtung, insbesondere hinsichtlich ihrer Leistungs- und Belegungsstrukturen, ihrer Pflegesätze und Entgelte sowie ihrer gesondert berechenbaren Investitionskosten miteinander zu vergleichen.

(2) In der Verordnung nach Absatz 1 sind insbesondere zu regeln:

1. die Organisation und Durchführung des Pflegeheimvergleichs durch eine oder mehrere von dem Spitzenverband Bund der Pflegekassen oder den Landesverbänden der Pflegekassen gemeinsam beauftragte Stellen,

2. die Finanzierung des Pflegeheimvergleichs aus Verwaltungsmitteln der Pflegekassen,

3. die Erhebung der vergleichsnotwendigen Daten einschließlich ihrer Verarbeitung.

(3) Zur Ermittlung der Vergleichsdaten ist vorrangig auf die verfügbaren Daten aus den Versorgungsverträgen sowie den Pflegesatz- und Entgeltvereinbarungen über

1. die Versorgungsstrukturen einschließlich der personellen und sächlichen Ausstattung,

2. die Leistungen, Pflegesätze und sonstigen Entgelte der Pflegeheime

und auf die Daten aus den Vereinbarungen über Zusatzleistungen zurückzugreifen. Soweit dies für die Zwecke des Pflegeheimvergleichs erforderlich ist, haben die Pflegeheime der mit der Durchführung des Pflegeheimvergleichs beauftragten Stelle auf Verlangen zusätzliche Unterlagen vorzulegen und Auskünfte zu erteilen, insbesondere auch über die von ihnen gesondert berechneten Investitionskosten (§ 82 Abs. 3 und 4).

(4) Durch die Verordnung nach Absatz 1 ist sicherzustellen, dass die Vergleichsdaten

1. den zuständigen Landesbehörden,

2. den Vereinigungen der Pflegeheimträger im Land,

3. den Landesverbänden der Pflegekassen,

4. dem Medizinischen Dienst der Krankenversicherung,

5. dem Verband der privaten Krankenversicherung e. V. im Land sowie

6. den nach Landesrecht zuständigen Trägern der Sozialhilfe

zugänglich gemacht werden. Die Beteiligten nach Satz 1 sind befugt, die Vergleichsdaten ihren Verbänden oder Vereinigungen auf Bundesebene zu übermitteln; die Landesverbände der Pflegekassen sind verpflichtet, die für Prüfzwecke erforderlichen Vergleichsdaten den von ihnen zur Durchführung von Wirtschaftlichkeits- und Qualitätsprüfungen bestellten Sachverständigen zugänglich zu machen.

(5) Vor Erlass der Rechtsverordnung nach Absatz 1 sind der Spitzenverband Bund der Pflegekassen, der Verband der privaten Krankenversicherung e. V., die Bundesarbeitsgemeinschaft der überörtlichen Träger der Sozialhilfe, die Bundesvereinigung der kommunalen Spitzenverbände und die Vereinigungen der Träger der Pflegeheime auf Bundesebene anzuhören. Im Rahmen der Anhörung können diese auch Vorschläge für eine Rechtsverordnung nach Absatz 1 oder für einzelne Regelungen einer solchen Rechtsverordnung vorlegen.

(6) Der Spitzenverband Bund der Pflegekassen oder die Landesverbände der Pflegekassen sind berechtigt, jährlich Verzeichnisse der Pflegeheime mit den im Pflegeheimvergleich ermittelten Leistungs-, Belegungs- und Vergütungsdaten zu veröffentlichen.

(7) Personenbezogene Daten sind vor der Datenübermittlung oder der Erteilung von Auskünften zu anonymisieren.

(8) Die Bundesregierung wird ermächtigt, durch Rechtsverordnung mit Zustimmung des Bundesrates einen länderbezogenen Vergleich über die zugelassenen Pflegedienste (Pflegedienstvergleich) in entsprechender Anwendung der vorstehenden Absätze anzuordnen.

Fassung bis 31. Dezember 2015	Fassung ab 1. Januar 2016
Fünfter Abschnitt **Integrierte Versorgung ~~und Pflegestützpunkte~~**	**Fünfter Abschnitt** **<u>Integrierte Versorgung</u>**

§ 92b Integrierte Versorgung

(1) Die Pflegekassen können mit zugelassenen Pflegeeinrichtungen und den weiteren Vertragspartnern nach § 140a Absatz 3 Satz 1 des Fünften Buches Verträge zur integrierten Versorgung schließen oder derartigen Verträgen mit Zustimmung der Vertragspartner beitreten.

(2) In den Verträgen nach Absatz 1 ist das Nähere über Art, Inhalt und Umfang der zu erbringenden Leistungen der integrierten Versorgung sowie deren Vergütung zu regeln. Diese Verträge können von den Vorschriften der §§ 75, 85 und 89 abweichende Regelungen treffen, wenn sie dem Sinn und der Eigenart der integrierten Versorgung entsprechen, die Qualität, die Wirksamkeit und die Wirtschaftlichkeit der Versorgung durch die Pflegeeinrichtungen verbessern oder aus sonstigen Gründen zur Durchführung der integrierten Versorgung erforderlich sind. In den Pflegevergütungen dürfen keine Aufwendungen berücksichtigt werden, die nicht der Finanzierungszuständigkeit der sozialen Pflegeversicherung unterliegen. Soweit Pflegeeinrichtungen durch die integrierte Versorgung Mehraufwendungen für Pflegeleistungen entstehen, vereinbaren die Beteiligten leistungsgerechte Zuschläge zu den Pflegevergütungen (§§ 85 und 89). § 140a Absatz 2 Satz 1 bis 3 des Fünften Buches gilt für Leistungsansprüche der Pflegeversicherten gegenüber ihrer Pflegekasse entsprechend.

(3) § 140a Absatz 4 des Fünften Buches gilt für die Teilnahme der Pflegeversicherten an den integrierten Versorgungsformen entsprechend.

Gesetzesbegründung Drs. 18/5926 zur Überschrift des Fünften Abschnitts

Änderung zum 1. Januar 2016

Es handelt sich um eine redaktionelle Folgeänderung aufgrund der Überführung der Regelung des § 92c in den neuen § 7c.

Neu, Geltung von 1. Januar 2016 bis 30. Juni 2017

Sechster Abschnitt
Übergangsregelung für die stationäre Pflege

§ 92c Neuverhandlung der Pflegesätze

Die ab dem 1. Januar 2016 geltenden Pflegesatzvereinbarungen der zugelassenen Pflegeheime gelten bis zum 31. Dezember 2016 weiter. Gleiches gilt für Pflegesatzvereinbarungen, die neu auf Grundlage des § 84 Absatz 2 in der am 1. Januar 2016 geltenden Fassung abgeschlossen werden. Für den vorgesehenen Übergang ab dem 1. Januar 2017 sind von den Vereinbarungspartnern nach § 85 für die Pflegeheime neue Pflegesätze im Hinblick auf die neuen fünf Pflegegrade zu vereinbaren. Davon ausgehend sind in der vollstationären Pflege für die Pflegegrade 2 bis 5 einrichtungseinheitliche Eigenanteile zu ermitteln. Dabei kann insbesondere die Pflegesatzkommission nach § 86 das Nähere für ein vereinfachtes Verfahren unter Einbezug eines angemessenen Zuschlags für die voraussichtlichen Kostensteigerungsraten bestimmen. § 85 Absatz 3 bis 7 gilt entsprechend.

§ 92d Alternative Überleitung der Pflegesätze

Sofern bis zu drei Monate vor dem 1. Januar 2017 für das Pflegeheim keine neue Vereinbarung nach § 92c geschlossen wurde, werden die vereinbarten Pflegesätze durch übergeleitete Pflegesätze abgelöst, die nach § 92e zu ermitteln sind.

§ 92e Verfahren für die Umrechnung

(1) Grundlage für die Ermittlung der ab dem 1. Januar 2017 zu zahlenden Pflegesätze nach § 92d ist der Gesamtbetrag der Pflegesätze, die dem Pflegeheim am 30. September 2016 zustehen, hochgerechnet auf einen Kalendermonat für Pflegebedürftige der Pflegestufen I bis III sowie Bewohner ohne Pflegestufe, aber mit erheblich eingeschränkter Alltagskompetenz.

(2) Der Gesamtbetrag nach Absatz 1 ist in die Pflegegrade 2 bis 5 umzurechnen. Die übergeleiteten Pflegesätze ergeben sich als Summe aus dem Leistungsbetrag nach § 43 und dem in allen Pflegegraden gleich hohen Eigenanteil (Zuzahlungsbetrag). Der einheitliche Eigenanteil ermittelt sich dann wie folgt:

EA = ($\sum$ PS – PBPG2 x LBPG2 – PBPG3 x LBPG3 – PBPG4 x LBPG4 – PBPG5 x LBPG5) dividiert durch PB (PG2 – PG5).

Dabei sind:

1.   EA = der ab dem Tag der Umstellung geltende einheitliche Eigenanteil,

2. $\sum$ PS = Gesamtbetrag der Pflegesätze (PS) nach Absatz 1,

3.   PBPG2 = Zahl der Pflegebedürftigen in Pflegegrad 2 entsprechend der Überleitungsvorschrift des § 140 in der ab dem 1. Januar 2017 geltenden Fassung am 30. September 2016,

4.   PBPG3 = Zahl der Pflegebedürftigen in Pflegegrad 3 entsprechend der Überleitungsvorschrift des § 140 in der ab dem 1. Januar 2017 geltenden Fassung am 30. September 2016,

5.   PBPG4 = Zahl der Pflegebedürftigen in Pflegegrad 4 entsprechend der Überleitungsvorschrift des § 140 in der ab dem 1. Januar 2017 geltenden Fassung am 30. September 2016,

6.   PBPG5 = Zahl der Pflegebedürftigen in Pflegegrad 5 entsprechend der Überleitungsvorschrift des § 140 in der ab dem 1. Januar 2017 geltenden Fassung am 30. September 2016,

7.   PB (PG2 – PG5) = Zahl der Pflegebedürftigen in Pflegegrad 2 bis 5 entsprechend der Überleitungsvorschrift des § 140 in der ab dem 1. Januar 2017 geltenden Fassung am 30. September 2016,

8.   LBPG2 = vollstationärer Leistungsbetrag in Pflegegrad 2,

9. LBPG3 = vollstationärer Leistungsbetrag in Pflegegrad 3,

10. LBPG4 = vollstationärer Leistungsbetrag in Pflegegrad 4 sowie

11. LBPG5 = vollstationärer Leistungsbetrag in Pflegegrad 5.

(3) Für den teilstationären Bereich ergeben sich abweichend von Absatz 2 die übergeleiteten Pflegesätze wie folgt:

PSPG2 = $\sum$ PS dividiert durch (PBPG2 + PBPG3 x 1,2 + PBPG4 x 1,4 + PBPG5 x 1,5).

Dabei ist:
PSPG2 = der teilstationäre Pflegesatz in Pflegegrad 2.

Es gilt:

1. der Pflegesatz in Pflegegrad 3 entspricht dem 1,2-Fachen des Pflegesatzes in Pflegegrad 2,

2. der Pflegesatz in Pflegegrad 4 entspricht dem 1,4-Fachen des Pflegesatzes in Pflegegrad 2,

3. der Pflegesatz in Pflegegrad 5 entspricht dem 1,5-Fachen des Pflegesatzes in Pflegegrad 2.

(4) Der Pflegesatz für den Pflegegrad 1 beträgt bis zur Ablösung durch eine neue Pflegesatzvereinbarung 78 Prozent des Pflegesatzes für den Pflegegrad 2.

§ 92f Pflichten der Beteiligten

(1) Das Pflegeheim teilt den nach § 85 Absatz 2 als Parteien der Pflegesatzvereinbarung beteiligten Kostenträgern bis spätestens zum 31. Oktober 2016 die von ihm nach § 92e Absatz 2 bis 4 ermittelten Pflegesätze in den Pflegegraden 1 bis 5 zusammen mit folgenden Angaben mit:

1. die bisherigen Pflegesätze,

2. die Aufteilung der maßgeblichen Heimbewohnerzahl entsprechend ihrer bisherigen Einstufung und der Angabe zum Vorliegen einer erheblich eingeschränkten Alltagskompetenz sowie

3. den Stichtagsbetrag nach § 92e Absatz 1.

Diese Angaben sind durch geeignete Unterlagen zu belegen. Es genügt die Mitteilung an eine als Vertragspartei beteiligte Pflegekasse; diese stellt die unverzügliche Weiterleitung der Mitteilung an die übrigen als Vertragsparteien beteiligten Kostenträger sowie an die Landesverbände der Pflegekassen sicher.

(2) Über Beanstandungen der von dem Pflegeheim nach Absatz 1 übermittelten Angaben befinden die Parteien nach § 85 Absatz 2 unverzüglich mit Mehrheit. Sofern an die Pflegekassen als Vertragspartei keine Mitteilung innerhalb der Frist erfolgt, sind diese zu einer Schätzung berechtigt und informieren darüber unverzüglich das Pflegeheim.

(3) Abweichend von § 9 Absatz 2 des Wohn- und Betreuungsvertragsgesetzes sind die Heimbewohner vom Pflegeheim spätestens bis zum 30. November 2016 über die danach geltenden Pflegesätze nach § 92e, bei vollstationärer Pflege einschließlich des einrichtungseinheitlichen Eigenanteils, schriftlich zu informieren. Auf den Besitzstandsschutz nach § 141 in der ab dem 1. Januar 2017 geltenden Fassung ist hinzuweisen.

Gesetzesbegründung zum neuen Sechsten Abschnitt (§§ 92c bis 92f)

Eingefügt ab 1. Januar 2016

Im übergangsweise geltenden, neuen Sechsten Abschnitt im Achten Kapitel, der die §§ 92c bis 92f umfasst, sind für den Übergang der vereinbarten Pflegesätze in zugelassenen voll- und teilstationären Pflegeeinrichtungen im Grundsatz zwei Varianten vorgesehen.

> **Redaktionelle Anmerkung:**
>
> Der Sechste Abschnitt tritt am 30. Juni 2017 außer Kraft (Artikel 8 Absatz 4 des Zweiten Pflege-stärkungsgesetzes).

Gesetzesbegründung Drs. 18/5926 zu § 92c

Die ab dem 1. Januar 2016 geltenden Pflegesatzvereinbarungen der voll- und teilstationären Pfle-geeinrichtungen werden von Gesetzes wegen bis zum 31. Dezember 2016 befristet. Das gilt auch für ggf. in der Zeit vom 1. Januar 2016 bis 31. Dezember 2016 neu abgeschlossene Pflegesatzverein-barungen, die noch auf der Grundlage des § 84 Absatz 2 in der bis 31. Dezember 2016 geltenden Fassung Wirkung erlangen.

Bis zum 31. Dezember 2016 sind, wie auch vom Expertenbeirat ausgeführt, Neuverhandlungen der Pflegesätze eröffnet, die ab dem 1. Januar 2017 gelten sollen. Dieses Vorgehen folgt dem bewähr-ten, einrichtungsindividuellen Verhandlungs- und Vereinbarungsprinzip und ermöglicht es den Vertragsparteien, mit größtmöglicher Flexibilität im Hinblick auf das Wirksamwerden des neuen Pflegebedürftigkeitsbegriffs am 1. Januar 2017 für die voll- bzw. teilstationäre Pflegeeinrichtung in prospektiver Weise Anpassungen und Verbesserungen passgenau vorzusehen. Bei den Neuver-handlungen sowie bei den folgenden Pflegesatzverhandlungen für den Zeitraum nach dem Inkraft-treten des neuen Pflegebedürftigkeitsbegriffs sind die von den Vereinbarungspartnern des § 75 angepassten Vorgaben in den Landesrahmenverträgen, insbesondere zur Personalstruktur und den Personalrichtwerten nach § 75 Absatz 3, sowie die neuen gesetzlichen Vorgaben des neuen Pflege-bedürftigkeitsbegriffs und das darin enthaltene Verständnis von Pflegebedürftigkeit zu berücksich-tigen. Bereits bei den Neuverhandlungen bis zum 31. Dezember 2016 sind für die Pflegesätze im vollstationären Bereich in den Pflegegraden 2 bis 5 für die jeweilige Pflegeeinrichtung gleich hohe Beträge für die nicht von der Pflegeversicherung gedeckten Kosten vorzusehen (einrichtungsein-heitliche Eigenanteile). Dazu wird ergänzend auf die Begründung zur Änderung des § 84 [red. Anm.: Inkrafttreten der Änderung ist der 1.1.2017] verwiesen.

Zur Förderung einer effektiven Vereinbarungspraxis werden hierbei vorrangig die Pflegesatz-kommissionen sowie vergleichbare landesspezifische Gremien der Selbstverwaltung ermutigt, ein vereinfachtes Verfahren für die über 13 000 voll- und teilstationären Pflegeeinrichtungen in den Ländern vorzusehen und das Nähere für einen schnellen und ausgewogenen Ablauf zu be-stimmen.

Dabei sind die Vorgaben der §§ 92d ff. zur alternativen Überleitung einzubeziehen. Für dieses ver-einfachte Verfahren soll auch ausdrücklich ein angemessener Zuschlag für die voraussichtlichen Steigerungen im Hinblick auf die Personal- und Sachkosten vorgesehen werden. Kommt eine Eini-gung über ein vereinfachtes Verfahren in der Pflegesatzkommission nicht zustande, ist dieses über die Verweisung auf § 85 Absatz 5 schiedsstellenfähig. Das gilt für die alternativ berufenen, anderen landesspezifischen Gremien entsprechend. Die Pflegesatzkommissionen in den Ländern tragen in ihrer heterogenen Besetzung mit dieser zugewiesenen Aufgabe eine große Verantwortung und können einen wichtigen Beitrag für einen möglichst unbürokratischen Übergang in der voll- und teilstationären Pflege leisten.

Redaktionelle Anmerkung:

Wie sich der Beschlussempfehlung des Ausschusses für Gesundheit (Drs. 18/6688) entnehmen lässt, wird mit dem Wortlaut des § 92c der Gestaltungsspielraum für die Vereinbarungspartner der Pflegesatzkommissionen sowie der vergleichbaren landesspezifischen Gremien erweitert. Durch die Formulierung wird sichergestellt, dass sich die Beteiligten an den Vorgaben der §§ 92d ff. zur alternativen Überleitung orientieren können. Zudem wird verdeutlicht, dass sie die Möglichkeit haben, sich davon losgelöst auf andere Grundlagen zu verständigen. Insbesondere für den teilstationären Pflegebereich können hiermit passendere Verfahren gewählt werden, um frühzeitig die Pflegesatzvereinbarungen für den Übergang zum neuen Pflegebedürftigkeitsbegriff abschließen zu können.

Damit wird die Verhandlungslösung, welche der alternativen Überleitung nach §§ 92d ff. vorgeht, gestärkt und für die Praxis noch handhabbarer ausgestaltet.

Gesetzesbegründung Drs. 18/5926 zu § 92d

Für die voll- und teilstationären Pflegeeinrichtungen, die bis 30. September 2016 keine neue Vereinbarung nach § 92c geschlossen haben, sieht § 92d als Auffangregelung eine alternative Überleitung der Pflegesätze vor. Das Verfahren zur Berechnung ist in § 92e geregelt. Die Pflichten der Beteiligten im Rahmen des alternativen Überleitungsverfahrens ergeben sich aus § 92f.

Mit der Auffangregelung wird in einem pauschalen Verfahren die leistungsgerechte, bisher nach Pflegeklassen abgestufte Vergütungsstruktur in das neue System überführt. Zugleich wird damit die neue Ausrichtung in der vollstationären Pflege auf einrichtungseinheitliche Eigenanteile in den Pflegegraden 2 bis 5 bereits mit der Überleitung erreicht.

Diese grundlegende Umverteilung entspricht den Zielsetzungen, die der Gesetzgeber mit den neuen Vergütungsregelungen des SGB XI verfolgt. Die sich als Summe aus dem Leistungsbetrag der Pflegeversicherung und dem vom Pflegebedürftigen zu zahlenden Eigenanteil ergebenden Pflegesätze stehen im Durchschnitt aller Einrichtungen in den Relationen zueinander, die in der Studie der Universität Bremen zur Erfassung von Versorgungsaufwänden in stationären Einrichtungen (EViS) ermittelt wurde. Im Einzelfall können sich dazu Abweichungen ergeben.

Diese Aufwandsrelationen werden auch im teilstationären Bereich angewendet. Dabei setzt man für den Pflegegrad 2 den Aufwandsfaktor auf 1,0; so ergeben sich für die anderen Pflegegrade folgende Aufwandsfaktoren:

- Pflegegrad 3: 1,36,
- Pflegegrad 4: 1,74,
- Pflegegrad 5: 1,91.

Gesetzesbegründung Drs. 18/5926 zu § 92e

Die Vorschrift regelt das Verfahren zur Umrechnung der einem Pflegeheim am 30. September 2016 zustehenden Pflegesätze in die ab dem 1. Januar 2017 zu zahlenden Pflegesätze.

Zu Absatz 1

Zunächst ermittelt das Pflegeheim, bezogen auf den Stichtag am 30. September 2016, ausgehend von seiner aktuellen Belegungszusammensetzung den Gesamtbetrag der Pflegesätze in den Pflegestufen I bis III einschließlich der Härtefälle sowie Bewohnern ohne Pflegestufe aber mit erheblich eingeschränkter Alltagskompetenz.

Die Hochrechnung aus dem Stichtag auf den Kalendermonat hat mit dem Faktor 30,42 zu erfolgen.

Zu Absatz 2

Folgende Berechnung ist zur Aufschlüsselung des Gesamtbetrags der Pflegesätze zwecks Ermittlung des Zahlbetrages und damit des Eigenanteils für die Pflegegrade 2 bis 5 vorzunehmen:

- Zur Ermittlung der Höhe des einheitlichen Eigenanteils (Zuschlags auf die Leistungsbeträge der Pflegeversicherung) sind zunächst die Bewohner des Pflegeheims am 30. September 2016 entsprechend der am 1. Januar 2017 in Kraft tretenden Überleitungsregelung des § 140 den neuen Pflegegraden zuzuordnen.

- Multipliziert man diese mit den neuen Leistungsbeträgen nach § 43, so ergeben sich die dem Pflegeheim auf dieser Basis zufließenden Leistungsausgaben der Pflegeversicherung.

- Teilt man die Differenz zur Summe der zum Stichtag für alle Pflegebedürftigen gezahlten Pflegesätze durch die Zahl der Pflegebedürftigen der Pflegegrade 2 bis 5, so ergibt sich der einheitliche Zuschlagsbetrag (einrichtungseinheitliche Eigenanteil), der dafür sorgt, dass die Pflegesatzsumme die gleiche Höhe hat wie vor der Umstellung auf den neuen Pflegebedürftigkeitsbegriff und die neuen Pflegegrade.

Dies ist angesichts der zum Umstellungszeitpunkt voraussichtlich unveränderten Zusammensetzung der zu versorgenden Pflegebedürftigen und der voraussichtlich ebenfalls unveränderten Personalausstattung angemessen.

Zu Absatz 3

Im teilstationären Bereich wird zur Bestimmung der Pflegesätze in Abweichung zum vollstationären Bereich eine andere Berechnungsformel angewendet.

Die Berechnung zielt auf die Ermittlung der Pflegesätze ab, die direkt in Relation der in der Studie der Universität Bremen zur Erfassung von Versorgungsaufwänden in stationären Einrichtungen im vollstationären Bereich ermittelten Aufwände zueinander stehen.

Redaktionelle Anmerkung:

Aufgrund der Beschlussempfehlung des Ausschusses für Gesundheit (Drs. 18/6688) wurde die ursprünglich geplante Berechnung des Pflegesatzes noch einmal modifiziert.

Ursprünglich war man im Gesetzentwurf von folgenden neuen Pflegesätzen ausgegangen:

Absatz 3 in der ursprünglichen Fassung des Gesetzentwurfes, die geänderten Werte sind fett dargestellt:

„(3) Für den teilstationären Bereich ergeben sich abweichend von Absatz 2 die übergeleiteten Pflegesätze wie folgt:

PSPG2 = ∑ PS dividiert durch (PBPG2 + PBPG3 x *1,36* + PBPG4 x *1,74* + PBPG5 x *1,91*).

Dabei ist:

PSPG2 = der teilstationäre Pflegesatz in Pflegegrad 2.

Es gilt:

4. der Pflegesatz in Pflegegrad 3 entspricht dem *1,36*-Fachen des Pflegesatzes in Pflegegrad 2,

5. der Pflegesatz in Pflegegrad 4 entspricht dem *1,74*-Fachen des Pflegesatzes in Pflegegrad 2,

6. der Pflegesatz in Pflegegrad 5 entspricht dem *1,91*-Fachen des Pflegesatzes in Pflegegrad 2."

Es wurde daher wie folgt gemindert:

Pflegegrad	geplant	verwirklicht
3	1,36	1,2
4	1,74	1,4
5	1,91	1,5

Als Begründung für diese Minderung ist in der Beschlussempfehlung angegeben:

„Hinweise aus der Praxis haben ergeben, dass im teilstationären Bereich die Spreizung der Aufwände zwischen den Pflegegraden geringer ist als im vollstationären Bereich. Deshalb wird nunmehr für die Auffangregelung die Spannbreite der bisherigen nach Pflegestufen differenzierten durchschnittlichen Vergütungen für die Pflegegrade 2 bis 4 herangezogen. Für Pflegegrad 5 wird wie im vollstationären Bereich von einem etwas höheren Aufwand als im Pflegegrad 4 ausgegangen.

Die Ursache der insgesamt geringeren Spreizung im teilstationären Bereich ist einerseits ein höherer Grad an gemeinschaftlicher Betreuung im Vergleich zum vollstationären Bereich. Andererseits resultieren die Unterschiede zwischen dem durchschnittlichen Aufwand in den einzelnen Pflegegraden vermutlich aus den körperbezogenen Pflegemaßnahmen, die überwiegend außerhalb der üblichen Zeiträume der Tagespflege morgens und abends stattfinden."

Zu Absatz 4

Zum Umstellungszeitpunkt gibt es aufgrund der Überleitungsregelungen keine Pflegebedürftigen in Pflegegrad 1.

Für Neuzugänge in der voll- und teilstationären Pflege ist daher eine Auffangregelung vorgesehen, nach der für den Pflegegrad 1 eine Festsetzung in Höhe von 78 Prozent des Pflegesatzes in Pflegegrad 2 vorgesehen ist. Dieses entspricht dem Verhältnis des Durchschnittsaufwands der Studie der Universität Bremen zur Erfassung von Versorgungsaufwänden in stationären Einrichtungen.

Gesetzesbegründung Drs. 18/5926 zu § 92f

Mit der Auffangregelung ist keine Verhandlung verbunden. Daher sind nach § 92f die wesentlichen Ausgangsdaten für die Ermittlung der Pflegesätze von der voll- bzw. teilstationären Pflegeeinrichtung an die Kostenträger mitzuteilen, die dann ihrerseits ohne schuldhaftes Zögern über Beanstandungen dieser Ausgangsdaten zu entscheiden und der Pflegeeinrichtung diese ggf. mitzuteilen haben.

Soweit es die voll- bzw. teilstationäre Pflegeeinrichtung unterlässt, den Kostenträgern die notwendigen Daten mitzuteilen, sind diese zu einer Schätzung berechtigt und haben die Pflegeeinrichtung über die von ihnen vorgenommene Schätzung unverzüglich zu informieren. Dabei sind alle Umstände zu berücksichtigen, die für die Ermittlung der Pflegesätze von Bedeutung sind. Gegebenenfalls vorliegende Angaben sind einzubeziehen. Diese Regelung soll für die beschriebene Ausnahmesituation praktikabel die Überleitung der Pflegesätze gewährleisten.

Die voll- bzw. teilstationäre Pflegeeinrichtung hat die Heimbewohner spätestens bis 30. November 2016, schriftlich über die neuen Pflegesätze der Pflegegrade 1 bis 5 in der Einrichtung zu informieren. In der vollstationären Pflege ist auch die Höhe des einrichtungseinheitlichen Eigenanteils mitzuteilen. Damit wird den Informationspflichten und dem Schutzinteresse für die Verbraucher nach dem Wohn- und Betreuungsvertragsgesetz hinreichend nachgekommen. Zudem erfolgt ein Hinweis auf den Besitzstandsschutz nach dem am 1. Januar 2017 in Kraft tretenden § 141.

Neuntes Kapitel
Datenschutz und Statistik

---

unverändert

Erster Abschnitt
Informationsgrundlagen

Erster Titel
Grundsätze der Datenverwendung

§ 93 Anzuwendende Vorschriften

Für den Schutz personenbezogener Daten bei der Erhebung, Verarbeitung und Nutzung in der Pflegeversicherung gelten der § 35 des Ersten Buches, die §§ 67 bis 85 des Zehnten Buches sowie die Vorschriften dieses Buches.

Fassung bis 31. Dezember 2015	Fassung ab 1. Januar 2016	Fassung ab 1. Januar 2017
§ 94 Personenbezogene Daten bei den Pflegekassen (1) Die Pflegekassen dürfen personenbezogene Daten für Zwecke der Pflegeversicherung nur erheben, verarbeiten und nutzen, soweit dies für: 1. die Feststellung des Versicherungsverhältnisses (§§ 20 bis 26) und der Mitgliedschaft (§ 49), 2. die Feststellung der Beitragspflicht und der Beiträge, deren Tragung und Zahlung (§§ 54 bis 61), 3. die Prüfung der Leistungspflicht und die Gewährung von Leistungen an Versicherte (§§ 4 und 28) sowie die Durchführung von Erstattungs- und Ersatzansprüchen, 4. die Beteiligung des Medizinischen Dienstes (§§ 18 und 40), 5. die Abrechnung mit den Leistungserbringern und die Kostenerstattung (§§ 84 bis 91 und 105),	**§ 94 Personenbezogene Daten bei den Pflegekassen** (1) Die Pflegekassen dürfen personenbezogene Daten für Zwecke der Pflegeversicherung nur erheben, verarbeiten und nutzen, soweit dies für: 1. die Feststellung des Versicherungsverhältnisses (§§ 20 bis 26) und der Mitgliedschaft (§ 49), 2. die Feststellung der Beitragspflicht und der Beiträge, deren Tragung und Zahlung (§§ 54 bis 61), 3. die Prüfung der Leistungspflicht und die Gewährung von Leistungen an Versicherte (§§ 4 *und* 28) sowie die Durchführung von Erstattungs- und Ersatzansprüchen, 4. die Beteiligung des Medizinischen Dienstes (§§ 18 und 40), 5. die Abrechnung mit den Leistungserbringern und die Kostenerstattung (§§ 84 bis 91 und 105),	**§ 94 Personenbezogene Daten bei den Pflegekassen** (1) Die Pflegekassen dürfen personenbezogene Daten für Zwecke der Pflegeversicherung nur erheben, verarbeiten und nutzen, soweit dies für: 1. die Feststellung des Versicherungsverhältnisses (§§ 20 bis 26) und der Mitgliedschaft (§ 49), 2. die Feststellung der Beitragspflicht und der Beiträge, deren Tragung und Zahlung (§§ 54 bis 61), 3. die Prüfung der Leistungspflicht und die Gewährung von Leistungen an Versicherte (__§§ 4, 28 und 28a__) sowie die Durchführung von Erstattungs- und Ersatzansprüchen, 4. die Beteiligung des Medizinischen Dienstes (§§ 18 und 40), 5. die Abrechnung mit den Leistungserbringern und die Kostenerstattung (§§ 84 bis 91 und 105),

Fassung bis 31. Dezember 2015	Fassung ab 1. Januar 2016	Fassung ab 1. Januar 2017
6. die Überwachung der Wirtschaftlichkeit und der Qualität der Leistungserbringung (§§ 79, 112, 113, 114, 114a, 115 und 117),	6. die Überwachung der Wirtschaftlichkeit und der Qualität der Leistungserbringung (§§ 79, 112, 113, 114, 114a, 115 und 117),	6. die Überwachung der Wirtschaftlichkeit und der Qualität der Leistungserbringung (§§ 79, 112, 113, 114, 114a, 115 und 117),
6a. den Abschluss und die Durchführung von Pflegesatzvereinbarungen (§§ 85, 86), Vergütungsvereinbarungen (§ 89) sowie Verträgen zur integrierten Versorgung (§ 92b),	6a. den Abschluss und die Durchführung von Pflegesatzvereinbarungen (§§ 85, 86), Vergütungsvereinbarungen (§ 89) sowie Verträgen zur integrierten Versorgung (§ 92b),	6a. den Abschluss und die Durchführung von Pflegesatzvereinbarungen (§§ 85, 86), Vergütungsvereinbarungen (§ 89) sowie Verträgen zur integrierten Versorgung (§ 92b),
7. die ~~Beratung~~ über Leistungen der Prävention und Teilhabe sowie über die Leistungen und Hilfen zur Pflege (§ 7),	7. die <u>Aufklärung und Auskunft</u> über Leistungen der Prävention und Teilhabe sowie über die Leistungen und Hilfen zur Pflege <u>sowie deren Erbringer</u> (§ 7),	7. die Aufklärung und Auskunft über Leistungen der Prävention und Teilhabe sowie über die Leistungen und Hilfen zur Pflege sowie deren Erbringer (§ 7),
8. die Koordinierung pflegerischer Hilfen (§ 12), die Pflegeberatung (§ 7a), das Ausstellen von Beratungsgutscheinen (§ 7b) sowie die Wahrnehmung der Aufgaben in den Pflegestützpunkten (§ ~~92c~~),	8. die Koordinierung pflegerischer Hilfen (§ 12), die Pflegeberatung (§ 7a), das Ausstellen von Beratungsgutscheinen (§ 7b) sowie die Wahrnehmung der Aufgaben in den Pflegestützpunkten (§ 7c),	8. die Koordinierung pflegerischer Hilfen (§ 12), die Pflegeberatung (§ 7a), das Ausstellen von Beratungsgutscheinen (§ 7b) sowie die Wahrnehmung der Aufgaben in den Pflegestützpunkten (§ 7c),
9. die Abrechnung mit anderen Leistungsträgern,	9. die Abrechnung mit anderen Leistungsträgern,	9. die Abrechnung mit anderen Leistungsträgern,
10. statistische Zwecke (§ 109),	10. statistische Zwecke (§ 109),	10. statistische Zwecke (§ 109),
11. die Unterstützung der Versicherten bei der Verfolgung von Schadensersatzansprüchen (§ 115 Abs. 3 Satz 7)	11. die Unterstützung der Versicherten bei der Verfolgung von Schadensersatzansprüchen (§ 115 Abs. 3 Satz 7)	11. die Unterstützung der Versicherten bei der Verfolgung von Schadensersatzansprüchen (§ 115 Abs. 3 Satz 7)
erforderlich ist.	erforderlich ist.	erforderlich ist.
(2) Die nach Absatz 1 erhobenen und gespeicherten personenbezogenen Daten dürfen für andere Zwecke nur verarbeitet oder genutzt werden, soweit dies durch Rechtsvorschriften des Sozialgesetzbuches angeordnet oder erlaubt ist. Auf Ersuchen des Betreuungsgerichts hat die Pflegekasse diesem zu dem in § 282 Abs. 1 des Gesetzes über das Verfahren in Familiensachen und in den Angelegenheiten der freiwilligen Gerichtsbarkeit genannten Zweck das nach § 18 zur Feststellung	(2) Die nach Absatz 1 erhobenen und gespeicherten personenbezogenen Daten dürfen für andere Zwecke nur verarbeitet oder genutzt werden, soweit dies durch Rechtsvorschriften des Sozialgesetzbuches angeordnet oder erlaubt ist. Auf Ersuchen des Betreuungsgerichts hat die Pflegekasse diesem zu dem in § 282 Abs. 1 des Gesetzes über das Verfahren in Familiensachen und in den Angelegenheiten der freiwilligen Gerichtsbarkeit genannten Zweck das nach § 18 zur Feststellung	(2) Die nach Absatz 1 erhobenen und gespeicherten personenbezogenen Daten dürfen für andere Zwecke nur verarbeitet oder genutzt werden, soweit dies durch Rechtsvorschriften des Sozialgesetzbuches angeordnet oder erlaubt ist. Auf Ersuchen des Betreuungsgerichts hat die Pflegekasse diesem zu dem in § 282 Abs. 1 des Gesetzes über das Verfahren in Familiensachen und in den Angelegenheiten der freiwilligen Gerichtsbarkeit genannten Zweck das nach § 18 zur Feststellung

Fassung bis 31. Dezember 2015	Fassung ab 1. Januar 2016	Fassung ab 1. Januar 2017
der Pflegebedürftigkeit erstellte Gutachten einschließlich der Befunde des Medizinischen Dienstes der Krankenversicherung zu übermitteln.	der Pflegebedürftigkeit erstellte Gutachten einschließlich der Befunde des Medizinischen Dienstes der Krankenversicherung zu übermitteln.	der Pflegebedürftigkeit erstellte Gutachten einschließlich der Befunde des Medizinischen Dienstes der Krankenversicherung zu übermitteln.
(3) Versicherungs- und Leistungsdaten der für Aufgaben der Pflegekasse eingesetzten Beschäftigten einschließlich der Daten ihrer mitversicherten Angehörigen dürfen Personen, die kasseninterne Personalentscheidungen treffen oder daran mitwirken können, weder zugänglich sein noch diesen Personen von Zugriffsberechtigten offenbart werden.	(3) Versicherungs- und Leistungsdaten der für Aufgaben der Pflegekasse eingesetzten Beschäftigten einschließlich der Daten ihrer mitversicherten Angehörigen dürfen Personen, die kasseninterne Personalentscheidungen treffen oder daran mitwirken können, weder zugänglich sein noch diesen Personen von Zugriffsberechtigten offenbart werden.	(3) Versicherungs- und Leistungsdaten der für Aufgaben der Pflegekasse eingesetzten Beschäftigten einschließlich der Daten ihrer mitversicherten Angehörigen dürfen Personen, die kasseninterne Personalentscheidungen treffen oder daran mitwirken können, weder zugänglich sein noch diesen Personen von Zugriffsberechtigten offenbart werden.

Gesetzesbegründung Drs. 18/5926 zu § 94

Änderungen zum 1. Januar 2016

Zu Absatz 1

Ziffer 7: Es handelt sich bei der Erweiterung in Absatz 1 Nummer 7 zum einen um eine Folgeänderung aufgrund der Überführung der Regelungen zur Pflegeberatung in die Vorschrift des § 7a. Aufgabe der Pflegekassen nach dem geänderten § 7 sind jetzt Aufklärung und Auskunft der Versicherten.

Zum anderen handelt es sich um die Ermächtigung, personenbezogene Daten der Erbringer von Leistungen und Hilfen zur Pflege zu erheben, zu verarbeiten und zu nutzen, um über das Angebot dieser Erbringer zu beraten. Die Ermächtigung trägt der Ergänzung der Leistungs- und Preisvergleichslisten nach § 7 Absatz 3 um niedrigschwellige Betreuungs- und Entlastungsangebote nach § 45c Rechnung.

Ziffer 8: Es handelt sich um eine redaktionelle Folgeänderung aufgrund der Überführung der Regelungen des bisherigen§ 92c in einen neuen § 7c.

Änderungen zum 1. Januar 2017

Zu Absatz 1

Ziffer 3: Es handelt sich um eine Folgeänderung zur Einfügung des § 28a, der die Leistungsansprüche der Pflegebedürftigen des Pflegegrades 1 aufführt. Die Pflegekassen werden ermächtigt, personenbezogene Daten auch zur Prüfung der Leistungspflicht und zur Gewährung von Leistungen an Versicherte im Hinblick auf die in § 28a aufgeführten Ansprüche zu erheben, zu verarbeiten und zu nutzen.

Fassung bis 31. Dezember 2015	Fassung ab 1. Januar 2016
§ 95 Personenbezogene Daten bei den Verbänden der Pflegekassen	**§ 95 Personenbezogene Daten bei den Verbänden der Pflegekassen**
(1) Die Verbände der Pflegekassen dürfen personenbezogene Daten für Zwecke der Pflegeversicherung nur erheben, verarbeiten und nutzen, soweit diese für:	(1) Die Verbände der Pflegekassen dürfen personenbezogene Daten für Zwecke der Pflegeversicherung nur erheben, verarbeiten und nutzen, soweit diese für:
1. die Überwachung der Wirtschaftlichkeit und der Qualitätssicherung der Leistungserbringung (§§ 79, 112, 113, 114, 114a, 115 und 117),	1. die Überwachung der Wirtschaftlichkeit und der Qualitätssicherung der Leistungserbringung (§§ 79, 112, 113, 114, 114a, 115 und 117),
	1a. die Information über die Erbringer von Leistungen der Prävention, Teilhabe sowie von Leistungen und Hilfen zur Pflege (§ 7),
2. den Abschluss und die Durchführung von Versorgungsverträgen (§§ 72 bis 74), Pflegesatzvereinbarungen (§§ 85, 86), Vergütungsvereinbarungen (§ 89) sowie Verträgen zur integrierten Versorgung (§ 92b),	2. den Abschluss und die Durchführung von Versorgungsverträgen (§§ 72 bis 74), Pflegesatzvereinbarungen (§§ 85, 86), Vergütungsvereinbarungen (§ 89) sowie Verträgen zur integrierten Versorgung (§ 92b),
3. die Wahrnehmung der ihnen nach §§ 52 und 53 zugewiesenen Aufgaben,	3. die Wahrnehmung der ihnen nach §§ 52 und 53 zugewiesenen Aufgaben,
4. die Unterstützung der Versicherten bei der Verfolgung von Schadensersatzansprüchen (§ 115 Abs. 3 Satz 7)	4. die Unterstützung der Versicherten bei der Verfolgung von Schadensersatzansprüchen (§ 115 Abs. 3 Satz 7)
erforderlich sind.	erforderlich sind.
(2) § 94 Abs. 2 und 3 gilt entsprechend.	(2) § 94 Abs. 2 und 3 gilt entsprechend.

Gesetzesbegründung Drs. 18/5926 zu § 95

Änderung zum 1. Januar 2016

§ 95 wird um die Ermächtigung der Verbände der Pflegekassen erweitert, personenbezogene Daten der Erbringer von Leistungen der Prävention, von Leistungen der Teilhabe sowie von Leistungen und Hilfen zur Pflege zu erheben, zu verarbeiten und zu nutzen, um die Leistungs- und Preisvergleichslisten über das Angebot der Leistungserbringer erstellen, fortschreiben und in ihren Internet-Angeboten veröffentlichen zu können (vgl. die Begründung zur Änderung von § 94 Absatz 1 Nummer 7).

---

unverändert

§ 96 Gemeinsame Verarbeitung und Nutzung personenbezogener Daten

(1) Die Pflegekassen und die Krankenkassen dürfen personenbezogene Daten, die zur Erfüllung gesetzlicher Aufgaben jeder Stelle erforderlich sind, gemeinsam verarbeiten und nutzen. Insoweit findet § 76 des Zehnten Buches im Verhältnis zwischen der Pflegekasse und der Krankenkasse, bei der sie errichtet ist (§ 46), keine Anwendung.

(2) § 286 des Fünften Buches gilt für die Pflegekassen entsprechend.

(3) Die Absätze 1 und 2 gelten entsprechend für die Verbände der Pflege- und Krankenkassen.

Fassung bis 31. Dezember 2015	**Fassung ab 1. Januar 2016**
§ 97 Personenbezogene Daten beim Medizinischen Dienst	**§ 97 Personenbezogene Daten beim Medizinischen Dienst**
(1) Der Medizinische Dienst darf personenbezogene Daten für Zwecke der Pflegeversicherung nur erheben, verarbeiten und nutzen, soweit dies für die Prüfungen, Beratungen und gutachtlichen Stellungnahmen nach den §§ 18, 40, 112, 113, 114, 114a, 115 und 117 erforderlich ist. Die Daten dürfen für andere Zwecke nur verarbeitet und genutzt werden, soweit dies durch Rechtsvorschriften des Sozialgesetzbuches angeordnet oder erlaubt ist.	(1) Der Medizinische Dienst darf personenbezogene Daten für Zwecke der Pflegeversicherung nur erheben, verarbeiten und nutzen, soweit dies für die Prüfungen, Beratungen und gutachtlichen Stellungnahmen nach den §§ 18, __38a,__ 40, 112, 113, 114, 114a, 115 und 117 erforderlich ist. Die Daten dürfen für andere Zwecke nur verarbeitet und genutzt werden, soweit dies durch Rechtsvorschriften des Sozialgesetzbuches angeordnet oder erlaubt ist.
(2) Der Medizinische Dienst darf personenbezogene Daten, die er für die Aufgabenerfüllung nach dem Fünften oder Elften Buch erhebt, verarbeitet oder nutzt, auch für die Aufgaben des jeweils anderen Buches verarbeiten oder nutzen, wenn ohne die vorhandenen Daten diese Aufgaben nicht ordnungsgemäß erfüllt werden können.	(2) Der Medizinische Dienst darf personenbezogene Daten, die er für die Aufgabenerfüllung nach dem Fünften oder Elften Buch erhebt, verarbeitet oder nutzt, auch für die Aufgaben des jeweils anderen Buches verarbeiten oder nutzen, wenn ohne die vorhandenen Daten diese Aufgaben nicht ordnungsgemäß erfüllt werden können.
(3) Die personenbezogenen Daten sind nach fünf Jahren zu löschen. § 96 Abs. 2, § 98 und § 107 Abs. 1 Satz 2 und 3 und Abs. 2 gelten für den Medizinischen Dienst entsprechend. Der Medizinische Dienst hat Sozialdaten zur Identifikation des Versicherten getrennt von den medizinischen Sozialdaten des Versicherten zu speichern. Durch technische und organisatorische Maßnahmen ist sicherzustellen, dass die Sozialdaten nur den Personen zugänglich sind, die sie zur Erfüllung ihrer Aufgaben benötigen. Der Schlüssel für die Zusammenführung der Daten ist vom Beauftragten für den Datenschutz des Medizinischen Dienstes aufzubewahren und darf anderen Personen nicht zugänglich gemacht werden. Jede Zusammenführung ist zu protokollieren.	(3) Die personenbezogenen Daten sind nach fünf Jahren zu löschen. § 96 Abs. 2, § 98 und § 107 Abs. 1 Satz 2 und 3 und Abs. 2 gelten für den Medizinischen Dienst entsprechend. Der Medizinische Dienst hat Sozialdaten zur Identifikation des Versicherten getrennt von den medizinischen Sozialdaten des Versicherten zu speichern. Durch technische und organisatorische Maßnahmen ist sicherzustellen, dass die Sozialdaten nur den Personen zugänglich sind, die sie zur Erfüllung ihrer Aufgaben benötigen. Der Schlüssel für die Zusammenführung der Daten ist vom Beauftragten für den Datenschutz des Medizinischen Dienstes aufzubewahren und darf anderen Personen nicht zugänglich gemacht werden. Jede Zusammenführung ist zu protokollieren.
(4) Für das Akteneinsichtsrecht des Versicherten gilt § 25 des Zehnten Buches entsprechend.	(4) Für das Akteneinsichtsrecht des Versicherten gilt § 25 des Zehnten Buches entsprechend.

Gesetzesbegründung Drs. 18/5926 zu § 97

Änderung zum 1. Januar 2016

Es handelt sich um eine Folgeänderung aufgrund der Einführung des § 38a Absatz 1 Satz 2. Der MDK wird dadurch ermächtigt, personenbezogene Daten im Rahmen der Prüfung nach § 38a Absatz 1 Satz 2 zu erheben, zu verarbeiten und zu nutzen. Gleiches gilt für den gegenüber der Pflegekasse zu erbringenden Nachweis.

unverändert

§ 97a Qualitätssicherung durch Sachverständige und Prüfstellen

(1) Von den Landesverbänden der Pflegekassen bestellte sonstige Sachverständige (§ 114 Abs. 1 Satz 1) sowie Sachverständige und Prüfinstitutionen im Sinne des § 114 Abs. 4 Satz 2 sind berechtigt, für Zwecke der Qualitätssicherung und -prüfung Daten nach den §§ 112, 113, 114, 114a, 115 und 117 zu erheben, zu verarbeiten und zu nutzen; sie dürfen die Daten an die Pflegekassen und deren Verbände sowie an die in den §§ 112, 114, 114a, 115 und 117 genannten Stellen übermitteln, soweit dies zur Erfüllung der gesetzlichen Aufgaben auf dem Gebiet der Qualitätssicherung und Qualitätsprüfung dieser Stellen erforderlich ist. Die Daten sind vertraulich zu behandeln.

(2) § 107 gilt entsprechend.

§ 97b Personenbezogene Daten bei den nach heimrechtlichen Vorschriften zuständigen Aufsichtsbehörden und den Trägern der Sozialhilfe

Die nach heimrechtlichen Vorschriften zuständigen Aufsichtsbehörden und die zuständigen Träger der Sozialhilfe sind berechtigt, die für Zwecke der Pflegeversicherung nach den §§ 112, 113, 114, 114a, 115 und 117 erhobenen personenbezogenen Daten zu verarbeiten und zu nutzen, soweit dies zur Erfüllung ihrer gesetzlichen Aufgaben erforderlich ist; § 107 findet entsprechende Anwendung.

§ 97c Qualitätssicherung durch den Prüfdienst des Verbandes der privaten Krankenversicherung e. V.

Bei Wahrnehmung der Aufgaben auf dem Gebiet der Qualitätssicherung und Qualitätsprüfung im Sinne dieses Buches durch den Prüfdienst des Verbandes der privaten Krankenversicherung e. V. gilt der Prüfdienst als Stelle im Sinne des § 35 Absatz 1 Satz 1 des Ersten Buches. Die §§ 97 und 97a gelten entsprechend.

§ 97d Begutachtung durch unabhängige Gutachter

(1) Von den Pflegekassen gemäß § 18 Absatz 1 Satz 1 beauftragte unabhängige Gutachter sind berechtigt, personenbezogene Daten des Antragstellers zu erheben, zu verarbeiten und zu nutzen, soweit dies für die Zwecke der Begutachtung gemäß § 18 erforderlich ist. Die Daten sind vertraulich zu behandeln. Durch technische und organisatorische Maßnahmen ist sicherzustellen, dass die Daten nur den Personen zugänglich sind, die sie zur Erfüllung des dem Gutachter von den Pflegekassen nach § 18 Absatz 1 Satz 1 erteilten Auftrags benötigen.

(2) Die unabhängigen Gutachter dürfen das Ergebnis der Prüfung zur Feststellung der Pflegebedürftigkeit sowie die Rehabilitationsempfehlung gemäß § 18 an die sie beauftragende Pflegekasse übermitteln, soweit dies zur Erfüllung der gesetzlichen Aufgaben der Pflegekasse erforderlich ist; § 35 des Ersten Buches gilt entsprechend. Dabei ist sicherzustellen, dass das Ergebnis der Prüfung zur Feststellung der Pflegebedürftigkeit sowie die Rehabilitationsempfehlung nur den Personen zugänglich gemacht werden, die sie zur Erfüllung ihrer Aufgaben benötigen.

(3) Die personenbezogenen Daten sind nach fünf Jahren zu löschen. § 107 Absatz 1 Satz 2 gilt entsprechend.

§ 98 Forschungsvorhaben

(1) Die Pflegekassen dürfen mit der Erlaubnis der Aufsichtsbehörde die Datenbestände leistungserbringer- und fallbeziehbar für zeitlich befristete und im Umfang begrenzte Forschungsvorhaben selbst auswerten und zur Durchführung eines Forschungsvorhabens über die sich aus § 107 ergebenden Fristen hinaus aufbewahren.

(2) Personenbezogene Daten sind zu anonymisieren.

**Zweiter Titel
Informationsgrundlagen der Pflegekassen**

§ 99 Versichertenverzeichnis

Die Pflegekasse hat ein Versichertenverzeichnis zu führen. Sie hat in das Versichertenverzeichnis alle Angaben einzutragen, die zur Feststellung der Versicherungspflicht oder -berechtigung und des Anspruchs auf Familienversicherung, zur Bemessung und Einziehung der Beiträge sowie zur Feststellung des Leistungsanspruchs erforderlich sind.

§ 100 Nachweispflicht bei Familienversicherung

Die Pflegekasse kann die für den Nachweis einer Familienversicherung (§ 25) erforderlichen Daten vom Angehörigen oder mit dessen Zustimmung vom Mitglied erheben.

§ 101 Pflegeversichertennummer

Die Pflegekasse verwendet für jeden Versicherten eine Versichertennummer, die mit der Krankenversichertennummer ganz oder teilweise übereinstimmen darf. Bei der Vergabe der Nummer für Versicherte nach § 25 ist sicherzustellen, daß der Bezug zu dem Angehörigen, der Mitglied ist, hergestellt werden kann.

§ 102 Angaben über Leistungsvoraussetzungen

Die Pflegekasse hat Angaben über Leistungen, die zur Prüfung der Voraussetzungen späterer Leistungsgewährung erforderlich sind, aufzuzeichnen. Hierzu gehören insbesondere Angaben zur Feststellung der Voraussetzungen von Leistungsansprüchen und zur Leistung von Zuschüssen.

§ 103 Kennzeichen für Leistungsträger und Leistungserbringer

(1) Die Pflegekassen, die anderen Träger der Sozialversicherung und die Vertragspartner der Pflegekassen einschließlich deren Mitglieder verwenden im Schriftverkehr und für Abrechnungszwecke untereinander bundeseinheitliche Kennzeichen.

(2) § 293 Abs. 2 und 3 des Fünften Buches gilt entsprechend.

**Zweiter Abschnitt
Übermittlung von Leistungsdaten**

§ 104 Pflichten der Leistungserbringer

(1) Die Leistungserbringer sind berechtigt und verpflichtet:

1. im Falle der Überprüfung der Notwendigkeit von Pflegehilfsmitteln (§ 40 Abs. 1),

2. im Falle eines Prüfverfahrens, soweit die Wirtschaftlichkeit oder die Qualität der Leistungen im Einzelfall zu beurteilen sind (§§ 79, 112, 113, 114, 114a, 115 und 117),

2a. im Falle des Abschlusses und der Durchführung von Versorgungsverträgen (§§ 72 bis 74), Pflegesatzvereinbarungen (§§ 85, 86), Vergütungsvereinbarungen (§ 89), sowie Verträgen zur integrierten Versorgung (§ 92b),

3. im Falle der Abrechnung pflegerischer Leistungen (§ 105)

die für die Erfüllung der Aufgaben der Pflegekassen und ihrer Verbände erforderlichen Angaben aufzuzeichnen und den Pflegekassen sowie den Verbänden oder den mit der Datenverarbeitung beauftragten Stellen zu übermitteln.

(2) Soweit dies für die in Absatz 1 Nr. 2 und 2a genannten Zwecke erforderlich ist, sind die Leistungserbringer berechtigt, die personenbezogenen Daten auch an die Medizinischen Dienste und die in den §§ 112, 113, 114, 114a, 115 und 117 genannten Stellen zu übermitteln.

(3) Trägervereinigungen dürfen personenbezogene Daten verarbeiten und nutzen, soweit dies für ihre Beteiligung an Qualitätsprüfungen oder Maßnahmen der Qualitätssicherung nach diesem Buch erforderlich ist.

§ 105 Abrechnung pflegerischer Leistungen

(1) Die an der Pflegeversorgung teilnehmenden Leistungserbringer sind verpflichtet,

1. in den Abrechnungsunterlagen die von ihnen erbrachten Leistungen nach Art, Menge und Preis einschließlich des Tages und der Zeit der Leistungserbringung aufzuzeichnen,

2. in den Abrechnungsunterlagen ihr Kennzeichen (§ 103) sowie die Versichertennummer des Pflegebedürftigen anzugeben,

3. bei der Abrechnung über die Abgabe von Hilfsmitteln die Bezeichnungen des Hilfsmittelverzeichnisses nach § 78 zu verwenden.

Vom 1. Januar 1996 an sind maschinenlesbare Abrechnungsunterlagen zu verwenden.

(2) Das Nähere über Form und Inhalt der Abrechnungsunterlagen sowie Einzelheiten des Datenträgeraustausches werden vom Spitzenverband Bund der Pflegekassen im Einvernehmen mit den Verbänden der Leistungserbringer festgelegt. § 302 Absatz 2 Satz 2 und 3 des Fünften Buches gilt entsprechend.

§ 106 Abweichende Vereinbarungen

Die Landesverbände der Pflegekassen (§ 52) können mit den Leistungserbringern oder ihren Verbänden vereinbaren, daß

1. der Umfang der zu übermittelnden Abrechnungsbelege eingeschränkt,

2. bei der Abrechnung von Leistungen von einzelnen Angaben ganz oder teilweise abgesehen

wird, wenn dadurch eine ordnungsgemäße Abrechnung und die Erfüllung der gesetzlichen Aufgaben der Pflegekassen nicht gefährdet werden.

§ 106a Mitteilungspflichten

Zugelassene Pflegeeinrichtungen, anerkannte Beratungsstellen sowie beauftragte Pflegefachkräfte, die Pflegeeinsätze nach § 37 Abs. 3 durchführen, sind mit Einverständnis des Versicherten berechtigt und verpflichtet, die für die Erfüllung der Aufgaben der Pflegekassen und der privaten Versicherungsunternehmen erforderlichen Angaben zur Qualität der Pflegesituation und zur Notwendigkeit einer Verbesserung den Pflegekassen und den privaten Versicherungsunternehmen zu übermitteln. Das Formular nach § 37 Abs. 4 Satz 2 wird unter Beteiligung des Bundesbeauftragten für den Datenschutz und die Informationsfreiheit und des Bundesministeriums für Gesundheit erstellt.

Dritter Abschnitt
Datenlöschung, Auskunftspflicht

§ 107 Löschen von Daten

(1) Für das Löschen der für Aufgaben der Pflegekassen und ihrer Verbände gespeicherten personenbezogenen Daten gilt § 84 des Zehnten Buches entsprechend mit der Maßgabe, daß

1. die Daten nach § 102 spätestens nach Ablauf von zehn Jahren,

2. sonstige Daten aus der Abrechnung pflegerischer Leistungen (§ 105), aus Wirtschaftlichkeitsprüfungen (§ 79), aus Prüfungen zur Qualitätssicherung (§§ 112, 113, 114, 114a, 115 und 117) und aus dem Abschluss oder der Durchführung von Verträgen (§§ 72 bis 74, 85, 86 oder 89) spätestens nach zwei Jahren

zu löschen sind. Die Fristen beginnen mit dem Ende des Geschäftsjahres, in dem die Leistungen gewährt oder abgerechnet wurden. Die Pflegekassen können für Zwecke der Pflegeversicherung Leistungsdaten länger aufbewahren, wenn sichergestellt ist, daß ein Bezug zu natürlichen Personen nicht mehr herstellbar ist.

(2) Im Falle des Wechsels der Pflegekasse ist die bisher zuständige Pflegekasse verpflichtet, auf Verlangen die für die Fortführung der Versicherung erforderlichen Angaben nach den §§ 99 und 102 der neuen Pflegekasse mitzuteilen.

Fassung bis 31. Dezember 2015	Fassung ab 1. Januar 2016
§ 108 Auskünfte an Versicherte	**§ 108 Auskünfte an Versicherte**
Die Pflegekassen unterrichten die Versicherten auf deren Antrag über die ~~im jeweils letzten Geschäftsjahr~~ in Anspruch genommenen Leistungen und deren Kosten. Eine Mitteilung an die Leistungserbringer über die Unterrichtung des Versicherten ist nicht zulässig. Die Pflegekassen können in ihren Satzungen das Nähere über das Verfahren der Unterrichtung regeln.	Die Pflegekassen unterrichten die Versicherten auf deren Antrag über die <u>in einem Zeitraum von mindestens 18 Monaten vor Antragstellung</u> in Anspruch genommenen Leistungen und deren Kosten. Eine Mitteilung an die Leistungserbringer über die Unterrichtung des Versicherten ist nicht zulässig. Die Pflegekassen können in ihren Satzungen das Nähere über das Verfahren der Unterrichtung regeln.

Gesetzesbegründung Drs. 18/5926 zu § 108

Änderung ab 1. Januar 2016

Die bisherige Formulierung sah vor, dass die Pflegekassen ihre Versicherten auf Antrag über die im letzten Geschäftsjahr in Anspruch genommenen Leistungen und deren Kosten unterrichten. Da das in Frage stehende Geschäftsjahr in der Regel dem Kalenderjahr entspricht, gab es keine rechtliche Grundlage für die Übermittlung von Daten aus dem laufenden Jahr. Diese rechtliche Grundlage wird mit der Änderung geschaffen: Nunmehr sind Versicherte auch über die Leistungen zu unterrichten, die im laufenden Jahr, also zeitnah vor Antragstellung, erbracht wurden.

Mit dieser Änderung wird der Auskunftsanspruch gegenüber den Pflegekassen mit dem Anspruch auf Auskunft gegenüber den Krankenkassen nach § 305 Absatz 1 Satz 1 SGB V harmonisiert. Dies verbessert die Transparenz des Leistungsgeschehens für die Versicherten und ermöglicht zudem die Unterrichtung über zeitlich weiter zurückliegende Leistungsinanspruchnahmen.

Fassung bis 31. Dezember 2016	Fassung ab 1. Januar 2017
Vierter Abschnitt **Statistik**	**Vierter Abschnitt** **Statistik**
§ 109 Pflegestatistiken	**§ 109 Pflegestatistiken**
(1) Die Bundesregierung wird ermächtigt, für Zwecke dieses Buches durch Rechtsverordnung mit Zustimmung des Bundesrates jährliche Erhebungen über ambulante und stationäre Pflegeeinrichtungen sowie über die häusliche Pflege als Bundesstatistik anzuordnen. Die Bundesstatistik kann folgende Sachverhalte umfassen:	(1) Die Bundesregierung wird ermächtigt, für Zwecke dieses Buches durch Rechtsverordnung mit Zustimmung des Bundesrates jährliche Erhebungen über ambulante und stationäre Pflegeeinrichtungen sowie über die häusliche Pflege als Bundesstatistik anzuordnen. Die Bundesstatistik kann folgende Sachverhalte umfassen:
1. Art der Pflegeeinrichtung und der Trägerschaft,	1. Art der Pflegeeinrichtung und der Trägerschaft,
2. Art des Leistungsträgers und des privaten Versicherungsunternehmens,	2. Art des Leistungsträgers und des privaten Versicherungsunternehmens,
3. in der ambulanten und stationären Pflege tätige Personen nach Geschlecht, Geburtsjahr, Beschäftigungsverhältnis, Tätigkeitsbereich, Dienststellung, Berufsabschluß auf Grund einer Ausbildung, Weiterbildung oder Umschulung, zusätzlich bei Auszubildenden und Umschülern Art der Ausbildung und Ausbildungsjahr, Beginn und Ende der Pflegetätigkeit,	3. in der ambulanten und stationären Pflege tätige Personen nach Geschlecht, Geburtsjahr, Beschäftigungsverhältnis, Tätigkeitsbereich, Dienststellung, Berufsabschluß auf Grund einer Ausbildung, Weiterbildung oder Umschulung, zusätzlich bei Auszubildenden und Umschülern Art der Ausbildung und Ausbildungsjahr, Beginn und Ende der Pflegetätigkeit,
4. sachliche Ausstattung und organisatorische Einheiten der Pflegeeinrichtung, Ausbildungsstätten an Pflegeeinrichtungen,	4. sachliche Ausstattung und organisatorische Einheiten der Pflegeeinrichtung, Ausbildungsstätten an Pflegeeinrichtungen,
5. betreute Pflegebedürftige *und Personen mit erheblich eingeschränkter Alltagskompetenz* nach Geschlecht, Geburtsjahr, Wohnort, Art, Ursache, Grad und Dauer der Pflegebedürftigkeit, Art des Versicherungsverhältnisses,	5. betreute Pflegebedürftige nach Geschlecht, Geburtsjahr, Wohnort, Art, Ursache, Grad und Dauer der Pflegebedürftigkeit, Art des Versicherungsverhältnisses,
6. in Anspruch genommene Pflegeleistungen nach Art, Dauer und Häufigkeit sowie nach Art des Kostenträgers,	6. in Anspruch genommene Pflegeleistungen nach Art, Dauer und Häufigkeit sowie nach Art des Kostenträgers,
7. Kosten der Pflegeeinrichtungen nach Kostenarten sowie Erlöse nach Art, Höhe und Kostenträgern.	7. Kosten der Pflegeeinrichtungen nach Kostenarten sowie Erlöse nach Art, Höhe und Kostenträgern.
Auskunftspflichtig sind die Träger der Pflegeeinrichtungen, die Träger der Pflegeversicherung sowie die privaten Versicherungsunternehmen gegenüber den statistischen Ämtern der Länder; die Rechtsverordnung kann Ausnahmen von der Auskunftspflicht vorsehen.	Auskunftspflichtig sind die Träger der Pflegeeinrichtungen, die Träger der Pflegeversicherung sowie die privaten Versicherungsunternehmen gegenüber den statistischen Ämtern der Länder; die Rechtsverordnung kann Ausnahmen von der Auskunftspflicht vorsehen.
(2) Die Bundesregierung wird ermächtigt, für Zwecke dieses Buches durch Rechtsverordnung mit Zustimmung des Bundesrates jährliche Erhebungen über die Situation Pflegebedürftiger und ehrenamtlich Pflegender als Bundesstatistik anzuordnen. Die Bundesstatistik kann folgende Sachverhalte umfassen:	(2) Die Bundesregierung wird ermächtigt, für Zwecke dieses Buches durch Rechtsverordnung mit Zustimmung des Bundesrates jährliche Erhebungen über die Situation Pflegebedürftiger und ehrenamtlich Pflegender als Bundesstatistik anzuordnen. Die Bundesstatistik kann folgende Sachverhalte umfassen:

Fassung bis 31. Dezember 2016	Fassung ab 1. Januar 2017
1. Ursachen von Pflegebedürftigkeit,	1. Ursachen von Pflegebedürftigkeit,
2. Pflege- und Betreuungsbedarf der Pflegebedürftigen,	2. Pflege- und Betreuungsbedarf der Pflegebedürftigen,
3. Pflege- und Betreuungsleistungen durch Pflegefachkräfte, Angehörige und ehrenamtliche Helfer,	3. Pflege- und Betreuungsleistungen durch Pflegefachkräfte, Angehörige und ehrenamtliche Helfer **sowie Angebote zur Unterstützung im Alltag**,
4. Leistungen zur Prävention und Teilhabe,	4. Leistungen zur Prävention und Teilhabe,
5. Maßnahmen zur Erhaltung und Verbesserung der Pflegequalität,	5. Maßnahmen zur Erhaltung und Verbesserung der Pflegequalität,
6. Bedarf an Pflegehilfsmitteln und technischen Hilfen,	6. Bedarf an Pflegehilfsmitteln und technischen Hilfen,
7. Maßnahmen zur Verbesserung des Wohnumfeldes.	7. Maßnahmen zur Verbesserung des Wohnumfeldes.
Auskunftspflichtig ist der Medizinische Dienst gegenüber den statistischen Ämtern der Länder; Absatz 1 Satz 3 zweiter Halbsatz gilt entsprechend.	Auskunftspflichtig ist der Medizinische Dienst gegenüber den statistischen Ämtern der Länder; Absatz 1 Satz 3 zweiter Halbsatz gilt entsprechend.
(3) Die nach Absatz 1 Satz 3 und Absatz 2 Satz 3 Auskunftspflichtigen teilen die von der jeweiligen Statistik umfaßten Sachverhalte gleichzeitig den für die Planung und Investitionsfinanzierung der Pflegeeinrichtungen zuständigen Landesbehörden mit. Die Befugnis der Länder, zusätzliche, von den Absätzen 1 und 2 nicht erfaßte Erhebungen über Sachverhalte des Pflegewesens als Landesstatistik anzuordnen, bleibt unberührt.	(3) Die nach Absatz 1 Satz 3 und Absatz 2 Satz 3 Auskunftspflichtigen teilen die von der jeweiligen Statistik umfaßten Sachverhalte gleichzeitig den für die Planung und Investitionsfinanzierung der Pflegeeinrichtungen zuständigen Landesbehörden mit. Die Befugnis der Länder, zusätzliche, von den Absätzen 1 und 2 nicht erfaßte Erhebungen über Sachverhalte des Pflegewesens als Landesstatistik anzuordnen, bleibt unberührt.
(4) Daten der Pflegebedürftigen, der in der Pflege tätigen Personen, der Angehörigen und ehrenamtlichen Helfer dürfen für Zwecke der Bundesstatistik nur in anonymisierter Form an die statistischen Ämter der Länder übermittelt werden.	(4) Daten der Pflegebedürftigen, der in der Pflege tätigen Personen, der Angehörigen und ehrenamtlichen Helfer dürfen für Zwecke der Bundesstatistik nur in anonymisierter Form an die statistischen Ämter der Länder übermittelt werden.
(5) Die Statistiken nach den Absätzen 1 und 2 sind für die Bereiche der ambulanten Pflege und der Kurzzeitpflege erstmals im Jahr 1996 für das Jahr 1995 vorzulegen, für den Bereich der stationären Pflege im Jahr 1998 für das Jahr 1997.	(5) Die Statistiken nach den Absätzen 1 und 2 sind für die Bereiche der ambulanten Pflege und der Kurzzeitpflege erstmals im Jahr 1996 für das Jahr 1995 vorzulegen, für den Bereich der stationären Pflege im Jahr 1998 für das Jahr 1997.

Gesetzesbegründung Drs. 18/5926 zu § 109

Änderungen ab 1. Januar 2017

Zu Absatz 1

Ziffer 5: Es handelt sich um die Streichung des Merkmals erheblich eingeschränkte Alltagskompetenz, da diese im Rahmen des NBA nicht mehr festgestellt wird.

Zu Absatz 2

Ziffer 3: Es handelt sich um eine redaktionelle Anpassung, mit der nun auch die unter dem Begriff der Angebote zur Unterstützung im Alltag zusammengefassten Hilfen explizit benannt werden.

Zehntes Kapitel
Private Pflegeversicherung

Durch PSG II unverändert

Die ab 1. Januar 2016 geltende Änderung in Absatz 2 durch das Gesetz zur Modernisierung der Finanzaufsicht über Versicherungen vom 1. April 2015 (BGBl. I S. 434) ist eingearbeitet.

§ 110 Regelungen für die private Pflegeversicherung

(1) Um sicherzustellen, daß die Belange der Personen, die nach § 23 zum Abschluß eines Pflegeversicherungsvertrages bei einem privaten Krankenversicherungsunternehmen verpflichtet sind, ausreichend gewahrt werden und daß die Verträge auf Dauer erfüllbar bleiben, ohne die Interessen der Versicherten anderer Tarife zu vernachlässigen, werden die im Geltungsbereich dieses Gesetzes zum Betrieb der Pflegeversicherung befugten privaten Krankenversicherungsunternehmen verpflichtet,

1. mit allen in § 22 und § 23 Abs. 1, 3 und 4 genannten versicherungspflichtigen Personen auf Antrag einen Versicherungsvertrag abzuschließen, der einen Versicherungsschutz in dem in § 23 Abs. 1 und 3 festgelegten Umfang vorsieht (Kontrahierungszwang); dies gilt auch für das nach § 23 Abs. 2 gewählte Versicherungsunternehmen,

2. in den Verträgen, die Versicherungspflichtige in dem nach § 23 Abs. 1 und 3 vorgeschriebenen Umfang abschließen,

    a) keinen Ausschluß von Vorerkrankungen der Versicherten,

    b) keinen Ausschluß bereits pflegebedürftiger Personen,

    c) keine längeren Wartezeiten als in der sozialen Pflegeversicherung (§ 33 Abs. 2),

    d) keine Staffelung der Prämien nach Geschlecht und Gesundheitszustand der Versicherten,

    e) keine Prämienhöhe, die den Höchstbeitrag der sozialen Pflegeversicherung übersteigt, bei Personen, die nach § 23 Abs. 3 einen Teilkostentarif abgeschlossen haben, keine Prämienhöhe, die 50 vom Hundert des Höchstbeitrages der sozialen Pflegeversicherung übersteigt,

    f) die beitragsfreie Mitversicherung der Kinder des Versicherungsnehmers unter denselben Voraussetzungen, wie in § 25 festgelegt,

    g) für Ehegatten oder Lebenspartner ab dem Zeitpunkt des Nachweises der zur Inanspruchnahme der Beitragsermäßigung berechtigenden Umstände keine Prämie in Höhe von mehr als 150 vom Hundert des Höchstbeitrages der sozialen Pflegeversicherung, wenn ein Ehegatte oder ein Lebenspartner kein Gesamteinkommen hat, das die in § 25 Abs. 1 Satz 1 Nr. 5 genannten Einkommensgrenzen überschreitet,

vorzusehen.

(2) Die in Absatz 1 genannten Bedingungen gelten für Versicherungsverträge, die mit Personen abgeschlossen werden, die zum Zeitpunkt des Inkrafttretens dieses Gesetzes Mitglied bei einem privaten Krankenversicherungsunternehmen mit Anspruch auf allgemeine Krankenhausleistungen sind oder sich nach Artikel 41 des Pflege-Versicherungsgesetzes innerhalb von sechs Monaten nach Inkrafttreten dieses Gesetzes von der Versicherungspflicht in der sozialen Pflegeversicherung befreien lassen. Die in Absatz 1 Nr. 1 und 2 Buchstabe a bis f genannten Bedingungen gelten auch für Verträge mit Personen, die im Basistarif nach § 152 des Versicherungsaufsichtsgesetzes versichert sind. Für Personen, die im Basistarif nach § 152 des Versicherungsaufsichtsgesetzes versichert sind und deren Beitrag zur Krankenversicherung sich nach § 152 Absatz 4 Satz 1 oder 3 des Versicherungsaufsichtsgesetzes vermindert, darf der Beitrag 50 vom Hundert des sich nach Absatz 1 Nr. 2 Buchstabe e ergebenden Beitrags nicht übersteigen; die Beitragsbegrenzung für Ehegatten oder Lebenspartner nach Absatz 1 Nr. 2 Buchstabe g gilt für diese Versicherten nicht. Für die Aufbringung der nach Satz 3 verminderten Beiträge gilt § 152 Absatz 4 Satz 2 oder 3 des Versicherungsaufsichtsgesetzes entsprechend; dabei gilt Satz 3 mit der Maßgabe, dass der zuständige Träger den Betrag zahlt, der auch für einen Bezieher von Arbeitslosengeld II

in der sozialen Pflegeversicherung zu tragen ist. Entsteht allein durch die Zahlung des Beitrags zur Pflegeversicherung nach Satz 2 Hilfebedürftigkeit im Sinne des Zweiten oder Zwölften Buches, gelten die Sätze 3 und 4 entsprechend; die Hilfebedürftigkeit ist vom zuständigen Träger nach dem Zweiten oder Zwölften Buch auf Antrag des Versicherten zu prüfen und zu bescheinigen.

(3) Für Versicherungsverträge, die mit Personen abgeschlossen werden, die erst nach Inkrafttreten dieses Gesetzes Mitglied eines privaten Krankenversicherungsunternehmens mit Anspruch auf allgemeine Krankenhausleistungen werden oder die der Versicherungspflicht nach § 193 Abs. 3 des Versicherungsvertragsgesetzes genügen, gelten, sofern sie in Erfüllung der Vorsorgepflicht nach § 22 Abs. 1 und § 23 Abs. 1, 3 und 4 geschlossen werden und Vertragsleistungen in dem in § 23 Abs. 1 und 3 festgelegten Umfang vorsehen, folgende Bedingungen:

1. Kontrahierungszwang,

2. kein Ausschluß von Vorerkrankungen der Versicherten,

3. keine Staffelung der Prämien nach Geschlecht,

4. keine längeren Wartezeiten als in der sozialen Pflegeversicherung,

5. für Versicherungsnehmer, die über eine Vorversicherungszeit von mindestens fünf Jahren in ihrer privaten Pflegeversicherung oder privaten Krankenversicherung verfügen, keine Prämienhöhe, die den Höchstbeitrag der sozialen Pflegeversicherung übersteigt; Absatz 1 Nr. 2 Buchstabe e gilt,

6. beitragsfreie Mitversicherung der Kinder des Versicherungsnehmers unter denselben Voraussetzungen, wie in § 25 festgelegt.

(4) Rücktritts- und Kündigungsrechte der Versicherungsunternehmen sind ausgeschlossen, solange der Kontrahierungszwang besteht.

(5) Die Versicherungsunternehmen haben den Versicherten Akteneinsicht zu gewähren. Sie haben die Berechtigten über das Recht auf Akteneinsicht zu informieren, wenn sie das Ergebnis einer Prüfung auf Pflegebedürftigkeit mitteilen. 3§ 25 des Zehnten Buches gilt entsprechend.

§ 111 Risikoausgleich

(1) Die Versicherungsunternehmen, die eine private Pflegeversicherung im Sinne dieses Buches betreiben, müssen sich zur dauerhaften Gewährleistung der Regelungen für die private Pflegeversicherung nach § 110 sowie zur Aufbringung der Fördermittel nach § 45c am Ausgleich der Versicherungsrisiken beteiligen und dazu ein Ausgleichssystem schaffen und erhalten, dem sie angehören. Das Ausgleichssystem muß einen dauerhaften, wirksamen Ausgleich der unterschiedlichen Belastungen gewährleisten; es darf den Marktzugang neuer Anbieter der privaten Pflegeversicherung nicht erschweren und muß diesen eine Beteiligung an dem Ausgleichssystem zu gleichen Bedingungen ermöglichen. In diesem System werden die Beiträge ohne die Kosten auf der Basis gemeinsamer Kalkulationsgrundlagen einheitlich für alle Unternehmen, die eine private Pflegeversicherung betreiben, ermittelt.

(2) Die Errichtung, die Ausgestaltung, die Änderung und die Durchführung des Ausgleichs unterliegen der Aufsicht der Bundesanstalt für Finanzdienstleistungsaufsicht.

Elftes Kapitel
Qualitätssicherung, Sonstige Regelungen zum
Schutz der Pflegebedürftigen

Fassung bis 31. Dezember 2016	Fassung ab 1. Januar 2017
§ 112 Qualitätsverantwortung	**§ 112 Qualitätsverantwortung**
(1) Die Träger der Pflegeeinrichtungen bleiben, unbeschadet des Sicherstellungsauftrags der Pflegekassen (§ 69), für die Qualität der Leistungen ihrer Einrichtungen einschließlich der Sicherung und Weiterentwicklung der Pflegequalität verantwortlich. Maßstäbe für die Beurteilung der Leistungsfähigkeit einer Pflegeeinrichtung und die Qualität ihrer Leistungen sind die für sie verbindlichen Anforderungen in den Vereinbarungen nach § 113 sowie die vereinbarten Leistungs- und Qualitätsmerkmale (§ 84 Abs. 5).	(1) Die Träger der Pflegeeinrichtungen bleiben, unbeschadet des Sicherstellungsauftrags der Pflegekassen (§ 69), für die Qualität der Leistungen ihrer Einrichtungen einschließlich der Sicherung und Weiterentwicklung der Pflegequalität verantwortlich. Maßstäbe für die Beurteilung der Leistungsfähigkeit einer Pflegeeinrichtung und die Qualität ihrer Leistungen sind die für sie verbindlichen Anforderungen in den Vereinbarungen nach § 113 sowie die vereinbarten Leistungs- und Qualitätsmerkmale (§ 84 Abs. 5).
(2) Die zugelassenen Pflegeeinrichtungen sind verpflichtet, Maßnahmen der Qualitätssicherung sowie ein Qualitätsmanagement nach Maßgabe der Vereinbarungen nach § 113 durchzuführen, Expertenstandards nach § 113a anzuwenden sowie bei Qualitätsprüfungen nach § 114 mitzuwirken. Bei stationärer Pflege erstreckt sich die Qualitätssicherung neben den allgemeinen Pflegeleistungen auch auf die medizinische Behandlungspflege, die *soziale* Betreuung, die Leistungen bei Unterkunft und Verpflegung (§ 87) sowie auf die Zusatzleistungen (§ 88).	(2) Die zugelassenen Pflegeeinrichtungen sind verpflichtet, Maßnahmen der Qualitätssicherung sowie ein Qualitätsmanagement nach Maßgabe der Vereinbarungen nach § 113 durchzuführen, Expertenstandards nach § 113a anzuwenden sowie bei Qualitätsprüfungen nach § 114 mitzuwirken. Bei stationärer Pflege erstreckt sich die Qualitätssicherung neben den allgemeinen Pflegeleistungen auch auf die medizinische Behandlungspflege, die <u>Betreuung</u>, die Leistungen bei Unterkunft und Verpflegung (§ 87) sowie auf die Zusatzleistungen (§ 88).
(3) Der Medizinische Dienst der Krankenversicherung und der Prüfdienst des Verbandes der privaten Krankenversicherung e. V. beraten die Pflegeeinrichtungen in Fragen der Qualitätssicherung mit dem Ziel, Qualitätsmängeln rechtzeitig vorzubeugen und die Eigenverantwortung der Pflegeeinrichtungen und ihrer Träger für die Sicherung und Weiterentwicklung der Pflegequalität zu stärken.	(3) Der Medizinische Dienst der Krankenversicherung und der Prüfdienst des Verbandes der privaten Krankenversicherung e. V. beraten die Pflegeeinrichtungen in Fragen der Qualitätssicherung mit dem Ziel, Qualitätsmängeln rechtzeitig vorzubeugen und die Eigenverantwortung der Pflegeeinrichtungen und ihrer Träger für die Sicherung und Weiterentwicklung der Pflegequalität zu stärken.

Gesetzesbegründung Drs. 18/5926 zu § 112

Änderung zum 1. Januar 2017

Redaktionelle Anmerkung:

Bei der Streichung von „soziale" in Absatz 2 Satz 2 handelt sich um eine redaktionelle Folgeänderung aufgrund der Änderung der §§ 41 bis 43.

Fassung bis 31. Dezember 2015	Fassung ab 1. Januar 2016
§ 113 Maßstäbe und Grundsätze zur Sicherung und Weiterentwicklung der Pflegequalität	**§ 113 Maßstäbe und Grundsätze zur Sicherung und Weiterentwicklung der Pflegequalität**
(1) Der Spitzenverband Bund der Pflegekassen, die Bundesarbeitsgemeinschaft der überörtlichen Träger der Sozialhilfe, die ~~Bundesvereinigung der~~ Kommunalen Spitzenverbände und die Vereinigungen der Träger der Pflegeeinrichtungen auf Bundesebene vereinbaren ~~bis zum 31. März 2009 gemeinsam und einheitlich~~ unter Beteiligung des Medizinischen Dienstes des Spitzenverbandes Bund der Krankenkassen, des Verbandes der privaten Krankenversicherung e. V., der Verbände der Pflegeberufe auf Bundesebene, der maßgeblichen Organisationen für die Wahrnehmung der Interessen und der Selbsthilfe der pflegebedürftigen und behinderten Menschen sowie unabhängiger Sachverständiger Maßstäbe und Grundsätze für die Qualität ~~und die~~ Qualitätssicherung in der ambulanten und stationären Pflege sowie für die Entwicklung eines einrichtungsinternen Qualitätsmanagements, das auf eine stetige Sicherung und Weiterentwicklung der Pflegequalität ausgerichtet ist.	(1) Der Spitzenverband Bund der Pflegekassen, die Bundesarbeitsgemeinschaft der überörtlichen Träger der Sozialhilfe, die kommunalen Spitzenverbände <u>auf Bundesebene</u> und die Vereinigungen der Träger der Pflegeeinrichtungen auf Bundesebene vereinbaren unter Beteiligung des Medizinischen Dienstes des Spitzenverbandes Bund der Krankenkassen, des Verbandes der privaten Krankenversicherung e. V., der Verbände der Pflegeberufe auf Bundesebene, der maßgeblichen Organisationen für die Wahrnehmung der Interessen und der Selbsthilfe der pflegebedürftigen und behinderten Menschen <u>nach Maßgabe von § 118</u> sowie unabhängiger Sachverständiger Maßstäbe und Grundsätze für die Qualität, Qualitätssicherung <u>und Qualitätsdarstellung</u> in der ambulanten und stationären Pflege sowie für die Entwicklung eines einrichtungsinternen Qualitätsmanagements, das auf eine stetige Sicherung und Weiterentwicklung der Pflegequalität ausgerichtet ist. <u>In den Vereinbarungen sind insbesondere auch Anforderungen an eine praxistaugliche, den Pflegeprozess unterstützende und die Pflegequalität fördernde Pflegedokumentation zu regeln. Die Anforderungen dürfen über ein für die Pflegeeinrichtungen vertretbares und wirtschaftliches Maß nicht hinausgehen und sollen den Aufwand für Pflegedokumentation in ein angemessenes Verhältnis zu den Aufgaben der pflegerischen Versorgung setzen. Die Maßstäbe und Grundsätze für die stationäre Pflege sind bis zum 30. Juni 2017, die Maßstäbe und Grundsätze für die ambulante Pflege bis zum 30. Juni 2018 zu vereinbaren. Sie sind in regelmäßigen Abständen an den medizinisch-pflegefachlichen Fortschritt anzupassen. Soweit sich in den Pflegeeinrichtungen zeitliche Einsparungen ergeben, die Ergebnis der Weiterentwicklung der Pflegedokumentation auf Grundlage des pflegefachlichen Fortschritts durch neue, den Anforderungen nach Satz 3 entsprechende Pflegedokumentationsmodelle sind, führen diese nicht zu einer Absenkung der Pflegevergütung, sondern wirken der Arbeitsverdichtung entgegen.</u>
Die Vereinbarungen sind im Bundesanzeiger zu veröffentlichen und gelten vom ersten Tag des auf die Veröffentlichung folgenden Monats. Sie sind für alle Pflegekassen und deren Verbände sowie für die zugelassenen Pflegeeinrichtungen unmittelbar verbindlich. ~~In den Vereinbarungen nach Satz 1 sind insbesondere auch Anforderungen zu regeln.~~	Die Vereinbarungen sind im Bundesanzeiger zu veröffentlichen und gelten vom ersten Tag des auf die Veröffentlichung folgenden Monats. Sie sind für alle Pflegekassen und deren Verbände sowie für die zugelassenen Pflegeeinrichtungen unmittelbar verbindlich.

Fassung bis 31. Dezember 2015	Fassung ab 1. Januar 2016
1. ~~an eine praxistaugliche, den Pflegeprozess unterstützende und die Pflegequalität fördernde Pflegedokumentation, die über ein für die Pflegeeinrichtungen vertretbares und wirtschaftliches Maß nicht hinausgehen dürfen,~~	
2. ~~an Sachverständige und Prüfinstitutionen nach § 114 Abs. 4 im Hinblick auf ihre Zuverlässigkeit, Unabhängigkeit und Qualifikation,~~	
3. ~~an die methodische Verlässlichkeit von Zertifizierungs- und Prüfverfahren nach § 114 Abs. 4, die den jeweils geltenden Richtlinien des Spitzenverbandes Bund der Pflegekassen über die Prüfung der in Pflegeeinrichtungen erbrachten Leistungen und deren Qualität entsprechen müssen sowie~~	
4. ~~an ein indikatorengestütztes Verfahren zur vergleichenden Messung und Darstellung von Ergebnisqualität im stationären Bereich, das auf der Grundlage einer strukturierten Datenerhebung im Rahmen des internen Qualitätsmanagements eine Qualitätsberichterstattung und die externe Qualitätsprüfung ermöglicht.~~	
	(1a) In den Maßstäben und Grundsätzen für die stationäre Pflege nach Absatz 1 ist insbesondere das indikatorengestützte Verfahren zur vergleichenden Messung und Darstellung von Ergebnisqualität im stationären Bereich, das auf der Grundlage einer strukturierten Datenerhebung im Rahmen des internen Qualitätsmanagements eine Qualitätsberichterstattung und die externe Qualitätsprüfung ermöglicht, zu beschreiben. Insbesondere sind die Indikatoren, das Datenerhebungsinstrument sowie die bundesweiten Verfahren für die Übermittlung, Auswertung und Bewertung der Daten sowie die von Externen durchzuführende Prüfung der Daten festzulegen. Die datenschutzrechtlichen Bestimmungen sind zu beachten, insbesondere sind personenbezogene Daten von Versicherten vor der Übermittlung an die fachlich unabhängige Institution nach Absatz 1b zu pseudonymisieren. Eine Wiederherstellung des Personenbezugs durch die fachlich unabhängige Institution nach Absatz 1b ist ausgeschlossen. Ein Datenschutzkonzept ist mit den zuständigen Datenschutzaufsichtsbehörden abzustimmen. Zur Sicherstellung der Wissenschaftlichkeit beschließen die Vertragsparteien nach Absatz 1 Satz 1 unverzüglich die Vergabe der Aufträge nach § 113b Absatz 4 Satz 2 Nummer 1 und 2.

Fassung bis 31. Dezember 2015	Fassung ab 1. Januar 2016
	(1b) Die Vertragsparteien nach Absatz 1 Satz 1 beauftragen im Rahmen eines Vergabeverfahrens eine fachlich unabhängige Institution, die entsprechend den Festlegungen nach Absatz 1a erhobenen Daten zusammenzuführen sowie leistungserbringerbeziehbar und fallbeziehbar nach Maßgabe von Absatz 1a auszuwerten. Zum Zweck der Prüfung der von den Pflegeeinrichtungen erbrachten Leistungen und deren Qualität nach den §§ 114 und 114a sowie zum Zweck der Qualitätsdarstellung nach § 115 Absatz 1a leitet die beauftragte Institution die Ergebnisse der nach Absatz 1a ausgewerteten Daten an die Landesverbände der Pflegekassen und die von ihnen beauftragten Prüfinstitutionen und Sachverständigen weiter; diese dürfen die übermittelten Daten zu den genannten Zwecken verarbeiten und nutzen. Die Vertragsparteien nach Absatz 1 Satz 1 vereinbaren diesbezüglich entsprechende Verfahren zur Weiterleitung der Daten. Die datenschutzrechtlichen Bestimmungen sind jeweils zu beachten.
(2) Die Vereinbarungen nach Absatz 1 können von jeder Partei mit einer Frist von einem Jahr ganz oder teilweise gekündigt werden. Nach Ablauf des Vereinbarungszeitraums oder der Kündigungsfrist gilt die Vereinbarung bis zum Abschluss einer neuen Vereinbarung weiter.	(2) Die Vereinbarungen nach Absatz 1 können von jeder Partei mit einer Frist von einem Jahr ganz oder teilweise gekündigt werden. Nach Ablauf des Vereinbarungszeitraums oder der Kündigungsfrist gilt die Vereinbarung bis zum Abschluss einer neuen Vereinbarung weiter. Die am 1. Januar 2016 bestehenden Maßstäbe und Grundsätze zur Sicherung und Weiterentwicklung der Pflege gelten bis zum Abschluss der Vereinbarungen nach Absatz 1 fort.
(3) Kommen Vereinbarungen nach Absatz 1 innerhalb von sechs Monaten, nachdem eine Vertragspartei schriftlich zu Verhandlungen aufgefordert hat, ganz oder teilweise nicht zustande, kann jede Vertragspartei oder das Bundesministerium für Gesundheit die Schiedsstelle nach § 113b anrufen. Die Schiedsstelle setzt mit der Mehrheit ihrer Mitglieder innerhalb von drei Monaten den Inhalt der Vereinbarungen fest.	

Gesetzesbegründung Drs. 18/5926 zu § 113

Änderungen zum 1. Januar 2016

Zu Absatz 1

Die Verantwortung der Vertragsparteien nach § 113 ist durch das Pflege-Weiterentwicklungsgesetz und auch durch das Pflege-Neuausrichtungs-Gesetz angewachsen. Seit 2013 ist auch die Beteiligung der auf Bundesebene maßgeblichen Organisationen für die Wahrnehmung der Interessen und der Selbsthilfe pflegebedürftiger und behinderter Menschen an den unterschiedlichen Entscheidungsprozessen geregelt.

Diese Entwicklung wird mit diesem Gesetz fortgeschrieben. Das betrifft sowohl die Konkretisierung der Aufgaben der Vertragsparteien als auch die konsequente und kontinuierliche Heranziehung wissenschaftlicher Expertise für die Bewältigung dieser Aufgaben und schließlich die Neugestaltung der Strukturen, in denen die entsprechenden Vereinbarungen und Beschlüsse zu fassen sind.

Dementsprechend sind auch die bestehenden Maßstäbe und Grundsätze zur Sicherung und Weiterentwicklung der Pflegequalität von den Vertragsparteien durch den Qualitätsausschuss nach § 113b neu zu vereinbaren.

Die Inhalte der neu zu schließenden Vereinbarungen entsprechen einerseits weitgehend denen der von den Vertragsparteien bereits vereinbarten Maßstäbe und Grundsätze zur Sicherung und Weiterentwicklung der Pflegequalität. Dazu gehören insbesondere auch die Anforderungen an eine praxistaugliche, den Pflegeprozess unterstützende und die Pflegequalität fördernde Pflegedokumentation. Hier sind jetzt auch die Erfahrungen und Erkenntnisse aus dem Projekt zur Einführung des Strukturmodells zur Entbürokratisierung der Pflegedokumentation aufzugreifen.

Andererseits sollen die neu zu beschließenden Maßstäbe und Grundsätze hinsichtlich ihrer Bedeutung für die Gesamtverfahren zur Qualitätsmessung, Qualitätsprüfung und Qualitätsberichterstattung über die bisher hierzu bestehende Vorgabe hinaus gehen, Anforderungen an ein indikatorengestütztes Verfahren zur vergleichenden Messung und Darstellung von Ergebnisqualität zu regeln. Die Maßstäbe und Grundsätze erhalten nunmehr eine zentrale Funktion für die Einführung und Umsetzung des indikatorengestützten Verfahrens.

Die nähere Bezeichnung der Vereinbarungen wird daher um den Begriff „Qualitätsdarstellung" erweitert.

Die Streichung der in Satz 1 genannten Frist stellt eine Anpassung an den aktuellen Sachstand, die Streichung der Vereinbarungsform gemeinsam und einheitlich stellt eine Folgeänderung zu den in § 113b neu geregelten Entscheidungsstrukturen der Selbstverwaltungspartner dar.

Die Art der Beteiligung der auf Bundesebene maßgeblichen Organisationen für die Wahrnehmung der Interessen und der Selbsthilfe pflegebedürftiger und behinderter Menschen wird nunmehr durch einen Verweis auf § 118 klargestellt. Die bisherigen Regelungen zu den Anforderungen an Sachverständige und Prüfinstitutionen nach § 114 Absatz 4 im Hinblick auf ihre Zuverlässigkeit, Unabhängigkeit und Qualifikation sowie zu den Anforderungen an die methodische Verlässlichkeit von Zertifizierungs- und Prüfverfahren nach § 114 Absatz 4 entfallen. Dies stellt eine Folgeänderung zur Aufhebung von § 114 Absatz 4 dar.

Für den stationären Bereich sind die Maßstäbe und Grundsätze bis zum 30. Juni 2017 zu vereinbaren; die wissenschaftlichen Grundlagen hierfür sollen gemäß § 113b Absatz 4 Satz 2 Nummer 1 und 2 SGB XI bis zum 31. März 2017 vorliegen.

Die Maßstäbe und Grundsätze für den ambulanten Bereich sind bis zum 30. Juni 2018 zu vereinbaren; der Abschlussbericht der fachlich unabhängigen Einrichtungen oder Sachverständigen zu den neu zu entwickelnden Instrumenten für die Prüfung der Qualität der von den ambulanten Pflegeeinrichtungen zu erbringenden Leistungen und den neu zu entwickelnden Instrumenten der

Qualitätsberichterstattung in der ambulanten Pflege soll gemäß § 113b Absatz 4 Satz 2 Nummer 3 bis zum 31. März 2018 vorliegen.

Die Vereinbarungen sind regelmäßig an den medizinisch-pflegefachlichen Fortschritt anzupassen.

Redaktionelle Anmerkung:

Berücksichtigung der Pflegedokumentation

Aufgrund der Beschlussempfehlung des Ausschusses für Gesundheit wurden in Absatz 1 noch Passagen zur Berücksichtigung der Pflegedokumentation eingefügt, siehe Satz 3 und Satz 6.

Dies wurde wie folgt begründet:

„Die Dokumentation von Pflegeleistungen ist ein selbstverständlicher und unentbehrlicher Bestandteil der Pflege. Sie dient dazu, eine professionelle und nach dem allgemein anerkannten Stand medizinisch-pflegerischer Erkenntnisse auf den Pflegebedürftigen bezogen individuelle Pflege durchzuführen und nachzuweisen. Pflegekräfte sollen dabei nicht durch überflüssige Bürokratie gebunden werden, sondern in erster Linie für die Pflege und Betreuung der pflege- und hilfebedürftigen Menschen zur Verfügung stehen.

Die Ergänzung in Satz 3 [red. Anmerkung: gemeint ist die Passage: „und sollen den Aufwand für Pflegedokumentation in ein angemessenes Verhältnis zu den Aufgaben der pflegerischen Versorgung setzen"] überträgt den Vertragsparteien die Aufgabe, dass die pflegerischen Tätigkeiten zur Sicherstellung der Versorgung und der zeitliche Aufwand für die Pflegedokumentation in ein angemessenes Verhältnis gestellt werden. Sie soll die Einführung neuer Dokumentationssysteme in Pflegeeinrichtungen fördern. Insbesondere soll die vom Pflegebevollmächtigten der Bundesregierung seit Ende 2014 im Rahmen eines Projektes unterstützte flächendeckende Einführung einer vereinfachten Pflegedokumentation (Strukturmodell) in ambulanten und stationären Pflegeeinrichtungen ermöglicht werden.

Bei dem neuen Modell der Pflegedokumentation geht es um ein grundlegend verändertes Verständnis bei der inhaltlichen Ausrichtung der Pflegedokumentation, aus der sich viele Veränderungen für deren Art und Umfang ergeben.

Mit dem Strukturmodell wird der Praxis nun erstmals eine verlässliche, das heißt mit den Kosten- und Einrichtungsträgern sowie den Prüfinstanzen konsentierte und hinsichtlich wichtiger Rechtsfragen geprüfte Richtschnur zur angemessenen und sachgerechten Gestaltung der Pflegedokumentation an die Hand gegeben. Auf dieser Grundlage kann überflüssiger Dokumentationsaufwand erheblich reduziert werden, ohne fachliche Standards zu vernachlässigen, die Qualität der pflegerischen Versorgung zu gefährden oder haftungsrechtliche Risiken aufzuwerfen.

Satz 6 wurde erst mit der Beschlussempfehlung eingefügt. Im ursprünglichen Gesetzentwurf war dieser noch nicht vorhanden. Die Einfügung wird wie folgt begründet:

„Das neue Dokumentationsmodell hat in der Erprobung bestätigt, dass es zu einer erheblich erhöhten Arbeitszufriedenheit, Motivation, verbesserten Orientierung und Übersichtlichkeit, Stärkung der Fachkompetenz bei den Pflegekräften sowie zu einer größeren Aufmerksamkeit gegenüber den Pflegebedürftigen führt und nicht nur die Reduzierung überflüssigen Dokumentationsaufwands bewirkt. Der Nutzen für Pflegebedürftige und Pflegende überwiegt daher mittel- und langfristig in erheblichem Maß den Aufwand bei der Einführung dieses Dokumentationsmodells. Entscheidend ist aber auch, dass durch den Abbau überflüssiger Dokumentation den Pflegebedürftigen und Pflegekräften wieder die notwendige Zeit für Pflege und Betreuung zur Verfügung steht.

Die Einführung und Anwendung neuer Pflegedokumentationsmodelle, die wie das Strukturmodell dem pflegefachlichen Fortschritt und den Anforderungen nach Satz 3 genügen, können daher auch zu zeitlichen Einsparungen in den Pflegeeinrichtungen führen. Dies schafft eine Entzerrung innerhalb der Leistungserbringung in der konkreten Pflegesituation und wirkt dadurch der Tendenz zur Arbeitsverdichtung, die in den vergangenen Jahren vielfach der Dokumentationspflicht vorgehalten wurde, entgegen.

Eine vergütungsrelevante Auswirkung auf die personelle Ausstattung der Pflegeeinrichtung und eine Absenkung der Pflegevergütung nach dem Achten Kapitel sind jedoch daraus in den Pflegevergütungsverhandlungen nicht abzuleiten. Dieses wird ausdrücklich im Gesetz klargestellt.

Die Regelungswirkung greift unmittelbar nach Inkrafttreten von Artikel 1 und nicht erst nach Überarbeitung der Maßstäbe und Grundsätze durch die Vertragsparteien innerhalb der in § 113 Absatz 1 Satz 4 festgelegten Fristen."

Zu Absatz 1a und Absatz 1b

Absatz 1a stellt eine Fortführung und Umsetzung der bislang bestehenden Regelung des § 113 Absatz 1 Satz 4 Nummer 4 dar. Das Bundesministerium für Gesundheit förderte gemeinsam mit dem Bundesministerium für Familie, Senioren, Frauen und Jugend von Dezember 2008 bis November 2010 ein Forschungsprojekt, das die „Entwicklung und Erprobung von Instrumenten zur Beurteilung der Ergebnisqualität in der stationären Altenhilfe" zum Gegenstand hatte. Es wurden Qualitätsindikatoren für die Ergebnisqualität entwickelt, die sich sowohl bei externen Qualitätsprüfungen als auch im internen Qualitätsmanagement der Einrichtungen nutzen lassen und einen Vergleich der Qualität zwischen Einrichtungen ermöglichen.

Es ist eine vorrangige Aufgabe der Vertragsparteien, dieses indikatorengestützte Verfahren, das auf der Grundlage einer strukturierten Datenerhebung im Rahmen des internen Qualitätsmanagements eine Qualitätsberichterstattung und die externe Qualitätsprüfung ermöglicht (Indikatorenmodell) nunmehr in die Praxis der Qualitätssicherung und Qualitätsdarstellung einzuführen.

Mit der Einführung des indikatorengestützten Qualitätsmanagements geht eine Umstrukturierung der Prüfinhalte und des Prüfgeschehens einher, denn die Indikatoren und die Gewinnung von bewertbaren Informationen sind in den gegenwärtigen Erhebungsbogen der Qualitätsprüfungs-Richtlinien nicht ohne Weiteres integrierbar.

Die Vorschrift konkretisiert daher, dass in den Maßstäben und Grundsätzen für den stationären Bereich Inhalte und Verfahren dieses Modells umfassend zu beschreiben sind. Insbesondere sind die

Indikatoren, das Datenerhebungsinstrument sowie die bundesweiten Verfahren für die Übermittlung, Auswertung und Bewertung der Daten sowie die von Externen durchzuführende Prüfung der Daten festzulegen.

Die Prüfung der Daten hat sowohl den Aspekt der Plausibilität (statistische Prüfung) als auch den der Richtigkeit (inhaltliche Prüfung) zu beinhalten.

Die datenschutzrechtlichen Bestimmungen sind zu beachten; ausdrücklich angeordnet wird, dass vor der Übermittlung der Daten eine Pseudonymisierung zu erfolgen hat. Zur Gewährleistung des Datenschutzes und der Datensicherheit haben die Vertragsparteien nach Absatz 1 mit den zuständigen Datenschutzaufsichtsbehörden ein Datenschutzkonzept abzustimmen.

Die bisher von den Vertragsparteien zu dem Indikatorenmodell erzielten Ergebnisse sind aufzugreifen und in die Umsetzung der neu konkretisierten Aufgabenstellung einzubringen. Dies gilt etwa auch für das in diesem Zusammenhang begonnene Pilotierungs-Projekt.

Darüber hinaus sind durch die Vertragsparteien weitere Arbeiten zur Vorbereitung einer wissenschaftlich gestützten Einführung in Auftrag zu geben (§ 113b Absatz 4 Satz 2 Nummer 1 und 2). Schließlich werden hierfür auch Erfahrungen und Ergebnisse der seit der Vorstellung des Indikatorenmodells durchgeführten Modellprojekte EQMS und EQisA zu beachten sein.

Wesentliche Voraussetzung für die Umsetzung des Indikatorenmodells ist die sichere und verlässliche Umsetzung der nach Absatz 1a zu erstellenden Datenerhebung, -übermittlung, -auswertung und -bewertung.

Zum Verfahren wird deshalb weiterhin Folgendes festgelegt:

- Die Vertragsparteien beauftragen im Rahmen eines Vergabeverfahrens eine fachlich unabhängige Institution, die erhobenen Daten zusammenzuführen sowie leistungserbringerbeziehbar und fallbeziehbar auszuwerten. Zur fachlichen Qualifikation dieser Institution gehört auch die datenschutzrechtliche Eignung. Die Pflegeeinrichtungen sind in den Maßstäben und Grundsätzen zu verpflichten, die entsprechenden Daten unter Beachtung der datenschutzrechtlichen Bestimmungen an die von den Vertragsparteien beauftragte Institution zu übermitteln.

- Zum Zweck der Prüfung der von den Pflegeeinrichtungen erbrachten Leistungen und deren Qualität nach §§ 114 ff. sowie zum Zweck der Qualitätsdarstellung nach § 115 Absatz 1a leitet die beauftragte Institution die Ergebnisse der ausgewerteten Daten an die Landesverbände der Pflegekassen und die von ihnen beauftragten Prüfinstitutionen und Sachverständige weiter; diese dürfen die übermittelten Daten zu den genannten Zwecken verarbeiten und nutzen. Die Vertragsparteien nach Absatz 1 Satz 1 vereinbaren diesbezüglich entsprechende Verfahren zur Weiterleitung der Daten. Die Vereinbarungen stellen die Grundlagen dar für die Richtlinien des Spitzenverbandes Bund der Pflegekassen über die Durchführung der Qualitätsprüfung nach § 114a Absatz 7 sowie für die Qualitätsdarstellungsvereinbarungen nach § 115 Absatz 1a.

Zu Absatz 2

Mit dieser Vorschrift wird der Übergangszeitraum bis zum Inkrafttreten der jeweiligen Vereinbarungen nach Absatz 1 geregelt. Durch die Aufhebung von § 114 Absatz 4 werden jedoch die Regelungen in den Maßstäben und Grundsätzen zum Inhalt des § 114 Absatz 4 keinen praktischen Anwendungsbereich mehr haben.

Zur Aufhebung des bisherigen Absatz 3

Es handelt sich um eine Folgeänderung aufgrund der Änderung des § 113b.

Fassung bis 31. Dezember 2015	Fassung ab 1. Januar 2016
§ 113a Expertenstandards zur Sicherung und Weiterentwicklung der Qualität in der Pflege	**§ 113a Expertenstandards zur Sicherung und Weiterentwicklung der Qualität in der Pflege**
(1) Die Vertragsparteien nach § 113 stellen die Entwicklung und Aktualisierung wissenschaftlich fundierter und fachlich abgestimmter Expertenstandards zur Sicherung und Weiterentwicklung der Qualität in der Pflege sicher. Expertenstandards tragen für ihren Themenbereich zur Konkretisierung des allgemein anerkannten Standes der medizinisch-pflegerischen Erkenntnisse bei. Dabei ist das Ziel, auch nach Eintritt der Pflegebedürftigkeit Leistungen zur Prävention und zur medizinischen Rehabilitation einzusetzen, zu berücksichtigen. Der Medizinische Dienst des Spitzenverbandes Bund der Krankenkassen, der Verband der privaten Krankenversicherung e. V., die Verbände der Pflegeberufe auf Bundesebene, ~~die maßgeblichen Organisationen für die Wahrnehmung der Interessen und der Selbsthilfe der pflegebedürftigen und behinderten Menschen auf Bundesebene~~ sowie unabhängige Sachverständige sind zu beteiligen. Sie können vorschlagen, zu welchen Themen Expertenstandards entwickelt werden sollen. Der Auftrag zur Entwicklung oder Aktualisierung und die Einführung von Expertenstandards erfolgen jeweils durch einen Beschluss der Vertragsparteien. ~~Kommen solche Beschlüsse nicht zustande, kann jede Vertragspartei sowie das Bundesministerium für Gesundheit im Einvernehmen mit dem Bundesministerium für Familie, Senioren, Frauen und Jugend die Schiedsstelle nach § 113b anrufen. Ein Beschluss der Schiedsstelle, dass ein Expertenstandard gemäß der Verfahrensordnung nach Absatz 2 zustande gekommen ist, ersetzt den Einführungsbeschluss der Vertragsparteien.~~	(1) Die Vertragsparteien nach § 113 stellen die Entwicklung und Aktualisierung wissenschaftlich fundierter und fachlich abgestimmter Expertenstandards zur Sicherung und Weiterentwicklung der Qualität in der Pflege sicher. Expertenstandards tragen für ihren Themenbereich zur Konkretisierung des allgemein anerkannten Standes der medizinisch-pflegerischen Erkenntnisse bei. Dabei ist das Ziel, auch nach Eintritt der Pflegebedürftigkeit Leistungen zur Prävention und zur medizinischen Rehabilitation einzusetzen, zu berücksichtigen. Der Medizinische Dienst des Spitzenverbandes Bund der Krankenkassen, der Verband der privaten Krankenversicherung e. V., die Verbände der Pflegeberufe auf Bundesebene sowie unabhängige Sachverständige sind zu beteiligen. Sie <u>und die nach § 118 zu beteiligenden Organisationen für die Wahrnehmung der Interessen und der Selbsthilfe der pflegebedürftigen und behinderten Menschen</u> können vorschlagen, zu welchen Themen Expertenstandards entwickelt werden sollen. Der Auftrag zur Entwicklung oder Aktualisierung und die Einführung von Expertenstandards erfolgen jeweils durch einen Beschluss der Vertragsparteien.
(2) Die Vertragsparteien stellen die methodische und pflegefachliche Qualität des Verfahrens der Entwicklung und Aktualisierung von Expertenstandards und die Transparenz des Verfahrens sicher. Die Anforderungen an die Entwicklung von Expertenstandards sind in einer Verfahrensordnung zu regeln. In der Verfahrensordnung ist das Vorgehen auf anerkannter methodischer Grundlage, insbesondere die wissenschaftliche Fundierung und Unabhängigkeit, die Schrittfolge der Entwicklung, der fachlichen Abstimmung, der Praxiserprobung und der modellhaften Umsetzung eines Expertenstandards sowie die Transparenz des Verfahrens festzulegen. Die Verfahrensordnung ist durch das Bundesministerium für Ge-	(2) Die Vertragsparteien stellen die methodische und pflegefachliche Qualität des Verfahrens der Entwicklung und Aktualisierung von Expertenstandards und die Transparenz des Verfahrens sicher. Die Anforderungen an die Entwicklung von Expertenstandards sind in einer Verfahrensordnung zu regeln. In der Verfahrensordnung ist das Vorgehen auf anerkannter methodischer Grundlage, insbesondere die wissenschaftliche Fundierung und Unabhängigkeit, die Schrittfolge der Entwicklung, der fachlichen Abstimmung, der Praxiserprobung und der modellhaften Umsetzung eines Expertenstandards sowie die Transparenz des Verfahrens festzulegen. Die Verfahrensordnung ist durch das Bundesministerium für Ge-

Fassung bis 31. Dezember 2015	Fassung ab 1. Januar 2016
sundheit im Benehmen mit dem Bundesministerium für Familie, Senioren, Frauen und Jugend zu genehmigen. ~~Kommt eine Einigung über eine Verfahrensordnung bis zum 30. September 2008 nicht zustande, wird sie durch das Bundesministerium für Gesundheit im Benehmen mit dem Bundesministerium für Familie, Senioren, Frauen und Jugend festgelegt.~~	sundheit im Benehmen mit dem Bundesministerium für Familie, Senioren, Frauen und Jugend zu genehmigen.
(3) Die Expertenstandards sind im Bundesanzeiger zu veröffentlichen. Sie sind für alle Pflegekassen und deren Verbände sowie für die zugelassenen Pflegeeinrichtungen unmittelbar verbindlich. Die Vertragsparteien unterstützen die Einführung der Expertenstandards in die Praxis.	(3) Die Expertenstandards sind im Bundesanzeiger zu veröffentlichen. Sie sind für alle Pflegekassen und deren Verbände sowie für die zugelassenen Pflegeeinrichtungen unmittelbar verbindlich. Die Vertragsparteien unterstützen die Einführung der Expertenstandards in die Praxis.
(4) Die Kosten für die Entwicklung und Aktualisierung von Expertenstandards sind Verwaltungskosten, die vom Spitzenverband Bund der Pflegekassen getragen werden. Die privaten Versicherungsunternehmen, die die private Pflege-Pflichtversicherung durchführen, beteiligen sich mit einem Anteil von 10 vom Hundert an den Aufwendungen nach Satz 1. Der Finanzierungsanteil, der auf die privaten Versicherungsunternehmen entfällt, kann von dem Verband der privaten Krankenversicherung e. V. unmittelbar an den Spitzenverband Bund der Pflegekassen geleistet werden.	(4) Die Kosten für die Entwicklung und Aktualisierung von Expertenstandards sind Verwaltungskosten, die vom Spitzenverband Bund der Pflegekassen getragen werden. Die privaten Versicherungsunternehmen, die die private Pflege-Pflichtversicherung durchführen, beteiligen sich mit einem Anteil von 10 vom Hundert an den Aufwendungen nach Satz 1. Der Finanzierungsanteil, der auf die privaten Versicherungsunternehmen entfällt, kann von dem Verband der privaten Krankenversicherung e. V. unmittelbar an den Spitzenverband Bund der Pflegekassen geleistet werden.

Gesetzesbegründung Drs. 18/5926 zu § 113a

Änderungen zum 1. Januar 2016

Zu Absatz 1

Die Änderungen in Satz 3 und 4 dienen der Klarstellung zur Art der Beteiligung der auf Bundesebene maßgeblichen Organisationen für die Wahrnehmung der Interessen und der Selbsthilfe pflegebedürftiger und behinderter Menschen.

Zu Absatz 2

Die Verfahrensordnung wurde von den Vertragsparteien nach § 113 vereinbart. Die Streichung von Satz 5 stellt insofern eine Anpassung an den aktuellen Sachstand dar.

Fassung bis 31. Dezember 2015	Fassung ab 1. Januar 2016
§ 113b Schiedsstelle Qualitätssicherung (1) Die Vertragsparteien nach § 113 richten gemeinsam bis zum 30. September 2008 eine Schiedsstelle Qualitätssicherung ein. Diese entscheidet in den ihr nach diesem Gesetz zugewiesenen Fällen. Gegen die Entscheidung der Schiedsstelle ist der Rechtsweg zu den Sozialgerichten gegeben. Ein Vorverfahren findet nicht statt; die Klage gegen die Entscheidung der Schiedsstelle hat keine aufschiebende Wirkung. (2) Die Schiedsstelle besteht aus Vertretern des Spitzenverbandes Bund der Pflegekassen und der Vereinigungen der Träger der Pflegeeinrichtungen auf Bundesebene in gleicher Zahl sowie einem unparteiischen Vorsitzenden und zwei weiteren unparteiischen Mitgliedern. Die unparteiischen Mitglieder sowie deren Stellvertreter werden von den Vertragsparteien gemeinsam bestellt. Kommt eine Einigung nicht zustande, werden die unparteiischen Mitglieder und ihre Vertreter bis zum 31. Oktober 2008 durch den Präsidenten des Bundessozialgerichts berufen. Der Schiedsstelle gehört auch ein Vertreter der Arbeitsgemeinschaft der überörtlichen Träger der Sozialhilfe und ein Vertreter der kommunalen Spitzenverbände an; sie werden auf die Zahl der Vertreter des Spitzenverbandes Bund der Pflegekassen angerechnet. Der Schiedsstelle kann auch ein Vertreter des Verbandes der privaten Krankenversicherung e. V. angehören, dieser wird auch auf die Zahl der Vertreter des Spitzenverbandes Bund der Pflegekassen angerechnet. Ein Vertreter der Verbände der Pflegeberufe kann der Schiedsstelle unter Anrechnung auf die Zahl der Vertreter der Vereinigungen der Träger der Pflegeeinrichtungen angehören. Soweit die beteiligten Organisationen bis zum 30. September 2008 keine Mitglieder bestellen, wird die Schiedsstelle durch die drei vom Präsidenten des Bundessozialgerichts berufenen unparteiischen Mitglieder gebildet. (3) Die Vertragsparteien nach § 113 vereinbaren in einer Geschäftsordnung das Nähere über die Zahl, die Bestellung, die Amtsdauer, die Amtsführung, die Erstattung der baren Auslagen und die Entschädigung für den Zeitaufwand der Mitglieder der Schiedsstelle sowie die Geschäftsführung, das Verfahren, die Erhebung und die Höhe der Gebühren und die Verteilung der Kosten. Kommt die Geschäftsordnung bis zum 30. September 2008 nicht zustande, wird ihr Inhalt durch das Bundesministerium für Gesundheit bestimmt. Entscheidungen der Schiedsstelle sind mit	**§ 113b Qualitätsausschuss** (1) Die von den Vertragsparteien nach § 113 im Jahr 2008 eingerichtete Schiedsstelle Qualitätssicherung entscheidet als Qualitätsausschuss nach Maßgabe der Absätze 2 bis 8. Die Vertragsparteien nach § 113 treffen die Vereinbarungen und erlassen die Beschlüsse nach § 37 Absatz 5 in der ab dem 1. Januar 2017 geltenden Fassung, den §§ 113, 113a, 115 Absatz 1a und § 115a Absatz 1 und 2 durch diesen Qualitätsausschuss. (2) Der Qualitätsausschuss besteht aus Vertretern des Spitzenverbandes Bund der Pflegekassen (Leistungsträger) und aus Vertretern der Vereinigungen der Träger der Pflegeeinrichtungen auf Bundesebene (Leistungserbringer) in gleicher Zahl; Leistungsträger und Leistungserbringer können jeweils höchstens zehn Mitglieder entsenden. Dem Qualitätsausschuss gehören auch ein Vertreter der Bundesarbeitsgemeinschaft der überörtlichen Träger der Sozialhilfe und ein Vertreter der kommunalen Spitzenverbände auf Bundesebene an; sie werden auf die Zahl der Leistungsträger angerechnet. Dem Qualitätsausschuss kann auch ein Vertreter des Verbandes der privaten Krankenversicherung e. V. angehören; die Entscheidung hierüber obliegt dem Verband der privaten Krankenversicherung e. V. Sofern der Verband der privaten Krankenversicherung e. V. ein Mitglied entsendet, wird dieses Mitglied auf die Zahl der Leistungsträger angerechnet. Dem Qualitätsausschuss soll auch ein Vertreter der Verbände der Pflegeberufe angehören; er wird auf die Zahl der Leistungserbringer angerechnet. Eine Organisation kann nicht gleichzeitig der Leistungsträgerseite und der Leistungserbringerseite zugerechnet werden. Jedes Mitglied erhält eine Stimme; die Stimmen sind gleich zu gewichten. Der Medizinische Dienst des Spitzenverbandes Bund der Krankenkassen wirkt in den Sitzungen und an den Beschlussfassungen im Qualitätsausschuss, auch in seiner erweiterten Form nach Absatz 3, beratend mit. Die auf Bundesebene maßgeblichen Organisationen für die Wahrnehmung der Interessen und der Selbsthilfe pflegebedürftiger und behinderter Menschen wirken in den Sitzungen und an den Beschlussfassungen im Qualitätsausschuss, auch in seiner erweiterten Form nach Absatz 3, nach Maßgabe von § 118 beratend mit. (3) Kommt im Qualitätsausschuss eine Vereinbarung oder ein Beschluss nach Absatz 1 Satz 2 ganz oder teilweise nicht durch einvernehmliche Einigung zustande,

Fassung bis 31. Dezember 2015	Fassung ab 1. Januar 2016
~~der Mehrheit ihrer Mitglieder innerhalb von drei Monaten zu treffen; im Übrigen gilt § 76 Abs. 3 entsprechend.~~ ~~(4) Die Rechtsaufsicht über die Schiedsstelle führt das Bundesministerium für Gesundheit. Es kann die Rechtsaufsicht ganz oder teilweise sowie dauerhaft oder vorübergehend auf das Bundesversicherungsamt übertragen.~~	so wird der Qualitätsausschuss auf Verlangen von mindestens einer Vertragspartei nach § 113, eines Mitglieds des Qualitätsausschusses oder des Bundesministeriums für Gesundheit um einen unparteiischen Vorsitzenden und zwei weitere unparteiische Mitglieder erweitert (erweiterter Qualitätsausschuss). Sofern die Organisationen, die Mitglieder in den Qualitätsausschuss entsenden, nicht bis zum 31. März 2016 die Mitglieder nach Maßgabe von Absatz 2 Satz 1 benannt haben, wird der Qualitätsausschuss durch die drei unparteiischen Mitglieder gebildet. Der unparteiische Vorsitzende und die weiteren unparteiischen Mitglieder sowie deren Stellvertreter führen ihr Amt als Ehrenamt. Der unparteiische Vorsitzende wird vom Bundesministerium für Gesundheit benannt; der Stellvertreter des unparteiischen Vorsitzenden und die weiteren unparteiischen Mitglieder sowie deren Stellvertreter werden von den Vertragsparteien nach § 113 gemeinsam benannt. Mitglieder des Qualitätsausschusses können nicht als Stellvertreter des unparteiischen Vorsitzenden oder der weiteren unparteiischen Mitglieder benannt werden. Kommt eine Einigung über die Benennung der unparteiischen Mitglieder nicht innerhalb einer vom Bundesministerium für Gesundheit gesetzten Frist zustande, erfolgt die Benennung durch das Bundesministerium für Gesundheit. Der erweiterte Qualitätsausschuss setzt mit der Mehrheit seiner Mitglieder den Inhalt der Vereinbarungen oder der Beschlüsse der Vertragsparteien nach § 113 fest. Die Festsetzungen des erweiterten Qualitätsausschusses haben die Rechtswirkung einer vertraglichen Vereinbarung oder Beschlussfassung im Sinne von § 37 Absatz 5 in der ab dem 1. Januar 2017 geltenden Fassung, von den §§ 113, 113a und 115 Absatz 1a. (4) Die Vertragsparteien nach § 113 beauftragen zur Sicherstellung der Wissenschaftlichkeit bei der Wahrnehmung ihrer Aufgaben durch den Qualitätsausschuss mit Unterstützung der qualifizierten Geschäftsstelle nach Absatz 6 fachlich unabhängige wissenschaftliche Einrichtungen oder Sachverständige. Diese wissenschaftlichen Einrichtungen oder Sachverständigen werden beauftragt, insbesondere 1. bis zum 31. März 2017 die Instrumente für die Prüfung der Qualität der Leistungen, die von den stationären Pflegeeinrichtungen erbracht werden, und für die Qualitätsberichterstattung in der stationären Pflege zu entwickeln, wobei

Fassung bis 31. Dezember 2015	Fassung ab 1. Januar 2016
	a) insbesondere die 2011 vorgelegten Ergebnisse des vom Bundesministerium für Gesundheit und vom Bundesministerium für Familie, Senioren, Frauen und Jugend geförderten Projektes „Entwicklung und Erprobung von Instrumenten zur Beurteilung der Ergebnisqualität in der stationären Altenhilfe" und die Ergebnisse der dazu durchgeführten Umsetzungsprojekte einzubeziehen sind und
	b) Aspekte der Prozess- und Strukturqualität zu berücksichtigen sind;
	2. bis zum 31. März 2017 auf der Grundlage der Ergebnisse nach Nummer 1 unter Beachtung des Prinzips der Datensparsamkeit ein bundesweites Datenerhebungsinstrument, bundesweite Verfahren für die Übermittlung und Auswertung der Daten einschließlich einer Bewertungssystematik sowie für die von Externen durchzuführende Prüfung der Daten zu entwickeln;
	3. bis zum 30. Juni 2017 die Instrumente für die Prüfung der Qualität der von den ambulanten Pflegeeinrichtungen erbrachten Leistungen und für die Qualitätsberichterstattung in der ambulanten Pflege zu entwickeln, eine anschließende Pilotierung durchzuführen und einen Abschlussbericht bis zum 31. März 2018 vorzulegen;
	4. ergänzende Instrumente für die Ermittlung und Bewertung von Lebensqualität zu entwickeln;
	5. die Umsetzung der nach den Nummern 1 bis 3 entwickelten Verfahren zur Qualitätsmessung und Qualitätsdarstellung wissenschaftlich zu evaluieren und den Vertragsparteien nach § 113 Vorschläge zur Anpassung der Verfahren an den neuesten Stand der wissenschaftlichen Erkenntnisse zu unterbreiten sowie
	6. ein Konzept für eine Qualitätssicherung in neuen Wohnformen zu entwickeln.
	Das Bundesministerium für Gesundheit sowie das Bundesministerium für Familie, Senioren, Frauen und Jugend in Abstimmung mit dem Bundesministerium für Gesundheit können den Vertragsparteien nach § 113 weitere Themen zur wissenschaftlichen Bearbeitung vorschlagen.
	(5) Die Finanzierung der Aufträge nach Absatz 4 erfolgt aus Mitteln des Ausgleichsfonds der Pflegeversicherung nach § 8 Absatz 4. Bei der Bearbeitung der Aufträge nach Absatz 4 Satz 2 ist zu gewährlei-

Fassung bis 31. Dezember 2015	Fassung ab 1. Januar 2016
	sten, dass die Arbeitsergebnisse umsetzbar sind. Der jeweilige Auftragnehmer hat darzulegen, zu welchen finanziellen Auswirkungen die Umsetzung der Arbeitsergebnisse führen wird. Den Arbeitsergebnissen ist diesbezüglich eine Praktikabilitäts- und Kostenanalyse beizufügen. Die Ergebnisse der Arbeiten nach Absatz 4 Satz 2 sind dem Bundesministerium für Gesundheit zur Kenntnisnahme vor der Veröffentlichung vorzulegen. (6) Die Vertragsparteien nach § 113 richten gemeinsam bis zum 31. März 2016 eine unabhängige qualifizierte Geschäftsstelle des Qualitätsausschusses für die Dauer von fünf Jahren ein. Die Geschäftsstelle nimmt auch die Aufgaben einer wissenschaftlichen Beratungs- und Koordinierungsstelle wahr. Sie soll insbesondere den Qualitätsausschuss und seine Mitglieder fachwissenschaftlich beraten, die Auftragsverfahren nach Absatz 4 koordinieren und die wissenschaftlichen Arbeitsergebnisse für die Entscheidungen im Qualitätsausschuss aufbereiten. Näheres zur Zusammensetzung und Arbeitsweise der qualifizierten Geschäftsstelle regeln die Vertragsparteien nach § 113 in der Geschäftsordnung nach Absatz 7. (7) Die Vertragsparteien nach § 113 vereinbaren in einer Geschäftsordnung mit dem Verband der privaten Krankenversicherung e. V., mit den Verbänden der Pflegeberufe auf Bundesebene und mit den auf Bundesebene maßgeblichen Organisationen für die Wahrnehmung der Interessen und der Selbsthilfe pflegebedürftiger und behinderter Menschen das Nähere zur Arbeitsweise des Qualitätsausschusses, insbesondere 1. zur Benennung der Mitglieder und der unparteiischen Mitglieder, 2. zur Amtsdauer, Amtsführung und Entschädigung für den Zeitaufwand der unparteiischen Mitglieder, 3. zum Vorsitz, 4. zu den Beschlussverfahren, 5. zur Errichtung einer qualifizierten Geschäftsstelle auch mit der Aufgabe als wissenschaftliche Beratungs- und Koordinierungsstelle nach Absatz 6, 6. zur Sicherstellung der jeweiligen Auftragserteilung nach Absatz 4, 7. zur Einbeziehung weiterer Sachverständiger oder Gutachter,

Fassung bis 31. Dezember 2015	Fassung ab 1. Januar 2016
	8. zur Bildung von Arbeitsgruppen,
	9. zur Gewährleistung der Beteiligungs- und Mitberatungsrechte nach diesem Gesetz sowie
	10. zur Verteilung der Kosten für die Entschädigung der unparteiischen Mitglieder und der einbezogenen weiteren Sachverständigen und Gutachter.
	Die Geschäftsordnung und die Änderung der Geschäftsordnung sind durch das Bundesministerium für Gesundheit im Benehmen mit dem Bundesministerium für Familie, Senioren, Frauen und Jugend zu genehmigen. Kommt die Geschäftsordnung nicht bis zum 29. Februar 2016 zustande, wird ihr Inhalt durch das Bundesministerium für Gesundheit im Benehmen mit dem Bundesministerium für Familie, Senioren, Frauen und Jugend bestimmt.
	(8) Die durch den Qualitätsausschuss getroffenen Entscheidungen sind dem Bundesministerium für Gesundheit vorzulegen. Es kann die Entscheidungen innerhalb von zwei Monaten beanstanden. Das Bundesministerium für Gesundheit kann im Rahmen der Prüfung vom Qualitätsausschuss zusätzliche Informationen und ergänzende Stellungnahmen anfordern; bis zu deren Eingang ist der Lauf der Frist nach Satz 2 unterbrochen. Beanstandungen des Bundesministeriums für Gesundheit sind innerhalb der von ihm gesetzten Frist zu beheben. Die Nichtbeanstandung von Entscheidungen kann vom Bundesministerium für Gesundheit mit Auflagen verbunden werden. Kommen Entscheidungen des Qualitätsausschusses ganz oder teilweise nicht fristgerecht zustande oder werden die Beanstandungen des Bundesministeriums für Gesundheit nicht innerhalb der von ihm gesetzten Frist behoben, kann das Bundesministerium für Gesundheit den Inhalt der Vereinbarungen und der Beschlüsse nach Absatz 1 Satz 2 festsetzen. Bei den Verfahren nach den Sätzen 1 bis 6 setzt sich das Bundesministerium für Gesundheit mit dem Bundesministerium für Familie, Senioren, Frauen und Jugend ins Benehmen.

Gesetzesbegründung Drs. 18/5926 zu § 113b

> **Änderungen zum 1. Januar 2016**

Zu Absatz 1

Die Zusammensetzung, Funktionsfähigkeit und Entscheidungsfindung der Schiedsstelle einschließlich ihrer Geschäftsstelle in wechselnder Verantwortung der Selbstverwaltungspartner haben sich grundsätzlich bewährt. Mit dem Qualitätsausschuss, der daran anknüpft, wird deshalb keine neue bürokratische Institution geschaffen, sondern konkret und praxisnah nur die Form der Entscheidungsfindung geregelt, und zwar so, dass die Entscheidungsstrukturen der Selbstverwaltung gestrafft und die Zeiträume der Entscheidungsfindung verkürzt werden.

Die im Jahr 2008 von den Vertragsparteien nach § 113 eingerichtete Schiedsstelle Qualitätssicherung, die bisher in § 113b geregelt wurde, wird durch die Neufassung der Vorschrift zu einem Qualitätsausschuss und damit zu einem effizienten Verhandlungs- und Entscheidungsgremium umgebildet. Mit dem Qualitätsausschuss und seiner potentiellen Erweiterung als „erweiterter Qualitätsausschuss" nach Absatz 3 finden die wichtigen Entscheidungen, die im Bereich der Qualitätssicherung, Qualitätsmessung und Qualitätsdarstellung in der Pflege von den Vertragsparteien zu treffen sind, einen der Bedeutung des Handlungsfeldes Pflege angemessenen und aufgrund der Dringlichkeit der zu regelnden Aufgaben auch notwendigen konkreten Rahmen.

Die Vertragsparteien entscheiden zukünftig durch den Qualitätsausschuss über

- die Qualität der Beratung (§ 37 Absatz 5 in der ab dem 1. Januar 2017 geltenden Fassung),

- die Maßstäbe und Grundsätze zur Sicherung und Weiterentwicklung der Qualität in der Pflege (§ 113),

- die Expertenstandards zur Sicherung und Weiterentwicklung in der Pflege (§ 113a) und

- die Regelungen zur Qualitätsdarstellung (§ 115).

Mit der Errichtung des Qualitätsausschusses aus der bisherigen Schiedsstelle wird die Kritik an häufig nicht effizienten Verhandlungsprozessen und Entscheidungsstrukturen der Vertragsparteien nach § 113 aufgegriffen und es werden zugleich bestehende institutionelle Formen sinnvoll erweitert. Die bisher getrennt und zeitlich auseinandergezogenen Verfahren der Verhandlungen der Vertragsparteien und des Schiedsstellenverfahrens werden verknüpft und in einem zusammenhängenden und zügigen Prozess verbunden.

Zu Absatz 2

Nach der derzeitigen Geschäftsordnung der Schiedsstelle Qualitätssicherung ist die Zahl der Mitglieder auf beiden Bänken (Leistungsträger und Leistungserbringer) auf zehn Mitglieder begrenzt. Diese Regelung sowie die bisherige gesetzliche Regelung zur Zusammensetzung der Schiedsstelle werden in die neue Regelung zum Qualitätsausschuss im Wesentlichen übernommen.

Darauf hingewiesen wird, dass dem Verband der privaten Krankenversicherung e. V. die Entscheidung darüber obliegt, ob er dem Qualitätsausschuss angehören will. Mit der Entsendung eines

Mitgliedes ist für den Verband der privaten Krankenversicherung e. V. eine Finanzierungsbeteiligung nach § 8 Absatz 4 verbunden.

Die vom Qualitätsausschuss getroffenen Entscheidungen zur Qualitätssicherung in der Pflege müssen von den Angehörigen der Pflegeberufe umgesetzt werden. Deshalb wird verankert, dass dem Qualitätsausschuss – unter Anrechnung auf die Zahl der Leistungserbringer – ein Vertreter der Verbände der Pflegeberufe angehören soll. Mit dieser Regelung wird der Bedeutung des Berufsstands Pflege angemessen Rechnung getragen. Zur Sicherstellung der Parität zwischen Leistungsträgern und Leistungserbringern wird ausgeschlossen, dass eine Organisation gleichzeitig der Leistungsträgerseite und der Leistungserbringerseite zugeordnet wird.

Gesetzlich verankert wird, dass jedes Mitglied eine Stimme erhält und dass die Stimmen gleich zu gewichten sind. Damit sichergestellt ist, dass die wissenschaftliche Kompetenz des MDS in die Beratungen und Beschlussfassungen des Qualitätsausschusses – auch in seiner erweiterten Form – einfließt, wird die Beteiligung gesetzlich verankert. Dem steht nicht entgegen, dass der MDS vom Spitzenverband Bund der Pflegekassen als Vertreter benannt wird. Ausdrücklich geregelt wird, dass die auf Bundesebene maßgeblichen Organisationen für die Wahrnehmung der Interessen und der Selbsthilfe pflegebedürftiger und behinderter Menschen gemäß § 118 an den Beratungen und Beschlussfassungen des Qualitätsausschusses beratend mitwirken.

Zu Absatz 3

Die Vertragsparteien erhalten durch den Qualitätsausschuss einen neuen Rahmen für die ihnen durch den Gesetzgeber aufgegebene Verantwortung. Wenn es in den Beratungen im Qualitätsausschuss nicht zu einer einvernehmlichen Einigung kommt, so kann der Qualitätsausschuss rasch (auf Verlangen mindestens einer Vertragspartei, eines Mitglieds des Qualitätsausschusses, aber auch des Bundesministeriums für Gesundheit) in einen „erweiterten Qualitätsausschuss" umgewandelt werden. Der erweiterte Qualitätsausschuss zeichnet sich dadurch aus, dass ein unparteiischer Vorsitzender und zwei weitere unparteiische Mitglieder hinzutreten und nunmehr das Mehrheitsprinzip für die Beschlussfassungen gilt.

Damit die Funktionsfähigkeit des Qualitätsausschusses von Anfang an gesichert ist, wird zudem geregelt, dass der Qualitätsausschuss durch die drei unparteiischen Mitglieder gebildet wird, sofern die Organisationen, die Mitglieder in den Qualitätsausschuss entsenden, nicht bis zum 31. März 2016 die Mitglieder in der nach Absatz 2 Satz 1 insgesamt vorgesehenen Anzahl benannt haben.

Im Vergleich zur Schiedsstelle wird neu geregelt, dass der unparteiische Vorsitzende des erweiterten Qualitätsausschusses durch das Bundesministerium für Gesundheit ernannt wird. Dies entspricht der Bedeutung der Aufgabenstellung und sichert dem unparteiischen Vorsitzenden von Beginn an die größtmögliche Unabhängigkeit von den Mitgliedern des Ausschusses. Das Bundesministerium für Gesundheit kann bei der Benennung des unparteiischen Vorsitzenden einen Zeitraum für dessen Amtszeit bestimmen.

Festgelegt wird, dass der Stellvertreter des unparteiischen Vorsitzenden und die weiteren unparteiischen Mitglieder sowie deren Stellvertreter von den Vertragsparteien nach § 113 gemeinsam benannt werden. Mitglieder des Qualitätsausschusses können nicht als Stellvertreter des unparteiischen Vorsitzenden oder der weiteren unparteiischen Mitglieder benannt werden. Die durch den erweiterten Qualitätsausschuss getroffenen Festsetzungen haben dabei die Rechtswirkung einer vertraglichen Vereinbarung oder Beschlussfassung, wie sie durch die Vertragsparteien nach Absatz 1 ohne Hinzuziehung der Unparteiischen einvernehmlich getroffen wird.

Zu Absatz 4

Zentrale Aufgabenstellung der Vertragsparteien nach § 113 und damit auch des Qualitätsausschusses ist die Beschlussfassung über Maßnahmen zur Qualitätssicherung und zur Weiterentwicklung der Qualität sowie zu Maßnahmen zur Darstellung der Qualität der von den Pflegeeinrichtungen erbrachten Leistungen nach § 113 Absatz 1 und § 115 Absatz 1a. Diese Aufgaben sollen unter Einbindung fachwissenschaftlicher Expertise wahrgenommen werden. Hierzu erhalten die Vertragsparteien die gesetzliche Ermächtigung, entsprechende Studien zu beauftragen.

Die Aufgabenstellungen für die Vertragsparteien sind mit einem zeitlichen Ziel versehen; dementsprechend sind auch die in Absatz 4 hierzu benannten wissenschaftlichen Vorarbeiten zeitnah durchzuführen und abzuschließen. Vorrangige Aufgabe der Vertragsparteien ist die Einführung des bis 2011 vom Bundesministerium für Gesundheit und vom Bundesministerium für Familie, Senioren, Frauen und Jugend geförderten Projektes „Entwicklung und Erprobung von Instrumenten zur Beurteilung der Ergebnisqualität in der stationären Altenhilfe". Mit der Einführung des indikatorengestützten Qualitätsmanagements ist eine Umstrukturierung von Prüfinhalten und des Prüfgeschehens erforderlich, denn die Indikatoren und die Gewinnung von bewertbaren Informationen hierzu sind in den gegenwärtigen Erhebungsbogen der Qualitätsprüfungs-Richtlinien nicht ohne Weiteres integrierbar.

Zur Unterstützung der Vertragsparteien sollen daher bis zum 31. März 2017 auf der Grundlage der Ergebnisse des genannten Projektes – einschließlich der Ergebnisse der darauffolgenden Umsetzungsprojekte – die Instrumente der Qualitätsprüfung in Pflegeeinrichtungen sowie der Qualitätsberichterstattung wissenschaftlich entwickelt werden. Im Auftrag zur Entwicklung eines Instrumentes für die Qualitätsprüfung in Pflegeeinrichtungen nach § 113b Absatz 4 Satz 2 Nummer 1 soll dabei auch die Frage der Prüffrequenz mit berücksichtigt werden. Bei der Entwicklung des Instrumentes zur Prüfung von Pflegeeinrichtungen ist zu berücksichtigen, dass die im Rahmen der Qualitätsprüfung erhobenen Daten einerseits die Grundlage für die Maßnahmenbescheide der Landesverbände der Pflegekassen nach § 115 Absatz 2 darstellen und andererseits – wenigstens zum Teil – einen Bestandteil der Qualitätsberichterstattung nach § 115 Absatz 1a bilden. Die wissenschaftlichen Ergebnisse dienen als fachliche Grundlage für die von den Vertragsparteien zu leistende Beschreibung eines indikatorengestützten Gesamtverfahrens, das internes Qualitätsmanagement mit externer Qualitätsprüfung und Qualitätsberichterstattung verzahnt: Die Beschreibung des Gesamtverfahrens wird Bestandteil der Vereinbarungen der Vertragsparteien über Maßstäbe und Grundsätze zur Qualität in der Pflege nach § 113. Die wissenschaftlichen Arbeiten dienen darüber hinaus auch als Grundlage für die Entwicklung der Richtlinien des Spitzenverbandes Bund der Pflegekassen nach § 114a Absatz 7 über die Durchführung der Qualitätsprüfungen in Pflegeeinrichtungen. Schließlich sind die wissenschaftlichen Ergebnisse hinsichtlich eines neuen Instrumentes für die Qualitätsberichterstattung auch bei der Erarbeitung der Qualitätsdarstellungsvereinbarungen nach § 115 Absatz 1a durch die Vertragsparteien zugrunde zu legen.

Das neu entwickelte Instrument für die Qualitätsberichterstattung, das in den Qualitätsdarstellungsvereinbarungen zu bestimmen ist, ersetzt den sogenannten Pflege-TÜV, der in den bislang bestehenden Pflege-Transparenzvereinbarungen nach § 115 Absatz 1a geregelt ist.

Ebenfalls bis zum 31. März 2017 sind auf der Grundlage des Indikatorenmodells unter Beachtung des Prinzips der Datensparsamkeit ein bundesweites Datenerhebungsinstrument für die Einrichtungen, bundesweite Verfahren für die Übermittlung und Auswertung der Daten, eine Systematik zur Bewertung der Daten sowie ein bundesweites Verfahren für die von Externen durchzuführende statistische und inhaltliche Prüfung der Daten zu entwickeln. Auch dies ist durch wissenschaftliche Entwicklungsarbeit im Auftrag der Vertragsparteien zu leisten. Die Ergebnisse und Empfehlungen stellen die Grundlage dar für die erforderlichen Vereinbarungen der Vertragsparteien zur Umsetzung einer strukturierten Datenerhebung und -auswertung, die im Rahmen des indikatorengestützten Gesamtverfahrens die externe Qualitätsprüfung und eine Qualitätsberichterstattung ermöglicht. Die konkreten Festlegungen für die strukturierte Datenerhebung und -auswertung regeln die Vertragsparteien in den Maßstäben und Grundsätze zur Qualität in der Pflege nach § 113 Absatz 1a und 1b.

Während das Indikatorenmodell bislang nur für den stationären Bereich entwickelt wurde, besteht im ambulanten Bereich noch ein entsprechender Ermittlungs- und Entwicklungsbedarf. Deshalb wird den Vertragsparteien die Aufgabe übertragen, wissenschaftliche Grundlagen für Instrumente zur Prüfung der Qualität der von den ambulanten Pflegeeinrichtungen erbrachten Leistungen und zur Qualitätsberichterstattung in der ambulanten Pflege entwickeln zu lassen. Soweit dies wissenschaftlich gestützt wird, soll eine Verknüpfung der Messung von Struktur-, Prozess- und Ergebnisqualität auch für den ambulanten Bereich Anwendung finden. Die wissenschaftlichen Vorarbeiten sollen bis zum 30. Juni 2017 abgeschlossen sein, anschließend soll eine Pilotierung zur praktischen Erprobung des neuen Konzepts durchgeführt werden. Es ist den Vertragsparteien in § 113 Absatz 1 vorgegeben, hierzu bis zum 30. Juni 2018 Vereinbarungen zu treffen; dies bedingt, dass die wissenschaftlichen Arbeiten bis zum 31. März 2018 abgeschlossen sind.

Der Perspektive der Pflegebedürftigen ist bei der Bewertung der Qualität von Pflege, insbesondere aber hinsichtlich der Lebensqualität eine hohe Bedeutung einzuräumen. Diese Fragestellung war bereits Gegenstand des bis 2011 vom Bundesministerium für Gesundheit und vom Bundesministerium für Familie, Senioren, Frauen und Jugend geförderten Projektes „Entwicklung und Erprobung von Instrumenten zur Beurteilung der Ergebnisqualität in der stationären Altenhilfe". Die Vertragsparteien sollen die Fragestellung wieder aufgreifen und hierfür die wissenschaftliche Entwicklung von in der Praxis anwendbaren Modulen sicherstellen.

Redaktionelle Anmerkung:

Durch die Formulierung in Ziffer 4 wird klargestellt, dass „der Auftrag ist nicht nur auf die Entwicklung von Modulen für die Befragung von Pflegebedürftigen beschränkt ist, sondern auch andere Instrumente für die Ermittlung und Bewertung von Lebensqualität, wie z. B. die Befragung von Angehörigen, erfasst. Bereits das vom Bundesministerium für Gesundheit und vom Bundesministerium für Familie, Senioren, Frauen und Jugend geförderte Projekt „Entwicklung und Erprobung von Instrumenten zur Beurteilung der Ergebnisqualität in der stationären Altenhilfe" hatte auch die Befragung von Angehörigen einbezogen und insgesamt die Erfassbarkeit von Lebensqualität in der stationären Pflege durch Indikatoren thematisiert. Bei der Entwicklung von ergänzenden Instrumenten für die Ermittlung und Bewertung von Lebensqualität sollen auch Erfahrungen von Praxisprojekten, die Informationen zur Lebensqualität in der Pflege strukturiert und nutzerorientiert zugänglich machen, berücksichtigt werden." (Begründung der Beschlussempfehlung des Ausschusses für Gesundheit, Drs. 18/6688).

Die Verfahren zur Qualitätsmessung und Qualitätsdarstellung sollen ebenfalls wissenschaftlich begleitet werden; ggf. sind Vorschläge zur Anpassung zu erarbeiten.

Neuen Wohnformen kommt in der pflegerischen Versorgung zunehmend ein größeres Gewicht zu. Für viele Menschen bieten sie die Möglichkeit, ihren Wunsch nach häuslicher und individueller Pflege und Betreuung einlösen zu können. Dieser Entwicklung ist durch das Erste Pflegestärkungsgesetz mit der Weiterentwicklung des Wohngruppenzuschlags in § 38a Rechnung getragen worden. Zugleich rückt die Frage nach den Grundlagen der Qualität und Kriterien der Qualitätssicherung und Qualitätsprüfung der pflegerischen Versorgung in den neuen Wohnformen in den Vordergrund. Bislang liegen entsprechende Instrumente noch nicht vor. Auch der Gesundheitsausschuss des Deutschen Bundestages hat in der Begründung zur Einführung des § 38a SGB XI darauf hingewiesen, dass zu prüfen sei, wie die dazu notwendigen pflegefachlichen Entwicklungen unterstützt und ob in die gesetzlichen Vorschriften zur Qualitätssicherung in der Pflege entsprechende Regelungen eingefügt werden müssen (Beschlussempfehlung und Bericht des Gesundheitsausschusses, Bundestagsdrucksache 18/2909 vom 15. Oktober 2014, S. 43). Durch den unter Nummer 6 benannten konkreten Auftrag werden die Vertragsparteien verpflichtet, ein Konzept für eine Qualitätssicherung in neuen Wohnformen entwickeln zu lassen, um damit diesem Anliegen und der pflegefachlichen Notwendigkeit zu entsprechen.

Das Bundesministerium für Gesundheit sowie das Bundesministerium für Familie, Senioren, Frauen und Jugend in Abstimmung mit dem Bundesministerium für Gesundheit erhalten die Ermächtigung, den Vertragsparteien nach § 113 weitere Themen zur wissenschaftlichen Bearbeitung vorzuschlagen. Das Bundesministerium für Gesundheit stimmt sich hierbei mit dem Beauftragten der Bundesregierung für die Belange der Patientinnen und Patienten sowie Bevollmächtigten für Pflege ab.

Zu Absatz 5

Die Finanzierung der in Absatz 4 aufgeführten Aufträge an wissenschaftliche Institutionen soll aus Mitteln der Pflegeversicherung geleistet werden, da sie zur Weiterentwicklung der pflegerischen Versorgung beitragen. Dem Spitzenverband Bund der Pflegekassen steht derzeit zu diesem Zweck ein jährliches Fördervolumen in Höhe von 5 Millionen Euro nach § 8 Absatz 3 zur Verfügung. Von diesem Volumen wurden in den letzten fünf Jahren durchschnittlich knapp 2,5 Millionen Euro pro Kalenderjahr verausgabt. Unter der Annahme, dass die Verausgabung des jährlichen Fördervolumens weiterhin in dieser Größenordnung erfolgt, kann die Finanzierung der wissenschaftlichen Zuarbeit für die Vertragsparteien durch vorhandene Mittel sichergestellt werden. Eine Aufstockung der Finanzierungsmittel nach § 8 Absatz 3 wird derzeit als nicht erforderlich angesehen.

Die Vorschrift korrespondiert mit dem neu eingeführten § 8 Absatz 4.

Zu Absatz 6

Die Vielfalt der Aufgaben, die von den Vertragsparteien nach § 113 und nach dieser Vorschrift zu leisten sind und die Notwendigkeit, diese Aufgaben bis zum Jahr 2018 zu bearbeiten und auch einer begleitenden Evaluierung zu unterziehen, machen es erforderlich, die Vertragsparteien im (erweiterten) Qualitätsausschuss operativ und fachlich zu unterstützen. Hierzu wird für einen Zeitraum von fünf Jahren eine qualifizierte Geschäftsstelle des Qualitätsausschusses gebildet. Sie hat dabei sowohl die Aufgabe, als Koordinierungsstelle (Vergabe, Bewertung) der zu vergebenden wissenschaftlichen Aufträge zu wirken als auch als Beratungsstelle unmittelbar die Arbeit der Vertragsparteien im Qualitätsausschuss zu unterstützen. Sie soll daher über Expertise aus den Bereichen Projektsteuerung, Pflegewissenschaft, Methodik, Daten- und Prozessmanagement sowie über Kenntnisse des Vergaberechts verfügen.

Die qualifizierte Geschäftsstelle soll auch die Aufgaben der von den Vertragsparteien nach § 113 eingerichteten Geschäftsstelle Expertenstandards nach § 113 SGB XI wahrnehmen.

Die fachliche Unabhängigkeit der Geschäftsstelle ist zu gewährleisten. Es ist sicherzustellen, dass Interessenskollisionen ausgeschlossen sind; insbesondere dürfen die Mitarbeiter der Geschäftsstelle nicht an Weisungen einzelner Vertragsparteien nach § 113 gebunden sein.

Zu Absatz 7

In der Geschäftsordnung sind die wesentlichen Fragen der Organisation und der Verfahren im Qualitätsausschuss zu regeln. In der Geschäftsordnung ist sicherzustellen, dass die Sachverständigen und die Organisationen, die nach diesem Gesetz ein Beteiligungs- und Mitberatungsrecht haben, dieses ausüben können.

Die Vertragsparteien legen die von ihnen beschlossene Geschäftsordnung dem Bundesministerium für Gesundheit zur Genehmigung vor. Auch Änderungen der Geschäftsordnung bedürfen der Genehmigung. Das Bundesministerium für Gesundheit setzt sich im Rahmen des Genehmigungsverfahrens mit dem Bundesministerium für Familie, Senioren, Frauen und Jugend ins Benehmen.

Soweit innerhalb der gesetzlich festgelegten Frist kein Beschluss über eine Geschäftsordnung zustande kommt, wird die Geschäftsordnung des Qualitätsausschusses durch das Bundesministerium für Gesundheit im Benehmen mit dem Bundesministerium für Familie, Senioren, Frauen und Jugend festgelegt. Auch im Falle einer Festsetzung können die Vertragsparteien die Geschäftsordnung jederzeit ändern.

Zu Absatz 8

Absatz 8 regelt das Verhältnis zwischen den Vertragsparteien und dem Bundesministerium für Gesundheit hinsichtlich der im Qualitätsausschuss getroffenen Entscheidungen.

Dem Bundesministerium für Gesundheit sind die durch den Qualitätsausschuss getroffenen Entscheidungen vorzulegen. Das Bundesministerium für Gesundheit kann im Rahmen einer erforderlichen Prüfung Expertise einholen und im Ergebnis Auflagen erteilen.

Bei Nichteinhaltung von Fristen bzw. bei Nicht-Beheben von Beanstandungen durch die Vertragsparteien im Qualitätsausschuss wird bestimmt, dass das Bundesministerium für Gesundheit den

Inhalt der Vereinbarungen und der Beschlüsse festsetzen kann. Aufgrund einer Festsetzung durch das Bundesministerium für Gesundheit sind die Vertragsparteien nicht gehindert, zukünftige fachlich gebotene Änderungen in den Vereinbarungen und Beschlüssen nach § 37 Absatz 5 in der ab dem 1. Januar 2017 geltenden Fassung, § 113, § 113a oder § 115 Absatz 1a vorzunehmen. Hierzu gelten die in den jeweiligen Vorschriften beschriebenen Verfahren.

Das Bundesministerium für Gesundheit stimmt sich bei der Wahrnehmung seiner Aufgaben mit dem Beauftragten der Bundesregierung für die Belange der Patientinnen und Patienten sowie Bevollmächtigten für Pflege ab und setzt sich mit dem Bundesministerium für Familie, Senioren, Frauen und Jugend ins Benehmen.

Eingefügt ab 1. Januar 2016

§ 113c Personalbemessung in Pflegeeinrichtungen

(1) Die Vertragsparteien nach § 113 stellen im Einvernehmen mit dem Bundesministerium für Gesundheit und dem Bundesministerium für Familie, Senioren, Frauen und Jugend die Entwicklung und Erprobung eines wissenschaftlich fundierten Verfahrens zur einheitlichen Bemessung des Personalbedarfs in Pflegeeinrichtungen nach qualitativen und quantitativen Maßstäben sicher. Die Entwicklung und Erprobung ist bis zum 30. Juni 2020 abzuschließen. Es ist ein strukturiertes, empirisch abgesichertes und valides Verfahren für die Personalbemessung in Pflegeeinrichtungen auf der Basis des durchschnittlichen Versorgungsaufwands für direkte und indirekte pflegerische Maßnahmen sowie für Hilfen bei der Haushaltsführung unter Berücksichtigung der fachlichen Ziele und Konzeption des neuen Pflegebedürftigkeitsbegriffs zu erstellen. Hierzu sind einheitliche Maßstäbe zu ermitteln, die insbesondere Qualifikationsanforderungen, quantitative Bedarfe und die fachliche Angemessenheit der Maßnahmen berücksichtigen. Die Vertragsparteien beauftragen zur Sicherstellung der Wissenschaftlichkeit des Verfahrens fachlich unabhängige wissenschaftliche Einrichtungen oder Sachverständige. Hierbei sollen die Vertragsparteien von der unabhängigen qualifizierten Geschäftsstelle nach § 113b Absatz 6 unterstützt werden.

(2) Der Medizinische Dienst des Spitzenverbandes Bund der Krankenkassen, der Verband der privaten Krankenversicherung e. V., die Verbände der Pflegeberufe auf Bundesebene und die auf Bundesebene maßgeblichen Organisationen für die Wahrnehmung der Interessen und der Selbsthilfe pflegebedürftiger und behinderter Menschen sind zu beteiligen. Für die Arbeitsweise der Vertragsparteien soll im Übrigen die Geschäftsordnung nach § 113b Absatz 7 entsprechende Anwendung finden.

(3) Das Bundesministerium für Gesundheit legt im Einvernehmen mit dem Bundesministerium für Familie, Senioren, Frauen und Jugend unter Beteiligung der Vertragsparteien nach § 113 unverzüglich in einem Zeitplan konkrete Zeitziele für die Entwicklung, Erprobung und die Auftragsvergabe fest. Die Vertragsparteien nach § 113 sind verpflichtet, dem Bundesministerium für Gesundheit auf Verlangen unverzüglich Auskunft über den Bearbeitungsstand der Entwicklung, Erprobung und der Auftragsvergabe sowie über Problembereiche und mögliche Lösungen zu geben.

(4) Wird ein Zeitziel nach Absatz 3 nicht fristgerecht erreicht und ist deshalb die fristgerechte Entwicklung, Erprobung oder Auftragsvergabe gefährdet, kann das Bundesministerium für Gesundheit im Einvernehmen mit dem Bundesministerium für Familie, Senioren, Frauen und Jugend einzelne Verfahrensschritte im Wege der Ersatzvornahme selbst durchführen. Haben die Vertragsparteien nach § 113 sich bis zum 31. Dezember 2016 nicht über die Beauftragung gemäß Absatz 1 Satz 2 geeinigt, bestimmen das Bundesministerium für Gesundheit und das Bundesministerium für Familie, Senioren, Frauen und Jugend innerhalb von vier Monaten das Verfahren und die Inhalte der Beauftragung.

Gesetzesbegründung Drs. 18/5926 und Drs. 18/6688 zu § 113c

Eingefügt mit Geltung ab 1. Januar 2016

Eine qualitativ und quantitativ belastbare Personalausstattung ist ein wesentlicher Baustein für eine gute Qualität der Pflege. Zudem wird mit dem neuen Pflegebedürftigkeitsbegriff und dem neuen Begutachtungsinstrument die Pflegeversicherung auf eine neue fachliche Grundlage gestellt. Auch der Expertenbeirat zur konkreten Ausgestaltung des neuen Pflegebedürftigkeitsbegriffs hat auf die Bedeutung der Personalbemessung im Kontext der Einführung des neuen Pflegebedürftigkeitsbegriffs hingewiesen.

Ein wissenschaftlich fundiertes Verfahren, um den Personalbedarf in den Pflegeeinrichtungen nach einheitlichen Grundsätzen qualitativ und quantitativ zu bestimmen, liegt unter Berücksichtigung dieser neuen Ausrichtung bisher nicht vor. Daher werden die Vertragsparteien nach § 113 Absatz 1 Satz 1 zur Entwicklung und Erprobung eines solchen Verfahrens bis zum 30. Juni 2020 verpflichtet. Dabei sind der neue Pflegebedürftigkeitsbegriff und die neuen Pflegegrade ebenso zu berücksichtigen wie bereits vorliegende Untersuchungen und Erkenntnisse, unter anderem zu Anforderungs- und Qualifikationsprofilen in der Pflege.

Redaktionelle Anmerkung:

Die Beschlussempfehlung des Ausschusses für Gesundheit (Drs. 18/6688) benennt die Ziele:

„Ziel ist es, ein Verfahren der Personalbemessung zu entwickeln und zu erproben, aus dem sich Maßstäbe für die Personalausstattung von Pflegeeinrichtungen ableiten lassen. Dieses Verfahren muss empirisch abgesichert und valide sein und eine Aktualisierung in bestimmten zeitlichen Abständen ermöglichen. Die Ermittlung von Maßstäben soll Anhaltszahlen für den Personalbedarf in der Unterscheidung nach beruflichen Qualifikationen auch mit Bezug auf Gruppen von Pflegebedürftigen mit vergleichbarem Pflegeaufwand einbeziehen. Dabei sind die fachlichen Ziele des neuen Pflegebedürftigkeitsbegriffs (Stärkung der Fähigkeiten und der Selbständigkeit der Pflegebedürftigen) ebenso wie die fachliche Angemessenheit und die Qualität der Maßnahmen zu berücksichtigen. Dabei ist auch der Zusammenhang zwischen der Qualität der Maßnahmen und der Gehaltsstruktur der Beschäftigten in den Blick zu nehmen. Die Ergebnisse hat die Selbstverwaltung auf Bundesebene in den weiteren verbindlichen Vorgaben für die pflegerische Versorgung zu berücksichtigen.

Die Vertragsparteien nach § 113 erhalten dabei Unterstützung durch die unabhängige qualifizierte Geschäftsstelle nach § 113b Absatz 6."

Absatz 2 dient auch einer stärkeren Verschränkung mit der Arbeit des Qualitätsausschusses, um die inhaltliche Abstimmung mit den durch den Qualitätsausschuss bearbeiteten Themen zu verbessern, eine abgestimmte Implementierung der Wirkungen des neuen Pflegebedürftigkeitsbegriffs zu erreichen und die dort geregelten Strukturen zu nutzen.

So werden die auf Bundesebene maßgeblichen Organisationen für die Wahrnehmung der Interessen und der Selbsthilfe pflegebedürftiger und behinderter Menschen (Betroffenenorganisationen) ebenfalls an der Entwicklung und Erprobung eines neuen Verfahrens zur Personalbemessung beteiligt.

Die Vertragsparteien werden in ihrer Arbeitsweise auf einzelne einschlägige Bereiche der Verfahrensordnung nach § 113b Absatz 7 verpflichtet; insbesondere sollen die vereinbarten Regelungen zu § 113b Absatz 7 Nummer 4, 6 bis 10 entsprechend Anwendung finden. Damit wird eine effiziente Arbeitsweise der Vertragsparteien im Rahmen von § 113c ermöglicht.

Absatz 3 trifft Regelungen, um eine zeitgerechte Aufgabenerfüllung durch die Selbstverwaltung sicherzustellen. Das Bundesministerium für Gesundheit stellt im Einvernehmen mit dem Bundesministerium für Familie, Senioren, Frauen und Jugend einen Zeitplan auf, der zeitliche Ziele für die einzelnen Schritte der Entwicklung und Erprobung sowie Auftragsvergabe festlegt.

Ist die zeitplangerechte Umsetzung der Aufgaben nach Absatz 3 durch die Selbstverwaltung gefährdet oder werden Fristen des Zeitplans versäumt, erhält das Bundesministerium für Gesundheit das Recht, im Einvernehmen mit dem Bundesministerium für Familie, Senioren, Frauen und Jugend einzelne Verfahrensschritte im Wege der Ersatzvornahme selbst durchzuführen. Damit und mit der

Möglichkeit, innerhalb von vier Monaten das Verfahren und die Inhalte der Beauftragung zu bestimmen, wird sichergestellt, dass es nicht durch fehlende Einigung in der Selbstverwaltung zu Verzögerungen kommt.

§ 113c bezieht sich sowohl auf stationäre als auch auf ambulante Pflegeeinrichtungen. Dabei sind insbesondere die historisch gewachsenen – teilweise sehr unterschiedlichen – Personalrichtwerte auf Landesebene in stationären Pflegeeinrichtungen sowie die Entwicklungen in der ambulanten Pflege zu berücksichtigen.

Der komplexe Umsetzungsprozess in Verbindung mit der Einführung des neuen Pflegebedürftigkeitsbegriffes, zu dem die Selbstverwaltungspartner insbesondere durch § 75 zur Anpassung der Maßstäbe und Grundsätze für die Personalausstattung unmittelbar aufgefordert sind, ist unabhängig von diesem Vorhaben zügig und ergebnisorientiert durchzuführen.

Die Entwicklung und Erprobung eines einheitlichen Personalbemessungsverfahrens ist von den Vertragsparteien im Einvernehmen mit dem Bundesministerium für Gesundheit und dem Bundesministerium für Familie, Senioren, Frauen und Jugend sicherzustellen. Das Bundesministerium für Gesundheit stimmt sich bei der Wahrnehmung seiner Aufgaben mit dem Beauftragten der Bundesregierung für die Belange der Patientinnen und Patienten sowie Bevollmächtigten für Pflege ab.

Fassung bis 31. Dezember 2015	Fassung ab 1. Januar 2016	Fassung ab 1. Januar 2017
§ 114 Qualitätsprüfungen	**§ 114 Qualitätsprüfungen**	**§ 114 Qualitätsprüfungen**
(1) Zur Durchführung einer Qualitätsprüfung erteilen die Landesverbände der Pflegekassen dem Medizinischen Dienst der Krankenversicherung, dem Prüfdienst des Verbandes der privaten Krankenversicherung e. V. im Umfang von 10 Prozent der in einem Jahr anfallenden Prüfaufträge oder den von ihnen bestellten Sachverständigen einen Prüfauftrag. Der Prüfauftrag enthält Angaben zur Prüfart, zum Prüfgegenstand und zum Prüfumfang. Die Prüfung erfolgt als Regelprüfung, Anlassprüfung oder Wiederholungsprüfung. Die Pflegeeinrichtungen haben die ordnungsgemäße Durchführung der Prüfungen zu ermöglichen.	(1) Zur Durchführung einer Qualitätsprüfung erteilen die Landesverbände der Pflegekassen dem Medizinischen Dienst der Krankenversicherung, dem Prüfdienst des Verbandes der privaten Krankenversicherung e. V. im Umfang von 10 Prozent der in einem Jahr anfallenden Prüfaufträge oder den von ihnen bestellten Sachverständigen einen Prüfauftrag. Der Prüfauftrag enthält Angaben zur Prüfart, zum Prüfgegenstand und zum Prüfumfang. Die Prüfung erfolgt als Regelprüfung, Anlassprüfung oder Wiederholungsprüfung. Die Pflegeeinrichtungen haben die ordnungsgemäße Durchführung der Prüfungen zu ermöglichen.	(1) Zur Durchführung einer Qualitätsprüfung erteilen die Landesverbände der Pflegekassen dem Medizinischen Dienst der Krankenversicherung, dem Prüfdienst des Verbandes der privaten Krankenversicherung e. V. im Umfang von 10 Prozent der in einem Jahr anfallenden Prüfaufträge oder den von ihnen bestellten Sachverständigen einen Prüfauftrag. Der Prüfauftrag enthält Angaben zur Prüfart, zum Prüfgegenstand und zum Prüfumfang. Die Prüfung erfolgt als Regelprüfung, Anlassprüfung oder Wiederholungsprüfung. Die Pflegeeinrichtungen haben die ordnungsgemäße Durchführung der Prüfungen zu ermöglichen.
Vollstationäre Pflegeeinrichtungen sind ab dem 1. Januar 2014 verpflichtet, die Landesverbände der Pflegekassen unmittelbar nach einer Regelprüfung darüber zu informieren, wie die ärztliche, fachärztliche und zahnärztliche Versorgung sowie die Arzneimittelversorgung in den Einrichtungen geregelt sind. Sie sollen insbesondere auf Folgendes hinweisen:	Vollstationäre Pflegeeinrichtungen sind ab dem 1. Januar 2014 verpflichtet, die Landesverbände der Pflegekassen unmittelbar nach einer Regelprüfung darüber zu informieren, wie die ärztliche, fachärztliche und zahnärztliche Versorgung sowie die Arzneimittelversorgung in den Einrichtungen geregelt sind. Sie sollen insbesondere auf Folgendes hinweisen:	Vollstationäre Pflegeeinrichtungen sind ab dem 1. Januar 2014 verpflichtet, die Landesverbände der Pflegekassen unmittelbar nach einer Regelprüfung darüber zu informieren, wie die ärztliche, fachärztliche und zahnärztliche Versorgung sowie die Arzneimittelversorgung in den Einrichtungen geregelt sind. Sie sollen insbesondere auf Folgendes hinweisen:
1. auf den Abschluss und den Inhalt von Kooperationsverträgen oder die Einbindung der Einrichtung in Ärztenetze,	1. auf den Abschluss und den Inhalt von Kooperationsverträgen oder die Einbindung der Einrichtung in Ärztenetze,	1. auf den Abschluss und den Inhalt von Kooperationsverträgen oder die Einbindung der Einrichtung in Ärztenetze,
2. auf den Abschluss von Vereinbarungen mit Apotheken sowie	2. auf den Abschluss von Vereinbarungen mit Apotheken sowie	2. auf den Abschluss von Vereinbarungen mit Apotheken sowie
3. ab dem 1. Juli 2016 auf die Zusammenarbeit mit einem Hospiz- und Palliativnetz.	3. ab dem 1. Juli 2016 auf die Zusammenarbeit mit einem Hospiz- und Palliativnetz.	3. ab dem 1. Juli 2016 auf die Zusammenarbeit mit einem Hospiz- und Palliativnetz.
Wesentliche Änderungen hinsichtlich der ärztlichen, fachärztlichen und zahnärztlichen Versorgung, der Arzneimittelversorgung sowie der Zusammenarbeit mit einem Hospiz- und Palliativnetz sind den Landesverbänden der Pflegekas-	Wesentliche Änderungen hinsichtlich der ärztlichen, fachärztlichen und zahnärztlichen Versorgung, der Arzneimittelversorgung sowie der Zusammenarbeit mit einem Hospiz- und Palliativnetz sind den Landesverbänden der Pflegekas-	Wesentliche Änderungen hinsichtlich der ärztlichen, fachärztlichen und zahnärztlichen Versorgung, der Arzneimittelversorgung sowie der Zusammenarbeit mit einem Hospiz- und Palliativnetz sind den Landesverbänden der Pflegekas-

Fassung bis 31. Dezember 2015	Fassung ab 1. Januar 2016	Fassung ab 1. Januar 2017
sen innerhalb von vier Wochen zu melden.	sen innerhalb von vier Wochen zu melden.	sen innerhalb von vier Wochen zu melden.
(2) Die Landesverbände der Pflegekassen veranlassen in zugelassenen Pflegeeinrichtungen bis zum 31. Dezember 2010 mindestens einmal und ab dem Jahre 2011 regelmäßig im Abstand von höchstens einem Jahr eine Prüfung durch den Medizinischen Dienst der Krankenversicherung, den Prüfdienst des Verbandes der privaten Krankenversicherung e. V. oder durch von ihnen bestellte Sachverständige (Regelprüfung). Zu prüfen ist, ob die Qualitätsanforderungen nach diesem Buch und nach den auf dieser Grundlage abgeschlossenen vertraglichen Vereinbarungen erfüllt sind. Die Regelprüfung erfasst insbesondere wesentliche Aspekte des Pflegezustandes und die Wirksamkeit der Pflege- und Betreuungsmaßnahmen (Ergebnisqualität). Sie kann auch auf den Ablauf, die Durchführung und die Evaluation der Leistungserbringung (Prozessqualität) sowie die unmittelbaren Rahmenbedingungen der Leistungserbringung (Strukturqualität) erstreckt werden. Die Regelprüfung bezieht sich auf die Qualität der allgemeinen Pflegeleistungen, der medizinischen Behandlungspflege, der sozialen Betreuung einschließlich der zusätzlichen Betreuung und Aktivierung im Sinne des § 87b, der Leistungen bei Unterkunft und Verpflegung (§ 87), der Zusatzleistungen (§ 88) und der nach § 37 des Fünften Buches erbrachten Leistungen der häuslichen Krankenpflege. Sie ~~kann sich~~ auch auf die Abrechnung der genannten Leistungen ~~erstrecken~~. Zu prüfen ist auch, ob die Versorgung der Pflegebedürftigen den Empfehlungen der Kommission für Krankenhaushygiene	(2) Die Landesverbände der Pflegekassen veranlassen in zugelassenen Pflegeeinrichtungen bis zum 31. Dezember 2010 mindestens einmal und ab dem Jahre 2011 regelmäßig im Abstand von höchstens einem Jahr eine Prüfung durch den Medizinischen Dienst der Krankenversicherung, den Prüfdienst des Verbandes der privaten Krankenversicherung e. V. oder durch von ihnen bestellte Sachverständige (Regelprüfung). Zu prüfen ist, ob die Qualitätsanforderungen nach diesem Buch und nach den auf dieser Grundlage abgeschlossenen vertraglichen Vereinbarungen erfüllt sind. Die Regelprüfung erfasst insbesondere wesentliche Aspekte des Pflegezustandes und die Wirksamkeit der Pflege- und Betreuungsmaßnahmen (Ergebnisqualität). Sie kann auch auf den Ablauf, die Durchführung und die Evaluation der Leistungserbringung (Prozessqualität) sowie die unmittelbaren Rahmenbedingungen der Leistungserbringung (Strukturqualität) erstreckt werden. Die Regelprüfung bezieht sich auf die Qualität der allgemeinen Pflegeleistungen, der medizinischen Behandlungspflege, der *sozialen* Betreuung einschließlich der zusätzlichen Betreuung und Aktivierung im Sinne des *§ 87b*, der Leistungen bei Unterkunft und Verpflegung (§ 87), der Zusatzleistungen (§ 88) und der nach § 37 des Fünften Buches erbrachten Leistungen der häuslichen Krankenpflege. <u>Sie umfasst</u> auch die Abrechnung der genannten Leistungen. Zu prüfen ist auch, ob die Versorgung der Pflegebedürftigen den Empfehlungen der Kommission für Krankenhaushygiene und Infektions-	(2) Die Landesverbände der Pflegekassen veranlassen in zugelassenen Pflegeeinrichtungen bis zum 31. Dezember 2010 mindestens einmal und ab dem Jahre 2011 regelmäßig im Abstand von höchstens einem Jahr eine Prüfung durch den Medizinischen Dienst der Krankenversicherung, den Prüfdienst des Verbandes der privaten Krankenversicherung e. V. oder durch von ihnen bestellte Sachverständige (Regelprüfung). Zu prüfen ist, ob die Qualitätsanforderungen nach diesem Buch und nach den auf dieser Grundlage abgeschlossenen vertraglichen Vereinbarungen erfüllt sind. Die Regelprüfung erfasst insbesondere wesentliche Aspekte des Pflegezustandes und die Wirksamkeit der Pflege- und Betreuungsmaßnahmen (Ergebnisqualität). Sie kann auch auf den Ablauf, die Durchführung und die Evaluation der Leistungserbringung (Prozessqualität) sowie die unmittelbaren Rahmenbedingungen der Leistungserbringung (Strukturqualität) erstreckt werden. Die Regelprüfung bezieht sich auf die Qualität der allgemeinen Pflegeleistungen, der medizinischen Behandlungspflege, der Betreuung einschließlich der zusätzlichen Betreuung und Aktivierung im Sinne des <u>§ 43b</u>, der Leistungen bei Unterkunft und Verpflegung (§ 87), der Zusatzleistungen (§ 88) und der nach § 37 des Fünften Buches erbrachten Leistungen der häuslichen Krankenpflege. Sie umfasst auch die Abrechnung der genannten Leistungen. Zu prüfen ist auch, ob die Versorgung der Pflegebedürftigen den Empfehlungen der Kommission für Krankenhaushygiene und Infektions-

Fassung bis 31. Dezember 2015	Fassung ab 1. Januar 2016	Fassung ab 1. Januar 2017
und Infektionsprävention nach § 23 Absatz 1 des Infektionsschutzgesetzes entspricht.	prävention nach § 23 Absatz 1 des Infektionsschutzgesetzes entspricht.	prävention nach § 23 Absatz 1 des Infektionsschutzgesetzes entspricht.
(3) Die Landesverbände der Pflegekassen haben im Rahmen der Zusammenarbeit mit den nach heimrechtlichen Vorschriften zuständigen Aufsichtsbehörden (§ 117) vor einer Regelprüfung insbesondere zu erfragen, ob Qualitätsanforderungen nach diesem Buch und den auf seiner Grundlage abgeschlossenen vertraglichen Vereinbarungen in einer Prüfung der nach heimrechtlichen Vorschriften zuständigen Aufsichtsbehörde oder in einem nach Landesrecht durchgeführten Prüfverfahren berücksichtigt worden sind. Hierzu können auch Vereinbarungen auf Landesebene zwischen den Landesverbänden der Pflegekassen und den nach heimrechtlichen Vorschriften zuständigen Aufsichtsbehörden sowie den für weitere Prüfverfahren zuständigen Aufsichtsbehörden getroffen werden.	(3) Die Landesverbände der Pflegekassen haben im Rahmen der Zusammenarbeit mit den nach heimrechtlichen Vorschriften zuständigen Aufsichtsbehörden (§ 117) vor einer Regelprüfung insbesondere zu erfragen, ob Qualitätsanforderungen nach diesem Buch und den auf seiner Grundlage abgeschlossenen vertraglichen Vereinbarungen in einer Prüfung der nach heimrechtlichen Vorschriften zuständigen Aufsichtsbehörde oder in einem nach Landesrecht durchgeführten Prüfverfahren berücksichtigt worden sind. Hierzu können auch Vereinbarungen auf Landesebene zwischen den Landesverbänden der Pflegekassen und den nach heimrechtlichen Vorschriften zuständigen Aufsichtsbehörden sowie den für weitere Prüfverfahren zuständigen Aufsichtsbehörden getroffen werden.	(3) Die Landesverbände der Pflegekassen haben im Rahmen der Zusammenarbeit mit den nach heimrechtlichen Vorschriften zuständigen Aufsichtsbehörden (§ 117) vor einer Regelprüfung insbesondere zu erfragen, ob Qualitätsanforderungen nach diesem Buch und den auf seiner Grundlage abgeschlossenen vertraglichen Vereinbarungen in einer Prüfung der nach heimrechtlichen Vorschriften zuständigen Aufsichtsbehörde oder in einem nach Landesrecht durchgeführten Prüfverfahren berücksichtigt worden sind. Hierzu können auch Vereinbarungen auf Landesebene zwischen den Landesverbänden der Pflegekassen und den nach heimrechtlichen Vorschriften zuständigen Aufsichtsbehörden sowie den für weitere Prüfverfahren zuständigen Aufsichtsbehörden getroffen werden.
Um Doppelprüfungen zu vermeiden, haben die Landesverbände der Pflegekassen den Prüfumfang der Regelprüfung in angemessener Weise zu verringern, wenn	Um Doppelprüfungen zu vermeiden, haben die Landesverbände der Pflegekassen den Prüfumfang der Regelprüfung in angemessener Weise zu verringern, wenn	Um Doppelprüfungen zu vermeiden, haben die Landesverbände der Pflegekassen den Prüfumfang der Regelprüfung in angemessener Weise zu verringern, wenn
1. die Prüfungen nicht länger als neun Monate zurückliegen,	1. die Prüfungen nicht länger als neun Monate zurückliegen,	1. die Prüfungen nicht länger als neun Monate zurückliegen,
2. die Prüfergebnisse nach pflegefachlichen Kriterien den Ergebnissen einer Regelprüfung gleichwertig sind und	2. die Prüfergebnisse nach pflegefachlichen Kriterien den Ergebnissen einer Regelprüfung gleichwertig sind und	2. die Prüfergebnisse nach pflegefachlichen Kriterien den Ergebnissen einer Regelprüfung gleichwertig sind und
3. die Veröffentlichung der von den Pflegeeinrichtungen erbrachten Leistungen und deren Qualität~~, insbesondere hinsichtlich der Ergebnis- und Lebensqualität,~~ gemäß § 115 Absatz 1a gewährleistet ist.	3. die Veröffentlichung der von den Pflegeeinrichtungen erbrachten Leistungen und deren Qualität gemäß § 115 Absatz 1a gewährleistet ist.	3. die Veröffentlichung der von den Pflegeeinrichtungen erbrachten Leistungen und deren Qualität gemäß § 115 Absatz 1a gewährleistet ist.
Die Pflegeeinrichtung kann verlangen, dass von einer Verringerung der Prüfpflicht abgesehen wird.	Die Pflegeeinrichtung kann verlangen, dass von einer Verringerung der Prüfpflicht abgesehen wird.	Die Pflegeeinrichtung kann verlangen, dass von einer Verringerung der Prüfpflicht abgesehen wird.

Fassung bis 31. Dezember 2015	Fassung ab 1. Januar 2016	Fassung ab 1. Januar 2017
~~(4) Liegen den Landesverbänden der Pflegekassen Ergebnisse zur Prozess- und Strukturqualität aus einer Prüfung vor, die von der Pflegeeinrichtung oder dem Einrichtungsträger veranlasst wurde, so haben sie den Umfang der Regelprüfung in angemessener Weise zu verringern. Voraussetzung ist, dass die vorgelegten Prüfergebnisse nach einem durch die Landesverbände der Pflegekassen anerkannten Verfahren zur Messung und Bewertung der Pflegequalität durch unabhängige Sachverständige oder Prüfinstitutionen entsprechend den von den Vertragsparteien nach § 113 Abs. 1 Satz 4 Nr. 2 und 3 festgelegten Anforderungen durchgeführt wurde, die Prüfung nicht länger als ein Jahr zurückliegt und die Prüfungsergebnisse gemäß § 115 Abs. 1a veröffentlicht werden. Eine Prüfung der Ergebnisqualität durch den Medizinischen Dienst der Krankenversicherung oder den Prüfdienst des Verbandes der privaten Krankenversicherung e. V. ist stets durchzuführen.~~		
~~(5)~~ Bei Anlassprüfungen geht der Prüfauftrag in der Regel über den jeweiligen Prüfanlass hinaus; er umfasst eine vollständige Prüfung mit dem Schwerpunkt der Ergebnisqualität. Gibt es im Rahmen einer Anlass-, Regel- oder Wiederholungsprüfung sachlich begründete Hinweise auf eine nicht fachgerechte Pflege bei Pflegebedürftigen, auf die sich die Prüfung nicht erstreckt, sind die betroffen Pflegebedürftigen unter Beachtung der datenschutzrechtlichen Bestimmungen in die Prüfung einzubeziehen. Die Prüfung ist insgesamt als Anlassprüfung durchzuführen. Im Zusammenhang mit einer zuvor durchgeführten Regel- oder An-	<u>(4)</u> Bei Anlassprüfungen geht der Prüfauftrag in der Regel über den jeweiligen Prüfanlass hinaus; er umfasst eine vollständige Prüfung mit dem Schwerpunkt der Ergebnisqualität. Gibt es im Rahmen einer Anlass-, Regel- oder Wiederholungsprüfung sachlich begründete Hinweise auf eine nicht fachgerechte Pflege bei Pflegebedürftigen, auf die sich die Prüfung nicht erstreckt, sind die betroffen Pflegebedürftigen unter Beachtung der datenschutzrechtlichen Bestimmungen in die Prüfung einzubeziehen. Die Prüfung ist insgesamt als Anlassprüfung durchzuführen. Im Zusammenhang mit einer zuvor durchgeführten Regel- oder An-	(4) Bei Anlassprüfungen geht der Prüfauftrag in der Regel über den jeweiligen Prüfanlass hinaus; er umfasst eine vollständige Prüfung mit dem Schwerpunkt der Ergebnisqualität. Gibt es im Rahmen einer Anlass-, Regel- oder Wiederholungsprüfung sachlich begründete Hinweise auf eine nicht fachgerechte Pflege bei Pflegebedürftigen, auf die sich die Prüfung nicht erstreckt, sind die betroffen Pflegebedürftigen unter Beachtung der datenschutzrechtlichen Bestimmungen in die Prüfung einzubeziehen. Die Prüfung ist insgesamt als Anlassprüfung durchzuführen. Im Zusammenhang mit einer zuvor durchgeführten Regel- oder An-

Fassung bis 31. Dezember 2015	Fassung ab 1. Januar 2016	Fassung ab 1. Januar 2017
lassprüfung kann von den Landesverbänden der Pflegekassen ~~auf Kosten der Pflegeeinrichtung~~ eine Wiederholungsprüfung veranlasst werden, um zu überprüfen, ob die festgestellten Qualitätsmängel durch die nach § 115 Abs. 2 angeordneten Maßnahmen beseitigt worden sind. ~~Auf Antrag und auf Kosten der Pflegeeinrichtung ist eine Wiederholungsprüfung von den Landesverbänden der Pflegekassen zu veranlassen, wenn wesentliche Aspekte der Pflegequalität betroffen sind und ohne zeitnahe Nachprüfung der Pflegeeinrichtung unzumutbare Nachteile drohen. Kosten im Sinne der Sätze 4 und 5 sind nur zusätzliche, tatsächlich bei der Wiederholungsprüfung angefallene Aufwendungen, nicht aber Verwaltungs- oder Vorhaltekosten, die auch ohne Wiederholungsprüfung angefallen wären. Pauschalen oder Durchschnittswerte können nicht angesetzt werden.~~	lassprüfung kann von den Landesverbänden der Pflegekassen eine Wiederholungsprüfung veranlasst werden, um zu überprüfen, ob die festgestellten Qualitätsmängel durch die nach § 115 Abs. 2 angeordneten Maßnahmen beseitigt worden sind.	lassprüfung kann von den Landesverbänden der Pflegekassen eine Wiederholungsprüfung veranlasst werden, um zu überprüfen, ob die festgestellten Qualitätsmängel durch die nach § 115 Abs. 2 angeordneten Maßnahmen beseitigt worden sind.

Gesetzesbegründung Drs. 18/5926 zu § 114

Änderungen zum 1. Januar 2016

Zu Absatz 2

Bei den regelhaft stattfindenden Qualitätsprüfungen durch den MDK oder durch den Prüfdienst des Verbandes der privaten Krankenversicherung e. V. (oder durch von den Landesverbänden der Pflegekassen bestellte Sachverständige) in den Pflegeeinrichtungen kann bereits neben dem obligatorischen Nachweis über die Leistung und Qualität der Pflegeeinrichtung auch die Abrechnung der erbrachten Leistungen vom Prüfumfang umfasst werden.

Um den Schutzinteressen der Pflegebedürftigen und der Solidargemeinschaft der Versicherten verstärkt Rechnung zu tragen, wird dieser Aspekt nunmehr für alle Regelprüfungen verpflichtend vorgegeben.

Das Nähere ist in den Richtlinien über die Durchführung der Qualitätsprüfung des Spitzenverbandes Bund der Pflegekassen nach § 114a Absatz 7 zu regeln. Bei festgestellten Diskrepanzen können die Landesverbände der Pflegekassen die geeigneten Maßnahmen ergreifen (unter anderem nach § 47a).

Zu Absatz 3

Es handelt sich um eine redaktionelle Folgeänderung aufgrund der Änderung des § 115 Absatz 1a.

Zur Aufhebung von Absatz 4 (alt)

Mit dieser Regelung, die durch das Pflege-Weiterentwicklungsgesetz zum 1. Juli 2008 in Kraft getreten ist, wurde die Möglichkeit eröffnet, dass auf Eigeninitiative der Einrichtungen oder ihrer Träger beruhende Qualitätsprüfungen und Zertifizierungen als gleichwertig mit von den Landesverbänden der Pflegekassen regelmäßig vorzusehenden Prüfungen anerkannt werden, wenn bestimmte Voraussetzungen vorliegen. Die Regelung sollte insbesondere die eigenen Anstrengungen von Einrichtungen und Trägern zu einer transparenten und nachvollziehbaren Qualitätsentwicklung stärken.

Die Regelung wurde bislang nur insoweit umgesetzt, dass die Vertragsparteien nach § 113 auf Bundesebene hierzu konkretisierende Regelungen in den Vereinbarungen nach § 113 getroffen haben. Eine faktische Umsetzung in Form von Anerkennungen ist bislang nicht erfolgt.

Die Verantwortung der Träger stationärer Pflegeeinrichtungen für eine transparente und nachvollziehbare Qualitätsentwicklung wird nunmehr durch das Indikatorenmodell gestärkt, das das interne Qualitätsmanagement mit externer Qualitätsprüfung und Qualitätsberichterstattung verzahnt. Das Verfahren wird in den Maßstäben und Grundsätzen zur Sicherung und Weiterentwicklung der Pflegequalität für die stationäre Pflege nach § 113 geregelt.

§ 114 Absatz 4 wird daher aufgehoben, die hierzu getroffenen Regelungen in den Vereinbarungen nach § 113 haben dadurch keinen praktischen Anwendungsbereich mehr.

Zu Absatz 4 (neu)

Mit dem Pflege-Neuausrichtungs-Gesetz 2012 wurde klargestellt, dass nach § 114 Absatz 5 Satz 4 oder 5 lediglich tatsächlich angefallene (veranlasste) Kosten der Wiederholungsprüfung abgerechnet werden dürfen, nicht jedoch Pauschalen oder Durchschnittswerte. Gleichfalls nicht gedeckt ist die Geltendmachung von Kosten, die auch ohne eine Wiederholungsprüfung anfallen, etwa Verwaltungs- und Vorhaltekosten.

Mit der Änderung wird nunmehr einer Forderung der Länder Rechnung getragen, die auf Umsetzungsprobleme – insbesondere unter dem Aspekt des Datenschutzes – bei der Rechnungsstellung für kostenpflichtige Wiederholungsprüfungen hingewiesen haben. Angesichts der geringen praktischen Relevanz der Regelungen – im Jahr 2013 waren sowohl im stationären als auch im ambulanten Bereich jeweils nur 1,2 Prozent aller durchgeführten Prüfungen Wiederholungsprüfungen – , wären weitere Regelungen, die der Rechtssicherheit und dem Datenschutz Genüge tun, mit einem unverhältnismäßig hohen bürokratischen Aufwand verbunden. Die Regelungen werden daher aufgehoben.

Zukünftig ist gesetzlich nicht mehr ausdrücklich geregelt, dass Pflegeeinrichtungen eine freiwillige Wiederholungsprüfung verlangen können, wenn ihnen unverhältnismäßige Schäden durch nicht mehr den tatsächlichen Gegebenheiten entsprechende Transparenzberichte drohen. Nach wie vor kann jedoch gemäß Satz 4 im Zusammenhang mit einer zuvor durchgeführten Regel- oder

Anlassprüfung von den Landesverbänden der Pflegekassen eine Wiederholungsprüfung veranlasst werden, um zu überprüfen, ob die festgestellten Qualitätsmängel durch die nach § 115 Absatz 2 angeordneten Maßnahmen beseitigt worden sind. Im Rahmen dieser Ermessensentscheidung kann den berechtigten Interessen der Pflegeeinrichtungen, unverhältnismäßige Schäden durch nicht mehr den tatsächlichen Gegebenheiten entsprechende Transparenzberichte abzuwenden, von den Landesverbänden der Pflegekassen durch eine verfassungskonforme Reduzierung des Ermessens Rechnung getragen werden.

Änderungen zum 1. Januar 2017

Zu Absatz 2

Bei den Änderungen in Absatz 2 Satz 5 handelt sich um eine redaktionelle Folgeänderung aufgrund der Änderung der §§ 41 bis 43 und zu § 43b.

Redaktionelle Anmerkung:

Änderungen durch das Hospiz- und Palliativgesetz

Mit Geltung ab 8. Dezember 2015 wurde § 114 durch das „Gesetz zur Verbesserung der Hospiz- und Palliativversorgung in Deutschland" vom 1. Dezember 2015 (BGBl. I S. 2114) wie folgt geändert:

Absatz 1 Satz 6 wurde wie folgt gefasst:

„Sie sollen insbesondere auf Folgendes hinweisen:

1. auf den Abschluss und den Inhalt von Kooperationsverträgen oder die Einbindung der Einrichtung in Ärztenetze,

2. auf den Abschluss von Vereinbarungen mit Apotheken sowie

3. ab dem 1. Juli 2016 auf die Zusammenarbeit mit einem Hospiz- und Palliativnetz."

In Absatz 1 Satz 7 wurde nach dem Wort „Versorgung" das Wort „sowie" durch ein Komma

ersetzt; nach dem Wort „Arzneimittelversorgung" wurden die Wörter „sowie der Zusammenarbeit mit einem Hospiz- und Palliativnetz" eingefügt.

Begründet wurden diese Änderungen wie folgt: Für vollstationäre Pflegeeinrichtungen ist die Zusammenarbeit mit einem Hospiz- und Palliativnetz eine wichtige Voraussetzung, um ihre Aufgaben im Rahmen einer qualifizierten Sterbebegleitung – deren Bedeutung durch die Ergänzungen in den §§ 28 und 75 betont wird – zu erfüllen. Die Vernetzung kann durch die betroffenenorientierte Zusammenarbeit regionaler Beratungs- und Versorgungsstellen professionsübergreifend sichergestellt werden. Sie schließt die Zusammenarbeit mit Ärztinnen und Ärzten ein, geht aber auch darüber hinaus, indem sie etwa ambulante Hospizdienste, stationäre Hospize oder SAPV-Teams einbezieht. Professionelle Angebote, kommunales und ehrenamtliches Engagement sollen sich insgesamt ergänzen.

Die für vollstationäre Pflegeeinrichtungen hier ab dem 1. Juli 2016 eingeführte Informationspflicht ist dabei komplementär zu der in § 39a SGB V getroffenen Regelung, in den Rahmenvereinbarungen zu ambulanter Hospizarbeit die ambulante Hospizarbeit in stationären Pflegeeinrichtungen besonders zu berücksichtigen.

Relevante Änderungen bezüglich der Zusammenarbeit mit einem Hospiz- und Palliativnetz sind den Landesverbänden der Pflegekassen im Hinblick auf deren Informationspflicht nach § 115 Absatz 1b innerhalb von vier Wochen zu übermitteln.

Fassung bis 31. Dezember 2015	Fassung ab 1. Januar 2016
§ 114a Durchführung der Qualitätsprüfungen	**§ 114a Durchführung der Qualitätsprüfungen**
(1) Der Medizinische Dienst der Krankenversicherung, der Prüfdienst des Verbandes der privaten Krankenversicherung e. V. und die von den Landesverbänden der Pflegekassen bestellten Sachverständigen sind im Rahmen ihres Prüfauftrags nach § 114 jeweils berechtigt und verpflichtet, an Ort und Stelle zu überprüfen, ob die zugelassenen Pflegeeinrichtungen die Leistungs- und Qualitätsanforderungen nach diesem Buch erfüllen. Prüfungen in stationären Pflegeeinrichtungen sind grundsätzlich unangemeldet durchzuführen. Qualitätsprüfungen in ambulanten Pflegeeinrichtungen sind am Tag zuvor anzukündigen.	(1) Der Medizinische Dienst der Krankenversicherung, der Prüfdienst des Verbandes der privaten Krankenversicherung e. V. und die von den Landesverbänden der Pflegekassen bestellten Sachverständigen sind im Rahmen ihres Prüfauftrags nach § 114 jeweils berechtigt und verpflichtet, an Ort und Stelle zu überprüfen, ob die zugelassenen Pflegeeinrichtungen die Leistungs- und Qualitätsanforderungen nach diesem Buch erfüllen. Prüfungen in stationären Pflegeeinrichtungen sind grundsätzlich unangemeldet durchzuführen. Qualitätsprüfungen in ambulanten Pflegeeinrichtungen sind <u>grundsätzlich</u> am Tag zuvor anzukündigen<u>; Anlassprüfungen sollen unangemeldet erfolgen.</u>
Der Medizinische Dienst der Krankenversicherung, der Prüfdienst des Verbandes der privaten Krankenversicherung e. V. und die von den Landesverbänden der Pflegekassen bestellten Sachverständigen beraten im Rahmen der Qualitätsprüfungen die Pflegeeinrichtungen in Fragen der Qualitätssicherung. § 112 Abs. 3 gilt entsprechend.	Der Medizinische Dienst der Krankenversicherung, der Prüfdienst des Verbandes der privaten Krankenversicherung e. V. und die von den Landesverbänden der Pflegekassen bestellten Sachverständigen beraten im Rahmen der Qualitätsprüfungen die Pflegeeinrichtungen in Fragen der Qualitätssicherung. § 112 Abs. 3 gilt entsprechend.
(2) Sowohl bei teil- als auch bei vollstationärer Pflege sind der Medizinische Dienst der Krankenversicherung, der Prüfdienst des Verbandes der privaten Krankenversicherung e. V. und die von den Landesverbänden der Pflegekassen bestellten Sachverständigen jeweils berechtigt, zum Zwecke der Qualitätssicherung die für das Pflegeheim benutzten Grundstücke und Räume jederzeit zu betreten, dort Prüfungen und Besichtigungen vorzunehmen, sich mit den Pflegebedürftigen, ihren Angehörigen, vertretungsberechtigten Personen und Betreuern in Verbindung zu setzen sowie die Beschäftigten und die Interessenvertretung der Bewohnerinnen und Bewohner zu befragen. Prüfungen und Besichtigungen zur Nachtzeit sind nur zulässig, wenn und soweit das Ziel der Qualitätssicherung zu anderen Tageszeiten nicht erreicht werden kann. Soweit Räume einem Wohnrecht der Heimbewohner unterliegen, dürfen sie ohne deren Einwilligung nur betreten werden, soweit dies zur Verhütung drohender Gefahren für die öffentliche Sicherheit und Ordnung erforderlich ist; das Grundrecht der Unverletzlichkeit der Wohnung (Artikel 13 Abs. 1 des Grundgesetzes) wird insoweit eingeschränkt. Bei der ambulanten Pflege sind der Medizinische Dienst der Krankenversicherung, der Prüfdienst des Verbandes der privaten Krankenversicherung e. V. und die von den Landesverbänden der Pflegekassen	(2) Sowohl bei teil- als auch bei vollstationärer Pflege sind der Medizinische Dienst der Krankenversicherung, der Prüfdienst des Verbandes der privaten Krankenversicherung e. V. und die von den Landesverbänden der Pflegekassen bestellten Sachverständigen jeweils berechtigt, zum Zwecke der Qualitätssicherung die für das Pflegeheim benutzten Grundstücke und Räume jederzeit zu betreten, dort Prüfungen und Besichtigungen vorzunehmen, sich mit den Pflegebedürftigen, ihren Angehörigen, vertretungsberechtigten Personen und Betreuern in Verbindung zu setzen sowie die Beschäftigten und die Interessenvertretung der Bewohnerinnen und Bewohner zu befragen. Prüfungen und Besichtigungen zur Nachtzeit sind nur zulässig, wenn und soweit das Ziel der Qualitätssicherung zu anderen Tageszeiten nicht erreicht werden kann. Soweit Räume einem Wohnrecht der Heimbewohner unterliegen, dürfen sie ohne deren Einwilligung nur betreten werden, soweit dies zur Verhütung drohender Gefahren für die öffentliche Sicherheit und Ordnung erforderlich ist; das Grundrecht der Unverletzlichkeit der Wohnung (Artikel 13 Abs. 1 des Grundgesetzes) wird insoweit eingeschränkt. Bei der ambulanten Pflege sind der Medizinische Dienst der Krankenversicherung, der Prüfdienst des Verbandes der privaten Krankenversicherung e. V. und die von den Landesverbänden der Pflegekassen

Fassung bis 31. Dezember 2015	Fassung ab 1. Januar 2016
sen bestellten Sachverständigen berechtigt, die Qualität der Leistungen des Pflegedienstes mit Einwilligung des Pflegebedürftigen auch in dessen Wohnung zu überprüfen. Der Medizinische Dienst der Krankenversicherung und der Prüfdienst des Verbandes der privaten Krankenversicherung e. V. sollen die nach heimrechtlichen Vorschriften zuständige Aufsichtsbehörde an Prüfungen beteiligen, soweit dadurch die Prüfung nicht verzögert wird.	bestellten Sachverständigen berechtigt, die Qualität der Leistungen des Pflegedienstes mit Einwilligung des Pflegebedürftigen auch in dessen Wohnung zu überprüfen. Der Medizinische Dienst der Krankenversicherung und der Prüfdienst des Verbandes der privaten Krankenversicherung e. V. sollen die nach heimrechtlichen Vorschriften zuständige Aufsichtsbehörde an Prüfungen beteiligen, soweit dadurch die Prüfung nicht verzögert wird.
(3) Die Prüfungen beinhalten auch Inaugenscheinnahmen des gesundheitlichen und pflegerischen Zustands von Pflegebedürftigen. Sowohl Pflegebedürftige als auch Beschäftigte der Pflegeeinrichtungen, Betreuer und Angehörige sowie Mitglieder der heimrechtlichen Interessenvertretungen der Bewohnerinnen und Bewohner können dazu befragt werden. Bei der Beurteilung der Pflegequalität sind die Pflegedokumentation, die Inaugenscheinnahme der Pflegebedürftigen und Befragungen der Beschäftigten der Pflegeeinrichtungen sowie der Pflegebedürftigen, ihrer Angehörigen und der vertretungsberechtigten Personen angemessen zu berücksichtigen. Die Teilnahme an Inaugenscheinnahmen und Befragungen ist freiwillig; durch die Ablehnung dürfen keine Nachteile entstehen. Einsichtnahmen in Pflegedokumentationen, Inaugenscheinnahmen von Pflegebedürftigen und Befragungen von Personen nach Satz 2 sowie die damit jeweils zusammenhängende Erhebung, Verarbeitung und Nutzung personenbezogener Daten von Pflegebedürftigen zum Zwecke der Erstellung eines Prüfberichts bedürfen der Einwilligung der betroffenen Pflegebedürftigen.	(3) Die Prüfungen beinhalten auch Inaugenscheinnahmen des gesundheitlichen und pflegerischen Zustands von Pflegebedürftigen. Sowohl Pflegebedürftige als auch Beschäftigte der Pflegeeinrichtungen, Betreuer und Angehörige sowie Mitglieder der heimrechtlichen Interessenvertretungen der Bewohnerinnen und Bewohner können dazu befragt werden. Bei der Beurteilung der Pflegequalität sind die Pflegedokumentation, die Inaugenscheinnahme der Pflegebedürftigen und Befragungen der Beschäftigten der Pflegeeinrichtungen sowie der Pflegebedürftigen, ihrer Angehörigen und der vertretungsberechtigten Personen angemessen zu berücksichtigen. Die Teilnahme an Inaugenscheinnahmen und Befragungen ist freiwillig; durch die Ablehnung dürfen keine Nachteile entstehen. Einsichtnahmen in Pflegedokumentationen, Inaugenscheinnahmen von Pflegebedürftigen und Befragungen von Personen nach Satz 2 sowie die damit jeweils zusammenhängende Erhebung, Verarbeitung und Nutzung personenbezogener Daten von Pflegebedürftigen zum Zwecke der Erstellung eines Prüfberichts bedürfen der Einwilligung der betroffenen Pflegebedürftigen.
(3a) Die Einwilligung nach Absatz 2 oder 3 muss in einer Urkunde oder auf andere zur dauerhaften Wiedergabe in Schriftzeichen geeignete Weise abgegeben werden, die Person des Erklärenden benennen und den Abschluss der Erklärung durch Nachbildung der Namensunterschrift oder anders erkennbar machen (Textform). Ist der Pflegebedürftige einwilligungsunfähig, ist die Einwilligung eines hierzu Berechtigten einzuholen.	(3a) Die Einwilligung nach Absatz 2 oder 3 muss in einer Urkunde oder auf andere zur dauerhaften Wiedergabe in Schriftzeichen geeignete Weise abgegeben werden, die Person des Erklärenden benennen und den Abschluss der Erklärung durch Nachbildung der Namensunterschrift oder anders erkennbar machen (Textform). Ist der Pflegebedürftige einwilligungsunfähig, ist die Einwilligung eines hierzu Berechtigten einzuholen. <u>Ist ein Berechtigter nicht am Ort einer unangemeldeten Prüfung anwesend und ist eine rechtzeitige Einholung der Einwilligung in Textform nicht möglich, so genügt ausnahmsweise eine mündliche Einwilligung, wenn andernfalls die Durchführung der Prüfung erschwert würde. Die mündliche Einwilligung des Berechtigten sowie die Gründe für ein ausnahmsweises Abweichen von der erforderlichen Textform sind schriftlich zu dokumentieren.</u>

Fassung bis 31. Dezember 2015	Fassung ab 1. Januar 2016
(4) Auf Verlangen sind Vertreter der betroffenen Pflegekassen oder ihrer Verbände, des zuständigen Sozialhilfeträgers sowie des Verbandes der privaten Krankenversicherung e. V. an den Prüfungen nach den Absätzen 1 bis 3 zu beteiligen. Der Träger der Pflegeeinrichtung kann verlangen, dass eine Vereinigung, deren Mitglied er ist (Trägervereinigung), an der Prüfung nach den Absätzen 1 bis 3 beteiligt wird. Ausgenommen ist eine Beteiligung nach Satz 1 oder nach Satz 2, soweit dadurch die Durchführung einer Prüfung voraussichtlich verzögert wird. Unabhängig von ihren eigenen Prüfungsbefugnissen nach den Absätzen 1 bis 3 sind der Medizinische Dienst der Krankenversicherung, der Prüfdienst des Verbandes der privaten Krankenversicherung e. V. und die von den Landesverbänden der Pflegekassen bestellten Sachverständigen jeweils befugt, sich an Überprüfungen von zugelassenen Pflegeeinrichtungen zu beteiligen, soweit sie von der nach heimrechtlichen Vorschriften zuständigen Aufsichtsbehörde nach Maßgabe heimrechtlicher Vorschriften durchgeführt werden. Sie haben in diesem Fall ihre Mitwirkung an der Überprüfung der Pflegeeinrichtung auf den Bereich der Qualitätssicherung nach diesem Buch zu beschränken.	(4) Auf Verlangen sind Vertreter der betroffenen Pflegekassen oder ihrer Verbände, des zuständigen Sozialhilfeträgers sowie des Verbandes der privaten Krankenversicherung e. V. an den Prüfungen nach den Absätzen 1 bis 3 zu beteiligen. Der Träger der Pflegeeinrichtung kann verlangen, dass eine Vereinigung, deren Mitglied er ist (Trägervereinigung), an der Prüfung nach den Absätzen 1 bis 3 beteiligt wird. Ausgenommen ist eine Beteiligung nach Satz 1 oder nach Satz 2, soweit dadurch die Durchführung einer Prüfung voraussichtlich verzögert wird. Unabhängig von ihren eigenen Prüfungsbefugnissen nach den Absätzen 1 bis 3 sind der Medizinische Dienst der Krankenversicherung, der Prüfdienst des Verbandes der privaten Krankenversicherung e. V. und die von den Landesverbänden der Pflegekassen bestellten Sachverständigen jeweils befugt, sich an Überprüfungen von zugelassenen Pflegeeinrichtungen zu beteiligen, soweit sie von der nach heimrechtlichen Vorschriften zuständigen Aufsichtsbehörde nach Maßgabe heimrechtlicher Vorschriften durchgeführt werden. Sie haben in diesem Fall ihre Mitwirkung an der Überprüfung der Pflegeeinrichtung auf den Bereich der Qualitätssicherung nach diesem Buch zu beschränken.
(5) Unterschreitet der Prüfdienst des Verbandes der privaten Krankenversicherung e. V. die in § 114 Absatz 1 Satz 1 genannte, auf das Bundesgebiet bezogene Prüfquote, beteiligen sich die privaten Versicherungsunternehmen, die die private Pflege-Pflichtversicherung durchführen, anteilig bis zu einem Betrag von 10 Prozent an den Kosten der Qualitätsprüfungen der ambulanten und stationären Pflegeeinrichtungen. Das Bundesversicherungsamt stellt jeweils am Ende eines Jahres die Einhaltung der Prüfquote oder die Höhe der Unter- oder Überschreitung sowie die Höhe der durchschnittlichen Kosten von Prüfungen im Wege einer Schätzung nach Anhörung des Verbandes der privaten Krankenversicherung e. V. und des Spitzenverbandes Bund der Pflegekassen fest und teilt diesen jährlich die Anzahl der durchgeführten Prüfungen und bei Unterschreitung der Prüfquote den Finanzierungsanteil der privaten Versicherungsunternehmen mit; der Finanzierungsanteil ergibt sich aus der Multiplikation der Durchschnittskosten mit der Differenz zwischen der Anzahl der vom Prüfdienst des Verbandes der privaten Krankenversicherung e. V. durchgeführten Prüfungen und der in § 114 Absatz 1 Satz 1 genannten Prüfquote. Der Finanzierungsanteil, der auf die privaten Versicherungsunternehmen entfällt, ist vom Verband der privaten Krankenversiche-	(5) Unterschreitet der Prüfdienst des Verbandes der privaten Krankenversicherung e. V. die in § 114 Absatz 1 Satz 1 genannte, auf das Bundesgebiet bezogene Prüfquote, beteiligen sich die privaten Versicherungsunternehmen, die die private Pflege-Pflichtversicherung durchführen, anteilig bis zu einem Betrag von 10 Prozent an den Kosten der Qualitätsprüfungen der ambulanten und stationären Pflegeeinrichtungen. Das Bundesversicherungsamt stellt jeweils am Ende eines Jahres die Einhaltung der Prüfquote oder die Höhe der Unter- oder Überschreitung sowie die Höhe der durchschnittlichen Kosten von Prüfungen im Wege einer Schätzung nach Anhörung des Verbandes der privaten Krankenversicherung e. V. und des Spitzenverbandes Bund der Pflegekassen fest und teilt diesen jährlich die Anzahl der durchgeführten Prüfungen und bei Unterschreitung der Prüfquote den Finanzierungsanteil der privaten Versicherungsunternehmen mit; der Finanzierungsanteil ergibt sich aus der Multiplikation der Durchschnittskosten mit der Differenz zwischen der Anzahl der vom Prüfdienst des Verbandes der privaten Krankenversicherung e. V. durchgeführten Prüfungen und der in § 114 Absatz 1 Satz 1 genannten Prüfquote. Der Finanzierungsanteil, der auf die privaten Versicherungsunternehmen entfällt, ist vom Verband der privaten Krankenversiche-

Fassung bis 31. Dezember 2015	Fassung ab 1. Januar 2016
rung e. V. jährlich unmittelbar an das Bundesversicherungsamt zugunsten des Ausgleichsfonds der Pflegeversicherung (§ 65) zu überweisen. Der Verband der privaten Krankenversicherung e. V. muss der Zahlungsaufforderung durch das Bundesversicherungsamt keine Folge leisten, wenn er innerhalb von vier Wochen nach der Zahlungsaufforderung nachweist, dass die Unterschreitung der Prüfquote nicht von ihm oder seinem Prüfdienst zu vertreten ist. (5a) Der Spitzenverband Bund der Pflegekassen vereinbart bis zum 31. Oktober 2011 mit dem Verband der privaten Krankenversicherung e. V. das Nähere über die Zusammenarbeit bei der Durchführung von Qualitätsprüfungen durch den Prüfdienst des Verbandes der privaten Krankenversicherung e. V., insbesondere über Maßgaben zur Prüfquote, Auswahlverfahren der zu prüfenden Pflegeeinrichtungen und Maßnahmen der Qualitätssicherung, sowie zur einheitlichen Veröffentlichung von Ergebnissen der Qualitätsprüfungen durch den Verband der privaten Krankenversicherung e. V. (6) Die Medizinischen Dienste der Krankenversicherung und der Prüfdienst des Verbandes der privaten Krankenversicherung e. V. berichten dem Medizinischen Dienst des Spitzenverbandes Bund der Krankenkassen zum 30. Juni 2011, danach in Abständen von drei Jahren, über ihre Erfahrungen mit der Anwendung der Beratungs- und Prüfvorschriften nach diesem Buch, über die Ergebnisse ihrer Qualitätsprüfungen sowie über ihre Erkenntnisse zum Stand und zur Entwicklung der Pflegequalität und der Qualitätssicherung. Sie stellen unter Beteiligung des Medizinischen Dienstes des Spitzenverbandes Bund der Krankenkassen die Vergleichbarkeit der gewonnenen Daten sicher. Der Medizinische Dienst des Spitzenverbandes Bund der Krankenkassen führt die Berichte der Medizinischen Dienste der Krankenversicherung, des Prüfdienstes des Verbandes der privaten Krankenversicherung e. V. und seine eigenen Erkenntnisse und Erfahrungen zur Entwicklung der Pflegequalität und der Qualitätssicherung zu einem Bericht zusammen und legt diesen innerhalb eines halben Jahres dem Spitzenverband Bund der Pflegekassen, dem Bundesministerium für Gesundheit, dem Bundesministerium für Familie, Senioren, Frauen und Jugend sowie dem Bundesministerium für Arbeit und Soziales und den zuständigen Länderministerien vor. (7) Der Spitzenverband Bund der Pflegekassen beschließt unter Beteiligung des Medizinischen Dienstes	rung e. V. jährlich unmittelbar an das Bundesversicherungsamt zugunsten des Ausgleichsfonds der Pflegeversicherung (§ 65) zu überweisen. Der Verband der privaten Krankenversicherung e. V. muss der Zahlungsaufforderung durch das Bundesversicherungsamt keine Folge leisten, wenn er innerhalb von vier Wochen nach der Zahlungsaufforderung nachweist, dass die Unterschreitung der Prüfquote nicht von ihm oder seinem Prüfdienst zu vertreten ist. (5a) Der Spitzenverband Bund der Pflegekassen vereinbart bis zum 31. Oktober 2011 mit dem Verband der privaten Krankenversicherung e. V. das Nähere über die Zusammenarbeit bei der Durchführung von Qualitätsprüfungen durch den Prüfdienst des Verbandes der privaten Krankenversicherung e. V., insbesondere über Maßgaben zur Prüfquote, Auswahlverfahren der zu prüfenden Pflegeeinrichtungen und Maßnahmen der Qualitätssicherung, sowie zur einheitlichen Veröffentlichung von Ergebnissen der Qualitätsprüfungen durch den Verband der privaten Krankenversicherung e. V. (6) Die Medizinischen Dienste der Krankenversicherung und der Prüfdienst des Verbandes der privaten Krankenversicherung e. V. berichten dem Medizinischen Dienst des Spitzenverbandes Bund der Krankenkassen zum 30. Juni 2011, danach in Abständen von drei Jahren, über ihre Erfahrungen mit der Anwendung der Beratungs- und Prüfvorschriften nach diesem Buch, über die Ergebnisse ihrer Qualitätsprüfungen sowie über ihre Erkenntnisse zum Stand und zur Entwicklung der Pflegequalität und der Qualitätssicherung. Sie stellen unter Beteiligung des Medizinischen Dienstes des Spitzenverbandes Bund der Krankenkassen die Vergleichbarkeit der gewonnenen Daten sicher. Der Medizinische Dienst des Spitzenverbandes Bund der Krankenkassen führt die Berichte der Medizinischen Dienste der Krankenversicherung, des Prüfdienstes des Verbandes der privaten Krankenversicherung e. V. und seine eigenen Erkenntnisse und Erfahrungen zur Entwicklung der Pflegequalität und der Qualitätssicherung zu einem Bericht zusammen und legt diesen innerhalb eines halben Jahres dem Spitzenverband Bund der Pflegekassen, dem Bundesministerium für Gesundheit, dem Bundesministerium für Familie, Senioren, Frauen und Jugend sowie dem Bundesministerium für Arbeit und Soziales und den zuständigen Länderministerien vor. (7) Der Spitzenverband Bund der Pflegekassen beschließt unter Beteiligung des Medizinischen Dienstes

Fassung bis 31. Dezember 2015	Fassung ab 1. Januar 2016
des Spitzenverbandes Bund der Krankenkassen und des Prüfdienstes des Verbandes der privaten Krankenversicherung e. V. Richtlinien über die Prüfung der in Pflegeeinrichtungen erbrachten Leistungen und deren Qualität nach § 114. Er hat die Bundesarbeitsgemeinschaft der Freien Wohlfahrtspflege, die Bundesverbände privater Alten- und Pflegeheime, die Verbände der privaten ambulanten Dienste, die Bundesverbände der Pflegeberufe, die Kassenärztliche Bundesvereinigung, den Verband der privaten Krankenversicherung e. V., die Bundesarbeitsgemeinschaft der überörtlichen Träger der Sozialhilfe, die kommunalen Spitzenverbände auf Bundesebene sowie die maßgeblichen Organisationen für die Wahrnehmung der Interessen und der Selbsthilfe der pflegebedürftigen und behinderten Menschen ~~zu beteiligen~~.	des Spitzenverbandes Bund der Krankenkassen und des Prüfdienstes des Verbandes der privaten Krankenversicherung e. V. **zur verfahrensrechtlichen Konkretisierung** Richtlinien über **die Durchführung** der Prüfung der in Pflegeeinrichtungen erbrachten Leistungen und deren Qualität nach § 114 **sowohl für den ambulanten als auch für den stationären Bereich. In den Richtlinien sind die Maßstäbe und Grundsätze zur Sicherung und Weiterentwicklung der Pflegequalität nach § 113 zu berücksichtigen. Die Richtlinien für den stationären Bereich sind bis zum 31. Oktober 2017, die Richtlinien für den ambulanten Bereich bis zum 31. Oktober 2018 zu beschließen. Sie treten jeweils gleichzeitig mit der entsprechenden Qualitätsdarstellungsvereinbarung nach § 115 Absatz 1a in Kraft. Die** maßgeblichen Organisationen für die Wahrnehmung der Interessen und der Selbsthilfe der pflegebedürftigen und behinderten Menschen **wirken nach Maßgabe von § 118 mit. Der Spitzenverband Bund der Pflegekassen hat die Vereinigungen der Träger der Pflegeeinrichtungen auf Bundesebene, die Verbände der Pflegeberufe auf Bundesebene, den Verband der privaten Krankenversicherung e. V. sowie die Bundesarbeitsgemeinschaft der überörtlichen Träger der Sozialhilfe und die kommunalen Spitzenverbände auf Bundesebene zu beteiligen.** Ihnen ist unter Übermittlung der hierfür erforderlichen Informationen innerhalb einer angemessenen Frist vor der Entscheidung Gelegenheit zur Stellungnahme zu geben; die Stellungnahmen sind in die Entscheidung einzubeziehen. Die Richtlinien sind in regelmäßigen Abständen an den medizinisch-pflegefachlichen Fortschritt anzupassen. Sie sind durch das Bundesministerium für **Gesundheit im Benehmen mit dem Bundesministerium für Familie, Senioren, Frauen und Jugend zu genehmigen.** Beanstandungen des Bundesministeriums für Gesundheit sind innerhalb der von ihm gesetzten Frist zu beheben. Die Richtlinien über **die Durchführung der Qualitätsprüfung** sind für den Medizinischen Dienst der Krankenversicherung und den Prüfdienst des Verbandes der privaten Krankenversicherung e. V. verbindlich.
Ihnen ist unter Übermittlung der hierfür erforderlichen Informationen innerhalb einer angemessenen Frist vor der Entscheidung Gelegenheit zur Stellungnahme zu geben; die Stellungnahmen sind in die Entscheidung einzubeziehen. Die Richtlinien sind regelmäßig an den medizinisch-pflegefachlichen Fortschritt anzupassen. Sie bedürfen der Genehmigung des Bundesministeriums für Gesundheit.	
Beanstandungen des Bundesministeriums für Gesundheit sind innerhalb der von ihm gesetzten Frist zu beheben. Die Qualitätsprüfungs-Richtlinien sind für den Medizinischen Dienst der Krankenversicherung und den Prüfdienst des Verbandes der privaten Krankenversicherung e. V. verbindlich.	

Gesetzesbegründung Drs. 18/5926 und Drs. 18/6688 zu § 114a

Änderungen zum 1. Januar 2016

Zu Absatz 1

Redaktionelle Anmerkung:

Die Änderung in Absatz 1 wurde erst aufgrund der Beschlussempfehlung des Ausschusses für Gesundheit eingefügt.

Die Ankündigungspflicht für Qualitätsprüfungen in ambulanten Pflegeeinrichtungen wurde durch das im Jahr 2012 in Kraft getretene Pflege-Neuausrichtungs-Gesetz eingeführt. Der Grundsatz der unangemeldeten Prüfung besteht seither nur noch für stationäre Pflegeeinrichtungen. Hintergrund der Gesetzesänderung war die Annahme, dass bei der Prüfung von ambulanten Pflegeeinrichtungen in der Praxis ohnehin vielfach eine Prüfankündigung am vorherigen Tag stattfindet, um die Anwesenheit der Pflegedienstleitung und die organisatorische Durchführung der jährlichen Regelprüfung sicherzustellen. Zur Sicherstellung der Durchführbarkeit von Qualitätsprüfungen in ambulanten Pflegeeinrichtungen sollen diese weiterhin grundsätzlich am Tag vorher angekündigt werden.

Zukünftig wird jedoch durch die Neuregelung nach der Prüfungsart differenziert. Anlassprüfungen sollen bei ambulanten Pflegeeinrichtungen im Regelfall unangemeldet durchgeführt werden. Insbesondere wenn konkrete Hinweise auf Gewalt in der Pflege, schwere Fehler bei der Medikamentenversorgung, unkorrekte Abrechnung der erbrachten Leistungen oder Fehlverhalten im Gesundheitswesen im Sinne von § 197a Absatz 2 SGB V oder § 47a SGB XI vorliegen, ist die Durchführung von unangemeldeten Anlassprüfungen angezeigt. Zum Schutz der Pflegebedürftigen muss bei bestimmten konkreten Anhaltspunkten ein unverzügliches Handeln der Landesverbände der Pflegekassen möglich sein.

Zukünftig sollen daher Anlassprüfungen in ambulanten Pflegeeinrichtungen wieder unangemeldet durchgeführt werden, um Verdachtsfälle schnell und unbürokratisch aufklären zu können.

Zu Absatz 3a

Redaktionelle Anmerkung:

Die Änderung in Absatz 3a wurde erst aufgrund der Beschlussempfehlung des Ausschusses für Gesundheit eingefügt.

Seit Inkrafttreten des Pflege-Neuausrichtungs-Gesetzes im Jahr 2012 ist geregelt, dass die Einwilligung des Pflegebedürftigen in eine Inaugenscheinnahme im Rahmen von Qualitätsprüfungen in Textform abgegeben werden muss.

Ist der Pflegebedürftige einwilligungsunfähig, ist die Einwilligung eines hierzu Berechtigten einzuholen; auch hier gilt das Textformerfordernis. Letzteres führt in der Praxis zu Schwierigkeiten bei der Durchführung von unangemeldeten Qualitätsprüfungen, wenn es gesetzlichen Betreuern oder

Vorsorgebevollmächtigten von Pflegebedürftigen nicht möglich ist, kurzfristig die Einwilligung schriftlich oder in Textform zu erklären. Insbesondere bei Anlassprüfungen, in denen es gerade auf die Einbeziehung des betreffenden Pflegebedürftigen in die Stichprobe ankommt, wird dadurch der Zweck der Prüfung erschwert.

Grundsätzlich ist aus datenschutzrechtlichen Gründen daran festzuhalten, dass die erforderliche Einwilligung in Textform erteilt werden muss. Zur Sicherstellung der Durchführbarkeit von unangemeldeten Prüfungen wird jedoch mit dieser Änderung geregelt, dass die Einwilligung ausnahmsweise auch mündlich (telefonisch) erfolgen kann, wenn andernfalls die unangemeldete Prüfung erschwert oder verhindert würde.

Um die Einholung der mündlichen Einwilligung auch später nachvollziehen zu können, ist diese schriftlich zu dokumentieren. Deutlich wird darauf hingewiesen, dass ein Abweichen von dem Textformerfordernis nur in Ausnahmefällen zugelassen wird; daher sind die Gründe für ein ausnahmsweises Abweichen von der erforderlichen Textform ebenfalls schriftlich zu dokumentieren.

Zu Absatz 7

Die neu gefasste Regelung korrespondiert mit der Änderung des § 113 und des § 113b Absatz 4. Der Spitzenverband Bund der Pflegekassen ist bei der Erstellung der Richtlinien an die Vorgaben zur Qualitätsprüfung, soweit sie in den Vereinbarungen nach § 113 geregelt sind, gebunden. Wissenschaftliche Grundlagen für die Erstellung der Richtlinien bilden die nach § 113b Absatz 4 Satz 2 Nummer 1 und 3 vergebenen Aufträge zur Entwicklung von Instrumenten für die Prüfung der Qualität der von den ambulanten und stationären Pflegeeinrichtungen erbrachten Leistungen.

Bei Qualitätsprüfungen im stationären Bereich sollen zukünftig die nach Maßgabe der Vereinbarung nach § 113 ausgewerteten Daten des Indikatorenmodells berücksichtigt werden. Soweit es in der Vereinbarung nach § 113 geregelt ist, sollen auch im Rahmen der Qualitätsprüfungen Prüfungen dieser Daten erfolgen. Soweit die im Rahmen des Indikatorenmodells ausgewerteten Daten keine hinreichenden Aussagen zur Ergebnisqualität liefern, sind hierzu weitere Daten im Rahmen der Qualitätsprüfung zu erheben.

Sowohl im stationären als auch im ambulanten Bereich sind neben der Ergebnisqualität ergänzend die Struktur- und Prozessqualität der Pflegeeinrichtungen zu prüfen und entsprechende Daten zu erheben. Diese sollen wenigstens teilweise auch zur Qualitätsberichterstattung nach § 115 Absatz 1a geeignet sein.

Regelungsgegenstand der Richtlinien nach § 114a Absatz 7 sind insbesondere die Prüfanleitungen für den Medizinischen Dienst der Krankenversicherung und den Prüfdienst des Verbandes der privaten Krankenversicherung e. V.. Der Name der Richtlinien nach § 114a Absatz 7 wird dementsprechend in „Richtlinien über die Durchführung der Qualitätsprüfung" geändert. Die Richtlinien über die Durchführung der Qualitätsprüfung für den stationären Bereich sind bis zum 31. Oktober 2017, die Richtlinien für den ambulanten Bereich bis zum 31. Oktober 2018 zu beschließen. Sie bilden auch eine Grundlage für die Qualitätsdarstellungsvereinbarungen nach § 115 Absatz 1a.

Der Zeitpunkt des Inkrafttretens der Richtlinien ist jeweils mit dem Inkrafttreten der Qualitätsdarstellungsvereinbarung für den betreffenden Bereich verbunden. Der Zeitraum zwischen Beschlussfassung und Inkrafttreten kann für Schulungen des MDK und des Prüfdienstes des Verbandes der privaten Krankenversicherung e. V. sowie für die erforderliche Anpassung der Prüfsoftware genutzt werden.

Das Bundesministerium für Gesundheit setzt sich im Rahmen des Verfahrens zur Genehmigung der Richtlinien mit dem Bundesministerium für Familie, Senioren, Frauen und Jugend ins Benehmen und stimmt sich mit dem Beauftragten der Bundesregierung für die Belange der Patientinnen und Patienten sowie Bevollmächtigten für Pflege ab. Die Art der Beteiligung der auf Bundesebene maßgeblichen Organisationen für die Wahrnehmung der Interessen und der Selbsthilfe pflegebedürftiger und behinderter Menschen wird nunmehr durch einen Verweis auf § 118 geregelt. Die weiteren Regelungen zur kontinuierlichen Anpassung, zur Genehmigung und zur Verbindlichkeit der Richtlinien bleiben unverändert.

Fassung bis 31. Dezember 2015	Fassung ab 1. Januar 2016
§ 115 Ergebnisse von Qualitätsprüfungen	**§ 115 Ergebnisse von Qualitätsprüfungen, Qualitätsdarstellungen**
(1) Die Medizinischen Dienste der Krankenversicherung, der Prüfdienst des Verbandes der privaten Krankenversicherung e. V. sowie die von den Landesverbänden der Pflegekassen für Qualitätsprüfungen bestellten Sachverständigen haben das Ergebnis einer jeden Qualitätsprüfung sowie die dabei gewonnenen Daten und Informationen den Landesverbänden der Pflegekassen und den zuständigen Trägern der Sozialhilfe sowie den nach heimrechtlichen Vorschriften zuständigen Aufsichtsbehörden im Rahmen ihrer Zuständigkeit und bei häuslicher Pflege den zuständigen Pflegekassen zum Zwecke der Erfüllung ihrer gesetzlichen Aufgaben sowie der betroffenen Pflegeeinrichtung mitzuteilen. ~~Das Gleiche gilt für die Ergebnisse von Qualitätsprüfungen, die durch unabhängige Sachverständige oder Prüfinstitutionen gemäß § 114 Abs. 4 durchgeführt werden und eine Regelprüfung durch den Medizinischen Dienst der Krankenversicherung teilweise ersetzen.~~	(1) Die Medizinischen Dienste der Krankenversicherung, der Prüfdienst des Verbandes der privaten Krankenversicherung e. V. sowie die von den Landesverbänden der Pflegekassen für Qualitätsprüfungen bestellten Sachverständigen haben das Ergebnis einer jeden Qualitätsprüfung sowie die dabei gewonnenen Daten und Informationen den Landesverbänden der Pflegekassen und den zuständigen Trägern der Sozialhilfe sowie den nach heimrechtlichen Vorschriften zuständigen Aufsichtsbehörden im Rahmen ihrer Zuständigkeit und bei häuslicher Pflege den zuständigen Pflegekassen zum Zwecke der Erfüllung ihrer gesetzlichen Aufgaben sowie der betroffenen Pflegeeinrichtung mitzuteilen.
Die Landesverbände der Pflegekassen sind befugt und auf Anforderung verpflichtet, die ihnen nach Satz 1 ~~oder 2~~ bekannt gewordenen Daten und Informationen mit Zustimmung des Trägers der Pflegeeinrichtung auch seiner Trägervereinigung zu übermitteln, soweit deren Kenntnis für die Anhörung oder eine Stellungnahme der Pflegeeinrichtung zu einem Bescheid nach Absatz 2 erforderlich ist. Gegenüber Dritten sind die Prüfer und die Empfänger der Daten zur Verschwiegenheit verpflichtet; dies gilt nicht für die zur Veröffentlichung der Ergebnisse von Qualitätsprüfungen nach Absatz 1a erforderlichen Daten und Informationen.	Die Landesverbände der Pflegekassen sind befugt und auf Anforderung verpflichtet, die ihnen nach Satz 1 bekannt gewordenen Daten und Informationen mit Zustimmung des Trägers der Pflegeeinrichtung auch seiner Trägervereinigung zu übermitteln, soweit deren Kenntnis für die Anhörung oder eine Stellungnahme der Pflegeeinrichtung zu einem Bescheid nach Absatz 2 erforderlich ist. Gegenüber Dritten sind die Prüfer und die Empfänger der Daten zur Verschwiegenheit verpflichtet; dies gilt nicht für die zur Veröffentlichung der Ergebnisse von Qualitätsprüfungen nach Absatz 1a erforderlichen Daten und Informationen.
(1a) Die Landesverbände der Pflegekassen stellen sicher, dass die von Pflegeeinrichtungen erbrachten Leistungen und deren Qualität, ~~insbesondere hinsichtlich der Ergebnis- und Lebensqualität,~~ für die Pflegebedürftigen und ihre Angehörigen verständlich, übersichtlich und vergleichbar sowohl im Internet als auch in anderer geeigneter Form kostenfrei veröffentlicht werden. ~~Hierbei sind die Ergebnisse der Qualitätsprüfungen des Medizinischen Dienstes der Krankenversicherung und des Prüfdienstes des Verbandes der privaten Krankenversicherung e. V. sowie gleichwertige Prüfergebnisse nach § 114 Abs. 3 und 4 zugrunde zu legen; sie können durch in anderen Prüfverfahren gewonnene Informationen, die die von Pflegeeinrichtungen erbrachten Leistungen und deren~~	(1a) Die Landesverbände der Pflegekassen stellen sicher, dass die von Pflegeeinrichtungen erbrachten Leistungen und deren Qualität für die Pflegebedürftigen und ihre Angehörigen verständlich, übersichtlich und vergleichbar sowohl im Internet als auch in anderer geeigneter Form kostenfrei veröffentlicht werden. <u>Die Vertragsparteien nach § 113 vereinbaren insbesondere auf der Grundlage der Maßstäbe und Grundsätze nach § 113 und der Richtlinien zur Durchführung der Prüfung der in Pflegeeinrichtungen erbrachten Leistungen und deren Qualität nach § 114a Absatz 7, welche Ergebnisse bei der Darstellung der Qualität für den ambulanten und den stationären Bereich zugrunde zu legen sind und inwieweit die Ergebnisse durch weitere Informatio-</u>

Fassung bis 31. Dezember 2015	Fassung ab 1. Januar 2016
~~Qualität, insbesondere hinsichtlich der Ergebnis- und Lebensqualität, darstellen, ergänzt werden.~~	nen ergänzt werden. In den Vereinbarungen sind die Ergebnisse der nach § 113b Absatz 4 Satz 2 Nummer 1 bis 4 vergebenen Aufträge zu berücksichtigen. Die Vereinbarungen umfassen auch die Form der Darstellung einschließlich einer Bewertungssystematik (Qualitätsdarstellungsvereinbarungen).
Bei Anlassprüfungen nach § 114 Absatz 5 bilden die Prüfergebnisse aller in die Prüfung einbezogenen Pflegebedürftigen die Grundlage für die Bewertung und Darstellung der Qualität. Personenbezogene ~~und personenbeziehbare~~ Daten sind zu anonymisieren. Ergebnisse von Wiederholungsprüfungen sind zeitnah zu berücksichtigen. Bei der Darstellung der Qualität ist auf die Art der Prüfung als Anlass-, Regel- oder Wiederholungsprüfung ~~hinzuweisen~~.	Bei Anlassprüfungen nach § 114 Absatz 5 bilden die Prüfergebnisse aller in die Prüfung einbezogenen Pflegebedürftigen die Grundlage für die Bewertung und Darstellung der Qualität. <u>Personenbezogene Daten</u> sind zu anonymisieren. Ergebnisse von Wiederholungsprüfungen sind zeitnah zu berücksichtigen. Bei der Darstellung der Qualität ist die Art der Prüfung als Anlass-, Regel- oder Wiederholungsprüfung <u>kenntlich zu machen</u>.
Das Datum der letzten Prüfung durch den Medizinischen Dienst der Krankenversicherung oder durch den Prüfdienst des Verbandes der privaten Krankenversicherung e. V., eine Einordnung des Prüfergebnisses nach einer Bewertungssystematik sowie eine Zusammenfassung der Prüfergebnisse sind an gut sichtbarer Stelle in jeder Pflegeeinrichtung auszuhängen. ~~Die Kriterien der Veröffentlichung einschließlich der Bewertungssystematik sind durch den Spitzenverband Bund der Pflegekassen, die Vereinigungen der Träger der Pflegeeinrichtungen auf Bundesebene, die Bundesarbeitsgemeinschaft der überörtlichen Träger der Sozialhilfe und die Bundesvereinigung der kommunalen Spitzenverbände bis zum 30. September 2008 unter Beteiligung des Medizinischen Dienstes des Spitzenverbandes Bund der Krankenkassen zu vereinbaren.~~ Die maßgeblichen Organisationen für die Wahrnehmung der Interessen und der Selbsthilfe der pflegebedürftigen und behinderten Menschen, ~~unabhängige Verbraucherorganisationen auf Bundesebene sowie der Verband der privaten Krankenversicherung e. V. und die Verbände der Pflegeberufe auf Bundesebene sind frühzeitig zu beteiligen. Ihnen ist unter Übermittlung der hierfür erforderlichen Informationen innerhalb einer angemessenen Frist vor der Entscheidung Gelegenheit zur Stellungnahme zu geben; die Stellungnahmen sind in die Entscheidung einzubeziehen. Die Vereinbarungen über die Kriterien der Veröffentlichung einschließlich der Bewertungssystematik sind an den medizinisch-pflegefachlichen Fortschritt anzupassen. Kommt innerhalb von sechs Monaten ab schriftlicher Aufforderung eines Vereinbarungspartners zu Verhandlungen eine einvernehmliche Einigung nicht zustande, kann jeder Vereinbarungspartner die Schiedsstelle nach § 113b~~	Das Datum der letzten Prüfung durch den Medizinischen Dienst der Krankenversicherung oder durch den Prüfdienst des Verbandes der privaten Krankenversicherung e. V., eine Einordnung des Prüfergebnisses nach einer Bewertungssystematik sowie eine Zusammenfassung der Prüfergebnisse sind an gut sichtbarer Stelle in jeder Pflegeeinrichtung auszuhängen. <u>Die Qualitätsdarstellungsvereinbarungen für den stationären Bereich sind bis zum 31. Dezember 2017 und für den ambulanten Bereich bis zum 31. Dezember 2018 jeweils unter Beteiligung des Medizinischen Dienstes des Spitzenverbandes Bund der Krankenkassen, des Verbandes der privaten Krankenversicherung e. V. und der Verbände der Pflegeberufe auf Bundesebene zu schließen.</u> Die <u>auf Bundesebene</u> maßgeblichen Organisationen für die Wahrnehmung der Interessen und der Selbsthilfe der pflegebedürftigen und behinderten Menschen <u>wirken nach Maßgabe von § 118 mit. Die Qualitätsdarstellungsvereinbarungen sind an den medizinisch-pflegefachlichen Fortschritt anzupassen. Bestehende Vereinbarungen gelten bis zum Abschluss einer neuen Vereinbarung fort; dies gilt entsprechend auch für die bestehenden Vereinbarungen über die Kriterien der Veröffentlichung einschließlich der Bewertungssystematik (Pflege-Transparenzvereinbarungen).</u>

Fassung bis 31. Dezember 2015	Fassung ab 1. Januar 2016
~~anrufen. Die Frist entfällt, wenn der Spitzenverband Bund der Pflegekassen und die Mehrheit der Vereinigungen der Träger der Pflegeeinrichtungen auf Bundesebene nach einer Beratung aller Vereinbarungspartner die Schiedsstelle einvernehmlich anrufen. Die Schiedsstelle soll eine Entscheidung innerhalb von drei Monaten treffen. Bestehende Vereinbarungen gelten bis zum Abschluss einer neuen Vereinbarung fort.~~	
(1b) Die Landesverbände der Pflegekassen stellen sicher, dass ab dem 1. Januar 2014 die Informationen gemäß § 114 Absatz 1 über die Regelungen zur ärztlichen, fachärztlichen und zahnärztlichen Versorgung sowie zur Arzneimittelversorgung und ab dem 1. Juli 2016 die Informationen gemäß § 114 Absatz 1 zur Zusammenarbeit mit einem Hospiz- und Palliativnetz in vollstationären Einrichtungen für die Pflegebedürftigen und ihre Angehörigen verständlich, übersichtlich und vergleichbar sowohl im Internet als auch in anderer geeigneter Form kostenfrei zur Verfügung gestellt werden. Die Pflegeeinrichtungen sind verpflichtet, die Informationen nach Satz 1 an gut sichtbarer Stelle in der Pflegeeinrichtung auszuhängen.	(1b) Die Landesverbände der Pflegekassen stellen sicher, dass ab dem 1. Januar 2014 die Informationen gemäß § 114 Absatz 1 über die Regelungen zur ärztlichen, fachärztlichen und zahnärztlichen Versorgung sowie zur Arzneimittelversorgung und ab dem 1. Juli 2016 die Informationen gemäß § 114 Absatz 1 zur Zusammenarbeit mit einem Hospiz- und Palliativnetz in vollstationären Einrichtungen für die Pflegebedürftigen und ihre Angehörigen verständlich, übersichtlich und vergleichbar sowohl im Internet als auch in anderer geeigneter Form kostenfrei zur Verfügung gestellt werden. Die Pflegeeinrichtungen sind verpflichtet, die Informationen nach Satz 1 an gut sichtbarer Stelle in der Pflegeeinrichtung auszuhängen. <u>Die Landesverbände der Pflegekassen übermitteln die Informationen nach Satz 1 an den Verband der privaten Krankenversicherung e. V. zum Zweck der einheitlichen Veröffentlichung.</u>
(2) Soweit bei einer Prüfung nach diesem Buch Qualitätsmängel festgestellt werden, entscheiden die Landesverbände der Pflegekassen nach Anhörung des Trägers der Pflegeeinrichtung und der beteiligten Trägervereinigung unter Beteiligung des zuständigen Trägers der Sozialhilfe, welche Maßnahmen zu treffen sind, erteilen dem Träger der Einrichtung hierüber einen Bescheid und setzen ihm darin zugleich eine angemessene Frist zur Beseitigung der festgestellten Mängel. Werden nach Satz 1 festgestellte Mängel nicht fristgerecht beseitigt, können die Landesverbände der Pflegekassen gemeinsam den Versorgungsvertrag gemäß § 74 Abs. 1, in schwerwiegenden Fällen nach § 74 Abs. 2, kündigen. § 73 Abs. 2 gilt entsprechend.	(2) Soweit bei einer Prüfung nach diesem Buch Qualitätsmängel festgestellt werden, entscheiden die Landesverbände der Pflegekassen nach Anhörung des Trägers der Pflegeeinrichtung und der beteiligten Trägervereinigung unter Beteiligung des zuständigen Trägers der Sozialhilfe, welche Maßnahmen zu treffen sind, erteilen dem Träger der Einrichtung hierüber einen Bescheid und setzen ihm darin zugleich eine angemessene Frist zur Beseitigung der festgestellten Mängel. Werden nach Satz 1 festgestellte Mängel nicht fristgerecht beseitigt, können die Landesverbände der Pflegekassen gemeinsam den Versorgungsvertrag gemäß § 74 Abs. 1, in schwerwiegenden Fällen nach § 74 Abs. 2, kündigen. § 73 Abs. 2 gilt entsprechend.
(3) Hält die Pflegeeinrichtung ihre gesetzlichen oder vertraglichen Verpflichtungen, insbesondere ihre Verpflichtungen zu einer qualitätsgerechten Leistungserbringung aus dem Versorgungsvertrag (§ 72) ganz oder teilweise nicht ein, sind die nach dem Achten Kapitel vereinbarten Pflegevergütungen für die Dauer der Pflichtverletzung entsprechend zu kürzen. Über	(3) Hält die Pflegeeinrichtung ihre gesetzlichen oder vertraglichen Verpflichtungen, insbesondere ihre Verpflichtungen zu einer qualitätsgerechten Leistungserbringung aus dem Versorgungsvertrag (§ 72) ganz oder teilweise nicht ein, sind die nach dem Achten Kapitel vereinbarten Pflegevergütungen für die Dauer der Pflichtverletzung entsprechend zu kürzen. Über

Fassung bis 31. Dezember 2015	Fassung ab 1. Januar 2016
die Höhe des Kürzungsbetrags ist zwischen den Vertragsparteien nach § 85 Abs. 2 Einvernehmen anzustreben. Kommt eine Einigung nicht zustande, entscheidet auf Antrag einer Vertragspartei die Schiedsstelle nach § 76 in der Besetzung des Vorsitzenden und der beiden weiteren unparteiischen Mitglieder. Gegen die Entscheidung nach Satz 3 ist der Rechtsweg zu den Sozialgerichten gegeben; ein Vorverfahren findet nicht statt, die Klage hat aufschiebende Wirkung. Der vereinbarte oder festgesetzte Kürzungsbetrag ist von der Pflegeeinrichtung bis zur Höhe ihres Eigenanteils an die betroffenen Pflegebedürftigen und im Weiteren an die Pflegekassen zurückzuzahlen; soweit die Pflegevergütung als nachrangige Sachleistung von einem anderen Leistungsträger übernommen wurde, ist der Kürzungsbetrag an diesen zurückzuzahlen. Der Kürzungsbetrag kann nicht über die Vergütungen oder Entgelte nach dem Achten Kapitel refinanziert werden. Schadensersatzansprüche der betroffenen Pflegebedürftigen nach anderen Vorschriften bleiben unberührt; § 66 des Fünften Buches gilt entsprechend.	die Höhe des Kürzungsbetrags ist zwischen den Vertragsparteien nach § 85 Abs. 2 Einvernehmen anzustreben. Kommt eine Einigung nicht zustande, entscheidet auf Antrag einer Vertragspartei die Schiedsstelle nach § 76 in der Besetzung des Vorsitzenden und der beiden weiteren unparteiischen Mitglieder. Gegen die Entscheidung nach Satz 3 ist der Rechtsweg zu den Sozialgerichten gegeben; ein Vorverfahren findet nicht statt, die Klage hat aufschiebende Wirkung. Der vereinbarte oder festgesetzte Kürzungsbetrag ist von der Pflegeeinrichtung bis zur Höhe ihres Eigenanteils an die betroffenen Pflegebedürftigen und im Weiteren an die Pflegekassen zurückzuzahlen; soweit die Pflegevergütung als nachrangige Sachleistung von einem anderen Leistungsträger übernommen wurde, ist der Kürzungsbetrag an diesen zurückzuzahlen. Der Kürzungsbetrag kann nicht über die Vergütungen oder Entgelte nach dem Achten Kapitel refinanziert werden. Schadensersatzansprüche der betroffenen Pflegebedürftigen nach anderen Vorschriften bleiben unberührt; § 66 des Fünften Buches gilt entsprechend.
(4) Bei Feststellung schwerwiegender, kurzfristig nicht behebbarer Mängel in der stationären Pflege sind die Pflegekassen verpflichtet, den betroffenen Heimbewohnern auf deren Antrag eine andere geeignete Pflegeeinrichtung zu vermitteln, welche die Pflege, Versorgung und Betreuung nahtlos übernimmt. Bei Sozialhilfeempfängern ist der zuständige Träger der Sozialhilfe zu beteiligen.	(4) Bei Feststellung schwerwiegender, kurzfristig nicht behebbarer Mängel in der stationären Pflege sind die Pflegekassen verpflichtet, den betroffenen Heimbewohnern auf deren Antrag eine andere geeignete Pflegeeinrichtung zu vermitteln, welche die Pflege, Versorgung und Betreuung nahtlos übernimmt. Bei Sozialhilfeempfängern ist der zuständige Träger der Sozialhilfe zu beteiligen.
(5) Stellen der Medizinische Dienst der Krankenversicherung oder der Prüfdienst des Verbandes der privaten Krankenversicherung e. V. schwerwiegende Mängel in der ambulanten Pflege fest, kann die zuständige Pflegekasse dem Pflegedienst auf Empfehlung des Medizinischen Dienstes der Krankenversicherung oder des Prüfdienstes des Verbandes der privaten Krankenversicherung e. V. die weitere ~~Betreuung~~ des Pflegebedürftigen vorläufig untersagen; § 73 Absatz 2 gilt entsprechend. Die Pflegekasse hat dem Pflegebedürftigen in diesem Fall einen anderen geeigneten Pflegedienst zu vermitteln, der die Pflege nahtlos übernimmt; dabei ist so weit wie möglich das Wahlrecht des Pflegebedürftigen nach § 2 Abs. 2 zu beachten. Absatz 4 Satz 2 gilt entsprechend.	(5) Stellen der Medizinische Dienst der Krankenversicherung oder der Prüfdienst des Verbandes der privaten Krankenversicherung e. V. schwerwiegende Mängel in der ambulanten Pflege fest, kann die zuständige Pflegekasse dem Pflegedienst auf Empfehlung des Medizinischen Dienstes der Krankenversicherung oder des Prüfdienstes des Verbandes der privaten Krankenversicherung e. V. die weitere <u>Versorgung</u> des Pflegebedürftigen vorläufig untersagen; § 73 Absatz 2 gilt entsprechend. Die Pflegekasse hat dem Pflegebedürftigen in diesem Fall einen anderen geeigneten Pflegedienst zu vermitteln, der die Pflege nahtlos übernimmt; dabei ist so weit wie möglich das Wahlrecht des Pflegebedürftigen nach § 2 Abs. 2 zu beachten. Absatz 4 Satz 2 gilt entsprechend.
(6) In den Fällen der Absätze 4 und 5 haftet der Träger der Pflegeeinrichtung gegenüber den betroffenen Pflegebedürftigen und deren Kostenträgern für die Kosten der Vermittlung einer anderen ambulanten	(6) In den Fällen der Absätze 4 und 5 haftet der Träger der Pflegeeinrichtung gegenüber den betroffenen Pflegebedürftigen und deren Kostenträgern für die Kosten der Vermittlung einer anderen ambulanten

Fassung bis 31. Dezember 2015	Fassung ab 1. Januar 2016
oder stationären Pflegeeinrichtung, soweit er die Mängel in entsprechender Anwendung des § 276 des Bürgerlichen Gesetzbuches zu vertreten hat. Absatz 3 Satz 7 bleibt unberührt.	oder stationären Pflegeeinrichtung, soweit er die Mängel in entsprechender Anwendung des § 276 des Bürgerlichen Gesetzbuches zu vertreten hat. Absatz 3 Satz 7 bleibt unberührt.

Gesetzesbegründung Drs. 18/5926 zu § 115

Änderungen zum 1. Januar 2016

Zur Überschrift

Es handelt sich um eine redaktionelle Anpassung aufgrund der Änderung des Absatzes 1a.

Zu Absatz 1

Es handelt sich um eine redaktionelle Folgeänderung aufgrund der Aufhebung des § 114 Absatz 4.

Zu Absatz 1a

Die von den Vertragsparteien bisher nach § 115 Absatz 1a getroffenen Pflege-Transparenzvereinbarungen für den ambulanten und für den stationären Bereich sollen auf wissenschaftlicher Grundlage durch einen grundsätzlich neuen Ansatz abgelöst werden.

Die Vertragsparteien nach § 113 werden daher verpflichtet, ein Instrument zur vergleichenden Qualitätsberichterstattung, das die Qualität in Pflegeeinrichtungen differenziert und nutzergerecht darstellt, auf wissenschaftlicher Basis neu zu entwickeln und umzusetzen.

Zur Sicherstellung der Wissenschaftlichkeit beschließen die Vertragsparteien nach § 113 unverzüglich die Vergabe der Aufträge nach § 113b Absatz 4 Satz 2 Nummern 1 bis 4; die Ergebnisse bilden die Grundlage für die Vereinbarungen zur Qualitätsdarstellung (Qualitätsdarstellungsvereinbarungen).

Für den stationären Bereich sind zur Darstellung der Ergebnisqualität insbesondere die nach Maßgabe der Vereinbarung nach § 113 ausgewerteten Daten des Indikatorenmodells zu berücksichtigen.

Als weitere Bestandteile der Qualitätsberichterstattung sind auch ergänzende Daten zur Struktur- und Prozessqualität darzustellen, die aus Qualitätsprüfungen auf der Grundlage der Richtlinien nach § 114a Absatz 7 gewonnen werden. Die Vertragsparteien sollen prüfen, inwieweit diese Daten um weitere Informationen zu ergänzen sind. Hierbei sind auch die wissenschaftlichen Ergebnisse des Auftrags nach Absatz § 113b Absatz 4 Satz 2 Nummer 4 zur Bewertung von Lebensqualität zu berücksichtigen.

Die Vertragsparteien vereinbaren als weiteren Bestandteil der Qualitätsdarstellungsvereinbarungen die Form der Darstellung und eine Bewertungssystematik, die es den Pflegebedürftigen und ihren Angehörigen ermöglicht, eine vergleichende und übersichtliche Einschätzung der Qualität von Pflegeeinrichtungen zu gewinnen.

Die weiteren Regelungen zur Berücksichtigung der Art der Prüfung bei der Darstellung der Qualität sowie zur Gestaltung der Aushänge in den Pflegeeinrichtungen bleiben unverändert.

Die Qualitätsdarstellungsvereinbarungen für den stationären Bereich sind bis zum 31. Dezember 2017 und für den ambulanten Bereich bis zum 31. Dezember 2018 zu treffen.

Die Art der Beteiligung der auf Bundesebene maßgeblichen Organisationen für die Wahrnehmung der Interessen und der Selbsthilfe pflegebedürftiger und behinderter Menschen wird nunmehr durch einen Verweis auf § 118 geregelt. Die Vereinbarungen sind an den medizinisch-pflegefachlichen Fortschritt anzupassen.

Die Qualitätsdarstellungsvereinbarungen lösen die bisherigen Pflege-Transparenzvereinbarungen ab, die noch bis zum Inkrafttreten der Qualitätsdarstellungsvereinbarungen weiter gelten.

Zu Absatz 1b

Zum Zwecke der einheitlichen Veröffentlichung sollen auch dem Verband der privaten Krankenversicherung e. V. die Informationen der Pflegeeinrichtungen nach § 114 Absatz 1 zur Verfügung gestellt werden.

Redaktionelle Anmerkung:

Mit Wirkung ab dem 8. Dezember 2015 wurde durch das „Gesetz zur Verbesserung der Hospiz- und Palliativversorgung in Deutschland" vom 1. Dezember 2015 (BGBl. I S. 2114) folgende Passage in Absatz 1 eingefügt: „und ab dem 1. Juli 2016 die Informationen gemäß § 114 Absatz 1 zur Zusammenarbeit mit einem Hospiz- und Palliativnetz".

Ebenso wie für die bisherigen Informationspflichten gilt nun auch für die Informationen der vollstationären Pflegeeinrichtungen zur Zusammenarbeit mit einem Hospiz- und Palliativnetz, dass deren Veröffentlichung im Rahmen der Informationen über Ergebnisse von Qualitätsprüfungen durch die Landesverbände der Pflegekassen sicherzustellen ist.

Zu Absatz 5

Die Ergänzung dient der Klarstellung, dass sich die Regelung auf die vertragliche Vereinbarung über die pflegerische Versorgung in ihrer Gesamtheit bezieht.

Eingefügt ab 1. Januar 2016

§ 115a Übergangsregelung für Pflege-Transparenzvereinbarungen und Qualitätsprüfungs-Richtlinien

(1) Die Vertragsparteien nach § 113 passen unter Beteiligung des Medizinischen Dienstes des Spitzenverbandes Bund der Krankenkassen, des Verbandes der privaten Krankenversicherung e. V. und der Verbände der Pflegeberufe auf Bundesebene die Pflege-Transparenzvereinbarungen an dieses Gesetz in der am 1. Januar 2017 geltenden Fassung an (übergeleitete Pflege-Transparenzvereinbarungen). Die auf Bundesebene maßgeblichen Organisationen für die Wahrnehmung der Interessen und der Selbsthilfe der pflegebedürftigen und behinderten Menschen wirken nach Maßgabe von § 118 mit. Kommt bis zum 30. April 2016 keine einvernehmliche Einigung zustande, entscheidet der erweiterte Qualitätsausschuss nach § 113b Absatz 3 bis zum 30. Juni 2016. Die übergeleiteten Pflege-Transparenzvereinbarungen gelten ab 1. Januar 2017 bis zum Inkrafttreten der in § 115 Absatz 1a vorgesehenen Qualitätsdarstellungsvereinbarungen.

(2) Schiedsstellenverfahren zu den Pflege-Transparenzvereinbarungen, die am 1. Januar 2016 anhängig sind, werden nach Maßgabe des § 113b Absatz 2, 3 und 8 durch den Qualitätsausschuss entschieden; die Verfahren sind bis zum 30. Juni 2016 abzuschließen.

(3) Die Richtlinien über die Prüfung der in Pflegeeinrichtungen erbrachten Leistungen und deren Qualität nach § 114 (Qualitätsprüfungs-Richtlinien) in der am 31. Dezember 2015 geltenden Fassung gelten nach Maßgabe der Absätze 4 und 5 bis zum Inkrafttreten der Richtlinien über die Durchführung der Prüfung der in Pflegeeinrichtungen erbrachten Leistungen und deren Qualität nach § 114a Absatz 7 fort und sind für den Medizinischen Dienst der Krankenversicherung und den Prüfdienst des Verbandes der privaten Krankenversicherung e. V. verbindlich.

(4) Der Spitzenverband Bund der Pflegekassen passt unter Beteiligung des Medizinischen Dienstes des Spitzenverbandes Bund der Krankenkassen und des Prüfdienstes des Verbandes der privaten Krankenversicherung e. V. die Qualitätsprüfungs- Richtlinien unverzüglich an dieses Gesetz in der am 1. Januar 2016 geltenden Fassung an. Die auf Bundesebene maßgeblichen Organisationen für die Wahrnehmung der Interessen und der Selbsthilfe der pflegebedürftigen und behinderten Menschen wirken nach Maßgabe von § 118 mit. Der Spitzenverband Bund der Pflegekassen hat die Vereinigungen der Träger der Pflegeeinrichtungen auf Bundesebene, die Verbände der Pflegeberufe auf Bundesebene, den Verband der privaten Krankenversicherung e. V. sowie die Bundesarbeitsgemeinschaft der überörtlichen Träger der Sozialhilfe und die kommunalen Spitzenverbände auf Bundesebene zu beteiligen. Ihnen ist unter Übermittlung der hierfür erforderlichen Informationen innerhalb einer angemessenen Frist vor der Entscheidung Gelegenheit zur Stellungnahme zu geben; die Stellungnahmen sind in die Entscheidung einzubeziehen. Die angepassten Qualitätsprüfungs-Richtlinien bedürfen der Genehmigung des Bundesministeriums für Gesundheit.

(5) Der Spitzenverband Bund der Pflegekassen passt unter Beteiligung des Medizinischen Dienstes des Spitzenverbandes Bund der Krankenkassen und des Prüfdienstes des Verbandes der privaten Krankenversicherung e. V. die nach Absatz 4 angepassten Qualitätsprüfungs-Richtlinien bis zum 30. September 2016 an die nach Absatz 1 übergeleiteten und gegebenenfalls nach Absatz 2 geänderten Pflege-Transparenzvereinbarungen an. Die auf Bundesebene maßgeblichen Organisationen für die Wahrnehmung der Interessen und der Selbsthilfe der pflegebedürftigen und behinderten Menschen wirken nach Maßgabe von § 118 mit. Der Spitzenverband Bund der Pflegekassen hat die Vereinigungen der Träger der Pflegeeinrichtungen auf Bundesebene, die Verbände der Pflegeberufe auf Bundesebene, den Verband der privaten Krankenversicherung e. V. sowie die Bundesarbeitsgemeinschaft der überörtlichen Träger der Sozialhilfe und die kommunalen Spitzenverbände auf Bundesebene zu beteiligen. Ihnen ist unter Übermittlung der hierfür erforderlichen Informationen innerhalb einer angemessenen Frist vor der Entscheidung Gelegenheit zur Stellungnahme zu geben; die Stellungnahmen sind in die Entscheidung einzubeziehen. Die angepassten Qualitätsprüfungs-Richtlinien bedürfen der Genehmigung des Bundesministeriums für Gesundheit und treten zum 1. Januar 2017 in Kraft.

Gesetzesbegründung Drs. 18/6688 zu § 115a

Geltung ab 1. Januar 2016

Redaktionelle Anmerkung:

§ 115a wurde erst aufgrund der Beschlussempfehlung des Ausschusses für Gesundheit eingefügt.

Zu Absatz 1

Die Regelung schafft die notwendige sichere Rechtsgrundlage für Qualitätsprüfungen in dem Übergangszeitraum zu einer neuen Form der Qualitätsmessung, Qualitätsprüfung und Qualitätsberichterstattung.

Die Pflege-Transparenzvereinbarungen und die Richtlinien über die Prüfung der in Pflegeeinrichtungen erbrachten Leistungen und deren Qualität nach § 114 (Qualitätsprüfungs-Richtlinien) beziehen sich in den am 31. Dezember 2015 bestehenden Fassungen auf die zum 1. Januar 2017 abzulösenden Pflegestufen; insbesondere liegt den Stichprobenregelungen die Einteilung in Pflegestufen zu Grunde. Mit Ablösung der Pflegestufen durch Pflegegrade zum 1. Januar2017 durch die Einführung des neuen Pflegebedürftigkeitsbegriffs und des neuen Begutachtungsinstruments sind die Qualitätsprüfungs-Richtlinien und die Pflege-Transparenzvereinbarungen in den vorliegenden Fassungen nicht mehr anwendbar.

Mit dieser Übergangsregelung wird sichergestellt, dass die Qualitätsprüfung und Qualitätsdarstellung an diese Veränderungen angepasst werden. Die Vertragsparteien nach § 113 sind verpflichtet, die betreffenden Regelungen der Pflege-Transparenzvereinbarungen an die Überleitung von Pflegestufen in Pflegegrade anzupassen.

Kommt bis zum 30. April 2016 keine Einigung zustande, entscheidet der Qualitätsausschuss in seiner erweiterten Form nach § 113b Absatz 3 bis zum 30. Juni 2016. Die übergeleiteten Pflege-Transparenzvereinbarungen gelten ab 1. Januar 2017 bis zum Abschluss der in § 115 Absatz 1a vorgesehenen Qualitätsdarstellungsvereinbarungen.

Zu Absatz 2

Die Schiedsstelle Qualitätssicherung wird am 1. Januar 2016 in einen Qualitätsausschuss überführt. Schiedsstellenverfahren zu den Pflege-Transparenzvereinbarungen, die bei Inkrafttreten der Regelungen des Gesetzes am 1. Januar 2016 bereits anhängig, jedoch noch nicht abgeschlossen sind, werden nach Maßgabe des § 113b Absatz 2, 3 und 8 durch den Qualitätsausschuss entschieden; die Verfahren sind bis zum 30. Juni 2016 abzuschließen.

Zu Absatz 3

Die Regelung stellt sicher, dass Qualitätsprüfungen auch während der Vorbereitung auf ein neues, wissenschaftsbasiertes Qualitätssicherungsverfahren auf einer verbindlichen Rechtsgrundlage stattfinden.

Deshalb wird angeordnet, dass die am 31. Dezember 2015 geltenden Qualitätsprüfungs-Richtlinien mit den schrittweisen Anpassungen nach den Absätzen 4 und 5 bis zum Inkrafttreten der mit diesem Gesetz neu zu schaffenden Richtlinien über die Durchführung der Prüfung der in Pflegeeinrichtungen erbrachten Leistungen und deren Qualität nach § 114a Absatz 7 in der ab dem 1. Januar 2016 geltenden Fassung fortgelten und für den Medizinischen Dienst der Krankenversicherung und den Prüfdienst des Verbandes der privaten Krankenversicherung e. V verbindlich sind.

Zu Absatz 4

In Absatz 4 wird daher festgelegt, dass der Spitzenverband Bund der Pflegekassen die Qualitätsprüfungs-Richtlinien unverzüglich an die sich zum 1. Januar 2016 unmittelbar aus dem Gesetz für Qualitätsprüfungen ergebenden Änderungen – insbesondere in Bezug auf Anlassprüfungen und Abrechnungen als Bestandteil der Qualitätsprüfung – in einem ersten Anpassungsschritt anpasst.

Zur Anpassung ist ein Beteiligungsverfahren durchzuführen, die Mitwirkungsrechte der auf Bundesebene maßgeblichen Organisationen für die Wahrnehmung der Interessen und der Selbsthilfe der pflegebedürftigen und behinderten Menschen (Betroffenenorganisationen) nach § 118 sind zu beachten. Die angepassten Richtlinien bedürfen der Genehmigung durch das Bundesministerium für Gesundheit.

Zu Absatz 5

Darüber hinaus hat der Spitzenverband Bund der Pflegekassen die nach Absatz 4 angepassten Qualitätsprüfungs- Richtlinien bis zum 30. September 2016 an die nach Absatz 1 übergeleiteten und gegebenenfalls nach Absatz 2 geänderten Pflege-Transparenzvereinbarungen anzupassen.

Zur Anpassung ist ein Beteiligungsverfahren durchzuführen, die Mitwirkungsrechte der Betroffenenorganisationen nach § 118 sind zu beachten.

Die angepassten Richtlinien sind dem Bundesministerium für Gesundheit rechtzeitig zur Genehmigung vorzulegen; sie gelten ab 1. Januar 2017 bis zum Inkrafttreten der in § 114a Absatz 7 vorgesehenen Richtlinien über die Durchführung der Qualitätsprüfung.

unverändert

§ 116 Kostenregelungen

(1) Die Prüfkosten bei Wirksamkeits- und Wirtschaftlichkeitsprüfungen nach § 79 sind als Aufwand in der nächstmöglichen Vergütungsvereinbarung nach dem Achten Kapitel zu berücksichtigen; sie können auch auf mehrere Vergütungszeiträume verteilt werden.

(2) Die Kosten der Schiedsstellenentscheidung nach § 115 Abs. 3 Satz 3 trägt der Träger der Pflegeeinrichtung, soweit die Schiedsstelle eine Vergütungskürzung anordnet; andernfalls sind sie von den als Kostenträgern betroffenen Vertragsparteien gemeinsam zu tragen. Setzt die Schiedsstelle einen niedrigeren Kürzungsbetrag fest als von den Kostenträgern gefordert, haben die Beteiligten die Verfahrenskosten anteilig zu zahlen.

(3) Die Bundesregierung wird ermächtigt, durch Rechtsverordnung mit Zustimmung des Bundesrates die Entgelte für die Durchführung von Wirtschaftlichkeitsprüfungen zu regeln. In der Rechtsverordnung können auch Mindest- und Höchstsätze festgelegt werden; dabei ist den berechtigten Interessen der Wirtschaftlichkeitsprüfer (§ 79) sowie der zur Zahlung der Entgelte verpflichteten Pflegeeinrichtungen Rechnung zu tragen.

Fassung bis 31. Dezember 2015	Fassung ab 1. Januar 2016
§ 117 Zusammenarbeit mit den nach heimrechtlichen Vorschriften zuständigen Aufsichtsbehörden	**§ 117 Zusammenarbeit mit den nach heimrechtlichen Vorschriften zuständigen Aufsichtsbehörden**
(1) Die Landesverbände der Pflegekassen sowie der Medizinische Dienst der Krankenversicherung und der Prüfdienst des Verbandes der privaten Krankenversicherung e. V. arbeiten mit den nach heimrechtlichen Vorschriften zuständigen Aufsichtsbehörden bei der Zulassung und der Überprüfung der Pflegeeinrichtungen eng zusammen, um ihre wechselseitigen Aufgaben nach diesem Buch und nach den heimrechtlichen Vorschriften insbesondere durch	(1) Die Landesverbände der Pflegekassen sowie der Medizinische Dienst der Krankenversicherung und der Prüfdienst des Verbandes der privaten Krankenversicherung e. V. arbeiten mit den nach heimrechtlichen Vorschriften zuständigen Aufsichtsbehörden bei der Zulassung und der Überprüfung der Pflegeeinrichtungen eng zusammen, um ihre wechselseitigen Aufgaben nach diesem Buch und nach den heimrechtlichen Vorschriften insbesondere durch
1. regelmäßige gegenseitige Information und Beratung,	1. regelmäßige gegenseitige Information und Beratung,
2. Terminabsprachen für eine gemeinsame oder arbeitsteilige Überprüfung von Pflegeeinrichtungen und	2. Terminabsprachen für eine gemeinsame oder arbeitsteilige Überprüfung von Pflegeeinrichtungen und
3. Verständigung über die im Einzelfall notwendigen Maßnahmen	3. Verständigung über die im Einzelfall notwendigen Maßnahmen
wirksam aufeinander abzustimmen. Dabei ist sicherzustellen, dass Doppelprüfungen nach Möglichkeit vermieden werden. Zur Erfüllung dieser Aufgaben sind die Landesverbände der Pflegekassen sowie der Medizinische Dienst und der Prüfdienst des Verbandes der privaten Krankenversicherung e. V. verpflichtet, in den Arbeitsgemeinschaften nach den heimrechtlichen Vorschriften mitzuwirken und sich an entsprechenden Vereinbarungen zu beteiligen.	wirksam aufeinander abzustimmen. Dabei ist sicherzustellen, dass Doppelprüfungen nach Möglichkeit vermieden werden. Zur Erfüllung dieser Aufgaben sind die Landesverbände der Pflegekassen sowie der Medizinische Dienst und der Prüfdienst des Verbandes der privaten Krankenversicherung e. V. verpflichtet, in den Arbeitsgemeinschaften nach den heimrechtlichen Vorschriften mitzuwirken und sich an entsprechenden Vereinbarungen zu beteiligen.
(2) Die Landesverbände der Pflegekassen sowie der Medizinische Dienst und der Prüfdienst des Verbandes der privaten Krankenversicherung e. V. können mit den nach heimrechtlichen Vorschriften zuständigen Aufsichtsbehörden oder den obersten Landesbe-	(2) Die Landesverbände der Pflegekassen sowie der Medizinische Dienst und der Prüfdienst des Verbandes der privaten Krankenversicherung e. V. können mit den nach heimrechtlichen Vorschriften zuständigen Aufsichtsbehörden oder den obersten Landesbe-

Fassung bis 31. Dezember 2015	Fassung ab 1. Januar 2016
hörden ein Modellvorhaben vereinbaren, das darauf zielt, eine abgestimmte Vorgehensweise bei der Prüfung der Qualität von Pflegeeinrichtungen nach diesem Buch und nach heimrechtlichen Vorschriften zu erarbeiten. Von den Richtlinien nach § 114a Absatz 7 und den nach § 115 Absatz 1a ~~Satz 6~~ bundesweit getroffenen Vereinbarungen kann dabei für die Zwecke und die Dauer des Modellvorhabens abgewichen werden. Die Verantwortung der Pflegekassen und ihrer Verbände für die inhaltliche Bestimmung, Sicherung und Prüfung der Pflege-, Versorgungs- und Betreuungsqualität nach diesem Buch kann durch eine Zusammenarbeit mit den nach heimrechtlichen Vorschriften zuständigen Aufsichtsbehörden oder den obersten Landesbehörden weder eingeschränkt noch erweitert werden.	hörden ein Modellvorhaben vereinbaren, das darauf zielt, eine abgestimmte Vorgehensweise bei der Prüfung der Qualität von Pflegeeinrichtungen nach diesem Buch und nach heimrechtlichen Vorschriften zu erarbeiten. Von den Richtlinien nach § 114a Absatz 7 und den nach § 115 <u>Absatz 1a</u> bundesweit getroffenen Vereinbarungen kann dabei für die Zwecke und die Dauer des Modellvorhabens abgewichen werden. Die Verantwortung der Pflegekassen und ihrer Verbände für die inhaltliche Bestimmung, Sicherung und Prüfung der Pflege-, Versorgungs- und Betreuungsqualität nach diesem Buch kann durch eine Zusammenarbeit mit den nach heimrechtlichen Vorschriften zuständigen Aufsichtsbehörden oder den obersten Landesbehörden weder eingeschränkt noch erweitert werden.
(3) Zur Verwirklichung der engen Zusammenarbeit sind die Landesverbände der Pflegekassen sowie der Medizinische Dienst der Krankenversicherung und der Prüfdienst des Verbandes der privaten Krankenversicherung e. V. berechtigt und auf Anforderung verpflichtet, der nach heimrechtlichen Vorschriften zuständigen Aufsichtsbehörde die ihnen nach diesem Buch zugänglichen Daten über die Pflegeeinrichtungen, insbesondere über die Zahl und Art der Pflegeplätze und der betreuten Personen (Belegung), über die personelle und sächliche Ausstattung sowie über die Leistungen und Vergütungen der Pflegeeinrichtungen, mitzuteilen. Personenbezogene Daten sind vor der Datenübermittlung zu anonymisieren.	(3) Zur Verwirklichung der engen Zusammenarbeit sind die Landesverbände der Pflegekassen sowie der Medizinische Dienst der Krankenversicherung und der Prüfdienst des Verbandes der privaten Krankenversicherung e. V. berechtigt und auf Anforderung verpflichtet, der nach heimrechtlichen Vorschriften zuständigen Aufsichtsbehörde die ihnen nach diesem Buch zugänglichen Daten über die Pflegeeinrichtungen, insbesondere über die Zahl und Art der Pflegeplätze und der betreuten Personen (Belegung), über die personelle und sächliche Ausstattung sowie über die Leistungen und Vergütungen der Pflegeeinrichtungen, mitzuteilen. Personenbezogene Daten sind vor der Datenübermittlung zu anonymisieren.
(4) Erkenntnisse aus der Prüfung von Pflegeeinrichtungen sind vom Medizinischen Dienst der Krankenversicherung, dem Prüfdienst des Verbandes der privaten Krankenversicherung e. V. oder von den sonstigen Sachverständigen oder Stellen, die Qualitätsprüfungen nach diesem Buch durchführen, unverzüglich der nach heimrechtlichen Vorschriften zuständigen Aufsichtsbehörde mitzuteilen, soweit sie zur Vorbereitung und Durchführung von aufsichtsrechtlichen Maßnahmen nach den heimrechtlichen Vorschriften erforderlich sind. § 115 Abs. 1 Satz 1 ~~und 2~~ bleibt hiervon unberührt.	(4) Erkenntnisse aus der Prüfung von Pflegeeinrichtungen sind vom Medizinischen Dienst der Krankenversicherung, dem Prüfdienst des Verbandes der privaten Krankenversicherung e. V. oder von den sonstigen Sachverständigen oder Stellen, die Qualitätsprüfungen nach diesem Buch durchführen, unverzüglich der nach heimrechtlichen Vorschriften zuständigen Aufsichtsbehörde mitzuteilen, soweit sie zur Vorbereitung und Durchführung von aufsichtsrechtlichen Maßnahmen nach den heimrechtlichen Vorschriften erforderlich sind. § 115 Abs. 1 Satz 1 bleibt hiervon unberührt.
(5) Die Pflegekassen und ihre Verbände sowie der Medizinische Dienst der Krankenversicherung und der Prüfdienst des Verbandes der privaten Krankenversicherung e. V. tragen die ihnen durch die Zusammenarbeit mit den nach heimrechtlichen Vorschriften zuständigen Aufsichtsbehörden entstehenden Kosten. Eine Beteiligung an den Kosten der nach heimrechtlichen Vorschriften zuständigen Aufsichtsbehörden	(5) Die Pflegekassen und ihre Verbände sowie der Medizinische Dienst der Krankenversicherung und der Prüfdienst des Verbandes der privaten Krankenversicherung e. V. tragen die ihnen durch die Zusammenarbeit mit den nach heimrechtlichen Vorschriften zuständigen Aufsichtsbehörden entstehenden Kosten. Eine Beteiligung an den Kosten der nach heimrechtlichen Vorschriften zuständigen Aufsichtsbehörden

Fassung bis 31. Dezember 2015	Fassung ab 1. Januar 2016
oder anderer von nach heimrechtlichen Vorschriften zuständigen Aufsichtsbehörde beteiligter Stellen oder Gremien ist unzulässig.	oder anderer von nach heimrechtlichen Vorschriften zuständigen Aufsichtsbehörde beteiligter Stellen oder Gremien ist unzulässig.
(6) Durch Anordnungen der nach heimrechtlichen Vorschriften zuständigen Aufsichtsbehörde bedingte Mehr- oder Minderkosten sind, soweit sie dem Grunde nach vergütungsfähig im Sinne des § 82 Abs. 1 sind, in der nächstmöglichen Pflegesatzvereinbarung zu berücksichtigen. Der Widerspruch oder die Klage einer Vertragspartei oder eines Beteiligten nach § 85 Abs. 2 gegen die Anordnung hat keine aufschiebende Wirkung.	(6) Durch Anordnungen der nach heimrechtlichen Vorschriften zuständigen Aufsichtsbehörde bedingte Mehr- oder Minderkosten sind, soweit sie dem Grunde nach vergütungsfähig im Sinne des § 82 Abs. 1 sind, in der nächstmöglichen Pflegesatzvereinbarung zu berücksichtigen. Der Widerspruch oder die Klage einer Vertragspartei oder eines Beteiligten nach § 85 Abs. 2 gegen die Anordnung hat keine aufschiebende Wirkung.

Gesetzesbegründung Drs. 18/5926 zu § 117

Änderung zum 1. Januar 2016

Zu Absatz 2

Bei den Streichungen in Absatz 2 und Absatz 4 handelt es sich um Folgeänderungen aufgrund der Änderungen in § 115.

Fassung bis 31. Dezember 2015	Fassung ab 1. Januar 2016
§ 118 Beteiligung von Interessenvertretungen, Verordnungsermächtigung	**§ 118 Beteiligung von Interessenvertretungen, Verordnungsermächtigung**
(1) Bei Erarbeitung oder Änderung	(1) Bei Erarbeitung oder Änderung
1. der in § 17 Absatz 1, den §§ 18b, ~~45a Absatz 2 Satz 3, § 45b Absatz 1 Satz 4 und~~ § 114a Absatz 7 vorgesehenen Richtlinien des Spitzenverbandes Bund der Pflegekassen sowie	1. der in § 17 Absatz 1, den §§ 18b, 114a Absatz 7 <u>und § 115a Absatz 3 bis 5</u> vorgesehenen Richtlinien des Spitzenverbandes Bund der Pflegekassen sowie
2. der Vereinbarungen ~~der Selbstverwaltungspartner nach~~ § 113 ~~Absatz 1~~, § 113a ~~Absatz 1 und~~ § 115 Absatz 1a	2. der Vereinbarungen <u>und Beschlüsse nach § 37 Absatz 5 in der ab dem 1. Januar 2017 geltenden Fassung, den §§ 113, 113a, 115 Absatz 1a sowie § 115a Absatz 1 Satz 3 und Absatz 2 durch den Qualitätsausschuss nach § 113b sowie der Vereinbarungen nach § 115a Absatz 1 Satz 1</u>
wirken die auf Bundesebene maßgeblichen Organisationen für die Wahrnehmung der Interessen und der Selbsthilfe pflegebedürftiger und behinderter Menschen nach Maßgabe der Verordnung nach Absatz 2 beratend mit. Das Mitberatungsrecht beinhaltet auch das Recht zur Anwesenheit bei Beschlussfassungen. Wird den schriftlichen Anliegen dieser Organisationen nicht gefolgt, sind ihnen auf Verlangen die Gründe dafür schriftlich mitzuteilen.	wirken die auf Bundesebene maßgeblichen Organisationen für die Wahrnehmung der Interessen und der Selbsthilfe pflegebedürftiger und behinderter Menschen nach Maßgabe der Verordnung nach Absatz 2 beratend mit. Das Mitberatungsrecht beinhaltet auch das Recht zur Anwesenheit bei Beschlussfassungen. Wird den schriftlichen Anliegen dieser Organisationen nicht gefolgt, sind ihnen auf Verlangen die Gründe dafür schriftlich mitzuteilen.
(2) Das Bundesministerium für Gesundheit wird ermächtigt, durch Rechtsverordnung mit Zustimmung des Bundesrates Einzelheiten festzulegen für	(2) Das Bundesministerium für Gesundheit wird ermächtigt, durch Rechtsverordnung mit Zustimmung des Bundesrates Einzelheiten festzulegen für
1. die Voraussetzungen der Anerkennung der für die Wahrnehmung der Interessen und der Selbsthilfe der pflegebedürftigen und behinderten Menschen maßgeblichen Organisationen auf Bundesebene, insbesondere zu den Erfordernissen an die Organisationsform und die Offenlegung der Finanzierung, sowie	1. die Voraussetzungen der Anerkennung der für die Wahrnehmung der Interessen und der Selbsthilfe der pflegebedürftigen und behinderten Menschen maßgeblichen Organisationen auf Bundesebene, insbesondere zu den Erfordernissen an die Organisationsform und die Offenlegung der Finanzierung, sowie
2. das Verfahren der Beteiligung.	2. das Verfahren der Beteiligung.

Gesetzesbegründung Drs. 18/5926 zu § 118

Änderungen zum 1. Januar 2016

Zu Absatz 1

Es handelt sich um eine redaktionelle Folgeänderung aufgrund der Änderung der §§ 45a und 45b sowie des § 37 Absatz 5 und aufgrund der Änderung der Entscheidungsstrukturen der Selbstverwaltung (Qualitätsausschuss nach § 113b).

---

unverändert

§ 119 Verträge mit Pflegeheimen außerhalb des Anwendungsbereichs des Wohn- und Betreuungsvertragsgesetzes

Für den Vertrag zwischen dem Träger einer zugelassenen stationären Pflegeeinrichtung, auf die das Wohn- und Betreuungsvertragsgesetz keine Anwendung findet, und dem pflegebedürftigen Bewohner gelten die Vorschriften über die Verträge nach dem Wohn- und Betreuungsvertragsgesetz entsprechend.

Fassung bis 31. Dezember 2016	Fassung ab 1. Januar 2017
§ 120 Pflegevertrag bei häuslicher Pflege	**§ 120 Pflegevertrag bei häuslicher Pflege**
(1) Bei häuslicher Pflege übernimmt der zugelassene Pflegedienst spätestens mit Beginn des ersten Pflegeeinsatzes auch gegenüber dem Pflegebedürftigen die Verpflichtung, diesen nach Art und Schwere seiner Pflegebedürftigkeit, entsprechend den von ihm in Anspruch genommenen ~~Leistungen, zu pflegen und hauswirtschaftlich~~ zu versorgen (Pflegevertrag). Bei jeder wesentlichen Veränderung des Zustandes des Pflegebedürftigen hat der Pflegedienst dies der zuständigen Pflegekasse unverzüglich mitzuteilen.	(1) Bei häuslicher Pflege übernimmt der zugelassene Pflegedienst spätestens mit Beginn des ersten Pflegeeinsatzes auch gegenüber dem Pflegebedürftigen die Verpflichtung, diesen nach Art und Schwere seiner Pflegebedürftigkeit, entsprechend den von ihm in Anspruch genommenen <u>Leistungen der häuslichen Pflegehilfe im Sinne des § 36</u> zu versorgen (Pflegevertrag). Bei jeder wesentlichen Veränderung des Zustandes des Pflegebedürftigen hat der Pflegedienst dies der zuständigen Pflegekasse unverzüglich mitzuteilen.
(2) Der Pflegedienst hat nach Aufforderung der zuständigen Pflegekasse unverzüglich eine Ausfertigung des Pflegevertrages auszuhändigen. Der Pflegevertrag kann von dem Pflegebedürftigen jederzeit ohne Einhaltung einer Frist gekündigt werden.	(2) Der Pflegedienst hat nach Aufforderung der zuständigen Pflegekasse unverzüglich eine Ausfertigung des Pflegevertrages auszuhändigen. Der Pflegevertrag kann von dem Pflegebedürftigen jederzeit ohne Einhaltung einer Frist gekündigt werden.
(3) In dem Pflegevertrag sind mindestens Art, Inhalt und Umfang der Leistungen einschließlich der dafür mit den Kostenträgern nach § 89 vereinbarten Vergütungen für jede Leistung oder jeden Leistungskomplex gesondert zu beschreiben. Der Pflegedienst hat den Pflegebedürftigen vor Vertragsschluss und bei jeder wesentlichen Veränderung in der Regel schriftlich über die voraussichtlichen Kosten zu unterrichten.	(3) In dem Pflegevertrag sind mindestens Art, Inhalt und Umfang der Leistungen einschließlich der dafür mit den Kostenträgern nach § 89 vereinbarten Vergütungen für jede Leistung oder jeden Leistungskomplex gesondert zu beschreiben. Der Pflegedienst hat den Pflegebedürftigen vor Vertragsschluss und bei jeder wesentlichen Veränderung in der Regel schriftlich über die voraussichtlichen Kosten zu unterrichten.
(4) Der Anspruch des Pflegedienstes auf Vergütung seiner ~~pflegerischen und hauswirtschaftlichen Leistungen~~ ist unmittelbar gegen die zuständige Pflegekasse zu richten. Soweit die von dem Pflegebedürftigen abgerufenen Leistungen nach Satz 1 den von der Pflegekasse mit Bescheid festgelegten und von ihr zu zahlenden leistungsrechtlichen Höchstbetrag überschreiten, darf der Pflegedienst dem Pflegebedürftigen für die zusätzlich abgerufenen Leistungen keine höhere als die nach § 89 vereinbarte Vergütung berechnen.	(4) Der Anspruch des Pflegedienstes auf Vergütung seiner <u>Leistungen der häuslichen Pflegehilfe im Sinne des § 36</u> ist unmittelbar gegen die zuständige Pflegekasse zu richten. Soweit die von dem Pflegebedürftigen abgerufenen Leistungen nach Satz 1 den von der Pflegekasse mit Bescheid festgelegten und von ihr zu zahlenden leistungsrechtlichen Höchstbetrag überschreiten, darf der Pflegedienst dem Pflegebedürftigen für die zusätzlich abgerufenen Leistungen keine höhere als die nach § 89 vereinbarte Vergütung berechnen.

Gesetzesbegründung Drs. 18/5926 zu § 120

Änderungen zum 1. Januar 2017

Redaktionelle Anmerkung:

Die Änderungen in Absatz 1 und Absatz 4 stellen eine Anpassung an den neuen § 36 SGB XI dar.

Zwölftes Kapitel
Bußgeldvorschriften

unverändert

§ 121 Bußgeldvorschrift

(1) Ordnungswidrig handelt, wer vorsätzlich oder leichtfertig

1. der Verpflichtung zum Abschluß oder zur Aufrechterhaltung des privaten Pflegeversicherungsvertrages nach § 23 Abs. 1 Satz 1 und 2 oder § 23 Abs. 4 oder der Verpflichtung zur Aufrechterhaltung des privaten Pflegeversicherungsvertrages nach § 22 Abs. 1 Satz 2 nicht nachkommt,

2. entgegen § 50 Abs. 1 Satz 1, § 51 Abs. 1 Satz 1 und 2, § 51 Abs. 3 oder entgegen Artikel 42 Abs. 4 Satz 1 oder 2 des Pflege-Versicherungsgesetzes eine Meldung nicht, nicht richtig, nicht vollständig oder nicht rechtzeitig erstattet,

3. entgegen § 50 Abs. 3 Satz 1 Nr. 1 eine Auskunft nicht, nicht richtig, nicht vollständig oder nicht rechtzeitig erteilt oder entgegen § 50 Abs. 3 Satz 1 Nr. 2 eine Änderung nicht, nicht richtig, nicht vollständig oder nicht rechtzeitig mitteilt,

4. entgegen § 50 Abs. 3 Satz 2 die erforderlichen Unterlagen nicht, nicht vollständig oder nicht rechtzeitig vorlegt,

5. entgegen Artikel 42 Abs. 1 Satz 3 des Pflege-Versicherungsgesetzes den Leistungsumfang seines privaten Versicherungsvertrages nicht oder nicht rechtzeitig anpaßt,

6. mit der Entrichtung von sechs Monatsprämien zur privaten Pflegeversicherung in Verzug gerät,

7. entgegen § 128 Absatz 1 Satz 4 die dort genannten Daten nicht, nicht richtig, nicht vollständig oder nicht rechtzeitig übermittelt.

(2) Die Ordnungswidrigkeit kann mit einer Geldbuße bis zu Zweitausendfünfhundert Euro geahndet werden.

(3) Für die von privaten Versicherungsunternehmen begangenen Ordnungswidrigkeiten nach Absatz 1 Nummer 2 und 7 ist das Bundesversicherungsamt die Verwaltungsbehörde im Sinne des § 36 Abs. 1 Nr. 1 des Gesetzes über Ordnungswidrigkeiten.

Fassung bis 31. Dezember 2016	Fassung ab 1. Januar 2017
§ 122 Übergangsregelung	<u>§§ 122 bis 124 (weggefallen)</u>
(1) § 45b ist mit Ausnahme des Absatzes 2 Satz 3 erst ab 1. April 2002 anzuwenden; Absatz 2 Satz 3 ist ab 1. Januar 2003 anzuwenden.	
(2) Die Spitzenverbände der Pflegekassen haben die nach § 45b Abs. 1 Satz 4 in der ab dem 1. Juli 2008 geltenden Fassung vorgesehenen Richtlinien unter Beteiligung des Medizinischen Dienstes der Spitzenverbände der Krankenkassen, des Verbandes der privaten Krankenversicherung e. V., der kommunalen Spitzenverbände auf Bundesebene und der maßgeblichen Organisationen für die Wahrnehmung der Interessen und der Selbsthilfe der pflegebedürftigen und behinderten Menschen auf Bundesebene zu beschließen und dem Bundesministerium für Gesundheit bis zum 31. Mai 2008 zur Genehmigung vorzulegen. § 17 Abs. 2 gilt entsprechend.	

Fassung bis 31. Dezember 2016	Fassung ab 1. Januar 2017
(3) Für Personen, die am 31. Dezember 2014 einen Anspruch auf einen Wohngruppenzuschlag nach § 38a in der bis zum 31. Dezember 2014 geltenden Fassung haben, wird diese Leistung weiter erbracht, wenn sich an den tatsächlichen Verhältnissen nichts geändert hat.	

§ 123 Übergangsregelung: Verbesserte Pflegeleistungen für Personen mit erheblich eingeschränkter Alltagskompetenz

(1) Versicherte, die wegen erheblich eingeschränkter Alltagskompetenz die Voraussetzungen des § 45a erfüllen, haben neben den Leistungen nach § 45b bis zum Inkrafttreten eines Gesetzes, das die Leistungsgewährung aufgrund eines neuen Pflegebedürftigkeitsbegriffs und eines entsprechenden Begutachtungsverfahrens regelt, Ansprüche auf Pflegeleistungen nach Maßgabe der folgenden Absätze.

(2) Versicherte ohne Pflegestufe haben je Kalendermonat Anspruch auf

1. Pflegegeld nach § 37 in Höhe von 123 Euro oder

2. Pflegesachleistungen nach § 36 in Höhe von bis zu 231 Euro oder

3. Kombinationsleistungen aus den Nummern 1 und 2 (§ 38)

sowie Ansprüche nach den §§ 38a, 39, 40, 41, 42 und 45e. Der Anspruch auf teilstationäre Pflege für Versicherte ohne Pflegestufe umfasst einen Gesamtwert von bis zu 231 Euro je Kalendermonat.

(3) Für Pflegebedürftige der Pflegestufe I erhöhen sich das Pflegegeld nach § 37 um 72 Euro auf 316 Euro und die Pflegesachleistungen nach § 36 sowie § 41 um 221 Euro auf bis zu 689 Euro.

(4) Für Pflegebedürftige der Pflegestufe II erhöhen sich das Pflegegeld nach § 37 um 87 Euro auf 545 Euro und die Pflegesachleistungen nach § 36 sowie § 41 um 154 Euro auf bis zu 1 298 Euro.

§ 124 Übergangsregelung: Häusliche Betreuung

(1) Pflegebedürftige der Pflegestufen I bis III sowie Versicherte, die wegen erheblich eingeschränkter Alltagskompetenz die Voraussetzungen des § 45a erfüllen, haben bis zum Inkrafttreten eines Gesetzes, das die Leistungsgewährung aufgrund eines neuen Pflegebedürftigkeitsbegriffs und eines entsprechenden Begutachtungsverfahrens regelt, nach den §§ 36 und 123 einen Anspruch auf häusliche Betreuung.

Fassung bis 31. Dezember 2016	Fassung ab 1. Januar 2017
(2) Leistungen der häuslichen Betreuung werden neben Grundpflege und hauswirtschaftlicher Versorgung als pflegerische Betreuungsmaßnahmen erbracht. Sie umfassen Unterstützung und sonstige Hilfen im häuslichen Umfeld des Pflegebedürftigen oder seiner Familie und schließen insbesondere das Folgende mit ein: *1. Unterstützung von Aktivitäten im häuslichen Umfeld, die dem Zweck der Kommunikation und der Aufrechterhaltung sozialer Kontakte dienen,* *2. Unterstützung bei der Gestaltung des häuslichen Alltags, insbesondere Hilfen zur Entwicklung und Aufrechterhaltung einer Tagesstruktur, zur Durchführung bedürfnisgerechter Beschäftigungen und zur Einhaltung eines bedürfnisgerechten Tag-/Nacht-Rhythmus.* *Häusliche Betreuung kann von mehreren Pflegebedürftigen oder Versicherten mit erheblich eingeschränkter Alltagskompetenz auch als gemeinschaftliche häusliche Betreuung im häuslichen Umfeld einer oder eines Beteiligten oder seiner Familie als Sachleistung in Anspruch genommen werden.* *(3) Der Anspruch auf häusliche Betreuung setzt voraus, dass die Grundpflege und die hauswirtschaftliche Versorgung im Einzelfall sichergestellt sind.* *(4) Das Siebte, das Achte und das Elfte Kapitel sind entsprechend anzuwenden.*	

Gesetzesbegründung Drs. 18/5926 zum Wegfall von § 122 bis 124

Wegfall ab 1. Januar 2017

Die bisher in § 122 enthaltenen Übergangsregelungen werden im Rahmen der Einführung eines neuen Fünfzehnten Kapitels zu Überleitungs- und Übergangsregelungen in den neuen § 144 übertragen. Die bislang in Absatz 1 und 2 enthaltenen Übergangsregelungen, die aufgrund Zeitablaufs nicht mehr benötigt werden, werden dabei zur Rechtsbereinigung aufgehoben. Der bisherige § 122 Absatz 3 wird § 144 Absatz 1.

Bei den geltenden Regelungen der §§ 123 und 124 handelt es sich um Übergangsregelungen, die im Zeitraum bis zur Einführung eines Gesetzes, das die Leistungsgewährung aufgrund eines neuen Pflegebedürftigkeitsbegriffs und eines entsprechenden Begutachtungsverfahrens regelt, verbesserte Leistungen für Menschen mit erheblich eingeschränkter Alltagskompetenz (§ 123) und verbesserte Betreuungsleistungen in der häuslichen Umgebung (§ 124) ermöglicht haben.

In beiden Normen ist die Geltungsdauer ausdrücklich mit der Einführung eines neuen Pflegebedürftigkeitsbegriffs verknüpft worden. Mit der jetzigen Neuregelung des Pflegebedürftigkeitsbegriffs müssen diese Regelungen mithin entfallen.

Fassung bis 31. Dezember 2016	Fassung ab 1. Januar 2017
§ 125 Modellvorhaben zur Erprobung von Leistungen der häuslichen Betreuung durch Betreuungsdienste	**§ 125 Modellvorhaben zur Erprobung von Leistungen der häuslichen Betreuung durch Betreuungsdienste**
(1) Der Spitzenverband Bund der Pflegekassen kann in den Jahren 2013 und 2014 aus Mitteln des Ausgleichsfonds der Pflegeversicherung mit bis zu 5 Millionen Euro Modellvorhaben zur Erprobung von Leistungen der häuslichen Betreuung ~~nach § 124~~ durch Betreuungsdienste vereinbaren. Dienste können als Betreuungsdienste Vereinbarungspartner werden, die insbesondere für demenziell erkrankte Pflegebedürftige dauerhaft häusliche Betreuung und hauswirtschaftliche Versorgung erbringen.	(1) Der Spitzenverband Bund der Pflegekassen kann in den Jahren 2013 und 2014 aus Mitteln des Ausgleichsfonds der Pflegeversicherung mit bis zu 5 Millionen Euro Modellvorhaben zur Erprobung von Leistungen der häuslichen Betreuung durch Betreuungsdienste vereinbaren. Dienste können als Betreuungsdienste Vereinbarungspartner werden, die insbesondere für demenziell erkrankte Pflegebedürftige dauerhaft häusliche Betreuung und hauswirtschaftliche Versorgung erbringen.
(2) Die Modellvorhaben sind darauf auszurichten, die Wirkungen des Einsatzes von Betreuungsdiensten auf die pflegerische Versorgung umfassend bezüglich Qualität, Wirtschaftlichkeit, Inhalt der erbrachten Leistungen und Akzeptanz bei den Pflegebedürftigen zu untersuchen und sind auf längstens drei Jahre zu befristen. Für die Modellvorhaben ist eine wissenschaftliche Begleitung und Auswertung vorzusehen. Soweit im Rahmen der Modellvorhaben personenbezogene Daten benötigt werden, können diese mit Einwilligung des Pflegebedürftigen erhoben, verarbeitet und genutzt werden. Der Spitzenverband Bund der Pflegekassen bestimmt Ziele, Dauer, Inhalte und Durchführung der Modellvorhaben. Die Modellvorhaben sind mit dem Bundesministerium für Gesundheit abzustimmen.	(2) Die Modellvorhaben sind darauf auszurichten, die Wirkungen des Einsatzes von Betreuungsdiensten auf die pflegerische Versorgung umfassend bezüglich Qualität, Wirtschaftlichkeit, Inhalt der erbrachten Leistungen und Akzeptanz bei den Pflegebedürftigen zu untersuchen und sind auf längstens drei Jahre zu befristen. Für die Modellvorhaben ist eine wissenschaftliche Begleitung und Auswertung vorzusehen. Soweit im Rahmen der Modellvorhaben personenbezogene Daten benötigt werden, können diese mit Einwilligung des Pflegebedürftigen erhoben, verarbeitet und genutzt werden. Der Spitzenverband Bund der Pflegekassen bestimmt Ziele, Dauer, Inhalte und Durchführung der Modellvorhaben. Die Modellvorhaben sind mit dem Bundesministerium für Gesundheit abzustimmen.
(3) Auf die am Modell teilnehmenden Dienste sind die Vorschriften dieses Buches für Pflegedienste entsprechend anzuwenden. Anstelle der verantwortlichen Pflegefachkraft können sie eine entsprechend qualifizierte, fachlich geeignete und zuverlässige Kraft mit praktischer Berufserfahrung im erlernten Beruf von zwei Jahren innerhalb der letzten acht Jahre als verantwortliche Kraft einsetzen; § 71 Absatz 3 Satz 4 ist entsprechend anzuwenden. Die Zulassung der teilnehmenden Betreuungsdienste zur Versorgung bleibt bis zu zwei Jahre nach dem Ende des Modellprogramms gültig.	(3) Auf die am Modell teilnehmenden Dienste sind die Vorschriften dieses Buches für Pflegedienste entsprechend anzuwenden. Anstelle der verantwortlichen Pflegefachkraft können sie eine entsprechend qualifizierte, fachlich geeignete und zuverlässige Kraft mit praktischer Berufserfahrung im erlernten Beruf von zwei Jahren innerhalb der letzten acht Jahre als verantwortliche Kraft einsetzen; § 71 Absatz 3 Satz 4 ist entsprechend anzuwenden. Die Zulassung der teilnehmenden Betreuungsdienste zur Versorgung bleibt bis zu zwei Jahre nach dem Ende des Modellprogramms gültig.

Gesetzesbegründung Drs. 18/5926 zu § 125

Änderung ab 1. Januar 2017

Zu Absatz 1

Es handelt sich um eine notwendige Folgeänderung zur Aufhebung des § 124.

Inhaltlich ergibt sich daraus keine Änderung. Denn die Konkretisierung von häuslicher Betreuung, wie sie in dem bisherigen § 124 enthalten war, wird unter Geltung des neuen Pflegebedürftigkeitsbegriffs beibehalten und findet sich nunmehr in § 36 wieder. Ebenso wird die weitere Umschreibung von Leistungen der häuslichen Betreuung, wie sie durch die Begründung zum bisherigen § 124 vorgenommen wurde, in § 36 übernommen (siehe die Ausführungen in der Begründung zu § 36).

Dreizehntes Kapitel
Zulagenförderung der privaten Pflegevorsorge

Fassung bis 31. Dezember 2016	Fassung ab 1. Januar 2017
§ 126 Zulageberechtigte	**§ 126 Zulageberechtigte**
Personen, die nach dem Dritten Kapitel in der sozialen oder privaten Pflegeversicherung versichert sind (zulageberechtigte Personen), haben bei Vorliegen einer auf ihren Namen lautenden privaten Pflege-Zusatzversicherung unter den in § 127 Absatz 2 genannten Voraussetzungen Anspruch auf eine Pflegevorsorgezulage. Davon ausgenommen sind Personen, die das 18. Lebensjahr noch nicht vollendet haben, sowie Personen, die vor Abschluss der privaten Pflege-Zusatzversicherung bereits *Leistungen nach § 123 oder* als Pflegebedürftige Leistungen nach dem Vierten Kapitel oder gleichwertige Vertragsleistungen der privaten Pflege-Pflichtversicherung beziehen oder bezogen haben.	Personen, die nach dem Dritten Kapitel in der sozialen oder privaten Pflegeversicherung versichert sind (zulageberechtigte Personen), haben bei Vorliegen einer auf ihren Namen lautenden privaten Pflege-Zusatzversicherung unter den in § 127 Absatz 2 genannten Voraussetzungen Anspruch auf eine Pflegevorsorgezulage. Davon ausgenommen sind Personen, die das 18. Lebensjahr noch nicht vollendet haben, sowie Personen, die vor Abschluss der privaten Pflege-Zusatzversicherung **bereits als Pflegebedürftige** Leistungen nach dem Vierten Kapitel oder gleichwertige Vertragsleistungen der privaten Pflege-Pflichtversicherung beziehen oder bezogen haben.

Gesetzesbegründung Drs. 18/5926 zu § 126

Änderung ab 1. Januar 2017

Es handelt sich um eine Folgeänderung zur Einführung des neuen Pflegebedürftigkeitsbegriffs.

§ 123 war als Übergangsregelung konzipiert, die im Zeitraum bis zur Einführung eines neuen Pflegebedürftigkeitsbegriffs verbesserten Leistungen für Menschen mit erheblich eingeschränkter Alltagskompetenz ermöglicht hat. Mit Einführung des neuen Pflegebedürftigkeitsbegriffs wird § 123 aufgehoben. Der entsprechende Verweis in § 126 Satz 2 muss damit ebenfalls aufgehoben werden.

Fassung bis 31. Dezember 2016	Fassung ab 1. Januar 2017
§ 127 Pflegevorsorgezulage; Fördervoraussetzungen	**§ 127 Pflegevorsorgezulage; Fördervoraussetzungen**
(1) Leistet die zulageberechtigte Person mindestens einen Beitrag von monatlich 10 Euro im jeweiligen Beitragsjahr zugunsten einer auf ihren Namen lautenden, gemäß Absatz 2 förderfähigen privaten Pflege-Zusatzversicherung, hat sie Anspruch auf eine Zulage in Höhe von monatlich 5 Euro. Die Zulage wird bei dem Mindestbeitrag nach Satz 1 nicht berücksichtigt. Die Zulage wird je zulageberechtigter Person für jeden Monat nur für einen Versicherungsvertrag gewährt. Der Mindestbeitrag und die Zulage sind für den förderfähigen Tarif zu verwenden.	(1) Leistet die zulageberechtigte Person mindestens einen Beitrag von monatlich 10 Euro im jeweiligen Beitragsjahr zugunsten einer auf ihren Namen lautenden, gemäß Absatz 2 förderfähigen privaten Pflege-Zusatzversicherung, hat sie Anspruch auf eine Zulage in Höhe von monatlich 5 Euro. Die Zulage wird bei dem Mindestbeitrag nach Satz 1 nicht berücksichtigt. Die Zulage wird je zulageberechtigter Person für jeden Monat nur für einen Versicherungsvertrag gewährt. Der Mindestbeitrag und die Zulage sind für den förderfähigen Tarif zu verwenden.
(2) Eine nach diesem Kapitel förderfähige private Pflege-Zusatzversicherung liegt vor, wenn das Versicherungsunternehmen hierfür	(2) Eine nach diesem Kapitel förderfähige private Pflege-Zusatzversicherung liegt vor, wenn das Versicherungsunternehmen hierfür
1. die Kalkulation nach Art der Lebensversicherung gemäß § 146 Absatz 1 Nummer 1 und 2 des Versicherungsaufsichtsgesetzes vorsieht,	1. die Kalkulation nach Art der Lebensversicherung gemäß § 146 Absatz 1 Nummer 1 und 2 des Versicherungsaufsichtsgesetzes vorsieht,
2. allen in § 126 genannten Personen einen Anspruch auf Versicherung gewährt,	2. allen in § 126 genannten Personen einen Anspruch auf Versicherung gewährt,
3. auf das ordentliche Kündigungsrecht sowie auf eine Risikoprüfung und die Vereinbarung von Risikozuschlägen und Leistungsausschlüssen verzichtet,	3. auf das ordentliche Kündigungsrecht sowie auf eine Risikoprüfung und die Vereinbarung von Risikozuschlägen und Leistungsausschlüssen verzichtet,
4. bei Vorliegen von Pflegebedürftigkeit im Sinne des § 14 einen vertraglichen Anspruch auf Auszahlung von *Geldleistungen für jede der in § 15 aufgeführten Pflegestufen, dabei in Höhe von mindestens 600 Euro für die in § 15 Absatz 1 Satz 1 Nummer 3 aufgeführte Pflegestufe III, sowie bei Vorliegen von erheblich eingeschränkter Alltagskompetenz im Sinne des § 45a einen Anspruch auf Auszahlung von Geldleistungen vorsieht;* die tariflich vorgesehenen Geldleistungen dürfen dabei die zum Zeitpunkt des Vertragsabschlusses jeweils geltende Höhe der Leistungen dieses Buches nicht überschreiten, eine Dynamisierung bis zur Höhe der allgemeinen Inflationsrate ist jedoch zulässig; weitere Leistungen darf der förderfähige Tarif nicht vorsehen,	4. bei Vorliegen von Pflegebedürftigkeit im Sinne des § 14 einen vertraglichen Anspruch auf Auszahlung von Geldleistungen <u>für jeden der in § 15 Absatz 3 und 7 aufgeführten Pflegegrade, dabei in Höhe von mindestens 600 Euro für Pflegegrad 5, vorsieht;</u> die tariflich vorgesehenen Geldleistungen dürfen dabei die zum Zeitpunkt des Vertragsabschlusses jeweils geltende Höhe der Leistungen dieses Buches nicht überschreiten, eine Dynamisierung bis zur Höhe der allgemeinen Inflationsrate ist jedoch zulässig; weitere Leistungen darf der förderfähige Tarif nicht vorsehen,
5. bei der Feststellung des Versicherungsfalles sowie der Festsetzung *der Pflegestufe* dem Ergebnis des Verfahrens zur Feststellung der Pflegebedürftigkeit gemäß § 18 *sowie den Feststellungen über das Vorliegen von erheblich eingeschränkter Alltagskompetenz nach § 45a* folgt; bei Versicherten der privaten Pflege-Pflichtversicherung sind die entsprechenden Feststellungen des privaten Versicherungsunternehmens zugrunde zu legen,	5. bei der Feststellung des Versicherungsfalles sowie der Festsetzung <u>des Pflegegrades</u> dem Ergebnis des Verfahrens zur Feststellung der Pflegebedürftigkeit gemäß § 18 folgt; bei Versicherten der privaten Pflege-Pflichtversicherung sind die entsprechenden Feststellungen des privaten Versicherungsunternehmens zugrunde zu legen,

Fassung bis 31. Dezember 2016	Fassung ab 1. Januar 2017
6. die Wartezeit auf höchstens fünf Jahre beschränkt,	6. die Wartezeit auf höchstens fünf Jahre beschränkt,
7. einem Versicherungsnehmer, der hilfebedürftig im Sinne des Zweiten oder Zwölften Buches ist oder allein durch Zahlung des Beitrags hilfebedürftig würde, einen Anspruch gewährt, den Vertrag ohne Aufrechterhaltung des Versicherungsschutzes für eine Dauer von mindestens drei Jahren ruhen zu lassen oder den Vertrag binnen einer Frist von drei Monaten nach Eintritt der Hilfebedürftigkeit rückwirkend zum Zeitpunkt des Eintritts zu kündigen; für den Fall der Ruhendstellung beginnt diese Frist mit dem Ende der Ruhendstellung, wenn Hilfebedürftigkeit weiterhin vorliegt,	7. einem Versicherungsnehmer, der hilfebedürftig im Sinne des Zweiten oder Zwölften Buches ist oder allein durch Zahlung des Beitrags hilfebedürftig würde, einen Anspruch gewährt, den Vertrag ohne Aufrechterhaltung des Versicherungsschutzes für eine Dauer von mindestens drei Jahren ruhen zu lassen oder den Vertrag binnen einer Frist von drei Monaten nach Eintritt der Hilfebedürftigkeit rückwirkend zum Zeitpunkt des Eintritts zu kündigen; für den Fall der Ruhendstellung beginnt diese Frist mit dem Ende der Ruhendstellung, wenn Hilfebedürftigkeit weiterhin vorliegt,
8. die Höhe der in Ansatz gebrachten Verwaltungs- und Abschlusskosten begrenzt; das Nähere dazu wird in der Rechtsverordnung nach § 130 geregelt.	8. die Höhe der in Ansatz gebrachten Verwaltungs- und Abschlusskosten begrenzt; das Nähere dazu wird in der Rechtsverordnung nach § 130 geregelt.
Der Verband der privaten Krankenversicherung e. V. wird damit beliehen, hierfür brancheneinheitliche Vertragsmuster festzulegen, die von den Versicherungsunternehmen als Teil der Allgemeinen Versicherungsbedingungen förderfähiger Pflege-Zusatzversicherungen zu verwenden sind. Die Beleihung nach Satz 2 umfasst die Befugnis, für Versicherungsunternehmen, die förderfähige private Pflege-Zusatzversicherungen anbieten, einen Ausgleich für Überschäden einzurichten; § 111 Absatz 1 Satz 1 und 2 und Absatz 2 gilt entsprechend. Die Fachaufsicht über den Verband der privaten Krankenversicherung e. V. zu den in den Sätzen 2 und 3 genannten Aufgaben übt das Bundesministerium für Gesundheit aus.	Der Verband der privaten Krankenversicherung e. V. wird damit beliehen, hierfür brancheneinheitliche Vertragsmuster festzulegen, die von den Versicherungsunternehmen als Teil der Allgemeinen Versicherungsbedingungen förderfähiger Pflege-Zusatzversicherungen zu verwenden sind. Die Beleihung nach Satz 2 umfasst die Befugnis, für Versicherungsunternehmen, die förderfähige private Pflege-Zusatzversicherungen anbieten, einen Ausgleich für Überschäden einzurichten; § 111 Absatz 1 Satz 1 und 2 und Absatz 2 gilt entsprechend. Die Fachaufsicht über den Verband der privaten Krankenversicherung e. V. zu den in den Sätzen 2 und 3 genannten Aufgaben übt das Bundesministerium für Gesundheit aus.
(3) Der Anspruch auf die Zulage entsteht mit Ablauf des Kalenderjahres, für das die Beiträge zu einer privaten Pflege-Zusatzversicherung gemäß § 127 Absatz 1 geleistet worden sind (Beitragsjahr).	(3) Der Anspruch auf die Zulage entsteht mit Ablauf des Kalenderjahres, für das die Beiträge zu einer privaten Pflege-Zusatzversicherung gemäß § 127 Absatz 1 geleistet worden sind (Beitragsjahr).

Redaktionelle Anmerkung

Die ab 1. Januar 2016 geltende Änderung in § 127 Absatz 2 Nummer 1 durch das Gesetz zur Modernisierung der Finanzaufsicht über Versicherungen vom 1. April 2015 (BGBl. I S. 434) ist eingearbeitet.

Gesetzesbegründung Drs. 18/5926 zu § 127

Änderungen zum 1. Januar 2017

Zu Absatz 2

Es handelt sich um Folgeänderungen aufgrund der Einführung des neuen Pflegebedürftigkeitsbegriffs und der fünf Pflegegrade.

Die Voraussetzungen, die ein Versicherungsunternehmen hinsichtlich einer förderfähigen privaten Pflege-Zusatzversicherung zu erfüllen hat, sind an den neuen Pflegebedürftigkeitsbegriff und dessen rechtliche Umsetzung anzupassen. Die bisherigen Verweise auf die Pflegestufen unter den Nummern 4 und 5 sind durch entsprechende Verweise auf die in § 15 Absatz 3 aufgeführten Pflegegrade zu ersetzen.

Da die bisherigen Sonderregelungen für Versicherte mit erheblich eingeschränkter Alltagskompetenz mit der Einführung des neuen Pflegebedürftigkeitsbegriffs entbehrlich werden und auch der bisherigen Regelungsinhalt des § 45a entfällt, wird die unter den Nummern 4 und 5 enthaltene Bezugnahme auf die bisherige Regelung in § 45a gestrichen.

unverändert

§ 128 Verfahren; Haftung des Versicherungsunternehmens

(1) Die Zulage gemäß § 127 Absatz 1 wird auf Antrag gewährt. Die zulageberechtigte Person bevollmächtigt das Versicherungsunternehmen mit dem Abschluss des Vertrags über eine förderfähige private Pflege-Zusatzversicherung, die Zulage für jedes Beitragsjahr zu beantragen. Sofern eine Zulagenummer oder eine Versicherungsnummer nach § 147 des Sechsten Buches für die zulageberechtigte Person noch nicht vergeben ist, bevollmächtigt sie zugleich ihr Versicherungsunternehmen, eine Zulagenummer bei der zentralen Stelle zu beantragen. Das Versicherungsunternehmen ist verpflichtet, der zentralen Stelle nach amtlich vorgeschriebenem Datensatz durch amtlich bestimmte Datenfernübertragung zur Feststellung der Anspruchsberechtigung auf Auszahlung der Zulage zugleich mit dem Antrag in dem Zeitraum vom 1. Januar bis zum 31. März des Kalenderjahres, das auf das Beitragsjahr folgt, Folgendes zu übermitteln:

1. die Antragsdaten,

2. die Höhe der für die zulagefähige private Pflege-Zusatzversicherung geleisteten Beiträge,

3. die Vertragsdaten,

4. die Versicherungsnummer nach § 147 des Sechsten Buches, die Zulagenummer der zulageberechtigten Person oder einen Antrag auf Vergabe einer Zulagenummer,

5. weitere zur Auszahlung der Zulage erforderliche Angaben,

6. die Bestätigung, dass der Antragsteller eine zulageberechtigte Person im Sinne des § 126 ist, sowie

7. die Bestätigung, dass der jeweilige Versicherungsvertrag die Voraussetzungen des § 127 Absatz 2 erfüllt.

Die zulageberechtigte Person ist verpflichtet, dem Versicherungsunternehmen unverzüglich eine Änderung der Verhältnisse mitzuteilen, die zu einem Wegfall des Zulageanspruchs führt. Hat für das Beitragsjahr, für das das Versicherungsunternehmen bereits eine Zulage beantragt hat, kein Zulageanspruch bestanden, hat das Versicherungsunternehmen diesen Antragsdatensatz zu stornieren.

(2) Die Auszahlung der Zulage erfolgt durch eine zentrale Stelle bei der Deutschen Rentenversicherung Bund; das Nähere, insbesondere die Höhe der Verwaltungskostenerstattung, wird durch Verwaltungsvereinbarung zwischen dem Bundesministerium für Gesundheit und der Deutschen Rentenversicherung Bund geregelt. Die Zulage wird bei Vorliegen der Voraussetzungen an das Versicherungsunternehmen gezahlt, bei dem der Vertrag über die private Pflege-Zusatzversicherung besteht, für den die Zulage beantragt wurde. Wird für eine zulageberechtigte Person die Zulage für mehr als einen privaten Pflege-Zusatzversicherungsvertrag beantragt, so wird die Zulage für den jeweiligen Monat nur für den Vertrag gewährt, für den der Antrag zuerst bei der zentralen Stelle eingegangen ist. Soweit der zuständige Träger der Rentenversicherung keine Versicherungsnummer vergeben hat, vergibt die zentrale Stelle zur Erfüllung der ihr zugewiesenen Aufgaben eine Zulagenummer. Im Fall eines Antrags nach Absatz 1 Satz 3 teilt die zentrale Stelle dem Versicherungsunternehmen die Zulagenummer mit; von dort wird sie an den Antragsteller weitergeleitet. Die zentrale Stelle stellt aufgrund der ihr vorliegenden Informationen fest, ob ein Anspruch auf Zulage besteht, und veranlasst die Auszahlung an das Versicherungsunternehmen zugunsten der zulageberechtigten Person. Ein gesonderter Zulagebescheid ergeht vorbehaltlich des Satzes 9 nicht. Das Versicherungsunternehmen hat die erhaltenen Zulagen unverzüglich dem begünstigten Vertrag gutzuschreiben. Eine Festsetzung der Zulage erfolgt nur auf besonderen Antrag der zulageberechtigten Person. Der Antrag ist schriftlich innerhalb eines Jahres nach Übersendung der Information nach Absatz 3 durch das Versicherungsunternehmen vom Antragsteller an das Versicherungsunternehmen zu richten. Das Versicherungsunternehmen leitet den Antrag der zentralen Stelle zur Festsetzung zu. Es hat dem Antrag eine Stellungnahme und die zur Festsetzung erforderlichen Unterlagen beizufügen. Die zentrale Stelle teilt die Festsetzung auch dem Versicherungsunternehmen mit. Erkennt die zentrale Stelle nachträglich, dass der Zulageanspruch nicht bestanden hat oder weggefallen ist, so hat sie zu Unrecht gutgeschriebene oder ausgezahlte Zulagen zurückzufordern und dies dem Versicherungsunternehmen durch Datensatz mitzuteilen.

(3) Kommt die zentrale Stelle zu dem Ergebnis, dass kein Anspruch auf Zulage besteht oder bestanden hat, teilt sie dies dem Versicherungsunternehmen mit. Dieses hat die versicherte Person innerhalb eines Monats nach Eingang des entsprechenden Datensatzes darüber zu informieren.

(4) Das Versicherungsunternehmen haftet im Fall der Auszahlung einer Zulage gegenüber dem Zulageempfänger dafür, dass die in § 127 Absatz 2 genannten Voraussetzungen erfüllt sind.

(5) Die von der zentralen Stelle veranlassten Auszahlungen von Pflegevorsorgezulagen sowie die entstehenden Verwaltungskosten werden vom Bundesministerium für Gesundheit getragen. Zu den Verwaltungskosten gehören auch die entsprechenden Kosten für den Aufbau der technischen und organisatorischen Infrastruktur. Die gesamten Verwaltungskosten werden nach Ablauf eines jeden Beitragsjahres erstattet; dabei sind die Personal- und Sachkostensätze des Bundes entsprechend anzuwenden. Ab dem Jahr 2014 werden monatliche Abschläge gezahlt. Soweit das Bundesversicherungsamt die Aufsicht über die zentrale Stelle ausübt, untersteht es abweichend von § 94 Absatz 2 Satz 2 des Vierten Buches dem Bundesministerium für Gesundheit.

§ 129 Wartezeit bei förderfähigen Pflege-Zusatzversicherungen

Soweit im Vertrag über eine gemäß § 127 Absatz 2 förderfähige private Pflege-Zusatzversicherung eine Wartezeit vereinbart wird, darf diese abweichend von § 197 Absatz 1 des Versicherungsvertragsgesetzes fünf Jahre nicht überschreiten.

§ 130 Verordnungsermächtigung

Das Bundesministerium für Gesundheit wird ermächtigt, im Einvernehmen mit dem Bundesministerium der Finanzen und dem Bundesministerium für Arbeit und Soziales durch Rechtsverordnung ohne Zustimmung des Bundesrates Vorschriften zu erlassen, die Näheres regeln über

1. die zentrale Stelle gemäß § 128 Absatz 2 und ihre Aufgaben,

2. das Verfahren für die Ermittlung, Festsetzung, Auszahlung, Rückzahlung und Rückforderung der Zulage,

3. den Datenaustausch zwischen Versicherungsunternehmen und zentraler Stelle nach § 128 Absatz 1 und 2,

4. die Begrenzung der Höhe der bei förderfähigen Pflege-Zusatzversicherungen in Ansatz gebrachten Verwaltungs- und Abschlusskosten.

Vierzehntes Kapitel
Bildung eines Pflegevorsorgefonds

unverändert

§ 131 Pflegevorsorgefonds

In der sozialen Pflegeversicherung wird ein Sondervermögen unter dem Namen „Vorsorgefonds der sozialen Pflegeversicherung" errichtet.

§ 132 Zweck des Vorsorgefonds

Das Sondervermögen dient der langfristigen Stabilisierung der Beitragsentwicklung in der sozialen Pflegeversicherung. Es darf nach Maßgabe des § 136 nur zur Finanzierung der Leistungsaufwendungen der sozialen Pflegeversicherung verwendet werden.

§ 133 Rechtsform

Das Sondervermögen ist nicht rechtsfähig. Es kann unter seinem Namen im rechtsgeschäftlichen Verkehr handeln, klagen und verklagt werden. Der allgemeine Gerichtsstand des Sondervermögens ist Frankfurt am Main.

§ 134 Verwaltung und Anlage der Mittel

(1) Die Verwaltung und die Anlage der Mittel des Sondervermögens werden der Deutschen Bundesbank übertragen. Für die Verwaltung des Sondervermögens und seiner Mittel werden der Bundesbank entsprechend § 20 Satz 2 des Gesetzes über die Deutsche Bundesbank keine Kosten erstattet.

(2) Die dem Sondervermögen zufließenden Mittel einschließlich der Erträge sind unter sinngemäßer Anwendung der Anlagerichtlinien des Versorgungsfonds des Bundes zu marktüblichen Bedingungen anzulegen. Dabei ist der in Aktien oder Aktienfonds angelegte Anteil des Sondervermögens ab dem Jahr 2035 über einen Zeitraum von höchstens zehn Jahren abzubauen. Das Bundesministerium für Gesundheit ist im Anlageausschuss nach § 4a der Anlagerichtlinien des Versorgungsfonds des Bundes vertreten.

Fassung bis 31. Dezember 2015	Fassung ab 1. Januar 2016
§ 135 Zuführung der Mittel	**§ 135 Zuführung der Mittel**
(1) Das Bundesversicherungsamt führt dem Sondervermögen monatlich zum 20. des Monats zu Lasten des Ausgleichsfonds einen Betrag zu, der einem Zwölftel von 0,1 Prozent der beitragspflichtigen Einnahmen der sozialen Pflegeversicherung des Vorjahres entspricht.	(1) Das Bundesversicherungsamt führt dem Sondervermögen monatlich zum 20. des Monats zu Lasten des Ausgleichsfonds einen Betrag zu, der einem Zwölftel von 0,1 Prozent der beitragspflichtigen Einnahmen der sozialen Pflegeversicherung des Vorjahres entspricht. <u>Für die Berechnung des Abführungsbetrags wird der Beitragssatz gemäß § 55 Absatz 1 zugrunde gelegt.</u>
(2) Die Zuführung nach Absatz 1 erfolgt erstmals zum 20. Februar 2015 und endet mit der Zahlung für Dezember 2033.	(2) Die Zuführung nach Absatz 1 erfolgt erstmals zum 20. Februar 2015 und endet mit der Zahlung für Dezember 2033.

Gesetzesbegründung Drs. 18/5926 zu § 135

Änderung zum 1. Januar 2016

Die Ergänzung dient der gesetzlichen Klarstellung des Verfahrens, das bisher lediglich in der Begründung zum Ersten Pflegestärkungsgesetz beschrieben wird.

unverändert

§ 136 Verwendung des Sondervermögens

Ab dem Jahr 2035 kann das Sondervermögen zur Sicherung der Beitragssatzstabilität der sozialen Pflegeversicherung verwendet werden, wenn ohne eine Zuführung von Mitteln an den Ausgleichsfonds eine Beitragssatzanhebung erforderlich würde, die nicht auf über eine allgemeine Dynamisierung der Leistungen hinausgehenden Leistungsverbesserungen beruht. Die Obergrenze der jährlich auf Anforderung des Bundesversicherungsamtes an den Ausgleichsfonds abführbaren Mittel ist der 20. Teil des Realwertes des zum 31. Dezember 2034 vorhandenen Mittelbestandes des Sondervermögens. Erfolgt in einem Jahr kein Abruf, so können die für dieses Jahr vorgesehenen Mittel in den Folgejahren mit abgerufen werden, wenn ohne eine entsprechende Zuführung von Mitteln an den Ausgleichsfonds eine Beitragssatzanhebung erforderlich würde, die nicht auf über eine allgemeine Dynamisierung der Leistungen hinausgehenden Leistungsverbesserungen beruht.

§ 137 Vermögenstrennung

Das Vermögen ist von dem übrigen Vermögen der sozialen Pflegeversicherung sowie von seinen Rechten und Verbindlichkeiten getrennt zu halten.

§ 138 Jahresrechnung

Die Deutsche Bundesbank legt dem Bundesministerium für Gesundheit jährlich einen Bericht über die Verwaltung der Mittel des Sondervermögens vor. Darin sind der Bestand des Sondervermögens einschließlich der Forderungen und Verbindlichkeiten sowie die Einnahmen und Ausgaben auszuweisen.

§ 139 Auflösung

Das Sondervermögen gilt nach Auszahlung seines Vermögens als aufgelöst.

Fünfzehntes Kapitel
Überleitungs- und Übergangsrecht

Neu eingefügt mit Geltung ab 1.1.2017

Fünfzehntes Kapitel
Überleitungs- und Übergangsrecht

Erster Abschnitt
Regelungen zur Rechtsanwendung im Übergangszeitraum, zur Überleitung in die Pflegegrade, zum Besitzstandsschutz für Leistungen der Pflegeversicherung sowie Übergangsregelungen im Begutachtungsverfahren im Rahmen der Einführung des neuen Pflegebedürftigkeitsbegriffs

§ 140 Anzuwendendes Recht und Überleitung in die Pflegegrade

§ 141 Besitzstandsschutz und Übergangsrecht zur sozialen Sicherung von Pflegepersonen

§ 142 Übergangsregelungen im Begutachtungsverfahren

§ 143 Sonderanpassungsrecht für die Allgemeinen Versicherungsbedingungen und die technischen Berechnungsgrundlagen privater Pflegeversicherungsverträge

Zweiter Abschnitt
Sonstige Überleitungs- und Übergangsregelungen

§ 144 Überleitungs- und Übergangsregelungen, Verordnungsermächtigung

Gesetzesbegründung Drs. 18/5926 zur Anfügung des Fünfzehnten Kapitels (§§ 140-144)

Geltung ab 1. Januar 2017

Es wird ein neues Fünfzehntes Kapitel zur Aufnahme von Überleitungs- und Übergangsvorschriften in das SGB XI aufgenommen.

Zum Ersten Abschnitt (§§ 140 bis 143)

Im Ersten Abschnitt des neuen Fünfzehnten Kapitels werden mit den §§ 140 bis 143 Regelungen zur Rechtsanwendung im Übergangszeitraum, zur Überleitung in die Pflegegrade sowie zum Besitzstandsschutz für Leistungen der Pflegeversicherung und Übergangsregelungen im Begutachtungsverfahren sowie Anpassungen für die private Pflege-Pflichtversicherung und für die ergänzende Pflegekrankenversicherung im Rahmen der Einführung des neuen Pflegebedürftigkeitsbegriffs und des entsprechenden neuen Begutachtungsverfahrens getroffen.

Zum Zweiten Abschnitt (§ 144)

Es wird ein Zweiter Abschnitt zur Aufnahme sonstiger Überleitungs- und Übergangsvorschriften geschaffen.

Fassung ab 1.1.2017

§ 140 Anzuwendendes Recht und Überleitung in die Pflegegrade

(1) Die Feststellung des Vorliegens von Pflegebedürftigkeit oder einer erheblich eingeschränkten Alltagskompetenz nach § 45a in der am 31. Dezember 2016 geltenden Fassung erfolgt jeweils auf der Grundlage des zum Zeitpunkt der Antragstellung geltenden Rechts. Der Erwerb einer Anspruchsberechtigung auf Leistungen der Pflegeversicherung richtet sich ebenfalls nach dem zum Zeitpunkt der Antragstellung geltenden Recht.

(2) Versicherte der sozialen Pflegeversicherung und der privaten Pflege-Pflichtversicherung,

1. bei denen das Vorliegen einer Pflegestufe im Sinne der §§ 14 und 15 in der am 31. Dezember 2016 geltenden Fassung oder einer erheblich eingeschränkten Alltagskompetenz nach § 45a in der am 31. Dezember 2016 geltenden Fassung festgestellt worden ist und

2. bei denen spätestens am 31. Dezember 2016 alle Voraussetzungen für einen Anspruch auf eine regelmäßig wiederkehrende Leistung der Pflegeversicherung vorliegen,

werden mit Wirkung ab dem 1. Januar 2017 ohne erneute Antragstellung und ohne erneute Begutachtung nach Maßgabe von Satz 3 einem Pflegegrad zugeordnet. Die Zuordnung ist dem Versicherten schriftlich mitzuteilen. Für die Zuordnung gelten die folgenden Kriterien:

1. Versicherte, bei denen eine Pflegestufe nach den §§ 14 und 15 in der am 31. Dezember 2016 geltenden Fassung, aber nicht zusätzlich eine erheblich eingeschränkte Alltagskompetenz nach § 45a in der am 31. Dezember 2016 geltenden Fassung festgestellt wurde, werden übergeleitet

    a) von Pflegestufe I in den Pflegegrad 2,

    b) von Pflegestufe II in den Pflegegrad 3,

    c) von Pflegestufe III in den Pflegegrad 4 oder

    d) von Pflegestufe III in den Pflegegrad 5, soweit die Voraussetzungen für Leistungen nach § 36 Absatz 4 oder § 43 Absatz 3 in der am 31. Dezember 2016 geltenden Fassung festgestellt wurden;

2. Versicherte, bei denen eine erheblich eingeschränkte Alltagskompetenz nach § 45a in der am 31. Dezember 2016 geltenden Fassung festgestellt wurde, werden übergeleitet

    a) bei nicht gleichzeitigem Vorliegen einer Pflegestufe nach den §§ 14 und 15 in der am 31. Dezember 2016 geltenden Fassung in den Pflegegrad 2,

    b) bei gleichzeitigem Vorliegen der Pflegestufe I nach den §§ 14 und 15 in der am 31. Dezember 2016 geltenden Fassung in den Pflegegrad 3,

    c) bei gleichzeitigem Vorliegen der Pflegestufe II nach den §§ 14 und 15 in der am 31. Dezember 2016 geltenden Fassung in den Pflegegrad 4,

    d) bei gleichzeitigem Vorliegen der Pflegestufe III nach den §§ 14 und 15 in der am 31. Dezember 2016 geltenden Fassung, auch soweit zusätzlich die Voraussetzungen für Leistungen nach § 36 Absatz 4 oder § 43 Absatz 3 in der am 31. Dezember 2016 geltenden Fassung festgestellt wurden, in den Pflegegrad 5.

(3) Die Zuordnung zu dem Pflegegrad, in den der Versicherte gemäß Absatz 2 übergeleitet worden ist, bleibt auch bei einer Begutachtung nach dem ab dem 1. Januar 2017 geltenden Recht erhalten, es sei denn, die Begutachtung führt zu einer Anhebung des Pflegegrades oder zu der Feststellung, dass keine Pflegebedürftigkeit im Sinne der §§ 14 und 15 in der ab dem 1. Januar 2017 geltenden Fassung mehr vorliegt. Satz 1 gilt auch bei einem Erlöschen der Mitgliedschaft im Sinne von § 35 ab dem 1. Januar 2017, wenn die neue Mitgliedschaft unmittelbar im Anschluss begründet wird. Die Pflegekasse, bei der die Mitgliedschaft beendet wird, ist verpflichtet, der Pflegekasse, bei der die neue Mitgliedschaft begründet wird, die bisherige Einstufung des Versicherten rechtzeitig schriftlich mitzuteilen. Entsprechendes gilt bei einem Wechsel zwischen privaten Krankenversicherungsunternehmen und einem Wechsel von sozialer zu privater sowie von privater zu sozialer Pflegeversicherung.

(4) Stellt ein Versicherter, bei dem das Vorliegen einer Pflegebedürftigkeit oder einer erheblich eingeschränkten Alltagskompetenz nach § 45a in der am 31. Dezember 2016 geltenden Fassung festgestellt wurde, ab dem 1. Januar 2017 einen erneuten Antrag auf Feststellung von Pflegebedürftigkeit und lagen die tatsächlichen Voraussetzungen für einen höheren als durch die Überleitung erreichten Pflegegrad bereits vor dem 1. Januar 2017 vor, richten sich die ab dem Zeitpunkt der Änderung der tatsächlichen Verhältnisse zu erbringenden Leistungen im Zeitraum vom 1. November 2016 bis 31. Dezember 2016 nach dem ab 1. Januar 2017 geltenden Recht. Entsprechendes gilt für Versicherte bei einem privaten Pflegeversicherungsunternehmen.

Gesetzesbegründung Drs. 18/5926 zu § 140

Geltung ab 1. Januar 2017

Zu Absatz 1

Die Feststellung des Vorliegens von Pflegebedürftigkeit und der weiteren für das Vorliegen einer Anspruchsberechtigung erforderlichen Voraussetzungen (z. B. das Vorliegen der Vorversicherungszeiten) bestimmt sich nach dem zum Zeitpunkt der Antragstellung geltenden Recht.

Dieser Grundsatz umfasst das gesamte Verfahren von Antragstellung über die Begutachtung bis zum Erlass des Leistungsbescheids und gilt auch für nachfolgende Widerspruchs- und sozialgerichtliche Verfahren. Für den Zeitpunkt der Antragstellung kommt es auf den Eingang des Antrags bei der Pflegekasse an.

Redaktionelle Anmerkung:

Satz 2 wurde erst aufgrund der Beschlussempfehlung des Ausschusses für Gesundheit eingefügt. Es handelt sich dabei um eine gesetzliche Klarstellung, dass Versicherte auch im Falle des Kassenwechsels nach dem Stichtag ihren im Wege der Überleitung erworbenen Besitzstandsschutz behalten. Eine gesetzliche Regelung ist erforderlich, da § 35 ansonsten das Erlöschen des Anspruchs per Gesetz regelt mit der Folge, dass ein Neuantrag nach neuem Recht gestellt werden müsste. Zudem wird klargestellt, dass dies bei einem Wechsel zwischen privaten Krankenversicherungsunternehmen und einem Wechsel von sozialer zu privater sowie von privater zu sozialer Pflegeversicherung in gleicher Weise gilt.

Zu Absatz 2

Um die Leistungsansprüche der bisherigen Leistungsbezieher ab dem 1. Januar 2017 eindeutig zu klären, werden Überleitungsregelungen geschaffen. Die Gestaltung der Überleitungsregelungen verfolgt zwei wesentliche Ziele: Zum einen sollen bisherige Leistungsbezieher durch die Einführung des neuen Pflegebedürftigkeitsbegriffs nicht schlechter als bisher gestellt werden. Daher erfolgt die Überleitung grundsätzlich in einen Pflegegrad, mit dem entweder gleich hohe oder höhere Leistungen als bisher verbunden sind. Ist dies ausnahmsweise nicht der Fall, wird ein Besitzstandsschutz geschaffen (§ 141). Zum anderen sollen umfangreiche Neubegutachtungen vermieden werden, um eine Überlastung der MDK und des medizinischen Dienstes der privaten Krankenversicherung, der Medicproof GmbH, im Zuge der Umstellung zu vermeiden.

Daher wurden die Überleitungsregelungen im Einklang mit der mehrheitlichen Empfehlung des Expertenbeirats zur konkreten Ausgestaltung des neuen Pflegebedürftigkeitsbegriffs so gestaltet, wie sich nach den Ergebnissen der Erprobungsstudien die Mehrheit der bisherigen Leistungsbezieher bei einer Neubegutachtung voraussichtlich stellen würde. Im Ergebnis wird damit kein bisheriger Leistungsbezieher schlechter gestellt; es werden aber viele bisherige Leistungsbezieher deutlich besser als heute gestellt. Dies betrifft insbesondere Pflegebedürftige, die bis zur Umstellung Leistungen aufgrund einer erheblich eingeschränkten Alltagskompetenz im Sinne des § 45a SGB XI in der Fassung am 31. Dezember 2016 bezogen haben. Dieser Personenkreis, der sich aus Pflegebedürftigen mit vorrangig psychischen oder kognitiven Beeinträchtigungen, etwa aufgrund einer demenziellen Erkrankung, zusammensetzt, wird regelhaft einen Pflegegrad höher eingestuft als Pflegebedürftige mit vorrangig körperlichen Beeinträchtigungen (sog. doppelter Stufensprung), um die Gleichstellung mit Personen mit vorrangig körperlichen Beeinträchtigungen auch im Rahmen der Überleitung so weit wie möglich zu verwirklichen.

Maßgeblich für das Vorliegen einer Anspruchsberechtigung auf Leistungen der Pflegeversicherung in der am 31. Dezember 2016 geltenden Fassung ist nach Absatz 1 das zum Zeitpunkt der Antragstellung geltende Recht. Anspruchsberechtigt in diesem Sinne sind Versicherte, bei denen Pflegebedürftigkeit im Sinne der §§ 14 und 15 in der Fassung am 31. Dezember 2016 oder eine erheblich eingeschränkten Alltagskompetenz nach § 45a in der Fassung am 31. Dezember 2016 festgestellt wurde und die die weiteren Anspruchsvoraussetzungen erfüllen. Insbesondere müssen die Anspruchsvoraussetzungen für mindestens eine der regelmäßig wiederkehrenden Leistungen des § 28 Absatz 1 in der Fassung am 31. Dezember 2016 vorliegen.

Die Überleitungsregelung gilt auch für Versicherte, die aufgrund von Artikel 45 des Pflege-Versicherungsgesetzes übergeleitet wurden. Sie bezieht sich auf die Pflegestufe, die die Versicherten nach der Überleitung erhalten haben, soweit nicht zwischenzeitlich eine Neueinstufung erfolgt ist.

Zu Absatz 3

Der sich aus der Überleitung ergebende Pflegegrad besteht grundsätzlich bis zu einer erneuten Begutachtung, unabhängig davon, ob die Begutachtung aufgrund eines Höherstufungsantrags oder einer späteren Wiederholungsbegutachtung erfolgt. Soweit sich durch die Neubegutachtung keine Anhebung des Pflegegrads oder die Feststellung, dass keine Pflegebedürftigkeit mehr vorliegt, ergibt, kann der Versicherte auf Wunsch in dem Pflegegrad, der sich aus der Überleitung ergeben hat, verbleiben. Damit wird auch für die Zukunft gewährleistet, dass Pflegebedürftige, die zum Umstellungsstichtag anspruchsberechtigt waren, aufgrund der Einführung des neuen Pflegebedürftigkeitsbegriffs nicht schlechter gestellt werden als nach dem bisherigen Recht.

Zu Absatz 4

Redaktionelle Anmerkung:

Absatz 4 wurde erst aufgrund der Empfehlung des Ausschusses für Gesundheit eingefügt (siehe Drs. 18/6688). Er war im ursprünglichen Gesetzentwurf nicht enthalten.

Die Regelung betrifft den Fall, dass ein Pflegebedürftiger, bei dem bereits eine Pflegebedürftigkeit oder das Vorliegen einer erheblich eingeschränkten Alltagskompetenz nach § 45a in der am

31. Dezember 2016 geltenden Fassung durch Leistungsbescheid festgestellt wurde und bei dem in der Zeit vor dem 1. Januar 2017 eine tatsächliche Verschlechterung seines Gesundheitszustandes erfolgte, aber erst in der Zeit ab dem 1. Januar 2017 ein Höherstufungsantrag gestellt wird (zum Beispiel weil ärztlicherseits oder von Seiten der Pflegekräfte zunächst die weitere Entwicklung und Wirkung von therapeutischen oder pflegerischen Maßnahmen abgewartet werden sollte). In diesem Fall soll nach § 48 Absatz 1 Satz 2 Nummer 1 SGB X der Zeitpunkt der wesentlichen Änderung der Verhältnisse als maßgeblich angesehen werden. Entsprechende Leistungen wären rückwirkend ab diesem Zeitpunkt zu gewähren. Da sich in diesem Fall aufgrund des Zeitpunkts der Antragstellung die Feststellung über das Vorliegen von Pflegebedürftigkeit sowie die dazugehörigen Leistungen nach dem ab dem 1. Januar 2017 geltenden Recht bemessen, ist eine Regelung erforderlich, mit der festgelegt wird, wie die Leistungen im Zeitraum ab tatsächlicher Verschlechterung bis zum 31. Dezember 2016 bemessen werden können. Da aus der Feststellung eines Pflegegrads keine empirisch begründbaren Aussagen darüber getroffen werden können, welche Pflegestufe ein Versicherter mit der gleichen gesundheitlichen Situation erhalten hätte, sollen sich in diesen Fällen die Leistungen auch dann nach dem neuen Recht bestimmen, wenn sie für den Zeitraum vor dem 1. Januar 2017 zu leisten sind. Die Wirkung dieser Regelung wird auf den Zeitraum vom 1. November 2016 bis 31. Dezember 2016 beschränkt, da die bisherige Begutachtungspraxis zeigt, dass Fälle, in denen tatsächliche Verschlechterung und Antragstellung zeitlich um mehr als einige Tage auseinanderfallen, nur in Einzelfällen mehr als zwei Monate zurückreichen.

Die Auswirkungen dieser Rückwirkungsvorschrift im Bereich der sozialen Sicherung der Pflegepersonen werden für die Rentenversicherung in § 141 Absatz 4a geregelt.

Für die Arbeitslosenversicherung bedarf es keiner Sonderregelung, da die Einbeziehung in den Versicherungsschutz in der Arbeitslosenversicherung bis 31. Dezember 2016 nach dem bis dahin geltenden Recht – ggf. auch rückwirkend – möglich ist.

Für den Versicherungsschutz in der Unfallversicherung ist es nicht erforderlich, dass Pflegebedürftigkeit zum Zeitpunkt eines Unfalls der Pflegeperson bereits festgestellt worden ist; der Umfang der Leistungen der Unfallversicherung ändert sich durch die neuen Regelungen nicht, sodass auch im Bereich der Unfallversicherung für die hier zu regelnden Fälle kein gesonderter Regelungsbedarf besteht.

Fassung ab 1.1.2017

§ 141 Besitzstandsschutz und Übergangsrecht zur sozialen Sicherung von Pflegepersonen

(1) Versicherte der sozialen Pflegeversicherung und der privaten Pflege-Pflichtversicherung sowie Pflegepersonen, die am 31. Dezember 2016 Anspruch auf Leistungen der Pflegeversicherung haben, erhalten Besitzstandsschutz auf die ihnen unmittelbar vor dem 1. Januar 2017 zustehenden, regelmäßig wiederkehrenden Leistungen nach den §§ 36, 37, 38, 38a, 40 Absatz 2, den §§ 41, 44a, 45b, 123 und 124 in der am 31. Dezember 2016 geltenden Fassung. Hinsichtlich eines Anspruchs auf den erhöhten Betrag nach § 45b in der am 31. Dezember 2016 geltenden Fassung richtet sich die Gewährung von Besitzstandsschutz abweichend von Satz 1 nach Absatz 2. Für Versicherte, die am 31. Dezember 2016 Leistungen nach § 43 bezogen haben, richtet sich der Besitzstandsschutz nach Absatz 3. Kurzfristige Unterbrechungen im Leistungsbezug lassen den Besitzstandsschutz jeweils unberührt.

(2) Versicherte,

1. die am 31. Dezember 2016 einen Anspruch auf den erhöhten Betrag nach § 45b Absatz 1 in der am 31. Dezember 2016 geltenden Fassung haben und

2. deren Höchstleistungsansprüche, die ihnen nach den §§ 36, 37 und 41 unter Berücksichtigung des § 140 Absatz 2 und 3 ab dem 1. Januar 2017 zustehen, nicht um jeweils mindestens 83 Euro monatlich höher sind als die entsprechenden Höchstleistungsansprüche, die ihnen nach den §§ 36, 37 und 41 unter Berücksichtigung des § 123 in der am 31. Dezember 2016 geltenden Fassung am 31. Dezember 2016 zustanden,

haben ab dem 1. Januar 2017 Anspruch auf einen Zuschlag auf den Entlastungsbetrag nach § 45b in der ab dem 1. Januar 2017 jeweils geltenden Fassung. Die Höhe des monatlichen Zuschlags ergibt sich aus der Differenz zwischen 208 Euro und dem Leistungsbetrag, der in § 45b Absatz 1 Satz 1 in der ab dem 1. Januar 2017 jeweils geltenden Fassung festgelegt ist. Das Bestehen eines Anspruchs auf diesen Zuschlag ist den Versicherten schriftlich mitzuteilen und zu erläutern.

(3) Ist bei Pflegebedürftigen der Pflegegrade 2 bis 5 in der vollstationären Pflege der einrichtungseinheitliche Eigenanteil nach § 92e oder nach § 84 Absatz 2 Satz 3 im ersten Monat nach der Einführung des neuen Pflegebedürftigkeitsbegriffs höher als der jeweilige individuelle Eigenanteil im Vormonat, so ist zum Leistungsbetrag nach § 43 von Amts wegen ein Zuschlag in Höhe der Differenz von der Pflegekasse an die Pflegeeinrichtung zu zahlen. In der Vergleichsberechnung nach Satz 1 sind für beide Monate jeweils die vollen Pflegesätze und Leistungsbeträge zugrunde zu legen. Verringert sich die Differenz zwischen Pflegesatz und Leistungsbetrag in der Folgezeit, ist der Zuschlag entsprechend zu kürzen. Dies gilt entsprechend für Versicherte der privaten Pflege- Pflichtversicherung.

(4) Für Personen, die am 31. Dezember 2016 wegen nicht erwerbsmäßiger Pflege rentenversicherungspflichtig waren und Anspruch auf die Zahlung von Beiträgen zur gesetzlichen Rentenversicherung nach § 44 in der am 31. Dezember 2016 geltenden Fassung hatten, besteht die Versicherungspflicht für die Dauer dieser Pflegetätigkeit fort. Die beitragspflichtigen Einnahmen ab dem 1. Januar 2017 bestimmen sich in den Fällen des Satzes 1 nach Maßgabe des § 166 Absatz 2 und 3 des Sechsten Buches in der am 31. Dezember 2016 geltenden Fassung, wenn sie höher sind als die beitragspflichtigen Einnahmen, die sich aus dem ab dem 1. Januar 2017 geltenden Recht ergeben.

(4a) In den Fällen des § 140 Absatz 4 richten sich die Versicherungspflicht als Pflegeperson in der Rentenversicherung und die Bestimmung der beitragspflichtigen Einnahmen für Zeiten vor dem 1. Januar 2017 nach den §§ 3 und 166 des Sechsten Buches in der bis zum 31. Dezember 2016 geltenden Fassung. Die dabei anzusetzende Pflegestufe erhöht sich entsprechend dem Anstieg des Pflegegrades gegenüber dem durch die Überleitung erreichten Pflegegrad.

(5) Absatz 4 ist ab dem Zeitpunkt nicht mehr anwendbar, zu dem nach dem ab dem 1. Januar 2017 geltenden Recht festgestellt wird, dass

1. bei der versorgten Person keine Pflegebedürftigkeit im Sinne der §§ 14 und 15 in der ab dem 1. Januar 2017 geltenden Fassung vorliegt oder

2. die pflegende Person keine Pflegeperson im Sinne des § 19 in der ab dem 1. Januar 2017 geltenden Fassung ist.

Absatz 4 ist auch nicht mehr anwendbar, wenn sich nach dem 31. Dezember 2016 eine Änderung in den Pflege-verhältnissen ergibt, die zu einer Änderung der beitragspflichtigen Einnahmen nach § 166 Absatz 2 des Sechs-ten Buches in der ab dem 1. Januar 2017 geltenden Fassung führt oder ein Ausschlussgrund nach § 3 Satz 2 oder 3 des Sechsten Buches eintritt.

(6) Für Pflegepersonen im Sinne des § 44 Absatz 2 gelten die Absätze 4, 4a und 5 entsprechend.

(7) Für Personen, die am 31. Dezember 2016 wegen nicht erwerbsmäßiger Pflege in der gesetzlichen Unfallver-sicherung versicherungspflichtig waren, besteht die Versicherungspflicht für die Dauer dieser Pflegetätigkeit fort. Satz 1 gilt, soweit und solange sich aus dem ab dem 1. Januar 2017 geltenden Recht keine günstigeren Ansprüche ergeben. Satz 1 ist ab dem Zeitpunkt nicht mehr anwendbar, zu dem nach dem ab dem 1. Januar 2017 geltenden Recht festgestellt wird, dass bei der versorgten Person keine Pflegebedürftigkeit im Sinne der §§ 14 und 15 in der ab dem 1. Januar 2017 geltenden Fassung vorliegt.

Gesetzesbegründung Drs. 18/5926 zu § 141

Geltung ab 1. Januar 2017

Kein Leistungsberechtigter, der vor der Einführung des neuen Pflegebedürftigkeitsbegriffs bereits Leistungen bezogen hat, soll nach der Umstellung betragsmäßig niedrigere Ansprüche erhalten oder einen völligen Verlust von Ansprüchen erleiden. Dies wird im Kern durch die Regelungen in § 140 zur Überleitung der Hilfe- und Pflegebedürftigen in die neuen Pflegegrade in der Weise sichergestellt, dass ein Leistungsberechtigter nach dem sog. Stufensprung insgesamt keinen gerin-geren Leistungsanspruch hat als vor der Umstellung auf das neue Recht. Eine zusätzliche Absiche-rung des Prinzips der Vermeidung von Schlechterstellungen soll für mögliche und derzeit nicht oder noch nicht absehbare Konstellationen durch verschiedene Besitzstandsschutzregelungen gewähr-leistet werden.

Zu Absatz 1

Absatz 1 regelt den erforderlichen Schutz des Besitzstandes für Leistungen der Pflegeversicherung ab Geltung des neuen Rechts im Bereich der häuslichen Pflege. Danach gilt als Grundsatz, dass die dort genannten regelmäßig wiederkehrenden Leistungen, die den Leistungsberechtigten bis zum Zeitpunkt der Umstellung auf das neue Recht zustehen, vom Besitzstandsschutz erfasst sind und dass auch weiterhin ein Anspruch auf diese Leistungen besteht.

Der Besitzstand bezieht sich auf die monatlich regelmäßig wiederkehrenden Leistungen. Bei ein-maligen Leistungen, wie z. B. Zuschüssen zu wohnumfeldverbessernden Maßnahmen, bedarf es keines Besitzstandsschutzes, weil hier keine Änderungen in der Leistungshöhe erfolgen. Auch bei der Kurzzeitpflege hat Besitzstandsschutz keine Bedeutung, weil der Leistungsbetrag nicht verän-dert wird.

Für die Geltung und die Anwendung der Besitzstandsschutzregelungen nach Absatz 1 sind nachfol-gende Erwägungen und Grundsätze wesentlich:

Voraussetzung für die Geltung des Besitzstandsschutzes ist stets, dass die allgemeinen Leistungsvo-raussetzungen, die unabhängig von der Feststellung eines Pflegegrades vorliegen müssen, erfüllt sind. Das bedeutet auch, dass der Besitzstandsschutz endet, wenn kein Pflegebedarf mehr besteht.

Allgemeine Leistungsausschlussregelungen, wie das Ruhen von Leistungen nach § 34, finden Anwendung.

Der Besitzstand gilt sowohl in der sozialen als auch in der privaten Pflegeversicherung. Er soll auch faktisch bei der Beihilfe nachvollzogen werden, so wie die Beihilfe bisher immer Leistungsverbesserungen des SGB XI nachvollzogen hat. Verbindliche Vorgaben kann der Bundesgesetzgeber dem Landesbeihilferecht allerdings nicht machen, weil ihm die Gesetzgebungszuständigkeit hierfür fehlt.

Der Besitzstandsschutz bleibt auch dann erhalten, wenn eine pflegebedürftige Person den Versicherungsträger wechselt, also beim Wechsel von Pflegekasse zu Pflegekasse, von Versicherungsunternehmen zu Versicherungsunternehmen, von sozialer zu privater Pflegeversicherung oder von privater zu sozialer Pflegeversicherung.

Für alle in Absatz 1 Satz 1 bis 3 aufgeführten Fälle des Besitzstandsschutzes gilt: Kurzfristige Unterbrechungen im Leistungsbezug unmittelbar vor Inkrafttreten des neuen Rechts sind für die Gewährung des Besitzstandsschutzes ohne Bedeutung, z. B. wenn die Leistungen wegen eines Krankenhausaufenthaltes im Monat vor der Rechtsänderung ruhten. Kurzfristige Unterbrechungen nach Inkrafttreten des neuen Rechts lassen den Besitzstandsschutz ebenfalls unberührt.

Besitzstandsschutz genießen nicht nur die Leistungsbeträge im Dauerrecht des Vierten Kapitels des SGB XI (§§ 28 bis 45d in der am 31. Dezember 2016 geltenden Fassung), sondern auch die des Übergangsrechts in den §§ 123 und 124 in der am 31. Dezember 2016 geltenden Fassung.

Soweit Pflegebedürftige vor der Umstellung auf das neue Recht Anspruch auf den erhöhten Betrag nach § 45b in der am 31. Dezember 2016 geltenden Fassung haben, richtet sich der Besitzstandsschutz nach Absatz 2.

Für die vollstationäre Pflege ist Absatz 3 einschlägig.

Zu Absatz 2

Durch den Wegfall des bisherigen § 45a sowie der damit zusammenhängenden Regelungen und die Einführung eines für alle Pflegebedürftigen einheitlichen Entlastungsbetrages in § 45b entfällt die Leistung eines erhöhten Betrages wie er bislang in § 45b Absatz 1 Satz 2 vorgesehen war. Mit der Einführung des neuen Pflegebedürftigkeitsbegriffs werden die Belange von Versicherten mit dauerhaft erheblich eingeschränkter Alltagskompetenz nun – anstatt Sonderbestimmungen für sie vorzusehen – bereits im Rahmen der Einstufung in einen Pflegegrad mit einbezogen. Bei der Überleitung in die neuen Pflegegrade wird bei Versicherten mit dauerhaft erheblich eingeschränkter Alltagskompetenz, die am 31. Dezember 2016 Anspruch auf Leistungen der Pflegeversicherung haben, zudem gemäß § 140 ein sogenannter doppelter Stufensprung vorgesehen, um die Gleichstellung mit Pflegebedürftigen mit vorrangig körperlichen Beeinträchtigungen möglichst weitgehend zu verwirklichen. Hierdurch werden die Versicherten mit dauerhaft erheblich eingeschränkter Alltagskompetenz in Bezug auf ihre Anspruchsberechtigung auf Leistungen der Pflegeversicherung bereits in großem Umfang besser gestellt als sie bis zum 31. Dezember 2016 standen. Infolgedessen schlägt sich der Verlust des Differenzbetrages zwischen dem bisherigen erhöhten Betrag in Höhe von 208 Euro monatlich und dem neu eingeführten einheitlichen Entlastungsbetrag in Höhe von 125 Euro monatlich – das sind 83 Euro monatlich – bei ihnen regelmäßig nicht im Wegfall von Leistungen nieder.

Stehen sich die Versicherten, die am 31. Dezember 2016 Anspruch auf den erhöhten Betrag nach § 45b in der am 31. Dezember 2016 geltenden Fassung haben, nach dem für sie ab dem 1. Januar 2017 geltenden Recht trotz des sog. doppelten Stufensprungs nach § 140 in Bezug auf einen der ihnen nach § 36 oder § 37 oder § 41 zustehenden Ansprüche jedoch nicht um mindestens jeweils 83 Euro monatlich besser, so erhalten sie Besitzstandsschutz. Die Vorschrift des § 123 in der am 31. Dezember 2016 geltenden Fassung ist dabei in die vergleichende Betrachtung mit einzubeziehen.

Zur Vereinfachung für die Anspruchsberechtigten und die Rechtsanwender wird dieser Besitzstandsschutz nicht durch Aufrechterhaltung des aus dem bisherigen § 45b folgenden Anspruchs gewährt, sondern durch Gewährung eines Zuschlags auf den Entlastungsbetrag nach § 45b in der ab dem 1. Januar 2017 jeweils geltenden Fassung. Dieser Zuschlag kann ebenso verwendet werden wie der in § 45b in der ab dem 1. Januar 2017 jeweils geltenden Fassung geregelte Entlastungsbetrag. Der monatliche Zuschlag kann insbesondere ebenso wie der Entlastungsbetrag gemäß § 45b Absatz 2 flexibel innerhalb des jeweiligen Kalenderjahres in Anspruch genommen und der nicht verbrauchte Betrag ebenfalls in das darauffolgende Kalenderhalbjahr übertragen werden. Der Zuschlag wird bei Bestehen eines Anspruchs auf den Entlastungsbetrag automatisch gewährt, er muss also nicht gesondert beantragt werden.

Versicherte, die ab dem 1. Januar 2017 – auch unter Berücksichtigung des § 123 in der am 31. Dezember 2016 geltenden Fassung – sowohl in Bezug auf den ihnen nach § 36 als auch § 37 als auch § 41 zustehenden Leistungsanspruch im Umfang von mindestens 83 Euro monatlich besser gestellt sind als am 31. Dezember 2016, können ihren bis zur Umstellung praktizierten Leistungsbezug nach Wegfall des erhöhten Betrages hingegen auch ohne Anspruch auf einen Zuschlag unverändert fortführen. Haben sie für den wegfallenden Differenzbetrag bislang Leistungen ambulanter Pflegedienste im Bereich der Betreuung oder hauswirtschaftlichen Versorgung oder Leistungen niedrigschwelliger Betreuungs- oder Entlastungsangebote in Anspruch genommen, so können sie hierfür ab dem 1. Januar 2017 ihren höheren Anspruch aus § 36 – ggf. in Verbindung mit dem Umwandlungsanspruch gemäß § 45a Absatz 4 – einsetzen. Haben sie für den Differenzbetrag bislang Leistungen der Tages- oder Nachtpflege bezogen, können sie hierfür ihren höheren Anspruch aus § 41 nutzen. Haben sie den erhöhten Betrag im Jahresverlauf angespart, um hiermit Kosten im Zusammenhang mit der Inanspruchnahme einer Kurzzeitpflege zu finanzieren, so können sie ihren höheren Anspruch auf Pflegegeld einsetzen, um einen entsprechenden Betrag anzusparen und hierfür zu nutzen. Im Übrigen kann der höhere Anspruch auf Pflegegeld aufgrund der freien Verwendbarkeit des Pflegegeldes zur Sicherstellung der Pflege auch für alle anderen Leistungsarten eingesetzt werden, die bislang aus dem erhöhten Betrag nach § 45b Absatz 1 finanziert werden konnten. Sofern die den Versicherten ab dem 1. Januar 2017 zustehenden Höchstleistungsansprüche nach den §§ 36, 37 und 41 jeweils um mindestens 83 Euro monatlich höher sind als die entsprechenden Höchstleistungsansprüche, die ihnen am 31. Dezember 2016 zustanden, führt der Wegfall des Differenzbetrages bei ansonsten gleichbleibendem Leistungsbezug somit nicht zum Wegfall eines bisher möglichen Bezugs von Leistungen.

Die Höhe des Zuschlags errechnet sich aus der Differenz zwischen dem am 31. Dezember 2016 geltenden erhöhten Betrag – das sind 208 Euro – und dem Entlastungsbetrag, der jeweils in § 45b Absatz 1 Satz 1 in der ab dem 1. Januar 2017 geltenden Fassung festgelegt ist. Zum 1. Januar 2017 beträgt der Entlastungsbetrag 125 Euro monatlich, so dass der Zuschlag dann bei 83 Euro monatlich liegt. Wird der Entlastungsbetrag in der Folge angehoben, sinkt der Zuschlag entsprechend, so dass stets eine Leistungshöhe von bis zu 208 Euro monatlich für Leistungen nach § 45b erreicht wird.

Versicherte, die nach dieser Vorschrift Anspruch auf einen Zuschlag auf den Entlastungsbetrag haben, sind von der Pflegekasse oder dem privaten Versicherungsunternehmen hierüber schriftlich zu informieren. Die Höhe und die Verwendbarkeit des Betrages sind den Versicherten dabei zu erläutern.

Zu Absatz 3

Durch Absatz 3 soll sichergestellt werden, dass durch die Überleitung der Pflegesätze bzw. deren Neuverhandlung kein Pflegebedürftiger in der vollstationären Pflege, der schon vor Einführung des neuen Pflegebedürftigkeitsbegriffs Leistungen erhalten hat (Bestandsfall), einen höheren Eigenanteil am Pflegesatz entrichten muss. Der vorgesehene Zuschlag gleicht entsprechende Unterschiede ab dem Umstellungszeitpunkt aus. Er wird dauerhaft gewährt, ohne dass ein gesonderter Antrag des Versicherten erforderlich ist. Ändert sich die Differenz zwischen dem Leistungsbetrag nach § 43 und dem Pflegesatz in der Folgezeit, z. B. durch eine Anhebung des Pflegesatzes, ist dieser Anstieg vom Pflegebedürftigen zu tragen. Reduziert sich die Differenz z. B. durch eine Anhebung des Leistungsbetrags, so ist der Zuschlag entsprechend abzuschmelzen. Die Zahlungspflicht gilt für private Versicherungsunternehmen in Höhe des tariflichen Erstattungssatzes entsprechend.

Redaktionelle Anmerkung:

Mit Einfügung von Satz 2 aufgrund der Beschlussempfehlung des Ausschusses für Gesundheit wird klargestellt, dass der Zuschlag zum Ausgleich eines höheren Eigenanteils nach Einführung des neuen Pflegebedürftigkeitsbegriffes in einer fiktiven Berechnung der Eigenanteile geprüft wird. Die tatsächlichen Pflegetage müssen dabei unbeachtet bleiben, da ansonsten insbesondere der Einzug in eine vollstationäre Pflegeeinrichtung nach dem Monatsersten sowie mittel- oder längerfristige Abwesenheiten die Höhe der Zuschläge ohne sachlichen Grund maßgeblich beeinflussen würden.

Zu Absatz 4

Durch Absatz 4 wird für Pflegepersonen, die als solche schon unmittelbar vor der Überleitung der Pflegestufen in Pflegegrade rentenversichert waren, eine Weiterzahlung von Rentenversicherungsbeiträgen auf Basis des am 31. Dezember 2016 geltenden Rechts ab dem Umstellungszeitpunkt vorgesehen, wenn diese höher sind als nach neuem Recht. Dadurch werden zeitnahe Neubegutachtungen in großer Anzahl vor allem in den Fällen, in denen mehrere Pflegepersonen den Pflegebedürftigen anteilig pflegen, vermieden. Die beitragspflichtigen Einnahmen sowohl nach altem Recht als auch nach neuem Recht knüpfen an einen bestimmten Prozentwert der (dynamischen) Bezugsgröße an. Der Besitzstandsschutz greift, wenn die aus dem jeweiligen Prozentwert der aktuellen Bezugsgröße resultierenden beitragspflichtigen Einnahmen nach § 166 Absatz 2 und 3 des Sechsten Buches Sozialgesetzbuch in der am 31. Dezember 2016 geltenden Fassung (Besitzschutzbetrag) höher sind als die entsprechenden beitragspflichtigen Einnahmen aus § 166 Absatz 2 des Sechsten Buches Sozialgesetzbuch in der ab 1. Januar 2017 geltenden Fassung.

Zu Absatz 4a

Redaktionelle Anmerkung:

Absatz 4a wurde erst aufgrund der Beschlussempfehlung des Ausschusses für Gesundheit (Drs. 18/6688) eingefügt. Im ursprünglichen Gesetzentwurf fehlte er.

Es handelt sich um eine Folgeregelung zu der Rückwirkungsregelung in § 140 Absatz 4. Ziel der Regelung ist es, für den kurzen Rückwirkungszeitraum von zwei Monaten durch pauschale Zuordnungen zu einer Pflegestufe eine einfach handhabbare und möglichst verwaltungseffiziente Vorgabe zur Ermittlung der Versicherungspflicht und Beitragsbemessungsgrundlage zu schaffen. Diese Vorschrift gilt nur in dem Zeitraum vom 1. November 2016 bis zum 31. Dezember 2016.

In den Fällen, in denen die tatsächlichen Voraussetzungen für einen höheren als durch die Überleitung erreichten Pflegegrad vorliegen, wird für die Frage der Versicherungspflicht als Pflegeperson und für die Bemessung der beitragspflichtigen Einnahmen für Zeiten vor dem 1. Januar 2017 das bis zum 31. Dezember 2016 geltende Rentenrecht für Pflegepersonen angewendet.

Für die Feststellung der Versicherungspflicht und die Bemessung der beitragspflichtigen Einnahmen (§§ 3 und 166 Absatz 2 des Sechsten Buches Sozialgesetzbuch in der am 31. Dezember 2016 geltenden Fassung) ist eine höhere Pflegestufe anzusetzen. Die Erhöhung richtet sich nach dem Anstieg des Pflegegrades gegenüber dem durch die Überleitung erreichten Pflegegrad. Wird zum Beispiel von Pflegestufe 2 in Pflegegrad 3 übergeleitet und dann festgestellt, dass bereits vor dem 1. Januar 2017 die tatsächlichen Voraussetzungen für Pflegegrad 4 vorlagen, ist für die Beitragsbemessung Pflegestufe 3 anzusetzen. Wird nach einer Überleitung von der so genannten Pflegestufe 0 auf Pflegegrad 2 ein Pflegegrad 4 rückwirkend nach § 140 Absatz 4 festgestellt, ist für die Beitragsbemessung Pflegestufe 2 anzusetzen.

Soweit es im Rahmen der §§ 3 Satz 1 Nummer 1a und 166 Absatz 2 des Sechsten Buches Sozialgesetzbuch in der am 31. Dezember 2016 geltenden Fassung darauf ankommt, wie viele Stunden gepflegt wurde (auch für die Aufteilung bei Mehrfachpflege) sind diese Stunden zu ermitteln (ggf. durch Befragung der Pflegepersonen).

Die Vorschrift hat keinerlei Auswirkungen auf die Begutachtung zur rückwirkenden Einstufung des Pflegebedürftigen selbst, die sich nach dem ab dem 1. Januar 2017 geltenden Recht richtet.

Zu Absatz 5

Absatz 5 regelt die Beendigung des Besitzstandsschutzes. Der durch Absatz 4 begründete Besitzstandsschutz für die Pflegepersonen gilt nicht unbegrenzt. Er endet nach Satz 1 Nummer 1 und 2, wenn festgestellt wird (insbesondere auf der Grundlage einer Neubegutachtung oder auf andere Art und Weise, wie z. B. aufgrund einer Änderungsmitteilung durch die Pflegeperson), dass bei der zu pflegenden Person die Voraussetzungen für eine Pflegebedürftigkeit nach neuem Recht nicht mehr gegeben sind oder bei der Pflegeperson selbst die Voraussetzungen für die Anerkennung als Pflegeperson nach neuem Recht entfallen sind.

Wird im Rahmen einer Begutachtung ein niedrigerer Pflegegrad bei der pflegebedürftigen Person ermittelt als der Pflegegrad, in den die Überleitung erfolgte, bleibt der höhere Pflegegrad nach § 140 Absatz 3 maßgebend; dies gilt auch im Hinblick auf den Besitzstandsschutz nach Absatz 4 und diesem Absatz. Die Versicherungspflicht und die Beitragsbemessungsgrundlage richten sich also in diesen Fällen nach dem Pflegegrad, in den die Überleitung erfolgt.

Der Besitzstandsschutz nach Absatz 4 endet nach Absatz 5 Satz 2 auch, wenn sich maßgebende Änderungen im Pflegeverhältnis ergeben. Solche Änderungen wären im Wesentlichen: ein höherer Pflegegrad bei der pflegebedürftigen Person, bei einer pflegebedürftigen Person ändert sich der Status bezüglich Geld,- Kombinations- und Sachleistungsempfänger, es tritt eine Pflegeperson hinzu oder es kommt zu einer Änderung der jeweiligen Pflegequoten bei Mehrfachpflege. Durch die Anwendung des neuen Rechts bei einer wesentlichen Änderung in den Pflegeverhältnissen erfolgt dann eine Gleichstellung mit den Personen, die auch nach neuem Recht pflegen. Die Anwendung neues Rechts bei maßgebenden Änderungen im Pflegeverhältnis ist auch im Hinblick auf die verwaltungstechnische Praktikabilität erforderlich. Solange sich allerdings keine Änderungen in den Pflegeverhältnissen, die schon am 31. Dezember 2016 vorlagen, ergeben und das alte Recht günstiger ist, profitieren die Bestands- Pflegepersonen gegenüber den Neufällen grundsätzlich ohne zeitliche Begrenzung, längstens bis zum Bezug einer Altersvollrente.

Zu Absatz 6

Absatz 6 stellt sicher, dass der Besitzstandsschutz auch für Pflegepersonen, die wegen einer Pflichtmitgliedschaft in einer berufsständischen Versorgungseinrichtung auch in ihrer Pflegetätigkeit von der Versicherungspflicht in der gesetzlichen Rentenversicherung befreit sind oder befreit wären, wenn sie in der gesetzlichen Rentenversicherung versicherungspflichtig wären und einen Befreiungsantrag gestellt hätten, in gleicher Weise gilt, wie für gesetzlich rentenversicherte Pflegepersonen.

Zu Absatz 7

Auch die soziale Sicherung der Pflegepersonen in der Unfallversicherung soll nach dem Grundsatz erfolgen, dass durch die Umstellung auf das neue Recht keine Schlechterstellung erfolgt. Daher sieht Absatz 7 vor, dass die Versicherungspflicht in der Unfallversicherung fortbesteht, sofern sich aus der Anwendung des neuen Rechts hinsichtlich der versicherten Tätigkeit keine günstigeren Ansprüche für die Pflegeperson ergeben. Der Besitzstandsschutz endet nach Satz 3, wenn festgestellt wird, dass bei der zu pflegenden Person die Voraussetzungen für eine Pflegebedürftigkeit nach neuem Recht nicht mehr gegeben sind.

Fassung ab 1.1.2017

§ 142 Übergangsregelungen im Begutachtungsverfahren

(1) Bei Versicherten, die nach § 140 von einer Pflegestufe in einen Pflegegrad übergeleitet wurden, werden bis zum 1. Januar 2019 keine Wiederholungsbegutachtungen nach § 18 Absatz 2 Satz 5 durchgeführt; auch dann nicht, wenn die Wiederholungsbegutachtung vor diesem Zeitpunkt vom Medizinischen Dienst der Krankenversicherung oder anderen unabhängigen Gutachtern empfohlen wurde. Abweichend von Satz 1 können Wiederholungsbegutachtungen durchgeführt werden, wenn eine Verbesserung der gesundheitlich bedingten Beeinträchtigungen der Selbständigkeit oder der Fähigkeiten, insbesondere aufgrund von durchgeführten Operationen oder Rehabilitationsmaßnahmen, zu erwarten ist.

(2) Die Frist nach § 18 Absatz 3 Satz 2 ist vom 1. Januar 2017 bis zum 31. Dezember 2017 unbeachtlich. Abweichend davon ist denjenigen, die ab dem 1. Januar 2017 einen Antrag auf Leistungen der Pflegeversicherung stellen und bei denen ein besonders dringlicher Entscheidungsbedarf vorliegt, spätestens 25 Arbeitstage nach Eingang des Antrags bei der zuständigen Pflegekasse die Entscheidung der Pflegekasse schriftlich mitzuteilen. Der Spitzenverband Bund der Pflegekassen entwickelt bundesweit einheitliche Kriterien für das Vorliegen, die Gewichtung und die Feststellung eines besonders dringlichen Entscheidungsbedarfs. Die Pflegekassen und die privaten Versicherungsunternehmen berichten in der nach § 18 Absatz 3b Satz 4 zu veröffentlichenden Statistik auch über die Anwendung der Kriterien zum Vorliegen und zur Feststellung eines besonders dringlichen Entscheidungsbedarfs.

(3) Abweichend von § 18 Absatz 3a Satz 1 Nummer 2 ist die Pflegekasse vom 1. Januar 2017 bis zum 31. Dezember 2017 nur bei Vorliegen eines besonders dringlichen Entscheidungsbedarfs gemäß Absatz 2 dazu verpflichtet, dem Antragsteller mindestens drei unabhängige Gutachter zur Auswahl zu benennen, wenn innerhalb von 20 Arbeitstagen nach Antragstellung keine Begutachtung erfolgt ist.

Gesetzesbegründung Drs. 18/5926 zu § 142

Geltung ab 1. Januar 2017

Zu Absatz 1

Wiederholungsbegutachtungen nach § 18 Absatz 2 Satz 5 umfassen rund 9 Prozent des Begutachtungsaufkommens. In der Regel orientieren sich die Termine für Wiederholungsbegutachtungen an den Empfehlungen der Gutachter aus vorangegangenen Gutachten. Ein Gutachten muss immer Aussagen zur Prognose über die weitere Entwicklung der Pflegebedürftigkeit und zur Notwendigkeit sowie zum Zeitpunkt der Wiederholungsbegutachtung enthalten. Nach § 33 Absatz 1 Satz 4 kann die Bewilligung von Leistungen zudem befristet werden.

Durch die Übergangsregelung wird das Aussetzen von Wiederholungsbegutachtungen für die Pflegebedürftigen, die nach § 140 Absatz 1 von einer Pflegestufe in einen Pflegegrad übergeleitet wurden, für einen Zeitraum von zwei Jahren bestimmt. Durch die Überleitung in einen neuen Pflegegrad sind nach Empfehlungen der Medizinischen Dienste auf Grundlage des alten Begutachtungsverfahrens nach § 33 Absatz 1 Satz 4 bereits ausgesprochene Fristen als überholt zu betrachten und etwa daraufhin vorgesehene Wiederholungsbegutachtungen obsolet geworden.

Durch die Regelung wird für die betroffenen Pflegebedürftigen Rechtssicherheit und Verlässlichkeit geschaffen. Es wird vermieden, dass einzelne Versicherte durch eine Wiederholungsbegutachtung kurz nach der Überleitung von einer Pflegestufe in einen Pflegegrad nach Wirksamwerden des neuen Verfahrens erneut begutachtet werden müssten. Auch wird dadurch die Zahl der durchzuführenden Begutachtungen insgesamt verringert. Von den Versicherten können Änderungsanträge bei einer Veränderung der Situation, etwa bei Anstieg der Pflegebedürftigkeit, weiterhin gestellt werden.

Redaktionelle Anmerkung:

Aufgrund der Beschlussempfehlung des Ausschusses für Gesundheit (Drs. 18/6688) wurde Satz 2 eingefügt. Damit wird klargestellt, dass in bestimmten Fällen Wiederholungsbegutachtungen für übergeleitete Versicherte durchgeführt werden, um auf erwartbare, in der Regel deutliche Verbesserungen des Gesundheitszustandes und damit auf eine Verringerung der Beeinträchtigungen der Selbständigkeit oder der Fähigkeiten angemessen reagieren zu können.

Zu Absatz 2

Antragsteller sollen auch in der Phase der Umstellung von dem alten auf das neue Begutachtungsverfahren nach Möglichkeit einen schnellen Bescheid von ihrer Pflegekasse erhalten. Gleichzeitig ist der Prozess der Umstellung, insoweit Pflegekassen und Medizinische Dienste und ihre Zusammenarbeit betroffen sind, so schlank als möglich zu halten. Die Anwendung von gesetzlich geregelten Maßnahmen, die das Begutachtungsverfahren derzeit begleiten, soll daher in zeitlich begrenztem Maße modifiziert werden. Ziel der Regelung nach Absatz 2 ist, die gegenwärtig für alle Antragsteller geltende Regelung, dass der Bescheid der Pflegekasse innerhalb von 25 Arbeitstagen erteilt werden muss, auf diejenigen Fälle zu konzentrieren, bei denen ein besonders dringlicher Entscheidungsbedarf besteht. Eine solche Regelung hat vor allem für Antragsteller auf häusliche Pflegeleistungen Bedeutung. Innerhalb einer auf zwölf Monate nach dem Datum der Umstellung begrenzten Übergangsfrist werden daher die Voraussetzungen dafür geschaffen, dass auch bei einem ggf. erhöhten Begutachtungsaufkommen, das durch die Einführung des neuen Pflegebedürftigkeitsbegriffs auftreten kann, durch die Pflegekassen und die Medizinischen Dienste in diesem Sinne flexibel reagiert werden kann. Antragssituationen, für die eine verkürzte Frist gilt, bleiben hiervon unberührt.

Der Spitzenverband Bund der Pflegekassen wird beauftragt, für die Klärung eines besonders dringlichen Entscheidungsbedarfs unter Beteiligung des MDS bundeseinheitliche Kriterien und Anwendungshinweise zu entwickeln. Kriterien, die in diesem Zusammenhang Bedeutung haben, sind einerseits inhaltlicher Art und nehmen andererseits Bezug auf bestimmte Verfahrens- und Antragssituationen: Bevorzugung von Erstanträgen mit Antrag auf ambulante Sachleistungen, sich schnell verschlechternder Krankheitsverlauf, nicht sichergestellte Pflege, Bearbeitung von Widerspruchsgutachten, geplante Anträge auf Pflegezeit oder Familienpflegezeit oder Anträge auf eine Begutachtung von Kindern. Darüber hinaus wird ergänzend geregelt, dass der Umgang mit dieser Regelung in der in § 18 Absatz 3b bestehenden Berichtspflicht aufgegriffen wird.

Zu Absatz 3

Es handelt sich um eine Folgeänderung zu der in Absatz 2 bestimmten Beschränkung der Geltung der Fünf-Wochen-Frist (red. Anm.: gemeint ist die Frist von 25 Arbeitstagen) auf diejenigen Anträge, bei denen ein besonders dringlicher Entscheidungsbedarf besteht. Durch die Verpflichtung zur Benennung unabhängiger Gutachter soll sichergestellt werden, dass bei besonders dringlichem Entscheidungsbedarf zeitnah eine Begutachtung stattfinden kann.

Fassung ab 1.1.2017

§ 143 Sonderanpassungsrecht für die Allgemeinen Versicherungsbedingungen und die technischen Berechnungsgrundlagen privater Pflegeversicherungsverträge

(1) Bei einer Pflegeversicherung, bei der die Prämie nach Art der Lebensversicherung berechnet wird und bei der das ordentliche Kündigungsrecht des Versicherers gesetzlich oder vertraglich ausgeschlossen ist, kann der Versicherer seine Allgemeinen Versicherungsbedingungen auch für bestehende Versicherungsverhältnisse entsprechend den Vorgaben nach § 140 ändern, soweit der Versicherungsfall durch den Pflegebedürftigkeitsbegriff nach den §§ 14 und 15 bestimmt wird.

(2) Der Versicherer ist zudem berechtigt, auch für bestehende Versicherungsverhältnisse die technischen Berechnungsgrundlagen insoweit zu ändern, als die Leistungen an die Pflegegrade nach § 140 Absatz 2 und die Prämien daran angepasst werden. § 12b Absatz 1 und 1a des Versicherungsaufsichtsgesetzes findet Anwendung.

(3) Dem Versicherungsnehmer sind die geänderten Versicherungsbedingungen nach Absatz 1 und die Neufestsetzung der Prämie nach Absatz 2 unter Kenntlichmachung der Unterschiede sowie unter Hinweis auf die hierfür maßgeblichen Gründe in Textform mitzuteilen. Anpassungen nach den Absätzen 1 und 2 werden zu Beginn des zweiten Monats wirksam, der auf die Benachrichtigung des Versicherungsnehmers folgt.

(4) Gesetzlich oder vertraglich vorgesehene Sonderkündigungsrechte des Versicherungsnehmers bleiben hiervon unberührt.

Gesetzesbegründung Drs. 18/5926 zu § 143

Geltung ab 1. Januar 2017

Der neue Pflegebedürftigkeitsbegriff ist für die private Pflege-Pflichtversicherung und für die ergänzende Pflegekrankenversicherung, soweit diese an den Pflegebedürftigkeitsbegriff nach § 14 Absatz 1 anknüpft, zu übernehmen. Um zu gewährleisten, dass der neue Pflegebedürftigkeitsbegriff auch für die private Pflegeversicherung ab dem Zeitpunkt des Inkrafttretens der gesetzlichen Regelungen zum 1. Januar 2017 Anwendung findet, wird klargestellt, dass aus diesem Anlass bei den betroffenen Versicherungsverhältnissen eine Anpassung der Allgemeinen Versicherungsbedingungen und der technischen Berechnungsgrundlagen entsprechend den bestehenden Regelungen (§ 203 des Versicherungsvertragsgesetzes, § 12b des Versicherungsaufsichtsgesetzes) möglich ist.

Zu Absatz 1

Die Einführung des neuen Pflegebedürftigkeitsbegriffs in der privaten Pflege-Pflichtversicherung und in den Tarifen der ergänzenden Pflegekrankenversicherung erfolgt privatrechtlich über eine Änderung der jeweiligen Allgemeinen Versicherungsbedingungen. Um sicherzustellen, dass die private Pflege-Pflichtversicherung gemäß § 23 gleichwertig mit der sozialen Pflegeversicherung bleibt und die ergänzenden Pflegekrankenversicherungstarife nicht ihre Ergänzungsfunktion für die soziale Pflegeversicherung verlieren, erhalten die Versicherungsunternehmen einmalig ein gesondertes Sonderanpassungsrecht zur Änderung der Allgemeinen Versicherungsbedingungen auch für bestehende Versicherungsverhältnisse. Im Rahmen dieses Sonderanpassungsrechts vorgenommene Änderungen müssen sich dabei zwingend nach den Vorgaben des SGB XI richten.

Hierdurch wird Rechtssicherheit für den Versicherungsnehmer geschaffen, dessen private Absicherung für den Pflegefall sich mit Inkrafttreten der Neuregelungen an dem neuen Pflegebedürftigkeitsbegriff und an den weiteren leistungsrechtlichen Vorgaben dieses Gesetzes orientiert. Mit Blick auf die staatlich geförderte Pflegevorsorge nach den §§ 126 ff. wird durch eine zeitgleiche Anpassung der Allgemeinen Versicherungsbedingungen die Förderfähigkeit der bereits abgeschlossenen Versicherungsverträge sichergestellt. Für alle ergänzenden Pflegekrankenversicherungen, die an den Pflegebedürftigkeitsbegriff nach den §§ 14 und 15 anknüpfen, wird durch eine zeitgleiche Anpassung zudem gewährleistet, dass die Leistungen künftig auf die neuen Pflegegrade der sozialen Pflegeversicherung abgestimmt sind und im Pflegefall keine gesonderte Begutachtung erfolgen muss.

Zu Absatz 2

Infolge der Einführung des neuen Pflegebedürftigkeitsbegriffs und weiterer leistungsrechtlicher Änderungen entstehen auch für die private Pflegeversicherung Anpassungsbedarfe bei der Prämienkalkulation. Um eine drohende Unterfinanzierung der Tarife zu vermeiden, bis einer der zwei auslösenden Faktoren nach § 12b des Versicherungsaufsichtsgesetzes greift und eine Prämienänderung ermöglicht, erhalten die Versicherungsunternehmen einmalig ein gesondertes Sonderanpassungsrecht zur Änderung der technischen Berechnungsgrundlagen auch für bestehende Verträge.

Gemäß § 12b Absatz 1 des Versicherungsaufsichtsgesetzes können die Prämienänderungen erst in Kraft gesetzt werden, nachdem ein unabhängiger Treuhänder der Prämienänderung zugestimmt hat. Dabei hat der unabhängige Treuhänder gemäß § 12b Absatz 1a des Versicherungsaufsichtsgesetzes insbesondere darauf zu achten, dass vorhandene Mittel eines Unternehmens aus der gebildeten Rückstellung für Beitragsrückerstattungen zur Begrenzung von Prämienerhöhungen verwendet werden. Dies gilt insbesondere für die staatlich geförderte Pflegevorsorge.

Zu Absatz 3

Die Regelung verpflichtet das Versicherungsunternehmen, dem Versicherungsnehmer die Anpassungen in den Allgemeinen Versicherungsbedingungen sowie eine möglicherweise erforderliche Prämienänderung mindestens einen Monat vor dem Wirksamwerden dieser Änderungen in Textform mitzuteilen. Dabei sollen insbesondere die Unterschiede zu den bisherigen Allgemeinen Versicherungsbedingungen kenntlich gemacht und die maßgeblichen Gründe für die Anpassungen der Versicherungsbedingungen und der Prämien in verständlicher Sprache nachvollziehbar erläutert werden. Mögliche Handlungsoptionen, wie das Wechseln in einen anderen Tarif des Versicherungsunternehmens unter Mitnahme gebildeter Alterungsrückstellungen sind dem Versicherungsnehmer ebenfalls aufzuzeigen.

Zu Absatz 4

Die Regelung stellt klar, dass gesetzlich oder vertraglich vorgesehene Sonderkündigungsrechte des Versicherungsnehmers bei Erhöhung der Prämie oder bei Änderung der Versicherungsbedingungen auch gelten, wenn die Anpassungen aufgrund des Sonderanpassungsrechts nach den Absätzen 1 und 2 erfolgen.

Fassung ab 1.1.2017

Zweiter Abschnitt

Sonstige Überleitungs- und Übergangsregelungen

§ 144 Überleitungs- und Übergangsregelungen, Verordnungsermächtigung

(1) Für Personen, die am 31. Dezember 2014 einen Anspruch auf einen Wohngruppenzuschlag nach § 38a in der am 31. Dezember 2014 geltenden Fassung haben, wird diese Leistung weiter erbracht, wenn sich an den tatsächlichen Verhältnissen nichts geändert hat.

(2) Am 31. Dezember 2016 nach Landesrecht anerkannte niedrigschwellige Betreuungsangebote und niedrigschwellige Entlastungsangebote im Sinne der §§ 45b und 45c in der zu diesem Zeitpunkt geltenden Fassung gelten auch ohne neues Anerkennungsverfahren als nach Landesrecht anerkannte Angebote zur Unterstützung im Alltag im Sinne des § 45a in der ab dem 1. Januar 2017 geltenden Fassung. Die Landesregierungen werden ermächtigt, durch Rechtsverordnung hiervon abweichende Regelungen zu treffen.

Gesetzesbegründung Drs. 18/5926 zu § 144

Geltung ab 1. Januar 2017

Zu Absatz 1

Die in Absatz 1 enthaltene Regelung entspricht der bisherigen Übergangsregelung in § 122 Absatz 3. Sie wird im Rahmen der Einführung eines neuen Fünfzehnten Kapitels zu Überleitungs- und Übergangsregelungen in den neuen § 144 übertragen.

Zu Absatz 2

Die bisherige Bezeichnung der niedrigschwelligen Betreuungs- und Entlastungsangebote wird unter dem neuen, besser verständlichen Begriff der Angebote zur Unterstützung im Alltag zusammengefasst, so dass hinsichtlich der bereits nach Landesrecht anerkannten Angebote eine Übergangsregelung erforderlich wird. Diese wird in den neuen § 144 aufgenommen. Die Betreuungs- und die verschiedenen Entlastungsangebote können dabei wie bislang sowohl separat bestehen als auch von einem Anbieter als integriertes Angebot sowohl von Betreuung als auch von Entlastung konzipiert werden.

Die bis zum Inkrafttreten der Neuregelungen zu den §§ 45a ff. nach dem jeweiligen Landesrecht bereits anerkannten niedrigschwelligen Betreuungsangebote, niedrigschwelligen Entlastungsangebote und niedrigschwelligen Betreuungs- und Entlastungsangebote gelten daher ab dem 1. Januar 2017 auch ohne neues Anerkennungsverfahren automatisch als nach Landesrecht anerkannte Angebote zur Unterstützung im Alltag im Sinne des neuen § 45a. Die Landesregierungen sind ermächtigt, durch Rechtsverordnung hiervon abweichende Regelungen zu treffen.

Anlage 1 SGB XI (neu ab 1.1.2017)

> Die Anlage 1 und 2 zu § 15 (Ermittlung des Grades der Pflegebedürftigkeit, Begutachtungsinstrument – ab 1. Januar 2017) werden mit Geltung ab 1. Januar 2017 eingefügt.

Anlage 1
(zu § 15)

Einzelpunkte der Module 1 bis 6;
Bildung der Summe der Einzelpunkte in jedem Modul

Modul 1: Einzelpunkte im Bereich der Mobilität

Das Modul umfasst fünf Kriterien, deren Ausprägungen in den folgenden Kategorien mit den nachstehenden Einzelpunkten gewertet werden:

Ziffer	Kriterien	selb-ständig	über-wiegend selb-ständig	über-wiegend unselb-ständig	unselb-ständig
1.1	Positionswechsel im Bett	0	1	2	3
1.2	Halten einer stabilen Sitzposition	0	1	2	3
1.3	Umsetzen	0	1	2	3
1.4	Fortbewegen innerhalb des Wohnbereichs	0	1	2	3
1.5	Treppensteigen	0	1	2	3

Modul 2: Einzelpunkte im Bereich der kognitiven und kommunikativen Fähigkeiten

Das Modul umfasst elf Kriterien, deren Ausprägungen in den folgenden Kategorien mit den nachstehenden Einzelpunkten gewertet werden:

Ziffer	Kriterien	Fähigkeit vorhanden/ unbeeinträchtigt	Fähigkeit größtenteils vorhanden	Fähigkeit in geringem Maße vorhanden	Fähigkeit nicht vorhanden
2.1	Erkennen von Personen aus dem näheren Umfeld	0	1	2	3
2.2	Örtliche Orientierung	0	1	2	3
2.3	Zeitliche Orientierung	0	1	2	3
2.4	Erinnern an wesentliche Ereignisse oder Beobachtungen	0	1	2	3

Ziffer	Kriterien	Fähigkeit vor-handen/ unbeein-trächtigt	Fähigkeit größten-teils vor-handen	Fähigkeit in geringem Maße vor-handen	Fähigkeit nicht vor-handen
2.5	Steuern von mehrschrittigen Alltags-handlungen	0	1	2	3
2.6	Treffen von Entscheidungen im Alltag	0	1	2	3
2.7	Verstehen von Sachverhalten und Informationen	0	1	2	3
2.8	Erkennen von Risiken und Gefahren	0	1	2	3
2.9	Mitteilen von elementaren Bedürfnissen	0	1	2	3
2.10	Verstehen von Aufforderungen	0	1	2	3
2.11	Beteiligen an einem Gespräch	0	1	2	3

Modul 3: Einzelpunkte im Bereich der Verhaltensweisen und psychische Problemlagen

Das Modul umfasst dreizehn Kriterien, deren Häufigkeit des Auftretens in den folgenden Kategorien mit den nachstehenden Einzelpunkten gewertet wird:

Ziffer	Kriterien	nie oder selten	selten (ein- bis dreimal innerhalb von zwei Wochen)	häufig (zweimal bis mehrmals wöchentlich, aber nicht täglich)	täg-lich
3.1	Motorisch geprägte Verhaltensauf-fälligkeiten	0	1	3	5
3.2	Nächtliche Unruhe	0	1	3	5
3.3	Selbstschädigendes und auto-aggressives Verhalten	0	1	3	5
3.4	Beschädigen von Gegenständen	0	1	3	5
3.5	Physisch aggressives Verhalten gegenüber anderen Personen	0	1	3	5
3.6	Verbale Aggression	0	1	3	5
3.7	Andere pflegerelevante vokale Auffälligkeiten	0	1	3	5
3.8	Abwehr pflegerischer und anderer unterstützender Maßnahmen	0	1	3	5
3.9	Wahnvorstellungen	0	1	3	5

Ziffer	Kriterien	nie oder selten	selten (ein- bis dreimal innerhalb von zwei Wochen)	häufig (zweimal bis mehrmals wöchentlich, aber nicht täglich)	täg- lich
3.10	Ängste	0	1	3	5
3.11	Antriebslosigkeit bei depressiver Stimmungslage	0	1	3	5
3.12	Sozial inadäquate Verhaltensweisen	0	1	3	5
3.13	Sonstige pflegerelevante inadäquate Handlungen	0	1	3	5

Modul 4: Einzelpunkte im Bereich der Selbstversorgung

Das Modul umfasst dreizehn Kriterien:

Einzelpunkte für die Kriterien der Ziffern 4.1 bis 4.12

Die Ausprägungen der Kriterien 4.1 bis 4.12 werden in den folgenden Kategorien mit den nachstehenden Punkten gewertet:

Ziffer	Kriterien	selb- ständig	über- wiegend selb- ständig	über- wiegend unselb- ständig	unselb- ständig
4.1	Waschen des vorderen Oberkörpers	0	1	2	3
4.2	Körperpflege im Bereich des Kopfes (Kämmen, Zahnpflege/Prothesen- reinigung, Rasieren)	0	1	2	3
4.3	Waschen des Intimbereichs	0	1	2	3
4.4	Duschen und Baden einschließlich Waschen der Haare	0	1	2	3
4.5	An- und Auskleiden des Oberkörpers	0	1	2	3
4.6	An- und Auskleiden des Unterkörpers	0	1	2	3
4.7	Mundgerechtes Zubereiten der Nahrung und Eingießen von Getränken	0	1	2	3
4.8	Essen	0	3	6	9
4.9	Trinken	0	2	4	6
4.10	Benutzen einer Toilette oder eines Toilettenstuhls	0	2	4	6

Ziffer	Kriterien	selb-ständig	über-wiegend selb-ständig	über-wiegend unselb-ständig	unselb-ständig
4.11	Bewältigen der Folgen einer Harnin-kontinenz und Umgang mit Dauer-katheter und Urostoma	0	1	2	3
4.12	Bewältigen der Folgen einer Stuhl-inkontinenz und Umgang mit Stoma	0	1	2	3

Die Ausprägungen des Kriteriums der Ziffer 4.8 sowie die Ausprägung der Kriterien der Ziffern 4.9 und 4.10 werden wegen ihrer besonderen Bedeutung für die pflegerische Versorgung stärker gewichtet.

Die Einzelpunkte für die Kriterien der Ziffern 4.11 und 4.12 gehen in die Berechnung nur ein, wenn bei der Begutachtung beim Versicherten darüber hinaus die Feststellung „überwiegend inkonti-nent" oder „vollständig inkontinent" getroffen wird oder eine künstliche Ableitung von Stuhl oder Harn erfolgt.

Einzelpunkte für das Kriterium der Ziffer 4.13

Die Ausprägungen des Kriteriums der Ziffer 4.13 werden in den folgenden Kategorien mit den nachstehenden Einzelpunkten gewertet:

Ziffer	Kriterium	entfällt	teilweise	vollständig
4.13	Ernährung parental oder über Sonde	0	6	3

Das Kriterium ist mit „entfällt" (0 Punkte) zu bewerten, wenn eine regelmäßige und tägliche paren-terale Ernährung oder Sondenernährung auf Dauer, voraussichtlich für mindestens sechs Monate, nicht erforderlich ist. Kann die parenterale Ernährung oder Sondenernährung ohne Hilfe durch andere selbständig durchgeführt werden, werden ebenfalls keine Punkte vergeben.

Das Kriterium ist mit „teilweise" (6 Punkte) zu bewerten, wenn eine parenterale Ernährung oder Sondenernährung zur Vermeidung von Mangelernährung mit Hilfe täglich und zusätzlich zur ora-len Aufnahme von Nahrung oder Flüssigkeit erfolgt.

Das Kriterium ist mit „vollständig" (3 Punkte) zu bewerten, wenn die Aufnahme von Nahrung oder Flüssigkeit ausschließlich oder nahezu ausschließlich parenteral oder über eine Sonde erfolgt.

Bei einer vollständigen parenteralen Ernährung oder Sondenernährung werden weniger Punkte vergeben als bei einer teilweisen parenteralen Ernährung oder Sondenernährung, da der oft hohe Aufwand zur Unterstützung bei der oralen Nahrungsaufnahme im Fall ausschließlich parenteraler oder Sondenernährung weitgehend entfällt.

Einzelpunkte für das Kriterium der Ziffer 4.K

Bei Kindern im Alter bis 18 Monate werden die Kriterien der Ziffern 4.1 bis 4.13 durch das Krite-rium 4.K ersetzt und wie folgt gewertet:

Ziffer	Kriterium	Einzel-punkte
4.K	Bestehen gravierender Probleme bei der Nahrungsaufnahme bei Kindern bis zu 18 Monaten, die einen außergewöhnlich pflegeintensiven Hilfebedarf auslösen	20

Modul 5: Einzelpunkte im Bereich der Bewältigung von und des selbständigen Umgangs mit krankheits- oder therapiebedingten Anforderungen und Belastungen

Das Modul umfasst sechzehn Kriterien.

Einzelpunkte für die Kriterien der Ziffern 5.1 bis 5.7

Die durchschnittliche Häufigkeit der Maßnahmen pro Tag bei den Kriterien der Ziffern 5.1 bis 5.7 wird in den folgenden Kategorien mit den nachstehenden Einzelpunkten gewertet:

Ziffer	Kriterien in Bezug auf	entfällt oder selb-ständig	Anzahl der Maß-nahmen pro Tag	Anzahl der Maß-nahmen pro Woche	Anzahl der Maß-nahmen pro Monat
5.1	Medikation	0			
5.2	Injektionen (subcutan oder intramus-kulär)	0			
5.3	Versorgung intravenöser Zugänge (Port)	0			
5.4	Absaugen und Sauerstoffgabe	0			
5.5	Einreibungen oder Kälte- und Wärme-anwendungen	0			
5.6	Messung und Deutung von Körper-zuständen	0			
5.7	Körpernahe Hilfsmittel	0			
Summe der Maßnahmen aus 5.1 bis 5.7		0			
Umrechnung in Maßnahmen pro Tag		0			

Einzelpunkte für die Kriterien der Ziffern 5.1 bis 5.7

Maßnahme pro Tag	keine oder seltener als einmal täglich	mindestens einmal bis maximal drei-mal täglich	mehr als drei-mal bis maxi-mal achtmal täglich	mehr als acht-mal täglich
Einzelpunkte	0	1	2	3

Für jedes der Kriterien 5.1 bis 5.7 wird zunächst die Anzahl der durchschnittlich durchgeführten Maßnahmen, die täglich und auf Dauer, voraussichtlich für mindestens sechs Monate, vorkommen, in der Spalte pro Tag, die Maßnahmen, die wöchentlich und auf Dauer, voraussichtlich für mindestens sechs Monate, vorkommen, in der Spalte pro Woche und die Maßnahmen, die monatlich und auf Dauer, voraussichtlich für mindestens sechs Monate, vorkommen, in der Spalte pro Monat erfasst. Berücksichtigt werden nur Maßnahmen, die vom Versicherten nicht selbständig durchgeführt werden können.

Die Zahl der durchschnittlich durchgeführten täglichen, wöchentlichen und monatlichen Maßnahmen wird für die Kriterien 5.1 bis 5.7 summiert (erfolgt zum Beispiel täglich dreimal eine Medikamentengabe – Kriterium 5.1 – und einmal Blutzuckermessen – Kriterium 5.6 –, entspricht dies vier Maßnahmen pro Tag). Diese Häufigkeit wird umgerechnet in einen Durchschnittswert pro Tag. Für die Umrechnung der Maßnahmen pro Monat in Maßnahmen pro Tag wird die Summe der Maßnahmen pro Monat durch 30 geteilt. Für die Umrechnung der Maßnahmen pro Woche in Maßnahmen pro Tag wird die Summe der Maßnahmen pro Woche durch 7 geteilt.

Einzelpunkte für die Kriterien der Ziffern 5.8 bis 5.11

Die durchschnittliche Häufigkeit der Maßnahmen pro Tag bei den Kriterien der Ziffern 5.8 bis 5.11 wird in den folgenden Kategorien mit den nachstehenden Einzelpunkten gewertet:

Ziffer	Kriterien in Bezug auf	entfällt oder selbständig	Anzahl der Maßnahmen pro Tag	Anzahl der Maßnahmen pro Woche	Anzahl der Maßnahmen pro Monat
5.8	Verbandswechsel und Wundversorgung	0			
5.9	Versorgung mit Stoma	0			
5.10	Regelmäßige Einmalkatheterisierung und Nutzung von Abführmethoden	0			
5.11	Therapiemaßnahmen in häuslicher Umgebung	0			
Summe der Maßnahmen aus 5.8 bis 5.11		0			
Umrechnung in Maßnahmen pro Tag		0			

Einzelpunkte für die Kriterien der Ziffern 5.8 bis 5.11

Maßnahme pro Tag	keine oder seltener als einmal wöchentlich	ein- bis mehrmals wöchentlich	ein- bis zweimal täglich	mindestens dreimal täglich
Einzelpunkte	0	1	2	3

Für jedes der Kriterien 5.8 bis 5.11 wird zunächst die Anzahl der durchschnittlich durchgeführten Maßnahmen, die täglich und auf Dauer, voraussichtlich für mindestens sechs Monate, vorkommen, in der Spalte pro Tag, die Maßnahmen, die wöchentlich und auf Dauer, voraussichtlich für mindestens sechs Monate, vorkommen, in der Spalte pro Woche und die Maßnahmen, die monatlich und auf Dauer, voraussichtlich für mindestens sechs Monate, vorkommen, in der Spalte pro Monat erfasst. Berücksichtigt werden nur Maßnahmen, die vom Versicherten nicht selbständig durchgeführt werden können.

Die Zahl der durchschnittlich durchgeführten täglichen, wöchentlichen und monatlichen Maßnahmen wird für die Kriterien 5.8 bis 5.11 summiert. Diese Häufigkeit wird umgerechnet in einen Durchschnittswert pro Tag. Für die Umrechnung der Maßnahmen pro Monat in Maßnahmen pro Tag wird die Summe der Maßnahmen pro Monat durch 30 geteilt. Für die Umrechnung der Maßnahmen pro Woche in Maßnahmen pro Tag wird die Summe der Maßnahmen pro Woche durch 7 geteilt.

Einzelpunkte für die Kriterien der Ziffern 5.12 bis 5.K

Die durchschnittliche wöchentliche oder monatliche Häufigkeit von zeit- und technikintensiven Maßnahmen in häuslicher Umgebung, die auf Dauer, voraussichtlich für mindestens sechs Monate, vorkommen, wird in den folgenden Kategorien mit den nachstehenden Einzelpunkten gewertet:

Ziffer	Kriterium in Bezug auf	entfällt oder selbständig	täglich	wöchentliche Häufigkeit multipliziert mit	monatliche Häufigkeit multipliziert mit
5.12	Zeit- und technikintensive Maßnahmen in häuslicher Umgebung	0	60	8,6	2

Für das Kriterium der Ziffer 5.12 wird zunächst die Anzahl der regelmäßig und mit durchschnittlicher Häufigkeit durchgeführten Maßnahmen, die wöchentlich vorkommen, und die Anzahl der regelmäßig und mit durchschnittlicher Häufigkeit durchgeführten Maßnahmen, die monatlich vorkommen, erfasst. Kommen Maßnahmen regelmäßig täglich vor, werden 60 Punkte vergeben.

Jede regelmäßige wöchentliche Maßnahme wird mit 8,6 Punkten gewertet. Jede regelmäßige monatliche Maßnahme wird mit zwei Punkten gewertet.

Die durchschnittliche wöchentliche oder monatliche Häufigkeit der Kriterien der Ziffern 5.13 bis 5.K wird wie folgt erhoben und mit den nachstehenden Punkten gewertet:

Ziffer	Kriterien	entfällt oder selbständig	wöchentliche Häufigkeit multipliziert mit	monatliche Häufigkeit multipliziert mit
5.13	Arztbesuche	0	4,3	1
5.14	Besuch anderer medizinischer oder therapeutischer Einrichtungen (bis zu drei Stunden)	0	4,3	1
5.15	Zeitlich ausgedehnte Besuche anderer medizinischer oder therapeutischer Einrichtungen (länger als drei Stunden)	0	8,6	2
5.K	Besuche von Einrichtungen zur Frühförderung bei Kindern	0	4,3	1

Für jedes der Kriterien der Ziffern 5.13 bis 5.K wird zunächst die Anzahl der regelmäßig und mit durchschnittlicher Häufigkeit durchgeführten Besuche, die wöchentlich und auf Dauer, voraussichtlich für mindestens sechs Monate, vorkommen, und die Anzahl der regelmäßig und mit durchschnittlicher Häufigkeit durchgeführten Besuche, die monatlich und auf Dauer, voraussichtlich für mindestens sechs Monate, vorkommen, erfasst. Jeder regelmäßige monatliche Besuch wird mit einem Punkt gewertet. Jeder regelmäßige wöchentliche Besuch wird mit 4,3 Punkten gewertet. Handelt es sich um zeitlich ausgedehnte Arztbesuche oder Besuche von anderen medizinischen oder therapeutischen Einrichtungen, werden sie doppelt gewertet.

Die Punkte der Kriterien 5.12 bis 5.15 – bei Kindern bis 5.K – werden addiert. Die Kriterien der Ziffern 5.12 bis 5.15 – bei Kindern bis 5.K – werden anhand der Summe der so erreichten Punkte mit den nachstehenden Einzelpunkten gewertet:

Summe	Einzelpunkte
0 bis unter 4,3	0
4,3 bis unter 8,6	1
8,6 bis unter 12,9	2
12,9 bis unter 60	3
60 und mehr	6

Einzelpunkte für das Kriterium der Ziffer 5.16

Die Ausprägungen des Kriteriums der Ziffer 5.16 werden in den folgenden Kategorien mit den nachstehenden Einzelpunkten gewertet:

Ziffer	Kriterien	entfällt oder selbständig	überwiegend selbständig	überwiegend unselbständig	unselbständig
5.16	Einhaltung einer Diät und anderer krankheits- oder therapiebedingter Verhaltensvorschriften	0	1	2	3

Modul 6: Einzelpunkte im Bereich der Gestaltung des Alltagslebens und sozialer Kontakte

Das Modul umfasst sechs Kriterien, deren Ausprägungen in den folgenden Kategorien mit den nachstehenden Punkten gewertet werden:

Ziffer	Kriterien	selbständig	über- wiegend selbständig	über- wiegend unselb- ständig	unselb- ständig
6.1	Gestaltung des Tagesablaufs und Anpassung an Veränderungen	0	1	2	3
6.2	Ruhen und Schlafen	0	1	2	3
6.3	Sichbeschäftigen	0	1	2	3
6.4	Vornehmen von in die Zukunft gerichteten Planungen	0	1	2	3
6.5	Interaktion mit Personen im direkten Kontakt	0	1	2	3
6.6	Kontaktpflege zu Personen außerhalb des direkten Umfelds	0	1	2	3

Anlage 2
(zu § 15)

Bewertungssystematik
(Summe der Punkte und gewichtete Punkte)

Schweregrad der Beeinträchtigungen der Selbständigkeit oder der Fähigkeiten im Modul

Module	Gewich-tung	0 Keine	1 Geringe	2 Erheb-liche	3 Schwere	4 Schwerste	
1 Mobilität	10 %	0–1	2–3	4–5	6–9	10–15	Summe der Einzelpunkte im Modul 1
		0	2,5	5	7,5	10	**Gewichtete Punkte im Modul 1**
2 Kognitive und kommunikative Fähigkeiten	15 %	0–1	2–5	6–10	11–16	17–33	Summe der Einzelpunkte im Modul 2
3 Verhaltensweisen und psychische Problemlagen		0	1–2	3–4	5–6	7–65	Summe der Einzelpunkte im Modul 3
Höchster Wert aus Modul 2 oder Modul		0	3,75	7,5	11,25	15	**Gewichtete Punkte für die Module 2 und 3**
4 Selbstversorgung	40 %	0–2	3–7	8–18	19–36	37–54	Summe der Einzelpunkte im Modul 4
		0	10	20	30	40	**Gewichtete Punkte im Modul 4**
5 Bewältigung von und selbständiger Umgang mit krankheits- oder therapiebedingten Anforderungen und Belastungen	20 %	0	1	2–3	4–5	6–15	Summe der Einzelpunkte im Modul 5
		0	5	10	15	20	**Gewichtete Punkte im Modul 5**

Module	Gewich-tung	0 Keine	1 Geringe	2 Erheb-liche	3 Schwere	4 Schwerste	
6 Gestaltung des Alltagslebens und sozialer Kontakte	15 %	0	1–3	4–6	7–11	12–18	Summe der Einzel-punkte im Modul 6
		0	3,75	7,5	11,25	15	**Gewichtete Punkte im Modul 6**
7 Außerhäusliche Aktivitäten		Die Berechnung einer Modulbewertung ist entbehr-lich, da die Darstellung der qualitativen Ausprägun-gen bei den einzelnen Kriterien ausreichend ist, um Anhaltspunkte für eine Versorgungs- und Pflege-planung ableiten zu können.					
8 Haushalts-führung							

Stichwortverzeichnis

Stichwortverzeichnis

Stichwortverzeichnis

www.WALHALLA.de

Stichwortverzeichnis

Stichwortverzeichnis

WALHALLA

SEMINAR

Pflegerecht, Betreuungsrecht 2016

Mehr Freiheit wagen: Alternativen zu konventionellen bewegungs- und freiheitseinschränkenden Maßnahmen

Hauptgründe für bewegungs- und freiheitsentziehende Maßnahmen sind Schutz vor Verletzungen, Stürze und sturzbedingten Verletzungen sowie herausforderndes Verhalten.

Im Expertenstandard „Sturzprophylaxe in der Pflege" (DNQP 2013) sind bewegungs- und freiheitseinschränkende Maßnahmen als ein wesentlicher Risikofaktor für Stürze aufgenommen. Nachgewiesen ist, dass sich die Sturzgefahr durch die Bewegungseinschränkung mittels solcher Maßnahmen erhöht, da sich schon nach kurzer Zeit die Bewegungsfähigkeit der Betroffenen signifikant reduziert. Was zum Schutz des Betroffenen gedacht war, hat zur Folge, dass sich der Abbauprozess häufig dramatisch beschleunigt, das Gefahrenpotenzial steigt und die Lebensqualität abnimmt.

Schulungsinhalte

- Darstellung des Konfliktfeldes aus medizinisch-pflegerischer Sicht
- Vorstellung alternativer Maßnahmen zu bewegungs- und freiheitseinschränkenden Maßnahmen – insbesondere körpernahen Fixierungen – in der Pflege und Betreuung
- Funktion und Ablauf einer pflegerischen Verfahrenspflege in Form des Werdenfelser Weges – ein verfahrensrechtlicher Ansatz im Rahmen des geltenden Betreuungsrechts
- Vorgehen für einen gelingenden Abstimmungsprozess der Beteiligten

Das Seminar richtet sich an hauptamtliche Betreuer/innen, Mitarbeiter/innen von Betreuungsvereinen, Betreuungsbehörden und Betreuungsstellen, Betreuungsrichter/innen, Rechtspfleger/innen, Verfahrenspfleger/innen, Einrichtungsleitungen

Referentin: Sabine Hindrichs, Gesundheits- und Krankenpflegerin, Gerontopsychiatrische Fachkraft, Pflegesachverständige, Verfahrenspflegerin nach dem Werdenfelser Weg, Regionalkoordinatorin im Projektbüro Ein-Step des Pflegebevollmächtigten des Bundesministeriums für Gesundheit

Referentin:	Sabine Hindrichs
Termine und Orte:	30.05.2016 in Frankfurt a.M. 04.07.2016 in Stuttgart
Dauer:	1 Tag: 10.00 Uhr – 17.00 Uhr
Teilnahmegebühr:	199,– EUR*
Frühbucherrabatt:	169,– EUR* bis 18.04.2016 (Frankfurt a.M.) bzw. 23.05.2016 (Stuttgart)
Sonderpreis für WALHALLA Abonnenten:	129,– EUR* mit Frühbucherrabatt bis 18.04.2016 (Frankfurt a.M.) bzw. 23.05.2016 (Stuttgart)

*Inklusive aller Unterlagen und Verpflegung; zzgl. MwSt.

WALHALLA Fachverlag
Haus an der Eisernen Brücke
93042 Regensburg
Tel. 0941 5684-0
Fax 0941 5684-111
E-Mail: WALHALLA@WALHALLA.de

Ausführliche Informationen und das Anmeldeformular erhalten Sie unter:
www.WALHALLA.de/Seminare